KB051729

네트워크로 보는 세계 속의 북한

초판 발행 2015년 2월 27일

엮은이 윤영관 전재성 김상배 **펴낸곳** (주)늘품플러스 **펴낸이** 전미정 **기획·교정** 손시한 **디자인·편집** 전혜영
출판등록 2008년 1월 18일 제2-4350호 **주소** 서울 중구 필동 1가 39-1 국제빌딩 607호
전화 070-7090-1177 **팩스** 02-2275-5327 **이메일** go5326@naver.com **홈페이지** www.npplus.co.kr

ISBN 978-89-93324-78-5 03340 정가 18,000원

늘품은 항상 발전한다는 순수한 우리말입니다.

네트워크로 보는 세계 속의 북한*

—

윤영관 · 전재성 · 김상배 엮음

* 이 저서는 2013년 정부(교육부)의 재원으로 한국연구재단의 지원을 받아 수행된 연구임(NRF-2013S1A3A2053683). 서울대 통일평화연구소 2011년 통일학·평화학 연구기금과 2014년 서울대 국제문제연구소의 지원으로 연구를 수행하였음.

Contents

발간사 | 윤영관 6

서론 네트워크로 보는 세계 속의 북한
| 김상배 9

제1부 외교안보 네트워크 속의 북한

제1장 네트워크 이론의 관점에서 본 북핵 문제와 6자회담
| 전재성 65

제2장 네트워크로 본 북한의 핵·미사일 개발
| 조은정 107

제3장 버추얼 창과 그물망 방패: 사이버 안보의 세계정치와 북한
| 김상배 155

제2부 정치경제 네트워크 속의 북한

제4장 동맹, 무역, 그리고 원조 네트워크 속의 북한
| 박종희 203

제5장 탈냉전시기 북한의 의존 네트워크 분석
| 우승지 247

제6장 북-중-러 접경지대 개발협력과 동북아시아 지역정치
| 신범식 291

제7장 남북 경제협력의 네트워크 구조와 개성공단
| 김치욱 339

제3부 커뮤니케이션 · 인권 네트워크 속의 북한

제8장 북한의 커뮤니케이션 네트워크와 북한정권의 국제청중 호소전략
| 송태은 381

제9장 디지털 미디어와 정치사회변동: 이집트, 아제르바이잔, 북한 사례
| 배영자 429

제10장 국제인권조약 연결망에서 북한의 위치
| 조동준 479

제11장 '개념적 통합 네트워크' 속에서 본 북한: EU 대북 전략 텍스트의 환유를 통한 이해
| 도종윤 515

결론 이론적·정책적 함의
| 전재성 563

발간사

한국의 국제정치학도들에게 있어서 아마도 가장 중요한 학문적 관심사 중의 하나는 역시 북한 문제일 것이다. 그것은 그들이 살고 있는 한국이 근대국가 국제질서 속에 존재하면서도 아직도 통일된 근대국가를 완성하지 못한 태생적 고민을 안고 있기 때문이다.

그런데 한반도에서 분단이 70년간 지속되는 동안, 국제정치 현실은 엄청나게 변했고 그와 함께 그것을 설명하는 이론들도 줄곧 변화해 왔다. 또한, 우리처럼 분단의 경험이나 심각한 문제의식 없이 국제정치학의 흐름을 주도하고 있는 서방학계의 시각을 무비판적으로 수용하거나 거부하기도 힘든 상황에 처해있다. 그 결과 한국의 국제정치학도들은 한국적 현실과 지구적 차원의 국제정치학의 전개과정 사이에 존재하는 격차를 어떻게 좁혀 나갈 것이냐를 고민할 수밖에 없다.

이 때문에 우리의 입장에서 서방학계의 이론이나 시각들을 걸러내는 작업은 중요한 의미가 있다. 그러한 작업들이 치열하게 전개되고 축적되어 갈 때 우리의 문제를 바라보는 우리 나름의 주도적 시각의 정립이나, 보다 현실성 있는 정책제안도 가능해질 것이다. 그러한 관점에서 볼 때 중요한 의미 있는 작업을 국내의 중견 국제정치학자들이 시도한 결과가 이 책이다.

이 책은 기존의 국제정치학 이론들이 갖고 있는 한계를 보완하기 위한 새로운 시도로 네트워크 이론을 통해 북핵과 북한 문제를 분석하고 새로운 정책적 함의를 제공하고자 한다. 종래의 군사안보와 물적 자원에 초점을 맞춘 권력개념을 넘어서서 최근 사회학이나 물리학, 역사학에서 논의되는 네트워크라는 개념을 통해 비전통안보 분야와 비국가행위자들까지 포함하는 연결망의 맥락 속에서 북한 문제에 접근한다. 그 같은 관점에서 6자회담, 핵미사일, 사이버안보, 무역과 원조, 개혁과 개방, 접경지대 경제협력, 남북경협, 커뮤니케이션 전략, 디지털 미디어 확산, 인권조약, 개념적 통합네트워크라는 북한 관련 주제들을 분석하고 있다.

이러한 작업은 우리가 북한 문제나 북핵 문제를 보다 입체적으로 이해하고 보다 풍부한 상상력을 가지고 북한 문제 해법을 모색하는 데 도움이 될 것이다. 왜냐면 국제관계를 포함한 모든 사회현상은 다차원적이고 입체적인데 인식능력의 한계를 가진 인간이 개발한 모든 이론들은 평면적일 수밖에 없기 때문이다. 그런 의미에서도 기존 국제정치학계의 이론적 접근들이 보여주지 못한 새로운 측면들을 이 책을 통해 독자들이 접하고 신선한 자극을 받을 수 있기를 바란다. 이 책이 나오기까지 수고해주신 김상배, 전재성 두 분 교수와 모든 필진들과 출판사에 고마움을 전한다.

2015년 1월 15일

윤영관

서론

네트워크로 보는 세계 속의 북한

—

김상배

Ⅰ. 머리말

21세기의 문턱을 넘어선 오늘날 한반도 주변에서 벌어지는 국제정치 사건 중에서 세간의 화두를 제일 많이 장식하는 것을 고르라면, 단연코 '북핵과 북한 문제', 즉 북한의 핵무기 개발로 인해서 조성된 한반도 주변정세의 불안과 그 저변에 자리 잡고 있는 북한 국내체세의 불안정 문제를 들 것이다. 북핵과 북한 문제는 단순히 북한의 국내 문제이거나 남북한 관계의 문제라기보다는 우리가 당면하고 있는 여러 가지 국제정치학적 난제들, 즉 중국의 부상으로 인해 새롭게 조정되고 있는 미중관계, 중국과 일본의 갈등으로 대변되는 동아시아 질서의 재편, 21세기 글로벌 거버넌스에의 적극적 참여, 그리고 여전히 냉전시대의 구태를 벗지 못하고 있는 국내정치 등과 같은 문제들을 복합적으로 보여준다. 이 글은 이렇게 복합적으로 얽혀있는 북핵과 북한 문제의 압축파일을 풀기 위해서는 기존 국제정치학의 논의를 뛰어넘는 새로운 시각이 필요하다는 문제의식에서 시작한다.

기존의 국제정치학적 시각은 복합적으로 압축된 북핵과 북한 문제를 펼쳐 보지 못하는 한계를 안고 있다. 무엇보다도 내재적 접근이라는 명목 하에 문제의 본질을 북한 국내문제로 보거나 혹은 남북한 양자 간의 군사안보 문제로 보는 경향이 강하다. 북핵이라는 군사안보 분야에 초점을 맞추다 보니 남북한 정부의 말과 행동에 시각이 고정되는 것은 당연하다. 그러나 최근 전개되는 북핵과 북한 문제는 이렇게 협소한 시각만으로는 풀리지 않는 복잡성을 지니고 있다. 북핵과 북한 문제는 남북한의 문제인 동시에 동아시아 주변 국가들의 문제이며, 더 넓게는 21세기 세계정치의 구조적 맥락에서 보아야 하는 문제이다. 또한 전통적인 군사안보의 문제를 넘어서 다양한 세계정치의 쟁점들이 연루된 문제일 뿐만 아니라 공식적인 정부 간 관계의 틀을 우회해서 활동하는 국내외 비국가 행위자들의 역할에도 주목해야 하는 문제이다. 이러한 점에서 볼 때, 마치 블랙박스 안에 압축파일처럼 갇혀 있는 북핵과 북한 문제를 해체하여 개방된 지평에서 보려는 시각이 시급하게 필요하다.[1]

사실 이러한 문제제기 자체는 전혀 새로운 것이 아닐 수도 있다. 그럼에도 불구하고 현실주의, 자유주의, 구성주의 국제정치이론 등으로 대변되는 기존의 이론적 시각들은 북핵과 북한 문제의 압축파일을 푸는 데 필요한 이론적 자원을 충분히 제공하지 못하고 있다. 예를 들어, 현실주의는 미국과 북한, 중국 등과 같은 국가 행위자들 사이에서 나타나는 군사안보 분야의 대결과 교착을 물질적 권력의 분포나 동학을 중심으로 보는 데 치중한다. 자유주의는 비국가 행위자들이 참여하는 소프트 파워(soft power)의 정치에도 관심을 기울이지만(Nye, 2004), 기능주의적 교류의 확대가 당연히 동북아 국가들의 협력을 낳을 것이라는 낙관론으로 흐르는 경향이 있다. 구성주

1 북핵과 북한 문제를 보는 새로운 시각의 필요성을 강조하는 이 책의 문제의식과 관련하여 최근 국내 학계에서 수행된 몇몇 연구가 눈에 띄는데, 그 중 몇 가지 사례로는 하영선·조동호 편(2010), 윤영관 편(2013), 한신갑(2013) 등이 있다.

의는 남북한의 대결이라는 현실이 영속적으로 고정된 것이 아니라 관념의 구조(ideational structure)에 의해서 재구성될 가능성을 강조하나, 여전히 국가 간의 관계에 시각을 고정한다. 요컨대, 기존 국제정치이론의 시각은 모두 문제의 일 단면을 강조하는 유용성이 있는 반면에, 문제 자체의 복합적인 성격을 복원하는 데에는 한계를 안고 있다.

이러한 한계가 드러나는 이유는 무엇보다도 기존 국제정치이론이 딛고 선 인식론적 전제의 협소성 때문이다. 다소 단순화할 위험을 무릅쓰자면, 이들은 모두 단순계(simple system)의 발상을 기반으로 국가라는 '노드(node)' 행위자에 시각을 고정하고 있어서, 개별 노드의 차원을 넘어서 전개되는 복잡계(complex system) 현상을 다룰 이론적 도구가 없다. 이러한 맥락에서 이 글은 노드에 고정된 시각을 넘어서 북핵과 북한 문제를 보는 이론적 시각을 모색하고자 한다. 이 글이 주목하는 것은 최근 사회학이나 물리학, 그리고 역사학(주로 과학사) 등에서 논의되고 있고 있는 '네트워크 이론'이다. 최근 국제정치학에도 활발히 도입되고 있는 네트워크 이론은 단순한 은유의 차원을 넘어서 21세기 세계정치 현상에 대한 새로운 분석과 참신한 해석을 벌일 수 있는 개념과 이론의 도구를 제시한다. 이 글은, 인식론이나 방법론의 기준으로 보았을 때 다양하게 전개되고 있는 기존의 네트워크 이론을 크게 세 가지 진영, 즉 소셜 네트워크 이론, 행위자-네트워크 이론, 네트워크 조직 이론으로 나누어 이해하고 이를 국제정치학 분야에 원용하는 시도를 펼쳤다.[2]

---

2 이 글의 이론적 시각은 네트워크 이론을 원용하고 있는 여타 국제정치의 이론적 논의와 유사한 맥락에 있다(Hafner-Burton, Kahler and Montgomery, 2009; Kahler ed., 2009; Maoz, 2010; Nexon, 2009; Goddard, 2009; Nexon and Wright, 2007; 민병원, 2009). 그러나 이 글이 기반으로 하고 있는 '네트워크 세계정치이론'은 주로 소셜 네트워크 이론을 원용하고 있는 미국의 이론적 논의보다 좀 더 포괄적이다. 이 글은

이렇게 원용한 네트워크 세계정치이론의 시각은 세 가지 측면에서 기존 국제정치이론이 전제로 하고 있는 '노드 중심의 발상'의 한계를 지적하고, 기존 이론과 차별화된 분석과 해석의 틀을 제시하는 데 기여할 것이다. 첫째, 네트워크 시각은 남북한 관계라는 양자관계(또는 북한 국내문제)에 고정된 기존의 시각을 넘어서 동북아와 세계정치의 구조를 분석하고 이해하는 데 필요한 새로운 이론적 시각과 개념적 도구를 제공한다. 둘째, 이러한 구조의 변화에 대응하는 국가전략을 모색한다는 차원에서, 네트워크 시각은 한반도를 둘러싸고 벌어지는 세계정치를 전통안보 분야의 부국강병 게임뿐만 아니라 다양한 비전통 안보 분야도 포괄하여 벌어지는 좀 더 복합적인 게임으로 분석하고 이해하는 데 유용하다. 끝으로, 네트워크 시각은 남북한 관계를 공식적인 정부 간 관계뿐만 아니라 비국가 행위자들의 비공식적인 활동까지도 포괄하는 '국가-비국가 복합 행위자'들 간의 관계로서 이해하는 데 도움이 된다. 이 글은 이러한 네트워크 시각을 국제정치학 분야에 원용하는 이론적 작업의 골격을 소개하는 동시에, 이 책에 실린 논문들이 다루고 있는 경험적 사례와 각 논문의 주장들이 담고 있는 네트워크 이론적 의미를 자리매김하였다.

이 글의 내용은 크게 네 부분으로 구성되었다. 첫째, 국제정치학 분야의 문제의식을 바탕으로 기존의 네트워크 이론으로부터 얻을 수 있는 개념적 자원을 추출하였다. 특히 기존의 네트워크 이론 중

소셜 네트워크 이론 이외에도 기타 네트워크 이론 진영, 즉 네트워크 조직 이론이나 행위자-네트워크 이론에도 주목하였다. 이들 논의를 종합적으로 원용한 네트워크 세계정치이론의 내용에 대해서는 김상배(2008), 하영선·김상배 편(2010), 김상배 편(2011), 김상배(2014) 등을 참조하기 바란다. 그리고 이러한 논의의 연속선상에서 복잡계 국제정치이론이나 동아시아 국제정치이론의 필요성을 강조한 연구로는 민병원(2005), 손열 편(2007), 신욱희(2008), 전재성(2011)을 참조하기 바란다.

에서도 소셜 네트워크 이론, 행위자-네트워크 이론, 네트워크 조직 이론 등의 세 진영의 논의에 주목하였다. 둘째, 소셜 네트워크 이론의 시각, 특히 구조적 공백과 위치권력 등의 개념을 원용하여 동북아 및 글로벌 차원에서 형성되는 네트워크 구조의 변화라는 맥락에서 북핵과 북한 문제를 분석하고 이해해야 함을 주장하였다. 셋째, 행위자-네트워크 이론의 시각, 특히 '번역' 전략과 비인간(non-human) 행위자 등의 개념을 원용하여 남북한 및 주변 국가들이 벌이는 외교전략의 구체적인 과정을 탐색할 필요성을 강조하였다. 넷째, 네트워크 조직 이론의 시각을 원용하여 남북한 및 동북아 세계정치에서 나타나는 국가 행위자의 변환과 국내체제의 변동 그리고 한반도 통일국가가 지향할 미래 모델을 엿볼 수 있음을 지적하였다. 그리고 이 글의 맨 뒤에는 이 책에 담긴 논문의 내용을 간략히 요약·정리하였다.

Ⅱ. 네트워크의 국제정치학적 원용

1. 네트워크란 무엇인가?

네트워크의 가장 기초적인 정의는 “상호 연결되어 있는 노드들의 집합”이다(Castells, 2004). 말을 바꾸면, 노드들이 서로 연결되어 만드는 관계이다. 우리의 삶은 모두 이러한 노드들 간의 관계를 전제로 한다. 우리가 네트워크라고 부르는 관계는 어쩌다 한두 번 마주치는 관계가 아니라 뭔가 규칙적인 만남이 있는 관계이다. 그 관계는 노드들이 서로 뗄 수 없을 정도로 결합된 관계를 의미하는 것이 아니고 개별 노드들이 각자의 독자성을 유지하는 범위 내에서 형성되는 느슨한 관계이다. 이런 관계들은 필요할 때 급조할 수 있는 것이 아니기 때문에 평상시에 이미 구축해 놓고 있어야 한다. 느닷없이 연락해도 어색하지 않을 정도의 상시적 교류가 있는 관계이며, 이러한 관계는 그 용도가 이미 지정되어 있을 필요는 없다. 평상시에는 잠재적 관계를 유지하다가 필요할 때 활성화되는 종류의 관계인 경우가 많기 때문이다. 이렇게 네트워크로 부르는 관계의 쉬운 사례로는 혈연, 지연, 학연 등을 들 수 있다.

사회과학에서 말하는 네트워크는 단순히 이런 관계의 존재를 넘어서, 특정한 '패턴'을 지닌 관계를 의미한다. 네트워크라고 말할 때는, 행위자들이 관계를 맺어서 구성되는, 다른 형태의 사회조직과 구별되는 독특한 패턴이 있음을 의미한다. 예를 들어, 관계의 아키텍처라는 면에서 네트워크란 수직질서와 수평질서의 중간에 설정된다. 네트워크로 설정되는 관계의 아키텍처는 위계질서(hierarchy)처럼 수직적이지 않다. 그렇다고 시장질서나 무정부질서(anarchy)처럼 완전 수평적이지도 않다. 한편 관계의 작동방식이라는 면에서도 네트워크는 집중 방식과 분산 방식의 중간에 설정된다. 네트워크로 설정되는 관계의 작동방식은 완전히 집중된 것도 아니지만 그렇다고 반대로 완전히 분산적으로 작동하는 것도 아니다. 실제로 네트워크에서는 다른 노드들보다 상대적으로 규모가 큰 노드, 즉 허브(hub)가 존재하고 그 허브가 다른 노드들에 비해서 상대적으로 중요한 기능을 담당하는, 즉 중심성(centrality)을 행사하는 복합적인 아키텍처와 작동방식이 발견된다.

이렇게 보면 네트워크란 단순히 위계질서와 집중 방식의 조합을 한편으로 하고, 단순한 시장질서와 분산 방식의 조합을 다른 한편으로 하는 스펙트럼의 중간지대에 설정할 수 있는 복합적인 패턴의 관계를 지칭한다. 그런데 이러한 설정은 네트워크의 개념적 외연을 구별하는 데는 도움이 되지만, 그 개념적 내포를 밝히는 데는 미흡하다. 다시 말해 현실에서 나타나는 너무 많은 관계들을 네트워크라는 말 안에서 뭉뚱그리게 된다. 네트워크의 개념을 현실을 좀 더 효과적으로 묘사하기 위한 은유의 차원에서 쓸 수 있을지언정, 네트워크로 대변되는 관계의 패턴을 설명하기 위한 분석적인 개념으로 쓸 수가 없다. 네트워크 개념을 분석적으로 가공하기 위해서는 그 아키텍처와 작동방식의 상이한 조합들이 만들어내는 관계의 유형에 대한 좀 더 정교한 구분의 노력이 필요하다. 네트워크 이론에서 네트워크의 하위 유형에 대한 논의가 이루어지는 것은 바로 이러한 이유 때문이다(김상배, 2014, 제2장).

2. 네트워크 개념의 세 층위

네트워크의 개념을 은유의 차원을 넘어서 분석적으로 사용하는 것은 쉬운 일은 아니다. 네트워크라는 말은 개념적 혼란의 여지를 안고 있기 때문이다. 특히 네트워크는 어느 단일한 실체가 아닌 여러 가지 중첩된 존재를 지칭하는 경우가 많다. 또한 네트워크는 그 개념적 외연과 내포가 명확하지 않은 대표적인 용어이다. 간혹 모든 것을 다 네트워크로 설명하려는 '개념적 확장(conceptual stretching)'이 발생하기도 하고, 그렇기 때문에 네트워크로 아무것도 설명할 수 없는 상황이 발생하기도 한다. 결국 네트워크의 개념을 행위자들의 관계에 대한 단순한 은유나 묘사의 차원을 넘어서 분석의 도구나 해석의 틀로 활용하기 위해서는, 사회과학적으로 네트워크를 논하는 개념적 층위를 구별해서 보려는 노력이 필요하다.

기존의 네트워크 이론들은 각기 주안점으로 삼고 있는 개념적 층위가 조금씩 다르다. 앞서 언급한 바와 같이, 네트워크라는 것이 하나의 고정된 실체로서 파악되는 종류의 것이 아니기 때문이다. 어느 각도에서 관찰하느냐가 네트워크의 개념을 이해하는 변수가 된다. 다시 말해 분석적 층위를 어디에 고정시키느냐에 따라서 네트워크라는 존재는 다르게 이해될 수 있다. 국제정치학에 주는 의미도 염두에 두면서, 지난 10여 년 동안 사회학, 물리학, 역사학(주로 과학사) 등에서 다루어 온 네트워크의 개념을 보면 크게 세 가지 층위로 나누어 볼 수 있다. 이러한 구분은 인식론과 방법론의 차원에서 행위자와 구조 및 과정의 구분을 따르는 것이기도 하고, 네트워크 논의가 국제정치학과 인연을 맺게 된 연구사의 변천과도 어느 정도 일치한다(김상배, 2014, 제1장).

첫째, 네트워크를 하나의 행위자(actor)로 보는 이론이다. "그린피스는 환경 분야에 활동하는 대표적인 초국적 네트워크이다"라고 말할 경우, 여기서 네트워크는 그 자체가 하나의 행위자이다. 네트워크는 특정한 속성, 즉 수직질서도 아니고 수평질서도 아닌 조직형태의 속성을 지닌 주체라는 차원에서 이해된다. 네트워크는 특정한 경계를 갖는 노드와 링크의 집합을 의미하며, 네트워크 그 자체가 분석의 단위이자 행위의 단위이다. 노드라는 단위 차원보다는 한 차원 위에서 노드와 노드, 그리고 그들 사이에 형성되는 링크 전체를 모아 하나의 행위자로서 네트워크를 본다. 이렇게 네트워크를 보는 이론 진영의 대표격은 경제학과 사회학 분야의 조직이론에서 원용하는 네트워크 조직 이론이다. 이들 이론의 전제는, 네트워크 형태의 사회조직은 동서고금을 막론하고 존재하였지만, 지구화, 정보화, 민주화 시대를 맞이하여 좀 더 두드러지게 부상하고 있다는 것이다(Castells, 1996; 1997; 1998).

둘째는 네트워크를 하나의 구조(structure)로 보는 이론이다. "내 주위에 형성된 혈연, 지연, 학연의 네트워크로부터 자유로울 수 없다"라고 말할 경우, 여기서 네트워크란 노드들의 행동에 영향을 미치는 일종의 구조이다. 네트워크의 구도가 어떻게 짜이느냐에 따라서 그 안에서 행동하는 단위로서의 노드들의 활동조건들이 달라진다. 네트워크는 노드들의 활동의 결과이기도 하지만 일단 형성된 네트워크는 노드의 활동에 영향을 미치는 구조적 환경이다. 소셜 네트워크 이론은 네트워크를 일종의 구조로 보고 그 특징을 밝히거나, 이러한 네트워크 구조의 효과를 분석한다. 사회연결망 분석(social network analysis, 이하 SNA)은 구조로서 네트워크의 아키텍처와 작동방식을 실증적으로 밝히는 데 크게 기여했다. 최근 국제정치학 분야에서도 국가 및 비국가 행위자들이 구성하는 다양한 네트워크에 대한 구조분석이 이루어지고 있다(Wellman and Berkowitz, 1988; 김용학, 2007).

끝으로, 네트워크를 하나의 동태적 과정(process)으로 이해하는 이론이다. "나 자신의 실력을 닦는 것만큼 내 주위에 네트워크를 만드는 것이 중요하다"라고 말할 경우, 여기서 네트워크란 어느 노드가 그 주위의 다른 노드들과 관계를 맺어가는 부단한 과정 그 자체를 의미한다. 이렇게 과정으로 파악된 네트워크의 개념은, 행위자와 구조로 구분하는 차원을 넘어서, 노드들 서로의 관계를 맺어 네트워크를 형성해 가는 '자기조직화'의 과정이다. 과학기술 사회학 분야에서 주로 원용되는 행위자-네트워크 이론(actor-network theory, 이하 ANT)은 이러한 과정으로서 네트워크에 주목한다. ANT에 의하면 과정으로서 네트워크는 인간 행위자뿐만 아니라 그 주위의 물질적 환경에 해당하는 비인간(non-human) 행위자들까지도 참여하는 과정, 즉 ANT의 용어로는 '번역(translation)'의 과정이다. ANT에서 행위자란 노드와 같이 개체론의 시각에서 파악되는 행위자는 아니고, 오히려 행위자와 구조가 상호작용하면서 구성하는, '행위자인 동시에 네트워크'인 존재이다(Latour, 1987; 1993; 2005; Law and Mol. eds. 2002; 홍성욱 편, 2010; 홍민, 2013).

요컨대, 네트워크의 시각에서 21세기 세계정치의 변화를 분석하기 위해서는 네트워크의 개념을 행위자이자 구조이면서 동시에 과정인 존재로 이해하는, 이상의 세 가지 이론 진영의 논의들을 복합적으로 원용해야 한다. 이렇게 행위자-구조-과정으로서 이해한 네트워크의 개념이 북핵과 북한 문제, 그리고 한반도를 둘러싼 동아시아 및 세계정치를 이해하는 데 주는 유용성은 크게 세 가지이다. 첫째, 행위자로서의 네트워크 개념을 원용해서 보면, 북핵과 북한 문제와 관련된 국가 및 비국가 행위자들의 변환을 좀 면밀하게 볼 수 있다. 둘째, 구조로서의 네트워크 개념을 원용해서 보면, 북핵 게임에 관여하는 행위자들에 영향을 미치는 동아시아 및 글로벌 구조의 내용을 좀 더 가시적이고 분석적으로 그려낼 수 있다. 끝으로, 과정으로서의 네트워크 개념을 원용해서 보면, 북핵 게임에 관여하는 관련 행위자들의 네트워크 전략을 좀 더 체계적으로 이해하는 계기를 마련할 수 있다.

3. 네트워크로 보는 세계정치

이렇게 이해된 네트워크의 개념은 노드의 발상에 머물고 있는 기존의 국제정치이론에 대한 인식론적 비판을 가하고 새로운 이론을 모색하는 플랫폼을 제공한다. 네트워크 시각을 원용한 새로운 이론은 이상에서 살펴본 네트워크의 개념을 기존의 주류 국제정치이론에서 탐구하는 주요 논제들, 예를 들어 권력, 국가, 질서(또는 구조) 등에 적용하고, 그러한 작업을 통해서 한반도와 동아시아 및 세계정치를 설명하는 새로운 분석틀을 모색한다. 이러한 목표를 좀 더 구체적으로 추진하기 위해서, 흔히 거론되는 현실주의 국제정치이론의 세 가지 기본가정, 즉 권력추구의 가정, 국가중심의 가정, 무정부질서의 가정 등이 21세기 세계정치의 맥락에서도 여전히 적절한지를 묻는 작업은 유용하다. 이러한 과정에서 네트워크 시각은 현실주의의 세 가지 기본가정을 21세기 세계정치 변화에 걸맞게 수정하고 보완함으로써 새로운 이론의 플랫폼을 마련할 수 있다는 것이 이 글의 주장이다(김상배, 2014, 제3장).

첫째, 네트워크 시각은 권력추구 가정을 수정·보완하는 데 유용하다. 현실주의가 염두에 두고 있는 권력은 주로 국제정치의 핵심 노드인 국가가 보유하고 있는 물질적 자원, 특히 부국강병을 보장하는 군사력이나 경제력의 보유라는 관점에서 파악된다. 그러나 21세기를 맞아 변화하는 세계정치의 맥락에서 이해되는 권력 개념은 행위자의 속성론이나 자원론의 관점에서 파악되기보다는 상황에 따라서 그리고 다른 행위자와의 관계나 구체적인 사안에 따라서 다르게 인식되어야 한다. 이런 맥락에서 네트워크 세계정치이론에서 주목하는 권력은 노드로서의 국가 행위자의 속성이나 보유자원에서 비롯되는 고정된 개념이 아니라 노드와 노드들이 맺는 관계의 구조라는 맥락에서 생성되는, '네트워크 권력'으로 개념화된다(Grewal, 2008; Castells, 2009; 김상배, 2014, 제5장).

둘째, 네트워크 시각은 국가중심 가정을 수정·보완하는 데 유용하다. 현실주의 국제정치이론에서는 주권과 영토성의 원칙을 기반으로 하여 작동하는 국민국가를 주요 행위자로서 파악하였다. 이에 비해 네트워크 시각은, 국가의 존재를 완전히 무시하지는 않지만, 기존의 국민국가가 그 경계의 안과 밖으로 변환되면서, 그 역할과 형태가 변화하는 새로운 행위자로서의 국가의 부상에 주목한다. 이러한 국가는 새로운 환경에 적응하는 과정에서 비국가 행위자들과의 관계를 새롭게 설정한다. 또한 국가 그 자체도 더 이상 일사불란한 모습으로 움직이는 위계조직이 아니며, 국가기구 내의 여러 하위 행위자들의 수평적 관계가 활발해지는 조직형태로 변화한다. 이러한 맥락에서 네트워크 시각에서 주목하는 국가는 '네트워크 국가'라고 부를 수 있을 것이다(하영선·김상배 편, 2006; 김상배, 2014, 제6장).

끝으로, 네트워크 시각은 무정부질서 가정을 수정·보완하는 데 유용하다. 국민국가를 주요 행위자로 상정하는 현실주의 국제정치 이론이 보는 국제체제는 개별국가의 상위에 국내정부에 상응하는 권위체가 없는 무정부질서이다. 이렇게 무정부질서로 개념화되는 국제체제에서 국가들 간의 힘의 분포는, 신현실주의적 의미의 '구조'로 개념화된다(Waltz, 1979). 그러나 자원권력 게임의 양상을 넘어서, 안팎으로 네트워크 형태로 변환하는 새로운 모습의 국가 행위자들이 구성하는 세계질서를 종전처럼 단순히 무정부질서로 상정하는 것은 어폐가 있다. 게다가 다양한 형태의 비국가 행위자들이 다양한 이슈영역에서 기존 국가의 경계를 넘나들며 구조의 형성에 참여하고 있는 상황을 보면 더욱 그러하다. 이러한 맥락에서 네트워크 시각에서 보는 세계질서의 특성은 무정부질서 또는 위계질서라기보다는 그 중간적인 형태의 세계질서, 가령 '네트워크 질서(network-archy)'라고 부를 수 있는 모습이다(김상배, 2014, 제7장).

이렇게 수정·보완된 세 가지 가정에 입각해서 볼 때, 오늘날의 세계정치는 질적 변화를 겪고 있는 것으로 파악된다. 다시 말해 지구화, 정보화, 민주화의 시대를 맞이하여 근대 국민국가 행위자들이 부국강병 게임, 즉 자원권력 게임을 벌이는 '국가 간(國際, inter-national) 정치'로서 국제정치가 변환을 겪고 있다. 네트워크 시각에서 볼 때, 새로운 행위자들이 벌이는 게임은 네트워크 국가들이 벌이는 네트워크 권력 게임으로 요약된다. 이러한 과정에서 네트워크 질서가 출현한다는 것이 이 글의 이론적 전망이다. 이런 점에서 네트워크 시각을 원용하는 작업의 과제는 남북한의 안과 밖에서 그리고 동아시아와 글로벌 차원에서 벌어지고 있는 복합적인 네트워크들 간의 정치, 즉 망제정치(網際政治, inter-network politics)를 분석하는 이론적 플랫폼을 마련하는 데 있다.

Ⅲ. 네트워크 구조 속의 북한 문제

1. 구조와 위치의 구체적 파악

네트워크 시각의 가장 큰 유용성은 구조를 새롭게 본다는 데 있다. 이런 점에서 소셜 네트워크 이론이 유용하다. 북한이 다른 나라들과 연결되어 있다는 정도의 논의를 넘어서 북한 주위에 만들어진 세계정치의 '보이지 않는 구조'를 가시적으로 그려내는 (또는 구체적으로 상상하는) 것을 가능케 하고, 그 구조 안에서 북한을 비롯한 각 행위자들이 차지하는 '위치'를 파악하게 도와준다. 아무리 북한이 고립과 폐쇄라는 이미지로 그려질지라도 대외적으로 그 나름대로의 네트워크를 형성해 온 것은 부인할 수 없다. 역사적으로 북한은 소련, 중국 및 동구 사회주의 국가들과 동맹과 협력의 관계를 맺었고, 아시아·아프리카 국가들과도 교류하면서 비동맹 운동에도 참여했으며, 중동 국가들과는 무기거래 관계를 유지하기도 했다. 이러한 과정에서 형성되는 대외적 네트워크의 구조를 이해하고 그 안에서 북한이 어떤 위치를 차지하는지를 보는 것은 중요하다.

여기서 말하는 구조는 기존의 국제정치이론에서 말하는 구조와는 다르다. 소셜 네트워크 이론에서 상정하는 구조는 신현실주의 국제정치이론에서 말하는 세력분포로서의 '구조'나 세계체제론이 말하는 자본주의 체제의 '구조'는 아니다. 네트워크 시각에서 말하는 구조는 행위자들 간의 관계구도(relational configuration) 또는 상호작용 자체의 패턴으로서 구조이다. 다시 말해 네트워크는 행위자들 간의 관계가 반영된 일종의 구조이다. 이러한 관계구도론의 시각을 국제정치학에 도입하면, 구조의 개념을 단위 차원으로 환원하지 않고 행위자들 간의 관계 차원에서 발생하는 동태적인 상호작용의 패턴으로 이해할 수 있다. 다시 말해 구조는 행위자들의 내재적 자원이나 속성으로 환원되는 일종의 고정된 실체가 아니라, 행위자들 간의 또는 행위자들을 가로지르는 사회적 관계를 통해서 형성되는 유동적 존재이다(Kim, 2014).

사실 우리가 구조라고 부르는 것은 추상 개념이어서 눈으로 보거나 손으로 잡을 수 있는 실체가 아니다. 그런데 소셜 네트워크 이론에서 상정하는 바와 같이 구조를 행위자들이 상호작용을 통해서 형성하는 관계구도로 이해하면, 부분적으로나마 이를 가시화하는 것이 가능하다. 실제로 소셜 네트워크 이론에서 사용하는 사회연결망 분석(SNA)은 광범위한 데이터의 수집과 정교한 통계적 기법을 사용하여 소시오그램을 그림으로써 네트워크상에서 발생하는 패턴화된 관계구도를 보여준다. 물론 SNA는 데이터의 가용성이라는 제약요인으로 인해서 현실의 네트워크 전체보다는 어느 일부분만을 그려내는 한계가 있다. 그럼에도 SNA는 다른 어떠한 연구방법보다도 복잡한 현실의 단면을 극적으로 보여주는 장점을 갖고 있다. 추상적으로만 상상하던 보이지 않는 관계의 패턴을 직접 보여주는 힘이 있다.

이러한 종류의 구조로서 이 글의 주제와 관련하여 제일 먼저 떠올릴 수 있는 것은 미-중-일-러와 남북한 등이 동아시아 차원에서 형성하는 네트워크의 구조이다. 동아시아를 넘어서 글로벌 차원에서 형성되는 상호교류와 협력의 네트워크도 다양하다. 예를 들어, 국제기구의 멤버십 네트워크, 국가 행위자들 간의 동맹 네트워크, 국제 무기이전 네트워크, 국제금융과 무역의 네트워크, 다양한 산업 분야의 초국적 생산 네트워크, 유학생들의 네트워크, 인터넷 민주주의 트래픽 등은 SNA를 활용하여 그림을 그릴 수 있는 사례들이다. 이렇게 동아시아 및 세계정치에서 발견되는 일종의 중범위 구조의 실체를 SNA를 통해서 소시오그램의 형태로 가시화하는 작업은, 네트워크 내의 관계구도와 상호작용의 패턴을 밝히는 동시에 그 구조 안에서 행위자들이 선택할 수 있는 전략의 범위를 엿볼 수 있게 한다는 점에서 국제정치학의 관점에서 볼 때 매우 유용하다.

비록 정확한 그림으로 그릴 수는 없더라도 이러한 시도는 막연하게만 떠올리던 구조를 좀 더 구체적으로 상상하는 데 도움이 된다. 예를 들어, 데이터의 한계로 그림을 구체적으로 그리지는 못할지라도 네트워크 구조의 속성을 단적으로 파악하는 개념을 제공하는 유용성도 있다. 이 중에서 가장 대표적인 개념이 구조적 공백(structural holes)이다(Burt, 1992). 구조적 공백이란 네트워크상에서 전략적인 목적으로 한두 개의 링크를 추가로 연결함으로써 채워질 수 있는 공백을 의미한다. 그런데 링크를 하나 더 추가하는 차원을 넘어서 그 링크를 하나 더 연결하니까 관련 행위자들이 형성하는 네트워크 전체의 관계구도, 즉 구조가 바뀔 정도의 의미가 있는 공백이다. 그래서 '구조적'이다. 단순한 '정보의 흐름'을 의미하는 구조적 공백에 더하여 '의미의 흐름'에서 발견되는 빈틈인 문화적 공백(cultural holes), 물리적 네트워크에서 발견되는 소프트웨어상의 빈틈인 착취혈(exploit) 등과 같은 응용 개념도 유용하다(Pachucki and Breiger, 2010; Galloway, 2004; Galloway and Thacker, 2007).

구조적 공백에 대한 논의는 그러한 공백을 메우는 전략적 행위를 염두에 두고 있다. 네트워크상에 존재하지만 당사자들은 인식하지 못하고 있는 빈틈을 남보다 앞서 공략하는 것은 행위자에게 큰 기회가 될 수 있다(Burt, 1992; 2005; 2010). 다시 말해, 구조적 공백 개념의 기저에는 중개(brokerage)의 과정을 통해서 정보의 확산에 참여하고 더 나아가 네트워크의 흐름을 통제하려는 의도를 바탕에 깔고 있다. 만약에 당신이 서로 연결되어 있지 않은 두 사람을 이어줄 수 있다면, 그러한 행위가 네트워크의 구도를 당신에게 유리하게 재편할 가능성을 높일 수 있기 때문이다. 국제정치학의 분야에서 보더라도 만약에 자신들이 아니면 단절되어 있을, 행위자들 사이에 존재하는 구조적 공백을 메움으로써 네트워크의 작동을 좀 더 원활하게 할 수 있다면, 아무리 덩치가 작은 나라라도 영향력을 발휘할 수 있을 것이다. 소셜 네트워크 이론에서는 이렇게 구조적 공백을 메우는 중개의 과정에서 발생하는 권력을 위치권력(positional power) 또는 중개권력으로 개념화하고 있다.

2. 동아시아 네트워크 속의 북한

미-일-중-러-남북한이 만드는 6개국, 그리고 더 넓은 의미에서 아세안까지도 포함하는 동아시아의 지정학적 네트워크 속에서 북한 문제를 어떻게 볼 수 있을까? 소셜 네트워크 이론의 사회연결망 분석(SNA)을 원용해서 동아시아에서 발견되는 네트워크의 구조를 그려보자. <그림 1>은 엄밀하게 데이터를 넣어서 그린 것이라기보다는 대략의 데이터를 염두에 두고 직관적으로 그린 것이다(하영선

·김상배 편, 2010). <그림 1>은 가상도이지만 동아시아에서 형성되는 국제적 상호작용의 패턴과 네트워크의 전체적 구도를 보여준다는 차원에서 일정한 의미가 있다. 좀 더 구체적으로는 네트워크의 구조적 특성, 특히 구조적 공백이나 사회적 자본 등을 좀 더 가시적으로 살펴볼 수 있다는 데 장점이 있다. 이 책에서 다룬 사례들도 바로 이러한 동아시아의 네트워크 구조의 그림을 밑바탕에 깔고서 논의를 펼쳤다.

<그림 1>과 관련하여 제일 먼저 떠오르는 것은 아마도 2003년에 시작되어 2008년까지 진행되다가 중단된 '북핵 문제 해결을 위한 베이징 6자회담(이하 6자회담)'의 구조일 것이다. 제1장에서 지적하고 있듯이, 6자회담은 현실주의가 상정하는 지정학적 권력게임을 바탕에 깔고 있다. 사실 6자회담은 미국의 패권이 약화되고 중국이 새로운 도전국으로 부상하는 가운데 북한의 전략적 위상이 변화되는 세력균형의 구도를 바탕으로 하고, 군사안보 이슈, 특히 핵무기 개발 문제를 놓고 벌이는 국제정치의 게임을 기본성격으로 한다. 그러나 6자회담의 구도는 네트워크 시각을 원용하여 새로운 면모를 밝혀볼 여지가 많다. 특히 6자회담의 구도는 소셜 네트워크 이론에서 말하는, 행위자들 간의 상호작용에서 생성되는 관계구도의 동학이 담겨 있다. 사실상 6자회담의 구도는 북핵 문제에 이해관계를 가지는 당사자들을 하나의 장에서 연결한 일종의 거래적(transactional) 네트워크이다.

<그림 1>에서 엿볼 수 있는 6자회담 네트워크에서 주목할 부분은 그림의 중앙에 점선으로 그려진 세 개의 '빠진 링크'이다. 이들은 모두 북한과 연결되는, 북한과 미국, 북한과 일본, 그리고 남북한의 링크이다. 지난 10여 년간 동아시아 국제정치의 역사를 보면, 이들 빠진 링크가 구조적 공백으로 작용했다. 특히 북한의 핵무기 개발로

인해서 야기된 북한과 미국의 관계 악화는 동아시아 국제정치의 안정과 평화를 위협하는 요인으로 인식되었으며, 6자회담의 주요 의제였다. 한편 <그림 1>의 네트워크 구도는 현재 동아시아 국제정치에서 관건이 되고 있는 양자관계 또는 삼자관계를 살펴보는 데도 유용하다. 예를 들어, 양대 네트워크의 허브라고 할 수 있는 미국과 중국의 대결 가능성이 커질 경우 북한 문제는 어떠한 의미를 가지며, 한국은 어떠한 전략적 선택을 해야 할까? 일본과 중국 사이의 갈등이 증폭되고 있는 가운데 남북한의 갈등과 협력은 어떠한 의미를 가질까?

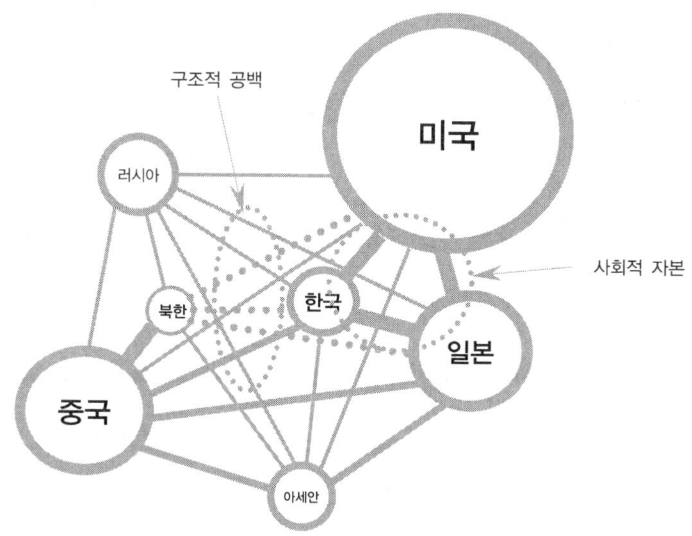

〈그림 1〉 동아시아 세력망의 가상도

출처: 하영선·김상배 편(2010), p.80에서 응용.

이러한 맥락에서 볼 때, <그림 1>에 담긴 사회적 자본의 의미에도 주목할 필요가 있다. 한국의 입장에서 볼 때, 가장 대표적인 사회적 자본은 한-미-일 관계이다. 이에 비해 북한의 입장에서는 전통적으로 북-중-러 관계가 중요했다. 이는 냉전시기부터 논의되던 소위 남방 삼각관계와 북방 삼각관계의 대립구도를 연상케 한다. 이러한 삼각관계의 사회적 자본을 이해하는 데 있어 중요한 것은 남북한이 맺고 있는 군사동맹 네트워크이다. 제4장에 의하면, 남북한 모두 미국과 중국하고만 군사동맹을 맺고 있다. 그러나 한국은 미국과 상호방위조약을 체결하고 있는데, 미국이 아시아와 유럽, 미주의 각국들과 폭넓은 동맹관계를 유지하고 있기 때문에 간접적 연결성을 확보하고 있다. 이에 비해 소련의 붕괴 이후 중국과 유일한 동맹관계를 유지하고 있는 북한은 고립된 안보적 위치에 놓여 있다. 중국이 다른 국가들과 적극적인 동맹관계를 형성하지 않은 관계로 고립된 섬으로 남아 있기 때문이다.

군사동맹 네트워크에서 발견되는 이러한 구도는 경제 분야, 예를 들어 북한이 맺고 있는 원조 네트워크에서도 발견된다. 제4장의 사회연결망 분석에 의하면, 무역이나 원조 네트워크에서 중국 이외에 북한과 지속적이고 실질적인 관계를 유지하고 있는 국가는 별로 없다. 그러나 원조 분야에서 발견되는 북한의 빈곤한 네트워크는 다른 시각에서 해석될 수도 있다. 제5장은 네트워크에 대한 일반적인 인식을 뒤집어, '의존의 네트워크'라는 개념을 제시한다. 세계 사회주의 체제의 붕괴 이후 1990년대와 2000년대에 걸쳐서 북한은 소위 '고난의 행군'을 벌임으로써 주변국들을 상대로 나름대로의 생존과 도약을 위한 경제 네트워크를 구축했다. 그런데 북한이 구축한 네트워크를 보면, 비교적 대등한 물물교환을 하는 관계도 없지 않지만, 대부분이 부등가교환을 하는 의존과 지원의 관계가 주류를 이룬다. 이러한 비대칭 관계를 형성하는 국가들은 주로 6자회담의 참가국들인데, 북한은 1990년대 이래 이들 국가들과 일종의 의존의 네트워크를 형성해 왔다는 것이다.

제5장의 분석에 의하면, 이러한 의존의 네트워크는 독특한 의미의 구조적 공백을 발생시킨다. 일반적인 의미에서 구조적 공백의 개념은 끊어진 네트워크의 흐름을 연결하여 중개권력을 발휘하려는 의도를 설정된다. 이에 비해, 의존의 네트워크에서 생겨난 빈틈은 네트워크의 단절을 걱정하는 주변 노드들의 우려를 역으로 활용하는 행위를 전제로 한다. 북한이 붕괴하면 발생할 동아시아 질서의 교란을 미연에 방지하기 위해 주변국들은 북한체제가 연명할 정도의 물질적 원조를 제공해 왔다. 이러한 구도에서 북한은 외부 지원이 줄어들어 정권에 위협적인 상황이 올 경우 자신의 존재감을 드러내기 위한 도발을 감행하기도 하였다. 이것은 네트워크의 빈틈을 착취(exploit)하는 형태로 볼 수 있는데, 이러한 경우 주변국들은 경제적 이득을 노리고 투자하는 것이 아니라 북한의 무모함을 달래기 위해서 원조를 제공하게 된다. 제5장은 이러한 북한의 착취적 행태를, 석유 자원에 의존하는 중동 국가들을 분석하기 위해 만들어진 '지대추구국가'라는 개념으로 설명한다.

사실 동북아에서 북한이 차지하고 있는 지정학적 위치는 북한이 보유한 자산이 아닐 수 없다. 북한은 해양국가와 대륙국가의 전략적 이해관계가 교차하는 지점에 위치한 자신의 지정학적 지위를 전략적 자산으로 활용하는 지대추구 전략을 추구하고 있다. 중범위의 네트워크 시각에서 보더라도 북한이 차지하고 있는 위치는 큰 자산임이 분명하다. 제6장에서 거론하고 있는, 나진항의 물류 및 관광 기능, 가스 파이프라인 연결, 한반도 철도와 시베리아 철도의 연계 등은 좋은 예이다. 특히 광역두만강개발계획을 둘러싼 북-중-러 접경협력은 위치에서 비롯되는 북한의 가치를 잘 보여준다. 광역두만강개발계획은 중국의 동북3성, 러시아의 극동, 그리고 북한의 동북지방이 소지역 경제협력을 달성하기 위해 추진하고 있는 프로젝트이다. 기본적으로 양자 내지는 삼자의 구도로 추진되는 북-중-러 접경협력은 주변국들의 다양한 이해관계가 얽히면서 동북아 전역에 대한 파급력이 미칠 것으로 전망된다. 그러나 이러한 북-중-러 삼각협력의 고리가 한-미-일 삼각협력의 고리에서 발견되는 것과 같은 사회적 자본으로 전환되어 전략적 협력을 추진해 나가기에는 아직 갈 길이 멀다.

3. 글로벌 네트워크 속의 북한

네트워크 시각을 원용하면 다양한 이슈를 놓고 형성되는 글로벌 네트워크의 구조 속에서 북한 문제를 어떻게 이해할 수 있을까? 제2장에서 살펴보았듯이, 핵과 미사일의 개발 분야에서도 북한은 고립국이라는 통상적 인식과는 달리 대외적으로 네트워크를 적극 활용하였다. 북한의 핵 기술이 핵 선진국에 일방적으로 구애하거나 비합법적인 경로를 통해서 취득된 것으로 인식되었으나, 최근 핵개발의 성과는 오히려 핵 후발국들과의 수평적 공조를 통해서 얻은 것으로 알려졌다. 다시 말해, 핵 비확산을 위한 가해진 국제적 견제에도 불구하고, 북한은 핵 개발을 위한 수평적 협력의 네트워크를 구축했다는 것이다. 이러한 맥락에서 볼 때, 핵확산 방지를 위한 국제 네트워크의 구조적 공백은 무엇이고, 북한은 그 네트워크 속에서 어떤 위치를 점했으며, 더 나아가 핵개발 과정에서 소위 '아웃사이더' 네트워크들을 어떻게 활용했는지를 밝히는 것이 중요하다. 제2장의 분석에 의하면, 북한은 탈냉전의 와중에 발생한 사회주의 진영의 와해를 배경으로 하여 핵의 평화적 사용과 군사적 사용 간의 모호함으로부터 오는 국제 핵확산 방지 네트워크의 구조적 공백을 효과적으로 활용했다.

제10장에서 다룬 국제인권조약도 북한이 유사한 종류의 구조적 공백을 공략한 사례이다. 제10장의 분석에 따르면, 열악한 국내 인권상황에 비해서 국제인권조약에는 상당 수준으로 가입하고 있다. 북한은 국제연합이 주도한 14개 인권협약 가운데 2012년 말 6개에 가입했다(156위). 냉전 종식 직전 인권조약 가입에서 99위로 중위권을 유지했다. 심지어 북한은 국제인권조약의 핵심이라고 불리는 인권규약A와 인권규약B에 한국보다 먼저 가입했다. 미국을 포함하여 인권 상황이 상대적으로 좋다고 평가되는 선진국들도 국제 인권조약에 가입하지 않은 상황을 고려하면 북한의 행보는 매우 특이하다. 북한이 국제인권조약의 이행 여부와 상관없이 국제 인권의 네트워크 구조가 안고 있는 빈틈을 노리고 외부선전용으로 인권조약에 적극 가입하고 있다는 의구심을 낳게 하는 대목이다.

한국을 포함한 국제사회의 인권 개념과 북한의 인권 개념이 매우 상이하다는 사실은 이러한 판단을 뒷받침한다. 제10장의 분석에 의하면, 북한이 비록 양적으로는 국제인권조약 네트워크에 편입된 것으로 보이지만, 소시오그램을 그려보면 한국과 거의 대척점에 있다. 북한은 구 공산권 국가와 동질성을 보이는 반면, 한국은 신생 민주주의 국가 또는 서유럽 국가와 동질성을 보인다. 이러한 양상은 국제인권 네트워크에서 발견되는 빈틈이 단순한 정보 흐름의 단절을 의미하는 구조적 공백이라기보다는 '의미의 흐름'을 단절시키는 문화적 공백의 성격을 갖고 있음을 의미한다. 인권 분야에서 북한은 이러한 공백을 활용하고 공략하고 있는 셈이다. 그런데 외부장식용으로 국제인권조약에 가입한다고 하더라도, 북한이 국제인권 네트워크에 편입되는 한, 국제사회가 제시하는 인권규범의 영향을 받을 수밖에 없다. 국제사회로부터 조약위반의 오명을 쓰지 않기 위해서는 일정 정도로 국내 인권상황의 개선하려고 노력하지 않을 수 없다. 결국 북한의 국제인권조약 가입의 전략은 동전의 양면과도 같은 효과를 낳는다.

네트워크 속의 북한을 논함에 있어서 또 다른 의미의 공백인 착취혈의 존재에도 주목해야 한다. 구조적 공백이나 문화적 공백이 중개자에게 기회를 제공하는 논의라면, 착취혈은 시스템 전체에 위협을 줄 수도 있는 빈틈에 대한 논의이다. 제3장에서 지적한 바와 같이, 최근 북한의 소행으로 추정되는 사이버 공격은 바로 이러한 착취혈을 공략한다. 컴퓨터 바이러스나 각종 악성코드들은 이러한 빈틈으로 침투하여 시스템의 정상적인 기능을 착취하는 대표적 사례들이다. 게다가 이러한 사이버 공격은 그 실체를 파악하기 어렵다. 이러한 점에서 사이버 안보의 문제는 국제정치의 전통적 안보 문제와는 다른 특성을 갖는다. 특히 네트워크의 시각에서 볼 때 가장 두드러진 점은, 태생적으로 착취혈을 품고 있을 수밖에 없는, 인터넷 자체가 사이버 테러와 사이버 공격의 효과가 먹히는 빌미를 제공한다는 사실이다. 실제로 아무리 잘 설계된 정보시스템이라도 기술적으로 복잡하다 보면 그 부산물로서 버그(bug)를 완전히 없앨 수는 없다. 그런데 이러한 빈틈, 즉 착취혈은 해커들이 외부에서 침투하여 시스템의 변경이나 훼손을 시도하는 목표가 된다.

이상에서 살펴본 바와 같이 북한을 이해하기 위해서는 동아시아와 글로벌 네트워크의 구조 속에서 북한 문제를 보는 노력이 필요하다. 그리고 그 안에서 구조적 공백이나 문화적 공백 및 착취혈을 공략하는 전략이 생성된다는 사실을 아는 것이 중요하다. 그런데 이러한 논의를 펼침에 있어서 몇 가지 유의할 사항이 있다. 우선 이러한 공백들은 네트워크상에서 이미 존재하면서 발견되기를 기다리는 공간이 아니라 오히려 전략적 차원에서 행위자들에 의해서 적극적으로 구성되는 공간이라는 사실이다. 또 하나 명심할 것은, 북핵과 북한 문제를 봄에 있어서 네트워크의 구조를 보는 것이 중요하지만, 행위자 자체의 내재적 속성에 대한 탐구도 여전히 중요하다는 사실이다. 이는 북핵과 북한 문제의 성격이 기본적으로 국가 행위자가 관여하는 국제정치학의 논제라는 점과 관련된다. 이러한 행위자의 전략과 내재적 속성에 대한 분석은, 소셜 네트워크 이론이 아닌, 이하에서 살펴볼 두 가지 다른 네트워크 이론의 몫이다.

Ⅳ. 남북한의 네트워크 전략 분석

1. 외교전략의 분석적 이해

네트워크 시각을 원용하는 유용성은 행위자들이 펼치는 외교전략을 체계적으로 보여준다는 데 있다. 현실주의 국제정치이론이 군사력과 경제력을 기르든지 동맹을 맺으라고 처방한다면, 네트워크 시각으로 보는 외교전략은 네트워크 권력의 메커니즘을 잘 이해하고 이를 적극적으로 활용하라고 주문한다. 이러한 시각에서 보면 외교전략의 핵심은 복합적인 관계 맺기를 추구하는 네트워크 전략이다. 이러한 네트워크 전략의 방향과 동학을 이해하는 데에는 행위자-네트워크 이론(ANT)이 도움이 된다. ANT를 원용하는 작업의 유용성은 국제정치 행위자들(ANT의 용어로는 '인간 행위자')이 주변의 물질적 환경 변수(ANT의 용어로는 '비인간 행위자')를 활용하여 네트워크 치기(ANT의 용어로는 '번역')를 하는 구체적인 과정을 보여준다는 데 있다. ANT는 이러한 네트워크 치기의 과정을 전형적인 권력정치의 과정으로 이해한다.

권력정치의 번역과정으로서 네트워크 외교전략은 세 가지 차원에서 네트워크 권력을 놓고 벌이는 게임이다(김상배, 2014, 제5장). 첫째, 네트워크 외교전략은 네트워크 전체의 판세를 읽어 프레임을 짜는 게임이다. 이러한 능력은 게임이 시작되기 전에 네트워크의 형세 자체를 짜는 능력, 즉 '설계권력'과 관련된다. 둘째, 네트워크 외교전략은 네트워크의 구조에서 차지하는 위치를 파악하고 이를 활용하는 게임이다. '위치권력'으로 개념화되는 이러한 능력은 네트워크상에서 유리한 위치를 차지하여 어느 특정 노드(또는 노드군)의 관계를 잇거나 또는 끊는 과정에서 발생하는 권력이다. 끝으로, 네트워크 외교전략은 자신의 주위에 세(勢)를 모으는 게임이다. 네트워크를 구성하는 노드들이 많아지면 많아질수록 그 행위자가 발휘하는 힘은 커진다. 이런 점에서 '집합권력'이라고 부를 수 있겠다. 네트워크 시각에서 본 권력정치의 목표는 단순히 행위자가 지닌 속성에 의지하기보다는 이렇게 세 가지 차원에서 파악된 네트워크의 속성을 잘 활용하는 전략을 구사하는 과정에서 달성된다.

행위자-네트워크 이론의 장점은 네트워크 권력게임의 구체적 과정을 보여준다는 데 있다. 특히 네트워크 권력게임에서 어떤 행위자는 성공적으로 네트워크를 치고, 어떤 행위자는 그렇게 하지 못하는가의 차이를 탐구한다. 이와 관련하여, ANT의 이론가인 미셸 칼롱(Michel Callon)이 제시한 '번역'의 네 단계 전략에 대한 논의는, 막연하게만 떠올렸던 네트워크 권력게임의 과정에 대한 일반론적인 지침을 제시하였다(Callon, 1986a; 1986b). 칼롱의 논의는 다소 도식적이고 상식적인 것으로 보이기까지 한 간결한 단계론을 통해서 ANT의 핵심원리와 '번역'의 계기들을 설명했다. 이 글은 칼롱의 논의를 국제정치와 외교 분야의 특성에 맞추어 i) 프레임 짜기, ii) 맺고 끊기, iii) 내 편 모으기, iv) 표준 세우기 등으로 개작하여 원용하였다(김상배, 2014, 제1장).

한편 ANT의 논의는 네트워킹의 과정에서 비인간 행위자의 역할에도 주목한다. ANT에 의하면, 인간과 사물의 동맹관계에서 사물, 즉 비인간 행위자는 단순히 수동적인 존재는 아니다. 나름대로의 속성으로 인해서 인간 행위자의 네트워크 전략에 영향을 미친다. 예를 들어 전쟁에서 사용되는 무기의 성격에 따라서 군인과 정치가들의 선택은 영향을 받게 된다. 그 무기가 재래식 무기냐 핵무기냐에 따라서 전략전술은 다를 수밖에 없다. 마찬가지로 외교의 과정에서 활용되는 미디어의 성격에 따라서 외교관들의 선택은 영향을 받는다. 그 미디어가 라디오나 TV와 같은 일방향의 매스 미디어냐 아니면 인터넷이나 소셜 미디어와 같은 양방향의 미디어냐에 따라서 네트워크 전략의 내용이 영향을 받을 수밖에 없다. 요컨대 중견국이 추구할 네트워크 전략은 인간 행위자들의 관계뿐만 아니라 그 주위에 존재하는 비인간 행위자도 적극 활용하는 능력을 필요로 한다 (Kim, 2014).

2. 네트워크 권력정치와 번역전략

네트워크 권력정치의 시각에서 볼 때, 남북한을 둘러싼 동아시아 국제정치에서 일차적으로 관건이 되는 것은 프레임 짜기이다. 프레임 짜기는 행위자들이 관여하는 네트워크의 맥락을 파악하고 설계하는 권력의 게임이다. 6자회담의 사례를 보면, 프레임 짜기를 통한 설계 권력의 행사가 바탕에 깔려 있음을 알 수 있다. 제1장의 주장에 의하면, 6자회담이 진행되는 시기의 협상과정은 미국의 군비통제론적 접근, 중국의 부상국 전략, 그리고 한국의 유연한 관여전략 등의 프레임이 경합을 벌인 과정이었다. 특히 미국의 프레임 짜기가 핵 비확산의 관점에서 북핵 문제 해결을 중심으로 접근했다면, 중국과 한국은 북한 문제 전반을 보는 프레임을 강조했다. 그러나 미국의 프레임 짜기가 우세를 점하는 가운데 북한의 프레임과 충돌하였으며, 이러한 가운데 6자회담은 의미 있는 성과를 거둘 수 없었다.

프레임 짜기를 둘러싼 권력정치의 사례는, 제10장에서 다루고 있는, 인권규범 분야에서도 발견된다. 북한은 '우리식 인권'을 주장하면서 보편적·생래적 권리를 의미하는 국제 인권규범과는 다른 북한식 인권의 프레임 짜기를 하고 있다. 북한이 말하는 '우리식 인권'으로서 '근로인민의 권리'와 '공민의 권리'는 개인의 권리가 아니라 집단의 이익에 초점을 맞추며, 정치적·시민적 권리보다는 경제적·사회적 권리가 강조되고, 공민의 의무가 권리만큼 강조된다. 게다가 북한이 말하는 공민의 권리와 의무는 적대 세력에게는 적용되지 않는다. 따라서 적대세력의 권리를 침해하는 행위는 사회주의 건설을 위해서 당연하게 수용된다. 또한 이러한 인권의 개념에서는 상대성이 강조되는데, 북한식 인권은 집단, 즉 북한의 인민에 의하여 규정된다. 이러한 프레임 짜기의 연속선상에서 이해하면, 국제사회가 부과하는 보편적 인권의 주장은 북한이라는 주권국가의 내정에 개입하는 실마리라는 것이다.

제11장의 '개념적 통합 네트워크'에 대한 논의는 북한을 둘러싼 세계정치 과정에 깔려 있는 좀 더 근본적인 인식론적 프레임 짜기의 중요성을 지적하고 있다. 국제정치학 분야의 기존 북한 연구는 주로 발생 사건의 인과관계에 기반을 둔 실증주의적 접근이었다. 이에 비해 제11장은 행위자-네트워크 이론의 문제의식을 바탕으로 국제사회의 중요한 행위자들이 '개념적 통합 네트워크'를 환유적으로 해석함으로써 북한 문제를 좀 더 잘 이해하게 될 것이라고 주장한다. 이러한 맥락에서 제11장이 선정한 사례는, 텍스트 해석을 전제로 '개념적 통합 네트워크' 속의 환유 작용을 통해서 이해하는 유럽연합의

대북한 전략이다. 제11장은 유럽연합에서 취하고 있는 대북한 전략이 북한이라는 개별적 단위 차원이 아닌 한반도라는 큰 틀에서 프레임 짜기를 하고 있다고 주장한다. 이를 통해 유럽연합은 한반도의 문제를 여전히 해결하려 들기보다는 무엇인가를 향해 가는 과정으로서 사유하고 있다는 것이다.

네트워크 전략의 두 번째 단계는 맺고 끊기이다. 네트워크상에서 어느 관계는 강화시키고 어느 관계는 약화시키는 비대칭적 관계 조율의 전략이다. 맺고 끊기의 과정에서 발휘되는 위치권력의 관점에서 볼 때, 6자회담의 네트워크는 흥미로운 구도를 보여준다. 특히 위치권력을 발휘할 중개자의 역할이 기대된 국가는 중국이었다. 제1장의 서술에 의하면, 6자회담은 항상 베이징에서 중국의 주재로 개최되었고, 북한이 6자회담을 거부할 경우 중국은 특사를 파견하여 미국과 연결하는 역할을 했다. 이 과정에서 북한의 요구사항을 미국이 이해할 수 있도록 소통하는 중개자의 역할을 해냈다. 게다가 6자회담의 구도에서 중국은 대북 경제관계를 축으로 북한의 핵 폐기를 끌어낼 수 있는 정책수단을 가진 유일한 국가였다. 위치권력의 시각에서 볼 때, 한국도 협상이 난관에 부딪혔을 경우 돌파구를 여는 의제를 제안하고 회담 참여국들의 관계를 조정하는 하나의 중개자로서의 역할을 수행했다고 볼 수 있다.

맺고 끊기의 관점에서 볼 때, 북한의 인권조약 가입 전략도 새롭게 이해할 수 있다. 제10장에 의하면, 북한식 인권 개념 하에 북한 내의 인권상황을 개선하기보다는 밖으로 인권조약에 가입만 하는 전략을 구사하였다. 냉전이 종식될 무렵 북한은 국제인권조약 가입에 있어 중위권을 유지했으며, 그 이후에도 집중적으로 인권조약에 가입하여 2012년 말 현재 협약 가입 숫자로 공동 156위를 차지했다. 그런데 이 순위는 북한의 인권상황을 최악으로 평가하는 여러 보고와 상반된 것이었다. 제10장의 주장에 따르면, 북한은 내부 인권상황이 국제표준에 부합하거나 혹은 국제표준에 맞추려는 의도로 국제 인권조약에 가입했다기보다는 자국의 인권 상황에 대한 비판을 가하는 국제사회의 입을 막으려는 차원에서 국제인권조약에 대한 적극적 가입을 전략의 카드로 활용했다는 것이다. 사실 국제 인권조약에 가입하더라도, 국제표준을 국내로 들여오는 사회세력이 존재하지 않는 상황에서 인권보장에 대한 국제적 약속은 유명무실할 수밖에 없었다는 사실이 이러한 주장을 반증한다.

네트워크 전략의 가장 핵심단계는 세 번째의 내편 모으기이다. 이는 맺고 끊기를 통해 해체되고 재편된 관계를 다시 수습하여, 단순히 연결망을 치는 차원을 넘어서 내 편을 얼마나 많이 끌어 모아 세력을 형성하느냐의 문제이다. 이러한 내편 모으기의 사례를 잘 보여주는 것은 제8장에서 다룬 매스 미디어를 활용한 북한정권의 선전외교이다. 북한과 중국의 국경을 넘나드는 비공식 커뮤니케이션 네트워크의 활성화로 인해서 대외적 선전 전략의 주도권을 상실할 위험에 직면한 북한정권은 국내외 청중의 신뢰를 회복하기 위한 전략의 일환으로써 새로운 커뮤니케이션 전략을 구사하고 있다. 핵과 미사일 카드 이외에는 사실상 자국의 정책선호를 관철시킬 만한 물질적 자원을 결여한 북한정권의 입장에서 볼 때, 북한만이 가지는 정보의 희소성을 극대화하여 이를 커뮤니케이션 자원으로 사용함으로써 내 편을 모으는 다양한 전략을 추구하였다는 것이다.

네트워크 전략의 마지막 단계는 표준 세우기이다. 표준 세우기는 단순히 숫자를 늘리는 차원을 넘어서 일반적 보편성을 확보하는 단계이다. 이 책에서 다룬 사례 중에서 행위자-네트워크 이론의 네 단계 번역전략을 명시적으로 원용하여 표준 세우기에 이르는 과정을 탐구한 것은 개성공단을 둘러싼 남북경협에 대한 논의이다. 제7

장에 의하면, 개성공단이 하나의 네트워크로 형성되고 공고화되는 과정은 번역정치의 과정으로 해석될 수 있다. 김대중 대통령은 기존의 남북경협 모델에 대한 대안적 '프레임 짜기'를 바탕으로 취임 이후 대북 포용정책(일명 햇볕정책)을 추진했는데 이는 '맺고 끊기' 전략의 좋은 사례이다. '내편 모으기'의 관점에서 볼 때 개성공단의 추진 과정에는 한국의 협력업체와 다국적기업, 국제투자자 등과 같은 다양한 인간 행위자, 그리고 통신과 통행 및 통관 설비와 같은 비인간 행위자들이 네트워크를 확장해 갔으며, 결국에는 개성공단이라는 표준 세우기에 이르렀다. 요컨대, 개성공단이 성립하는 과정은 남북한이 각 단계들을 복합적으로 엮어서 진행한 네트워크 치기의 산물이다.

3. 비인간 행위자와 남북한 관계

ANT를 원용하는 작업의 유용성은 국제정치 분석에서 상대적으로 간과되었던 비인간 행위자에 주목한다는 데 있다. 제2장에서 다룬 바와 같이, 현재 남북한 관계에서 관건이 되고 있는 가장 대표적인 비인간 행위자는 북한의 핵무기이다. 북한의 핵개발 이후 기존의 재래식 무기를 전제로 한 남북한 관계와는 차원이 다른 새로운 관계가 열렸다. 현대 국제정치에서 '핵이 있고 없고'의 차이는 매우 크다. ANT의 시각에서 볼 때, 핵무기를 국제정치와 연결시키는 문제는 인간과 사물의 네트워크를 구축하는 권력정치의 과정이다. 다시 말해, 핵을 비롯한 군사력을 어떻게 번역하여 국제정치라는 인간 네트워크로 포함시키는가, 그리고 그러한 과정에서 누가 번역의 과정을 주도하여 표준 세우기에 이르는가의 문제이다.

개성공단을 둘러싼 남북경협의 과정에도 다양한 비인간 행위자들이 관여했다. 군사분계선으로부터 5~6km 밖 북한의 전략적 요충지에 자리 잡은 330만 ㎡의 개성공단 부지 자체가 중요한 비인간 행위자이다. 이러한 개성공단의 지리적인 특성은 하나의 상징이 되어 남북한 당국자들의 퇴행적인 사고와 행동을 저지하는 효과를 발휘했다고 평가된다. 또한 개성공단의 통신, 통행, 통관의 3통 시스템도 중요한 비인간 행위자이다. 3통 문제가 해결되지 않고서는 개성공단 네트워크의 확장과 원활한 작동에 필요한 물리적 인프라를 갖추기 어렵다. 이러한 맥락에서 개성공단에서 인터넷의 활용성을 높이고, 휴대폰의 사용을 허용하며, 통관절차를 간소화하는 자동출입체계를 구비하는 문제의 중요성을 이해할 수 있다.

이러한 맥락에서 볼 때, 인터넷과 소셜 미디어는 북한 정치와 남북한 관계를 이해하는 데 있어 중요한 비인간 행위자이다. 제9장에서 밝힌 바와 같이, 최근 북한에서는 디지털 미디어의 활용이 급속히 증대되고 있어 향후 정치사회 변동을 기대케 한다. 그러나 디지털 미디어의 확산이 야기할 북한 국내체제의 변화를 예단하기에는 이르다. 오랫동안 지속되어 온 경제위기, 식량난, 권력세습 등에 기인하는 정치사회 변동의 가능성이 있지만, 그에 못지않게 철저한 외부 감시와 내면화된 통제가 행해지고 있다. 게다가 여전히 디지털 미디어에 대한 접근이 보편화되지 못하고 있는 상황에서, 디지털 미디어의 활용이 자동적으로 반체제 운동을 유발할 것이라고 보기는 어렵다. 그럼에도 불구하고, 제8장에서 강조하고 있듯이, 비인간 행위자로서 디지털 미디어의 부상이 일방향적 선전에만 의존했던 기존의 방식을 넘어서 서서히 북한의 커뮤니케이션 방식과 구조를 바꾸고 있다는 사실도 무시할 수 없다.

이와는 다소 상이한 맥락에서 인터넷, 좀 더 구체적으로는 컴퓨터 프로그램이라는 비인간 행위자가 남북한 관계에 큰 파장을 일으키고 있는 사례는 사이버 안보이다. 제3장에서 주장하고 있듯이, 전통적인 안보문제와는 달리, 사이버 안보의 세계정치를 제대로 이해하기 위해서 필수적인 것은 사이버 공격이나 테러에 활용되는 기술에 대한 이해이다. 최근의 양상을 보면, 잘 알려지지 않은 컴퓨터 바이러스나 악성코드를 사용할 뿐만 아니라 공격의 수법도 점점 더 교묘하게 바뀌고 있다. 스턱스넷, 플레임, 샤문 등과 같은 컴퓨터 바이러스와 악성코드는 그야말로 ANT에서 말하는, 행위능력(agency)을 가진 비인간 행위자의 대표적인 사례이다. 또한 수십만 대의 좀비 PC를 동원하여 감행되는 디도스 공격이나 최근 주목받는 APT 공격 등의 수법도 사이버 안보의 세계정치를 이해하는 데 있어 놓쳐서는 안 되는 비인간 행위자이다.

Ⅴ. 네트워크로 보는 국가변환과 통일모델

1. 새로운 행위자의 속성 이해

네트워크 시각, 특히 네트워크 조직 이론은 북핵과 북한 문제에 관여하는 세계정치 행위자들의 새로운 속성을 이해하는 데 도움을 준다. 여기서 네트워크란 사회생활에 널리 퍼진 일반적인 관계의 패턴을 의미하는 것은 아니고, 오히려 구체적인 조직형태를 가진 행위자이다. 네트워크 조직 이론에 의하면, 지구화, 정보화, 민주화 시대를 맞이하여 사회 전반에서 전통적인 위계조직을 넘어서는 새로운 조직형태를 지닌 행위자가 부상한다. 이러한 행위자는 위계조직도 아니지만, 그렇다고 분산된 조직형태, 예를 들어 '시장'의 조직형태를 따르지도 않는다. 오히려 이 양자의 중간적인 조직형태를 지닌, 소위 네트워크의 형태이다. 국제정치학의 분야에서도 20세기 후반 들어 근대 국민국가의 변환에 대한 논의가 활발해졌는데, 이는 새로운 조직형태의 부상에 대한 네트워크 조직 이론의 논의와 맥을 같이 한다. 이는 구체적으로 소위 네트워크 국가의 출현에 대한 논의로 나타났다(하영선·김상배 편, 2006).

네트워크 조직 이론으로 보면, 정보화의 확산에 따른 새로운 물질적 환경의 출현은 네트워크 조직 형태의 부상에 큰 영향을 미쳤다. 여기서 정보화(좀 더 구체적으로는 IT변수)는 국민국가의 변환이 발생하는 물적·지적 조건의 변화를 대변한다. 사실 최근 우리 주변에서 발생하는 정치사회 변동의 기저에는 IT변수, 즉 인터넷이나 소셜 미디어가 창출하는 네트워크라는 변수가 핵심적인 요소로서 자리 잡고 있다. 이러한 IT변수는 21세기 세계정치를 분석하는 데 있어서도 독립변수로 간주되기 시작했다. 그러나 여태까지 국제정치이론은 이러한 IT변수를 외재적으로 주어진 것으로 보고 적극적으로 이론화시키지 않았다. 네트워크 조직 이론의 '정보주의(informationalism)'에 대한 논의는 세계정치의 변환 과정에서 발생하는 두 가지 층위, 즉 세계정치라는 '상부구조'에서 나타나는 국가의 변환과 그 '물적 토대'에 해당하는 커뮤니케이션 인프라의 발달을 엮어서 보는 이론적 자원을 제공한다(Castells, 2004).

이러한 맥락에서 네트워크 조직 이론의 시각이 이 책의 논제에 던지는 의미를 요약하면, 새로운 행위자로서 네트워크 국가의 형태와 내용에 주목하라는 것이다. 첫째, 남북한 관계와 동아시아 세계정치에서 활동하는 국가-비국가 행위자의 복합체로서 네트워크 국가의 역할에 주목해야 한다. 일차적으로 네트워크 국가는 정부 간 네트워크의 활성화를 의미한다. 그러나 남북한 간에 형성되는 네트워크라 함은, 정부 간 네트워크뿐만 아니라 비국가 행위자들도 참여하는 복합적인 네트워크이다. 이러한 국가-비국가 복합 행위자에 대한 논의는 소위 거버먼트(government)형 남북한 관계에서 거버넌스(governance)형 남북한 관계로의 변환이라고 하는 행위자 변환에 대한 논의와 맥을 같이 한다.

둘째, 네트워크 시각은 남북한의 각 국내체제에서 발생하는 변화를 체계적으로 이해하는 데 도움을 준다. 통상적으로 노드 행위자를 블랙박스로 놓고 주로 그들의 관계만을 탐구하는 소셜 네트워크 이론과는 달리, 네트워크 조직 이론은 노드 행위자의 내부에서 발생하는 변화에도 주목한다. 남북한 관계의 원활한 진전을 위해서는 남북한의 네트워크와 함께 국내적 차원에서도 '내편 모으기'의 네트워크를 구축하는 것이 점점 더 중요해지고 있다. 한국의 사례만을 보더라도 남북한의 주요 현안에 대해서 전개되는 여론분열과 남남갈등은 효과적인 대북정책의 추진을 가로막는 요인이다. 이를 극복하기 위해서는 네트워크 시대에 걸맞은 정부조직의 체계정비뿐만 아니라 정보화 시대에 걸맞은 정부와 시민사회의 소통 메커니즘도 필요하다.

끝으로, 이 책에서 본격적으로 다루지는 않았지만, 네트워크 조직 이론의 논의는 통일국가의 미래상을 엿보는 데도 유용하다. 네트워크 시대를 맞이하여 우리가 추구할 통일국가의 모델은 근대적인 의미의 국민국가를 넘어서는 모델이어야 한다. 앞서 언급한 21세기 국가모델로서 네트워크 국가가 거론되는 것은 바로 이 대목이다. 통일국가의 모델로서 네트워크 국가는 국가-비국가 행위자의 관계망을 특징으로 하는 다층적인 네트워크의 등장을 포괄하는 개념이다. 대외적으로 네트워크 국가는 국민국가 단위를 넘어서는 지역통합의 움직임을 배경으로 하여 출현하는 국가이다. 예를 들어 최근 유럽에서 모색되고 있는 지역통합의 움직임은 국민국가 단위를 넘어서는 네트워크 국가의 부상을 보여주는 하나의 사례이다.

2. 복합 행위자의 역할과 북한체제의 변동

이 책에 담긴 사례 중에서 국가-비국가 복합 행위자의 역할을 가장 극명하게 보여주는 사례는 제3장에서 다룬 사이버 안보이다. 사이버 테러와 공격은 위계조직의 모습을 따르지 않는 네트워크 형태의 비국가 행위자들이 시도하는 경우가 많다. 사이버 테러와 공격은 초국적으로 활동하는 행위자들이 벌이는 소위 '비대칭 전쟁'의 대표적 사례이다. 그런데 최근에 사이버 안보에서 두드러지게 나타나는 현상은 국가 행위자들이 적극적으로 관여하기 시작했다는 사실이다. 최근 러시아, 중국, 북한, 심지어는 미국 등에서 보고되는 사이버 공격의 사례는 이러한 국가의 그림자를 엿보게 한다. 국가 행위자는 사이버 공격의 주체가 될 수도 있지만 방어의 역할도 자임하고 있다. 정부 간 협력을 통해서뿐만 아니라 민간 부분과 전문가들도 참여하여 사이버 테러와 공격을 막으려는 국제적 네트워크가 가동되고 있다. 이렇게 두 얼굴을 한 국가의 몸체는 전통적인 위계조직이라기보다는, 안과 밖으로 다양한 행위자들과 연계하는 네트워크 국가이다.

제7장에서 살펴본 바와 같이, 개성공단을 둘러싼 남북경협은 민간 행위자들이 핵심적인 역할을 한 사례이다. 개성공단은 정치 리더십이 주도하고 남북한 정부 간 협력을 통해서 이루어낸 작품이다. 그러나 그 추진 과정에서 민간 행위자들이 중요한 역할을 했다. 실제로 백여 개 한국의 업체들이 개성공단에 입주하여 생산 활동을 벌였다. 여기에 추가로 토지를 분양받은 업체들이 입주할 것으로 예상된다. 개성공단에서 일하는 근로자들도 중요한 행위자이다. 개성공단에는 2012년 말 현재 780여 명의 한국 근로자와 5만 3천여 명의 북한 근로자가 일하고 있다. 이는 2004년 10월 북한 근로자

55명이 처음 고용된 이후 7년 4개월 만의 성과이다. 특히 북한의 경우, 근로자의 가족까지 감안하면 25~30만 명이 개성공단에 직접적으로 연결되어 있을 것으로 추산된다. 남북경협에서 나타나는 행위자의 복합성은 향후 두만강경제특구사업을 위해서 북-중-러 경제협력이 본격적으로 진행될 경우 유사한 패턴으로 나타날 가능성이 크다.

북한의 커뮤니케이션 네트워크가 작동하는 과정에도 초국적으로 활동하는 민간 행위자들이 중요한 역할을 하고 있다. 제8장의 분석에 의하면, 북한 당국이 내부 정보의 외부유출과 외부 정보의 국내유입을 철저히 차단한 정책은 역설적이게도 초국적 민간 행위자들의 비밀스러운 활동을 부추겼다. 북한을 이탈한 탈북자들과 국경을 넘나들며 상업 및 무역 활동을 벌이는 조선족이나 화교, 중국 상인, 불법 밀수업자들, 그리고 탈북기획 브로커들은 북한 내부의 정보를 국제무대로 유출하거나 국외정보를 북한 내부로 유통시키는 일종의 비공식적 정보원의 역할을 담당하고 있다. 결과적으로 이러한 우회 채널을 통해서 국제사회는 북한 내부 사정에 대해, 그리고 북한 주민들은 외부 세계에 대해 불완전하고 단편적인 형태로 서로의 실상을 알아가는 커뮤니케이션 네트워크가 형성되고 있다는 것이다.

이러한 민간 행위자들이 결집될 경우 북한 국내체제에도 변화의 바람이 불어올 가능성이 있다. 2011년 봄 북아프리카와 중동지역에서 시작된 민주화 운동에서 인터넷, 휴대폰, 페이스북, 트위터 등이 핵심적인 역할을 담당했다. 이후 소셜 미디어가 권위주의 국가의 정치사회변동에 미치는 영향에 대한 관심이 증대되어 왔다. 튀니지에서 시작된 반정부운동은 국경을 넘어 이집트, 알제리, 리비아 등 지역 내 국가들로 확산되어 '아랍의 봄'이라 불린 지역 민주화운동으로 확대되었고, 이러한 움직임이 중국과 북한에 미치는 영향에 관심이 모아졌다. 이러한 맥락에서 인터넷과 소셜 미디어로 대변되는 비인간 행위자 변수가 북한 주민의 정치·사회적 태도와 행동에 어떠한 영향을 미칠 것이며 더 나아가 북한 국내체제 자체의 변동을 어느 정도 야기할 것인가는 관건이 아닐 수 없다.

3. 통일국가 모델로서 네트워크 국가

우리가 자주 사용하는 통일(統一, reunification)이라는 용어는 근대 국민국가라고 하는 행위자 중심의 발상, 즉 노드 차원의 발상이 낳은 소산이다. 지난 50여 년 동안 우리가 논하고 있는 한반도의 통일이란 다름 아니라 남북한에 나뉘어 살고 있는 한민족이 국민국가라는 틀 안에서 '하나가 되는 것,' 즉 통일을 의미한다. 이러한 맥락에서 보면 한반도의 통일이란 19세기 후반 개항 이후 지난 백여 년 동안 우리 민족이 추구해 왔던 근대 국민국가 건설의 과정에서 지속적으로 설정되어 온 목표라고 할 수 있다. 사실 국민국가를 단위로 설정한 것은 근대 국제정치의 이념형적 전제였다. 그런데 네트워크 시대를 맞이하는 한반도의 통일이 지향할 미래 국가모델로서 근대 국민국가는 얼마나 적절할까?

이 책에서는 본격적으로 다루지는 않았지만, 네트워크 시각은 향후 통일국가의 미래상을 가늠하는 데 큰 도움을 준다. 특히 네트워크 조직 이론의 관점에서 볼 때, 국민국가와 같은 위계조직 모델은 안팎의 환경변화로 인해서 자기조정의 압력을 받고 있다. 지구화, 정보화, 민주화의 시대를 맞이하여 개별국가 차원에서 배타적인 국가모델을 설정하는 것은 가능하지도 않을 뿐만 아니라 바람직하지도 않다. 이제는 더 이상 '국민·민족(nation)'의 경계 안에서 국가

모델의 이념형을 규정하던 시대는 지났다. 안과 밖으로 다양한 행위자들이 대외활동에 관여하게 되면서 국내적으로도 다양한 민간 행위자들이 참여하고, 대외적으로도 상대국가나 국제기구, 초국적 시민단체들과 관계를 맺는다. 이러한 맥락에서 볼 때, 통일국가의 미래상으로서 네트워크 국가의 개념을 적극적으로 고려해 볼 수 있다.

행위자-네트워크 이론도 미래 국가모델의 논의에 중요한 시사점을 준다. 넓은 의미에서 보면 근대 국제정치란 행위자로서 국민국가가 여타 인간 및 비인간 행위자들과 경쟁하면서 네트워크를 구축한 과정이다. 근대 국제정치의 형성과정에서 국민국가가 지배적 행위자로 등장할 수 있게 된 이유도 바로 이러한 시각에서 설명 가능하다. 다시 말해 서구의 중세에서 근대로 이행하는 시기에 국가 행위자가 여타 비국가 행위자에 비해서 성공적으로 '번역'을 수행함으로서 지배적 행위자-네트워크로 부상했다고 해석할 수 있다. 이러한 맥락에서 보면 근대 국제정치에서 지고의 관념으로 이해되는 '주권'의 원칙이라는 것도 일종의 '번역의 양식'이라고 할 수 있다. 다시 말해 국민국가가 성공적인 '번역'을 행한 후에 블랙박스를 친 결과가 바로 국가 주권의 관념을 바탕으로 '국가 간 질서'를 구축한 것이라 할 수 있다(Latour, 1993).

기존의 주류 국제정치이론은 이러한 블랙박스의 뚜껑을 지키는 문지기의 역할을 톡톡히 담당해 왔다. 그리고 이렇게 그려진 국제정치의 모습은 오랜 기간 동안 '안정적인' 질서로서 인식되어 왔다. 그렇다면 최근 지구화와 정보화, 그리고 여기서 더 나아가 탈근대의 시대를 맞이하여 국가 행위자에 대해서 가해지고 있는 비국가 행위자들의 도전을 어떻게 볼 것인가? 새로운 도전은 근대 국제정치의 블랙박스를 열고 그 안에 있는 네트워크의 뼈대를 드러내게 할 것인가? 아니면 여전히 국가 행위자가 '변환'의 과정을 거치면서 행위자

-네트워크의 지배적 위치를 계속 점하게 될 것인가? 이 책에서는 이러한 질문을 본격적으로 탐구하지는 않았지만, 한 가지 지적할 것은 지난 수백 년 동안 당연시되던 근대 국제정치의 블랙박스가 서서히 열리기 시작했다는 점이다. 적어도 국민국가 체제의 고장 조짐이 드러나면서 새로운 패턴의 세계정치가 그 모습을 서서히 드러내고 있다.

근대국가를 둘러싼 블랙박스 열기를 보여준 사례는 사이버 안보 분야의 글로벌 거버넌스에서 찾을 수 있다. 사이버 공간의 복합 네트워크를 활용하여 초국적으로 감행되는 사이버 테러와 공격은 단순히 일국 차원에서 대응책을 마련하거나 법제도를 정비해서 해결될 문제가 아니다. 기본적으로 국민국가의 국경을 초월하여 발생하는 문제이니만큼 긴밀한 국제협력의 노력을 통해서 그 해법을 모색하는 것이 필요하다. 또한 전통적인 정부 간 협력의 틀을 넘어서 국제기구나 민간 행위자들도 참여하는 글로벌 거버넌스의 모색도 이루어지고 있다. 요컨대, 최근 사이버 안보에서 진행되는 양상은 근대 국제정치의 행위자로서 국민국가들 간의 협력 모델과 함께 초국적 비국가 행위자들의 글로벌 거버넌스 모델이 서로 경쟁하면서 중첩되고 있는 상황을 보여주는 좋은 사례이다.

VI. 이 책의 구성

네트워크 시각에서 북핵과 북한 문제로 대변되는 동아시아 및 세계정치를 분석한 이 책은 크게 세 부분으로 구성되었다. 제1부 '외교안보 네트워크 속의 북한'은 전통적인 국제정치학의 연구영역인 외교안보 분야에서 나타나는 한반도 주변 국제정치의 동학을 다루었다. 핵심 논제는 핵무기와 미사일, 사이버 안보와 같은 전통 및 비전통 안보 이슈를 놓고 벌이는 남북한 및 세계정치 행위자들 간의 네트워크 세계정치이다.

제1장 '네트워크 이론의 관점에서 본 북핵 문제와 6자회담'은 2003년부터 시작된 북핵 문제 해결을 위한 6자회담의 진행과정을 네트워크 시각에서 분석하였다. 국가들 간의 세력분포와 각 국가들의 전략 등과 같은 전통적인 국제정치이론의 주요 변수들을 고려하면서도, 동시에 위치권력, 구조적 공백, 번역, 의무통과점 등과 같은 네트워크 이론의 개념들을 적용하였다. 6자회담은 전통적인 국가들 간의 권력정치를 기저에 깔고 진행되었지만, 좀 더 적극적으로 해석하면 미국을 비롯한 참여 국가들이 북핵 문제의 번역을 둘러싼 네트워크 권력의 게임을 벌인 장이었다. 그 중에서도 주목할 것은, 6자회

담에 임하는 각국의 네트워킹 전략이 교차하는 가운데 일종의 위치 권력을 바탕으로 중국과 한국이 담당했던 중개자의 역할이었다. 그러나 결국 6자회담은 동북아 국제정치의 새로운 장을 열 수 있는 의무통과점을 넘지 못함으로써 북핵 문제를 해결하는 주요 메커니즘으로 자리 잡지는 못하였다.

제2장 '국제 핵통제 네트워크와 북한의 핵미사일 동맹 네트워크'는 북한이 핵무기를 개발하는 과정에서 작동한 핵 후발국들과의 동맹 네트워크를 분석하였다. 일반적인 통념으로 보면 북한의 핵무기 기술은 핵 선진국으로부터 일방적 구애나 비합법적인 경로를 통해서 취득된 것으로 알려져 있다. 그러나 제2장의 주장에 의하면, 최근에 북한이 이룩한 핵무기와 미사일 개발 성과는 오히려 핵 후발국들과의 수평적 공조의 결과이다. 다시 말해, 강대국들이 주도하는 기성 국제질서의 외곽에 위치하는, 소위 '문제국가'인 이들 핵 후발국들과 북한이 '협력'의 네트워크를 맺었다는 것이다. 이러한 문제의식을 바탕으로 제2장은 북한이 핵미사일 '확산'과 그 '통제'를 위한 국가들 간의 네트워크 속에서 어떤 위치를 차지하고 있었으며, 또한 북한이 이러한 네트워크를 어떻게 활용하였는지 추적하였다.

제3장 '버추얼 창과 그물망 방패: 사이버 안보의 세계정치와 북한'은 네트워크 시각에서 최근 늘어나고 있는 사이버 테러와 공격을 보는 이론적 논의를 펼쳤다. 최근 사이버 안보의 세계정치를 보는 국제정치학계의 논의를 보면 다소 우려스러운 부분이 있다. 전통적인 국가안보나 핵억지에 기원을 두는 이론적 시각을 원용하여 사이버 공격에 대해서 군사적 보복을 가하거나 사이버 공격의 배후지를 제공한 국가나 업체에 대해서 전통적인 국제법과 전쟁법을 적용하여 책임을 묻겠다는 주장이 제기되기도 한다. 이들 시각은 복잡계 현상을 기반으로 발생하는 사이버 테러와 공격을 냉전시대에 기원

을 두는 단순계의 발상으로 다루는 오류를 범하고 있다. 이러한 문제의식을 바탕으로 제3장은 사이버 테러와 공격이 발생하는 사이버 공간의 구조와 동학에 대한 이론적 이해를 도모하였다.

제2부 '정치경제 네트워크 속의 북한'은 현재 남북한과 동아시아에서 가장 쟁점이 되고 있는 정치경제 분야의 이슈들을 네트워크 시각에서 살펴보았다. 핵심 논제는 무역과 원조, 남북한 및 동북아 차원의 경제협력 분야에서 북한을 둘러싸고 펼쳐지는 동아시아와 글로벌 차원의 네트워크 권력정치이다.

제4장 '동맹, 무역, 그리고 원조 네트워크 속의 북한'은 사회연결망 분석을 이용하여 동맹, 무역, 원조 네트워크 속에서 북한이 차지하는 위치를 살펴보았다. 제4장의 분석에 의하면, 중국과 유일한 방위협약을 체결하고 있는 북한은 중국에 대한 군사적 의존성이 높은데, 이러한 상황은 북한이 핵실험과 미사일 실험을 강행하면서부터 무역과 원조 분야로 확대되었다. 무역 네트워크에서도 북한의 자원 수출은 중국에 집중되어 있을 뿐만 아니라 그 자원수출의 방식도 철광석이나 석탄에 치중해 있다. 이러한 상황에서 중국 이외에 북한과 지속적이고 실질적인 관계를 유지하고 있는 국제기구나 국가행위자를 찾기 어렵다. 중국과 한국을 포함한 동북아 국가들이 경제적·문화적 상호의존을 지속적으로 증가시켜 나가고 있는 상황에서 북한이 선택한 고립노선의 기회비용은 북한이 예상했던 수준 이상으로 증가할 가능성이 크다.

제5장 '탈냉전시기 북한의 의존 네트워크 분석'은 네트워크 시각에서 생존을 위해 북한이 활용하는 의존 네트워크의 게임을 분석하였다. 제5장은 원조 분야에서 나타나는 북한의 네트워크 전략이 전면적 개혁개방을 실천하는 사전단계로서 의미가 있다고 적극적으로 평가한다. 외부세계와 비교적 거리를 두고 있는 북한이 짧은 시간에

개혁과 개방의 방향으로 나아가리라고 예측하기는 쉽지 않다. 그러나 북한이 장기간에 걸쳐 점진적인 변혁의 길을 걸을 것으로 추정할 때 중간목표로서 소위 '지대국가'의 역할을 추구한다는 것이다. 북한은 한동안 혁신에 기반을 둔 경제발전보다는 노동력, 지하자원, 전략적 요충지로서 위치에 의존하는 경제성장 모델에 주력할 가능성이 크다. 이러한 맥락에서 볼 때, 북한이 지대추구 행위를 통해서 동북아의 지정학적 구조를 역으로 활용하는 과정은 북한이 개혁과 개방의 긴 여정을 시작하는 단계에서 일정 정도의 긍정적 의미가 있을 것으로 기대된다.

제6장 '북-중-러 접경지대 개발협력과 동북아 지역정치'는 네트워크 시각에서 북한 동북지방, 중국의 동북3성, 러시아의 연해주지방이 함께 만나는 두만강 하구의 소지역 경제협력 문제를 분석했다. 제6장에 따르면, 이 소지역 협력은 단순히 북-중-러 경제협력의 차원에서 머물지 않고 향후 동북아 지역협력의 구도와 북한의 미래에 커다란 영향을 끼칠 것이라고 한다. 따라서 이 소지역 협력의 지역정치적 의미와 영향을 이해하기 위하여 동북아 네트워크의 구도에서 관찰되는 사회적 자본과 구조적 공백을 네트워크 이론의 견지에서 파악하는 작업은 유용하다. 이러한 동북아 소지역 협력은 중국이 주도하는 경직된 사회적 자본으로 발전되거나 미국 등에 의한 대중국 견제로 와해되는 것보다는 균형적이고 유연한 사회적 자본으로 성장해 가는 것이 필요하며, 이 과정에서 러시아와 한국 그리고 북한 사이의 협력이 중요한 역할을 할 수 있다는 것이 제6장의 주장이다.

제7장 '남북 경제협력의 네트워크 구조와 시사점: 개성공단을 중심으로'는 행위자-네트워크 이론의 시각에서 남북한 경제협력의 대표 사례로 여겨지는 개성공단을 분석하고 그 시사점을 조명하였다.

개성공단의 의미는 남북한 경제협력이 이루어지는 지리적 공간에만 그치는 것이 아니라 다양한 인간 및 비인간 행위자로 이루어진 네트워크의 형성이라는 데 있다. 개성공단이 수차례에 걸친 남북한의 군사적인 긴장과 충돌에도 불구하고 명맥을 유지할 수 있었던 이유를 행위자-네트워크의 성공이라는 관점에서 이해하고 있다. 개성공단의 탄생과 부침 과정은 이종(異種)적 행위자들이 동원되고 결합하고 분열하는 번역의 과정으로 해석할 수 있다. 그러나 개성공단이 남북경협의 표준으로서 남북관계와 한반도 및 동북아 질서의 안전판 역할을 담당하기 위해서는 통신, 통행, 통관 등의 문제에서 발견되는 비인간 행위자의 변수를 해결해야 할 뿐만 아니라, 개성 이외의 북한 지역과 글로벌 행위자의 참여를 이끌어 내야 한다.

제3부 북한과 한반도 주변에서 최근 새롭게 주목받고 있는 커뮤니케이션 분야의 세계정치의 주제들을 네트워크 시각에서 다루었다. 핵심 논제는 디지털 미디어, 인권 등과 같은 초국적 이슈이며, 이러한 과정에서 나타나는 북한의 네트워크 전략과 북한 국내체제의 변동 가능성 및 이들 이슈가 딛고 서 있는 인식론적 기반에 대한 성찰이다.

제8장 '북한의 커뮤니케이션 네트워크와 북한정권의 국제청중 호소전략'은 네트워크 시각에서 북한의 국내외 커뮤니케이션 환경을 살펴보았다. 북한의 커뮤니케이션 구조는 북한 당국이 주도하는 수직적 메커니즘과 국경선을 넘나드는 초국적 행위자들이 창출하는 수평적 메커니즘으로 구성된다. 제8장에 따르면, 이러한 구조는 북한 당국으로 하여금 국제적으로 실추된 신뢰를 회복하기 위해 국제청중에 직접 호소하는 전략을 취하게 만들었다. 희소정보에 대한 폭로와 청중비용을 발생시키는 자기손실의 위장전략, 그리고 당국 의사의 진실성을 스스로 증명해 보이는 자가입증 전략은 북한 당국이

추구한 커뮤니케이션 전략의 중요한 요소이다. 이러한 맥락에서 볼 때, 전통적으로 북한정권이 사용해온 선전선동과 대외선전 전략을 단순히 협박이나 남남갈등 유발전략으로만 이해하는 것은, 변화하고 있는 북한 커뮤니케이션 환경을 제대로 이해하지 못한 소치라는 것이 제8장의 주장이다.

제9장 '디지털 미디어와 정치사회변동: 이집트, 아제르바이잔, 북한 사례'는 디지털 미디어가 야기하는 정치사회 변동이 북한에 미치는 영향을 검토하였다. 최근 북한에서는 인트라넷, 휴대폰, DVD, USB 등 디지털 미디어의 활용이 급속히 증대되어 왔다. 그러나 북한에서의 디지털 미디어의 도입과 확산은 단기적으로 중동지역에서와 같이 급격한 정치사회 변동을 촉진할 가능성이 낮다는 것이 제9장의 주장이다. 디지털 미디어의 사용이 아직도 보편화되지 못했을 뿐만 아니라, 그나마 보급된 디지털 미디어에 대한 통제가 일상적으로 이루어지고 있기 때문이다. 게다가 현재 북한에는 위기를 변동의 계기로 밀고 나갈 정치사회세력도 존재하지 않는다. 이러한 한계에도 불구하고, 장기적인 관점에서 보면, 새로운 디지털 미디어의 도입과 확산이 지속되면서 북한에서도 정치사회적 변동의 토대가 마련될 가능성도 무시할 수는 없다.

제10장 '국제인권조약 연결망에서 북한의 위치'는 국제인권조약에 가입하는 북한의 전략을 네트워크 시각에서 분석하였다. 국제사회의 인권 개념에 비교할 때 북한의 인권 개념은 개인 권리가 아닌 집단의 이익을 강조하며, 정치적·시민적 권리보다는 경제적·사회적 권리를 강조하고, 권리에 상응하는 의무를 강조하는 북한식 인권을 고수한다. 북한식 인권이 국제인권규범에 부합하지 않기 때문에 태생적으로 북한과 국제사회는 긴장관계를 가질 수밖에 없다. 따라서 북한이 국제연합이 주도한 인권협약과 의정서에 가입하는 과정은

정치적 선택의 결과일 뿐이지 실질적으로 북한에서 인권을 보장하는 노력과는 무관하다. 이러한 빈틈을 노리고, 북한은 인권보호를 구체적 조치를 규정하는 의정서보다는 원칙적이고 모호한 의무를 정하는 협약에 가입했으며, 사회주의적 인권 개념과 부합하는 협약과 의정서에 주로 가입했다.

제11장 '유럽연합의 개념적 통합 네트워크 속에서 북한 문제에 대한 해석: 환유를 통한 텍스트의 이해'는 북한 문제를 행위자-네트워크 이론의 해석학적 전제 위에서 재해석하는 작업을 펼쳤다. 제11장에 의하면, 개념적 혼성이론에서 등장하는 '개념적 통합 네트워크'는 메타이론적 관점에서 볼 때 구조-행위자 중심의 기존의 인식론적 사유를 초월했다는 점에서 의의가 있다. 특히 행위자-네트워크 이론의 문제의식과 전제를 공유한다는 면에서 국제사회의 대북 정책을 새로운 시각으로 조망하는 하나의 시험적 도전이 될 수 있다는 것이다. 이러한 맥락에서 제11장은 국제사회의 중요한 행위자들이 '개념적 통합 네트워크'를 환유적으로 해석하는 과정에서 북한 문제는 물론이고 국제정치의 현실을 좀 더 잘 알 수 있을 것이라고 주장한다.

참고문헌

김상배. 2008. “네트워크 세계정치이론의 모색: 현실주의 국제정치이론의 세 가지 가정을 넘어서.”『국제정치논총』 48(4), pp.35-61.

김상배. 2014.『아라크네의 국제정치학: 네트워크 세계정치이론의 도전』. 한울.

김상배 편. 2011.『거미줄 치기와 벌집 짓기: 네트워크 이론으로 보는 세계정치의 변환』. 한울.

김용학. 2007.『사회 연결망 이론』 개정판. 박영사.

민병원. 2005.『복잡계로 풀어내는 국제정치』. 삼성경제연구소.

민병원. 2009. “[쟁점주제논평] 네트워크의 국제관계: 이론과 방법론, 그리고 한계.”『국제정치논총』 49(5), pp.391-405.

손열 편. 2007.『매력으로 엮는 동아시아: 지역성의 창조와 서울 컨센서스』. 지식마당.

신욱희. 2008. “동아시아 국제이론의 모색: 국제사회론과 변형된 주권 논의를 중심으로.”『세계정치』 29(2), pp.63-88.

윤영관 편. 2013.『한반도 통일』. 늘품플러스.

전재성. 2011.『동아시아 국제정치: 역사에서 이론으로』. 동아시아연구원.

하영선·김상배 편. 2006.『네트워크 지식국가: 21세기 세계정치의 변환』. 을유문화사.

하영선·김상배 편. 2010.『네트워크 세계정치: 은유에서 분석으로』. 서울대학교출판문화원.

하영선·조동호 편. 2010.『북한 2032: 선진화로 가는 공진전략』. 동아시아연구원.

한신갑. 2013.『막힌 길 돌아서 가기: 남북관계의 네트워크 분석』. 서울대학교출판문화원.

홍민. 2013. “행위자-네트워크 이론과 북한 연구: 방법론적 성찰과 가능성.”『현대북한연구』 16(1), pp.106-170.

홍성욱 편. 2010.『인간·사물·동맹: 행위자네트워크 이론과 테크노사이언스』. 이음.

Burt, Ronald S. 1992. *Structural Holes: The Social Structure of Competition.* Cambridge, MA: Harvard University Press.

Burt, Ronald S. 2005. *Brokerage and Closure: An Introduction to Social Capital.* New York: Oxford University Press.

Burt, Ronald S. 2010. *Neighbor Networks: Competitive Advantages Local and Personal.* Oxford: Oxford University Press.

Callon, Michel. 1986a. “Some Elements of a Sociology of Translation: Domestication of the Scallops and the Fishermen of St. Brieuc Bay.” in John Law ed. *Power, Action and Belief: A New Sociology of Knowledge.* London: Routledge and Kegan Paul, pp.196-23.

Callon, Michel. 1986b. “The Sociology of an Actor-network: the Case of the Electric Vehicle.” in Michel Callon and John Law, Arie Rip, eds. *Mapping the Dynamics of Science and Technology: Sociology of Science in the Real World.* London: Macmillan, pp.19-34.

Castells, Manuel. 1996. *The Rise of the Network Society.* 2nd edition. Oxford: Blackwell.

Castells, Manuel. 1997. *The Power of Identity.* 2nd edition. Oxford: Blackwell.

Castells, Manuel. 1998. *End of Millennium.* 2nd edition. Oxford: Blackwell.

Castells, Manuel. 2004. “Informationalism, Networks, and the Network Society:

A Theoretical Blueprint." Manuel Castells. ed. *The Network Society: A Cross-cultural Perspective.* Cheltenham, UK: Edward Elgar, pp.3-48.

Castells, Manuel. 2009. *Communication Power.* Oxford and New York: Oxford University Press.

Galloway, Alexander R. 2004. *Protocol: How Control Exists after Decentralization.* Cambridge, MA: MIT Press.

Galloway, Alexander R. and Eugene Thacker. 2007. *The Exploit: A Theory of Networks.* Minneapolis and London: University of Minnesota Press.

Goddard, Stacie E. 2009. "Brokering Change: Networks and Entrepreneurs in International Politics," *International Theory.* 1(2), pp.249-281.

Grewal, David Singh. 2008. *Network Power: The Social Dynamics of Globalization.* New Haven and London: Yale University Press.

Hafner-Burton, Emilie M., Miles Kahler, and Alexander H. Montgomery. 2009. "Network Analysis for International Relations." *International Organization.* 63, pp.559-592.

Kahler, Miles. ed. 2009. *Networked Politics: Agency, Power, and Governance.* Ithaca and London: Cornell University Press

Kim, Sangbae. 2014. "Roles of Middle Power in East Asia: A Korean Perspective." EAI Middle Power Diplomacy Initiative Working Paper-02, East Asia Institute.

Latour, Bruno. 1987. *Science in Action; How to Follow Scientists and Engineers through Society.* Milton Keynes: Open University Press.

Latour, Bruno. 1993. *We Have Never Been Modern.* Cambridge, MA: Harvard University Press.

Latour, Bruno. 2005. *Reassessing the Social: An Introduction to Actor-network Theory.* Oxford and New York: Oxford University Press.

Law, John and Annemarie Mol. eds. 2002. *Complexities: Social Studies of Knowledge Practices.* Duke University Press.

Maoz, Zeev. 2010. *Networks of Nations: The Evolution, Structure and Impact of International Networks, 1816-2001.* Cambridge and New York: Cambridge University Press.

Nexon, Daniel and Thomas Wright. 2007. "What's at Stake in the American Empire Debate?" *American Political Science Review.* 101(2), pp.253-271.

Nexon, Daniel. 2009. *The Struggle for Power in Early Modern Europe: Religious Conflict, Dynamic Empires, and International Change.* Princeton, NJ: Princeton University Press.

Nye, Joseph S. 2004. *Soft Power: The Means to Success in World Politics.* New York: Public Affairs.

Pachucki, Mark A. and Ronald L. Breiger. 2010. "Cultural Holes: Beyond Relationality in Social Networks and Culture." *The Annual Review of Sociology,* 36, pp.205-224.

Waltz, Kenneth N. 1979. *Theory of International Politics.* New York: Random House.

Waltz, Kenneth N. 1979. *Theory of International Politics.* New York: Random House.
Wellman, Barry and S. D. Berkowitz. 1988. *Social Structures: A Network Approach.* Cambridge: Cambridge University Press.

제1부

외교안보 네트워크 속의 북한

제1장

네트워크 이론의 관점에서 본 북핵 문제와 6자회담

전재성

Ⅰ. 서론

북핵 문제가 발발한 지 이제 20년 이상 흘렀고, 6자회담이 시작된 지도 10년이 넘게 경과했다. 북핵 문제의 발발 원인과 경과, 6자회담의 전개과정에 관한 수많은 분석이 있었지만 북핵의 완전한 폐기라는 목적은 달성되지 않았고, 이제는 북핵 문제에 대한 해결의 개념조차 불명확해지고 있다. 과연 북핵의 완전한 폐기가 목적으로 설정될 수 있는지, 혹은 보다 현실적으로 핵무기의 확산을 막으면서 북핵 문제를 관리하는 것이 적절한 목적이 아닌지, 북한을 비핵국가로 전제하고 대북 관계를 유지하는 것보다 차라리 핵국가로 인정하고 새로운 관계 설정을 하는 것이 더 나은 것은 아닌지 등 다양한 논의들이 전개되고 있다.

북핵 문제는 다차원적 성격을 가진다. 핵무기 보유의 목적, 지구적 핵비확산레짐, 동북아 세력균형, 미국의 핵전략, 미북관계, 남북관계, 북한 내부 정치 등 다양한 문제들이 얽혀 있는 것이 북핵 문제이므로 이에 대한 이론적 분석도 매우 다양하게 이루어져왔다. 국제정치이론과 북한에 대한 비교정치이론 등 거대이론의 차원에서도 다양한 분석이 있었고, 중범위 이론 차원에서 핵의 국제정치, 세력균형, 세력전이, 국제제도, 동맹, 독재의 정치구조, 관여 전략 등 여러 논의들도 있었다. 세부적으로 6자회담의 진행과정을 둘러싸고 다자제도, 협상, 양자관계 등 주목할 만한 주제들도 있었다.

북핵 문제가 오랜 기간 동안 지속된 문제로서 국제정치학과 비교정치학 등 정치학의 세부 분야에 기여한 것은 사실이지만, 막상 북핵 문제를 분석하고 해결하기 위한 적절한 이론틀은 여전히 마련되지 못하고 있는 느낌이다. 오히려 북핵 문제가 지속되면서 한반도의 분단, 동북아의 국제정치, 더 나아가 근대 국제정치의 근본을 분석하는 이론적 시각 자체에 대한 커다란 문제를 던지고 있는 게 아닌가 하는 생각도 든다.

북핵 문제를 해결하기 위해 진행된 노력들 중 하나로서 6자회담은 때로는 진전을 보이고 때로는 정체하면서 10여 년 동안 지속되었다. 북핵 문제를 동북아 국가들 간의 세력균형의 산물이자, 이 논리에 따라 진행된다는 구조적 차원에서 분석하면 쉽사리 해결책이 등장하지 않는 것이 사실이다. 그러나 6자회담은 국가들 간 세력배분 구조라는 구조적 한계 속에서 각 행위자들이 단위 차원의 노력을 통해 문제를 해결하고자 한 노력의 장이다. 그런 점에서 6자회담은 구조와 행위자 간 관계 설정이라는 까다로운 사회과학의 분석 수준 문제가 충돌하는 현실 속의 사례이기도 하다.

이 글은 2003년부터 시작된 북핵 문제 해결을 위한 6자회담의 진행과정을 네트워크 이론의 시각에서 분석한다. 네트워크 이론은 사회학 분야에서 주로 발달된 이론으로 사회연결망분석(Social Network Analysis, 이하 SNA)과 행위자-네트워크 이론(Actor-Network Theory, 이하 ANT)로 대별된다. 양자 모두 행위자들 간의 관계망을 강조하여 구조와 행위자 간의 존재론적 간극을 도모하려는 노력을 시도하고 있다.

네트워크의 관점에서 보면 6자회담은 동북아 6개국 간의 세력배분구조와 미시 차원의 협상을 매개하는 이론적 도움을 줄 수 있을 것으로 기대된다. 사실 6자회담은 한국과 북한, 미국과 중국, 일본과 러시아 6개 국가들 간의 네트워크로 구성된 회의체로 2002년 북한의 소위 2차 북핵 위기 발생 이후 현재까지 진행되고 있다. 2008년 12월의 회담 이후 2013년 말 현재까지 6자회담이 개최되고 있지는 않지만 여전히 재개의 가능성을 놓고 북핵 문제 해결과정을 다루는 중이기 때문에 아직까지 이 네트워크가 사라졌다고 보기는 어렵다.

현재까지 6자회담의 진행과정에 대한 상세한 추적과 기술, 그리고 관련국들의 회담협상 전략에 대한 분석 등이 있었지만 6자회담 자체를 네트워크로 놓고 분석하는 시도는 거의 없었다. 6자회담은 철저히 정부들 간의 네트워크로 비정부 행위자들의 역할은 사실상 미미하다. 핵이라는 안보 사안을 다루는 것이기 때문에 국가 이하의 비정부 행위자들의 역할이 작을 뿐 아니라, 대량살상무기 프로그램을 다루기 때문에 국가 이상의 국제기구의 역할도 크지 않다. 다만 북한이 세 차례에 걸친 핵실험을 하면서 국제연합의 대북 제재결의안들이 네 차례 통과되어 제재 관련 국제기구의 역할이 있었다. 그러나 이 과정에서도 미국과 중국, 러시아 등 안전보장 상임이사국의 역할이 매우 중요하게 작용하여 결국 주요 행위자의 수준은 국가라고 보아야 한다.

6자들 간의 회담 전략을 분석할 때 주로 6개국을 노드, 혹은 ANT적 의미에서 블랙박스로 간주하고 자원권력의 크기에 따라 회담의 진행방향을 분석하는 것이 일반적이다. 집합적 국력으로는 미국이 압도적으로 강대한 국가이고, 이어 중국, 일본, 러시아, 한국, 북한 등이 따라온다. 물론 경제력이 아닌 군사력 기준으로 하면 일본과 러시아의 순위가 바뀔 수 있다. 그러나 북핵 이슈를 둘러싼 협상력, 이슈특정권력의 차원에서 보면 국력이라는 집합적 힘이 모든 협상과정에 직접 반영되지 않는다. 이는 협상론에서도 일반적으로 관찰되는 바로 약소국이 반드시 강대국에게 협상에서 패배하지는 않는다는 것이다(Habeeb, 1988). 북핵 이슈에서도 협상과 관련된 특정 자원권력은 북한이 미국에게 뒤지지만 때로는 협상에서 동등하거나 심지어 우세를 점하기도 한다.

그러나 협상의 향방을 결정하는 것은 집합적, 이슈특정 차원의 자원권력뿐인 것은 아니다. 6자회담이라는 새로운 네트워크를 형성하여 동북아 및 지구정치의 구도를 누가 '번역'하는가, 전체 협상의 구도를 누가 짜느냐, 그리고 협상을 진행해 가면서 어떠한 협상동맹, 즉 편가르기가 이루어지느냐, 그리고 협상 당사자들 간의 의견 차이와 공백을 메우기 위해 협상 촉진과 중개의 역할을 누가 하느냐, 각 행위자들의 위치권력은 어떻게 배분되어 있는가에 따라 협상의 내용이 달라진다. 이는 자원권력이 아닌 네트워크 권력, 혹은 위치권력에 따라 이루어지는 것이다.

이 글에서는 6자회담의 진행과정 자체를 분석하기 보다는 네트워크 이론으로 분석된 6자회담의 진행양상을 분석하는 데 치중하고자 한다. 국가들 간의 세력배분구조와 각 국가들의 전략과 이익 같은 기존 국제정치학 이론의 주요 변수들을 고려하면서도 동시에 위치권력, 구조적 공백, 번역, 의무통과점 등과 같은 개념들을 적용하여 분석한다. 이 과정에서 1) 6자회담은 동북아에 존재하지 않던 국가들 간의 트랙 I 다자 안보협의체로서는 최초이기 때문에 미국이 주도하는 번역 작업이 새로운 네트워크 형성이 매우 중요한 역할을 했고, 2) 이후 6자회담의 장 속에서 각각의 행위자들은 북핵 문제의 번역을 둘러싼 경쟁 속에서 자기 중심의 네트워크를 중심화하고자 노력했으며, 3) 6개국들 간의 자원권력이 매우 강력하게 작용하는 과정에서 국가들 간의 전략과 이익의 네트워크가 근저에 존재하면서 협상의 진행과정을 이끌었으며, 4) 각 국가들 내부의 대북 전략의 갈래들이 어떻게 교차하는지에 따라 6자회담의 향방이 결정되었고, 5) 이 과정에서 중국과 한국은 위치권력을 최대한 활용하여 6자회담의 주도성을 확보하고자 하였고, 6) 결국 6자회담은 동북아 국제정치의 새로운 장을 열 수 있는 의무통과점을 넘지 못하여 북핵 문제 해결의 주된 메커니즘으로 자리 잡지는 못하였다는 점을 논의할 것이다.

Ⅱ. 네트워크 이론의 주요 개념과 가설

국제정치학 이론은 통상 사회과학 이론의 발전과 궤를 같이 해 왔다. 특히 최근 다양한 이론적 전회(turn)들이 시도되고 있고, 그 핵심에는 실증주의 극복의 과제가 놓여 있다(전재성, 2014). 국제정치학 이론에서도 실증주의 인식론에 기반한 다양한 이론들이 나름대로 공헌해 왔는데 그 과정에서 행위자, 구조, 제도 등의 개념들이 유용하게 쓰여졌다. 구조주의 현실주의가 이론적 간결서를 위해 중심개념으로 사용해 온 구조 개념은 이후 자유주의나 구성주의에 의해 비판받으면서 제도적 전회(institutional turn)의 계기를 거쳤다고 볼 수 있는데, 이 과정에서 제도에 대한 다양한 해석이 이루어졌다. 제도 개념을 매개로 행위자와 구조 간의 상호관계를 보다 원활히 하려는 이론적 시도가 있었던 것이 사실이고, 이 과정에서 현실주의를 비롯한 자유주의, 구성주의 모두가 국제제도에 대한 이론화를 시도해 왔다.

그러나 제도 개념 역시 구조/제도와 행위자 간의 관계를 명확히 설명하지 못한다는 인식이 있어 왔고, 이를 네트워크 개념으로 매개하려는 노력이 자리 잡았다. 관계적 전회(relational turn)라고 할 수 있는 변화로, 행위자들 간의 관계가 네트워크로 자리 잡으면서 네트워크의 구조 및 네트워크 속의 행위자들의 위치가 구조나 제도 변수와 함께 강력한 영향력을 발휘하게 되었다는 관찰이다. 특히 세계화, 민주화, 정보화의 거대 조류 속에 행위자들 간의 관계가 과거와는 비교할 수 없을 정도로 빨라지면서 유용하는 네트워크를 변수화하지 않으면 국제정치를 제대로 분석할 수 없다는 인식이 정착되고, 국제정치가 아닌 망제정치(inter-network politics)의 이론화가 시도되기도 하였다(김상배, 2014, 23). 국제 및 국내의 거버넌스 역시 조직의 형태보다는 거버넌스의 형태를 띠면서 안과 밖의 네트워크 거버넌스가 어떻게 상호 연결되는지 국제정치 혹은 세계정치 분석의 핵심이 된 것이다(Kahler, 2009).

네트워크 이론은 사회학에서 발전되어 온 것으로서 SNA와 ANT 이론으로 대별된다. 이미 상당한 연구가 되어 있고, 국제정치학에서도 부분적으로 적용되어 온 이론으로 본 논문과의 관계 속에서만 간단히 핵심을 살펴보면 다음과 같다. SNA는 행위자를 이미 완성된 노드로 본다는 점에서 기본적으로는 존재론적 개별주의에 입각해 있다. 행위자들이 만들어내는 관계와 연결의 망이 유동적 형태를 띠면서 행위자들의 행동 영역, 행동의 성격, 그리고 권력의 크기와 형태를 결정한다. 이는 행위자의 속성이나 권력의 배분 양상에서 상대적으로 견고한 구조를 이끌어내는 구조주의(국제정치학의 구조주의적 현실주의)나, 구조의 효과로 행위자가 형성된다는 보다 근본적인 구조주의(사회과학의 구조주의)와는 구별된다. 전자가 노드들의 자원권력에 집중하는 반면, 후자는 존재론적 구조주의의 형태를 띠어 노드의 구조파생적 형성과정을 중시한다. 네트워크는 기존에 존재하는 견고한 구조와 행위자의 사이에서 다양한 변화를 야기하며, 노드들은 네트워크의 형태 속에서 새로운 역할과 권력을 부여받는다. 노드들의 자원권력뿐 아니라 위치권력이 중요한 개념으로 등장하고, 이 과정에서 중심성이 핵심적 개념으로 등장한다. '연결 중심성(degree centrality)', '근접 중심성(closeness centrality)', '매개 중심성(betweenness centrality)' 등으로 분류되거나 혹은 '국지적 중심성(local centrality)'과 '전체적 중심성(global centrality)' 등으로 분류되기도 한다(Wasserman and Faust, 1994).

네트워크 짜임새 전체의 강도로 보아 강한 연결성과 약한 연결성을 나누는 것도 분석적으로 유용하며, 보통 약한 연결고리에 존재하는 구조적 공백이 중요한 변수로 등장하기도 한다. 이러한 공백을 메울 수 있는 약한 고리로서의 역할이 위치권력의 관점에서 중요하게 등장하며 이는 국제정치에서도 실제적 힘으로 작동한 예들을 찾을 수 있다(김상배, 2011).

ANT는 네트워크라는 이름이 붙어 있지만 단순히 노드들 간의 네트워크를 분석하는 사회학이론이라기보다는 보다 근본적으로 행위자와 네트워크, 구조 등에 대한 철학적, 메타이론적 기반을 가지고 있다.[1] 기존의 사회학이론이 과소사회화된 개인의 자발성을 강조하는 현상학과 해석학 계열의 이론과 과대사회화된 구조주의의 대립으로 점철되어 왔고, 이를 극복하는 과정에서 탈근대, 탈구조주의 이론이 등장했다면 ANT 역시 같은 문제의식을 가지고 이론화를 추구해 왔다.[2] ANT는 인간들이 이루는 사회가 영역과 기능에서 미

1 ANT 이론은 주로 라투르의 연구성과에 의해 시작되었는데 이에 대한 주요 저작들로는 다음을 참조. 브루노 라투르 외(2010), 브루노 라투르(2009), 브루노 라투르(2003), Latour(2005), Law and Hassard(1999) 등 참조.

2 ANT는 주로 1980년대 초반 과학기술사나 과학기술학을 연구하던 브루노 라투르, 미셸 칼롱(Michel Callon), 존 로(John Law) 등을 중심으로 시작되었고, 가브리엘 타르드(Jean Gabriel Tarde)의 사회학,) 미셸 세르(Michel Serres)의 과학철학, 그레마스(Algirdas-Julien Greimas)의 기호학, 화이트헤드(Alfred Whitehead)의 과정철학, 토머스 휴즈(Thomas P. Hughes)의 '기술시스템' 이론, 1 아날학파의 유물론적 역사

리 구성된 것이 아니라 관계망 속에서 생성되는 것으로 보고, 이를 공동체라는 개념 대신에 집합체(collective, 혹은 association) 등의 개념으로 개념화한다. 또한 인간들 간의 관계만으로 사회를 한정하지 않고, 인간과 자연, 문화와 사물을 연결하는 총체적 집합체로서 사회를 개념화한다는 점에서도 SNA와는 차별화된다. 과학기술학(Science and Technology Studies)에서 기원하였다는 점도 그렇고, 기술결정론과 사회구성론의 논쟁을 해결하는 과정에서 문화와 과학, 인간과 자연 간의 밀접한 관계를 중시하고 있다. 이런 점에서는 20세기 철학에서 중요 문제로 대두하였던 의식과 몸의 관계, 사물의 용재성에 대한 하이데거의 논의 등과 일맥상통하는 바가 있고, 구현주의(embodimentalism)의 내용을 한층 발전시킨 부분도 있다.

ANT에 따르면 세계는 인간과 자연 간의 다층적인 네트워크로 구성되며 이들 네트워크가 행위자들의 행위성, 사물까지 포함한 행위소(actant)를 구성해낸다. 이러한 관계적 존재론(relational ontology)은 국제정치학의 구성주의이론도 공유하는 부분이나, 구성주의는 행위자와 구조 간의 관계에 집중하여 네트워크적 차원을 경시하고 있으며, 인간, 사회, 국가들까지만 이론적 범주에 포함시킴으로써 사물과 자연과의 관계 설정에는 명확한 견해를 보이고 있지 않다. ANT의 구성적, 발생적, 과정적 존재론은 필연적으로 실증주의 인식론을 탈피하는 경향을 보이는데 각 행위소들의 정체성 구성 및 이들 간의 관계를 추적하기 위해서는 역사적 과정에 집중하며, 실증주의적 이론화보다는 역동적 기술을 중시한다. 이러한 점에서 행위소들 간의 창발적 과정, 불확실성과 가변성을 가진 다중체들 간의 과정을 강조하고 복잡계 이론과 상통하는 면도 보인다(Urry, 2005).

관 등에 강한 영향을 받았다. 홍민(2013), 112쪽 참조.

ANT는 사용자에 따라 철학이나 메타이론의 성찰적 이론으로 사용되기도 하고, SNA와의 연결성 속에서 네트워크 분석 기법의 차원에서 이용되기도 한다. 두 분석 단위가 만나는 곳의 개념들이 존재하는데 대표적인 것이 번역(translation)의 개념이다. 번역은 세계에 존재하는 한 행위자가 다른 행위자의 의미체계 혹은 언어를 치환하는 과정으로 이 과정이 성공할 경우 행위자들 간의 네트워크가 형성된다. 누가 번역의 주도권을 행사하는가에 따라 권력이 만들어지므로 네트워크 형성의 효과가 권력이다. 따라서 권력은 자원권력의 대소에 의해 선험적으로 결정되는 것이 아니라 행위자들 간의 관계 속에서 파생되는 효과 혹은 결과라는 것이 ANT의 관찰이다.

세상에는 인간과 사물들 간의 관계, 혹은 인간과 인간 간의 관계 속에 존재하는 수많은 네트워크들이 존재하며, 이들 네트워크들의 네트워크가 만들어지는 과정 또한 중요하다. 이미 만들어져 새로운 번역의 여지가 작은 네트워크는 ANT에서 블랙박스로 불린다. 네트워크가 행위자의 속성과 정체성을 이미 구성하여 변화의 가능성이 상대적으로 작은 단위로 국제정치에서는 국가가 해당된다. 흔히 국제정치학 이론에서 국가는 선험적으로 주어진 단위로 다루어지는데 이는 기존의 국제정치 네트워크의 구성성이 강해 새로운 단위를 만들어낼 수 있는 여지가 작은 상황에서 당연하게 여겨진다. 새로운 번역의 여지는 사태의 변화 속에서 이루어진다. 흔히 인용되는 바, 칼롱의 개념화에서처럼 기존의 네트워크에 변화를 촉구하는 '문제제기(problematization)', 새롭게 창출하는 번역의 네트워크 속에서 동조자들의 관심을 불러일으키는 단계인 '관심 끌기(interessement)', 그리고 새로운 네트워크 속에 기존의 행위자들을 치환시키고 위치지으며 역할을 부여하는 '등록하기(enrollment)', 마지막으로 다른 행위자들을 자신의 네트워크로 연결시키는 '동원하기(mobilization)'로 나누어 볼 수 있다.[3]

경쟁하는 네트워크들은 자신의 번역체계를 수행하는 과정에서 경쟁관계에 들어서고 결국 의무통과점(Obligatory Passage Point, OPP)을 넘어서면 네트워크로 자리 잡게 된다. 다른 번역체계와 경쟁 속에서 의무통과점을 넘어서지 못하면 실패한 네트워크로 남게 된다. 이러한 네트워크 개념은 기존의 구조-행위자 간 관계, 혹은 제도-행위자 간 관계보다 역동적 변화를 추적하는 데 유리한 개념틀을 제공한다. 이는 비단 ANT뿐 아니라 현상학이나 해석학, 민속방법론(ethonomethodology) 등을 사용한 행위자 중심 사회학이론과 구조주의 이론 간의 화해를 도모한 많은 탈근대이론과도 문제의식을 공유하며, 푸코의 미세권력, 부르디외의 아비투스, 아감벤의 장치 등의 개념과도 상통한다.[4]

---

3 김상배의 연구는 ANT를 네트워크 분석 기법 차원에서 정교화한 것으로 칼롱의 네 단계는 i) 프레임 짜기, ii) 맺고 끊기, iii) 내편 모으기, iv) 표준 세우기로 개작되어 국제정치현상에 적용되고 있다. 김상배, "소셜미디어와 공공외교: 행위자-네트워크 이론으로 보는 미국의 전략," 『국제정치논총』 52(5), 2012, 117-142쪽; 김상배(2014), 370-402쪽 참조.

4 이들 개념에 관해서는 김동일(2010)과 아감벤(2010) 등 참조.

Ⅲ. 네트워크로서의 6자회담

1. 제네바 체제의 성격: 미북 간에 합의된 양자 네트워크

북핵 문제는 비단 핵과 미사일이라는 대량살상 전략 무기 비확산과 폐기에 그치는 문제는 아니다. 북한이 핵을 생산할 수밖에 없는 정치적 환경과 전략의 문제이다. 냉전이 종식되면서 생존의 환경이 불리해진 북한은 1990년대 초 한국과의 화해와 협력을 추구하다가 결국 핵개발이라는 선택을 하면서 오늘에 이르고 있다. 북한은 비단 국제상황의 악화뿐 아니라 국내 정권 유지 기반의 약화라는 문제에 동시에 직면해 있다. 악화되는 경제상황과 점차 흔들리는 정치적 기반, 그리고 핵을 유지해야 하는 국내적 필요성 등이 북핵 문제를 악화시키는 다른 배경으로 작용하고 있다. 따라서 북핵 문제의 근원을 북한 문제로 보고, 북한 문제를 둘러싼 동북아의 국제정치적 상황, 세력균형의 변화를 함께 고려해야 한다는 시각이 존재한다.

ANT의 시각에서 본다면 북한을 비롯한 동북아 국가들은 물론 전 세계 국가들이 핵이라는 물질을 어떻게 해석하고 이를 정치와 연결시키는가 하는 인간과 사물의 네트워크와 관련된 문제이자, 동북아 국가들의 폭력질서라는 군사력, 즉 살상의 무기 물질과 국가들을 연결하는 네트워크와 관련된 문제이기도 하다. 핵을 비롯한 군사력을 어떻게 번역하여 인간들의 네트워크로 연결하는가, 그 가운데 누가 권위 있는 번역의 네트워크를 만들고 이를 기초로 다른 이들의 역할과 규범, 표준을 설정하는가 하는 문제이다. 국제정치에서 대체로 이러한 권위는 강대국 중심으로 이루어져 왔고, 이 과정에서 강대국이 생산하는 담론이 주된 안보화의 기제로 작동하였다. 북한이 냉전 종식 이후 내놓은 핵개발과 이를 정당화하는 담론은 이전 핵비확산체제에 문제를 제기한 비핵국가들의 담론처럼 미국 주도의 번역의 권력적 효과에 문제를 제기하는 것이다.

북핵 문제가 전개되는 향방은 북한이라는 정치체제의 현상과 미래에 대한 주변국들의 시각, 즉 북한 문제를 보는 시각에 따라 결정되어 왔다. 북핵 문제는 1993년 3월 북한이 핵확산금지조약을 탈퇴하고 핵무기 생산에 필수적인 플루토늄을 본격적으로 생산하면서 시작되었다. 이어 1994년 10월 미북 양자 간에 제네바합의가 이루어지고 이후 2002년 10월 소위 북핵 2차 위기가 발생할 때까지 8년간의 제네바 체제가 유지되어 왔다. 이 기간 동안 북한의 핵프로그램을 동결하고 미국을 비롯한 주변국은 한반도에너지개발기구(KEDO)를 통해 북한에 에너지 지원을 제공하는 것을 골자로 북핵 문제와 북한 문제를 다루어왔다.[5]

제네바 체제는 무엇보다 미북 양자 간의 합의에 의한 양자 네트워크를 기반으로 한다. 북핵 문제는 북한이 적대적 국제환경, 특히 미국 중심 단극체제 하의 생존전략 모색에서 비롯된 것이었기 때문

[5] 6자회담 진행과정 분석에 대해서는 김수민, 윤황(2008), 김재관(2008), 김창희(2007), 이정철(2008), 전재성(2002), 전현준(2003), 하영선, 전재성(2004) 등 참조.

에 미국으로부터의 생존인정을 주된 목적으로 시작된 것이다. 북한은 미국의 관심을 끌고 북한 생존에 대한 미국의 정치적 보장을 받기 위해 핵프로그램 개발이라는 극단적 선택을 한 것이다. 미국은 단극의 책임으로서 비확산이라는 국제적 공공재를 제공해야 하는 입장에서 북한을 핵국가로 인정할 수 없는 번역체계 확립 혹은 표준 설정에 많은 노력을 기울였다. 비확산의 표준은 1970년 시작된 핵확산금지조약(NPT)으로 국제적 표준을 설정하였으나, 이후 많은 논란 속에 대부분의 확산 문제는 다자적 노력이 아닌 양자적, 소다자주의적 노력으로 해결되어 왔고 지구적 보편표준이라기보다는 그때그때 문제에 따라 설정되는 모습을 보였다.

결국 제네바 체제는 이미 설정된 지구적 차원의 보편 표준에 의해 번역되고 설정되었다기보다는 북한의 생존환경, 미북관계, 동북아의 세력균형이라는 특정한 조건 하에서 만들어진 것이다. 또한 양자 네트워크의 프레임 짜기 역시 미북 간의 직접 협상에 의해 이루어진 것이고, 다른 이해 당사자가 직접 참여할 수 있는 공간이 사실상 매우 제한되어 있었다.

제네바 체제는 북한이 핵프로그램을 동결하는 대신 미국이 경수로를 제공하는 동시에 북미관계를 정상화하고 북한에 대한 생존위협을 가하지 않는다는 것을 내용으로 한다. 이러한 프레임은 비록 제네바 체제가 붕괴되었지만 이후에도 6자회담의 기본틀을 구성하는데 기본이 된다. 즉 북한은 생존을 위해 평화체제 협상을 끊임없이 주장하는 동시에 핵포기에 따른 경제지원을 약속받으려 하고, 미국은 북한의 완전하고 불가역적인 핵폐기를 주장하는 동시에 검증가능한 비확산체제를 위해 핵확산금지조약과 국제원자력기구의 감시사찰체제를 강화하려고 노력하게 된다.

제네바 체제가 미북 간의 프레임 짜기와 양자 간의 단순 명료한 네트워크였다면 이를 둘러싼 별도의 번역 기제가 사실 함께 존재했다. 북핵 문제는 비단 핵무기의 문제가 아니라 향후 동북아 국제정치에서 북한이라는 정치체의 위치를 어떻게 설정할 것인가 하는 문제이다. 대부분의 사회주의 국가들이 탈사회주의 이행을 한 상황에서 북한의 미래에 대한 정확한 번역 기제가 설정되지 않으면 북핵 문제가 사실상 해결되기가 어려운 것이고, 이러한 문제는 남북 간 평화체제라는 이슈에서 대두되었다.

북미협상과정에서 배제된 한국은 이후 제네바 체제의 진행과정에서 미국과 보조적 네트워크를 만들어 한편으로는 북한의 핵폐기를 위해 노력하고 다른 한편으로는 한반도에너지개발기구에 참여해 북한에 대한 경수로 지원에 참여한다. 동시에 북한의 생존보장을 위해 새로운 네트워크를 구성하는데 여기에는 중국이 참여하여 남북미중 간의 4자 네트워트가 만들어진다. 1997년부터 약 2년간 6차례의 회담을 진행하다가 별 성과 없이 종식된 네트워크로 4개국은 제네바 체제에서 완전히 논의되지 못한 평화체제를 구성하기 위해 협상을 진행하였다. 그러나 북미 간 양자 평화협정을 주장하는 북한의 입장이 다른 국가들에게 받아들여질 수 없는 상황에서 4자회담의 성과는 사실상 어려운 것이었다.

이와 더불어 제네바 합의의 이면합의로 미북은 남북대화를 위해 노력하기로 약속한다. 북핵 문제가 해결되는 과정에서 일차적으로는 북미관계 설정이 중요하지만 남북관계가 동시에 발전하지 않고는 북미 간의 중장기적 관계 향상도 사실상 어렵게 된다. 이후에 북미관계의 진전과 남북관계의 진전, 혹은 북핵 문제 해결을 위한 국제적 네트워크 형성과 남북 간의 양자 네트워크의 발전을 둘러싼 순서 및 관계 설정이 끊임없이 문제가 된다. 만약 북미관계가 개선되었지만 남북관계가 여전히 악화되어 있는 상태로 머문다면 이는 통미봉남의 문제를 불러온다. 만약 남북관계가 개선되어 경제교류가 활성화되었지만 북한의 핵개발이 지속되고 있다면 이는 국제적 대북 제재 국면에서 한국이 이탈하는 배반의 문제를 불러오게 된다. 양자가 선순환구조를 이루지 못하면 결국 북핵 문제 해결은 어렵게 되는 것이다.

결국 제네바 체제는 북미 간의 양자 네트워크의 성격으로 만들어졌고 내용 역시 양측의 합의된 프레임에 의해 구성되었지만, 이를 보완하기 위한 보완적 네트워크가 필요했다. 평화체제를 위해서는 한국과 중국이 참여하는 4자 간의 네트워크, 남북관계 발전을 위해서는 남북 대화 추진이라는 양자 간 네트워크가 동시에 구성되었다. 그러나 결과적으로 북미 간의 의견 대립은 물론, 한국과 중국 역시 통합된 문제 해결에 만족하지 못하게 됨으로써 제네바 체제는 많은 약점을 가지게 된다. 제네바 체제는 북핵 문제를 둘러싼 당사자들 간의 이해관계 및 전략의 충돌로 붕괴된 측면도 있지만 북핵 문제의 전모를 해결할 수 있는 완전한 번역기제 확립, 이에 기초한 프레임 짜기, 그리고 그 프레임을 유지, 발전하기 위한 다차원적 네트워크 구성에 실패했고, 문제가 발생할 때 해결을 촉진할 수 있는 적절한 매개 권력이 존재하지 않는 상황이 발생했기 때문에 결국 붕괴된 측면이 강하다.

2. 6자회담의 이익 구조 및 권력 구조

2002년 10월 미국의 제임스 켈리 국무부 동아시아차관보가 북한을 방문했을 때, 북한의 고농축우라늄을 이용한 핵프로그램의 존재가 논란의 대상이 되면서 2차 핵위기가 발생하였다. 이후 제네바 체제는 붕괴되고 새로운 북핵 관리의 제도가 필요하게 되었다. 2003년

8월 27일 베이징의 댜오위타이에서 1차 6자회담이 개최되면서 북핵 문제 해결을 위한 완전히 새로운 네트워크가 형성되었다.

6자회담은 무엇보다 미국이 주도한 네트워크로서 미국은 북핵 문제를 불법국가(rogue state)의 불법적 핵무기 개발, 핵확산 위험 증가의 문제로 번역함으로써 자신이 주도하는 담론과 네트워크를 만들었다. 그러나 6자회담이 진행되면서 제네바 체제와 마찬가지로 북한이라는 정치체의 문제, 즉 북한 문제를 다루는 번역의 네트워크가 마련되지 않으면 안된다는 사실을 점차 깨닫게 된다. 또한 미국 이외의 국가들, 특히 한국과 중국이 북한 문제 해결을 위한 국제정치적 번역 네트워크의 문제를 제기하고, 이를 평화체제 이슈로 다룸으로써 사실상 상호 경쟁하는 번역 경쟁의 장이 설정된다.

미국은 6자회담 체제 하에서는 남북 미중 4자를 넘어 일본과 러시아까지 포함하는 광범위한 네트워크를 만들었다. 사실상 북핵 문제에 이해관계를 가지는 당사자들을 하나의 장에서 연결한 네트워크라고 할 수 있다. 6자회담의 네트워크는 또한 정부행위자들을 주축으로 한 네트워크이다. 기존의 국제정치에서 형성된 견고한 블랙박스인 국가에 대한 문제제기는 허용되지 않는 부분적 네트워크의 한계를 가지고 있는 것이다. 이러한 점에서 6자회담의 형성 과정 분석에는 ANT가 부분적으로 유용한 것이 사실이지만, 실상 회담과 협상이 진행되면서는 6자회담 네트워크의 형태 분석 및 국가들의 자원권력과 위치권력이 중요해지고 SNA가 분석적 유용성을 가지게 된다. 북핵 문제와 북한 문제를 해결하기 위해서는 대북 경제지원이 중요한 축을 이루는 것도 사실이지만 경제행위자를 비롯한 비국가행위자들은 6자회담의 네트워크 속에서는 큰 의미를 가지지 못한 것이 사실이다.

6자회담에 참가한 국가들은 매우 다양한 이해관계의 구조와 자원권력구조를 가지고 있다. 우선 이해관계의 구조를 살펴보면 북한은 핵프로그램을 다면적으로 활용하여 최대한의 이익을 끌어내려 한다. 무엇보다 미국 주도의 단극체제 하에서 생존을 보장할 수 있는 국방력으로 사용하고자 하고, 더불어 핵프로그램의 폐기 과정에서 경제적 보상을 받아 정권 강화의 기반으로 사용하고자 한다. 동시에 과학기술의 발전, 김일성의 유훈 등을 내세워 국내 정치 정당성의 기반으로도 사용한다. 핵프로그램은 무엇보다 김정일의 권력 기반을 강화하는 수단이지만 동시에 군부의 이익을 대변하는 기반이기도 하다. 군부는 핵무기를 개발함으로써 무력의 중요성을 강조하고 자신의 입지를 굳히는 데 핵위기를 사용하고 있다.

미국은 1990년대에는 핵프로그램의 개발과 확산을 막는다는 비확산의 관점에서 문제에 접근하는 한편, 동북아의 냉전 잔존구조를 해체하고 미국 중심의 동아시아 구도를 건설한다는 지정학적 구도도 가지고 있었다. 사실 북한의 식량난과 경제난을 예상하면서 북한의 붕괴 가능성에 무게를 두고 급변사태 이후의 한반도 정책도 내부적으로 수립했다. 그러나 9.11 테러 이후 북핵 문제는 새로운 관점에서 조망되기 시작했다. 무엇보다 핵물질과 핵프로그램이 확산되어 테러집단에 유입되는 것을 막는 한편, 핵프로그램을 만드는 데 필요했던 각종 무기수입, 재정 네트워크를 차단하는 데 주력하게 된다. 지정학적 이익보다는 비확산이라는 이익이 더욱 중시되기에 이른 것이다. 6자회담은 9.11 테러 이후 비확산의 필요성이 점증하는 가운데 이루어져 무엇보다 핵프로그램의 확산 방지 및 폐기에 초점이 두어졌다.

중국은 6자회담이 시작될 당시에는 미국과 함께 북핵 문제를 관리하는 회의소집자 내지는 협력촉진자의 역할을 자임하였다. 미국은 북핵의 급격한 폐기가 불가능한 상황에서 중국을 파트너로 삼아 동북아 상황관리를 추구했고, 중국 역시 동북아의 협력촉진자로서 미국과 협력하여 우선 3자회담을 추구하는 데 힘을 기울였다(이정철, 2008). 이후 중국은 북한과의 협의를 통해 6자회담이라는 새로운 장을 만들었고, 북한 역시 과거 4자회담의 경험을 생각해 4자만의 회담보다는 러시아가 포함된 5자의 틀을 선호하였다. 이후 일본이 참가하는 6자의 틀이 만들어지면서 중국이 이를 총괄적으로 중재하는 역할을 자임하게 된다.

중국은 지속적 경제발전을 해야 하는 국가전략 하에서 안정된 주변국 상황이 중요했고 북핵 문제가 악화되는 것을 막기 위해 미국과의 협력을 추진하는 방향으로 정책기조를 삼았다. 3자회담에 북한이 응하지 않을 경우 북한에 대한 압력을 넣는 한편, 6자회담의 지속적 개최를 위해 노력하는 모습을 보였다. 중국은 북핵 문제에 대해서 한반도 비핵화, 평화적 해결, 안정적 환경 조성의 목적을 추구해왔다.

한국의 국가이익은 다면적이다. 무엇보다 북한의 핵프로그램이 직접적인 안보위협이 되기 때문에 이를 억제, 방어해야 하는 이해관계를 가지고 있다. 더불어 핵문제로 한반도의 안보문제가 국제화되어 한국의 주도권이 상실될 위험이 있으므로 북핵 문제를 한국의 주도하에 해결해야 하는 외교적 과제도 함께 안게 되었다. 북한이 핵을 개발함에 따라 1991년 북한과 체결했던 한반도 비핵화선언이 사실상 무력화됨에 따라 한국의 핵정책 및 원자력 정책 역시 어려움을 겪게 된다. 한국은 북한의 행보와 상관없이 비핵화선언을 준수하면서 핵무기를 제조, 배비하지 않는 한편, 평화로운 원자력 이용을 추구하는 전략목표를 설정하여 추진해 왔다. 북한이 핵개발을 통해 북미 간에 직접적 양자관계를 갖게 되면서 통미봉남이라는 외교적 딜레마를 해결해야 하는 이해관계도 가지게 되었다. 한국은 미국과의 동맹관계 유지 및 정책공조를 유지하는 동시에 남북관계를 추진하며, 양자가 선순환구조를 갖도록 해야 하는 과제를 안게 되었다.

일본과 러시아는 북핵 문제에 직접적 이해관계를 가진다기보다는 각자의 이익을 추진하면서 간헐적인 역할을 맡는 목표를 추진했다. 일본의 경우 납치자 문제 및 북한 미사일의 안보위협 문제를 해결하는 장으로, 러시아의 경우 북한에 대한 경제원조를 레버리지로 정직한 중개자의 역할을 하는 것으로 국가이익을 삼아 왔다.

6자회담이 다자협상의 네트워크인 만큼 다양한 이해관계가 각 국가들의 자원권력에 의거하여 풀리는 부분이 있다. 국가들의 전반적 국력은 6자 간에 큰 편차를 보이지만 북핵 폐기라는 목표를 위한 국가들의 힘의 균형은 이와 다르게 나타난다. 우선 북한은 핵을 개발하여 한국을 위협하고, 핵프로그램 및 핵무기를 이전하는 정책수단을 가질 수 있다. 이 과정에서 미사일과 핵실험은 주변을 위협할 수 있는 강력한 정책자원이다. 2013년 현재 북한은 핵탄두의 소형화, 경량화를 추진하는 한편, 고농축우라늄을 사용한 핵무기 제조의 다변화를 동시에 추진하고 있다. 북한의 미사일이 미국의 본토를 위협할 수 있는 사거리를 가지게 되면 북한의 정책 수단은 배가될 것으로 보아야 한다. 그러나 북한이 궁극적으로 주변국의 의사를 자신의 힘으로 강제할 수 있는 정책수단을 가지기는 어렵다. 상대방이 자신의 의사대로 움직이도록 하는 강제의 힘은 가질 수 없고, 자신의 의사와 반대로 행동하는 것을 막는 억제의 효과를 가질 수는 있다. 즉 핵무기는 북한에 대한 공격을 막는 억제의 효과를 가지는 무기이기는 하지만, 주변국의 의사를 좌우하는 강제의 무기가 되기는 어려운 것이다.

미국은 압도적 국력을 소유하고 있음에도 불구하고 북한의 핵 폐기를 이끌어낼 수 있는 이슈특정의 힘을 가지고 있지는 않다. 북한의 핵실험을 직접 공격하는 소위 외과적 공격의 대안이 제시되어, 클린턴 행정부 당시 이를 적극적으로 고려했다는 보도가 있었으나 그럴 경우 북한의 한국 전면 공격의 위험성이 있고 이로 인한 동맹의 피해가 적잖게 예상되기 때문에 결국 효과적인 정책 수단으로 여겨지기 어렵게 되었다. 경제제재의 힘도 크게 작용하는 것이 사실이다. 미국은 이미 한국전쟁 이후부터 다양한 경제제재를 가해 왔고, 2006년 미사일과 핵실험 이후 국제연합을 통해 대량살상무기 생산에 관련된 무역과 금융제재, 그리고 사치품의 수입에 대한 제재의 폭을 넓혀 왔다. 이로써 북한은 막대한 피해를 입은 것이 사실이고 현재 중국에 대해 과도한 의존을 하게 되는 결과를 낳았다. 그럼에도 불구하고 경제제재가 북한의 독재적 정치체제에 의해 북핵 폐기를 가져올 수 있는 정책수단이 되지 못하고 있는 것이 사실이다. 따라서 미국은 장기적으로 북한의 점진적 쇠퇴를 강제할 수는 있지만 핵폐기의 단기적 성과를 거둘 수 있는 정책수단은 결여하고 있다. 반면 북한이 핵을 폐기할 경우 제공할 수 있는 외교적, 경제적 유인은 가지고 있다. 북미관계를 정상화하고 평화협정을 맺으며 북한의 경제발전을 위한 막대한 경제력을 가지고 있다. 그러나 북한이 핵을 보유하고 있는 상황에서 이러한 유인책을 제공할 수 없기 때문에 이 역시 핵폐기를 전제로 한 북미관계에서는 효과적인 정책수단이 되지 못하고 있다.

중국은 유일하게 북한의 핵폐기를 이끌 수 있는 정책수단을 가지고 있다. 북한은 과거와 현재 대중 무역 및 원조 의존도를 매우 높게 유지하고 있다. 특히 국제사회의 대북 경제제재, 그리고 2010년의 천안함 사건 이후 한국의 대북 제재조치인 5.24조치 발동 이후 중국에 대한 의존도는 더욱 높아졌다. 식량의 경우 약 70%, 에너지의 경우 약 90% 이상을 중국에 의존하고 있기 때문에 중국이 만약

이를 정책수단으로 삼는다면 북한은 상당한 경제적 타격을 가지게 된다. 따라서 중국은 대북 경제관계를 축으로 북한의 핵폐기를 추동할 수 있는 경제적 힘을 가진 유일한 국가이다. 문제는 이러한 극단적 제재수단을 발동했을 때 북한 자체의 붕괴로 이어질 수 있고, 이는 현재 미국과 경쟁관계를 예상하고 있는 중국에게 지정학적 손실로 이어질 수 있다는 점이다. 중국은 북핵 폐기를 위한 정책수단을 가지고 있을지는 몰라도 이를 사용할 경우 더욱 상위의 국가전략, 즉 경제발전에 우호적인 국제정세를 유지해야 하는 목표를 훼손시킬 수도 있는 것이다. 따라서 이러한 정책수단은 제한적인 것으로 보아야 한다.

마지막으로 한국은 미국과 중국에 비해 현격하게 자원권력을 결여하고 있다. 독자적으로 북한에 대한 군사적 압박을 가하여 핵을 포기하게 할 수 있는 능력이 부족하다. 한미동맹에 의존하고 있는 만큼 미국과의 협의를 통해서만 북한에 대한 군사적 압박을 가할 수 있지만 앞에서 논한 바처럼 미국 역시 군사적 수단을 동원하여 북한의 핵포기를 강제하기는 어렵다. 더욱이 한국이 북한에 군사적 압박을 가한다 하더라도 북한은 대량의 장사정포를 전방에 배치하여 한국에 대한 직접적 공격을 가할 위험성이 상존하므로 군사적 수단을 사용하는 비용이 감당하기 어려울 정도로 늘어난다. 경제적 수단은 대북 제재를 통해 상당한 성과를 거둘 수는 있지만 북한의 경제적 어려움을 가중시킬 수는 있을지언정 북핵 폐기를 종용할 만큼의 성과를 거두기는 어렵다.

김대중 행정부와 노무현 행정부를 거치면서 남북교류를 지속하였고 이후 이명박 정부 들어 대북 교류협력 및 지원을 중단함으로써 상당한 압박을 가한 효과를 거두긴 했지만 북핵 폐기를 이끌 만큼의 성과를 거두지는 못하였다. 북한은 점증하는 경제적 압박 속에서도 여전히 강성대국 건설이라는 기치를 걸고 경제발전을 지속하고 있고 2000년대 후반에 들어서는 미미하기는 하지만 경제회복의 성과를 거두기고 하였다. 반면 대북 경제교류활성화 및 지원을 통해 핵 포기에 대한 대가를 지불할 능력은 충분하다. 한국은 북한에 비해 월등한 경제력을 가지고 있고, 북한의 경제 크기 자체가 한국에 비해 매우 작으므로 한국의 경제력을 핵 포기의 유인으로 삼을 능력은 충분하다. 그러나 이는 경제적 지원을 대가로 핵을 포기할 것인가의 북한의 의사가 전제되어야 하므로 일차적 자원권력으로 보기는 어렵다.

6자회담의 일원인 러시아와 일본 역시 독자적인 군사적, 경제적 수단으로 북한의 핵 포기를 이끌어내기는 불가능하다. 다만 북핵 폐기 시 일본은 미국 및 국제사회와의 협의 하에 대북 송금 중단, 북한 선박의 일본 항구 정박 거부 등 다양한 수단으로 대북 경제제재를 할 수 있는 능력이 있다. 또한 막강한 경제력으로 북한의 핵폐기 시 북한을 지원할 수 있는 유인책을 가지고 있다.

러시아 역시 가스관 연결 사업 등 북한의 핵폐기를 종용할 수 있는 경제적 유인책을 가지고 있다. 그러나 독자적으로 핵을 폐기시킬 수 있는 자원권력은 없다고 보아야 할 것이다.

Ⅳ. 6자회담 협상의 네트워크 이론 분석

1. 협상론적 분석의 한계

미시적 차원에서 6자회담을 분석하는 데에는 6자회담의 각 측, 특히 미북 간의 이익 및 권력구조에 따라 협상론적 분석을 하는 것이다. 대표적인 것으로 하비브의 틀을 들 수 있는데, 하비브는 의제별 구조적 힘을 국력 전반과 구별하고 이를 대안, 의지, 통제력의 세 가지 요소로 세분화한다. 그리하여 대안을 많이 가지면 가질수록 협상에서 우위를 점할 수 있고, 협상에 임하는 자세, 결의가 강할수록 더욱 유리한 위치를 점하며, 이는 열망에 기초한 의지(commitment based on aspiration)와 필요에 기초한 의지(commitment based on need)로 나타난다고 본다. 마지막으로 통제력은 협상이 결렬되더라도 애초에 협상에서 얻으려고 했던 것들을 일방적 노력에 의해서 얻을 수 있는 힘을 의미하며, 통제력이 강한 국가가 협상에서 우위를 점할 수 있다고 본다(Habeeb, 1988). 6자회담의 진행은 전반적으로 독재국가인 북한이 협상 결렬 시 생존을 지속할 수 있는 상황에서 더 많은 대안과 강한 의지를 가지고 이루어졌다.

6자회담은 현재까지 총 6차에 걸쳐 진행되었고, 각 차수별로 수차례의 단계를 거쳐 진행되었다. 제1차 6자회담은 2003년 8월 27일에서 29일까지 중국 북경에서 개최되었다. 최초로 벌어진 회담에서 북한은 4단계의 북미 동시 행동 방안을 제시하였다. 4단계는 1단계: 미국이 중유 공급을 재개하면 핵개발 포기 의사를 천명하고→ 2단계: 북·미 불가침조약이 체결되면 핵사찰을 수용하며→ 3단계: 북·미, 북·일 수교가 이뤄지면 미사일 문제를 해결하고→ 4단계: 경수로가 완공되면 핵폐기를 단행한다는 것이다. 반면 미국은 북한이 핵폐기를 위한 선행 조치를 취하고 조기 사찰을 수용하면 이에 대한 경제지원 및 외교조치를 단행한다는 것이다. 양자의 의견은 이때부터 평행선을 그리면서 지속적인 회담으로 연결된다.

제2차 6자회담은 2004년 2월 25일부터 28일까지 북경에서 개최되었다. 북한은 미국이 대북 적대시 정책을 지속하여 핵개발을 한다는 명분 하에 북한에 대한 불가침을 확약하고 미국과 외교관계를 수립하며 주변국과의 경제관계 수립을 미국이 방해하지 않는다는 약속을 하라고 주장했다. 더불어 고농축 우라늄 프로그램의 존재를 부인하고 핵동결에 대한 대가를 지속적으로 요구했다. 문제는 북한에 대한 불가침 혹은 정권보장을 하기가 매우 어렵고 북한의 선행동이 없이 대북 조치를 취하기 어렵다는 것이었다. 역시 선행동의 딜레마와 북한의 요구를 수용하기 어렵다는 점에서 큰 성과 없이 회의는 공전했다.

제3차 6자회담이 2004년 6월 23일에서 26일까지 북경에서 개최되었다. 미국은 북한의 고농축 우라늄을 비롯한 모든 핵프로그램에 대한 신고 및 동결, 폐기를 요구하고 소위 CVID, 즉 완전하고 검증가능하며, 불가역적인 핵폐기를 요구했으나 북한은 우라늄의 존재 자체를 부인하는 한편, 핵동결과 폐기 시 상응조치를 지속적으로 제안했다. 여기에는 북한이 핵을 동결할 경우, 이에 대한 반대 급부로 200만 kw의 에너지를 지원하고, 북한을 테러지원국 명단에서 삭제하며, 대북 경제제재와 봉쇄 조치를 해제하라는 것이었다.

제4차 6자회담의 1단계 회의는 2005년 7월 26일부터 8월 7일까지 북경에서 개최되었다. 북한은 핵 이용권에 대한 지속적 주장, 대북 경수로 지원, 핵무기 포기에 대한 보상 원조 시점 제시 등을 주장했다.

6자 간의 의견이 접근함에 따라 제4차 6자회담의 2단계 회의가 2005년 9월 13일부터 19일까지 북경에서 개최되었고 9.19 공동성명 6개항이 합의되었다. 이로써 북한의 핵포기 약속, 대북 경수로 지원 및 경제지원, 별도의 평화체제 협상 지속 등이 약속되었다. 그러나 곧이어 방코델타아시아(BDA) 은행 문제가 발생하고 차기 회담의 일정 합의도 되지 못한 채 휴회하게 된다. 결국 제 5차 6자회담의 1단계 회의가 2005년 11월 9일부터 11일까지 북경에서 개최되었지만, 의장성명만 채택하고 휴회되었다.

이후의 6자회담은 13개월 동안 열리지 않고 가장 긴 기간의 공전을 거듭한다. 북한은 2006년 7월 5일 장거리 미사일 발사실험을 하고 10월 9일 드디어 핵실험을 함으로써 벼랑 끝 전술을 구사한다. 더불어 미국이 11월 중간선거를 치르고 여기서 부시 대통령의 공화당이 패배함에 따라 전반적인 정책기조가 바뀌게 된다. 이후 제5차 6자회담의 제3단계 회의가 2007년 2월 8일부터 13일까지 북경에서 개최되고, '9.19 공동성명 이행을 위한 초기조치'의 7개항, 이른바 '2.13 합의'가 도출되었다. 여기서 6개국은 북한의 핵폐기 이행 조치를 세분하여 추진하기로 한다. 이후 BDA 문제가 2007년 6월 25일 북한 외무성이 BDA 동결자금 북한계좌 송금 확인을 발표하면서 종식되고, 제6차 6자회담은 7월 18일부터 20일까지 북경에서 개최된다.

제6차 6자회담의 2단계 회의는 2007년 9월 27일부터 30일까지 북경에서 개최되었다. 여기서 6개국은 10월 3일 비핵화 2단계 조치인 불능화(disablement)와 신고 이행 방안을 명시한 '9.19 공동성명 이행을 위한 제2단계 조치'(10.3합의)를 채택하고, 영변 핵시설에 대해 2007년 12월 31일까지 불능화를 완료하기로 한다. 또한 2007년 12월 말까지 모든 핵프로그램에 대해 완전하고 정확한 신고를 하기로 약속한다. 제6차 6자회담의 3단계 회의가 북경에서 2008년 12월 8일부터 11일까지 개최되었고 이 과정에서 북한이 미국의 시료채취(sampling) 요구를 거부함에 따라 검증의정서 채택이 무산되고 6자회담은 결렬된다.

이후 6자회담은 2014년 현재에 이르기까지 열리지 못하고 있다. 미북 간, 남북 간 간헐적인 협상이 벌어져 6자회담의 이전 단계 협상이 이루어지기는 했지만, 북한의 2차, 3차 핵실험, 그리고 천안함, 연평도 사건 등을 거치면서 협상은 결렬되었다. 또한 2011년 12월 17일 김정일이 사망하고 김정은 정권이 등장하면서 북한 내부 변수가 복잡해졌다. 북한은 2013년 3월 31일 소위 병진전략을 표방하여 핵무기 국가를 선언하고 9.19 공동성명에 명시된 비핵화의 목표를 전면 부정하면서 사실상 6자회담의 전망은 매우 어두워졌다.

이상의 과정에서 북한은 전반적 집합적 권력에서 미국에 비해 훨씬 열등하였지만 의제별 힘에서는 큰 힘을 발휘하였고 6자회담을 자신의 의지대로 이끌어 온 측면이 강하다. 이러한 분석은 의제별 힘이라는 특별한 자원권력에 치중하는 강점이 있지만 여전히 자원권력 중심의 분석이라고 할 수 있다. 협상론적 분석은 미북 중심의 협상과정을 설명하는 장점을 가지지만 6자회담이라는 다자 네트워크가 어떻게 작동하고, 미북 간의 의견대립에도 불구하고 어떻게 개최가 지속되고 합의가 도출되는지를 일목요연하게 밝히지 못하는 한계를 보인다. 특히 북핵 문제를 어떻게 정의하고, 6자 간의 의제동맹 결성이 어떻게 이루어지며, 각 국가들이 자원권력뿐 아니라 위치권력을 어떻게 활용함으로써 협상을 자신에게 유리하게 이끌어왔는지를 분석하는 데에는 한계를 가진다.

2. 6자회담 진행과정에 대한 네트워크 이론적 분석

6자회담의 주된 축은 미국과 북한 간의 권력과 이익의 게임이라고 할 수 있다. 핵의 완전한 폐기를 목표로 하는 미국과 생존 보장 및 경제발전, 국내 정권 안정의 다목적 게임을 하는 북한 간의 협상이다. 그러나 6자회담은 다자의 네트워크이기도 하며 각각의 당사자들은 권력자원뿐 아니라 위치권력으로 나름대로의 공헌을 해왔다. 미북 간의 협상이 사실상 어려워진 상황에서도 협상이 진행되고 9.19 공동성명이라는 성과를 낸 데에는 이러한 배경이 작용했다.

우선 미국은 북한의 핵이라는 물질을 국제정치와 연결하는 번역을 주도하는 위치를 가지고 있었다. 보다 구체적으로 협상 전체의 프레임을 짜는 자원권력과 위치권력을 소유하고 있다. 미국은 북핵 문제를 북한 문제로 보지 않고 핵무기의 개발과 확산이라는 관점에서 파악하고 있으며, 이를 토대로 6자회담의 기본 프로그램을 설정해왔다. 1990년대 6자회담 이전에는 미북 간 평화협정 관련 협상이 진행되어 북한 문제 자체에 대한 프로그래밍이 있었던 것이 사실이나, 9.11 테러 이후 부시 행정부를 거치면서 북핵 문제는 비확산의 문제로 번역되었고 6자회담은 철저히 그 프레임을 기본 플랫폼으로 하여 진행되었다. 노무현 행정부는 북핵 문제의 기본이 북한 문제라고 보고 평화체제 문제를 동시에 다루는 포괄적 접근을 주장하기도 했고, 9.19 공동성명에 별도의 포럼에서 평화체제의 문제를 다룬다는 접근이 포함되기도 했다. 또한 부시 대통령은 종전선언을 고려할 수도 있다고 발언하여 부분적으로 제한된 새로운 프레이밍의 가능성을 비추기도 했지만 기본적으로 한국의 포괄적 접근안은 받아들여지지 않고, 북핵 폐기를 보다 세분하여 접근하는 소위 크리스토퍼 힐식의 접근법이 주종을 이루게 된다.[6]

중국은 모든 행위자들과 연결된 강한 연결망 구조를 가지고 있다. 전략적으로 미국과의 협력관계를 유지해 왔고, 한국에 대해서는 강한 경제관계를 가지고 있다. 러시아와는 갈등이 내재해 있지만 중국의 부상 이후에는 전반적인 협력관계를 유지했고, 6자회담이 진행되는 동안에는 일본과도 대체로 협력관계를 유지했다. 그러나 미국 주도의 단극체제 하에서 북핵 문제를 해석하고 번역할 수 있는 독특한 주도권을 행사하기는 어려웠다. 오히려 북한에 대해 전통적 우호관계를 이어옴으로써 회담의 소집자 역할을 했다. 중국이 연결중심성, 근접중심성, 매개중심성이라는 모든 측면에서 강력한 중심성을 가지고 있었고 이는 중국만이 가지고 있는 위치권력이었다. 특히 북한에 대한 중심성을 가지고 있으며, 미북 간의 구조적 공백을 메울 수 있는 위치권력을 소유하고 있다. 6자회담은 항상 북경에서 중국의 주재로 개최되었고, 북한이 6자회담을 거부할 경우 중국은 특사를 파견하여 미국과 연결하는 역할을 했다. 이 과정에서 북한의 요구사항을 미국이 이해할 수 있도록 소통하는 전달자와 통역자, 즉 스위처의 역할을 해냈다.

예를 들어 1차 6자회담이 출범할 당시 중국의 다이빙궈 외교부 수석 부부장은 북한을 방문하여 다자회담의 수용을 적극 설득하였

---

6 이러한 네트워크 이론의 개념에 대해서는 김상배(2014), 3장과 8장 참조.

고, 이후 미국을 방문하여 북한의 입장을 설명하고 우선 3자회담 개최 후 6자회담으로 나아가도록 미국에게 제안하였다. 또한 중국은 리자오싱 외교부장이 한국을 방문하여 한국으로 하여금 미국을 변화시키도록 입장을 전달하기도 했다. 동시에 푸영중국외교부 아주국장은 일본을 방문하여 북핵 문제 해결방안을 일본에게 설명하고 이해를 구하기도 했다.

3차 6자회담이 벌어지기 전인 2004년 4월 19일부터 20일까지 김정일은 중국을 방문하여, 2000년 5월, 2001년 1월에 이어 세 번째 방중을 했다. 이 과정에서 중국은 김정일에게 미국의 대북 정책을 전달하고 김정일로부터 미국이 대북 안보위협을 철회할 경우 핵개발을 포기할 수 있다는 입장을 받아내기도 하였다. 이러한 중국의 중재 노력은 9.19 공동성명을 이끌어 내는 데 많은 역할을 했다고 볼 수 있다.

한국은 6자회담의 프레임을 짜거나 북한의 입장을 미국에 전달, 혹은 미국의 입장을 북한에 전달할 수 있는 본격적인 스위처 역할을 하지는 못했다고 볼 수 있다. 중국이 가지는 네트워크 중심성에 비해 훨씬 약한 중심성만을 가지고 있기 때문이다. 반면 협상이 난관에 부딪혔을 때, 돌파구를 여는 의제 제안력과 회담의 연결관계, 혹은 맺고 끊기 관계의 변화에 의해 협상을 진행하는 위치권력을 발휘했다고 볼 수 있다. 예를 들어 9.19 공동성명을 이루어 내는 과정에서 미국과 북한은 모든 협상 의제를 놓고 격돌했는데 한국은 적극적이고 주도적 역할을 해냈다고 볼 수 있다. 즉 미국과 북한의 안들 가운데 합리적 부분을 조합한 중재안을 만들고 이를 북미에게 설득하여, 안전보장, 북미관계 정상화, 경제지원 등의 합의를 이끌어 냈고, 특히 평화협정을 9.19 공동성명에 삽입하는 데 큰 힘을 발휘했다. 이러한 역할은 북한과 미국의 입장을 정확히 파악하는 위치지성의 힘이라고 할 수 있다. 남북관계를 오랫동안 유지해 온 한국은 다른 어느 측보다 북한의 정치적 요구사항을 잘 이해하고 있고, 미국과도 동맹관계를 오랜 시간 유지해 왔기 때문에 미국의 상황도 잘 이해하고 있다. 따라서 미북 간의 구조적 공백을 틈새지성으로 메우면서 문제를 해결하여 네트워크의 공백을 메우는 위치권력을 행사하는 데 유리했다고 볼 수 있다.

이러한 한국의 역할은 남북관계와 북핵 문제 해결의 선순환구조를 만들어 가는 노력에서도 나타난다. 소위 맺고 끊기의 전략을 활용하는 것인데, 노무현 행정부는 북한과 남북대화를 추진하고 대북지원을 하는 연결전략을 활용하여 6자회담이 진행되도록 추동하였다. 예를 들어 2005년 북한이 핵보유선언을 하면서 6자회담이 공전하고 있을 때, 노무현 정부는 정동영 통일부 장관으로 하여금 김정일과 6.17 면담을 하게 하고 이후 북한의 6자회담 복귀 약속을 받아내었다. 이 과정에서 한국 정부는 대북 중대제안을 했는데, 북한이 비핵화를 실행한다면 200만 KW의 전략을 직접송전 방식으로 한다고 약속한 것이다.

결국 6자회담에서 미국과의 의제동맹으로 북한을 압박하기도 하고, 때로는 남북대화를 통해 북한과의 연결을 도모하면서 맺고 끊기 전략을 활용할 수 있는 유리한 위치에 있었다고 할 수 있다. 이러한 사례는 이후에도 계속 진행되어 2006년 11월 베트남 하노이 한미정상회담에서 노무현 대통령은 부시 대통령을 설득하여 한국전쟁 종료 선언 의사가 있음을 밝히도록 하였다. 이는 북핵 문제를 북한 문제와 연결하여 새로운 프레임을 부분적으로 가지도록 하는 중요한 움직임이었다. 또한 2007년 노무현 대통령의 10월 방북과 10.4선언은 9.19 공동성명 및 2.13조치를 실행해 가는 데 중요한 추동력이 되었다.

그럼에도 불구하고 한국은 위치권력에서 큰 한계를 안고 있기도 하다. 북핵 문제를 동북아의 국제정치의 문제, 동북아에서 북한이라는 정치체의 생존 문제로 번역하고 이를 위한 네트워크로서 6자회담을 재정의하는 데 실패해 왔다. 중국을 비롯한 일본, 러시아를 내 편으로 만들고 북핵 문제를 바라보는 새로운 표준 설정을 하기에는 역부족이었던 것이다. 강력한 동북아 지역안보전략이 선행되어 북한을 향후 동북아에서 어떠한 위치로 설정할 것인가, 더 나아가 북핵 문제가 해결되었을 때 통일 및 한반도의 지위 문제를 어떻게 풀어갈 것인가에 대해 설득력 있는 대안을 제시하지 못한 것이다. 미국과 중국은 특히 향후 예상되는 강대국 간 관계에서 한반도를 전략적 요충지로 삼고 있어 북핵 문제 밑에 있는 북한 문제를 지정학적 문제로 보고 있다. 이 과정에서 미중관계를 풀지 못하고는 북핵 문제를 한국이 원하는 바대로 표준설정을 통해 끌고 가지 못함은 당연하다.

러시아와 일본은 북핵 문제에서 큰 위치권력을 발휘하지 못했다. 일본은 납치자 문제를 중시하여 스스로 네트워크 중심성을 크게 약화시켰다. 러시아는 동북아 문제 전반에 큰 관심을 기울일 여력이 없는 상황에서 부분적으로 위치권력을 발휘하는 정도였다. 특히 2005년 방코델타아시아(BDA) 은행 문제가 불거졌을 때, 세르게이 라브로프 러시아 외무장관은 러시아가 마카오의 BDA 은행 북한 자금 송금과 관련하여 미국과 협조할 용의가 있음을 밝혔고, 이후 러시아는 북한의 자금을 북한에 송금하여 BDA 문제를 해결하는 데 일조하였다. 러시아는 다수 은행에서 북한이 계좌를 가지고 있는 상황을 활용하여 문제를 해결하였고, 이는 경제적 위치권력이 부분적으로 작동한 결과였다.

V. 6자회담의 성과 및 한계에 대한 네트워크 이론적 분석

북핵 문제는 앞서 논한 바와 같이 북한 문제 전반과 밀접하게 연결되어 있다. 6자회담의 프레임은 9.11 테러 이후 미국의 부시 행정부가 2차 북핵 위기 이후 설정함에 따라 이러한 문제의 본질이 흐려진 것이 사실이다. 따라서 6자회담은 부분적 성공은 거두었지만 애초부터 문제의 완전한 해결은 어려웠다. 평화체제 문제와 이후 북한의 체제이행과 정권 생존에 관한 문제가 번역되어 이를 위한 네트워크가 형성되고 이에 따라 각 주체들의 역할이 설정되지 않고는 북핵 문제를 해결하는 것은 사실상 불가능하다. 한국은 다른 어느 측보다 이러한 문제를 잘 알고 북한 문제와 북핵 문제를 연계시키는 방향으로 문제를 해결하려 노력한 것이 사실이다. 그러나 자원권력과 위치권력 모두 문제의 설정방식을 바꾸기에는 역부족이었다.

그러나 이러한 포괄적 번역의도가 한국에만 있었던 것은 아니다. 모든 측에 북핵 문제를 보는 두 갈래의 번역 메커니즘이 있었다고 할 수 있다. 미국의 경우 비확산의 관점에서 문제를 보는 소위

‘군비통제론자(arms controller)’ 그룹과 ‘지정학적 안보전략가(security pragmatists)’의 그룹이 존재했다.[7] 전자는 북핵 문제를 오직 핵과 군비의 문제로 보는 반면 후자는 동북아 전체의 지정학적 상황 및 한반도에 대한 전략과 관련하여 좀 더 포괄적 접근을 추구한다. 부시 행정부 때에는 군비통제론적 접근이 우세했다고 볼 수 있다.

중국의 경우 ‘부상국 전략’과 ‘강대국 전략’으로 대별할 수 있다. 전자는 중국이 여전히 부상 중인 개발도상국이라는 입장으로 미국과의 협력을 통해 문제를 해결하고 미국에 비해 상대적 열세를 인정하는 접근이다. 후자는 중국도 강대국으로서 미국과 동등한 입장에서 문제를 해결하며 자국의 이익을 앞세우는 입장이다. 2008년 경제위기 이전까지는 중국은 전자의 입장에 있었다. 그러나 경제위기 이후 미국이 상대적 쇠퇴론에 시달리면서 G2의 한 축으로 강대국 외교를 추구하기 시작했다. 2013년 미중신형대국관계론은 중국이 강대국으로 본격적 외교를 하기 시작한 공식 선언이라고 할 수 있다. 양 전략 모두 북핵 문제를 북한 문제 전체의 틀 속에서 바라보지만 강대국의 전략을 취하면서 북한의 완충지적 성격이 강화되고 미국과의 협력이 어려워지는 부분이 있다.

한국의 경우 ‘유연한 관여전략’과 ‘원칙적 관여전략’의 노선이 있다고 할 수 있다. 전자는 소위 포용정책으로 표현된 것으로 북한 문제 전반을 해결한다는 문제의식 속에서 장기적 상호성을 전제로 남북관계 및 북핵 문제를 풀어나가는 입장이다. 반면 이명박 행정부는 후자의 입장을 취해 북핵 문제를 북한 문제 전반의 측면에서 보기보다는 핵문제 해결 및 엄격한 상호성의 입장에서 해결해 나가는

7 북핵 문제에 대한 미국의 접근법을 양분하여 보여주는 유익한 논의로서 Ford, Hosford and Zubrow(2009) 참조.

입장이다.

6자회담이 진행되는 시기의 협상과정은 부시 행정부의 군비통제론적 접근, 중국의 부상국 전략, 그리고 한국이 유연한 관여전략이 네트워크로 연결된 과정이었다고 평가할 수 있다. 따라서 중국과 한국은 북한 문제 전반을 보는 시각을 강조했지만 미국은 비확산과 군비통제의 관점에서 접근했다. 미국은 프레이밍의 위치권력으로 전체의 틀을 짜고, 한국과 중국은 해결과정에서 의제설정, 맺고 끊기, 표준설정, 그리고 구조적 공백 메우기 전략을 사용했다. 그러나 여전히 미국 부시 행정부의 프레이밍 능력이 우세를 점하고 이는 북한과 정면충돌하여 6자회담은 과정적 성공은 거두었지만, 문제 자체를 해결하지는 못했다. 북핵 문제에 한정된 미국 군비통제론의 번역기제와 북한 문제를 포괄적으로 보는 한국과 중국의 번역기제가 6자회담이라는 틀 속에서 중층구조를 이루어 내지 못하고 상호 충돌하는 가운데 6자회담이 성과를 거둘 수 없었던 것이다.

6자회담은 2008년을 끝으로 더 이상 열리지 않게 된다. 오바마 대통령은 북한 문제에 대한 포괄적 접근을 내걸고 소위 지정학적 안보전략의 시각을 부분적으로 받아들였다. 그러나 경제위기 이후 중국은 북한에 대한 주변국 전략을 강화하고 강대국 전략의 틀을 강조하기 시작했다. 또한 한국은 원칙적 관여를 내세우면서 북한에 대한 엄격한 상호성을 요구하게 되었다. 이 과정에서 6자회담은 미국의 입장 선회에도 불구하고 각 입장들이 엇갈려 결합됨으로써 열리기 어렵게 된다. 미국은 소위 '전략적 인내' 정책으로 후퇴하고 중국은 북한을 끌어안고 있어야 하는 지정학적 이익을, 한국은 북핵의 폐기라는 엄격한 이익을 내세우면서 6자회담은 합의된 번역과정이나 이후의 실행과정 모두에서 난관을 거듭하고 있는 것이다.

마지막으로 이러한 어려움의 근원에는 북한의 내부 정치 요소가 있다. 2008년 8월 김정일의 건강 이상 이후 2009년 초 김정은으로의 권력계승이 시작되는데, 북한은 내부 정권 강화를 위해 핵실험 및 대남 도발을 강화한 것으로 보인다. 결국 김정일 치하에서는 북핵 폐기를 전제로 한 협상론이 우세였던 데 반해, 김정은 치하에서는 핵보유를 명시한 병진전략과 핵보유전략으로 선회하고 있는 것이다. 이러한 변화는 현재 한미중의 접근변화와 맞물려 6자회담의 개최를 어렵게 하고 있다. 결국 6자 내부의 접근법들 간의 교차, 그리고 북한 문제 전반을 바라보는 또 다른 전략적 네트워크가 6자의 협상네트워크를 결정한 중요한 요소였다는 점을 알 수 있다.

Ⅵ. 맺음말

북핵 문제를 해결하고자 했던 6자회담은 10년이 지나도록 명확한 성과를 내지 못하고 있다. 기존의 국제정치학 이론은 동북아 국가들 간의 세력균형의 변화 혹은 안보론의 측면에서 이를 분석해 왔고 북핵 문제의 구조적 측면을 밝힘으로써 현상 분석에 많은 공헌을 해온 것이 사실이다. 그러나 개별 행위자들의 전략과 행동이라는 행위자 중심의 사태에 대해서는 상대적으로 주의를 덜 기울였다. 북핵 문제를 어떻게 정의하고 각 행위자들이 어떠한 인식을 가지고 정책을 추구하는가는 북핵 문제 진행과정을 분석하는 데 중요한 부분이다.

네트워크 이론은 구조, 제도, 행위자 수준에서 빠져 있는 관계의 측면에 주의를 기울인다. 특히 ANT는 행위자들 간의 관계가 행위자들의 정체성과 인식에 어떠한 구성적 역할을 하는지를 밝히는 구성적 네트워크 이론으로 작용하는 한편, SNA는 네트워크 속에서 행위자들이 어떠한 전략적 행동을 할 수 있는지를 밝히는 전략적 네트워크 이론의 측면에서 분석에 도움을 준다.

이러한 공헌은 기존의 국제정치학 이론에 대해 보완적이다. SNA는 기존의 구조적 분석이나 합리적 행위자 모델과 양립가능하면서 관계 측면을 보완해주고 있고, ANT 역시 기존의 국가 중심 시각을 넘어서기는 어렵다. 이유는 북핵 문제와 같이 국가 중심의 안보 문제에서 국가와 폭력 무기라는 기존의 네트워크, 블랙박스를 재구성하기 어려운 현실이 엄존하기 때문이다. 다만 문제의 본질을 보는 시각을 달리 해주는 이점이 있으며, 구체적인 협상 과정에서 번역과 실행의 측면을 역동적으로 보여준다는 장점을 가진다고 평가된다. 또한 전략 및 정책 연구의 차원에서 구조의 한계를 넘어서는 실천의 측면에서 함의를 가진다. 장기적으로 보면 이론의 관점에서 구조와 행위자 간의 존재론적 차이를 극복할 수 있는 가능성도 보여주는데 특히 ANT이론은 탈근대이론가들이 고민했던 구조와 행위자 간 매개의 문제를 네트워크라는 개념으로 재조망하는 데 일조한다고 하겠다.

참고문헌

구양미. 2008. "크루그먼과 신경제지리학: 경제지리학 네트워크 연구의 이론적 고찰 SNA와 ANT를 중심으로," 『공간과 사회』 30권. pp.36-66.

김동일. 2010. "부르디외와 라투르의 대질과 수정: 사회과학 지식체계에서 장이론의 가능성과 한계," 『사회과학연구』 18집 2호, pp.40-89.

김상배. 2012. "소셜미디어와 공공외교: 행위자-네트워크 이론으로 보는 미국의 전략," 『국제정치논총』 52(5), pp.117-142.

김상배. 2011. "네트워크로 보는 중견국 외교전략: 구조적 공백과 위치권력이론의 원용," 『국제정치논총』 51집 3호.

김상배. 2014. 『아라크네의 국제정치학: 네트워크 세계정치이론의 도전. 서울: 한울.

김수민, 윤황. 2008. "북한의 6자회담 협상전략, 전술: 평가와 전망," 『세계지역연구논총』, 26권 3호, pp.105-128.

김용학. 2003. 『사회 연결망 분석』. 박영사.

______. 2004. 『사회 연결망 이론』. 박영사.

김재관. 2008. "중국의 다자안보협력에 대한 평가와 전망: '6자회담' 사례를 중심으로," 『현대사회과학연구』, 12권, pp.25-47.

김창희. 2007. "북핵문제에 대한 북,미간 갈등과 6자회담," 『한국동북아논총』, 42권, pp.119-141.

라투르, 브루노 외. 2010. 『인간·사물·동맹: 행위자네트워크 이론과 테크노사이언스』, 홍성욱 엮음(서울: 이음, 2010).

라투르, 브루노. 2009. 『우리는 결코 근대인이었던 적이 없다』, 홍철기 역. 서울: 갈무리. 2009.

라투르, 브뤼노. 2003. "나에게 실험실을 달라, 그러면 내가 세상을 들어 올리리라," 김명진 역, 『과학사상』 45, pp.43-82.

아감벤, 조르조(Giorgio Agamben). 2010. 『장치란 무엇인가? 장치학을 위한 시론』, 양찰렬 옮김. 서울: 난장.

이정철. 2008. "북한의 핵억지와 강제," 『민주사회와 정책연구』, 통권 13호.

전재성. 2002. "협상이론의 관점에서 본 남·북·미 3국간관계: 이익, 권력, 정체성," 『국제지역연구』, 11권 2호, pp.1-22.

전재성. 2014. "탈실증주의 국제정치학 인식론의 모색," 『세계정치』 20권, pp. 1-41.

전현준. 2003. "북한의 6자회담 참여 배경과 협상전략," 전남대학교 세계한상문화연구단 국내학술회의 34, pp.5-25.

하영선, 전재성. 2004. "북핵문제와 6자회담: 평가와 전망," EAI 국가안보패널 연구보고서, pp.1-18.

홍민. 2013. "행위자-네트워크 이론과 북한 연구: 방법론적 성찰과 가능성," 『현대북한연구』 16-1, pp.106-170.

Habeeb, William. M. 1988. *Power and tactics in international negotiation.* Baltimore: Johns Hopkins University Press.

Ford, Lindsey, Zachary Hosford, and Michael Zubrow. 2009. *US-DPRK Nuclear Negotiations: A Survey of the Policy Literature*, CNAS, April.

Gould, Roger V. and Roberto M. Fernandez. 1989. "Structures of Mediation: A Formal Approach to Brokerage in Transaction Networks." *Sociological*

Methodology, 19, pp.89-126.

Granovetter, M. 1973. "The Strength of Weak Ties." *American Journal of Sociology*, Vol.78, No.6, 1360~1380.

Kahler, Miles. ed. 2009. *Networked Politics: Agency, Power, and Governance.* Ithaca and London: Cornell University Press.

Kim, Sangbae. 2014. "Roles of Middle Power in East Asia: A Korean Perspective," *EAI MPDI Working Paper No. 2,* The East Asia Institute.

Latour, Bruno. 2005. *Reassessing the Social: An Introduction to Actor-network Theory.* Oxford and New York: Oxford University Press.

Law, J. and J. Hassard, eds. 1999. *Actor Network Theory and After.* Oxford: Blackwell Publishers.

Tan, See Seng. 2013. "Facilitating China-U.S. Relations in the Age of Rebalancing: ASEAN's "Middle Power" Diplomacy," *EAI MPDI Working Paper No. 1,* The East Asia Institute.

Urry, J. 2005. "The Complexity Turn." *Theory, Culture & Society*, vol.22, No.5, 1~14.

Wasserman, S. and K. Faust. 1994. *Social Network Analysis: Methods and Applications.* Cambridge University Press.

제2장

네트워크로 본 북한의 핵·미사일 개발*

조은정

* 본 장은 저자의 다음 논문을 본 저서의 목적에 맞게 수정 및 보완한 것입니다: "국제 핵·미사일 통제체제의 '구조적 공백'과 북한의 핵·미사일 협력 네트워크" 『국가전략』 제20권 3호(성남: 세종연구소, 2014) pp.5~40.

Ⅰ. 서 론

우리는 '북한 핵위협'이라고 쓰고 '국제안보 문제'로 읽는다. 그러나 정작 많은 기존 연구에서는 북한 핵 문제를 분석하는 데 북한에 한정하곤 하였다. 혹은 북한 문제 해결을 위해 구성된 6자회담의 구성국들에 그 연구의 초점이 맞추어졌다. 그러나 각종 대북 해외 원조와 중국, 한국과의 경제개발 협력, 그리고 각종 외화벌이 사업 등에서도 보듯이 북한은 알려진 바와 달리 고립된 '은둔의 왕국'이 아니다. 또한, 북한 문제의 해법의 열쇠는 북한 문제로 위협을 느끼는 대상국들이 아니라, 오히려 현재 북한의 체제 유지로 이익을 보고 그래서 또 여기에 도움을 주고 있는 국가들이 쥐고 있다고 해도 과언이 아닐 것이다. 이 점에서 본 연구는 기존 연구들과 달리 북한이 고립국이 아니며 북한의 체제 유지에 도움을 주는 협력자들이 북한 외부에 존재한다는 기본 가정 아래, 북한 핵 미사일 개발 사안에 있어서 북한의 '적'이 아니라 북한의 '친구(동맹)'와의 관계를 밝히는 데 역점을 둔다. 지금까지 북한의 핵무기 기술이 핵 선진국으로부터 일방적 구애나 비합법적인 경로로 취득된 것으로 이해되었으나, 최근에 이룩한 북한 핵미사일 개발 성과는 오히려 핵무기 후발국들과의 수평적 공조에 의한 것이라는 데 더욱 무게가 실리고 있기 때문이다. 북한의 이 같은 핵무기 개발에서 거둔 놀라운 성과 자체도 주변국에 위협적이지만 더욱 우려되는 것은 긴밀한 공조관계에 있는 이들 핵 후발국들이 주류 국제질서 밖에 있는 소위 '문제 국가'들이라는 점이다. 따라서 북한의 '협력'의 네트워크를 밝히는 것은 소위 '북한 핵 문제'를 해결하는 데 핵심적이다. 이를 위해 본 연구는 북한이 핵미사일 '확산'과 그 '통제'를 위한 국가들 간의 그물망 속에서 어떤 위치를 점하고 있으며 또한 북한이 이 같은 네트워크들을 핵미사일 개발에 어떻게 유용한 자원으로 활용하였는지 추적해 보고자 한다. 나아가, 핵무기 개발에 있어 북한의 협력/친구 네트워크에 대한 빈약한 정보를 뒷받침하기 위해 북한 핵무기 개발과 판매에 대한 국제통제 네트워크의 역 추적 또한 시도하여 지금까지 숨겨져 온 북한의 국제관계 그물망을 보다 입체적으로 조망하고자 한다.

이 같이 시각의 전환을 제안하는 것은 이번 세기의 핵무기 확산의 경로가 지난 세기와는 다른 양상으로 변모하고 있는 듯이 보이기 때문이다. 첫째, 지금까지 북한의 핵과 미사일 기술은 무기 선진국으로부터의 일방적 구애나 비합법적인 경로로 취득된 것으로 이해되었으나, 최근에 이룩한 북한 핵미사일 개발 성과는 오히려 파키스탄과 같은 핵무기 '후발국'들과의 '수평적 공조'에 의한 것으로 보인다. 둘째, 더욱이 이처럼 활발한 핵 후발국들 간의 협력 움직임은 핵과 미사일 확산 방지를 위한 다양한 국제적 노력에도 불구하고 핵확산이 일어나고 있기 때문에 더욱 염려스럽다. 대표적으로 핵확산금지조약(NPT: the Non-Proliferation Treaty)과 미사일기술통제체제(MTCR: the Missile Technology Control Regime)를 비롯하여 부분핵실험금지조약(PTBT: the Partial Nuclear Test Ban Treaty), 포괄적핵실험금지조약(CTBT: the Comprehinsive Nuclear

Test Ban Treaty), 공격용전략핵무기감축조약(SORT: the Strategic Offensive Reductions Treaty), 이외에도 유엔 안전보장이사회, 6자회담, 대량살상무기확산방지구상(PSI: the Proliferation Security Initiative), 핵안보정상회의(NSS: the Nuclear Security Summit) 등 수많은 제도들과 협력기구들이 있다. 그럼에도 불구하고 핵확산이 일어나고 있는 것은 바로 현존하는 핵과 미사일 비확산을 위한 국제통제 네트워크에 허점이 있는 것이 아닌지 의문을 품게 한다. 특히, 위의 두 가설처럼 핵무기 통제 체제에 구조적 허점이 방치된 가운데 북한을 중심으로 하는 수평적 공조가 확산되는 추세라고 했을 때, 그 북한과 긴밀한 공조관계에 있는 국가들이 주류 국제질서 밖에 있는 소위 '문제 국가'들이라는 점에서 사안의 심각성은 더해질 수밖에 없다. 따라서 북한의 '협력'의 네트워크를 밝히는 것은 국제 핵과 미사일 비확산 체제의 '구조적 공백(structural hole)'을 찾는 지름길이 될 것이다(구조적 공백에 관해서는 2절에서 보다 자세히 후술).

이러한 문제의식 아래, 본장에서는 다양한 국제통제 노력에도 불구하고 왜 최근 소위 문제 국가들을 중심으로 핵과 미사일이 확산되고 있는지를 북한의 사례를 통해 살펴보고자 한다. 보다 구체적으로, 북한이 핵과 미사일 실험에 성공할 수 있었던 것은 비단 북한의 과학기술 발전뿐만 아니라 이를 미연에 방지할 국제 비확산 체제의 구조적 공백 때문이었을 가능성을 제기한다. 이를 위해서 네트워크 이론의 주요 개념을 도입하여 각 국가 노드(node) 들의 개별 역할뿐만 아니라 네트워크상에서 구성된 이들 간의 관계에 따른 역할에도 주목함으로써 보다 거시적이고 종합적인 시각에서 이 문제에 접근하고자 한다. 이러한 시도는 북한이 핵미사일 '확산'과 그 '통제'를 위한 국가들 간의 그물망 속에서 어떤 위치를 점하고 있으며 또한 북한이 이 같은 '아웃사이더'들 간의 협력관계를 핵미사일 개발에 어떻게 유용한 자원으로 활용하였는지를 추적하는 데도 기여할 수 있을 것이다. 또한 방법론적으로는 이 같은 국가 단위 너머의 분석을 시도함으로써 공개된 정보의 부족과 자료 접근의 어려움에서 기인하는 북핵 연구의 한계를 극복하는 데도 보탬이 되기를 바란다. 분명 본 연구도 이 고질적 문제로부터 자유로울 수 없다. 그럼에도 불구하고 무모하게 이 시점에 시도하는 것은 첫째 사안이 간과하거나 지체할 수 없을 만큼 시의성이 크고, 둘째 자료 접근의 한계를 이론적으로 보완할 여지가 아주 없는 것은 아니라고 보았기 때문이다. 창이 무적이라던 방패를 뚫을 수 있었던 이유를 분석하는 데 뚫은 창이 없다면 뚫린 방패로부터 연구를 시작해 보는 것도 의미가 있다고 생각된다. 마찬가지로 북한의 핵과 미사일 기술 이전에 대한 북한 내부 자료에 접근하기 어렵다면 우선 북한을 향하고 있는 외부의 가용한 자료들을 참고로 연구를 시도해볼 수 있다. 그 가용방법으로 첫째 비확산을 위한 국제 핵과 미사일 통제 체제의 구조적 허점을 살펴보는 것이다. 둘째 여전히 불완전하지만 국제무기이전에 대한 모니터링 데이터와 이를 토대로 한 기존 분석들을 참고로 하여 무기이전에 관여한 노드들의 관계망에 초점을 맞추어 북한이 핵개발에 성공할 수 있었던 정황을 추적해 보는 것이다. 이 점에서 본 연구는 향후 제2세대 핵확산 연구에서 일 뿐임을 밝힌다.

본장은 다음과 같이 구성된다. 첫째, 핵과 미사일의(비)확산에 대한 기존 국제정치이론 연구의 한계를 짚어보고 네트워크 이론의 보완 가능성을 본 연구에서 사용할 주요 개념을 들어 살펴본다. 둘째, 국제 핵과 미사일 정치학 일반을 창과 방패와 같이 서로 다른 목적의 '확산'과 '통제'의 그물망들 간의 동학으로 재구성한다. 지난 세기 앞서의 핵시대로부터 오늘날 제2핵시대에 이르는 사이 일어난

‘확산’과 ‘통제’의 네트워크 변화를 살펴보고 핵무기 비확산을 위한 갖은 국제적 노력에도 불구하고 북한을 중심으로 하는 수평적 핵무기 개발협력 네트워크가 구축될 수 있었던 환경적 요인을 분석함으로써 다음에서 논의할 북한의 수평적 핵무기 협력에 어떤 기여를 하였는지 밝힐 분석적 토대로 삼는다. 셋째, 앞서의 논의에 비추어 핵과 미사일 개발에 힘을 실어준 협력과 동조의 네트워크와 이를 저지하고자 하는 국제사회의 통제의 네트워크 각각의 특성을 북한의 예를 들어 두 상반된 네트워크 간의 긴장을 보다 구체적으로 조망한다. 끝으로 탈냉전 이후 후발국들 간의 수평적 협력의 확대에 따라 북한의 핵과 미사일 개발의 네트워크가 북한을 중심으로 함께 발전해 갈 가능성을 들어 사안의 심각성을 강조하고, 동시에 현재 핵과 미사일 비확산을 위한 국제통제체제의 구조적 공백의 문제에 대한 후속 연구의 필요성을 피력하는 것으로 글을 맺는다.

Ⅱ. 핵무기 확산 문제에서 기존 연구의 한계

1. 핵무기 개발의 동인

비확산을 위한 다양한 국제적 노력에도 불구하고 왜 오늘날 핵과 미사일 기술은 여전히 완벽히 통제되지 못하고 있는가? 대부분의 기존 연구들은 핵과 미사일을 갖고자 하는 국가 행위자들로부터 그 원인을 찾으려고 하였다. 가령, 실증주의에 기반을 두고 있는 국제정치학자들은 핵미사일 개발을 물리적이든 상징적이든 국력의 척도를 가늠하는 중요한 수단으로 상정하였다. 이 같은 인식 아래, 세이건은 핵개발/핵확산의 원인을 크게 세 가지 모델로 나누어 설명하였다: 군사안보적 동기, 국내 정치적 필요성, 그리고 핵보유를 정당화하는 내적 기제(Sagan, 1996). 그리고 이 중 군사안보적 동기가 국가가 핵개발로 나아가는 데 가장 중요하고 나머지 둘은 충분조건이나 필요조건은 아닌 것으로 보았는데 이는 대부분의 현실주의 분석과 그 맥을 같이 한다(Sagan, 2011, 233; Hecker, 2010; Paul, 2000; Thayer, 1995; Frankel & Davis, 1993; Frankel, 1993; Mearsheimer, 1990). 군사 안보적 동기를 강조한 연구들이 대외 관계에 초점을 맞추어 해당 국가의 핵확산의 이득을 논했다면, 자유주의적 시각에 입각한 연구들은 국내 행위자들이 핵개발의 추진을 결정할 수밖에 없었던 정치경제적 이점과 다양한 국내 행위자들 간의 동학에 집중하는 경향을 보인다(Liberman, 2001; Solingen, 1998; Lavoy, 1993). 앞서 두 물질론적 견해와 달리 구성주의자들은 핵(비)확산의 심리를 설명하면서 오히려 마지막 요소-규범이나 정체성, 위신과 같은 내적 동인의 중요성을 강조하였다(Rublee, 2009; Tannenwald, 2007; Hymans, 2006; Grillot & Long, 2000; Chafetz et al., 1996; Katzenstein, 1996). 특히 국가 지도자의 성향을 '국가 정체성 개념들(NICs: National Identity Conceptions)'에 따라 네 가지 서로 다른 경우로 구별 짓고 그 각각의 경우로 프랑스, 호주, 아르헨티나, 인도의 예를 들어 설명하였다(Hymans, 2006, 25). 이와 같이 기존의 많은 연구들은 핵을 가지려 하는 국가 행위자(혹은 핵확산을 저지하려는 주체)에 초점을 맞추어 핵확산의 요인과 비 핵확산을 위한 노력의 성과 혹은 한계를 논의하였다. 이러한 국가 행위자 중심의 연구 경향은 핵확산의 책임 소재를 명확히 함으로써 분석의 범위도 핵개발/보유 국가를 중심으로 내외부의 정치, 경제, 역사적 요인들을 면밀히 살펴볼 수 있는 장점이 있다.

그럼에도 불구하고, 이들 연구는 절반의 성공에 그치고 말았다. 핵과 미사일 개발과 통제의 동학이 가지고자 하는 자뿐만 아니라 이를 저지하고자 하는 자간의 줄다리기라는 사실을 간과하고 오직 전자에만 초점을 맞추어 핵확산의 원인을 분석하려 했기 때문이다. 즉 비확산을 위한 국제통제체제가 존재함에도 불구하고 비확산의 노력이 실패로 돌아갔다면 거기에 대한 분석은 통제 시스템에서도 찾아야 할 것이나, 21세기 문제 국가들의 핵과 미사일 확산에 관한 연구들은 이들 국가 행위자들에서만 그 이유를 찾고 있다. 가령, 최근 소개된 아시아에서 '핵확산'은 지금도 진행 중임을 경고하는 요시무라 신타로 외 7인의 연구 역시 연구의 시야를 국가에서 지역으로 확대하였음에도 불구하고 정작 분석 수준에 있어서 국가 단위를 넘어서지 못하는 한계를 보이고 있다(신타로 외 7인, 2012). 결국, 보유국들의 핵과 미사일 개발을 촉발시킨 표면적인 이유에 보다 집착하고 그래서 지엽적인 분석에 그치고 말았다. 결과적으로 이들 연구는 창과 방패에서 창의 역할에만 주목하다가 방패의 문제점을 놓치고 말았다. 따라서 이 같은 핵(비)확산에 대한 국가 행위자 중심연구의 한계를 보완하기 위해서는 보다 거시적이고 또한 포괄적으로 참여 행위자들 간의 상호작용과 사회경제적 맥락을 함께 고려할 수 있는 설명 도구가 필요하다. 이 같은 요구로부터 본 연구에서는 네트워크 이론에 기반한 분석을 제안한다.

2. 네트워크 이론의 효용성

국제정치학 연구에 있어 군사력과 무기, 그리고 전쟁에 대한 연구가 차지하는 비중이 적지 않음에도 불구하고 기존의 연구에서는 연구대상으로 선정된 소수의 국가들 간의 군사관계를 인위적으로 통제하여 행위자들의 군사정책과 능력을 나머지 요인들과 별개로 살펴보았다. 그러나, 최근 연구에서는 군사무기이전이 네트워크적인 속성을 보이고 있으며 이들 무기 네트워크의 구조적인 특징들에 주목하고 있다(Montgomery, 2005; Kinsella, 2006; Kim, 2007). 네트워크 분석은 "국가 간의 물질적 혹은 비물질적 자원의 이동은 국가 간의 관계를 규정할 뿐만 아니라, 국가 간의 관계에 영향을 미치는 더 높은 차원의 구조 혹은 네트워크를 형성"함을 발견하는 데 기여함으로써 행위자와 구조를 따로 떼어 현상/사건을 살펴보려던 전통적 인식론으로부터 탈피"할 수 있다는 데서 그 이론적 유용성을 찾아볼 수 있다(김형민, 2010, 327). 이러한 인식론적 전환은 행위자(both security threats and security providers)의 다변화와 위협요인(sources of insecurity)의 복합화를 통해 보다 복잡다단해진 오늘날의 국제 안보환경을 더 입체적으로 이해하는 데 도움을 줄 수 있을 것이다.

보다 구체적으로 다음 두 가지 점에서 네트워크 이론이 국제 핵확산 문제, 특히 북한의 핵개발을 추적하는 데 있어 기여할 것으로 기대된다. 첫째, 객관적인 북한의 내부자료 부족으로 연구자들이 숙명적으로 겪을 수밖에 없는 현재 북한 연구의 어려움을 네트워크 이론과 같은 보다 거시적인 이론으로써 보완할 수 있을 것이다. 북한 연구에서 아무런 의심없이 사용되고 있는 기본 가정 중의 하나가 북한이 국제사회와 괴리된 고립된 조직이라는 것이다. 그러나 엄밀한 검증 없이 암묵적으로 북한을 고립된 존재로만 간주한다면 북한 연구의 폭을 스스로 좁히는 결과를 낳을 수밖에 없다. 예를 들어, 북한은 자위권 행사를 위해 외부의 도움 없이 주체적으로 핵과 미사일 개발에 성공하였다고 선전해 왔다. 또한 연구자들도 북핵 개발과정 내부를 추적할 만한 객관적인 자료가 절대적으로 부족한 상황에서 이에 대한 적극적인 긍정도 반박도 하지 못했다. 그러나 김형민의 연구에서 도출된 세계 군사무기 이전 그물망 지도를 보면 북한은 절대 고립무원의 독립 노드가 아니며 오히려 군사무기 이전의 핵심노드들과 긴밀한 연관성을 맺고 있음을 확인할 수 있다(김형민, 2010, 341; 4장 2절의 <그림 3> 참조). 이로부터 북한의 핵과 미사일 개발 과정을 밝히는 연구들도 북한 내부 자원에만 천착하지 않고, 북한 외부의 가용 자원들의 여부에도 눈을 돌릴 수 있는 중요한 근거가 마련되었다고 하겠다. 또한 방법론적으로도 이처럼 특히나 자료 접근이 어려운 북한 연구에 네트워크 이론이 거시적이고 종합적인 시각을 통해 우회로를 터 준다면, 북한을 둘러싸고 있는 네트워크의 구조를 규명함으로써 그 내부에서의 정치적 역학관계를 보여 주는 데도 크게 기여할 수 있을 것으로 기대된다.

둘째, 네트워크 이론은 북한이 자신을 국제적 위협으로 재구성하기 위해 동원하고 있는 물질적 자원들을 효과적으로 조직하는 데 필요한 북한의 '비물질적 자원(non-material resources)'의 중요성을 부각시킬 수 있다. 네트워크 이론의 가장 큰 장점은 "'물질적 권력'에 기반을 둔 평면적인 세력균형(BoP)의 이해를 넘어서 '탈물질적 권력'까지도 포괄하는 복합 네트워크들 간의 '세력망(network of power, 이하 NoP)'에 대한 이해를 지향한다"는 점이다(김상배, 2010, 34). 특히, 북한의 핵미사일 개발의 사회적 자본으로서 네트워크를 들어 설명한다면 '북한'을 그 물리적 영토에 한정시키지 않고 북한 내부와 외부라는 기존의 정책분석의 경계를 허물어 기존의 행위자 중심 이론적 틀에서 보다 유연한 분석을 가능하게 할 수 있을 것이다. 가령, 비슷한 국내 환경과 가용 자원에도 불구하고 왜 서로 다른 형태와 방향으로 핵과 미사일 개발을 위한 자원이 조직되는지를 설명하는 데 부딪쳤던 한계도 그 분석 국가가 보유한 물질적 토대뿐만 아니라 그 내외부로 맺고 있는 네트워크들의 성격을 면밀히 검토한다면 그 돌파구를 찾을 수 있을 것이다.

이러한 방법론적, 인식론적 요청에 따라 본 연구에서는 북한의 핵과 미사일 개발과정을 네트워크 이론으로 재구성하고자 한다. 본 연구가 특히 주목하고 있는 네트워크 이론의 주요 개념은 '구조적 공백(structural hole)'이다.

구조적 공백은 네트워크상에서 노드들 간의 링크가 불완전한 상태로 놓여 정보나 자원의 흐름이 다른 주변 노드들에 원활히 전달되지 못하고 상대적으로 고립 혹은 단절되는 경우에 발생한다. 이는 아래 <그림 1> 중 분절 네트워크에 해당한다. 다시 설명하면, 노드와 링크의 구성과 그 성긴 정도에 따라 통합 네트워크와 분절 네트워크로 구분되는데 전자에서는 노드들이 다른 노드들과 직접 연결되어 노드들 간의 관계(링크)가 상대적으로 완결된 형태를 보여준다면, 분절 네트워크상에서는 느슨하게 형성되어 "대부분 행위자가 소수 행위자를 경유해서만 서로 간접적으로 연결"되는 형태를 보여준다(김상배, 2014, 78-79). 이러한 분절적 관계에서 노드들 간의 관계는 "이질적" 성격의 주체들 간에 정보의 소통이나 자원의 교환이 쉽게 이루어지지 않아 "소원"하고 "비공식적"이고 "비규칙적"인 형태를 띠는 구조로 남겨지기 쉽다(김상배, 2014, 79). 바꿔 말하면, 구조적 공백은 "네트워크상에서 전략적인 목적으로 한두 개의 링크를 추가로 연결함으로써 채워질 수 있는 공백"으로써 "중개의 과정을 통해서 정보의 확산에 참여하고 네트워크의 흐름을 통제"하려는 의도가 개입될 여지를 남긴다는 점에서 '가장 정치적인 힘의 여백'으로 이해된다(김상배, 2014, 79; 김상배, 2010, 42).

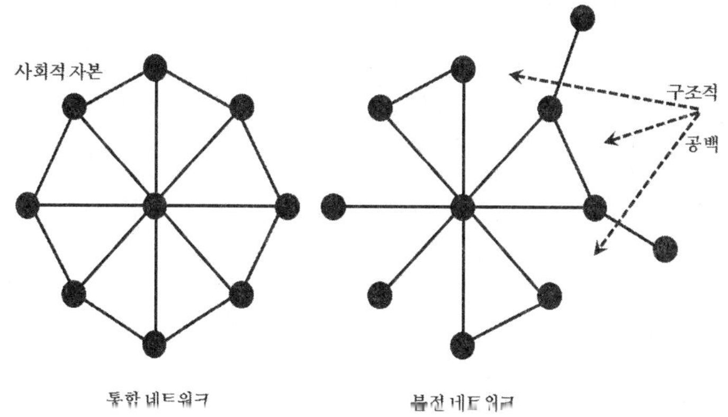

〈그림 1〉 통합 네트워크와 분절 네트워크 (김상배, 2014, 79)

따라서 구조적 공백의 의미는 본장에서 다음과 같이 확장해 볼 수 있겠다. 네트워크상에서는 다수의 행위자가 소수의 핵심 행위자를 경유해서 서로 간접적으로 연결되어 있는 경우가 대부분이기 때문에, 직접적으로 링크를 맺고 있지 않은 노드들이 따르는 서로 상이한 관념과 규범들이 서로 마찰한다면 네트워크는 불완전한 형태로 남게 된다. 이 같이 분절된 네트워크상에서 발견되는 구조적 공백이 체제 변환과정에서 일시적으로 생성될 수 있지만, 이 공백이 오랫동안 지속되면 주류질서를 위협하는 힘의 공백(power vacuum)으로 확대될 수도 있다는 점에서 관심을 요한다. 특히 핵무기 확산의 책임을 앞서의 선행연구 분석에서 보듯이 핵개발을 실행에 옮긴 국가 행위자에 물어왔으나, 오늘날 성공적이라고 평가받고 있는 국제통제체제 운영에도 불구하고 신흥 핵무기 개발국들의 의지를 꺾을 수 없었다면 이는 국제통제 시스템을 의심해 봐야 한다. 만일 국제통제체제에 허점이 있는 것이라면 기존의 행위자 중심 분석 틀로 문제점을 파악하기도, 그 해결방안을 제시하기도 어려울 것이다. 다시 말해, 창과 방패 모두를 점검하여야 하며 이를 위해서는 이 둘을 함께 살펴볼 분석 틀이 필요하다. 따라서 행위자의 의도나 활동뿐만 아니라 그 행위자를 역할지우는 구조적 영향을 고려할 수 있는 '구조적 공백' 개념을 도입한다면 이는 제2의 핵시대에 북한을 비롯한 신흥 핵·미사일 개발국가들이 참여하여 가속화되고 있는 현재 핵확산의 추세를 보다 종합적으로 검토할 수 있고, 또한 기존의 핵통제체제가 보다 효율적으로 핵확산에 대응하는 방법을 마련하는 데 기여할 수 있을 것이다.

Ⅲ. 국제 핵·미사일 정치 네트워크의 구조와 동학: '확산'과 '통제'의 네트워크

국제 핵·미사일 정치 네트워크의 구조와 동학은 다음과 같이 정리해 볼 수 있다. 앞서 서론에서 소개했듯이 핵과 미사일 통제를 위한 다양한 제도들이 있지만 이 절의 목적은 개별 국제통제레짐의 한계를 나열하는 것은 이 절의 목적이 아니다. 오히려 핵무기 '확산' 네트워크와 '통제' 네트워크의 성격을 비교·대조 분석하고 통제 체제의 구조적인 취약성을 살펴보는 것이다. 그 중 가장 대표적인 제도인 NPT와 MTCR을 들어 핵무기의 확산과 통제의 네트워크의 특성을 이해하고 있다.

첫째, 가장 큰 틀에서 밀고 당기기(push-and-pull) 관계에 있는 '확산'과 '통제'의 네트워크가 존재한다. 또한 확산과 통제 네트워크는 각각 선발주자들과 후발주자들 두 축을 중심으로 나뉘어져 있다. 우선 핵네트워크에서는 NPT 체제 하에 공식적으로 핵국의 지위를 획득한 5개 국가들(미국, 러시아, 영국, 프랑스, 중국)과 비핵국으로 분류되는 나머지 국가들, 그리고 핵국과 비핵국 사이에서 준핵국으로서 핵국에 준하는 지위를 인정받은 국가들까지 총 3개 국가 그룹들이 있다. 핵국과 비핵국의 중간 위치로 NPT 체제 아래 1.5지위를 인정받는 일본, 스위스, 유라톰(EURATOM: the European Atomic Energy Community)은 그들의 핵기술이 핵국에 못지않지만 그들 스스로 핵무기를 보유하지 않는 국가(군)이다. 따라서 이들은 비핵에 대한 의지와 핵기술 능력을 고려해 핵무기를 보유하고 있지는 않지만 핵국에 준하는 대우를 보장받는다. 즉 비핵국들보다 독립적으로 원자력 연구와 핵 관련 시설을 자체적으로 감독할 수 있는 권한을 부여받는다. 1970년 NPT 체제 설립 이래 계속 비핵국으로 분류되어 온 대부분의 국가들은 오늘날 더 이상 균질한 집단이라고 보기 어렵다. 이들은 핵에 대한 태도에 따라 세 그룹으로 나누어지는데 NPT 체제에서 핵 비확산을 위해 제시한 협약을 충실히 이행하고 있는 다수의 국가들이 있는가 하면, 핵개발 야심을 가지고 기회를 엿보고 있는 국가들(nuclear ambition states)과 그 야심을 성공시킨 사실상의 핵국(de facto nuclear states)으로 구분해 볼 수 있다. 대표적 핵 야심 국가로는 이란을, 사실상 핵국으로는 인도, 파키스탄, 이스라엘, 북한을 들 수 있다. 이들은 공통적으로 모두 NPT에 가입하고 있지 않거나 탈퇴하여 국제통제체제의 영향권에서 벗어나 있다.

마찬가지로 미사일 개발 네트워크에서도 선발주자와 후발주자 간에 '비확산'이라는 대명제 아래 정치적 '수사'와 '진의'를 넘나드는 밀고 당기기 게임이 계속되고 있다. MTCR은 1987년 서방 7개국이 핵무기 운반용 미사일 개발과 관련된 장비 및 기술에 대한 수출통제 지침에 합의함으로써 출범하였다(전성훈, 1997, 135). NPT와 구별되는 점은 MTCR은 국제조약이 아니라 참여국들의 국내법에 의거하여 합의가 준수될 뿐더러 MTCR 지침의 이행을 엄격히 관리 감독할 독립된 기구(authority)도 부재하다는 것이다(전성훈, 1997, 136). 물론 실제적으로 여타 국제제도와 규약이 그러하듯 국제 합의의 준수는 오롯이 참여국의 의지에 따른 것이기는 하지만, 제도적으로 국가들의 규약 준수와 이행을 강제할 수 없다는 점에서 NPT보다도 느슨한 형태의 국제규범으로 남아 있다(전성훈, 1997, 136). 따라서 NPT 체제의 경우처럼 미사일 개발 선발국과 후발국들의 위상이 명문화되지는 않았지만, MTCR의 기본원칙들을 보면 그와 유사한 형태의 국가들의 책임과 의무에 따른 분류가 가능하다. 1. 미사일 기술 선진국(수출국), 2. 미사일 기술 후발국(수입국),
3. MTCR 공식 회원국은 아니지만 협력국으로서 미사일 기술 선진국으로서 권한 일부를 양해 받은 후발국으로 이스라엘, 우크라이나, 중국 등이 속한 그룹으로 구분해 볼 수 있다(MTCR 합의문, 1993). 이 같은 내용을 정리하면 아래의 <그림 2(본인 정리)>와 같다.

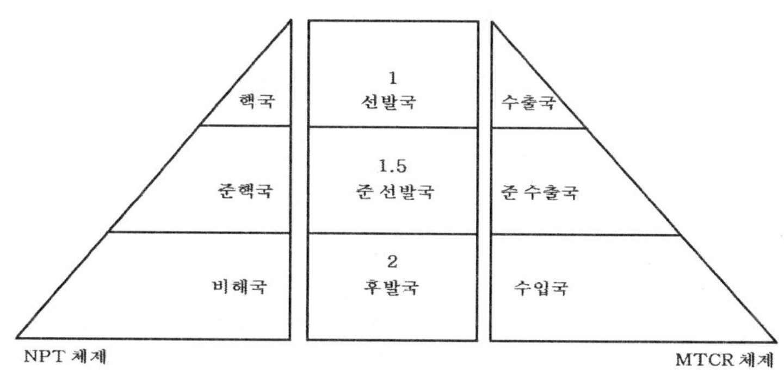

〈그림 2〉 NPT 체제와 MTCR 체제 하 국가분류

그러나 오늘날 핵국과 비핵국 그리고 공식적 미사일 수출국과 수입국 간의 경계가 불분명해지고 있다. 특히 미사일 확산 저지 노력에도 불구하고 북한의 이란, 파키스탄, 시리아, 리비아 등으로 수출이 MTCR 체제 밖에서 공공연히 이루어지고 있다는 점은 기존의 핵과 미사일 비확산을 위한 국제적 노력에 '구조적 공백'이 있음을 반증한다(SIPRI Arms Transfer Data). 나아가, 이는 탈냉전기 유럽에서 소련과 공산권 국가들이 체제 전환을 맞으면서 포착되었던 기존의 국제 핵 통제 체제에서의 균열이 더욱 가시화되고 있음을 뜻한다. 만일 핵과 미사일 통제 체제의 구조적 공백이 오랫동안 지속된다면, 기존의 핵·미사일 레짐은 핵과 미사일 개발 네트워크의 말단부에서 벌어지고 있는 핵 야심을 현실화하기 위한 구체적인 협력들에 대한 통제력을 상실하고 심각한 국제정치 불안정을 야기하게 될 것이다. 다시 말해, 국제제도 밖에서 비공식적인 핵보유국이 증가하고, (특히 국내 안정성과 국제 신임도가 늦은 국가들과 비국가 행위자들을 포함하는) 미사일 이전 네트워크가 성장하는 것을 현존하는 핵과 미사일 비확산 체제들이 통제하지 못한다면 역시 이 같은 구조적 공백들이 현재의 국제질서를 위협하는 '현상 변경 세력'으로 성장할 가능성도 간과할 수 없다.

둘째, '핵국'과 '비핵국' 그리고 미사일 '선발국'과 '후발국'을 중심으로 하는 두 대표적 네트워크들 사이에는 '비대칭적' 국제정치적 힘의 관계가 존재한다. 그 결과 이 둘은 정책 목적의 측면에서 서로 이질적 성격을 갖는다. 통제의 네트워크가 질서로 자리 잡은 오늘날 핵국들은 미래 핵확산 통제에 대한 도덕적 당위성을 등에 업고 국제적 협력을 공격적으로 강조하는 한편, 대부분의 비핵국들은 그 핵국 주도의 통제와 관리에 관한 규범들을 수세적으로 따르는 모양을 하고 있다. 그러나 가령 이 같은 통제 질서에 대한 합의가 도출되기 전인 1946년 1월부터 1949년 소련의 핵 실험이 알려지기까지 UN 원자력위원회와 총회에서 이루어진 회원국들 간의 회의에서 핵국과 비핵국들은 공방을 거듭하였다. 국제 핵 통제와 관리에 대한 방법에 있어 미국(당시 유일한 핵국)이 핵의 '선통제 후개발(협력) (no control, no development)'이라는 핵 비확산 기조를 일방적으로 밀어붙이자 러시아, 프랑스와 같은 핵개발을 염두에 두고 있던 후발국들은 미국이 유일한 핵보유국으로서 독점적 지위를 강화하기 위한 꼼수라고 비판을 퍼부었으나 뒤이어 이들은 핵국의 지위를 획득하면서 이들은 미국과 함께 조용히 핵확산 저지를 위한 네트워크에 합류하였다(Cho, 2012, ch 4). 이와 마찬가지로, 미사일 개발 통제를 위한 국제적 노력도 선발국들이 주축이 되어 구체적인 규제안을 제시하고 후발국들이 이를 따르는 형태를 띠고 있다. 두 경우 모두 표면상으로는 '자발적'인 참여가 독려되고 있지만 실제로는 "강요된 협력"이자 "부과된 레짐"이라는 비판을 완전히 부정할 수 없다(전재성, 1999, 40). 결국 공통적으로 미사일 개발 선발국-후발국, 핵국-비국핵국은 모두 불평등한 관계의 속성을 보이고 있다.

다만, 선발국-후발국 간 힘겨루기는 그 방법에 있어 핵과 미사일 통제 체제별로 작은 차이를 보인다. 핵과 달리 경각심이 비교적 덜 일반화된 미사일은 그 국제적 관리와 통제의 참여에 소극적인 후발국들을 강제할 수단이 상대적으로 부족하였다. 아이러니하게도 이처럼 핵보다 일반 대중의 관심에서 벗어나 있는 덕분에 선발국들이 미사일 통제 체제를 보다 비공식적인 외교 경로를 활용하여 임의적(혹은 탄력적)으로 운영하는 것이 가능해졌다. 그 결과, 미사일 개발 통제가 NPT 체제보다 느슨한 형태를 띠고 있음에도 불구하고 참여국과 협력국을 대상으로 하는 확산의 자제는 비교적 성공적인 것처럼 보이기도 하였다. 그러나 다른 한편으로는 그 성공만큼이나 MTCR 체제에 대한 도전이 가시화되고 있다는 것도 간과할 수 없다. 앞서 첫 번째 특징에서도 언급하였듯이 핵과 미사일 모두 국제 '비확산' 노력에 포섭되지 않고 그 외부에서 독자적으로 활동의 반경을 넓혀가고자 하는 움직임이 활발해 지고 있기 때문이다. 그 가장 대표적인 예가 북한이다. 북한은 핵국들 사이에서 맺어진 국제 규제와 관리 그물망을 무력화시키고 북한 핵미사일 개발의 정당성을 부여하기 위한 시도로서 북한은 NPT를 두 번이나 탈퇴를 했고 MTCR 가입도 여전히 유보하고 있다. 이처럼 기존 통제 체제에 대한 반발은 가시화되고 있으나 이를 제재할 수단은 상대적으로 부족한 결과 북한을 비롯한 후발 핵미사일 개발국가들이 그 야심을 실행에 옮길 수 있는 여지가 만들어진 것으로 보인다.

셋째, 탈냉전 이후 핵과 미사일 확산이 선발국들 간에는 양적축소와 더불어 기술이 심화발전을 통해 날로 정밀화, 고급화되고 있는 반면, 후발국들 사이에서는 양적팽창을 동반한 수평적 확산이 가중되고 있다. 나아가 핵국과 비핵국 그리고 미사일 개발 선발국과 후발국 각각의 네트워크는 구성국 간 비교적 '열린' 네트워크로 존재하는 반면, 이들 네트워크 상호 간에는 '닫힌' 네트워크로 존재한다. 즉 통제를 주도하고 있는 세력(initiators)과 이 질서에 편입을 종용받고 있는 세력(followers) 간에는 '긴장' 관계가 '협력'의 모드보다 지배적인 데 반해, 이 두 그룹의 구성원끼리는 '경쟁'보다 '협력'의 모드가 보다 지배적이라는 것이다. 가령, 냉전시대에는 미소 대결구도에서 동맹 단속의 일환으로 그 동맹국들/위성국가들과 수직적 핵협력이 보다 빈번히 일어났었으나 냉전 이후 핵 선발국과 후발국 간의 수직적 협력은 미미하다.[1] 그러나 오히려 핵국끼리 그리고 비핵국끼리의 수평적 협력은 더욱 강조되고 있다. 특히, 핵 선발국 간의 핵미사일 확산 저지를 위한 협력이 국제제도 안에서 '규범의 정치'로 환원되고 있는 모습을 보이고 있는 데 반해, 핵 후발국 간의

[1] 본 논문에서 '수직적' 확산 혹은 '수직적' 협력의 확산은 핵국과 비핵국 사이와 같이 비대칭적 권력관계에서 보다 선진적인 핵기술을 소유한 쪽이 그렇지 못한 쪽에 일방적으로 호혜를 베푸는 형식으로 협력이 진행될 때를 일컫는다. 이는 <그림 2>에서 핵국과 비핵국 간의 관계를 위계적인 권력관계로 수직적으로 배치한 것과 일맥상통한다. 마찬가지로 <그림 2>에서 보다시피 '수평적' 관계는 핵국끼리, 비핵국끼리처럼 보다 대등한 핵기술 수준과 핵권력을 공유하는 국가 간의 협력을 의미한다.

협력은 선발국들이 주장하는 핵/미사일 비확산에 대한 당위성에 맞서 개별 국가들의 '생존' 혹은 '체제 존립'이라는 공동의 이익을 위해 협력과 경쟁을 반복하는 '힘의 정치'로 귀결되고 있는 양상을 보인다. 특히 북한은 "우리"식을 내세운 비협조적 태도를 통해 국제 규범의 무력화를 꾀하는 모습을 보이는데 이 같이 정체성을 앞세워 무장의 정당성을 주장하는 경향은 탈냉전에서 흔히 발견된다.

넷째, 냉전시대에는 핵미사일 선발국과 후발국 간의 수직적 협력이 비교적 상호 호혜적인 입장에서 이루어진 데 반해, 탈냉전 이후에는 '상업적 경쟁(commercial competition)' 관계 혹은 '군사적 갈등(security conflict)' 관계로 탈바꿈하게 되었다. 미소 대결구도가 무너지고 그 공백을 선발국과 후발국 간의 경쟁구도가 대신 채우게 되었다. 가령 냉전시대에는 자유진영과 공산진영 국가들이 미소의 선진 핵기술로부터 혜택을 볼 수 있었다. 아이젠하워는 '평화를 위한 핵(Atoms for Peace)' 연설을 통해 핵국과 비핵국 간 평화적 핵 협력의 채널을 열어둠으로써 내적으로는 동맹단속, 외적으로는 미소 체제 우위경쟁을 꾀하였다. 이에 반해, 냉전 이후 이데올로기의 시대가 종언을 고하고 현실적 국가이익에 충실한 전통적 국제관계로 돌아가자 기존의 혈맹관계에서 이루어졌던 핵국과 비핵국 사이에 존재했던 형식적인 협력마저 사라지게 되었다. 이는 표면적으로 핵국들이 매우 합리적인 선택을 한 듯 보이나 결과적으로 이는 더욱 큰 문제를 안겼다. 냉전시대에는 미국과 소련이 각각의 진영에서 구축한 끈끈한 핵국과 비핵국 사이의 핵 협력관계로 수평적 핵확산 방지도 비교적 용이했다. 다시 말해, 소련과 미국이 각각 자신들의 동맹들을 동서 양 진영으로 나누어 관리함으로써 보다 효과적인 핵확산을 저지할 수 있는 환경이 마련되었다. 이에 비해, 탈냉전시대에는 소련의 몰락으로 넓어진 미국의 권역만큼이나 얇아진 미국의 정치적 영향력으로 응집력 있는 국제규범에 의한 핵 질서를 기대하기 어려워졌다. 그 결과, 인도, 파키스탄, 북한과 같은 새로운 핵국들의 등장이 가속화되었고 이란과 같은 핵 야심국가들까지 가세하면서 핵무기 수평적 확산의 물결에 대하여 NPT 체제가 효과적으로 제어하지 못하는 데에 대한 비판이 쏟아져 나왔다. 이 같은 탈냉전 시기 핵통제 체제의 와해는 핵국들이 자신들의 핵정치 권력이 핵물질과 핵기술 독점과 같은 유형의 자원으로부터 나온 것으로 속단한 결과이다. 그 대표적인 예로, 핵 보유 4년 만에 미국이 그 독점력을 소련과 양분하고 2년 뒤에는 우방인 영국과 다시 나누었음에도 압도적인 핵 권력을 지금까지 행사해 온 것은 미국이 핵 규범을 주로 성공적으로 국제제도화한 덕분이라고 해도 과언이 아니다(Cho, 2012, ch 4). 이는 역설적으로 핵국은 비핵국의 자발적 규범 준수와 적극적 동조 없이는 지금껏 구축해 온 핵 권력과 핵 질서를 유지할 수 없음을 뜻한다. 이로부터, 보다 효과적으로 핵확산을 저지하기 위해서는 냉전시대부터 핵국들과 비핵국들 간에 이루어졌던 평화적 핵사용을 위한 수직적 협력 혹은 분업을 복원함으로써 이들의 핵기술에 대한 갈증을 해소하는 한편, 군사적 사용 전용 가능성을 미연에 차단할 수 있는 채널을 열어두는 것이 문제 해결의 열쇠가 될 수 있다는 정책적 함의를 이끌어 낼 수 있다.

요약하면, 기본적으로 핵과 미사일 정치는 확산과 이를 저지하고자 하는 세력 간의 영속적인 긴장상태로 이루어져 있으나 그 강도와 조밀함은 기술 혁신과 국제 정치·안보 환경의 변화에 영향을 받아왔다. 대표적으로 냉전시대 동안 미국과 소련을 중심으로 각각의 동맹 캠프에서 비교적 엄격하게 통제되었던 핵과 미사일에 대한 글로벌 거버넌스는 탈냉전 이후 발생한 핵실험들에 대한 제재방안을 두고 국제사회의 컨센서스 부족, 이데올로기 동맹의 붕괴, 이익의 동맹의 부상으로 더욱 복잡해진 이해관계, 그리고 이에 따른 미온적 대응으로 균열되기 시작하였다. 가령 파키스탄과 북한의 경우는 인도와 달리 핵실험 준비 사실을 알고 있었고 미리 핵실험을 저지할 수 있는 정보와 시간도 있었지만 국제사회는 이들의 핵실험을 막지 못했다. 이 점에서 탈냉전 이행기는 확산을 저지하고자 하는 국가들에게는 위기를 가져왔다. 한편으로는, 미국이 이들의 핵 실험을 막을 수 있는 효과적인 카드가 부재함이 명백해지면서 탈냉전 후 미국의 영향력으로부터 이탈하는 세력들이 증가하고 있으나 국제 핵 통제 노력들의 실효성을 회복하기 위해서는 핵국/선발국들끼리 협력이 필수적임을 공유하고 있다. 러시아 신문 캄메르산트(Kommersant, 2006.10.16) 는 탈냉전 미-러 협력이 더욱더 중요해지는 이유를 다음과 같이 설명한다: "핵확산은 세계에서 핵무기의 독점적 소유에 기초한 강대국으로서의 러시아의 영향력을 심각하게 평가절하시키게 될 것이다. (...) 이것이야말로 러시아가 핵확산을 막아야 하는 가장 현실적인 이유인 것이다. (...) 핵무기의 확산이 시작되는 바로 그 시점에 미국과 러시아 간 국익의 상치는 끝나게 된다. 핵확산을 막으려는 미국의 노력을 훼방하는 것은 마치 (...) '제 발등 찍기'와 같은 것이다(김강녕, 2006, 81)." 다른 한편으로는, 탈냉전 이행기는 핵개발의 야망을 가지고 있던 국가들에게는 '기회'를 가져다주었다. 특히 북한은 이 같은 '위기'를 잘 활용한 것처럼 보인다. 즉 북한은 후발 국가로서 핵 선진국에서 이미 확립된 기술을 취하는 한편, 평화적 사용과 군사적 사용 간의 모호함에서 오는 국제 핵확산 방지 네트워크의 취약성으로부터 혜택을 보고 있는 듯이 보인다. 이 같은 맥락에서 이어지는 두 절에서는 북한의 핵과 미사일 개발에 있어 활용된 네트워크를 분석하고 이 둘이 북한을 중심으로 어떠한 관계에 놓여 있는지 살펴보도록 한다.

Ⅳ. 확산의 네트워크: 북한의 핵과 미사일 개발 협력

1. 냉전: '이데올로기' 동맹 간 '수직적' 협력의 확산[2]

냉전시대 발달된 핵개발 네트워크와 미사일 개발 네트워크에서 북한은 변방에 위치하면서 다른 허브들과의 관계는 상호 호혜적이기보다는 중심부 허브(소련)에 북한이 일방적으로 의존하고 있는 모습을 보였다. 이로부터 북한은 소련과 냉전시대 특수적 이익관계(이데올로기에 기댄 동맹) 아래서 핵과 미사일 개발의 기초가 되는 기술 협력을 보다 손쉽게 이루어 낼 수 있었다. 소련과 북한의 핵 협력은 분단 직후 북한의 우라늄 광맥 탐사를 소련이 지원해주고 채굴한 우라늄을 북한이 소련에 제공한 것으로부터 시작되었다(장준익, 1999, 114). 한국전쟁 직후에는 소련이 모스크바 근교 두브나(Dubna)에 설립한 사회주의 국가를 위한 '원자력연구연합기구(UNIR: United Institute for Nuclear Research)'로 북한도 유학

---

2 '수직적' 핵확산과 구분 요. 자세한 설명은 각주 1의 내용을 참조.

생을 파견하면서 후에 북한 핵개발에 중추적인 역할을 할 전문가들을 양성하는 계기가 마련되었다(제빈, 2000, 54).[3] 소련과 북한의 핵협력은 아이젠하워의 대량보복전략(Massive Retaliation Strategy)에 따라 한국에 핵무기를 배치할지도 모른다는 우려로부터 본격화되었다. 이로부터 1959년 9월 소련-북한 원자력 협력에 대한 정부간 협정 체결 및 공동 핵활동을 위한 핵연구센터를 설립하고 이 계획의 연장선에서 1962년 영변원자력연구소가 세워졌다.

북한의 핵기술 개발 시작은 과학기술 개발과 같은 학술적 탐구와 원자력발전소 건설과 같은 평화적 사용을 명목적으로 내세운 데 반해, 북한의 미사일 개발은 처음부터 '전군의 현대화'의 일환으로 비롯되었다(Geradi and Plotts, 1994).[4] 1961년 소련과 중국과 각각 맺은 상호원조조약에 따라, 소련으로부터는 지대공미사일 SA-2를 도입하고 미사일 조립과 운용 관리에 관한 훈련을 받는 한편, 중국으로 부터는 SA-2의 중국 복제품인 HQ-2와 SY-2 대함 미사일, CSSC-2 실크웜 연안방어 미사일, CSSN-2 함대함 미사일 등을 제공받고 생산 기술까지 이전 받았다(Bermudez Jr. 1999, 2; 김병기). 그리하여, 북한은 1970년대 말에는 소련의 미사일을 복제 생산하는 능력을 갖추었다(김병기, 2013).

그러나, 1950년대부터 시작된 소련과 중국의 이념논쟁이 1969년에는 급기야 무력 분쟁으로 까지 비화되면서 동구권 국가들 관계에 변동이 생긴다.[5] 특히 김일성이 중국을 지지함으로써 소련과의

3 한글본에서는 '핵연구연합기구'로, 또 다른 국내 연구물에서는 '연합핵연구소'로 번역되었으나 당시 미소 양축이 군사적 용도가 아니라 평화적 용도의 원자력 협력을 동맹국들과 맺어온 점, 그리고 'nuclear'가 핵과 원자력 두 가지로 번역될 수 있는 점을 참고하여 본 논문에서는 '원자력연구연합기구'로 번역한다. 최영명 외 8인(2002) 1.

4 최근 북한은 장거리 미사일 개발을 두고 인공위성을 띄우기 위한 로켓 개발이라 주장하였다.

관계가 틀어지자 북한은 대안적 허브를 찾아 움직일 수밖에 없게 되었다. 핵개발의 경우 북한은 소련 기술자들 초청을 그만두고 그동안 축적된 인적 기술적 자원으로 핵실험을 독자적으로 계속해 나가고자 하였다.[6] 그 노력의 일환으로 소련에서 유학한 북한의 인력들이 소련으로부터 넘겨받은 2MW 용량의 연구용 원자로(IRT-2000)를 개량하여 8MW로 확대 가동에도 성공하였다(제빈, 2000, 58).[7] 1970년 11월, 5차 노동당회의에서 전력 생산 증대를 위한 대규모 원자력발전소 건설 필요성을 강조한 바 있듯이 "핵시설과 천연자원을 최대한 효율적으로 이용"하기 위해 북한에 매장량이 풍부한 천

5 스탈린 사망 후 정권을 잡은 흐루시초프가 1956년 소련 공산당 대회에서 스탈린을 격하하고 서방과의 '평화공존론'을 펴는 한편 사회주의의 다양한 노선을 인정하자, 모택동과 김일성은 소련의 수정주의 노선을 비판하기 시작하였다. 이후 격화된 중소 이념분쟁은 북한과 소련과의 관계를 소원하게 만드는 계기가 되었다. 그러나 흐루시초프가 축출되면서 소련-북한 간에 추가 군사지원 협상의 길이 열리게 되었다. 강신창(1998) 341-342.

6 <월간 조선>의 조갑제는 북한의 이 같은 주체적 핵개발의 일환으로 1972년 캐나다에서 경원하 박사를 입북시켰다고 보도하였다. 그런 그에 대한 평가는 분분하다. 캐나다 맥길대학에서 핵폭탄 제조의 핵심기술인 가스폭발분야 연구로 석사와 박사학위를 받았다. 그러나 이 후부터 북한에 들어가기 전까지의 행적에 대해서는 진술이 엇갈리고 있다. <월간 조선> 1990년 9월 게재된 조갑제의 글 '한반도의 핵게임'에서 그가 미국 로스 알라모스 연구소를 거쳐 맥길대학 교수를 역임한 핵 문제의 권위자로 묘사하고 있다. 그러나 2003년 4월 <오마이뉴스>의 취재는 경박사와 맥길대학에서 함께 공부한 석호천 박사를 인용, 경박사의 경력이 심하게 부풀려졌을 가능성에 대해 보도하였다. 또 <오마이뉴스>의 취재 결과, 조갑제의 글에서 경박사가 캐나다 중수로 설계기술 자료를 가지고 북한에 간 것으로 썼으나 이는 '영변의 원자로가 천연우라늄 연료, 흑연감속제, 중수냉각식이라는 분석'이 있어 '이를 캐나다의 NRX형 원자로(중수로)와 연결시켰'던 것으로 확인된 사실이라기보다는 조갑제 기자의 추론인 것으로 드러났다. 조갑제가 이 추론에 중요한 소스를 제공했다고 밝힌 전 국방연구소 유도탄 연구원 윤여길 박사는 2003년 3월 19일 <Weekend Australian>지(紙)의 경박사의 미국 망명설 보도가 이 추론을 뒷받침한다고 주장하였다. 이 기사를 쓴 '마틴 추로브' 기자는 미 정보기관의 정보원으로부터 경박사가 북한 핵개발의 주역이라는 말을 들었다고 밝혔다. 후속 보도가 지금까지 나오지 않은 채, 북한 핵개발에 있어 경원하 박사의 역할은 여전히 물음표로 남아있다. 최영명 외 8인(2002) 20; 조갑제(1990); 김태경, 손병관(2003).

7 제빈은 전 북한 원자력 부총리 박현규와의 인터뷰에서 8MW까지 개발했다고 밝힘.

연우라늄을 원료로 하는 흑연 감속 원자로 개발에 박차를 가하였다(제빈, 2000, 62). 이러한 경향은 당시 북한 내부에서 '자주적 입장과 창조적 입장에서 마르크스주의 철학을 이론적으로 재편하는' 사상 작업과 그 작업의 결실로써 70년대 초반 북한의 국가철학으로 채택된 '주체사상'과 맞닿아 있다(선우현, 2000, 29). 다시 말해, 사대주의를 반대하고 주체인 자기 인민의 요구와 이익을 옹호해나가는 것이며, 다른 한편으로는 남의 것을 기계적으로 모방하는 교주주의를 반대하고 자기 나라의 구체적인 현실에 맞게 창조적으로 해나가'기 위해 과학기술 자립은 필수적인 것으로 이해되었다(황장엽, 1999, 132). 이 같은 자주적 핵기술 개발 사업은 곧 민족적 자존심인 동시에 북한 체제 존립의 중요한 수단이었으며 결과적으로 스스로 핵 네트워크를 개척해 나가는 중요한 정치적 시발점이 되었다.

이와 비슷한 맥락에서 자체적으로 미사일 개발도 추진되었다. 핵과 달리 미사일 부문에서 북한은 급격히 기술 개발에 성공하였는데 여기에는 뚜렷한 외부의 도움이 있었다. 북한 미사일의 비약적 발전이 이루어진 1970년대에 북한의 미사일 개발에 결정적인 도움을 준 국가로 중국과 이집트를 꼽을 수 있겠다. 이들은 둘 다 소련과 매우 긴밀한 관계를 맺어 오다가 결정적인 정치적 사건으로 등을 돌린 경우로써, 둘 다 소련에 대한 일방적인 무기/안보 의존성을 극복해야 하는 숙제가 있었다.[8] 네트워크 개념으로 말하면, 중국과 이집트는 이들 사건 이전까지는 소련이란 허브에 비교적 근접한 노드들이었으나 이 후에는 소련과의 링크가 탈락되거나 축소 및 약화되면서 기존에 소련으로부터 얻던 정책적 이익을 만족시켜 줄 새로운

[8] 중국이 소련과 소원해진 것이 1959년부터 시작된 이데올로기 논쟁 때문이었다면, 이집트는 중동전쟁에서 이집트가 미국과 캠프 데이비스에서 따로 맺은 협정 때문이었다.

노드들을 찾아 링크를 형성할 필요가 생겼다. 북한 역시 중소 이념 분쟁에서 중국 편을 든 후 소련과 소원해져 더 이상 소련으로부터 미사일 협력을 기대하기 어려운 상태에서 중국과의 미사일 공동 개발을 모색하였다. 1975년 김일성이 마오쩌둥을 방문한 자리에서 중국에 단거리 미사일 공급을 요청하였고 중국은 이를 받아들여 1976년부터 중국 중앙군사위원회 위원 첸실롄(陳錫聯)의 지휘 아래 DF-61이라 명명된 액체연료 지대지 미사일 개발을 시작하였다. 핵탄두 탑재를 위한 내수용(사거리 1000km, 탄두 무게 500kg)과 재래식 탄두 탑재를 위한 수출용(사거리 600km-북한에서 제주도를 포함한 한국 전체가 사정거리에 포함, 탄두 무게 1000kg)의 두 가지 다른 버전으로 개발되었다. 이 프로젝트에는 소수의 북한 미사일 설계팀도 참여했던 것으로 알려지고 있다. 비록 이 계획은 1년이 지나지 않아 문화혁명 4인방의 실각(1976)으로 그들과 가까웠던 첸실롄의 계획도 수포로 돌아갔지만 이는 후에 북한의 미사일 개발에 중요한 경험이 되었을 것으로 보여진다(Bermudez Jr., 1999, 5). 이처럼 소련과 중국과의 미사일 협력이 잇따라 수포로 돌아가자 북한이 기댈 곳은 자력 개발뿐이었다. 이때 뜻하지 않은 도움의 손길이 이집트로부터 왔다. 북한은 아랍-이스라엘 간 '욤키푸르 전쟁(1973)' 때 북한이 조종사를 파견해 지원해 준 이후 우호적 관계를 유지해 오던 사다트(Anwar El Sadat) 이집트 대통령으로부터 FROG-7(레이더 지령 유도 미사일) 발사대와 로켓/미사일을 양도받았다(Bermudez Jr., 1999, 6, 21; Pinkston, 2008, 14; Yun, 2005, 14).[9] 이로써 북한

[9] 이집트는 이스라엘의 예리코(Jerico) 탄도탄에 맞설 탄도 미사일을 소련에 요청했고 소련은 이집트에 스커드 미사일을 제공하였다. 그러나 1978년 미국 대통령 지미 카터의 중재로 이스라엘과 평화협정 체결에 사인한 후 소련-이집트 관계는 급격히 냉각되었다. 이집트의 무기 공급원이었던 소련과 소원해지자, 이집트는 소련에게서 넘겨받은 미사일과 발사대의 일부를 북한에 넘겨줌으로써 미래의 탄도 미사일 공급원을 구축

은 최초로 지대지 미사일을 확보하고 화학탄두도 개발할 수 있게 되었다(김병기, 2013). 1976년 한국이 평양까지 도달할 수 있는 백곰 지대지 미사일 개발에 성공하자 다급해진 북한은 1981년 다시 이집트와 손잡고 소련제 액체 연료형 지대지 미사일인 SCUD-B, 모든 액체 로켓 엔진의 모태가 되는 RD-21 엔진과 차량발사대인 MAZ 543TEL 등을 1984년 역설계를 통해 복제에 성공하였다(화성 5호)(김병기, 2013). 이를 바탕으로 북한은 미사일 사업 개척을 통해 북한 군 현대화와 체제 안정을 이룰 뿐만 아니라, 이는 매년 10억 달러 정도의 외화 수입을 거두는 주요 외화 수입원으로서 북한 경제를 유지하는 중요한 수단이 되었다. 특히 1980년부터 시작해 9년 동안 계속된 이란-이라크 전쟁은 북한의 미사일 수출의 길을 활짝 열어 놓았다. 소련의 스커드 B 미사일 복제품인 화성 5호는 1983년 이란에서 Shahab I 으로 다시 복제 생산됨으로써 구소련 미사일 네트워크의 외연은 북한이라는 매개자를 통해 확대되었다(한용섭, 2000, 439). 미사일 수출로 얻은 재원은 한반도 전역을 사거리 안에 넣은 화성 6호(스커드 C, Shahab-II) 미사일 개발에 이바지하였을 뿐만 아니라 1980년대 후반 소련과 유럽 공산권 국가들의 붕괴로 줄어든 이들과의 우호적 무역의 손실분을 메꾸며 다방면으로 주요한 생존 수단이 되었다(한용섭, 2000, 439; <그림 3> 참조).

2. 탈냉전: ‘이익’ 동맹 간 ‘수평적’ 확산

냉전시기 소련과 중국의 핵미사일 기술을 직간접적으로 전수 받은 북한은 냉전 말기와 탈냉전 초기 느슨해진 비확산 거버넌스를 틈타

하고자 했다. 일반적으로 대략 이 시기를 1979년에서 1981년 사이로 추정하고 있다.

비약적인 미사일 개발 성공을 거두었다. 이를 계기로 중동과 북아프리카 등지의 분쟁지역으로 미사일 수출에 이르면서 북한은 세계 미사일 네트워크에서 새로운 지형도를 개척하였다. 이는 언뜻 상충되는 것처럼 보이는(그러나 결국엔 서로 상승효과를 낸) 두 가지 방향으로 동시에 진행되었다. 첫째, 공산국가들과의 관계와 공산진영 내부의 핵·미사일 개발 네트워크에서 북한의 '주변화(marginalisation)'가 진행되었다. 중소 이념분쟁으로 시작된 공산진영 내부의 균열과 1970년대 미중 간의 극적인 화해 분위기, 뒤이은 '스타워즈(레이건이 내놓은 전략방위구상-SDI: Strategic Defence Initiative의 속칭)'로 대표되는 1980년대 미소의 열전 등을 거치면서 북한은 '소련-위성국가들' 간 위계질서(hierarchy)와 국제적 관심으로부터 모두 점진적으로 멀어지게 되었다. 이는 냉전의 '이데올로기 동맹'으로부터 탈냉전 '이익 동맹'으로 변환되는 과정에서 일시적 구조적 공백을 만들어냈다. 1980년대부터 진행된 북한의 주변화와 그리고 뒤이어 설명할 미사일 개발에서의 중심화 경향은 이 같은 당시의 국제정치 구조적 공백과도 무관하지 않다. 북한이 핵과 미사일 개발 네트워크에서 지속적으로 변방에 위치하고 있음은 1950년부터 2000년까지 세계 군사무기이전의 네트워크의 변화 모습을 나타낸 김형민의 소시오그램에서도 드러난다(2010, 310-1; 북한은 PRK로 표시됨).

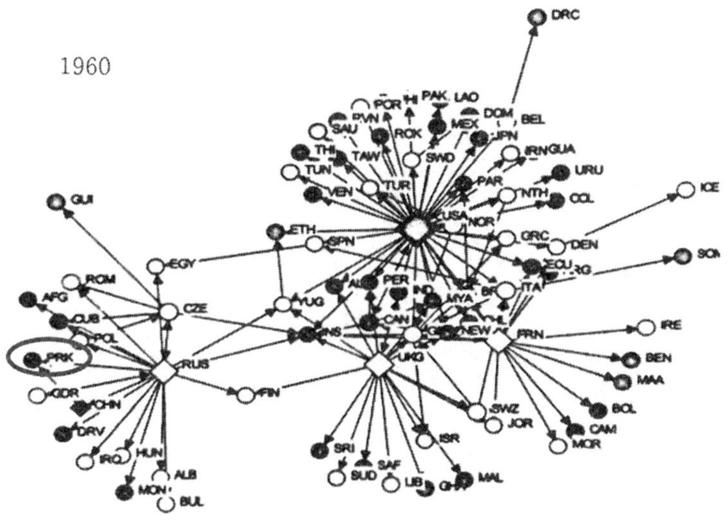
1960

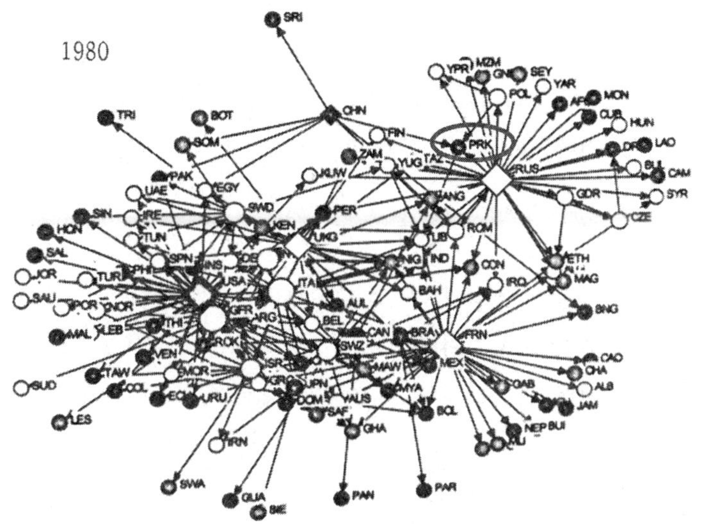
1980

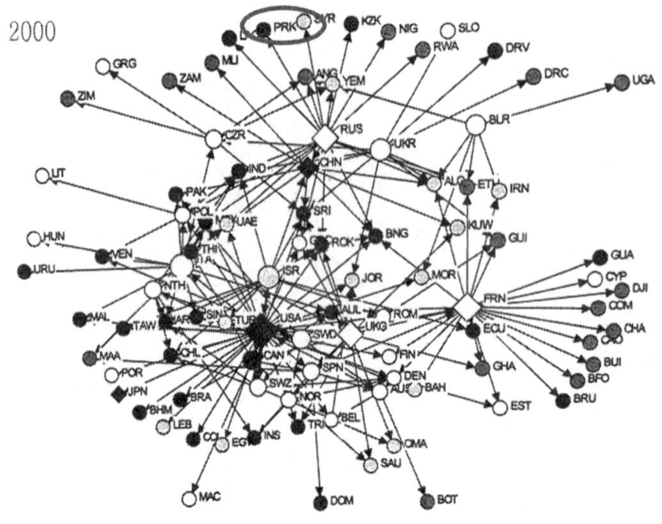

〈그림 3〉 세계 군사무기이전 네트워크에서 북한의 위치도 (김형민, 2010, 340-1)

그러나 더 자세히 보면, 시대별로 미미하지만 차이가 발견된다. 위 김형민의 1960년도 소시오그램에서 북한은 동독(GDR)과 소련(RUS)과 직접적으로 링크되어 있고 중국(CHN)과는 러시아 혹은 동독을 통해 우회적으로 연결되어 있는 정도였다. 다음 1980년도 소시오그램에서는 보다 다수의 국가 노드들이 북한과 직접적으로 연결되어 있을 발견할 수 있다. 북한은 중국, 러시아, 폴란드(POL)로부터 무기를 수입하고 리비아(LIB)로는 수출을 하고 있다. 1960년도와 비교하면 북한의 세계 무기이전 네트워크에서 매개 중심성(betweenness centrality)은 소폭 상승되었다고 볼 수 있다. 이는 앞 절에서 서술한 1980년대 활발히 이루어진 북한의 대 중동 미사일 수출과도 밀접한 관련이 있다고 짐작해 볼 수 있다. 그러나 2000년도 소시오그램에서 북한은 다시 네트워크의 최말단부로 밀려났으며 오직 러시아와만 직접적으로 링크가 되어 있는 것으로 나타난다.

북한이 소련의 그늘 아래 비교적 국제통제의 영향력으로부터 자유롭던 1980년대에 미사일 기술 개발 및 수출을 위한 교류가 오늘날보다 활발하지 않았을까 미루어 짐작해 볼 수 있다. 물론, 위의 소시오그램에서 원 자료로 사용된 스톡홀름 국제평화연구소(이하 SIPRI: Stockholm International Peace Research Institute) 군사무기이전 데이터에서 정보가 누락 혹은 축소되었을 가능성도 간과할 수 없으나 북한의 군사무기(특히 미사일) 기술이 자체 개발이 가능할 정도의 수준에 도달한 점과 탈냉전으로의 이행기에 서서히 국제체제가 통제력을 회복한 점도 고려해 볼 수 있다.

물론, 이러한 주변화 과정은, 한편으로는 지금까지 북한이 누리던 소련과 이데올로기 동맹으로부터 누리던 혜택이 줄어 체제 안정성에 대한 위기감을 고조시켰지만, 다른 한편으로는 힘의 중심(centre(s) of power)으로부터 멀어짐에 따라 북한정권에 오히려 자율적 정치 공간(autonomy)을 제공하였다.[10] 북한이 자신을 중심으로 하는 지방 허브를 구축할 수 있었던 것도 이 같은 네트워크 구조의 변경 덕분이었음을 간과할 수 없다. 다시 말해, 전통적인 핵과 미사일 강자였던 미국 소련/러시아를 중심으로 하는 중심부 그물망과의 관계로 부터 북한을 위시한 '지방(주변부) 그물망'이 발전될 수 있었던 것은 '거리(distance)'와 같은 환경적 요인과 '상호 안보이익(mutual security interests)'과 같은 개별 행위자 간의 조건이 부합했기 때문이다. 부연하면, 주변부 노드들 간의 새로운 미사일 개발 협력의 그물망은 소련과 미국을 중심으로 하는 최중심부 그물망으로부터 '거리'가 멀고 또한 그 사이 놓여 있는 '단계'가 많을수록

10 본 장에서 '중심(centre)'은 '주변(margins)'에 상대적인 개념으로 사용되었다. 보다 자세한 내용은 다음의 연구 참조:(Cho, 2012, ch 2 & 3).

보다 높은 자율성(autonomy)을 누리게 될 것이다.

동시에 북한을 중심으로 하는 바퀴살 노드들의 수가 증가할수록 북한은 소위 '문제 국가'들 사이에서 벌어지고 있는 핵과 미사일의 수평적 확산 현상에서 중심성이 높아지고 그에 따른 위치권력(positional power)과 중계권력(brokerage power)이 동반 상승하는 효과가 나타날 것이다. 달리 말하면, 주변부 연결망들의 자율성(autonomy)이 증가하면 할수록 중심부 연결망들이 기존에 가지고 있던 주변부에 대한 영향력은 감소하게 되고, 따라서 중심부 연결망을 위시로 한 핵 질서에 균열이 생길 수밖에 없다. 즉 중심부의 영향력이 끝나는 곳으로부터 주변부의 영향력은 시작한다. 미사일 개발 선발국들이 모순되게도 핵과 미사일의 확산과 통제를 동시에 주도하고 있는 상황에서, 그들에 의한 핵 통제가 효율성을 잃어 가는 것은 어쩌면 당연한 귀결이다. 특히 냉전시대 존재했던 동맹들 간의 종적 후원(patronage) 으로부터 얻는 '당근'은 줄어들고 '채찍'만 남아 있는 상황에서 주변부로부터 현 질서에 대한 저항이 거세어지는 것은 미사일과 핵 통제에 있어도 마찬가지이다. 이는 냉전시대 미소 양극체제와 달리 탈냉전 이후 소위 제3세계에서 핵과 미사일 보유가 걷잡을 수 없이 확산되고 있는 경향이 뒷받침한다.

보다 구체적으로, 1998년 인도, 파키스탄의 핵실험과 2000년대 이후 이어지고 있는 북한의 핵실험들의 성공을 통해 핵 거버넌스에 있어 탈냉전시기가 냉전시기와 구별되는 두 가지 중요한 사실을 발견할 수 있다. 첫째, 핵 관련 과학기술들이 보다 보편화된 결과, 핵국들과 기존의 핵개발 채널을 통하지 않고서도 독자적으로 핵을 개발할 수 있는 가능성이 열렸다. 이는 이미 70여 년 전 트루만 행정부가 핵기술을 군사기밀화하던 때에 과학자들이 핵기술은 "발명"이 아니라 "발견"이며, 이의 사용을 위한 방법은 미국식뿐만 아니라 보다 다양하게 존재할 수 있기 때문에 핵확산은 결국 시간문제라고 경고한 바 있다. 실제로, 북한의 세 차례에 걸친 핵실험에서도 보듯이 핵기술 진화는 갈수록 가속도가 붙고 있으며 예상보다 더욱 다양한 경로로 핵물질과 기술을 획득, 개선하고 있는 것으로 보인다. 둘째, 인도, 파키스탄, 북한 모두 국제감시체제를 뚫고 핵실험에 성공함으로써 국제 사회의 핵억제장치는 한계를 노출했을 뿐만 아니라, 성공 이후에도 NPT 체제에서 공식적으로 인정하지 않지만 사실상 핵국으로 활동하며 기존의 핵 통제체제의 근간을 흔들고 있다. 이 점에서 주변화는 네트워크의 변방에 위치한 이들 국가들에 새로운 기회를 열어주고 있다고 해도 과언이 아니다.

둘째, 주변화와 더불어 북한이 미사일 개발 네트워크 개척에서 보인 또 다른 경향은 '중심화(centralisation)'이다. 소련과 중국으로부터 직간접적으로 배운 핵과 미사일 기술을 토대로 그들과의 종적 관계가 느슨해진 사이 미사일 기술 이전과 수출을 통해 북한은 자신으로부터 뻗어 나가는 새로운 지방(local) 네트워크를 만들어 냄을 발견할 수 있다. 특히, 중심부 그물망에서 멀어지면서 북한의 주변화가 전개되었지만 북한을 중심으로 하는 바퀴살 노드들이 확대됨에 따라 이는 단숨에 북한을 세계 미사일 네트워크의 최변방에서 벗어나게 하였다. 이처럼 북한을 중심으로 하는 국제 미사일 개발의 지방 네트워크의 구체적인 바퀴살 노드들을 SIPRI의 국가 간 미사일 이전 정보를 바탕으로 구성하면 <그림 4> 와 같다.[11]

[11] 핵무기와 달리 북한의 미사일 판매 경로와 그 수량은 국제 무기이전 모니터링 시스템에 보고된 바 있다.

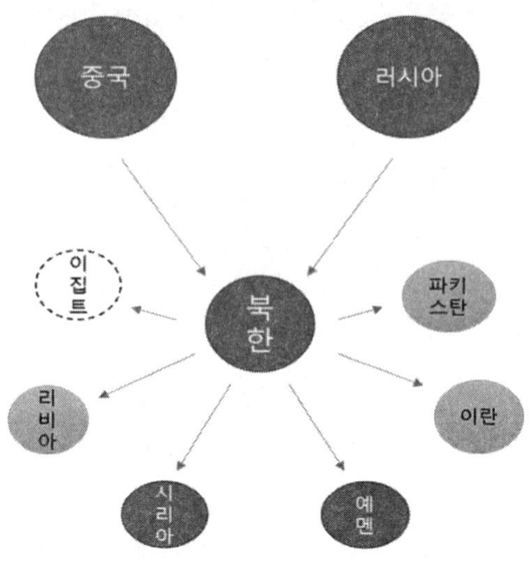

〈그림 4〉 탈냉전 미사일 개발 지방 네트워크에서 북한의 바퀴살 노드들

1980년부터 2000년까지 SIPRI 무기이전 데이터에서 북한의 주요 무기 수출처는 이란, 리비아, 파키스탄이었으나 2001년부터 2012년 데이터에 의하면 중국과 러시아는 여전히 북한의 주요 무기 수입처이나, 시리아와 예멘이 새로운 북한의 무기 수출처로 등장하였다. 이외에도 북한의 무기 수출처로 의심되는 국가들과 비국가 단체들이 있으나 SIPRI 자료에서는 나타나지 않아 위의 그림에는 포함시키지 않았다. 다만, 이집트의 경우는 앞서 서술한 바대로 1970년대 말에 북한에 소련제 미사일들을 건네고 북한이 이의 역설계와 생산에 성공하자 북한의 미사일을 수입한 정황이 여러 문헌에서 언급되고 있다는 점에서 점선으로 표현하였다. <그림 4>에서 우리가 주목할 점은, '은둔의 왕국'이라고 불리는 북한과, 마찬가지로 국제사회와 단절되어 있다고 여겨져 온 다른 소위 문제 국가들, 가령 리비아, 시리아, 이란, 예멘이 긴밀한 미사일 협력망을 구축하고 있다는 점이다. 이는 <그림 3>에서 SIPRI가 제공하는 2000년도 세계 무기이전 데이터를 바탕으로 그린 김형민(2010, 341)의 소시오그램에서 보다 더욱 발전된 형태이다. 김형민의 소시오그램에서 북한은 1990년과 2000년 모두 세계 무기이전 네트워크의 최말단부로 나타났으나 최근 십 년의 업데이트된 SIPRI 자료를 토대로 북한, 그리고 북한과 무기이전을 하고 있는 국가들 간의 소시오그램을 다시 작성한 결과 북한을 중심으로 바퀴살 노드들이 생성되면서 무기 이전 네트워크가 확산되고 있음을 발견할 수 있었다. 이는 북한이 군사·안보에 있어 신흥 허브로 성장할지도 모른다는 우려가 현실로 나타났음을 확인해 주는 것이다.

이들 간 협력의 이유는 명백하다: 북한은 이들 국가와의 연대로 미사일 시장을 얻었고 나머지 국가들은 공급책을 얻었다. 북한은 미사일 개발 1세대로서 선발국들과 종적 협력을 통해 필요한 기반 지식을 쌓은 후, 2세대에서 미사일 불모지를 '시장'과 '동맹'을 통해 개척해나가면서 신흥 미사일 강국으로 거듭나고 있다. 미사일 개발 2세대가 1세대와 구분되는 가장 큰 특징은 그 '수평적' 협력에 있다(Cohen and Frankel, 1990, 16). 수평적 협력을 통해 2세대 신흥 미사일 개발국들은 미사일 개발에 필요한 재료들을 공유하고 이를 완성하기까지 분업을 함으로써 물질적 제약을 극복하고 그 효과를 극대화하려는 것으로 보인다. 즉 앞서 소개한 냉전시대 이집트가 그랬듯이 시리아와 리비아는 소련제 미사일을 북한에 전달하면 북한은 이를 역설계를 통해 복제품을 생산하여 공급하듯이 말이다(홍성표, 2008; 송봉선, 2008). 북한의 미사일 수출은 국제 감시와 제재를 피해 조립품으로 수출되어 현지 조립을 거쳐 완성이 되는 만큼 기술이전도 미사일 수출에 동반된다.

이처럼 완제품 판매가 아니라 기술 이전의 형태로 행해지고 있는 북한의 미사일 수출은 보다 높은 수준 혹은 이종(異種) 무기 간의 교차 협력도 가능하게 하였다. 파키스탄과 북한의 미사일-핵무기 거래가 그것이다. 북한의 핵개발의 배후로 파키스탄의 핵과학자 칸 커넥션이 공공연하게 거론되었다(Kutchesfahani, 2008; Bush Jr., 2004; Reuters News, 2002.11.20). 쿠체스파하니에 의하면 칸 커넥션은 1987년부터 2002년 사이 핵 야심 국가들에 기술 이전 및 필요 시설을 제공하며 활발하게 움직였다(Kutchesfahani, 2008, 563). 그 주요 고객은 북한(1997-2002), 이란(1987-1995), 리비아(1997-2001)였으며 시리아와 이라크에는 접촉을 시도하였으나 협력에까지는 이르지 못한 것으로 알려지고 있다(Montgomery, 2005, 173; Kampani, 2004).

9.11 이후 워싱턴이 특히 염려하고 있는 부분은 파키스탄의 핵탄두와 북한의 미사일 발사체 기술이 만났을 때 다른 핵무기 야심 국가들로의 파급력이다. 특히 워싱턴은 미국과 등지고 있는 북한이 이 기술을 여타 테러리즘의 온상국들이나 국제 테러리스트 조직에 넘길 가능성에 대해 심각한 우려를 표하고 있다(Squassoni, 2006). 즉 위 소시오그램에서 보인 북한의 미사일 이전에 이용된 바퀴살 노드들이 핵 확산의 경로로 사용된다면 미사일과 핵의 결합, 그리고 이들 정권들의 불안정성을 고려할 때 심각한 국제안보 위협으로 대두될 수 있을 것이다. 2012년 자료를 바탕으로 한 위 소시오그램에서 북한 미사일의 주요 수입국으로 나타난 국가들 중에 2011년 오랜 카다피 독재 체제가 붕괴된 리비아와 2013년 로하니 정부 출범 이후 미국과 대화에 나선 이란을 제하더라도 여전히 정국이 불안한 시리아와 예멘이 남아 있다(인남식, 2013). 나아가, 최근 연구에서는 핵미사일 보유를 위해 경쟁, 협력하는 이들 후발국들뿐만 아니라, 국제범죄조직처럼 비국가 조직이 연루된 북한의 불법 밀수 네트워

크(illicit smuggling network) 역시 북한의 핵과 미사일 개발에 중요한 역할을 해온 것으로 주장됨에 따라 북한의 중심성은 위 그림에서 보이는 것보다 높을 가능성도 배재할 수 없다(Chestnut, 2007; Bunn and Weir, 2006; Lee III, 1998).

결국, 북한을 비롯한 국제사회에서 따가운 눈총을 받고 있는 소위 '불량 국가'들은 다양한 국제제재조치에도 불구하고 고립국이 아니다.[12] 그들은 예상을 뒤엎고 가장 예민한 부분이라고 할 수 있는 군사안보 부문에 있어 협력을 확대하고 있으며 이는 수평적 분업체제에 기반을 두고 있었다. 탈냉전 직후에는 미사일과 핵의 '수평적 확산'을 주도하고 있는 북한과 파키스탄의 결탁으로 발생할 미사일과 핵개발 기술 공유를 걱정해 왔다면, 21세기에는 핵과 미사일 기술을 모두 습득한 북한이 주변부에서 미사일 네트워크와 핵 네트워크의 공진(共進)을 주도할 가능성에 대해 주목해야 할 것이다. 위에서 논의한 바와 같이, 북한은 탈냉전 이후 미사일 이전에서 지방 네트워크를 개척하는 데 중요한 역할을 맡고 있으며 북한을 중심으로 하는 바퀴살 노드 국가들과의 수평적 협력의 증대를 통해 동시에 자신의 중심성과 위치권력 또한 향상시키고 있었다. 더욱이 북한은 별개로 존재하고 있던 미사일과 핵의 두 네트워크들을 잇는 중간 매개자(brokage)로서 높은 매개 중심성을 갖고 있고, 이것이 또다시 북한의 미사일과 핵 네트워크 확산에 더욱 매력적인 사회적 자본으로 기능할 것임도 예상해볼 수 있다. 게다가 북한은 핵미사일 보유를 통해 내적으로는 체제 안정을 다지고 외적으로는 존재를 증명

12 그러나, 다른 한편으로는 지리적 근접성이나 공동의 적도 없는 이들 국가가 유럽 통합의 예에서도 보듯이 국가 간 가장 협력하기 어렵다고 여겨지는 군사 부문에서 손을 잡았다는 것은 그만큼 이들이 주류 국제질서로부터 내몰려 있음을 반증한다. 이 점에서 '문제 국가'라는 낙인과 징벌적 국제제재, 그리고 '그들'의 격리가 '우리'의 안보 환경을 개선하는 데 과연 효과적인 문제 해결책인지도 재고해 봐야 할 것이다.

하는 데 그것을 긴요하게 사용하고 있는 것으로 보인다. 이 같은 북한과 그 바퀴살 국가들 간 수평적 분업을 통한 무기이전 네트워크의 인센티브가 계속되는 한 오늘날 가속 중인 주변부에서의 핵무기 확산은 멈추기 어려울 것이다. 특히 3절에서 논의한 바대로 국제 핵·미사일 통제체제에 심각한 구조적 공백이 지속된다면 종국에는 미국의 2003년 이라크 침공과 마찬가지로 공식적 핵국에 의한 무력사용만이 그 '마지막 수단'으로 여겨지게 될 가능성이 높다. 이 같은 파국적 결론을 피하기 위해서 북한의 핵·미사일 협력 네트워크는 더더욱 주의를 요한다.

V. 결론

본 장에서는 오늘날 북한이 절대적으로 부족한 물적 토대와 비교적 적은 핵실험 숫자에도 불구하고 핵실험에 성공하게 된 요인을 분석하는 데 있어, 낮은 정보 접근성과 함께 기존 북한 핵 연구의 주류 연구의 행위자 중심 접근 방식의 한계를 보완할 새로운 연구 방법으로서 네트워크 접근 방식이 제안되었다. 네트워크의 주요 개념을 빌려 (1) 핵과 미사일의 확산-통제 구조의 성격과 (2) 북한의 핵과 미사일 개발과정을 재구성하였다. 그 결과 다음과 같은 결론에 이르렀다.

첫째, 통제 네트워크는 무기이전 거래 등의 추적을 통해 확산 네트워크를 역추적하여 불완전한 퍼즐을 보완하는 데 기여할 수 있을 것으로 기대하였으나, 그 퍼즐의 복원이 어려워지고 있음을 발견하였다. 이는 핵기술이 보다 보편화되고 탈냉전기로의 이행기에 비확산의 글로벌 컨센서스에 균열이 가면서 핵과 미사일 확산과 이에 대한 통제기제 간의 긴장이 걷잡을 수 없이 높아지는 가운데 탈냉전 이후 확산과 통제의 네트워크에 구멍이 생기고 또 이에 따라 그 둘이 완벽하게 일치하지 않게 되는 것으로 이해된다. 즉 냉전시대에 핵미사일 개발 협력이 '이데올로기 동맹' 간 비교적 호혜적으로 이루어진 것과 달리, 탈냉전시대에는 전통적 '이익 동맹'으로 회귀하면서 냉전시대에 이루어졌던 선발국과 후발국 사이의 수직적 협력이 사라지게 되었다. 이는 언뜻 선발국들이 전략적으로 핵미사일 개발의 우위를 유지하기 위한 합리적인 선택을 한 듯 보이나 오히려 스스로 핵 억지를 위해 지금껏 쌓아올린 노력을 위협하는 결과를 자초하였다. 냉전시대에는 미국과 소련이 각각의 진영에서 구축한 후발국과의 협력관계로 수평적 핵확산 방지가 비교적 용이했다면 탈냉전시대에는 소련의 몰락으로 넓어진 미국의 권역만큼이나 미국의 정치적 영향력이 얇아짐에 따라 냉전시대만큼 효과적으로 확산을 저지하기 어려워졌다. 이는 곧 냉전시대 핵과 미사일 확산의 저지가 가능했던 것은 '합리적 선택'에 의해 부과됨과 동시에 선발국과 수출국들이 '비확산'을 국제 규범으로 정착시키고, 후발국들과 수입국들이 자발적으로 규범을 준수하고 적극적으로 동조해 준 덕분이었다고 이해될 수 있다.

둘째, 이 같은 이행기의 '구조적 공백'을 십분 이용한 것은 북한과 같은 핵과 미사일 후발국들이었다. 앞서 설명했듯이 북한의 핵미사일 개발은 냉전시대 소련, 중국 등 핵 선진국 공산권 국가들과의 종적인 핵 협력으로 기초 연구를 다지고, 탈냉전시대 핵개발의 야망을 공유하는 국가들과 횡적인 협력으로 이루어진 것이다. 특히, 2000년 데이터로부터 도출한 김형민의 군사이전 네트워크에서 최말단에 위치한 국가들이었던 북한, 리비아, 시리아, 예멘이 2012년까지 데이터에서는 서로 긴밀한 미사일 개발 협력망을 구축하고 있음을 발견할 수 있었다. 이 같은 종적, 횡적 과학기술 협력의 네트워크를 통해 핵 선발주자와 후발주자들 모두와 밀접한 교류를 맺고 있다는 점은 북한이 핵확산 네트워크에서 보유하고 있는 특별한 '위치 권력'을 점하고 있다는 것이다. 이처럼 특별한 북한의 위치 권력은 탈냉전 이후 진행된 중심 허브 노드들로부터 '주변화'와 주변 허브들 간의 '중심화' 가 동시에 이루어진 덕분이었다. 이 같은 서로 이질적 네트워크들의 교합은 오늘날 북한이 단 시간 내에 핵실험에 성공하게 된 중요한 사회적 자본이라고 볼 수 있다. 더욱이, 북한은 후발 국가로서 핵 선진국에서 이미 확립된 기술을 취하는 한편, 평화적 사용과 군사적 사용 간의 모호함으로부터 오는 국제 핵확산 방지 네트워크의 취약성으로부터 혜택을 보고 있다. 이는 국제사회에서 신뢰를 얻지 못한 소위 문제 국가들 간의 네트워크로 이루어지고 있다는 점에서 국제사회에서는 이들 간의 연대가 더욱 심각한 문제로 받아들여지고 있다. 더불어 특별히 눈여겨볼 점은 북한이 핵 개발 네트워크의 외연 확대에 있어 북한의 미사일 기술을 매개로 후발주자들과의 핵기술 협력에 박차를 가하고 있다는 점이다.

따라서 이 같은 통제체제의 구조적 공백 아래 가속화되고 있는 후발국들 간의 핵과 미사일 확산을 막는 데 선발국들이 후발국들과 수직적 협력의 장을 활성화하는 것은 시급하다고 하겠다. 이는 NPT와 MTCR과 같은 국제 레짐을 통해 구성원들의 자발적 핵/미사일 규범 준수에 의존하고 있는 현재의 핵 질서에 심각한 도전이 될 수 있다고 보기 때문이다. 선발국과 후발국 간의 협력 활성화를 실행에 옮기기 위해서는 기존의 국가 행위자 중심의 정책 접근 방식을 벗어나 이 문제의 해법을 고민할 필요가 있다. 특히 후발국 핵과 미사일 공조 네트워크의 중심에 북한을 간과할 수 없다는 점에서 보다 국가 단위를 넘어선 수준에서 정책적 고민이 이루어져야 한다고 보인다. 즉 북한이 이 후발국 네트워크에서 어떤 역할을 하고 있는지, 그리고 세계, 지역 수준에서 패권국들과의 관계를 고려한 맥락에서 북한의 핵기술 수준과 더불어 북한의 핵 담론 구성능력은 어떻게 변화하고 있는지와 같은 핵심적인 질문에 답하기 위해서는 적어도 아시아 지역 내 핵무기 개발과 생산, 관리, 이전에 이르는 역내 핵 관련 활동 전반을 감시 감독할 수 있는 각국의 전문가들로 구성된 핵 사찰 그룹과 이들의 독립성을 지켜 줄 역내 참여 국가들 간의 긴밀한 정치 경제적 지원이 요구된다. 이러한 협력이 가능하기 위해서는 역내 국가들 사이에 공동의 이익, 공공선이 존재해야 함은 필수적이다. 한국이 역내 비핵화와 평화 정착이 모두가 윈윈할 수 있는 전략이라는 인식을 뿌리내리는 데 주도적인 역할을 담당할 수 있다면 역내 질서 유지뿐만 아니라 한반도 안정에 기여할 수 있을 것이다.

참고문헌

강신창. 1998.『북한학원론』. 서울: 을유문화사.

김강녕. 2006. "북한의 핵실험과 러시아의 한반도 정책."『통일전략』. 6집 2호. 53-88.

김도태. 2012. "체제위기 관리 차원에서 본 북한의 핵·미사일 정치: 광명성3호 발사 빛 핵실험 가능성 분석."『사회과학연구』. 29집 1호.

김병기. 2013. "북한미사일백과사전." 디펜스 타임즈: defensetimes.kr(검색일: 2014.3.4).

김상배. 2014.『아라크네의 국제정치학: 네트워크 세계정치이론의 도전』. 서울: 한울.

김상배. 2010. "1장 네트워크 세계정치이론의 모색", 하영선, 김상배 편,『네트워크 세계정치: 은유에서 분석으로』. 23-67. 서울: 서울대학교출판문화원.

김태경, 손병관. 2003. "'망명' 경원하 박사, '핵 과학자' 인가."『오마이뉴스』(4.24) http://www.ohmynews.com/NWS_Web/view/at_pg.aspx?CNTN_CD=A0000119715&CMPT_CD=A0289(검색일: 2014.2.10).

김형민. 2010. "무기이전 네트워크의 사회연결망 분석." 하영선, 김상배 편.『네트워크 세계정치: 은유에서 분석으로』. 327-352. 서울: 서울대학교출판문화원.

Moltz, James, and Alexandre Mansourov 편. 박명서, 정지웅 역. 2000.『북한 핵 프로그램』, 서울: 사군자.

박춘대. 2013. "북한 핵무력 연구 방법론 서설."『2013년 북한연구학회 추계학술회의 발표문』. 475-500.

선우현. 2000.『우리시대 북한철학』. 서울: 책세상문고-우리시대.

성채기. 2006. "북한 군사력의 경제적 기초': '군사경제' 실체에 대한 역사적·실증적 분석." 경남대학교 북한대학원 편,『북한군사문제의 재조명』, 파주: 한울. 221-338.

송승종. 1998. "인도 파키스탄의 핵실험과 북한의 핵문제."『北韓』. 9월호. 160-171.

송봉선. 2008. "美·리비아 관계개선과 북한 핵문제."『北韓』. 10월호. 57-66.

신타로 요시무라 외 7인. 김선희 역. 2012.『핵확산 문제와 아시아: 핵억지론을 넘어서』. 서울: 도서출판 문.

인남식. 2013. "2013 이란 핵문제 제네바 합의의 함의와 전망.'『주요국제문제분석』no. 2013-35. 국립외교원 외교안보연구소(12.26).

장준익. 1999.『북한 핵·미사일 戰爭』. 서울: 서문당.

전성훈. 1997. "MTCR과 한국의 안보."『전략연구』. 4집 2권.

전재성. 1999. "미사일기술통제레짐(MTCR)과 미국의 미사일정책: 국제제도론적 분석과 대북 정책에 대한 현실적 함의."『국제정치논총』. 39권 3집. 39-59.

조갑제, 1990. '한반도의 핵게임',『월간조선』9월호.

최영명 외 8인. 2002.『기술현황분석보고서: 북한 핵 문제와 경수로 사업』(KAERI/AR-626/2002). 대전: 원자력통제기술센터, 한국원자력연구소. 3월.

한용섭. 2006. "북한의 대량살상무기 정책." 경남대학교 북한대학원 편,『북한군사문제의 재조명』, 파주: 한울.

황장엽. 1999.『개인의 생명보다 귀중한 민족의 생명』. 서울: 시대정신.

홍성표. 2008. "북한, 시리아에 대량파괴무기 개발지원."『北韓』. 3월호. 98-103.

Bermudez, Joseph S. Jr. 1999. "A History of Ballistic Missile Development in the DPRK." *Occasional Paper 2.* Monterey, CA, USA: Logo James Center for Nonproliferation Studies(CNS).

Bunn, Matthew and Anthony Weir. 2006. *Securing the Bomb.* Cambridge, Mass.

and Washington D.C. Report for Project on Managing the Atom, Harvard University, and Nuclear Threat Initiative, July 13. http://www.nti.org/e_research/stb06webfull.pdf(accessed on July 23, 2014).

Chafetz, G., Abramson H and Grillot S. 2007. "Role Theory and Foreign Policy: Belarussian and Ukrainian Compliance with the Nuclear Nonproliferation" Regime. *Political Psychology* 17: 725-57.

Cho, Eunjeong. 2012. "EURATOM: Nuclear Norm Competition between Allies, 1955-1957." Ph.D. Diss. University of Warwick, Coventry.

Chestnut, Sheena. 2007. "Illicit Activity and Proliferation: North Korean Smuggling Networks." *International Security* 32(1): 80-111.

Cohen, Avner and Benjamin Frankel. 1990. Opaque Nuclear Proliferation. Journal of Strategic Studies 13(3): 14-44.

Frankel, Benjamin. 1993. "The Brooding Shadow: Systemic Incentives and Nuclear Weapons". Security Studies 2(3/4): 37-78.

________________ and Zachary Davis eds. 1993. *The Proliferation Puzzle: Why Nuclear Weapons Spread and What Results.* New York: Routledge.

Geradi, Greg J. and James A. Plotts. 1994. *An annotated chronology of DPRK missile trade and developments, Program for Nonproliferation Studies.* Monterey Institute of International Studies. Monterey, CA, USA: Logo James Center for Nonproliferation Studies(CNS).

Lee III, Rensselaer W. 1998. *Smuggling Armageddon: The Nuclear Black Market in the Former Soviet Union and Europe.* New York: St Martin's.

Long, William J. and Suzette R. Grillot. 2000. "Ideas, Beliefs and Nuclear Policies: The Cases of South Africa and Ukraine". *The Nonproliferation Review.* 24-40.

Hecker, Siegried S. 2010. "Lessons Learned from the North Korean Nuclear Crisis". *Daedalus* 139(1): 44-56.

Hymans, Jacqueline E. C. 2006. *The Psychology of Nuclear Proliferation: Identity, Emotion and Foreign Policy.* Cambridge, UK: Cambridge University Press.

Kampani, Gaurav. 2004. "Proliferation Unbound: Nuclear Tales from Pakistan". CNS Research Story, Center for Nonproliferation Studies, Monterey Institute of International Studies, Feb 23, 2004.

Kim, Hyung Min. 2007. "Social Network Conceptualizations of International System Structure and National Power: A Social Network Perspective on International Relations." Ph.D. Diss., University of North Carolina at Chapel Hill.

Katzenstein, Peter ed. 1996. *The Culture of National Security: Norms and Identity in World Politics.* New York: Columbia University Press.

Kinsella, David. 2006. "The Black Market in Small Arms: Examining a Social Network". *Contemporary Security Policy* 27(1): 100-117.

Kutchesfahani, Sara. 2008. "Case Study: The Khan Network" in James E. Doyle, *Nuclear Safeguards, Security, and Nonproliferation: Achieving Security*

with Technology and Policy. London: Elsevier. 561-574.
Lavoy, Peter R. 1993. "Nuclear Myths and the Causes of Nuclear Weapon Proliferation". *International Studies* 2(3&4): 192-212.
Liberman, Peter. 2001. "The Rise and Fall of the South African Bomb". *International Security* 26(2): 45-86.
Mearsheimer, John J. 1990. "Back to the Future: Instability in Europe After the Cold War". *International Security.* 15(1): 5-56.
Montgomery, Alexander. 2005. "Rising in Proliferation: How to Dismantle an Atomic Bomb Network." *International Security* 30(2): 153-187.
Rublee, Maria R. 2009. *Nonproliferation Norms: Why States Choose Nuclear Restraint.* Atlanta: University of Georgia Press.
Sagan, Scott D. 2011. "The Causes of Nuclear Weapon Proliferation". *The Annual Review of Political Science.* 225-246.
______________. 1996. "Why Do States Build Nuclear Weapons? Three Models in Search of a Bomb". *International Security*. 21(3): 54-86.
SIPRI Arms Transfer Data: http://portal.sipri.org/publications/pages/transfer/splash(검색일: 2014.3.2).
Solingen, Etel. 1998. *Regional Orders at Century's Dawn: Global and Domestic Influences on Grand Strategy.* NJ: Princeton University Press.
Squassoni, Sharon A. 2006. "Weapons of Mass Destruction: Trade Between North Korea and Pakistan." *CRS(Congressional Research Service) Report for Congress.*(Nov 28).
"Pakistan's Benazir Oversaw Korea Nuclear Deal-sources". *Reuters News*. Nov 20. 2002.
Paul, Thazha. V. 2000. *Power versus Prudence: Why Nations Forgo Nuclear Weapons*. MA: MIT Press.
"President Announces New Measures to Counter the Threat of WMD". Remarks by US President Bush Jr. on Weapons of Mass Destruction Proliferation: www.whitehouse.gov/news/releases/2004/02/20040211-4.html (검색일: 2014.3.30).
"Missile Technology Control Regime(MTCR) Texts and Annexes". http://www.fas.org/nuke/control/mtcr/text/index.html(검색일: 2014.2.4).
Tannenwald, Nina. 2007. *The Nuclear Taboo: the United States and the Non-Use of Nuclear Weapons.* Cambridge, UK: Cambridge University Press.
Thayer, Bradley. 1995. "The Causes of Nuclear Proliferation and the Utility of Nuclear Non-proliferation Regime". Security Studies 4(3): 463-519.

제3장

버추얼 창과 그물망 방패: 사이버 안보의 세계정치와 북한

김상배

Ⅰ. 머리말

모순(矛盾)이라는 고사성어가 있다. 중국 전국시대의 초(楚)나라에 사는 어느 상인의 이야기이다. 창과 방패를 파는 상인이 "이 창은 예리해서 어떤 방패라도 꿰뚫을 수가 있다"고 자랑했다. 동시에 그는 "이 방패는 견고해서 어떤 창으로도 꿰뚫지 못한다"고 뽐냈다. 그러자 그 옆에 있던 사람이 "당신의 창으로 당신의 방패를 찌르면 어떻게 되는가?"라고 물었더니 상인은 대답하지 못했다고 한다. 이러한 아날로그 시대의 고사를 디지털 시대의 사이버 안보 문제로 옮겨서 개작해 보면 어떤 이야기가 될까? 해커들은 자신들이 뚫을 수 없는 방화벽이란 없다고 뽐낸다. 하루가 멀다 하고 새로운 컴퓨터 바이러스와 악성코드가 출현하고, 해커들의 창은 점점 더 보이지 않는 위력을 발휘한다. 이를 막기 위해서 정보보호 기술자들은 새로운 방화기술과 백신 프로그램의 개발에 열을 올린다. 아무리 교묘한 공격이라도 그 진원지를 추적해 색출할 수 있다고 장담 한다. 디지털 시대의 창과 방패가 서로 겨루고 있는 모습을 방불케 한다(김상배, 2011).

최근 북한의 소행으로 추정되는 사이버 공격의 사례가 늘어나고 있다. 이들 사이버 공격의 특징은 '버추얼(virtual) 창'이라고 비유할 정도로 그 실체를 파악하기 어렵다는 점이다. 잘 알려지지 않은 컴퓨터 바이러스나 악성코드를 사용할 뿐만 아니라 공격의 수법도 점점 더 교묘하게 바뀌고 있다. 아직은 사이버 공격의 대상이 공공기관이나 언론·방송사 또는 금융기관 등에 국한돼 있지만, 일단 유사시에는 재래식 공격이나 핵 공격과 연계될 가능성이 매우 크다는 점에서 큰 우려를 낳고 있다. 따라서 사이버 공격을 막아내고 그 범인을 색출하기 위한 대책 마련에 비상이 걸릴 수밖에 없다. 다양한 행위자들이 나서서 다층적인 방어망을 만든다는 의미에서 '그물망 방패'의 구축을 방불케 한다. 기술적인 차원에서 방화벽을 구축하고 재난관리 시스템을 마련하려는 노력과 함께 효과적인 대책을 마련하기 위한 법제도적 방안의 모색이 한창이다. 아울러 국제적인 정보공유 네트워크를 구축하고 글로벌 및 지역 차원의 협력체계를 가동하기 위한 준비도 활발하다.

그런데 버추얼 창과 그물망 방패의 대결을 관전하는 국내외 국제정치학계의 논의를 보면 다소 우려스러운 부분이 있다. 현재 사이버 위협에 대처하자며 제기되는 주장들은 대체적으로 전통적인 국가안보론의 시각을 원용하고 있다. 그 중에서도 가장 눈에 띄는 주장은 나토(NATO)의 협력기구인 CCDCOE(Cooperative Cyber Defence Centre of Excellence)에 의해서 2013년 3월 발표된 사이버 전쟁의 교전수칙인, 소위 '탈린 매뉴얼(Tallinn Manual)'에 담겨 있다. 그 주장의 골자는 사이버 공격으로 인해 인명 피해가 발생했을 경우 해당 국가에 대한 군사적 보복이 가능하고, 핵티비스트 등과 같은 비국가 행위자에 대해서도 보복하겠다는 것이다. 더 나아가 사이버 공격의 배후지를 제공한 국가나 업체에 대해서도 국제법과 전쟁법을 적용하여 책임을 묻겠다는 것이다(Schimit, 2012).

국내외 학계 일각에서 제기되는 '사이버 억지'의 개념도 이와 유사한 맥락에 놓여 있다. 사이버 억지의 발상은 사이버 안보의 문제를 이해하고 해법을 모색함에 있어서 핵 안보 연구에서 비롯된 전략론의 시각을 적용하여 사이버 공간에서 발생하는 테러와 공격에 대처하겠다는 것이다(Morgan, 2010; Lupovici, 2011; Singer and Shachtman, 2011; 장노순·한인택, 2013). 이러한 주장들은 사이버 공격에 대해서는 그 진원지를 찾아 미사일을 발사해서라도 강력하게 보복하겠다는 미국 정부의 최근 입장과도 통한다. 2012년 5월 미 국무부는 사이버 공격의 배후지를 제공한 국가의 주요시설에 대해서 사이버 보복을 가하거나 또는 그 가능성이 있는 국가에 대해서 사이버 선제공격을 가하겠다고 발표한 바 있다.

현재 국내외 일부 학계와 미국 정책 서클에서 제기되고 있는 이러한 주장들은, 사이버 공격의 범인을 찾아 보복하거나 책임을 묻겠다는 단호함을 표명하는 데에는 효과가 있을지 몰라도, 실제로 발생하는 사이버 위협에 대처하는 적절한 처방이 될 수는 없다. 무엇보다도 사이버 공간에서 발생하는 위협을 객관적으로 측정하고 이에 보복할 수 있다는 선형적(linear) 사고방식 자체가 논란거리이다. 복잡계 현상에 기반을 두고 있는 사이버 위협에 대한 대책을 단순계 발상에 기반을 둔 전통적인 안보와 억지 개념에서 구하는 잘못을 범할 우려가 있기 때문이다. 다시 말해, 인과관계를 밝힐 수 없거나, 혹은 밝힐 수 있더라도 매우 복잡한 인과관계에 기반을 두고 있어 공격의 주체와 보복의 대상을 명확히 판별할 수 없는 현상을 단순 마인드로 파악하는 오류를 범할 가능성이 크다(Beck, 1999; 2005; 민병원, 2007).

이러한 시각이 가장 크게 결여하고 있는 것은 사이버 테러와 공격이 발생하는 사이버 공간의 구조적 성격에 대한 이해이다. 사이버 안보는 기본적으로 복잡계의 양상을 보이는 '네트워크 구조'에서 비롯되는 문제이다. 그 구조와 작동방식의 성격상 누가 주범인지를 밝히기 어려운 복잡한 게임이다. '피해자는 있는데 가해자가 없다'는 말을 방불케 하는 게임이다. 만약에 범인을 찾는다고 하더라도 확증보다는 추정하는 경우가 많기 때문에 실제 범인을 색출하는 문제보다도 누가 범인인지에 대한 이야기를 구성하는 것이 더 중요한, 일종의 '범죄의 재구성 게임'이다. 방어하는 측의 입장에서 보더라도 사이버 공격을 막기 위해서 완벽한 방화벽을 치는 것은 쉽지 않다. 버추얼 창이 어디에서 날아올지 모르기 때문이다. 게다가 창을 막기 위해서 세운 사이버 방화벽은 대부분의 경우 '그물망'이지 '비닐막'이 아니다. 아무리 잘해도 빈틈이 생긴다. 사이버 안보와 관련된 문제의 많은 부분들이 인터넷이라는 독특한 시스템에서 비롯되기 때문이다. 이런 이유로 사이버 안보는 온전히 기술적 장치만으로는 보장될 수 없고 사회적 메커니즘을 빌어서 해결해야 하는 문제이다.

인터넷이라는 네트워크의 구조적 복합성에 대한 연구는 주로 컴퓨터 공학 분야에서 이루어져 왔다. 이들 연구는 사이버 안보의 문제 자체가 지닌 기술적 복합성이나 네트워크로서의 성격에 대한 이해를 바탕으로 논의를 펼치고 있다. 이들은 소프트웨어 엔지니어링이나 시스템 디자인 등의 분야에서 얻은 컴퓨터 안보, 네트워크 안보, 정보 보호 등의 개념을 원용하여 세계정치 현상으로서 사이버 안보 문제를 보는 시각을 도출한다. 그러나 이들 연구가 지니는 한계는 물리적 환경으로서 인터넷(또는 사이버 공간)이라는 기술체계가 구동되는 이면에 존재하는 세계정치 행위자들의 의도적 전략과 그 과정에서 작동하는 권력정치의 동학을 간과하고 있다는 점이다. 따라서 간혹 기술체계 자체에서 발생하는 가능성에만 주목하여 사이버 공격과 테러가 낳을 위험성을 과장하는 경향이 있다고 지적된다(Matusitz, 2006; Galloway and Thacker, 2007).

최근 사이버 안보의 문제는 더 이상 기술과 공학의 분야에만 국한되지 않고 21세기 세계정치 연구의 주요 주제로서 부상하였다.[1] 특히 국가 행위자가 사이버 공격의 주요 주체로서 부상한 현상은 사이버 안보의 세계정치라는 차원에서 중요한 목거리임이 분명하다. 초창기의 사이버 테러와 공격은 국가 행위자들이 아니라 체계적으로 조직되지 않은 네트워크 형태의 비국가 행위자들이 벌이는 게임이었다.[2] 다시 말해, 공격이라는 면에서 사이버 테러는 비대칭 전쟁을 벌이는 초국적 핵티비스트나 테러리스트들의 게임이었으며, 또한 국내외 거버넌스 체계의 마련에서도 민간 전문가들의 역할이 중요했다. 그러나 2000년대 말엽 이후로 종전에는 비국가 행위자들의 배후에서 조연 배우의 역할을 담당하던 국가 행위자들이 사건의 전면에 나서고 있다. 또한 이러한 국가 행위자들이 국내외 차원에서 사이버 공간의 안보를 보장하는 방어자의 역할도 떠맡고 있다.[3]

이상의 논의를 종합해서 볼 때, 사이버 안보의 세계정치는 복잡계의 양상을 보이는 네트워크 구조 하에서 다양한 세계정치 행위자들이 서로 얽히면서 구성해 가는 게임이다. 다시 말해 전통적인 안

---

1 국제정치학의 시각에서 본 사이버 안보 연구로는 Eriksson and Giacomello, eds. (2007), Cavelty(2007), Manjikian(2010), Klimburg(2011) 등을 들 수 있다. 특히 네트워크 전쟁론의 시각에서 사이버 안보의 문제를 보는 이론적 단초를 제시한 연구로는 Arquilla and Ronfeldt(1996; 2001), Libicki(2009) 등을 들 수 있다. 국내의 국제정치학적 시도로는 이상현(2008), 최인호(2011), 조현석(2012) 등을 들 수 있다.

2 이런 점에서 초기의 사이버 안보의 주제는 비국가 행위자의 역할을 강조하는 자유주의 국제정치이론의 시각에서 조명되었다(Nye, 2010; Rattray and Healey, 2011).

3 사이버 안보 분야에서 구성주의 국제정치이론의 시각은 소위 코펜하겐 학파의 안보화(securitization) 개념의 적용이라는 맥락에서 발견된다(Buzan and Hensen, 2009; Hansen and Nissenbaum, 2009). 한편 국제정치이론에서 말하는 구성주의나 코펜하겐 학파와는 다소 다른 맥락이긴 하지만 예외적으로 Deibert, et al.(2002; 2008; 2010; 2011) 등에도 주목할 필요가 있다. 또한 공간 구성주의의 시각에서 사이버 안보의 국제정치적 이슈들을 다룬 Steinberg and McDowell(2003)도 있다.

보 행위자로서 국가 행위자 이외에 초국적으로 활동하는 비국가 행위자들의 존재감이 두드러진 분야일 뿐만 아니라 사이버 공간의 네트워크 구조, 즉 이 글에서 '비인간 행위자(non-human actor)'로 개념화한 변수가 독립변수로 작동하는 게임이다. 이러한 사이버 안보의 세계정치를 제대로 이해하기 위해서 필요한 것은 국가-비국가 행위자의 역할을 복합적으로 보는 동시에 사이버 공간의 물리적·관념적 구조와 그 안에서 작동하는 비인간 행위자들의 역할을 놓치지 않는 이론적 분석틀의 마련이다. 이 글이 전통적인 국가안보론의 시각으로 사이버 안보의 게임을 제대로 이해할 수 없다는 문제제기를 하는 이유는 바로 여기에 있다.

이러한 맥락에서 이 글은 사이버 안보에서 발견되는 국가-비국가-비인간 행위자의 삼각 구도를 보는 이론적 분석틀로서 네트워크 이론의 시각을 제시한다. 여기서 말하는 네트워크 이론의 시각이란 최근 자연과학과 사회과학 분야에서 주목받고 있는 네트워크 이론, 특히 소셜 네트워크 이론, 행위자-네트워크 이론, 네트워크 조직 이론 등의 성과를 국제정치 분야에 적용한 이론적 논의이다(하영선·김상배 편, 2010; 김상배 편, 2011). 이러한 세 가지 네트워크 이론에서 원용한 개념적 논의를 바탕으로 사이버 안보의 세계정치를 이해하는 분석틀을 마련할 수 있다. 특히 사이버 안보 분야에서 관찰되는 네트워크 구조와 전략, 그리고 변화하는 주체의 문제를 밝히는 데 도움을 얻을 수 있다. 이 글은 이러한 시각을 원용하여 북한의 사이버 공격을 보는 이론적 시각을 제시하고, 이를 바탕으로 사이버 안보 분야에서 한국이 모색할 국가전략의 방향을 짚어보고자 한다.

이 글은 크게 세 부분으로 구성되었다. 제2장은 소셜 네트워크 이론과 행위자-네트워크 이론 및 네트워크 조직 이론의 관점에서 사이버 공간의 구조적 특성을 살펴보고, 그러한 구조적 환경 하에서 활동하는 비인간 행위자 및 비국가 행위자들의 역할을 밝혀 보았다. 제2장에서 제시된 사이버 안보의 세계정치적 플랫폼 위에서 공격과 방어의 역할을 담당하는 국가 행위자, 소위 '네트워크 국가'의 두 얼굴을 다룬 것이 바로 제3장과 제4장이다. 제3장은 국가 행위자들이 개입한 사이버 공격의 글로벌 사례들을 살펴보고, 그 연속선상에서 북한의 사이버 공격과 그 수행 능력을 검토하였다. 제4장은 사이버 공격을 막기 위한 국내외 거버넌스의 구축 노력을 개괄하고, 한국이 구축할 그물망 방패의 내용과 방향을 짚어 보았다. 끝으로 맺음말에서는 이 글의 주장을 종합·요약하고 사이버 안보 분야에서 나타나는 세계정치의 특징을 다층적인 비대칭 망제정치(網際政治, inter-network politics)로 개념화하였다.

Ⅱ. 사이버 공간의 구조와 비인간 행위자

네트워크 이론은 사이버 공간의 구조와 그 안에서 벌어지는 사이버 안보 문제의 성격을 이해하는 데 유용한 이론적 자원을 제공한다. 현재 사회학이나 물리학, 그리고 역사학(주로 과학사) 등에서 논의되고 있는 네트워크 이론들은 매우 다양하다(Newman et al, 2006: p.1). 네트워크를 무엇으로 보느냐에 따라서 지난 10여 년 동안 이루어진 네트워크 이론의 시도들을 나누어 보면, 대략 세 가지 진영으로 구별할 수 있다(김상배 편, 2011). 첫째는 네트워크를 하나의 구조(structure)로 보는 이론 진영인데, 최근 사회학과 물리학 분야를 중심으로 많이 알려진 소셜 네트워크 이론(social network theory)이다. 둘째는 네트워크를 하나의 동태적 과정(process)으로 보는 이론 진영이데, 과학기술 사회학 분야에서 주로 원용되는 행위자-네트워크 이론(actor-network theory, ANT)이다. 마지막은 네트워크를 하나의 행위자(actor)로서 보는 이론 진영인데, 경제학과 사회학 분야의 조직 이론에서 원용하는 네트워크 조직 이론(network organization theory)이다. 네트워크의 시각에서 21세기 세계정치의 변화와 그 연속선상에서 본 사이버 안보 문제를 제대로 이해하기 위해서는 이러한 세 가지 이론 진영의 논의들을 복합적으로 원용해야 한다.

소셜 네트워크 이론의 시각은 사이버 공격과 테러가 벌어지는 인터넷 또는 사이버 공간의 네트워크 구조의 의미를 이해하는 데 유용하다. 인터넷은 '네트워크들의 네트워크'이라는 속성을 지니는 까닭에, 소셜 네트워크 이론에서 말하는 소위 구조적 공백(structural hole) 또는 빈틈이 있을 수밖에 없다. 구조적 공백이란 어느 조직 또는 네트워크 내에서 정보의 흐름에서 나타나는 '단절'의 한 형태이다. 이러한 구조적 공백을 메우는 것은 전략적으로 매우 중요한 의미를 갖는다. 단절되어 있는 노드들 사이에 존재하는 구조적 공백을 공략함으로써 전략적으로 중요한 '위치'를 잡는 행위자는 그렇지 못한 행위자들에 대해서 우월한 경쟁력을 갖기 때문이다. 이러한 상황을 개념화하기 위해서 미국의 사회학자이자 경영학자인 로널드 버트(Ronald S. Burt)는 중개의 의미에 대한 이론을 개발했으며, 이를 네트워크 전체의 구조적 특성에 대한 논의로 일반화시킨 바 있다(Burt, 1992; 2005).

구조적 공백의 개념은 사이버 안보의 환경에서 프로그램상의 빈틈을 의미하는 착취혈(exploit)의 형태로 나타난다. 이러한 빈틈이 시스템 전체에 영향을 미치는 아킬레스건이 되는데, 그 이유는 바로 복합 네트워크라고 하는 구조적 특성에서 비롯된다. 몇 개의 빈틈이 있더라도 네트워크가 다운되지는 않지만, 그 빈틈이 치명적인 공격을 받게 된다면 그것이 전체 네트워크에 미치는 영향을 통제하기 어렵다. 특히 해커들의 공격은 어느 한 부분의 하드웨어의 파괴를 노리는 것이 아니라 소프트웨어 프로그램의 교란을 노리기 때문이다. 컴퓨터 바이러스나 각종 악성코드들은 이러한 빈틈으로 침투하여 시스템의 정상적인 기능을 착취하는 대표적 사례들이다(Galloway,

2004; Galloway and Thacker, 2007).

이러한 점에서 사이버 안보의 문제는 국제정치의 전통적 안보 문제와는 다른 특성을 갖는다. 특히 네트워크의 시각에서 볼 때 가장 두드러진 점은 네트워크 자체가 사이버 테러와 사이버 공격의 힘이 먹혀 들어가는 빌미를 제공한다는 사실이다. 사이버 테러나 공격을 감행하는 행위자들은 개별적으로는 미미한 존재이지만 이들의 행위가 인터넷 세상에 큰 위협을 가할 수 있는 이유는 바로 이러한 구조적 속성에서 비롯된다(Koch and Greg, 2010). 실제로 아무리 잘 설계된 정보시스템이라도 기술적으로 복잡하다 보면 그 부산물로서 버그(bug)를 완전히 없앨 수는 없다. 그런데 이러한 빈틈, 즉 착취혈은 해커들이 외부에서 침투하여 시스템의 변경이나 훼손을 시도하는 목표가 된다.

이렇게 착취혈을 공격하는 컴퓨터 바이러스에는 다양한 종류들이 있고 최근 미국과 이란의 사이버 공방에서 사용된 것들이 주목을 받고 있다. 그 중 논란의 중심이 된 것은 스턱스넷이다(Farwell and Rohozinski, 2011; Shakarian, 2011). 치밀한 정보수집과 실험을 걸쳐 탄생한 정교하고 정밀한 프로그램인, 스턱스넷은 원래 이란 나탄즈의 우라늄 농축시설에서 사용되는 독일 지멘스의 산업제어시스템(ICS)을 공격하기 위해 미국과 이스라엘이 사용한 웜 바이러스이다. 2102년 5월 플레임(Flame)이라는 악성코드도 이란에 대한 사이버 공격에서 새로이 발견되었다. 플레임은 컴퓨터 네트워크와 USB 메모리를 통해 전파되는데, 소리, 화면, 키보드 동작, 네트워크 활동 등을 엿보는 첩보 프로그램이다. 2012년 이란이 사우디의 아람코에 대해서 사용한 것으로 알려진 악성코드 샤문(Shamoon)도 있다. 샤문은 감염된 컴퓨터의 파일을 지우고 마스터 부팅 레코드를 파괴하여 컴퓨터가 부팅하지 못하게 만들었는데, 공격당한 컴퓨터에 있는 패스워드 등의 정보를 추출하여 인터넷에 올리는 기능도 한다.

이러한 컴퓨터 바이러스와 악성코드는 행위자-네트워크 이론에서 말하는 비인간 행위자(non-human actor)로서 작동한다. 행위자-네트워크 이론은 인간 및 비인간 행위자들이 동원되고 배열되며, 더 나아가 이들 요소들이 하나로 유지되면서 이종(異種) 네트워크를 구성해 가는 과정을 탐구한다. 어느 행위자-네트워크의 능력은 숱한 인간 및 비인간 행위자들과의 상호작용에서 비롯된 '관계적 효과'로서 이해된다. 다시 말해 인간 행위자들 간의 관계뿐만 아니라 인간들이 어떠한 도구와 기술을 활용하느냐, 즉 사물과 어떻게 '동맹(alliance)'을 맺느냐가 중요하다는 것이다. 이러한 시각에서 볼 때, 전쟁에서 사용되는 무기가 무엇이냐, 예를 들어 재래식 무기냐 핵무기냐에 따라서 전략전술은 다를 수밖에 없듯이 사이버 공격에서도 비인간 행위자의 성격은 사이버 안보의 게임 자체에 큰 영향을 미친다. 이러한 비인간 행위자는 단순한 도구가 아니라 인간 행위자들의 네트워크에 영향을 미치는 행위능력을 갖는다.

이런 시각에서 볼 때 최근에 국내 뉴스 미디어를 뜨겁게 달구었던 디도스(DDoS, Distributed Denial of Service, 분산서비스거부) 공격은 비인간 행위자의 역할을 엿보게 한다. 디도스 공격은 서버가 처리할 수 있는 용량을 초과하는 정보를 한꺼번에 보내 과부하로 서버를 다운시키는 공격 방식이다. 디도스 공격은 수많은 개인 컴퓨터에 악성코드나 해킹 도구와 같은 것들을 유포하여, 이들 컴퓨터를 소위 '좀비 PC'로 만들고, 이렇게 좀비화된 PC를 통해 특정 서버를 목표로 하여 대량의 트래픽을 동시에 유발시킴으로써 그 기능을 마비시키는 수법을 쓴다. 이러한 좀비 PC들이 공격을 시작하는 시점은 일종의 프로그램화된 예약공격의 형태를 띨 뿐만 아니라 개별 좀비 PC들은 의도하지 않은, 또는 의식하지도 못하는 사이에 공격에 가담하게 된다.

주로 2000년대에 나타난 디도스 공격은 대량의 유해 트래픽을 특정 시스템에 전송하여 네트워크 과부하를 유발하는 일종의 융단 폭격과도 같은 대량공격 방식이다. 이에 비해 2010년대에 새로이 나타나서 차세대 사이버 공격으로 알려진 APT(Advanced Persistent Threat, 지능형지속위협) 공격은 좀 더 교묘한 방식으로 작동하는 비인간 행위자의 사례를 보여준다. APT 공격은 특정 표적을 겨냥해 명확한 목표를 두고 알려지지 않은 해킹 기법을 사용하여 지속적으로 은밀하게 기밀정보를 유출하거나 시스템 파괴하는 공격 방식이다. 이는 일종의 정밀타격 공격 또는 스마트 공격으로 이해할 수 있다. 비인간 행위자의 행위능력이 점차로 지능화되고 자동화되는 양상을 보여주는 사례라고 할 수 있다.

사이버 공간에서의 테러와 공격은 인간 행위자가 주체로 활동하지만 컴퓨터와 물리적 네트워크 자체가 단순한 객체가 아닌, 일종의 비인간 행위자로서의 행위능력을 발휘하는 복합 네트워크 환경을 배경으로 이루어진다. 국가나 비국 행위자와 같은 인간 행위자뿐만 아니라 비인간 행위자까지도 복합적으로 관여하여 비선형적인 방식으로 수행되기 때문에 누가 사이버 테러와 공격을 벌인 범인인지를 발견해내기란 쉽지가 않다. 다시 말해, 정체불명의 행위자들이 국가 등을 상대로 디도스 공격이나 APT 공격을 펼칠 수 있었던 것은 수많은 인간 및 비인간 행위자가 인터넷이라는 물적 네트워크를 토대로 손쉽게 연결되었기 때문이다. 그야말로 네트워크 그 자체가 범인이라고 할 수 있다.

그러나 사이버 테러와 공격의 문제를 단순히 컴퓨터나 인터넷의 물리적 속성과 관련된 기술적인 문제로만 보기는 어렵다. 사이버 테러와 공격은 위계조직의 모습을 따르지 않는, 다양한 행위자들이 네트워크의 형태로 작동하는 면모를 보여준다. 네트워크 조직 이론은 사이버 공간에서 활동하는 비국가 행위자들의 부상을 설명한다. 지구화와 정보화의 진전은 수직적인 위계조직보다는 수평적인 네트워크 조직에 좀 더 친화적인 환경을 창출하였다. 예를 들어, 인터넷이라는 네트워크 환경은 전통적인 국가 행위자에 도전하는 비국가 행위자들에게 친화적이다. 사이버 안보 분야도 마찬가지이다. 이런 점에서 사이버 테러와 공격은 다양한 행위자들이 복합적인 네트워크 환경을 배경으로 하여 참여하는 소위 '비대칭 전쟁'의 대표적 사례이다. 비대칭 전쟁이란 힘과 규모의 면에서 비대칭적인 행위자들이 비대칭적인 수단을 동원하여 서로 다른 비대칭적 목적을 수행하기 위해서 이루어지는 전쟁을 의미한다.

기본적으로 사이버 테러와 공격은 국가 행위자들 간의 게임이 아니라 체계적으로 조직되지 않은 네트워크 형태의 행위자들이 벌이는 게임이었다. 사이버 공격을 벌이는 행위자들은 수직적 조직의 형태를 따르지 않고 수평적이고 분산적인 네트워크 형태로 존재하고 작동한다. 그러나 필요시에는 효과적인 타격을 가하는 세력으로 결집된다. 최근 인터넷의 확산으로 인해서 네트워킹에 드는 비용이 급속히 하락함에 따라 이러한 복합 네트워크의 메커니즘에 의지하는 비국가 행위자들이 역사의 전면에 그 모습을 드러내면서 예전에는 상상할 수도 없었던 독특한 종류의 '힘'을 발휘하고 있다.

이렇게 사이버 공격을 벌이는 이들은 악의 없는 해커일 수도 있지만 사회 시스템의 전복을 노리는 테러리스트들의 조직일 경우 문제는 심각하다. 사이버 테러와 공격에서는 행위자들이 수행하는 역할의 스펙트럼이 매우 넓다. 일반 사용자가 공격자가 될 수도 있고 악의적인 공격의 대상이 되기도 하며 디도스 공격에 이용되는 것처럼 자신도 알지 못하는 사이에 봇넷에 동원되는 소스가 되기도 한다. 애국주의 해커집단은 국민국가와 암암리에 연대하여 다른 국가의 주요 정보인프라를 공격하기도 한다. 심지어 조직적인 범죄집단도 단독으로 산업스파이, 해적 행위, 금융자산의 절도 등을 행하지만 애국주의 해커집단과 함께 다른 국가의 정부 사이트를 공격하는 데 가담하기도 한다. 게다가 이들은 국가기관에 의해 아무리 적발되어도 끊임없이 새로운 형태로 진화를 거듭해 나간다. 분산 네트워크로서의 특성 때문에 특정 대상을 선정하여 미리 억지하기도 또 대비해서 방어하기에도 매우 까다로운 안보 문제를 제기하고 있다.

2012년 8월 사우디 아람코에 대해 악성코드를 침투시킨 사이버 공격의 경우, '정의의 검(Cutting Sword of Justice)'이라는 해커집단의 소행으로 알려져 있다. 그들이 악성코드에 감염시켰다고 하는 컴퓨터의 대수(3만 대)가 사우디 아람코에서 발표한 피해 컴퓨터 대수와 일치하는 것으로 보아서 그들의 주장이 나름대로의 신빙성을 얻고 있다. 최근 많이 알려진 사례는 어노니머스(Anonymous)이다. 어노니머스는 2010년 위키리크스 기부금을 막은 마스터카드, 비자카드, 페이팔 등에 대해 디도스 공격을 행한 바 있다. 2011년에는 튀니지, 이집트, 시리아, 리비아 등 아랍 독재국가 정부사이트들을 공격하여 유명해 졌다. 2013년에는 북한의 대남 선전용 웹사이트를 해킹하여 초기 화면을 변조하고 회원정보를 공개하기도 했다. 흥미로운 점은 이들 집단들의 행동의 이면에는 나름대로의 대항담론이 존재한다는 사실이다.

Ⅲ. 아날로그 북한의 버추얼 창

1. 사이버 공격에 나선 국가 행위자

사이버 공간의 복합 네트워크 환경을 바탕으로 벌어지는 핵티비즘이나 사이버 테러로 인식되던 사이버 안보의 문제가 최근 들어 국가 간에 벌어지는 사이버 공격의 문제로 그 성격이 바뀌는 양상을 보이고 있다. 사이버 공격의 배후에 숨어 있던 국가 행위자들이 나서면서 국가 간의 사이버 전쟁으로 비화될 가능성마저도 내보이고 있다. 사이버 공격은 정보 인프라와 전략적 데이터 자체를 공격함으로써 물리적 전쟁의 수행 능력이나 사회경제 시스템의 기능을 마비시키는 새로운 수단으로 거론된다. 실제로 물리적 전쟁의 개시를 전후하여 이와 병행하는 방법으로 국가 간의 사이버 공격이 감행될 가능성은 매우 크다. 2007년의 에스토니아에 대한 사이버 공격이나 2008년 그루지야에 대한 디도스 공격의 배후에 러시아 정부가 있었다는 의혹이 제기되었다. 이에 대해 러시아 정부는 개입사실을 부정했지만 러시아 정부가 이들 사이버 공격을 주도한 해커집단들과 연루되었다는 의혹은 가시지 않았다(Evron, 2008; T. L. Thomas, 2009).

2010년 미국과 이스라엘의 대이란 사이버 공격은, 국가가 직접 나서서 사이버 공격을 주도한 것이 언론을 통해서 알려진 첫 사례이다. 이란의 우라늄 농축시설에 큰 피해를 입힌 것으로 알려진 스턱스넷에 의한 공격은 상당한 수준의 기술적 능력과 재정력이 없으면 불가능하다는 것이 일반적 평가이다. 스턱스넷처럼 정교하고 정밀한 사이버 무기를 개발하는 것은 국가가 아닌 다른 비국가 행위자들만의 능력으로는 감당하기에 벅차다. 막대한 시간과 자원 및 기술이 필요하기 때문이다. 따라서 스턱스넷 공격은 단순히 해커집단의 소행이 아니라고 추정되었는데, 스턱스넷이 미국과 이스라엘 정부의 공동작품이라는 사실이 최근 언론에 보도됨으로써 그러한 추정이 사실이었음이 확인되었다. 실제로 스턱스넷의 개발은 부시 행정부가 집권 중이던 2006년에 '올림픽 게임'이라는 이름의 작전으로 시작된 후 오바마 행정부에 의해서도 지속된 것으로 알려져 있다.

미국이 이란의 핵개발 프로그램을 지연 내지 좌절시킬 수 있는 방안으로서 스턱스넷 개발에 관심을 갖게 된 이유는, 사이버 공격이 이스라엘이 고려했던 이란 핵시설에 대한 공습보다 상대적으로 파장이 작을 것으로 예상되었기 때문이다. 사실 사이버 공격은 물리적 공격보다 효과적이고 은밀한 공격이라는 장점을 갖는다. 그러나 미국과 이스라엘이 감행한 사이버 공격의 경우 그 타격이 단순한 첩보나 컴퓨터 시스템에 피해를 주는 수준에 그치지 않고 원심분리기를 파괴시킴으로써 사이버 공간과 현실 공간의 벽을 뛰어넘는 피해를 주었다는 사실에 주목할 필요가 있다. 사이버 공간에서의 공격이 현실 공간의 피해로 이어진 사태는 사이버 공격의 위력을 증대시키는 직접적 효과는 물론, 그동안 사이버 공격을 사이버 공간 내로 제한해 온 암묵적 합의를 파기함으로써 향후 사이버 공격이 현실 공간의 전쟁에 동원될 될 가능성을 증대시켰다.

이러한 미국과 이스라엘의 공격에 대하여 이란도 여러 차례에 걸쳐서 사이버 공격으로 대응한 것으로 알려져 있다. 2012년 8월 사우디의 석유기업 아람코(Aramco)와 카타르의 가스기업인 라스가스(RasGas)에 대한 사이버 공격의 배후에 이란이 있다는 것이다. 미국 정보기관 관계자들에 의하면, 미국과 이란이 사이버 공간에서 공격과 반격을 주고받는 '그림자 전쟁'을 이미 진행 중이라고 했다(New York Times, 2012.10.13). 이와 관련하여 리언 패네타 미 국방장관은 2012년 10월 11일, 이란을 직접 거론하지는 않은 채, 적대적 국가나 집단이 미국의 핵심 전산망을 장악할 때 대규모 손실을 볼 수 있으며, 미국이 '사이버 진주만' 공격을 받을 위험에 처했다고 지적했다(연합뉴스, 2012.10.12).

이렇듯 미국-이스라엘과 이란 사이에서 오고간 사이버 공격은 사이버 안보를 국가 간의 안보 문제라는 새로운 지평에 올려 놓았다. 국가 행위자가 직접 사이버 공격에 개입함에 따라 그 피해가 더욱 커질 수 있게 되었을 뿐만 아니라 국가와 국가 간 직접적 분쟁의 소지가 될 가능성이 커졌다고 볼 수 있다. 게다가 종전에는 방어자의 입장을 대변하던 미국이 나서서 국가 주도의 사이버 공격을 벌임으로써 다른 나라에서도 주저하지 않고 국가가 나서서 사이버 공격에 개입하게 되는 물꼬를 텄다는 우려와 비판도 제기된다. 그런데 아이러니컬하게도 모든 나라들이 국가 주도의 사이버 공격에 나설 경우 가장 취약할 수 있는 국가는 세계적으로 앞선 정보 인프라를 갖추고 있는 미국이다.

이렇듯 사이버 공간의 안보 문제는 새로운 국가 분쟁의 이슈가 되었으며 국가안보의 핵심적인 문제로 부상하였다. 만약에 사이버 공격으로 인해서 전신, 전화, 전기, 원자력 시설 등과 같은 국가 기간 시설에 대한 교란과 파괴가 이루어질 경우 이는 국가안보 자체에 큰 침해가 될 수밖에 없는 상황이 발생할 것이다. 이러한 상황은 강대국들 간의 관계뿐만 아니라 강대국과 약소국의 관계에 새로운 변화를 가져올 가능성이 크다. 다시 말해 통상적으로 재래식 무기로는 강대국과 경쟁할 수 없는 약소국들이 자국의 이익을 위해 사이버 전쟁을 국방전략으로 채택할 가능성이 크고, 이러한 전쟁양상은 소위 '비대칭 전쟁' 전략의 일환으로서 상대방에 대한 위협이 될 수 있을 것이기 때문이다. 이러한 상황에서 사이버 전쟁을 수행할 능력을 갖추는 것이 국가 차원의 주요 안건으로서 부각되고 있다.

2. 대남 사이버 공격과 북한

이상에서 살펴본 바와 같이 국가 행위자가 좀 더 적극적으로 사이버 공격에 개입하는 변화의 맥락에서 최근의 대남 사이버 공격을 이해할 필요가 있다. 실제로 최근 북한의 소행으로 추정되는 대남 사이버 공격의 횟수가 늘어나고 있다. 그 중에서 널리 알려진 주요 사건은 <표-1>와 <그림-1∽6>에 요약한 바와 같이, '7.7 디도스 공격,' '3.4 디도스 공격,' '농협 전산망 해킹 사건,' '중앙일보 해킹 사건,' '3.20 방송·금융사 침입 사건,' 그리고 '6.25 디도스 공격' 등의 여섯 가지를 들 수 있다. 이들 사이버 공격은 한국의 공공기관이나 금융사 및 언론방송사 등의 전산망의 빈틈을 노리고 수십만 대의 좀비 PC를 동원하여 디도스 공격을 벌이거나 좀 더 교묘하게 이루어지는 APT 공격을 가하는 방식으로 이루어진 것으로 알려졌다. 이러한 북한의 사이버 공격으로 인한 국내 피해액은 상당한 것으로 보도되었다. 2009년부터 2013년까지 디도스 공격이나 해킹 등으로 8,600

억 원의 피해가 발생한 것으로 나타났다. 이는 사이버 사령부가 주요 공격 중 집계 가능한 피해 금액만 추산한 것으로 국가기반시설 정보 등 기타 자료 유출을 포함하면 실제 피해액은 이를 웃돌 것으로 보인다(연합뉴스, 2013.10.15).

〈표 1〉 북한의 소행으로 추정되는 주요 사이버 공격(2007-2013년)

	피해 내용	추정 근거	공격 방법
7.7 디도스 공격 (2009.7.7)	청와대와 국회, 네이버, 미국 재무부와 국토안보부 등 23개 사이트 마비	"테러에 동원된 IP 추적 결과, 북 체신성이 사용해 온 것으로 확인" (국정원 국정감사, 2009.10.29)	디도스 공격, 61개국 435개 서버 활용 좀비 PC 27만여 대 동원
3.4. 디도스 공격 (2011.3.4)	청와대, 국가정보원 등 국가기관과 국민은행 등 금융기관 등 주요 웹사이트 마비	"사건 분석 결과 공격 방식이 2009년 7월 발생한 디도스 공격과 일치" (경찰청 발표, 2011.4.6)	디도스 공격, 70개국 746대 서버 활용 좀비 PC 10만여 대 동원
농협전산망 해킹 (2011.4.12)	농협 전산망 악성코드 감염으로 장애 발생, 인터넷 뱅킹 등 서비스 중단	"공격 진원지인 노트북에서 발견된 IP가 과거 정찰총국에서 사용된 것" (검찰청 발표, 2011.5.3)	디도스 공격, 13개국 27개의 서버 동원
중앙일보 해킹 (2012.6.9)	내부관리자 PC를 경유하여 중앙일보 전산망 침입으로 홈페이지 변조 및 일부 데이터 삭제	"조선체신회사(체신청 산하)가 중국회사로부터 임대한 IP대역을 통해 접속" (경찰청 발표, 2013.1.16)	APT 공격, 국내 서버(2대) 해외 10개국 서버(17대) 동원
3.20 방송·금융사침입 (2013.3.20.)	KBS, MBC, YTN 등 언론사와 신한은행, 농협 등 금융기관 전산망 마비 내부망 백신업데이트 서버 및 업무 PC 감염	"공격에 사용된 IP주소 및 해킹 수법 분석 결과 7.7 디도스와 같이 북한 소행으로 추정되는 증거 상당량 확보" (민관군 합동대응팀, 2013.4.10)	APT 공격, 국내외 경유지 49개 동원 악성 코드 76종 사용
6.25 디도스 공격 (2013.6.25)	청와대, 국무조정실 홈페이지 해킹, 11개 언론사, 5개 정부기관 및 정당 등 16개 기관 해킹	"북한이 사용한 IP 발견, 공격방법이 3.20 사이버 테러와 동일" (민관군 합동대응팀, 2013.7.16)	변종 디도스 공격, 악성코드 82종 좀비 PC 활용

인터넷이나 휴대폰, 그리고 기타 정보기기의 보급률이 매우 낮은 것으로 알려진 북한의 상황을 고려할 때 북한은 여전히 '아날로그 국가'로 분류할 수 있겠지만, 최근 감행되고 있는 사이버 공격의 수준만 놓고 보면 정보화 선진국인 미국에 버금가는 능력을 갖추고 있는 것으로 추정된다. '아날로그 북한의 버추얼 창'이라고 비유해 볼 수 있겠다. 여기서 '버추얼'이라는 비유를 사용한 이유는 최근의 대남 사이버 공격이 북한의 소행이라는 것을 실증적으로 입증할 수 있는 문제라기보다는 여러 가지 정황 증거에 의해서 추정하는 문제이기 때문이다. 실제로 이들 사이버 공격을 북한의 소행으로 추정하는 이유는, <표 1>에서 정리한 바와 같이, 사이버 공격에 동원된 IP주소가 종전에 북한 체신성 또는 정찰총국이 사용하던 것이라든지 아니면 사이버 공격의 흔적으로 남은 해킹의 수법이나 악성코드들이 주로 북한이 사용하던 것이라는 정황 증거에 근거하고 있다. 사이버 공격을 받아 피해를 본 것은 실재(real)한데 그 공격의 진원지와 경로를 객관적으로 밝히는 것은 쉽지 않은 버추얼(virtual) 현상이 벌어지고 있다.

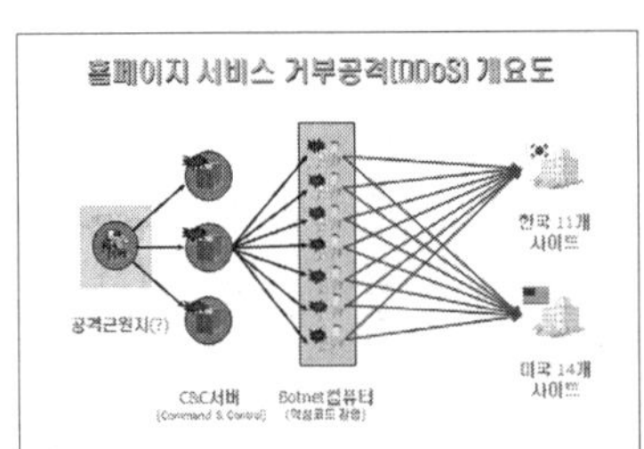

〈그림 1〉 2009년 7.7 디도스 공격
(출처: http://blog.daum.net/skyslove82/6991253)

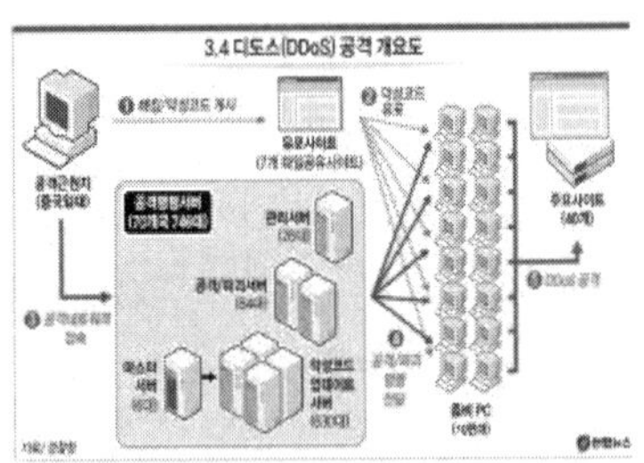

〈그림 2〉 2011년 3.4 디도스 공격
(출처: 연합뉴스)

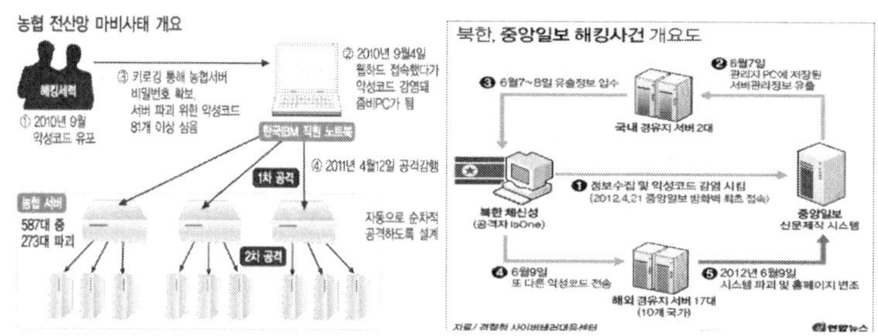

〈그림 3〉 2011년 농협 전산망 해킹 사건 〈그림 4〉 2012년 중앙일보 해킹 사건
(출처: 경향신문) (출처: 연합뉴스)

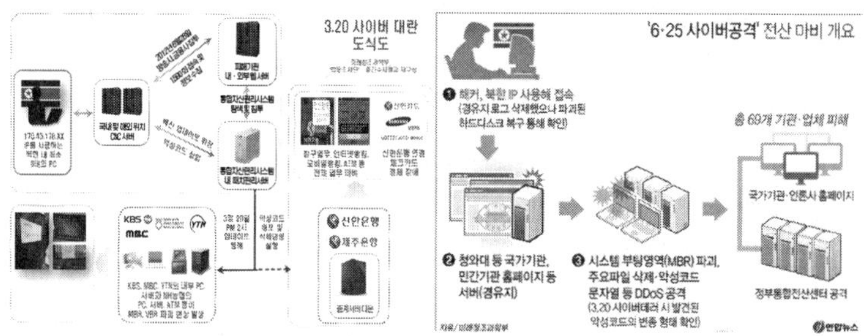

〈그림 5〉 2013년 3.20 방송·금융사 침입사건 〈그림 6〉 2013년 6.25 디도스 공격
(출처: 임종인(2013)) (출처: <연합뉴스>)

최근의 증언들에 의하면, 북한도 사이버 공격의 이러한 특성을 잘 이해하고 이를 적극적으로 활용하려는 시도를 벌이고 있다. 예를 들어, 탈북 이전 북한의 컴퓨터공학과 교수이기도 했던 <NK지식인 연대>의 김흥광 대표에 의하면, 북한은 첨단 IT의 급속한 발전을 따라잡지 못하고서는 나라의 발전은커녕 체제유지도 사실상 어려움을 깨닫고 1990년 초부터 북한 지도부가 직접 나서서 IT발전의 필요성을 역설하기도 하고 중국과 인도의 IT기술을 벤치마킹하기 시작하였다고 한다. 북한은 1995년경부터 사이버 전력 확보를 위한 전략수립과 부대창설, 사이버 공격 기술연마, 지휘체계 구축에 집중하기

시작하였다. 매년 해커요원을 양성해 왔으며 그들의 사이버전 능력은 미국의 중앙정보국(CIA)에 필적한다고 전해진다(김흥광, 2011).

이렇듯 북한군이 정보전과 사이버 전력 증강에 매달리고 있는 중요한 이유는 미군이나 한국군에 대한 전력의 열세를 보강하고 평상시에도 한국군에 대한 정보적 우위를 선점하려는 것이라고 한다. 특히 북한은 주변국인 중국과 러시아가 일찍이 사이버 부대를 창설해 대규모 사이버 군사 활동을 전개하고 있는 것에서 큰 영향을 받았다고 한다. 북한은 사이버 부대의 조직을 정비하고 사이버전 병력을 기존 5백 명에서 3천 명 수준으로 늘렸다. 이렇게 북한이 사이버 전력을 증강한 이유는 구축 및 유지비용이 여타 전력에 비해 적게 들고, 평상시에도 효과적으로 활용할 수 있고, 공격행위를 쉽게 은닉할 수 있기 때문이라고 한다. 따라서 사이버 전력은 북한의 대남 전략 실현에 있어서 더없이 안성맞춤의 전력이자 강력한 비대칭성을 구사할 수 있다는 것이다. 북한의 인식에는 한국의 사이버 공간이 보안에 취약하며 공권력이 덜 미치는 '해방 공간'으로 비치고 있다(김흥광, 2011).

이러한 북한의 사이버 전력의 구축 과정에서 중점을 두는 요소는 두뇌풀, 장비, 시스템 등 세 가지라고 한다. 첫째, 두뇌풀은 "전산과 네트워크 이론을 마스터하고 사이버 테러나 공격기술로 무장한 정보 전사들"을 의미한다. 김 대표에 의하면, 세 가지 요소 중에서 북한이 가장 공을 들인 것은 사이버 인간병기인 정보전사(즉 해커) 양성이라고 한다. "정보전사 양성을 위해 북한은 1995년경 중앙과 도소재지들에만 설치되어 있던 1중학교(영재학교)를 시, 군, 구역마다 하나씩 세우고 중앙에는 평양 1중학교 외에 금성 1중학교와 2중학교에 컴퓨터 영재반을 새로 조직했다"고 한다. 또한 "북한은 이들을 김일성종합대학, 김책공업종합대학, 평양컴퓨터대학과 이과대학,

미림대학에 우선 입학시켜 전문기술을 가르치고 대학 졸업 후 전원 외국유학을 보내며, 귀국 후 대부분 해킹 전문부대들에 배치되기 때문에 전투원들의 평균 나이는 20대"라고 한다. 뿐만 아니라 북한은 "수시로 리더급 컴퓨터 영재들을 장교로 선발해 해킹공격에 대한 작전조직 지휘능력을 향상시켜 오고 있다"는 것이다(김흥광, 2011).

둘째, 장비는 "최고 사양의 각종 컴퓨터와 메인프레임과 주변설비, 인터넷 훈련망" 등을 의미한다. 북한은 정보전사들에게 첨단 장비시설들을 구비해 주는 데 돈을 아끼지 않았다고 한다. 바세나르 협약이나 미국 상무성 규제에 의하면 북한에 반입될 수 있는 컴퓨터는 IBM PC XT급 정도이다. 그러나 이러한 급의 컴퓨터로는 효과적인 해킹을 할 수 없다는 판단 하에 북한은 "정보전사들이 사용할 고성능 컴퓨터를 비롯한 첨단장비들을 중국과 해외에서 대량 입하하고 있다"고 한다. 특히 "중앙당 9국은 김정일과 일가족, 중앙당 특수부서들에서 필요되는 첨단전자제품들을 수입해 오는 업무를 전담하는 부서"인데, 1995년 이후 사이버 부대가 해킹공격 능력 함양에 필요되는 일체 설비들을 구입해 주고 있다고 한다. 중앙당 9국이 바세나르 협약에 가입하지 않은 국가에서 활동하는 해외공관과 무역회사들을 활용하여 사이버 전력 증강을 위한 모든 장비와 설비들을 가장 최신 것으로 구입한다는 것이다(김흥광, 2011).

끝으로, 시스템은 "정보전사들을 사이버 공격에로 조직하고 동원하기 위한 명령지휘 및 관리체계"를 의미한다. 김 대표에 의하면, 북한은 사이버전 작전과 전투실행, 명령지휘체계를 일체화하기 위한 사이버공격 시스템 완성에 주력하고 있다. 2007년부터는 독립적인 해킹공격 능력을 갖춘 복수개의 공격조를 운영해 오던 종전의 시스템을 효율성 제고를 위해 대폭 개편하였다고 한다. 구체적으로 "시스템 분석팀, 공격작전팀, 코드처리팀, 개발팀, 검사팀, 네트워크 분석팀, 전투기획팀 등 다수의 직능팀들이 일사불란하게 명령체계에 따라 작동한다"고 한다. 특히 "사이버전에 대한 성과가 속출함에 따라 사이버 전력증강과 공격에 대한 일체화된 지휘를 위해 2010년에 인민무력성 정찰국 예하로 있던 사이버부대 121소를 정찰총국에 직속시키고 별도의 사이버전국(121국)을 만들어 남한의 전략적 기관들에 대한 사이버 테러와 공격, 민간기관과 단체들에 대한 해킹 및 인터넷대란을 일으키는 작전들을 총괄하는 총본산으로 기능하게 되었다"고 한다(김흥광, 2011).

Ⅳ. 디지털 한국의 그물망 방패

1. 사이버 안보의 국내외 거버넌스

국가 행위자는 사이버 공격의 주체가 될 수도 있겠지만, '창'을 막는 '방패'의 역할도 자임하고 있다. 이런 면에서 사이버 안보 분야에서 나타나는 국가 행위자는 두 얼굴을 가지고 있다. 그 하나가 공격자의 얼굴이라면 다른 하나는 방어자의 얼굴이다. 새로이 등장한 인터넷 환경에서 초국적으로 활동하는 비국가 행위자들을 교묘히 네트워킹하여 사이버 공격을 벌이는 국가의 모습이 있는가 하면, 비국가 행위자들뿐만 아니라 여타 국가 행위자들의 네트워킹을 통해서 사이버 안보를 지키려는 국가의 모습도 있다. 초창기의 사이버 안보 이슈가 초국적 비국가 행위자들의 위협과 이에 대응하는 전통적인 국가 행위자의 망제정치로 그려졌다면, 최근의 양상은 국가 행위자들 스스로가 사이버 공격과 방어의 문제에 본격적으로 관여하는 모습으로 나타나고 있다.

이렇게 두 얼굴을 한 국가의 몸체는 전통적인 위계조직이라기보다는, 비국가 행위자들과 좀 더 밀접한 관계를 맺으면서 변화하는 네트워크 조직이다. 소위 네트워크 국가(network state)라고 할 수 있다(하영선·김상배 편, 2006). 사이버 테러와 공격 그리고 사이버 안보의 분야는 네트워크 국가들이 벌이는 세계정치의 대표적인 사례이다. 특히 그물망 방패를 치는 일은 네트워크 국가의 역할이 요구되는 분야이다. 사실 앞서 언급한 사이버 공간의 구조적 속성상 사이버 방어는 종전의 위계조직의 형태를 갖는 국가 행위자가 홀로 나서서 맡기에는 벅찬 문제이다. 수평적 네트워크의 형태를 추구하는 비국가 행위자들과 적극적인 관계를 설정하면서도 다차원적인 목표를 유연하게 추구하는 네트워크 국가의 역할이 요구되는 분야이기도 하다. 이러한 네트워크 국가의 개념은 국내외 차원에서 추구되는 거버넌스(governance)의 개념과 통한다.

네트워크 국가의 거버넌스라는 시각에서 보았을 때, 사이버 안보 분야에서 앞장서서 그물망 방패의 역할을 수행하는 대표적인 나라는 단연코 미국이다. 대이란 공격에서 보았듯이 미국은 사이버 공격을 감행할 수 있는 가장 우수한 자원과 기술을 보유하고 있는 나라이지만, 만약에 사이버 공격을 받을 경우 가장 많은 피해를 볼 수밖에 없는 나라이다. 다시 말해, 미국은 세계 어느 나라보다도 발달된 정보 인프라를 구비하고 있고, 국가 발전과 운영에 있어 이러한 인프라에 대한 의존도가 어느 나라보다도 높다. 게다가 사이버 공간의 거버넌스에 있어서도 미국은 개방적이고 민간 주도적인 접근법을 취하기 때문에 만약에 있을 사이버 공격으로부터 취약할 수밖에 없다. 따라서 전통적 군사력에서 열세인 국가들이 미국을 상대로 하여 사이버 공간에서 비대칭적 공격을 감행할 유인과 여건이 높은 것이 사실이다.

미국이 사이버 테러나 공격에 대한 대응을 고민한 역사는 1990년대에서부터 시작되었지만, 본격화된 것은 9.11 테러 이후이다. 2003년

부시 행정부는 본격적인 사이버 안보 전략 문서인 <National Strategy to Secure Cyberspace>를 발표했다. 국가안보회의(NSC), 국방부, 정보기관 등 전통적인 안보기구가 정책형성에 주로 참여하였고, 국토안보부가 사이버 안보 집행기구로 참여하여 CERT (Computer Emergency Response Team)를 운영하였다. 부시 행정부 2기로 옮겨가면서 체계적인 노력들이 이루어졌다. 예를 들어, 2005년 미 국방부는 사이버 작전의 개념을 담은 보고서를 펴내기도 했으며, 부시 행정부는 2008년에 좀 더 체계적인 전략문서인 <Comprehensive National Cybersecurity Initiative, CNCI>를 발표했다. 2008년에는 국토안전부 장관 직속으로 국가사이버안전센터 (National Cybersecurity Center)를 설치하기도 했다.

오바마 행정부는 부시 정부의 기본 정책인 CNCI를 기본적으로 계승하였다. 오바마 정부는 2011년 5월 <International Strategy for Cyberspace>를 발표하여 사이버 안보에 있어서 국제협력의 필요성을 강조하였다. 군사적인 차원에서도 오바마 정부는 2009년 전략사령부 하에 사이버 사령부(Cybercommand)를 창설하였다. 2011년 7월에는 미 국방부의 사이버 공간 작전수행을 위한 전략(Department of Defense Strategy for Operating in Cyberspace)이 발표되었다. 2012년 5월에는 미 국방부가 <Plan X> 프로젝트를 발표했는데, 이 프로젝트는 미 국방부의 사이버 전략 증강계획의 일환으로 2017년까지 1조 8,000억 원의 예산을 투입하여 사이버전 실전에 활용할 수 있는 사이버 무기 개발을 추진하고, 전 세계 컴퓨터 도메인과 서버를 표시할 수 있는 디지털 전장지도를 개발하는 목표를 제시하였다.

이러한 일련의 전개과정에서 특히 주목할 것은 2010년에 접어들면서 사이버 안보에 대한 미국의 태도가 방어의 개념으로부터 공격의 개념으로 변화했다는 사실이다. 방어를 위해서라면 선제공격의 개념을 도입할 수 있다는 미국 정부의 결연한 의지를 보여주는 사례는, 앞서 머리말에서 언급한 바와 같이, 사이버 공격에 대해서는 미사일을 발사해서라도 강력히 대응하겠다는 2012년 5월 미 국방부의 발표에서 발견된다. 그런데 이 발표가 다소 역설적으로 들린 이유는 도대체 '누구'를 향해서 미사일 공격을 가하겠다는 것인지 의문이 들기 때문이다. 앞서 제2장에서 살펴본 바와 같이, 사이버 안보라는 분야의 속성상 사이버 공격을 가할 위험이 있는 특정 대상을 선정하여 미리 억지하거나 대비한다는 것이 이 발표문의 내용처럼 쉬운 일은 아니라는 데 깊은 고민이 있다.

초국적으로 발생하는 특성상 사이버 안보에 대한 대책은 일국 차원의 대응만으로는 부족하고 포괄적인 국제협력이 필요할 수밖에 없다(Hathaway, 2010; Hughes, 2010). 그런데 여기서 유의해야 할 점은, 그물망 방패를 마련하려는 국제협력의 모색도 버추얼 창의 시도와 마찬가지로 인터넷의 복합 네트워크 환경을 바탕으로 한다는 사실이다. 사이버 안보 분야에서 국가 및 민간 행위자들은 서로가 가진 지식과 기술을 손쉽게 공유하기 위해서 다양한 제도와 기구의 설립을 모색하고 있다. 기존의 정치군사 동맹이 국가 행위자들 간의 연대를 의미하는 것이었다면, 디지털 시대의 국제협력은 국가 행위자 이외에도 민간기업이나 시민사회 등과 같은 비국가 네트워크 행위자가 참여하는 것이 특징이다. 앞서 언급한 미 백악관의 2011년 5월 보고서도 사이버 안보의 국제협력을 강조하고 있다.

돌이켜보면, 지난 10여 년 동안 사이버 범죄나 테러에 대한 국제협력이 꾸준히 진행되어 왔다. 2001년 유럽사이버범죄협약(European Convention on Cybercrime), 소위 부다페스트 협약은 사이버 범죄에 대응해서 국가들이 나서 상호 간의 법제도를 조율하는 정부 간 네트워크를 구성한 초기 사례이다. 그 연속선상에서 선진국 정부들을 중심으로 사이버 안보를 논의하는 국제적 틀이 모색되고 있다. 예를 들어, 최근 영국의 주도로 2011년 런던에서 1차 회의가 열린 사이버공간총회를 들 수 있다. 런던 회의에서는 60개국 70여 명의 정부 관계자, 비정부기구 대표 등이 모여 글로벌 인터넷 거버넌스의 쟁점들이 다루어졌는데, 특히 '사이버 공간에서 수용할 만한 행태를 위한 규범'을 주제로 하여 경제성장과 개발, 사회적 혜택, 사이버 범죄, 안전하고 신뢰할 수 있는 접속, 국제안보 등의 5개 세부 의제를 논의하였다. 이후 2012년 부다페스트에서 제2차 사이버공간총회가 열렸으며, 2013년 10월에는 서울에서 제3차 사이버공간총회가 열린 바 있다.

사이버공간총회와는 별도로 진행되고 있는 사이버 안보에 대한 국제적 논의들에도 주목할 필요가 있다. 그 중의 일례가 바로 앞서 머리말에서 언급한 탈린 매뉴얼이다. 2013년 3월 나토의 CCDCOE는 총 95개 조항의 교전수칙을 담아 발표한 탈린 매뉴얼에서 사이버 공격을 '무력 분쟁'의 하나로 규정했다. 사이버 테러로 인해 인명과 재산 피해가 발생하면 군사력을 사용하는 일도 가능하도록 했다. 그 주요 내용은 사이버 공격을 받았을 경우 주변 피해를 최소화할 것을 요구하고 있으며, 해킹을 당했을 때 디지털 공격으로 보복이 가능하나 실제 공격은 사이버 공격으로 인해 사망자나 부상자가 있을 경우에만 허용하고 있다. 이 매뉴얼은 구속력이 없는 지침서의 형식을 취하고 있다. 탈린 매뉴얼은 전쟁 때 민간인과 포로에 대한 보호를 규정한 '제네바 협약'처럼 사이버 전쟁에도 국제법적인 교전 수칙을 만들려는 의도에서 추진되었다. 그러나 나토 회원국의 전문가들이 참여하여 만듦으로써 중국이나 러시아 등이 배제된 채 미국 중심의 시각에 반영된 결과라는 비판을 받고 있다(Schimit, 2012).

아시아지역에서도 아세안+3이나 APEC의 틀을 빌어 사이버 안보 분야의 국제협력을 논의한 경험이 축적되어 있다. 사이버 공격에 대한 대응으로서 아세안+3 국가들은 IT장관회의를 통해서 2005년까지 CERT를 모든 국가에 세우는 목표를 상정하였고 현재 대부분의 아시아 국가에서 CERT가 활동하고 있다. APEC도 아세안이나 OECD 등과의 협력을 통해서 아태지역 사이버 안보 문제의 해결을 위해 노력하고 있다. APEC은 9.11 이후 사이버 안보에 대한 대응을 본격적으로 논의해 왔는데 이는 2003년에 사이버 안보전략의 채택으로 구체화 되었다. 한편 동북아시아에서도 한·중·일 3국은 IT장관회의를 통해 이 분야의 협력을 모색하고 있다. IT장관회의는 2002년 모로코에서 1차 회의가 개최된 이후 정례적으로 모임을 갖고 있다. 그러나 전반적으로 동북아시아에서 사이버 안보를 위한 정부 차원의 국제협력은 아직 미흡한 상태이다. 사이버 안보 분야의 민간 협력을 모두 포함하더라도 아직 본격적인 사이버 안보의 국제협력 또는 지역협력 체계는 갖춰지지 않았다(Ortis, 2007; N. Thomas, 2009).

2. 한국의 사이버 안보 대응체계: 현황과 방향

이러한 맥락에서 한국이 벌이고 있는 사이버 안보의 거버넌스 구축을 위한 다각적인 노력에 주목할 필요가 있다. 한국의 사이버 안보 대책은 크게 세 가지 차원으로 나누어 진행되고 있다. 첫째, 국가정보원이 주도하고 있는 공공 부문의 사이버 안보 대책이다. 2005년 2월 발표된 <국가사이버안전관리규정>을 기초로 하여 국가정보원장 소속 하에 국가사이버안전전략회의를 설치하였으며, 실무기관은 국가사이버안전센터(NCSC: National Cyber Security Center)가

담당하였다. 2005년 3월에는 <국가위기관리기본지침>에 의거, NSC(National Security Council)에서 발간한 <사이버안전 분야 위기관리 표준 매뉴얼>과 국가정보원에서 제정한 <국가사이버안전관리규정>에 의거하여 사이버위기경보체계를 재정비하였다. 변경 전에는 예보-주의-경고-위험 등 4단계였던 것을 변경 후에는 정상-관심-주의-경계-심각 등 5단계로 조정하였다. 그러나 이러한 <국가사이버안전관리규정>은 국가 및 공공기관만 관장한다는 한계를 안고 있다.

둘째, 민간 부문의 사이버 안보의 실무를 담당하는 기관으로는 한국인터넷진흥원(Korea Internet and Security Agency, KISA)을 들 수 있다. 1996년 4월 정보화촉진기본법에 의거하여 설립된 한국정보보호센터가 2001년 7월 한국정보보호진흥원(Korea Information Security Agency)으로 승격되었다. 한국정보보호진흥원 주도로 한국정보통신망침해사고대응팀협의회(CONCERT)가 발족되었고, 1998년 1월 국제침해사고대응팀협의회에 가입했다. 한국정보보호진흥원의 주요 임무는 정보보호를 위한 정책 및 제도의 조사·연구, 정보보호 기술 개발, 정보보호 시스템의 연구·개발 및 시험·평가, 정보보호에 관련된 표준 및 기준 연구, 정보화 역기능 분석 및 대책연구 등 정보보호에 관한 다양한 활동 등이다. 이러한 업무는 2009년 7월에 한국정보보호진흥원, 한국인터넷진흥원, 정보통신국제협력진흥원 등이 통합되어 출범한 한국인터넷진흥원의 업무로 이어져 내려오고 있다.

끝으로, 군, 경찰, 검찰 차원의 사이버 안보 대응 체계이다. 2009년 7월 7일 디도스 공격을 계기로 군 차원의 사이버 안보의 필요성이 대두됨으로써 국군사이버사령부가 창설되었는데, 이는 사이버전의 기획, 계획, 시행, 연구·개발 및 부대 훈련에 관한 사항을 관장한다.

경찰 차원에서는 2000년 7월 창설된 경찰청 사이버테러대응센터 또는 사이버 수사대, 일명 네탄(NETAN = Network + 安·眼)이 해킹, 바이러스 제작 및 유포 등 각종 컴퓨터 범죄의 포착과 수사를 담당하고 있다. 검찰 차원에서는 2009년 7월 대검찰청에 인터넷범죄수사센터가 설치되어 해킹과 바이러스 유포, 전자상거래 사기, 개인 명예 및 신용훼손, 음란·폭력·자살 조장 등 컴퓨터 범죄 전반에 대한 동향과 수사를 펼치고 있다.

이러한 분산적 노력을 종합하려는 사이버 안보 대책으로는 2011년 8월 <국가사이버안보마스터플랜>을 사례로 들 수 있다. 이 계획은 국가정보원, 방송통신위원회, 금융위원회를 비롯해 15개 정부 관계 부처가 합동으로 마련한 사이버 안보의 종합 계획이다. 2011년 상반기 디도스 공격에 이어 현대캐피탈 고객정보 유출 사고와 사상 초유의 농협 전산망 마비 사태를 겪으면서 국가 차원에서 총체적인 사이버위협 대응체계를 재정립하고, 세부 시행계획을 마련하기 위해 2011년 5월 범부처 차원에서 종합 계획을 마련하였다. 그러나 이렇게 발표된 사이버 안보 종합 계획은 사이버 공간을 영토·영공·영해에 이어 국가가 수호해야 할 중요한 영역으로 규정하였지만, '사이버 위협에 총력 대응하자'는 구호를 제시하는 상징적 수준에 그친 것으로 평가되었다.

이후 2013년 3.20 사이버 테러를 거치면서 국내 사이버 안보 대응체계의 정비 문제가 제기되었다. 이러한 맥락에서 논의된 것이 청와대에서 국내 사이버 안보 업무를 총괄하는 CSO(Cybersecurity Officer)의 설치 문제이다. 아울러 사이버 안보 대응체계의 체계화를 위한 법률정비의 필요성도 지속적으로 제기되고 있는데, 소위 '국가사이버위기관리법'의 제정 문제가 그것이다. 또한 외부로부터의 사이버 테러나 사이버 공격에 대응하여 사고를 분석하고 해결할 고급인력으로서 화이트 해커의 양성 문제나, 이 분야의 예산 확충 문제도 거론되었다. 이밖에도 유사시에 대비한 위기대응매뉴얼이나 사이버 방어를 위한 모의훈련, 민간 차원의 사이버 민방위 훈련 등의 구상이 등장하기도 했다.

이러한 공공 부문의 대책 마련과 더불어 효과적인 사이버 안보의 대응체계를 마련하기 위한, 정부와 민간 부문의 협력이 과제로 제기되고 있다. 다양한 경로를 통해 침투해 들어오는 사이버 공격을 정부 혼자서 대응할 수는 없기 때문이다. 비근한 사례로 2011년 농협 해킹 사건도 민간 금융기관인 농협의 부주의한 관리가 사건을 초래한 원인 중의 하나로 지적되었다. 미 국방부도 미군의 정보자원을 보호하기 위해 민간 영역과의 협력이 절대적으로 중요함을 인정한 바 있다. 이미 세계의 주요 25개국이 사이버 안보 관련 법안의 마련과 정부기구의 정비에 힘 쏟고 있으며 민간영역을 포함한 다양한 차원에서 CERT를 운영하고 있는 것으로 나타났다. 또한 정부와 기업체를 연결하는 회의체를 만들어 사이버 방어를 위한 민관의 동반 관계를 강화하고 있는 것으로 드러났다.

이러한 맥락에서 볼 때 사이버 안보 분야의 대책은 정부 차원을 넘어서 군, 경찰, 검찰까지도 포함하는 공공 부문과 민간 부문의 유기적 네트워크 구축을 통해서 마련되어야 할 성질의 것임을 알 수 있다. 다시 말해, 최근 북한의 소행으로 추정되는 사이버 공격에 대한 효과적인 대응체계를 만들기 위해서는 국가 행위자 혼자서는 안되고 여러 행위자들이 나서서 그물망을 짜서 방패를 구축하려는 노력이 필요하다. 앞서 언급한 네트워크 국가의 역할을 기대케 하는 대목이다. 그렇다면 한국의 네트워크 국가는 향후 사이버 안보 분야에서 효과적인 그물망 방패를 구축하기 위해서 무엇을 해야 할 것인가? 이 글에서는 앞서 제시한 이론적 시각의 연속선상에서 사이버 안보의 국가전략에 시사점을 주는 몇 가지 방향을 지적하고자 한다.

첫째, 사이버 위협에 대처하기 위한 보안 인프라의 구축과 보안 인력의 양성이 시급하게 필요하다. 예를 들어, 일견 완벽해 보이는 '방패'의 구축은 해커들로 하여금 선불리 '창'을 들 수 없게 하는 효과를 낳을 수 있다. 아무리 예리한 창으로 공격해도 뚫을 수 없는 방패라는 인식을 심어 주어 사이버 공격 자체를 아예 단념시키는 억지의 효과를 노릴 수 있기 때문이다. 또한 사이버 안보 관련된 기술과 지식을 두루 갖춘 고급 전문가들을 양성하는 것도 사이버 테러와 공격에 대한 효과적인 사전 예방 및 사후 대응이라는 차원에서 매우 중요하다. 한편 사이버 안보 인프라의 구축과 관련하여 마이크로소프트의 컴퓨터 운영체계에 대한 지나친 의존에서 벗어나야 한다는 지적의 목소리에도 귀를 기울일 필요가 있다. 사실 현재 한국의 운영체계는 윈도우가 지배하고 있고 인터넷 브라우저는 익스플로러가 독점하고 있다. 상황이 이렇다 보니 윈도우와 익스플로러만 해킹되면 국가 전산망 전체가 위험에 처하게 되는 상황이 발생할지도 모른다는 우려가 생기는 것은 당연하다.

둘째, 사이버 테러와 공격에 대응하기 위한 국내외 정보공유 네트워크 구축이 필요하다. 해커들의 동향이나 악성코드에 대한 정보, 특히 빅데이터를 공유하는 환경을 구축하는 것이다. 이는 민간 부문과 정부가 나서 위키피디아 방식의 협업체계를 만드는 구상으로 통한다. 사전 대비가 쉽지 않은 사이버 위협의 특성상 체계적인 사후 대응을 통해 피해를 최소화하고 신속하게 공격의 원인을 분석하여 근원지를 역추적하는 대책이 거론되고 있다. 예를 들어 국가 사이버 안보 강화를 위한 포렌식 준비도(forensic readiness)의 도입이 그 일례이다. 포렌식 준비도란 사후 대응 시에 디지털 포렌식 증거 수집 및 분석의 역량을 극대화하고 비용을 최소화하기 위한 환경을 사전에 준비하는 것이다. 이러한 종류의 노력을 보여주는 대표적인 사례로서 전 지구적으로 형성된 CERT의 네트워크를 들 수 있다. 컴퓨터비상대응팀인 CERT들은 국가, 기업, 소규모 단체 등 다양한 수준에서 네트워크를 형성하고 침해사고의 이상 징후를 감지하고 이에 대한 효과적이고 신속한 대응체계를 구축하려는 노력을 벌여왔다.

끝으로, 사이버 안보의 글로벌 거버넌스를 구축하는 과정에 적극 참여할 필요가 있다. 현재는 사이버 테러와 공격이 발생하고 그 공격 주체를 색출하더라도 국제적으로 호소하거나 공격행위에 대한 처벌이나 제재에 대해 논의할 수 있는 외교의 공간이 마련되어 있지 않다. 예를 들어 천안함 사건이나 연평도 포격 사건이 발생했을 때에는 유엔 안보리에 호소할 통로가 있었으나, 북한의 소행으로 추정되는 사이버 공격이 발생해도 마땅히 호소할 통로(예컨대, 사이버 안보리)는 없는 실정이다. 보이지 않는 공격이 이루어지는 사이버 안보는 기술의 논리로만 풀어갈 문제가 아니라 정치외교의 논리가 가세해야 하는 문제일 수 있다. 이런 맥락에서 다양한 경로를 통해서 진행되고 있는 사이버 안보 분야의 국제규범 형성이나 글로벌 거버넌스의 모색 과정에 한국은 적극 참여할 필요가 있다. 최근, 앞서 언급한 사이버공간총회를 서울에서 개최한 것은 큰 성과라고 볼 수 있다. 다만 우려스러운 점이 있다면 이들 국제적 논의의 장에 참여함에 있어서 한국은 아직도 사이버 안보 문제를 어떤 입장에서 다루어야 할지에 대해 명확히 입장 설정을 하지 못하고 있다는 사실이다.

요컨대, 최근 늘어나고 있는 북한발 사이버 공격에 대처하는 방책의 핵심은 국내외 차원에서 다층적인 그물망 방패를 짜려는 노력을 경주하는 데 있다. 물론 그물망을 아무리 촘촘하게 짜더라도 빈틈이 없는 것은 아니다. 앞서 언급한 바와 같이 사이버 공간의 네트워크 구조는 디지털의 논리에 맞추어 0과 1을 모아서 씨줄과 날줄을 삼아 아무리 촘촘하게 짤 지라도 착취혈을 없앨 수 없기 때문이다. 그럼에도 불구하고 그물망 방패를 만들려는 노력을 멈출 수는 없다. 복합 네트워크 환경을 바탕으로 발생하고 있는 북한발 사이버 테러와 공격의 위협은 단순히 일국 차원에서 대응책을 마련하거나 법제도를 정비하는 문제를 넘어서 좀 더 포괄적인 차원에서 네트워크 국가들의 국제협력을 통해서 풀어나가야 하는 문제이다.

V. 맺음말

최근 북한의 소행으로 추정되는 사건들이 늘어나면서 사이버 테러와 공격의 위협이 단순히 잠재적으로 존재하는 위협이 아니라 현실화될 가능성이 매우 큰 위협으로서 인식되기 시작했다. 무엇보다도 인터넷이 우리의 삶에서 차지하는 비중이 커지면서, 총알이나 포탄이 날아와 우리의 생명을 위협하지 않더라도, 인터넷이 다운되는 것 자체가 사회시스템 차원에 큰 위협이 된다는 점을 알기 시작했다. 만약에 한반도에서 재래식 전쟁이나 핵전쟁이라도 발발한다면, 사이버 공격이 뇌관의 역할을 할 것이고, 그 피해는 상상을 넘을 것은 뻔하다. 객관적으로 입증하는 것이 어렵다는 유보사항이 있지만, 북한이 이미 한국을 향해 여러 차례의 사이버 공격을 감행했다고 추정되는 근거가 많이 발견된다. 실제로 북한은 미국이 수행한 테러와의 전쟁으로 인해 정권의 안위를 걱정하게 되면서 재래식 전력의 약점을 보완하기 위한 수단으로서 핵무기와 함께 사이버 전력을 전략적으로 육성해 온 것으로 알려져 있다.

아무리 국가 행위자가 적극적인 주체로 나서더라도 사이버 공격은 전통적인 국가안보의 시각을 넘어서는 좀 더 복합적인 시각에서 이해해야 하는 문제이다. 사이버 안보 분야는 영토성을 기반으로 하여 국가가 독점해온 안보유지 능력의 토대가 잠식되는 현상을 보여주는 좋은 사례이다. 사이버 공간에서 등장한 새로운 위협은 국가에 의해 독점되어 온 군사력의 개념뿐만 아니라 군사전략과 안보의 개념 자체도 그 기저에서부터 뒤흔들어 놓고 있다. 인터넷 환경은 테러 네트워크나 범죄자 집단들에 의해 도발될 소위 비대칭 전쟁의 효과성을 크게 높여 놓았다. 이러한 비대칭 전쟁이 가장 첨예하게 드러나는 분야가 바로 사이버 테러와 공격이다. 이러한 상황에서 최근 미국-이스라엘과 이란 간에 벌어진 사이버 전쟁은 해커들의 장난이나 도발적인 비국가 행위자들의 테러 정도로만 인식되었던 사이버 안보의 영역에 국가 행위자가 명시적으로 개입하게 됨으로서 사태를 더욱 복잡하게 만들었다.

이러한 변화에 직면하여 기존의 국제정치이론은 시원스러운 해답을 제시하지 못하고 있다. 국가 단위에만 주목하는 안보 이론으로는 사이버 안보의 복합성을 제대로 이해할 수 없다. 특히 냉전시대에 개발된 국가안보나 핵 안보의 개념과 이론을 섣불리 사이버 안보의 문제에 적용해서는 곤란하다. 기존의 국제정치 연구는 주요 행위자로서 국가 간의 양자 또는 다자 관계라는 맥락에서 세계정치의 안보 문제를 탐구해 왔다. 그러나 사이버 안보의 문제는 이러한 군사안보와 국가안보의 단순 시각으로는 제대로 파악되지 않는 고유한 성격을 갖는다. 이러한 맥락에서 이 글은 네트워크 이론을 원용하여 다양한 네트워크들 간에 벌어지는 정치, 즉 다층적인 망제정치를 보는 새로운 시각을 제시하였다.

창과 방패를 파는 두 상인의 이야기를 다룬 모순(矛盾)이라는 중국의 고사성어에서 창과 방패의 대결이 어떤 결과를 낳았는지 전하지 않듯이, 디지털 시대를 사는 우리가 관전하는 버추얼 창과 그물망 방패의 결투도 쉽사리 결말을 논할 수는 없다. 다만 현재 우리에게 필요한 것은 문제를 너무 단순하게 보지 않는 신중함이다. 아날로그 시대의 '모순'이 한 개의 창으로 한 개의 방패를 찌르는 이야기였다면, 디지털 시대의 '모순'은 여러 개의 보이지 않는 창으로 찌르는 공격을 여럿이 힘을 합쳐서 얼기설기 만든, 그물망과도 같은 방패로 막아내는 야야기이기 때문이다. 이러한 시각을 원용하여 네트워크 국가를 주인공으로 하여 벌어지고 있는 사이버 안보의 세계정치를 이해해야 한다. 특히 이 글은 아래와 같은 다섯 가지 차원으로 구별되는 '비대칭 망제정치(asymmetric inter-network politics)'의 동학을 이해하는 것이 향후 한국의 사이버 국가전략을 수립하는 데 있어서 중요하다는 점을 강조하고자 한다.

첫째, 비인간 행위자와 인간 행위자 간에 형성되는 망제정치이다. 이는 물리적 네트워크와 소셜 네트워크 사이에서 벌어지는 동학이다. 행위자-네트워크 이론의 틀에서 보면, 사이버 안보 문제는 '네트워크들의 네트워크'라는 별명을 가진 인터넷이라는 비인간 행위자와 해커와 국가라는 인간 행위자들이 형성하는 네트워크의 게임이다. 이러한 네트워크 게임은 소셜 네트워크 이론에서 말하는 네트워크상의 구조적 공백, 특히 착취혈이라고 불리는 취약점을 해커들이 공략하거나, 반대로 국가 행위자가 나서서 그 공백을 메우는 망제정치의 게임이다.

둘째, 초국적 테러 네트워크와 국가 행위자들이 벌이는 망제정치이다. 다시 말해, 버추얼 창을 들고 공격하는 비국가 행위자들의 네트워크와 이를 막으려고 그물망 방패를 든 국가 행위자들의 네트워크 사이에서 벌어지는 망제정치이다. 머리말에서 언급했듯이, 해킹 기술은 점점 더 교묘해지고 하루가 멀다 하고 새로운 컴퓨터 바이러스가 출현한다. 이에 대응하여 새로운 방화기술과 백신 프로그램이 개발되고 해커들의 은신처를 찾아내는 기법도 점점 더 발달하고 있다. 이러한 기술 변화의 와중에 초국적 비국가 행위자와 국가 행위자가 펼치는 망제정치가 진행되고 있다.

셋째, 국가들 간에 벌어지는 버추얼 창과 그물망 방패의 망제정치이다. 최근에 사이버 안보에서 두드러지게 나타나는 현상은 비국가 행위자들이 시도하는 사이버 테러와 공격의 이면에 국가 행위자들이 깊숙이 관여하고 있다는 사실이다. 최근 러시아, 중국, 북한 등에서 보고되는 사이버 테러 부대의 존재는 이러한 국가의 그림자를 엿보게 하는 증거이다. 여기에 상황을 더욱 복잡하게 만드는 것은 사이버 공격과 관련하여 가장 많은 자원력과 기술력을 지닌 미국이 새로운 사이버 공격의 주체로 등장했다는 사실이다.

넷째, 일국 차원에서 벌어지는 사이버 안보의 대응책과 여러 나라가 협의하는 국제협력의 메커니즘을 취하는 사이버 안보의 대응책 사이에서 나타나는 망제정치의 모습이다. 복합 네트워크의 메커니즘을 빌어 발생하는 사이버 테러와 공격은 단순히 일국 차원의 대응책 마련과 법제도의 정비 등으로 해결될 문제가 아니다. 기본적으로 국민국가의 국경을 초월하여 발생하는 문제이니만큼 긴밀한 국제협력을 통해서 그 해법을 모색하는 것이 필요하다.

끝으로, 전통적인 정부 간 협력의 틀과 민간 행위자들도 참여하는 글로벌 거버넌스의 틀 사이에서 형성되는 망제정치이다. 최근의 양상은 초국적 위협으로 제기된 사이버 테러와 공격의 문제에 대해서 국제협력이나 국가 간 협약과 같은 메커니즘으로 해결하려는 움직임의 등장이다. 그러나 초국적으로 발생하는 사이버 안보 문제의 해결을 위해서는 '국가 행위자들 간의 정치'를 의미하는 '국제정치'의 발상을 넘어설 필요가 있다. 이러한 과정에서 국제레짐의 메커니즘과 경합하는 글로벌 거버넌스 모델이 부상하고 있다.

요컨대, 사이버 안보의 세계정치는 전통적인 의미의 국민국가들이 벌이는 게임은 아니다. 새로운 주인공으로서 네트워크 국가들이 벌이는 게임으로서 이해해야 할 것이다. 이러한 과정에서 네트워크 국가는 사이버 공격이라는 위협 요인을 제공하는 주체인 동시에 초국적으로 또는 국가 간에 발생하는 사이버 위협을 방지하기 위한 메커니즘을 만드는 주체이기도 하다. 다시 말해 사이버 안보의 문제를 둘러싸고 벌어지는 망제정치의 과정에서 중심성(centrality)을 제공하는 주체이다. 이러한 지적은 21세기 네트워크 세계정치의 급속한 진전의 와중에도 국가는 그 역할을 자기조정하면서 새로운 역할과 형태를 찾아가고 있다는 논의로 통한다. 최근 국내에서 일고 있는 사이버 안보에 대한 국가적 관심이나 북한의 사이버 공격에 대한 우려도 이러한 세계정치의 변환에 대한 이해를 바탕으로 방향을 잡아야 할 것이다.

참고문헌

김상배. 2011. "사이버 안보의 국제협력." JPI PeaceNet, 11-08.

김상배 편. 2011. 『거미줄 치기와 벌집 짓기: 네트워크이론으로 보는 세계정치의 변환』 한울.

김흥광. 2011. "북한의 사이버 테러능력." 북한민주화네트워크 편, 『2011 북한의 사이버 테러 관련 긴급 세미나 자료집』.

민병원. 2007. "탈냉전기 안보개념의 확대와 네트워크 패러다임." 『국방연구』 50(2), pp.23-55.

이상현. 2008. "정보보안 분야의 지식질서와 동아시아." 김상배 외. 『지식질서와 동아시아: 정보화시대 세계정치의 변환』 한울, pp.295-330.

임종인. 2013. "사이버전과 Tallin Manual." 국립외교원 사이버안보 세미나. 4월 25일.

장노순·한인택. 2013. "사이버안보의 쟁점과 연구 경향." 『국제정치논총』 53(3), pp.579-618.

조현석. 2012. "사이버 안보의 복합세계정치." 하영선·김상배 편. 『복합세계정치론: 전략과 원리, 그리고 새로운 질서』 한울, pp.147-189.

최인호. 2011. "사이버 안보의 망제정치: 사이버 창이냐? 디지털 방패냐?" 김상배 편. 『거미줄 치기와 벌집 짓기: 네트워크 이론으로 보는 세계정치의 변환』 한울, pp.285-325.

하영선·김상배 편. 2006. 『네트워크 지식국가: 21세기 세계정치의 변환』 을유문화사.

하영선·김상배 편. 2010. 『네트워크 세계정치: 은유에서 분석으로』 서울대학교 출판사.

Arquilla, John and David Ronfeldt. 1996. *The Advent of Netwar.* Santa Monica, CA: RAND Corporation.

Arquilla, John and David Ronfeldt. 2001. "The Advent of Netwar (Revisited)." in John Arquilla and David Ronfeldt, eds. 2001. *Networks and Netwars: The Future of Terror, Crime and the Militancy.* Santa Monica, CA: RAND Corporation.

Beck, Ulrich. 1999. *World Risk Society.* Cambridge, UK: Polity.

Beck, Ulrich. 2005. "World Risk Society and the Changing Foundations of Transnational Politics." in Edgar Grande and Louis W. Pauly, eds. 2005. *Complex Sovereignty: Reconstituting Political Authority in the Twenty-first Century.* Toronto: University of Toronto Press.

Burt, Ronald S. 1992. *Structural Holes: The Social Structure of Competition.* Cambridge, MA: Harvard University Press.

Burt, Ronald S. 2005. *Brokerage and Closure: An Introduction to Social Capital.* New York: Oxford University Press.

Buzan, Barry and Lene Hensen. 2009. *The Evolution of International Security Studies.* Cambridge: Cambridge University Press.

Cavelty, Myriam Dunn. 2007. *Cyber-security and Threat Politics: US efforts to Secure the Information Age.* New York: Routledge.

Deibert, Ronald J. 2002. "Circuits of Power: Security in the Internet Environment," in James N. Rosenau and J.P. Singh. eds. *Information Technologies and Global Politics: The Changing Scope of Power and Gover-*

nance. Albany, NY: SUNY Press, pp.115-142.
Deibert, Ronald, et al. 2008. *Access Denied: The Practice and Policy of Global Internet Filtering.* Cambridge, MA: The MIT Press.
Deibert, Ronald, et al. 2010. *Access Controlled: The Shaping of Power, Rights, and Rule in Cyberspace.* Cambridge, MA: The MIT Press.
Deibert, Ronald, et al. 2011. *Access Contested: Security, Identity, and Resistance in Asian Cyberspace Information Revolution and Global Politics.* Cambridge, MA: The MIT Press.
Eriksson, Johan and Giampiero Giacomello eds. 2007. *International Relations and Security in the Digital Age.* London and New York: Routledge.
Evron, Gadi. 2008. "Battling Botnets and Online Mobs: Estonia's Defense Efforts during the Internet War." *Georgetown Journal of International Affairs.* 9(1) pp.121-126.
Farwell, James P. and Rafal Rohozinski. 2011. "Stuxnet and the Future of Cyber War," *Survival.* 53(1), pp.23-40.
Galloway, Alexander R. 2004. *Protocol: How Control Exists after Decentralization.* Cambridge, MA: MIT Press.
Galloway, Alexander R. and Eugene Thacker. 2007. *The Exploit: A Theory of Networks.* Minneapolis and London: University of Minnesota Press.
Hansen, Lene and Helen Nissenbaum. 2009. "Digital Disaster, Cyber Security, and the Copenhagen School." *International Studies Quarterly,* 53(4), pp.1155-1175.
Hathaway, Melissa. 2010. "Toward a Closer Digital Alliance." *SAIS Review,* 30(2), pp.21-31.
Hughes, Rex. 2010. "A Treaty for Cyberspace." *International Affairs,* 86(2), pp.523-541.
Klimburg, Alexander. 2011. "Mobilizing Cyber Power." *Survival.* 53(1), pp.41-60.
Koch, Richard and Lockwood Greg. 2010. *Superconnect: Harnessing the Power of Networks and the Strength of Weak Links.* New York: W.W. Norton & Co.
Libicki, Martin C. 2009. *Cyber Deterrence and Cyber War.* Santa Monica, CA: RAND Corporation.
Lupovici, Amir. 2011. "Cyber Warfare and Deterrence: Trends and Challenges in Research." *Military and Strategic Affairs.* 3(3), pp.49-62.
Manjikian, Mary McEvoy. 2010. "From Global Village to Virtual Battlespace: The Colonizing of the Internet and the Extension of Realpolitik," *International Studies Quarterly,* 54(2), pp.381-401.
Matusitz, Jonathan A. 2006. *Cyberterrorism: A Postmodern View of Networks of Terror and How Computer Security Experts and Law Enforcement Officials Fight Them.* Ph.D. Dissertation, University of Oklahoma.
Morgan, Patrick M. 2010. "Applicability of Traditional Deterrence Concepts and Theory to the Cyber Realm." Proceedings of a Workshop on Deterring Cyber Attacks: Informing Strategies and Developing Options for U.S.

Policy. National Research Council.

Newman, Mark, Albert-László Barabási, and Duncan J. Watts. eds. 2006. *The Structure and Dynamics of Networks.* Princeton and Oxford: Princeton University Press.

Nye, Joseph S. 2010. "Cyber Power." Belfer Center for Science and International Affairs, Harvard Kennedy School.

Ortis, Cameron J. 2007. *Bowing to Quirinus: Compromised Nodes and Cyber Security in East Asia.* Ph.D. Dissertation, University of British Columbia.

Rattray, Gregory J. and Jason Healey. 2011. "Non-State Actors and Cyber Conflict." Kristin M. Lord and Travis Sharp, eds. *America's Cyber Future: Security and Prosperity in the Information Age.* Vol.2. Washington, DC: Center for A New American Security.

Schmitt, Michael N. 2012. "International Law in Cyberspace: The Koh Speech and Tallinn Manual Juxtaposed." *Harvard International Law Journal.* 54, pp.13-37.

Shakarian, Paulo. 2011. "Stuxnet: Cyberwar Revolution in Military Affairs." *Small Wars Journal,* April.

Singer, Peter W. and Noah Shachtman. 2011. "The Wrong War: The Insistence on Applying Cold War Metaphors to Cybersecurity Is Misplaced and Counterproductive." August, 15, The Brookings Institution.

Steinberg, Philip E., and Stephen D. McDowell. 2003. "Global Communication and the Post-Statism of Cyberspace: A Spatial Constructivist View." *Review of International Political Economy.* 10(2), pp.196-221.

Thomas, Nicholas. 2009. "Cyber Security in East Asia: Governing Anarchy." *Asian Security,* 5(1), pp.3-23.

Thomas, Timothy L. 2009. "Nation-state Cyber Strategies: Examples from China and Russia." in Franklin D. Kramer, Stuart H. Starr, and Larry K. Wentz. eds. *Cyberpower and National Security.* Washington DC: Center for Technology and National Security Policy, National Defense University. pp.465-488.

제2부

정치경제 네트워크 속의 북한

제4장

동맹, 무역, 그리고 원조 네트워크 속의 북한

—

박종희

Ⅰ. 들어가며

사회주의 계획경제체제를 유지한 채 핵개발을 통한 위협적 군사행동을 추진해 온 북한은 서방언론에 의해 흔히 고립된 은둔의 왕국(Hermit Kingdom)이라고 불린다(US House of Representatives, 1997; Hassig 외, 2009). 과격한 선전문구와 낙후한 사회기반시설, 그리고 지도자를 찬양하는 광적인 대중공연들은 북한을 지구상에서 그 유사성을 찾기 힘든 극단적인 국가로 인식하게 만든다. 이러한 인식은 자연스럽게 북한의 대외경제활동과 같은 다른 영역으로 퍼져 나가 북한에 대한 고정된 상(象)을 만들어 냈다.

그 고정된 상에 따른 북한에 대한 묘사는 다음과 같이 요약될 수 있다;

> 북한의 경제는 완전히 붕괴되었으며 인민들은 극도로 굶주리고 있고 재화는 소수의 권력엘리트에 집중되어 있다. 남한과의 경제협력이 단절되고 국제적인 경제제재에 직면하여 북한이 원유와 경화를 얻는 대외적 통로는 사실상 중국으로 제한되었다. 따라서 북한의 핵실험을 제재할 수 있는 유일한 국가는 중국뿐이다.

북한에 대한 이러한 고정된 상은 오바마 행정부 1기 동안의 대북정책을 규정해 온 전략적 인내(strategic patience) 전략의 정서적 기반이었던 것으로 전해진다(The Atlantic, 2013.3.29). 궁핍과 고립에 직면한 북한에게 먼저 다가가기보다는 끈질기게 기다리는 것이 더 효과적인 전략이라는 판단은 위와 같은 북한에 대한 고정된 상을 통해서 광범위한 공감대를 형성할 수 있었던 것이다.

은둔의 왕국이라는 북한의 이미지는 부지불식간에 북한에 대해 보고 싶은 것만을 보게 만드는("perceive what we expect to perceive", Heuer, Jr 외, 1999, 8-9) 인지적 편향을 초래할 위험이 있다. 과거에 오랫동안 축적된 고정된 이미지가 현재의 자료에 의해 엄밀하게 재검토되지 않을 때 기억과 현실이 괴리되는 인지적 불일치가 발생하는 것이다. 북한의 경우, 은둔의 왕국이라는 이미지는 핵개발 시도가 감지된 1980년대, 혹은 개인숭배적 사회주의 체제를 유지하기 시작한 한국전쟁 이후부터 형성된 것이다. 따라서 이러한 북한에 대한 고정된 이미지가 최근의 객관적 자료를 통해 관측되는 실제의 북한과 어떠한 격차를 보이는지 확인해 보는 것은 대북정책에 대한 올바른 좌표를 마련함에 있어서 매우 중요한 작업이라고 볼 수 있다.

본 논문은 타당성이 검증된 경험적 자료를 통해 북한이 국제사회에서 어떤 위치에 처해 있으며 국제사회의 행위자들과 어떠한 관계망을 형성하고 있는가를 시간적·공간적으로 추적하는 것을 목표로 한다. 구체적으로 군사동맹과 무역, 그리고 국제원조 네트워크 자료에 대한 분석을 통해 은둔의 왕국이라는 북한이 전체 국제 사회의 네트워크로부터 격리된 섬(island)과 같은 소외된 국가인지, 소수의 국가들과 폐쇄적인 관계를 유지하는 격리되었지만 고립되지는 않은 국가인지, 아니면 적은 연결고리를 가지지만 무시할 수 없는 구조적 위치를 점함으로써 전체 네트워크에 큰 영향력을 발휘하는 약한 고리의 역설(the strength of weak ties, Granovetter, 1973)을 보여주는 국가인지 살펴볼 것이다. 이를 위해 북한이 처한 고립의 상이 각각의 주제영역별로 어떻게 상이하게 나타나는지, 그리고 그 시간적 변화는 어떠한지에 대해 살펴볼 것이다.

이와 같은 분석을 위해 본 논문은 관계망 자료의 시각화와 묘사적 접근을 기반으로 하는 탐험적 접근 방법(exploaratory analysis)을 이용할 것이다. 탐험적 접근방법은 회귀분석과는 달리 원자료에 대한 효과적인 전처리(pre-processing)를 통해 자료 속에 숨겨진 규칙성이나 연관성 등을 찾아내는 것을 목적으로 한다(Tukey, 1997; Tufte, 1997; 2001). 본 논문에서 던지는 주요 질문들은 다음과 같다:

① 해당 네트워크의 전체 구조(global structure)는 어떠하며 그 안에서 북한의 위치는 어디인가?
② 해당 네트워크는 어떠한 시간적 변화를 겪어 왔는가?
③ 해당 네트워크 안에서 북한이 가진 노드상의 특성은 무엇인가?
④ 북한과 특수 관계에 있는 행위자들 - 미국, 중국, 한국, 일본 등-은 어떠한 네트워크 특성을 가지고 있는가?

위와 같은 질문들을 통해 본 논문은 1990년대 혹은 2000년대 이후 북한이 국제사회에서 처한 위치를 가늠해 보고자 한다. 북한에 대한 연구가 대부분 그러하듯이 이 연구 또한 북한 당국에 의해 발표되는 자료가 거의 없다는 한계로 인해 다른 국가들의 자료를 통해 객관적으로 추적가능한 북한의 모습을 확인해야 하는 거울접근법의 한계를 지니고 있다. 이런 이유로 북한 이외의 국가들에 의해 발표되고 정리된 자료 중에서 역추적이 가능한 동맹, 무역, 그리고 국제원조 관계망이 분석대상으로 선택되었다.

Ⅱ. 동맹관계망 속의 북한

전쟁상관성 데이터베이스(Correlates of War Database)는 방위협약(defense pact), 중립국 혹은 불가침조약(neutrality or non-aggression treaty), 화친협정 (entente agreement) 등 둘 이상의 국가들이 체결하는 다양한 공식 동맹을 기록하고 있다.[1] 전쟁상관성 데이터베이스의 동맹자료에 따르면 북한은 1961년부터 2000년까지 구(舊)소련, 중국, 한국, 러시아와 동맹을 체결해 온 것으로 나타난다. 북한은 소련과는 1961년 7월 6일 '조·소 우호협력 및 호상원조 조약'을 그리고 1961년 7월 11일에는 중국과 '조·중 우호협력 및 호상원조 조약'을 체결하였다.[2](중앙일보, 2001.12.28) 소련과의 방위협약은 1991년 구(舊)소련의 붕괴와 함께 중지된 것으로 기록되었다. 그 후 북한은 2000년 2월 9일 다시 러시아와 북·러 우호선린협조 조약을 체결한 것으로 관측된다. 이 자료에는 기록되어 있지 않

1 http://www.correlatesofwar.org/COW2%20Data/Alliances/alliance.htm(검색일: 2014.2.11).

2 중앙일보, "북한네트", http://nk.joins.com/dic/view.asp?idx=20001228092138 (검색일: 2014.2.11).

지만

북한은 1986년 3월 쿠바와 '조선·쿠바 친선 및 협력조약'을 체결하였다. 전쟁상관성 동맹자료는 북한과 한국이 1991년 12월 13일 불가침협정에 해당하는 한반도 비핵화 공동선언을 체결하여 1993년 3월 8일 1차 북핵 위기 전까지 유지했던 것으로 기록하고 있다.[3] 한국은 1991년 북한과 한반도 비핵화 공동선언을 체결한 것을 제외하면 1953년 10월 1일 미국과 한미상호방위조약을 체결한 것이 유일하다.

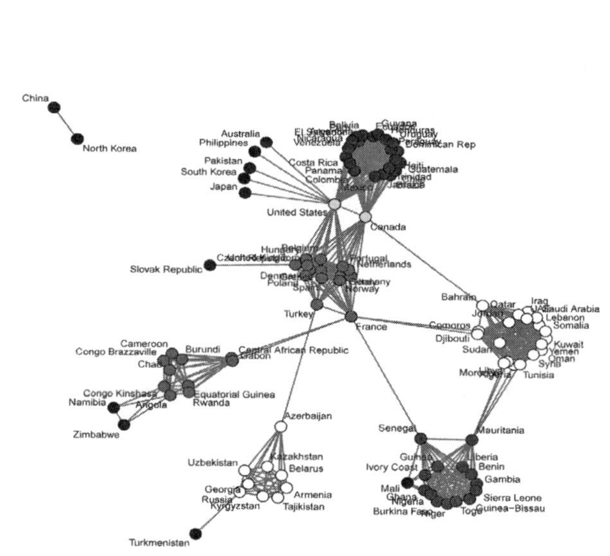

〈그림 1〉 방어협약(defense pacts) 관계망(2000년 기준)

* 관계망의 중심성 지표는 <표 1> 참조

출처: Correlates of War Project의 동맹 자료를 이용해 본 연구자 작성.

3 이외에도 북한은 모잠비크(1978)와 몽골(1986)과도 친선 및 협조조약을 체결한 것으로 알려져 있다. 이 중 몽골과의 조약은 사문화되었다고 전해진다. 출처: 중앙일보, "북한네트", http://nk.joins.com/dic/view.asp?idx=20001228092138(검색일: 2014.2.11).

군사동맹 중에서 가장 중요한 협정은 전쟁 시에 지원을 약속하는 방위협약이다. <그림 1>은 2000년까지의 유효한 방위협약 네트워크를 시각화한 것이다. 블록모델링(block modeling) 기법을 통해 동맹관계망의 군집구조(community structure)를 찾아내고 이를 서로 다른 색으로 표시했다.

먼저 그림의 상단부에 한국을 포함하여 미국과 유일한 동맹관계를 맺고 있는 아시아지역의 5개 국가들(필리핀, 호주, 일본, 파키스탄)을 쉽게 확인할 수 있다. 이들 동아시아 국가들은 모두 미국과의 동맹에 의존적인 구조를 보여주고 있다. 반면 미국은 아시아 지역의 국가들만이 아니라 유럽과 아메리카 대륙의 국가들과 폭넓은 동맹관계를 맺고 있음을 확인할 수 있다. 미국은 유럽과 아시아, 그리고 아메리카 대륙의 나라들을 연결하는 브로커(broker)의 역할을 수행하는 중요한 구조적 위치를 차지하고 있음을 알 수 있다.

캐나다는 미국과 유사한 관계망을 가지고 있으면서 동시에 바레인을 통해 중동지역의 국가들과 연결성을 확보하고 있다. 중동지역 국가들과의 연결성은 캐나다와 미국의 동맹관계망이 갖는 중요한 차이 중의 하나이다. 다른 차이점은 캐나다는 미국과는 달리 동아시아 국가들과 직접 방어조약을 체결하지는 않고 있다는 점이다. 대신 동아시아 국가들과 연결되어 있는 미국과 방어조약을 체결하여 2차적인 연결성을 확보하고 있다.

동맹관계망의 전체구조에서 볼 때, 가장 중심을 차지하고 있는 국가는 프랑스이다. 프랑스는 미국과는 달리 중동과 아프리카 지역의 국가들과 동맹관계를 맺고 있다. 또한 터키는 아제르바이잔을 통해 러시아와 동유럽 국가들과 유럽을 잇는 가교(架橋) 역할을 하고 있다.

좌측 상단부에 표시된 북한은 중국과 유일한 방위협약을 맺고 있으나 중국이 다른 국가와 폭넓은 관계망을 갖지 못한 관계로 섬과 같은 고립된 위치를 보여주고 있다.[4] 보스니아와 크로아티아 역시 북중관계와 유사한 매우 고립된 양자동맹관계를 가지고 있음을 확인할 수 있다.

〈표 1〉 동맹관계망의 중심성
(매개 중심성을 기준으로 내림차순으로 정리하였음)

국가	매개중심성	연결중심성	고유벡터중심성
France	4570.32	42.00	0.05
Canada	2388.95	78.00	0.23
United States	2150.67	86.00	0.23
Senegal	1858.13	30.00	0.00
Turkey	1800.00	34.00	0.05
Azerbaijan	1638.00	18.00	0.00
Bahrain	1128.93	38.00	0.01
Central African Republic	890.00	20.00	0.00
Gabon	890.00	20.00	0.00
Comoros	551.62	38.00	0.00
North Korea	0.00	2.00	0.00
South Korea	0.00	2.00	0.01

출처: Correlates of War Project의 동맹 자료를 이용해 본 연구자 작성.

<표 1>은 선택된 몇 개의 국가들에 대해 동맹관계망에서의 중심성 지표들을 보여주고 있다. 본 논문에서 사용된 네트워크 중심성 지표들에 대한 간단한 설명은 다음과 같다[5]:

[4] 북한과 중국의 동맹관계는 1967년 7월 11일에 체결된 조중 우호협조 및 상호원조 조약에 의해 형성된 것으로 간주한다(최명해, 2007).

① 매개중심성(Betweenness Centrality): 노드 간의 최단 경로가 특정 노드를 경유하는 비율을 기준으로 한 중심성. 네트워크 전체에서 해당 노드가 차지하는 중심적 위치를 보여줌.
② 연결중심성(Degree Centrality): 노드가 가진 링크의 수를 기준으로 한 중심성. 중심성에 대한 가장 일차적이고 직관적인 지표. 많이 연결되어 있을 수록 연결중심성이 높음.
③ 고유벡터중심성(Eigenvector Centrality): 얼마나 밀도 있는 네트워크 속에 속해 있는지(big fish in a big pond)를 기준으로 한 중심성.

매개중심성을 기준으로 내림차순으로 정리해 보면 동맹관계망 그림에서 발견한 시사점을 재확인할 수 있다. 초강대국 미국은 가장 많은 국가들과 양자 혹은 다자 방위협약을 맺고 있어 연결중심성에서 가장 높은 지위를 가지고 있으나 매개중심성에서는 캐나다와 프랑스에 뒤처지고 있다. 특히 프랑스는 미국이 맺은 방위협약의 절반에 불과한 방위협약을 체결하였지만 매개중심성에서는 미국의 두 배에 해당되는 지위를 보이고 있다. 즉 전체 동맹관계망의 구조에서 볼 때, 프랑스는 각 군집구조의 주요 거점 국가들과 방위협약을 체결하여 미국보다 더 효과적인 매개연결성을 확보하고 있는 것이다. 더욱 놀라운 점은 미국의 매개중심성이 캐나다나 세네갈, 터키, 아제르바이잔 등과 큰 차이를 보이지 않고 있다는 점이다.

그렇다면 방위협약에서 매개중심성이란 무엇을 의미하는가? 이 논문에서 이에 대한 상세한 논의는 어렵지만 간략히 추론해 보면, 방위협약의 관계망에서 연결중심성은 해당 국가의 힘과 의존관계를

5 이에 대한 보다 자세한 설명은 Wasserman and Faust(2009)를 참고하라.

보여준다. 반면 매개중심성은 힘보다는 해당 국가의 '위치'의 중요성을 보여준다. 연결중심성에서 미국이 가장 높은 위치를 차지한 것은 미국이라는 패권국의 '힘'을 보여주는 지표라면 매개중심성에서 높은 위치를 보여주는 프랑스는 중동이나 아프리카에서의 주요 국제 분쟁에서 프랑스 외교가 수행한 중심적 역할을 설명해 준다.[6] 프랑스의 매개중심성은 다른 한편으로는 과거 프랑스 식민지 국가들과 프랑스가 맺고 있는 역사적 관계의 산물이자 외교에서 중심적 역할을 수행하기 위한 전략적 선택의 산물이라고도 볼 수 있다.

요약하면 국제관계의 군사동맹 관계망은 북한의 고립된 안보적 지위를 가장 잘 보여주는 지표이다. 소련의 붕괴 이후 북한은 중국과 유일한 동맹관계를 유지해 오고 있으며 중국이 다른 국가들과 적극적인 동맹관계를 형성하지 않은 관계로 고립된 섬으로 남아 있다. 반면 미국과의 방위조약만을 체결하고 있는 한국은 미국이 아시아와 유럽, 그리고 아메리카 대륙의 국가들과 폭넓은 동맹관계를 유지하고 있는 관계로 최종노드(terminal node)이지만 간접적인 연결성을 확보하고 있다.

---

6 예를 들어, 최근 아랍의 봄 사태에서 나타난 프랑스의 외교적 역할에 대해서는 다음의 기사들을 참고하라; "France and Africa: Ties across the Mediterranean"(*The Economist*, 2011.1.20); "The welcome return of French diplomacy"(*The Economist*, 2011.3.20); "French foreign policy: France's new African war"(*The Economist*, 2013.11.28).

Ⅲ. 무역관계망 속의 북한

국제정치의 안보적 지형을 보여주는 동맹관계 그리고 방위조약의 관계망에서 북한이 고립된 지위를 차지하고 있다는 점은 별로 놀랍지도 않고 새롭지도 않다. 더욱 궁금한 점은 이러한 안보적 고립이 비안보 영역에서는 어떻게 나타나고 있는가 라는 질문일 것이다. 아래에서는 무역과 국제원조의 관계망을 통해 위와 같은 질문에 답해 보고자 한다.

무역관계망(trade network)의 분석을 위해 본 논문은 1990년부터 2008년까지 154개 이상국가들의 무역흐름을 분석한 워드 외(Ward et al., 2013)의 자료를 이용하였다. 워드 외(Ward et al., 2013)의 자료는 IMF의 무역향방통계(Direction of Trade statistics)에서 양자간 수출(bilateral exports) 자료를 기반으로 구성되었다. 워드 외(Ward et al., 2013)는 IMF 자료에서 누락된 대만에 대해서는 개별적으로 추가하였으며 쿠바와 미얀마, 그리고 북한에 대해서는 CIA Factbook에 기반하여 재구성하였다고 보고하고 있다.

북한의 수출입국과 교역품목에 대한 분석은 MIT의 미디어랩에서 제공하는 경제복잡성관측기(The Observatory of Economic

Complexity)[7]의 소프트웨어를 이용하였다. 이 소프트웨어는 1995년부터 2010년까지의 국제무역의 흐름을 국가별, 품목별로 제공하고 있다. 본 논문에서 분석한 품목별 자료는 국제통일상품분류체계(HS: Harmonized Commodity Description and Coding Systems)의 4자리 정보를 이용하였다. 경제복잡성관측기에서 2000년 이전 자료는 핀스트라(Robert Feenstra)의 국제데이터센터(The Center for International Data)에서 추출하고 2001년 이후 자료는 유엔 상품별 무역통계 데이터베이스(UN COMTRADE)에서 추출하고 있다.

북한은 공식 무역통계를 발표하고 있지 않은 관계로 IMF나 UN의 자료들을 이용해 북한의 무역 관련 자료를 추적하는 것은 항상 보고오류나 자료누락의 오류를 포함하고 있다. 구체적으로 북한을 제외한 국가들의 무역자료를 통해 북한의 무역을 역추적하는 거울통계(mirror statistics) 기법은 (1) 북한과 남한의 국가명 오인으로 인한 잘못된 코딩의 오류나 (2) 국제무역통계에 보고되지 않은 북한의 무역이 누락되는 문제점을 가지고 있는 것으로 지적된다(김석진, 2007; 이석, 2011).

그럼에도 불구하고 UN의 자료는 북한이 포함된 국제무역에 관한 가장 포괄적이고 상세한 자료를 제공한다는 점에서 여전히 장점을 가지고 있다. 한국무역협회(KOTRA)에서 제공하는 대북무역 관련 자료의 경우 해당 국가가 70여 개에 불과하고 품목별 정보인 HS의 자리수가 2자리에 불과하여 대상 국가의 범위나 품목의 상세성에서 약점을 가지고 있다.

본 논문에서는 이와 같은 자료의 상호보완성을 고려하여 무역관

---

7 http://atlas.media.mit.edu(검색일: 2014.2.11).

계망 분석에서는 워드 외(Ward et al., 2013)의 자료를 사용하고 수출입국 분석과 품목별 분석에서는 핀스트라(Robert Feenstra)와 UN의 자료를 이용할 것이다. 그리고 북한의 대남한, 대중국 무역에 대한 분석은 KOTRA의 자료를 이용해 보완할 것이다.

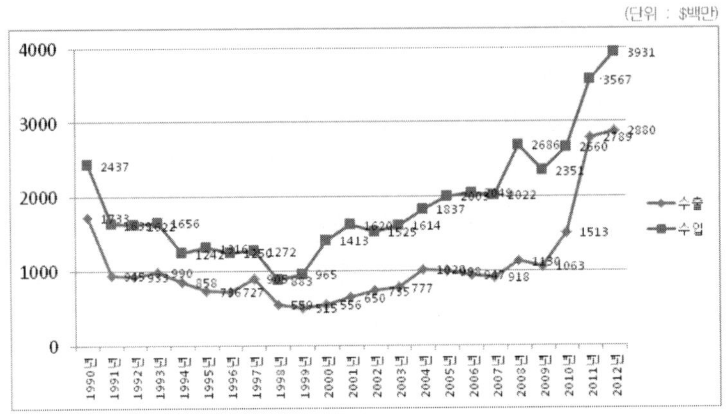

〈그림 2〉 북한의 연도별 수출입액 변화

출처: KOTRA, 『2012년도 북한의 대외무역동향』, p.2.

1. 북한의 총수출입 변화

<그림 2>는 북한의 연도별 수출입액의 변화를 KOTRA 자료를 이용하여 시각화한 것이다. 1990년 이후 북한의 교역규모(수출 + 수입)은 지속적으로 하락하다가 1999년을 기점으로 서서히 회복되는 양상을 보여주고 있다. 주목할 만한 점은 수입의 회복세가 수출의 회복세보다 더 빠르게 진행되었다는 점이다. 2010년부터는 수출과 수입이 큰 폭으로 증가하는 모습을 볼 수 있다. 2007년 이후의 수입과 수출의 급증은 주로 중국과의 광물성 자원교역에 집중되어 있는데 이는 북한의 핵실험에 의해 부과된 UN의 경제제재(Resolution

1718)와 그 뒤를 이은 미국과 유럽연합 등의 경제제재의 영향으로 볼 수 있다(김정만, 2007; 양운철 외, 2012, 143-175). 2010년 한국이 5.24 조치를 통해 국제사회의 경제제재에 동참하면서 국제교역에서 북한의 고립은 더욱 심화되었고 이를 극복하기 위해 북한은 중국에 대한 광물 수출입을 대폭 증가시켰다. 그 결과 북한 경제의 대중 의존도가 심화되는 반면 교역증가에 의한 산업생산성 증가와 같은 긍정적 외부효과는 나타나지 않는 퇴행적 양상이 진행되고 있다.

1) 북한의 수출

<표 2>를 보면 2011년에 광물성생산품의 수출이 두 배 이상 증가하였음을 알 수 있다. 수출된 광물성생산품은 주로 무연탄과 철광석인데 이는 거의 대부분이 중국으로 수출되었다(KOTRA, 2012, 4). 광물성생산품의 뒤를 이어 철강·금속제품과 섬유제품이 최근 북한 수출품의 주를 이루고 있다. 철강·금속제품과 섬유제품 역시 주 수출경로는 중국인 것으로 확인되고 있다(KOTRA, 2012, 4-5; KOTRA, 2013, 2-3).

〈표 2〉 북한의 수출품 변화

(단위: 미화 천 불)

	2010		2011		2012	
총 계	1,513,000	비중	2,789,351	비중	2,880,104	비중
동물성제품	65,208	0.043	83,696	0.030	103,423	0.036
식물성제품	21,121	0.014	44,704	0.016	36,085	0.013
유지 및 조제식품	3,550	0.002	1,761	0.001	2,504	0.001
광물성생산품	695,859	0.460	1,656,654	0.594	1,652,860	0.574
화학공업제품	55,986	0.037	63,728	0.023	87,914	0.031
플라스틱·고무	34,973	0.023	23,916	0.009	38,592	0.013
가죽원피모피	449	0.000	611	0.000	1,810	0.001
목재, 질제품	10,709	0.007	18,539	0.007	15,473	0.005
섬유제품	238,751	0.158	474,406	0.170	485,206	0.168
신발·모자	422	0.000	3,160	0.001	2,575	0.001
석·시멘트	4,623	0.003	3,781	0.001	5,631	0.002
귀금속 · 보석	4,145	0.003	3,546	0.001	20,216	0.007
철강, 금속제품	264,239	0.175	301,743	0.108	235,674	0.082
기계·전기기기	98,249	0.065	77,659	0.028	160,615	0.056
수송기기	10,555	0.007	13,321	0.005	15,252	0.005
광학·정밀기기	5,855	0.004	8,195	0.003	5,767	0.002
무기	1,724	0.001	10	0.000	88	0.000
잡제품	2,736	0.002	2,485	0.001	6,023	0.002
예술품	66	0.000	581	0.000	10	0.000
미분류	226	0.000	6,855	0.002	4,386	0.002

출처: KOTRA, 『2012년도 북한의 대외무역동향』, p.5.

<그림 3>은 1995년부터 2010년까지 북한의 수출대상국이 어떤 시간적 변화를 보여 왔는지를 경제복잡성관측기(The Observatory of Economic Complexity)를 이용하여 시각화하고 있다. 그림의 밑바닥은 유럽지역의 국가들이며 그 위에는 아시아 국가들, 남미국가들, 그리고 아프리카 국가들의 순으로 배치되어 있다.

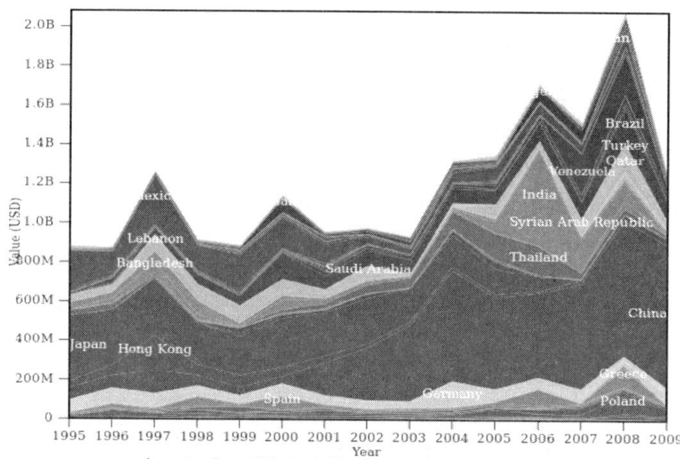

〈그림 3〉 북한의 수출 대상국(1995-2010)

출처: 2000년 이전 자료의 출처는 펀스트라(Robert Feenstra)의 The Center for International Data이고 2001년 이후 자료는 UN COMTRADE이다. 그래프는 경제복잡성관측기(The Observatory of Economic Complexity, http://atlas.media.mit.edu) 소프트웨어를 이용해 본 연구자 작성.

가장 주목할 만한 사실은 최근 10여 년 동안 북한의 주요 수출국 구성이 큰 변화를 보여 왔다는 점이다. 1990년 중후반에 북한의 대아시아 수출은 일본이나 홍콩에 집중되어 있었던 반면 2000년대 이후 이들 국가로의 수출이 대폭 줄어들고 그 자리를 중국이 차지하게 되었다. 북한의 대중국 수출의존도는 2000년대 이후 꾸준히 증가하여 2010년에 이르면 전체 수출의 약 59.9%(약 10억 일천만 불)을 차지하게 되었다. 1995년 당시 6.7%(5천 9백만 불)에 불과했던 대중국 수출규모를 고려하면 이는 비약적인 증가라고 볼 수 있다. 반면 일본으로의 수출은 1995년 당시 전체 수출의 약 37.4%(약 3억 3천 2백만 불)였으나 2010년에 이르면 통계에서 사라진다.

두 번째로 주목할 만한 사실은 대중국 수출이 증가하면서 총수출양이 2000년대에 증가했다는 점이다. 1999년부터 2003년까지의 소강기를 지나면 북한의 전체 수출양이 10억 불을 넘어서 2007년에는 15억 2천만 불에 이르게 되었다.

북한의 대중국 수출품(<그림 4>)은 비교적 큰 시간적 변화를 보여주고 있다. 먼저 2010년을 기준으로 보면 석탄(Coal, Briquettes, 당해 대중국 수출품 중 31.66%)과 철광석(Iron ores and concentrates, 15.06%), 선철(pig iron, 5.35%)이 가장 중요한 수출품이며 그 다음으로 연체동물(Molluscs, 4.77%)이 대중국 주요 수출품이다. 그 외에 각종 섬유제품과 금속류 등이 주요 수출품을 이루고 있다. 그러나 1995년에는 석탄의 비중이 거의 없었고 철광석, 선철 등의 비중(6.16%)도 매우 적은 편이었다. 1995년 당시 북한의 가장 중요한 대중국 수출품은 냉동생선(13%)과 철강재(Hot rolled iron or non-alloy steel, 11.4%), 그리고 비철금속 재활용품(Ferrous waste and scrap, 11.14%)이었다.

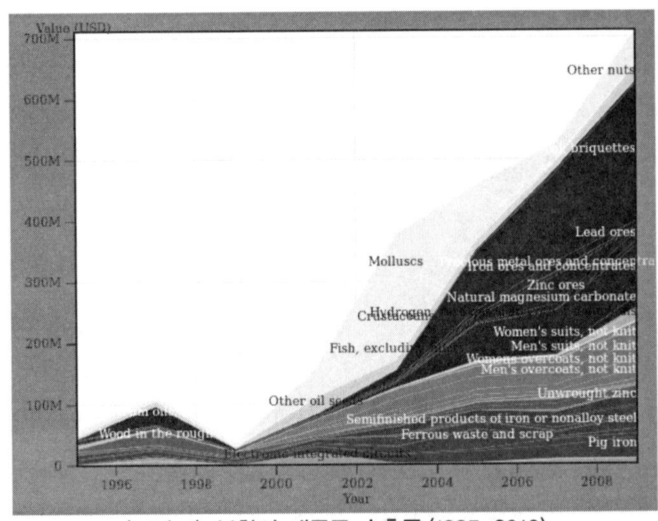

〈그림 4〉 북한의 대중국 수출품(1995-2010)

출처: 2000년 이전 자료의 출처는 핀스트라(Robert Feenstra)의 The Center for International Data이고 2001년 이후 자료는 UN COMTRADE이다. 그래프는 경제복잡성관측기(The Observatory of Economic Complexity, http://atlas.media.mit.edu) 소프트웨어를 이용해 본 연구자 작성.

2) 북한의 수입

<그림 2>에서 언급한 바와 같이 북한은 1990년 이후 지속적으로 수출을 초과하는 양의 물품을 수입해 오고 있다. 이는 제조업의 생산기반이 매우 취약하다는 점만이 아니라 광업이나 농수산업과 같은 1차 산업의 생산성 역시 증가폭이 크지 않다는 점을 보여준다.

<표 3>을 보면 최근 북한의 수입품이 원유와 정유제품과 같은 광물성자원에 집중되어 있으며 기계류와 섬유, 전자제품, 수송기기 등에 집중되어 있음을 알 수 있다. 특히 2010년에서 2011년 사이에 광물성생산품의 수입이 3억 불가량 큰 폭으로 증가했음을 확인할 수 있다. 광물성생산품의 다수는 중국으로부터 수입되는 원유와 정유로, KOTRA에 따르면 중국으로부터의 수입이 97.1%를 점유하고 있다고 한다(KOTRA, 2013, 7).

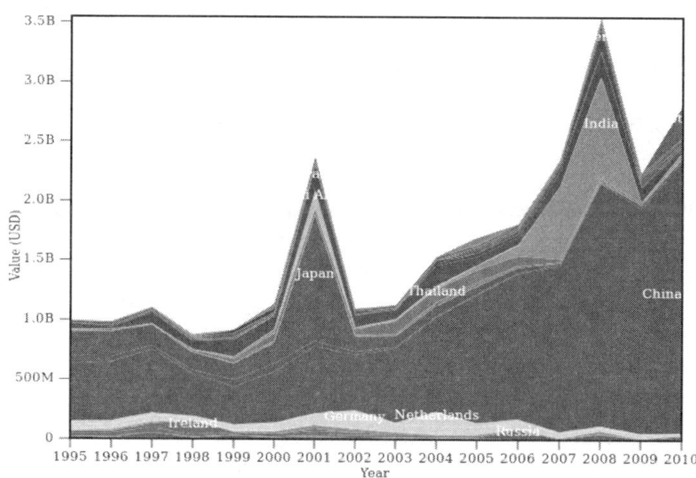

〈그림 5〉 북한의 수입 대상국(1995-2010)

출처: 2000년 이전 자료의 출처는 핀스트라(Robert Feenstra)의 국제데이터센터(The Center for International Data)이고 2001년 이후 자료는 UN COMTRADE이다. 그래프는 경제복잡성관측기(The Observatory of Economic Complexity, http://atlas.media.mit.edu) 소프트웨어를 이용해 본 연구자 작성.

<그림 5>는 1995년부터 2010년까지 북한의 수입대상국이 어떤 시간적 변화를 보여 왔는지를 시각화하고 있다. 북한의 수출대상국의 변화에서 본 바와 같이 수입에서도 북한의 대중국 의존도가 시간이 지날수록 증가해 왔음을 알 수 있다. 2010년에는 81%의 수입품이 중국으로부터 오고 있음을 알 수 있다. 자료의 시작점인 1995년의 경우 북한의 대중국 수입의존도는 48.5%에 불과했다는 점을 고려하면 불과 15년 만에 북한의 대중국 수입의존도가 두 배 가까이 증가했음을 알 수 있다.

첫 번째 주목할 만한 점은 중국에 대한 수입의존이 국제사회에 의한 경제제재가 본격화된 2007년 이후에 더욱 심화되었다는 점이다. 2003~2004년 이후 서서히 증가하던 중국으로부터의 수입이 2007년부터 폭발적으로 증가했음을 확인할 수 있다.

두 번째로 2007년 이후 인도로부터의 수입이 급격히 늘어난 점이다. 인도로부터의 수입품목은 유기화학제품, 당류 및 설탕과자, 아연으로 보고되고 있다(KOTRA, 2009, 36). 2008년에 이르면 인도는 중국과 싱가포르에 이어 북한의 3대 무역국이 되었다.

〈표 3〉 북한의 수입품 변화

(단위: 미화 천 불)

	2010		2011		2012	
총 계	2,660,000	비중	3,567,708	비중	3,931,173	비중
동물성제품	30,780	0.012	50,367	0.014	86,430	0.022
식물성제품	167,746	0.063	235,828	0.066	277,087	0.070
유지및조제식품	154,835	0.058	179,436	0.050	243,425	0.062
광물성생산품	547,678	0.206	843,924	0.237	834,380	0.212
화학공업제품	175,552	0.066	245,196	0.069	229,707	0.058
플라스틱.고무	144,605	0.054	195,969	0.055	246,615	0.063
가죽원피모피	10,925	0.004	13,697	0.004	23,081	0.006
목재, 짚제품	50,036	0.019	65,802	0.018	68,890	0.018
섬유제품	328,137	0.123	461,090	0.129	542,239	0.138
신발·.모자	24,843	0.009	33,335	0.009	47,583	0.012
석, 시멘트	24,895	0.009	43,028	0.012	49,598	0.013
귀금속, 보석	1,617	0.001	431	0.000	832	0.000
철강, 금속제품	178,279	0.067	221,053	0.062	229,937	0.058
기계, 전기기기	482,670	0.181	587,167	0.165	633,402	0.161
수송기기	212,772	0.080	265,431	0.074	281,758	0.072
광학, 정밀기기	38,647	0.015	26,172	0.007	32,075	0.008
무기	41	0.000	0	0.000	521	0.000
잡제품	56,542	0.021	72,444	0.020	86,010	0.022
예술품	17	0.000	575	0.000	24	0.000
미분류	5,802	0.002	26,763	0.008	17,579	0.004

출처: KOTRA, 2012년도 북한의 대외무역동향, p.7.

마지막으로 1995년 당시 북한은 20.2%의 수입품을 일본에 의존했는데 2010년에는 일본에 대한 수입의존도가 사실상 0으로 나타나고 있다. 일본의 중요성은 2000년대 중반에 오면 사라지고 태국이나 인도, 그리고 남미 국가들로 대체됨을 알 수 있다.

<그림 6>는 북한의 대중국 수입품이 어떠한 시간적 변화를 보이고 있는지를 각각 시각화하고 있다. 2000년대에 접어들면서 북한

은 원유나 정유와 같은 광물자원 뿐만 아니라 거의 전 품목에 걸쳐 중국으로부터의 수입이 급증하고 있음을 볼 수 있다.

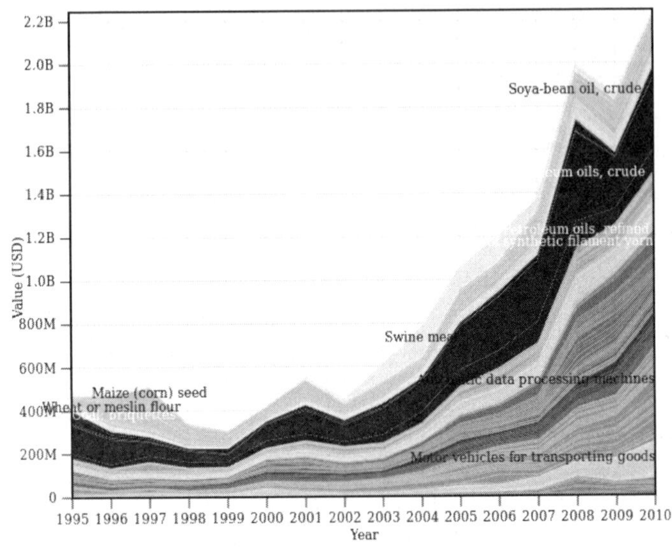

〈그림 6〉 북한의 대중국 수입품(1995–2010)

출처: 2000년 이전 자료의 출처는 핀스트라(Robert Feenstra)의 국제데이터센터(The Center for International Data)이고 2001년 이후 자료는 UN COMTRADE이다. 그래프는 경제복잡성관측기(The Observatory of Economic Complexity, http://atlas.media.mit.edu) 소프트웨어를 이용해 본 연구자 작성.

이러한 전 부문에 걸친 중국의존도의 심화는 북한에 대한 경제제재로 인한 대외적 고립에 의한 것으로 볼 수 있다. 주목할 만한 부분은 원유와 정유의 수입증가에 이어 수송수단 관련 품목(Motor vehicles for transporting goods)의 수입이 급증하고 있다는 점이다. 북한은 화물차, 버스, 특수용도 차량이나 철도화차와 같은 궤도용 수송수단 모두 중국으로부터의 수입에 절대적으로 의존하고 있다(KOTRA, 2013, 8).

2. 세계 무역관계망 속의 북한

위에서는 북한을 중심으로 북한과 교역하는 국가 및 품목을 분석하였다. 이 절에서는 세계 무역관계망에서 북한의 위치를 추적할 것이다. 이를 위해 1990년부터 2008년까지 154개 이상 국가들의 무역흐름을 분석한 워드 외(Ward et al., 2013)의 자료를 이용하였다. 위에서 언급한 바와 같이 워드 외(Ward et al., 2013)의 자료는 IMF의 무역향방통계(Direction of Trade statistics)에서 양자간 수출(bilateral exports) 자료를 기반으로 구성되었으며 북한에 대해서는 CIA Factbook에 기반하여 재구성되었다.

무역흐름은 앞서 분석한 동맹관계와 달리 이분자료(binary data)가 아니라 연속자료(continuous data)인 관계로 원자료를 그대로 사용할 경우 시각화가 쉽지 않다. 이러한 어려움을 극복하기 위해 본 논문에서는 각 국가의 2개 주요 수입 국가(two main importers)만을 추출하여 관계망 지도를 작성하였다. 예를 들어 한국의 경우 2008년 중국과 미국이 상위 2개 주요 수입국가인 반면 북한은 중국과 베네주엘라가 상위 2개 수입 국가이다. 이를 본 논문에서는 주수입국기반 무역관계망 분석기법(main importer-based trade network analysis)으로 부르기로 한다.

주수입국기반 무역관계망 분석의 가장 큰 장점은 어떤 국가들이 수출에서 중심적인 위치를 차지하는가를 쉽게 알 수 있다는 점이다. 주요 수입 국가를 상위 2개국으로 모두 한정했기 때문에 모든 국가들은 2개의 수입국만을 갖는다. 따라서 얼마나 많은 국가들의 주요 수입 국가가 되는 가에 따라 국가들의 연결성과 네트워크 중심성이 결정된다. 예를 들어 각 국가들의 수입에서 중국으로부터의 수입 비중이 점차 증가하면 중국을 주수입국으로 하는 국가들의 수가 증가하고 이는 곧 중국이 무역 네트워크에서 중심으로 이동함을 의미한다. 네트워크 용어로 설명하면 들어오는 연결(in-degree)의 수는 둘로 고정한 채, 밖으로 나가는 연결(out-degree)의 수가 각 국가별로 어떻게 다른지를 봄으로써 무역관계망에서 일어나는 변화를 쉽게 알 수 있다. 밖으로 나가는 연결(out-degree)이 2개의 주요 수입국으로 제한된 관계로 연결정도 중심성에서 2를 빼면 해당 노드로 향하는 들어오는 관계(in-degree)의 수를 알 수 있다. 이를 통해 들어오는 연결(in-degree)의 수가 많고 적음을 쉽게 구분하여 무역관계에서 특정 국가가 가진 인기(popularity) 혹은 위신(prestige)을 쉽게 확인할 수 있다.

<그림 7>은 1990년 무역관계망 자료를 이용하여 주수입국기반 무역관계망을 시각화한 것이다. 노드의 크기는 국가의 경제규모에 비례하도록 수입량의 크기(volume)에 맞추어 조정하였다. 그림 아래 부분의 붉은 색 큰 노드가 미국이며 그 옆의 하늘색 노드는 일본을 나타낸다. 일본과 미국이 전체 네트워크의 중요한 군집을 형성하고 있음을 쉽게 알 수 있다. 실제로 미국과 일본의 연결성은 전체 네트워크 연결성의 약 18%에 해당하며 따라서 두 국가 모두 매우 중심적인 위치를 차지하고 있다. 그 다음으로 연두색 노드인 독일과 프랑스가 다른 군집을 형성하고 있으며 그 옆으로 이탈리아가 있다. 마지막으로 영국과 네덜란드, 벨기에를 중심으로 한 또 하나의 군집이 오른 쪽 하단에 위치해 있다. 전체적으로 미국-일본 중심의 환태평양 군집과 독일 중심의 유럽군집이 세계 무역관계망을 양분하고 있다고 보여진다.

1990년의 자료(<그림 7>)를 통해 볼 때, 한국과 북한은 미국과 일본이 속해 있는 환태평양 무역군집에 위치해 있음을 확인할 수 있다. 한국은 태국이나 브루나이와 같은 동남아시아 국가들로의 수

출이 높아 주변부 내에서의 소중심의 지위를 차지하고 있는 반면 북한은 미얀마, 라오스, 그리고 캄보디아와 같이 주변부에 머물고 있다.

그렇다면 최근의 무역관계망은 이로부터 어떤 변화를 보여주는가? <그림 9>은 2008년의 주수입국기반 무역관계망을 시각화한 것이다. 1990년대의 무역관계망(<그림 7>)과 비교해서 나타나는 가장 중요한 차이점은 바로 중국의 부상과 일본의 상대적 쇠퇴이다. 중국을 주수입국으로 갖는 국가들의 수가 폭발적으로 증가한 반면 일본을 주수입국으로 갖는 국가의 수가 상대적으로 쇠퇴하면서 환태평양 무역의 중심이 미국-일본에서 미국-중국으로 이동하고 있음을 관찰할 수 있다.

또한 미국-중국-일본-한국-캐나다로 이어지는 환태평양 무역군집이 세계무역의 중심으로 부상하고 있음을 알 수 있다. 독일을 비롯한 유럽 국가들의 무역관계망은 환태평양 무역군집에 비해 연결성의 밀도가 낮고 환태평양 무역군집과의 거리도 점점 멀어지고 있음을 확인할 수 있다. 이는 유럽 국가들이 공동시장의 틀 안에서 역내 무역에 집중하는 반면 유럽이외 국가들의 무역이 미국과 중국, 일본 중심의 환태평양 무역으로 서서히 이동하고 있음을 보여주는 것이라고 할 수 있다.

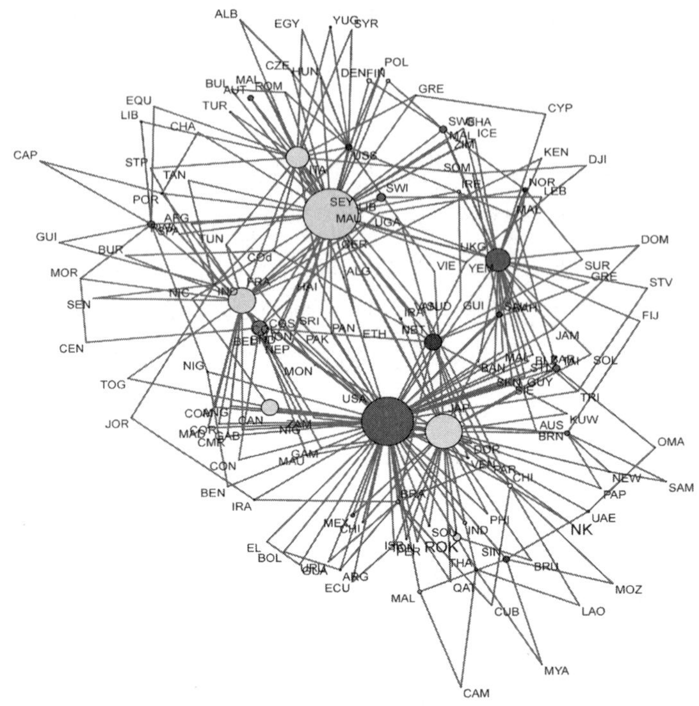

〈그림 7〉 국제 무역의 네트워크(1990)

* 이 분석은 주수입국기반 분석방법을 이용함. 노드의 크기는 수출의 절대적 크기에 비례하여 조정하였음. 한국(ROK)은 일본 밑에, 북한(NK)는 한국 왼쪽에 위치해 있다.
출처: 워드 외(Ward et al., 2013)의 자료를 이용해 본 연구자 작성.

2008년 한국은 환태평양 무역군집의 중심으로 이동하여 일본과 중국과의 무역 그리고 아시아와 남미 국가들과의 무역에 폭넓게 연결되어 있음을 확인할 수 있다. 1990년대 주변부의 소중심에 머무르던 한국은 2008년에 이르러 환태평양 무역군집에서 미국, 중국, 그리고 일본 다음으로 중요한 노드로 부상하였다. 한국의 부상과는 대조적으로 북한은 여전히 다른 국가의 주요 수입국이 되지 못한 채, 중국(CHI)과 베네수엘라(VEN)만 제한적으로 연결되어 있다.

무역관계망에서 한국과 북한의 격차를 좀 더 상세히 살펴보기 위해 중심성 지표를 이용하여 한국과 북한의 위상을 비교해 보자. <그림 9>는 한국과 북한의 중심성 지표들이 주수입국기반 무역관계망에서 어떠한 시간적 변화를 보여주는지를 시각화하고 있다.

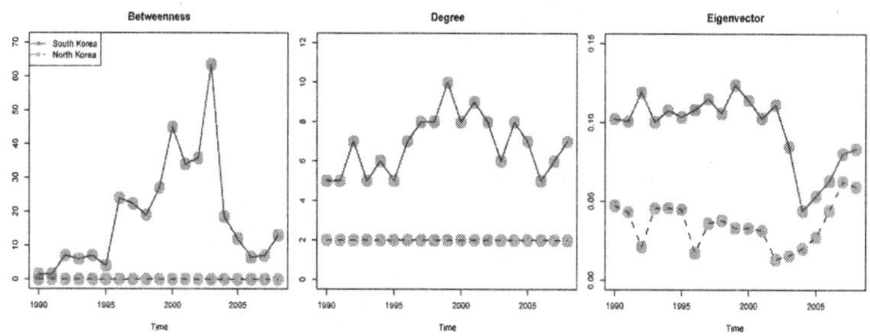

〈그림 8〉 무역 관계망 중심성의 남북한 비교

* 각 국가의 2개 주요 수입국가만을 추출하여 분석함. 왼쪽 그래프는 매개중심성, 가운데 그래프는 연결정도 중심성, 그리고 오른쪽 그래프는 고유벡터 중심성을 나타낸다. 연결정도 중심성은 수입국가를 두 개로 한정한 관계로 2를 뺀 나머지 수가 in-degree의 정도를 보여준다.

출처: 워드 외(Ward et al., 2013)의 자료를 이용해 본 연구자 작성.

먼저 매개중심성의 측면에서 북한은 2002년을 제외하고는 0의 값을 벗어나지 못하는 반면 한국의 매개중심성은 2003년까지 대폭 상승하였음을 확인할 수 있다.

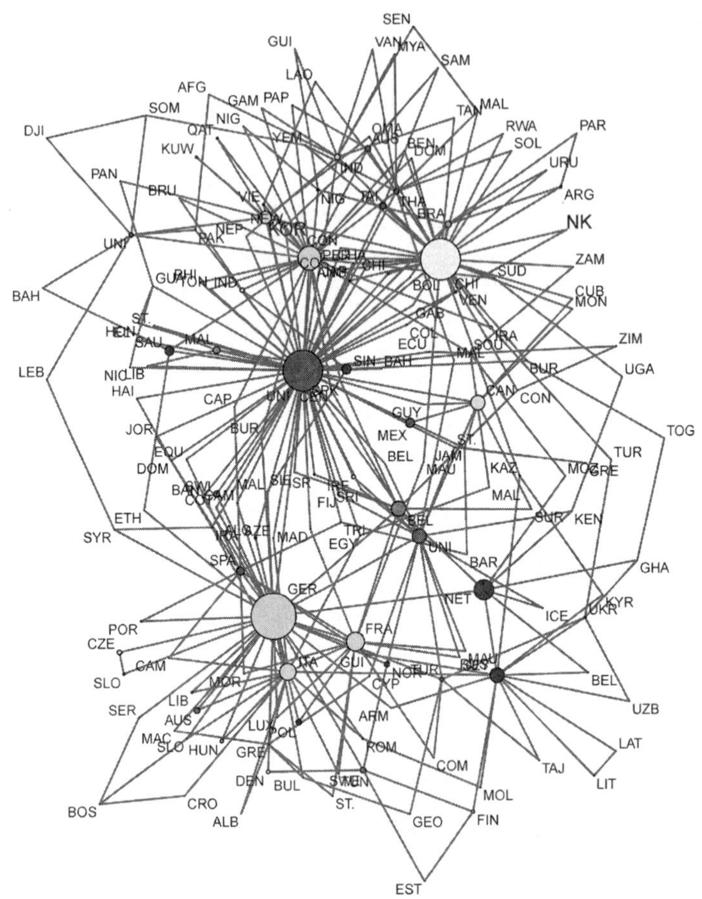

〈그림 9〉 국제 무역의 네트워크(2008)

* 각 국가의 2개 주요 수입국가만을 추출하여 분석함. 노드의 크기는 수출의 절대적 크기에 비례하여 조정하였음. 한국(KOR)과 북한(NK)는 각각 일본과 중국 위에 위치해 있다.
출처: 워드 외(Ward et al., 2013)의 자료를 이용해 본 연구자 작성.

2003년 이후 한국의 매개중심성은 다소 하락하였으나 북한과 비교해 보면 아직도 큰 차이를 보이고 있다. 주수입국기반 무역관계망에서 매개중심성이 상승한다는 점은 한국으로부터의 수입에 직접 혹은 간접적으로 의존하는 국가들의 수가 증가하고 있음을 의미하고 이는 다시 한국이 점차 복잡해지는 국제 생산네트워크에서 점차 중심적인 역할을 수행하고 있음을 간접적으로 보여준다.

둘째, 연결중심성의 남북한 비교(<그림 8>의 가운데 그래프)는 한국과 북한이 무역관계에서의 가진 위신, 혹은 인기를 단적으로 보여준다. 한국을 주요 수입국가로 가진 국가들의 수가 1999년을 제외하고는 4개 이상으로 꾸준히 유지되어 온 반면 북한은 다른 어느 국가로부터도 주요 수입국가의 지위를 가진 바가 없음을 알 수 있다. 즉 북한은 자국으로부터의 수입에 의존하고 있는 국가가 없는 무역관계망의 최주변부로서 국제무역의 연결망에서 영향력이 없는 완전히 고립된 위치라고 할 수 있다.

마지막으로 한국과 북한의 고유벡터중심성(<그림 8>의 오른쪽 그래프)은 비교적 유사한 양상을 보이고 있음을 확인할 수 있다. 이는 한국과 북한이 모두 중국이라는 새로운 무역 중심국가와 연결되어 있는 데에 그 원인이 있는 것으로 보인다. 즉 중국으로 무역의 중심이 이동함에 따라 한국과 북한이 속한 군집이 자연스럽게 무역관계의 밀도가 증가하게 된 것으로 볼 수 있다. 한국의 고유벡터중심성이 북한보다 높은 것은 미국-중국 중심의 환태평양 무역군집 안에서 한국이 북한에 비해 더 중심적인 위치를 점해 오고 있기 때문이라 할 수 있다.

요약하면 세계 무역의 관계망에서 북한의 위치는 중국과 베네수엘라와 같은 소수 국가들에게 의존적이고 고립된 모습을 유지하고 있음을 알 수 있다. 다만 북한이 속한 무역군집인 미국-중국 중심의 환태평양 무역군집으로 세계무역의 중심이 이동함으로써 북한은 자신의 선택에 따라 무역에서 고립된 지위를 쉽게 극복할 수 있는 우호적인 환경을 맞이하고 있다고 볼 수 있다.

Ⅳ. 원조관계망 속의 북한

1. 공적개발원조(Official Development Aid) 관계망

본 논문은 북한의 원조관계망을 살펴보기 위해 AidData2.0(http://aiddata.org)에서 제공하는 국제 원조자료를 이용하였다(Tierney 외, 2011, 1891-1906). AidData2.0에 따르면 1973년부터 2011년까지 북한에 대한 국제사회의 원조 약정총액(commitments)은 약 26억 불에 해당하는 것으로 파악되고 있다. 이 중 미국은 7억 8천 9백만 불, 유럽연합은 6억 1천 3백만 불, UN관련기구가 총 1억 7천 1백만 불, 독일이 1억 6천 2백만 불, 스위스가 1억 3천 2백만 불, 그리고 나머지 국가들이 7억 4천 3백만 불의 원조를 수행하였다.

AidData2.0 자료는 OECD에 의해 수집되는 공적개발원조에 기반해 있기 때문에 한국의 북한에 대한 원조가 배제되어 있다는 한계가 있다. AidData2.0의 자료는 비록 한국의 대북원조를 포함하고 있지는 않지만 유엔인도주의업무조정국(UNOCHA)의 자료에 비해 포함국가와 지원분야, 그리고 관측년도에 있어서 포괄적이고 상세한 관계로, 본 논문에서는 AidData2.0의 자료를 이용하여 대북원조의 관계망을 분석하도록 한다. 중국과 한국의 대북원조는 다음 절에서 별도로 논의하도록 한다.

AidData2.0 자료에서 표시된 북한 원조에 등장한 원조분야는 모두 7가지로 크게 나눌 수 있다. 교육, 보건 및 정부/비정부 분야에 대한 지원, 경제 인프라에 대한 지원, 산업생산에 관한 지원, 다분야 지원, 상품 및 부채삭감 지원, 인도적 지원, 그리고 행정비용과 기타 형태의 지원이다.

원조자료는 공여국, 국제기구, 지원주제, 그리고 수원국으로 이루어진 복잡한 관계망 구조를 가지고 있다. 또한 링크의 특징이 무역관계에서처럼 연속변수이므로 관계도 지도로 표현하는 것이 쉽지 않다. 원조 네트워크는 선진국에서 개발도상국가로 향하는 일방적 네트워크이기 때문에 무역 네트워크와는 달리 상위 2개 원조 국가를 중심으로 보는 것이 큰 의미가 없을 수 있다. 따라서 관계망 전체보다는 북한에 대한 원조 네트워크에 초점을 맞추어 분석을 진행하였다.

<그림 10>과 <그림 11>은 북한에 대한 원조를 수행한 국가들을 원조 약정액의 크기(선의 굵기)와 횟수(선의 개수)에 따라 시간대별로 시각화한 것이다. 원조약정 액수의 차이가 국가별로 매우 크고 해당 국가의 경제규모와 비례한다는 점을 고려하여 원조 약정액은 모두 로그변환하였다. 그림에서 선의 굵기는 로그변환된 원조 약정액의 차이이기 때문에 원자료에서의 차이보다 축소되어 시각화되었음에 유의해야 한다. 선의 개수는 지원 횟수를 나타낸다. 지면관계상 보고단위를 대략 5~6년으로 나누었으며 그래프는 해당 시기 동안의 전체 지원분야에 대한 원조를 포함한다. 국제기구(international organizations)와 신탁기금(trust fund)을 통한 원조는 <그림 12>와 <그림 13>에서 별도로 분석하였다.

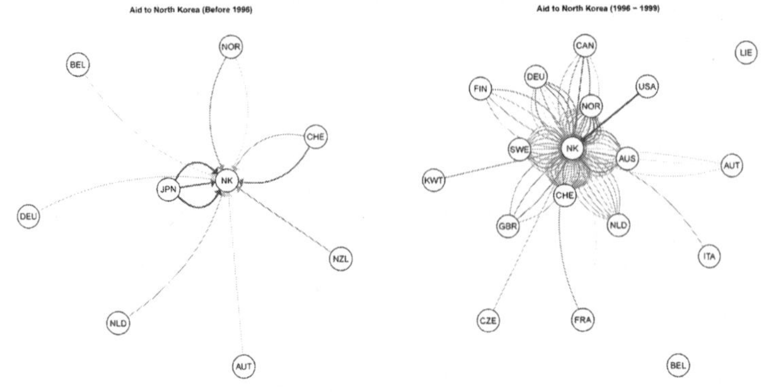

〈그림 10〉 대북원조 국가 간 네크워크(2000 이전)

* 선의 개수는 원조횟수를 나타내며 선의 굵기는 (로그변환된) 원조 약정액의 크기에 비례한다.
출처: AidData2.0의 자료를 이용해 본 연구자 작성.

<그림 10>의 왼쪽 그래프는 1996년 이전의 대북원조 네트워크를 보여주는데, 대부분의 원조가 일본(JPN)으로부터 왔으며 뉴질랜드(NZL)와 스위스(CHE), 노르웨이(NOR) 등의 유럽 국가로부터도 원조가 진행되었음을 보여주고 있다. <그림 10>의 오른쪽 그래프는 1996년부터 1999년까지의 대북원조 네트워크로서, 공여국의 수가 대폭 증가하였고 공여국당 원조 횟수도 증가했음을 알 수 있다. 두드러진 특징은 미국으로부터의 원조는 많은 양의 원조가 적은 횟수로 진행되었던 반면 스웨덴이나 스위스, 노르웨이, 오스트레일리아(AUS)로부터의 원조는 빈번하게 진행되었음을 알 수 있다. 일본이 사라지고 미국과 쿠웨이트와 같은 비유럽국가가 등장한 것이 눈에 띈다.[8]

<그림 11>의 왼쪽 그래프는 2000년부터 2004년까지의 대북원

[8] 원조 공여기관 이름과 약어는 <표 5>를 참조하라.

조 국가들의 네트워크를 보여준다. 이전 시기에 비해 공여국의 수와 지원 횟수가 증가했음을 알 수 있다. 쿠웨이트는 비교적 많은 양의 원조를 단발성으로 제공했으며 미국은 이전 시기보다는 다발적인 원조를 진행하였다. 이탈리아와 독일은 2000년대 이전에 비해 북한에 대한 원조를 대폭 증가시켰음을 알 수 있다. 이에 반해 스웨덴, 스위스, 노르웨이, 핀란드, 호주 등은 비교적 꾸준히 대북원조를 유지해오고 있음을 알 수 있다. 영국 역시 이전 시기와 비슷한 양상을 보이며 대북원조를 유지하고 있다.

<그림 11>의 오른쪽 그래프는 가장 최근이라고 할 수 있는 2005~2010년 동안의 대북원조 네트워크이다. 이전 시기와 유사하게 미국, 노르웨이, 스웨덴, 스위스, 핀란드, 독일, 호주 등의 국가가 대북원조에서 주도적인 역할을 수행하고 있다. 그리스, 덴마크, 캐나다, 스페인, 오스트리아 등이 새롭게 대북원조를 증가시켰음을 확인할 수 있다.

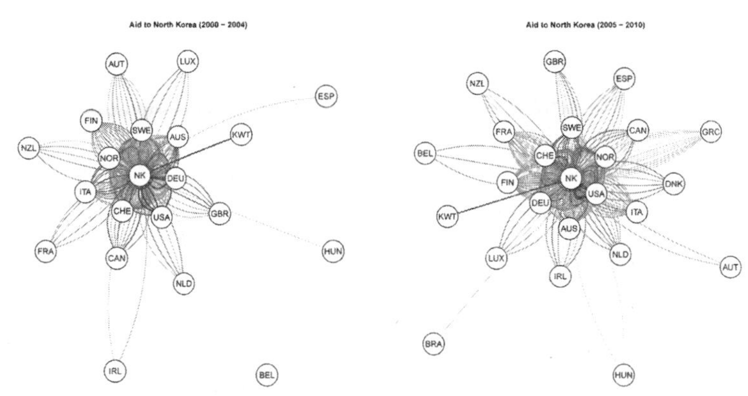

〈그림 11〉 대북원조 국가 간 네크워크(2000-2010)

* 선의 개수는 원조 횟수를 나타내며 선의 굵기는 (로그변환된) 원조 약정액의 크기에 비례한다.

출처: AidData2.0의 자료를 이용해 본 연구자 작성.

<그림 12>와 <그림 13>은 국제기구를 통한 대북원조 네트워크를 분석한 것이다.[9] 위에서와 같이 원조 액수와 원조 횟수를 선의 굵기와 선의 개수로 각각 표시하였다. <그림 12>의 왼쪽 그래프는 2000년 이전까지 대부분의 원조가 유럽공동체(EC: European Community), 석유수출국기구 국제발전기금(OFID: OPEC Fund for International Development), 지구환경금융(GEF: Global Environment Facility), 그리고 유엔개발계획(UNDP: United Nations Development Programme)을 통해서 주로 이루어졌음을 보여준다. 특히 EC의 대북원조가 2000년대 이전에는 매우 큰 비중을 차지하고 있었음을 보여준다.

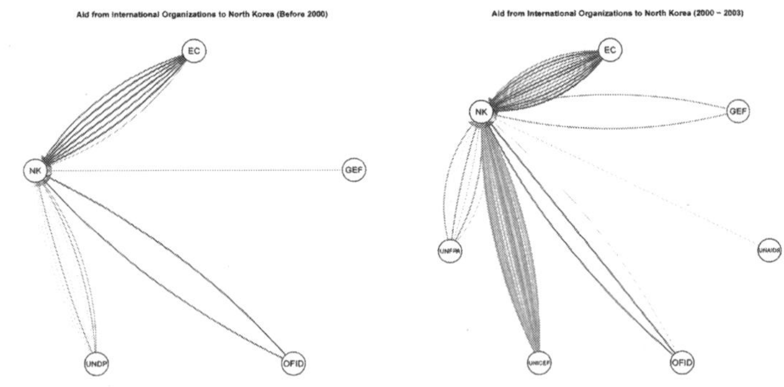

〈그림 12〉 국제기구를 통한 대북원조 네크워크(2003 이전)

* 선의 개수는 원조 횟수를 나타내며 선의 굵기는 (로그변환된) 원조 약정액의 크기에 비례한다.
출처: AidData2.0의 자료를 이용해 본 연구자 작성.

[9] 북한 원조에 참여한 국제기구는 총 9개로, European Communities(EC), Global Alliance for Vaccines & Immunization(GAVI), Global Environment Facility (GEF), Global Fund to Fight Aids, Tuberculosis and Malaria(GFATM), Joint United Nations Programme on HIV/AIDS(UNAIDS), OPEC Fund for International Development(OFID), United Nations Children's Fund(UNICEF), United Nations Development Programme(UNDP), United Nations Population Fund (UNFPA), 그리고 World Food Program(WFP)이다.

<그림 12>의 오른쪽 그래프는 2000년대 초반에 오면서 유엔아동기금(UNICEF: United Nations Children's Fund)이 EC와 함께 중요한 대북원조기구로 등장하고 있음을 보여주고 있다.

지원주제의 측면에서 국제기구들의 특성을 간략히 살펴보면 EC는 인도적 지원과 식량 지원 등에 집중해 온 반면 UNDP는 교육 및 정부/비정부 분야에 대한 지원, 경제 인프라에 대한 지원, 산업생산에 관한 지원에 집중해 왔다. 반면 UNICEF를 비롯한 유엔에이즈계획(UNAIDS: Joint United Nations Programme on HIV/AIDS), 에이즈, 결핵, 말라리아 퇴치를 위한 국제기금(GFATM: Global Fund to Fight Aids, Tuberculosis and Malaria), 세계백신면역연합(GAVI: Global Alliance for Vaccines & Immunization), 유엔인구기금(UNFPA: United Nations Population Fund) 등은 교육, 보건 및 정부/비정부 분야에 대한 지원에 집중해 온 것으로 확인된다.

<그림 14>는 원조 지원분야의 유사성을 기준으로 국제기구들의 관계망을 시각화한 것이다. 먼저 가장 중요한 클러스터로는 GFATM, GAVI, UNAIDS, UNICEF들 간의 원조 네트워크이다. 위에서 언급한 바와 같이 이들 국제기구는 북한에 대해 교육, 보건 및 정부/비정부 분야에 대해 지원해 왔다. 다음으로 GEF와 UNDP는 교육 및 정부/비 정부 분야에 대한 지원, 경제 인프라에 대한 지원, 산업생산에 관한 지원에 초점을 맞추어 왔다. 인도적 지원과 식량지원에 초점을 두어 온 EC는 다른 국제기구와 매우 상이한 지원분야를 선택해 왔음을 알 수 있다. 마지막으로 OFID 역시 다른 기구와 높은 지원주제 유사성을 보이지 않는다.

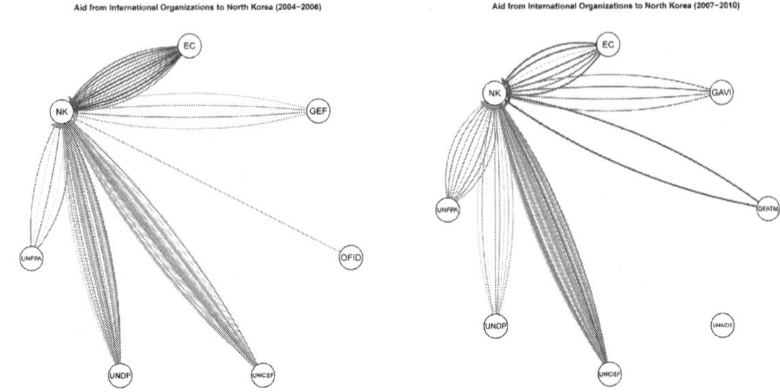

〈그림 13〉 국제기구를 통한 대북원조 네크워크(2004-2010)

* 선의 개수는 원조 횟수를 나타내며 선의 굵기는 (로그변환된) 원조약정액의 크기에 비례한다.
출처: AidData2.0의 자료를 이용해 본 연구자 작성.

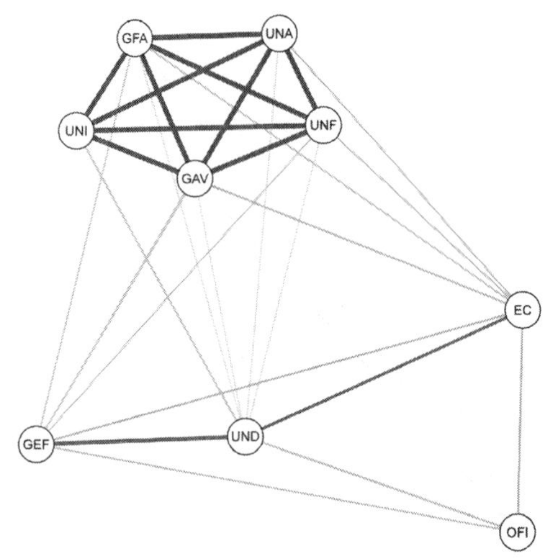

〈그림 14〉 원조분야의 상관성 관계망

* 음영은 상관성의 정도를 나타낸다.
출처: AidData2.0의 자료를 이용해 본 연구자 작성.

〈표 4〉 국제기구 간 원조분야의 상관성 계수

	EC	GAVI	GEF	GFATM	UNAIDS	OFID	UNICEF	UNDP	UNFPA
EC	1.00	-0.21	-0.25	-0.21	-0.21	-0.26	-0.24	-0.50	-0.21
GAVI	-0.21	1.00	-0.18	1.00	1.00	0.06	0.99	0.16	1.00
GEF	-0.25	-0.18	1.00	-0.18	-0.18	-0.22	-0.03	0.79	-0.18
GFATM	-0.21	1.00	-0.18	1.00	1.00	0.06	0.99	0.16	1.00
UNAIDS	-0.21	1.00	-0.18	1.00	1.00	0.06	0.99	0.16	1.00
OFID	-0.26	0.06	-0.22	0.06	0.06	1.00	0.02	0.31	0.06
UNICEF	-0.24	0.99	-0.03	0.99	0.99	0.02	1.00	0.27	0.99
UNDP	-0.50	0.16	0.79	0.16	0.16	0.31	0.27	1.00	0.16
UNFPA	-0.21	1.00	-0.18	1.00	1.00	0.06	0.99	0.16	1.00

* 1은 양의 상관성 최대치를, -1은 음의 상관성 최대치를 나타내며 0은 상관성이 매우 약함을 의미함. 퍼슨 (Pearson) 상관성 계수를 이용.
출처: AidData2.0의 자료를 이용해 본 연구자 작성.

2. 한국과 중국의 대북원조

대북원조의 주 채널인 남북협력기금은 공적개발원조로 간주되지 않기 때문에 OECD 개발원조위원회(OECD DAC: OECD Development Assistance Committee)에 보고되지 않으며 따라서 AidData2.0에도 누락되어 있다. 마찬가지로 중국의 대북원조 또한 중국이 OECD 회원국이 아닌 관계로 누락되어 있다.

유엔인도주의업무조정국(UNOCHA)의 금융추적서비스(financial tracking service, http://fts.unocha.org)를 이용하면 2000년부터 2013년까지 한국이 북한에 인도적(humanitarian) 목적으로 지원한 액수를 대략 파악할 수 있다. 이를 이용하여 계산한 결과 2000-2013년 동안 한국의 대북한 약정 총액은 약 4억 2천 5백만 불인 것으로 파악된다.

통일부는 한국 정부와 민간단체에 의해 진행된 대북지원 총액은 1995년부터 2012년까지 보고하고 있다. <그림 15>는 통일부에 의해 파악된 한국의 대북원조를 보여주고 있다. 민간차원의 원조와 정부차원의 원조가 비슷한 시계열 변화를 보여주는 것은 민간의 대북지원이 남북관계와 대북정책의 변화에 민감하게 반응하고 있음을 시사한다. 총액 3조 2,193억 원에서 정부차원의 무상지원과 민간차원의 무상지원이 각각 약 27%를 차지하고 있어서 민간차원의 대북지원 규모가 상당히 큰 규모임을 확인할 수 있다.

또한 전체 대북지원 총액의 85%(2조 7,304억)가 김대중-노무현 정부시기에 집중되어 있는 점은 한국 정부의 이념적 성향에 의해 대북지원규모가 큰 변화를 보여 왔다는 점을 시사한다. 다만 노무현 정부 하인 2006년에는 북한의 핵실험과 미사일 발사에 대한 제재의 성격으로 북한에 대한 식량차관 지원을 중단하여 대북지원 총액이 큰 폭으로 감소했다.

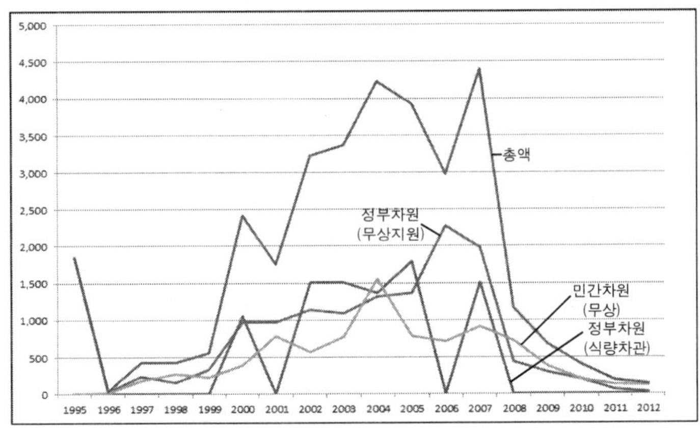

〈그림 15〉 한국의 대북원조 현황

출처: e-나라지표의 자료를 이용해 본 연구자 작성(http://www.index.go.kr/potal/main/EachDtlPageDetail.do?idx_cd=2784, 검색일: 2014.2.13).

중국은 대외원조의 절반 이상을 북한에 집중하고 있는 것으로 전해진다(Nanto 외, 2010, 17). 중국은 UN 통제를 피하기 위해 식량원조나 무상원조를 북한에 직접 전달하는 방식을 택하고 있기 때문에 정확한 통계를 구하는 것이 매우 어렵다. UNOCHA 통계에 잡힌 중국의 원조는 2000년부터 2013년까지 겨우 4백 십만 불에 불과하다. 조명철(2010)이 이태환(2006)과 중국해관총서를 통해 추정한 중국의 대북 무상원조 규모는 2000년부터 2010년까지 38만 불에 불과하다.

V. 결론

동맹, 무역, 그리고 원조의 관계망을 통해 살펴본 북한의 현주소는 크게 다음과 같은 세 가지 특징으로 정리할 수 있다. 첫째, 중국의존도의 심화이다. 북한은 사실상 중국과 유일한 방위협약을 체결한 상태이며 중국은 북한 이외의 국가와 방위협약에 준하는 동맹관계를 유지하지 않음으로써 동맹관계망에서 북한의 위치는 고립된 섬과 같다. 이러한 동맹관계에서 북한의 대중 의존성은 북한이 핵실험과 미사일 실험을 강행하면서부터 경제적인 영역으로 더욱 심화되었다. 무역관계망에서 북한은 1990년대 중후반까지 아시아와 유럽, 남미 국가들과 폭넓은 관계망을 형성하고 있었다. 동맹관계의 대중의존성에도 불구하고 수출과 수입에서 중국에 대한 의존도는 1990년대 초반에는 그리 높지 않았다. 그러나 중국 경제의 비약적 발전과 함께 핵실험에 의한 국제사회의 제재로 인해 2000년대 중반부터 북한경제의 대중국 의존도는 급격하게 증가한다. 2012년에 이르면 중국과의 교역비중이 88.3%로 급증하여 사실상 중국으로부터의 수입과 수출에 의존한 종속적인 경제체제로 전락하게 된다. 공적원조의 관계망에서 북한은 국제사회의 제재 속에서 공여대상을 바꿔 가면서 자국에게 필요한 원조를 확보하기 위해 노력해 왔다. 미국과 일본, 한국으로부터의 원조나 WFP와 같은 국제기구를 통한 원조가 점차 어려워지면서 중국으로부터의 원조나 직접투자에 더욱 의존하고 있다.

둘째, 자원채취 경제로의 퇴행이다. 2000년대 후반부터 급증한 북한의 수출은 대부분 철광석이나 무연탄과 같은 광물성 자원에 의해 이루어졌다. 전통적으로 자원수출 중심의 대외무역은 물가상승과 환율의 평가절상을 초래해 제조업 기반을 약화시키는 '네덜란드병(Dutch disease)'으로 이어질 수 있다. 북한의 자원수출은 중국에 집중되어 있는 관계로 환율상승의 위험은 없지만 자원수출의 방식이 국내의 경제개발에 도움을 줄 수 있는 방식으로 진행되고 있지 못하다는 문제점이 있다. 발굴된 철광석이나 석탄을 가공, 운반, 처리할 수 있는 산업적 기반이 확보되어 있지 않기에 중국 이외의 원거리 국가들에게 수출이 어려운 본질적인 문제가 있으며 자원수출을 통해 확보된 외화가 자본재 수입의 증가보다는 식량이나 원유 수입과 같은 소모성 경비에 집중되고 있어 자원수출이 경제발전에 긍정적인 영향을 주지 못하는 것으로 파악된다.

마지막으로 중국 이외의 지속적 관계를 유지하고 있는 국제적인 행위자의 부재이다. 세계화를 통해 전 세계의 국가와 비국가 행위자들의 상호의존이 심화되고 복합화되어 가는 상황에, 북한은 그 정반대의 길을 걷고 있는 것이다. 공적원조나 무역의 관계망에서 중국 이외에 북한과 지속적이고 실질적인 관계를 유지하고 있는 국제기구나 국가 행위자를 찾기 어렵다. 국제원조의 관계망에서 북한은 필요에 따라 혹은 정세의 변화에 따라 수시로 지원주체를 번갈아 가면서 유리한 조건을 추구해 왔고 무역관계에서도 국제사회의 제재에 따라 무역상대국이 교체되어 왔다. 이러한 북한의 전략은 단기적으로는 유리한 지원조건과 교역조건의 확보에 유리했을지는 모르지만 장기적인 신뢰형성과 관계형성이 지체되는 심각한 부정적 결과를 초래하고 있다. 특히 중국조차도 2006년과 2009년의 UN 안보리의 대북제재를 승인하면서 북한의 고립은 더욱 심각해진 상황이다. 중국은 2013년 연간무역액 4조 1,603억 불을 기록하며 미국을 추월한 세계 1위의 무역국가로 발돋움하였다.(조선일보, 2014.1.13) 중국은 점차 국제사회의 책임 있는 주체로 행동할 것을 요구받고 있으며 중국역시 이러한 국제사회의 요구를 잘 인지하고 있다. 따라서 중국이 과거와 같이 북한에 대한 국제사회의 제재에 협조하지 않거나 비공식적으로 북한을 돕는 것은 점점 어려워질 것이다. 중국 이외의 국가와 지속적이고 실질적인 관계를 형성하지 못한 북한에게 중국의 위상제고와 그에 따른 책임의 증가는 현재와 같은 전략이 지속가능하지 않다는 점을 인식시키고 있을 것이다.

위와 같은 점을 종합적으로 고려할 때, 계획경제의 실패와 위협적 군사행동, 그리고 국제사회의 제재는 은둔의 왕국이라는 표현이 함의하는바 이상으로 북한경제의 고립을 심화시킨 것으로 파악된다. 문제는 북한의 고립에 대한 미래의 전망은 훨씬 심각하다는 점이다. 가장 중요한 요인은 북한의 유일한 국제적 통로인 중국이 국제사회의 책임 있는 주체로 성장하고자 한다는 점이다. 국제사회의 제재 속에서 북한에게 필요한 자원을 지원해 주는 안정적 통로역할은 중국이 구상하는 신형대국의 모습에 부합하지 않는다. 두 번째 변수는 바로 북한 주변국가들의 상호의존의 증대이다. 중국과 한국, 일본, 그리고 아세안 국가들 간의 경제적·문화적 교류는 지속적으로 증가할 것이며 지역경제협력체의 건설과 같은 제도화를 통해 질적인 변화를 겪을 수 있다. 이러한 상호의존의 증가는 북한이 선택한 고립의 기회비용을 증가시킬 것이다. 문제는 주변국가와의 경제적·

문화적 격차의 증가가 북한의 개방과 개혁을 더욱 어렵게 만드는 요인이 될 수 있다는 점이다.

〈표 5〉 AidData2.0에 나타난 대북원조 참여 공여기관 이름과 약어

	국가	약어
1	Australia	AUS
2	Austria	AUT
3	Belgium	BEL
4	Brazil	BRA
5	Canada	CAN
6	Czech Republic	CZE
7	Denmark	DNK
8	European Communities	EC
9	Finland	FIN
10	France	FRA
11	Germany	DEU
12	Global Alliance for Vaccines & Immunization	GAVI
13	Global Environment Facility	GEF
14	Global Fund to Fight Aids, Tuberculosis and Malaria	GFATM
15	Greece	GRC
16	Hungary	HUN
17	International Fund for Agricultural Development	IFAD
18	Ireland	IRL
19	Italy	ITA
20	Japan	JPN
21	Joint United Nations Programme on HIV/AIDS	UNAIDS
22	Kuwait	KWT
23	Liechtenstein	LIE
24	Luxembourg	LUX
25	Netherlands	NLD
26	New Zealand	NZL
27	Norway	NOR
28	OPEC Fund for International Development	OFID
29	Portugal	PRT
30	Spain	ESP
31	Sweden	SWE
32	Switzerland	CHE
33	United Kingdom	GBR
34	United Nations Children s Fund	UNICEF
35	United Nations Development Programme	UNDP
36	United Nations Population Fund	UNFPA
37	United States	USA
38	World Food Program	WFP

참고문헌

김정만. 2007. "미국의 대북 경제제재: 현황과 전망." 『수은북한경제』 2007년 봄호.

양운철·하상섭. 2012. "UN의 대북한 경제제재의 한계: 강제성의 제한과 전략적 선택의 확대." 『통일정책연구』 제21권 2호. 143~175.

이태환. 2006. "북한 핵실험에 대한 중국의 입장과 전략." 『정세와 정책』 특집호.

조명철. 2010. "중국의 대북한 경제협력정책 변화와 전망." 『KIEP 오늘의 세계경제』. Vol.10, No.38.

최명해. 2007. "중국 북한 동맹 연구: 양국 동맹의 기원과 역동적 전개과정." 고려대학교 박사학위 논문.

KOTRA. 2011. 『2010년도 북한의 대외무역동향』. 한국무역협회.

KOTRA. 2012. 『2011년도 북한의 대외무역동향』. 한국무역협회.

KOTRA. 2013. 『2012년도 북한의 대외무역동향』. 한국무역협회.

Gibler, Douglas M., and Meredith Sarkees. 2014. "Measuring Alliances: the Correlates of War Formal Interstate Alliance Data set, 1816-2000." Journal of Peace Research. Forthcoming.

Granovetter, Mark S. 1973. The Strength of Weak Ties. American Journal of Sociology, Volume 78, Issue 6 (May, 1973), 1360-1380.

Hassig, Ralph and Kongdan Oh. 2009. The Hidden People of North Korea: Everyday Life in the Hermit Kingdom, Rowman & Littlefield Publishers.

Heuer, Jr., Richards J. 1999. Psychology of Intelligence Analysis. Washington, DC: Center for the Study of Intelligence.

Joel S. Wit and Jenny Town. 2013. "It's Not a Hermit Kingdom, and 4 Other Myths About North Korea".The Atlantic (March 29).

Nanto, Dick K. and Mark E. Manyin. 2010. "China-North Korea Relations" CRS Report 7-5700. US Congressional Research Service.

Tierney, Michael J., Daniel L. Nielson, Darren G. Hawkins, J. Timmons Roberts, Michael G. Findley, Ryan M. Powers, Bradley Parks, Sven E. Wilson, and Robert L. Hicks. 2011. "More Dollars than Sense: Refining Our Knowledge of Development Finance Using AidData." World Development 39 (11): 1891-1906.

Tufte, Edward R. 2001. The Visual Display of Quantitative Information. 2nd ed. Cheshire, Connecticut: Graphics Press

Tufte, Edward R. 1997. Visual Explanations: Images and Quantities, Evidence and Narrative. Cheshire, CT: Graphics Press.

Tukey, John W. 1997. Exploratory Data Analysis. New York, NY: Addison-Wesley.

US House of Representatives. 1997. "Engaging the Hermit Kingdom: U.S. policy toward North Korea" Hearing before the Subcommittee on Asia and the Pacific of the Committee on International Relations, 105th Congress, first session, February 26, 1997.

Ward, Michael D; John S. Ahlquist; Arturas Rozenas, 2013, "Gravity's Rainbow: A Dynamic Latent Space Model for the World Trade Network", http://hdl.handle.net/1902.1/20467V2

Wasserman, Stanley and Katherine Faust, 2009. Social Network Analysis: Methods and Applications New York, NY: Cambridge University Press.

제5장

탈냉전시기 북한의 의존 네트워크 분석*

우승지

* 이 논문은 같은 제목으로 『한국정치학회보』, 48집 2호, 2014, pp. 159-180에 실렸던 것을 수정, 보완한 것입니다.

I. 머리말

많은 학자들이 지적하는 것처럼 우리는 점차 더 복잡하고 치밀하게 얽혀진 네트워크로 구성된 세상에 살게 된 것 같다. 네트워크의 영향력은 전쟁, 외교, 경영, 방송 및 통신, 사회, 종교 등 거의 모든 분야에 걸치고 있다. 20세기 세상이 당구공을 닮은 여러 국가들 사이의 치고받는 관계였다면 새로 등장하고 있는 21세기 네트워크 세상은 국가 위, 국가 아래, 국가를 통과하는 모든 것들의 짝짓기의 관계이다. 이러한 세상에서 권력의 척도는 연결성(connectedness)이며, 더 많은 연결고리를 확보하고 있는 국가가 자신의 국가목표를 달성할 수 있는 보다 유리한 고지에 서게 될 가능성이 높다(하영선 외, 2010; Nexon and Wright, 2007, 253-271; Slaughter, 2009, 94-95).

서서히 모습을 드러내고 있는 복합적 네트워크 세상의 무대에서 펼쳐지는 한국의 활약은 자못 인상적이다. 이명박 정부 시기 외교통상부는 세계화와 정보화로 속칭되는 21세기 국제질서의 조류에 걸맞게 외교의 주체, 대상, 영역, 활동을 근본적으로 변화시키는 이른바 '복합외교(complex diplomacy)'의 개념을 도입했다. 외교통상부는 국가 이외의 다양한 행위자를 연결하여 여러 현안에서 국익을 극대화하는 전략을 추진하였다. 즉 "자국의 시민과 미디어는 물론 타국의 시민과 미디어, 국제기구에 대한 공공외교를 통한 국내외 외교협력 네트워크 구축"을 목표로 학계, 재계, 비정부기구를 망라하는 민간 네트워크를 구축하는 한편 IT 기술과 통신네트워크를 접목하여 다양한 채널을 통해 세상과 소통을 시도하였다(외교통상부 정책기획관실, 2011). 2013년 박근혜 정부 들어 외교부는 글로벌 경제 문제 해결을 위한 창의적 리더십 발휘와 지역별 주요 중견국과의 협력 네트워크 강화를 정책과제로 내걸고 있다(외교부, 2013). 외교부로 대변되는 정부의 활약 못지않게 NGO, 종교계, 체육계, 연예계, 학계, 기업계의 여러 주역들이 국경을 넘어 지구를 무대로 전방위적 활약상을 보이고 있다.

그렇다면 한반도의 절반을 차지하고 있는 북한의 사정은 어떠한가? 흔히 북한을 가리켜 '은둔의 왕국'이라고 한다. 이러한 저간의 평가 뒤에는 북한이 반(反)네트워크 또는 반(半)네트워크 국가라는 이미지가 자리하고 있다. '구조적 공백(structural hole)', '착취혈(exploit)', '약한 고리(weak link)'가 북한을 가리키는 속성으로 여겨지고 있다(김성배 외, 2012). 북한이라는 개체와 네트워크라는 분석개념은 서로 잘 어울리지 않는 조합이라는 인식이 지배적이다. 정말 그럴까? 북한이 독특한 규범체계와 핵무장 기도로 외부세계와 긴장관계를 유지하고 있지만, 고립과 폐쇄의 개념만 가지고 북한식 짝짓기의 전모를 올곧게 파악했다고 자신하기는 어렵다. 북한이 스스로 대외정책의 노선을 자주, 평화, 친선으로 밝히고 있듯이 북한 또한 자주의 노선이 확보되는 한 국제사회와 평화의 기초 위에서 친선을 도모하려는 희망(?)을 갖고 있을지 모른다. 역사적으로 보아도 과거 북한은 소련, 중국 및 동구 사회주의국가들과 정치, 경제,

문화적 협력관계를 유지하였고, 아시아 및 아프리카 국가들과 친교하였으며, 비동맹운동에도 적극 가담하였다. 중동 국가들과는 무기와 에너지를 맞교환하는 전략적 관계를 유지하였다.

김정일 시대 북한은 중국, 러시아 등 전통적 우호국들과 관계를 재정립하였고, 한국과는 화해 및 경협을 모색하였으며, 미국과 일본과는 핵문제 및 관계 정상화 등을 매개로 단속적인 협상을 거쳤고, 다른 한편 이란, 이집트, 시리아, 미얀마 등과 전략적 협력관계를 형성하였다. 북한이 국제무대에서 상대적으로 많은 활약을 보여주고 있지는 않지만 북한 또한 나름의 네트워크를 통해서 생존과 도약을 모색하고 있는 모습을 엿볼 수 있다. 특히 북한은 1990년대와 2000년대 '고난의 행군'을 거치면서 생존을 위해 주변국과 후원과 의존의 관계망을 형성했다. 선군과 자주의 명제 아래 펼쳐지는 북한의 독특한 '거미줄 치기'와 국제표준에 북한을 맞추려는 주변국들의 거미줄 치기가 한반도 하늘, 바다, 땅 그리고 또 다른 차원의 공간들에서 치열하게 충돌하고 있는 형국이 벌어지고 있다.

이 논문을 통해서 탈냉전의 공간에서 생존을 위해 북한이 만들어내는 의존 네트워크의 모습을 그려보고자 한다. 평양의 의존망은 북한 국가의 성격을 폐쇄형에서 반(半)개방형으로 전환시키고 있다. 이러한 성격 전환은 북한의 지대추구(rent-seeking) 행위에서 잘 드러나는 바 이 글은 지대추구가 평양의 전면적 개혁개방 실천 이전의 중간단계에서 긍정적인 역할을 할 수 있다고 파악하고 있다.

Ⅱ. 북한과 의존 네트워크

세계 사회주의 체제의 붕괴 이후 보다 구체적으로 1995년 이후 국제기구, 비정부기구, 국가를 아우르는 국제사회의 원조가 북한의 국가경영과 주민의 생계유지에 적잖은 도움이 되고 있다. 고난의 행군이라고 스스로 명명한 고단한 시절이 닥치자 북한 당국은 생존을 위해 국제사회에 지원을 요청하게 된다. 북한과 국제기구, 비정부기구, 후원국 사이의 새로운 관계망의 형성은 온전한 개혁개방과 자기모순의 무게를 견디지 못한 침몰의 양 극단의 사이에서 북한이 선택한 고육지책의 대가였다.[1]

대기근 이후 서서히 몰락의 길을 걸으리라는 예상과는 달리 북한은 현재까지 핵을 매개로 한 도발과 협상의 두 모습을 번갈아 내비치면서 북한 특유 스타일의 항해를 지속하고 있다. 자구책이 마땅

[1] 북한 외무성의 국가조정위원회가 유엔의 여러 기구와, 유럽국, 아태국, 미국국이 유럽, 미국, 호주와, 조선-유럽연합협력조정처가 유럽의 비정부기구와, 조선-미국민간교류협회가 미국 비정부기구와 관계를 맺었다. 조선적십자회는 국제적십자연맹과 대한적십자사와 상대하였다. 노동당 통일전선부와 내각이 남한 통일부 및 관련 부처와 민족화해협의회가 남한 비정부기구와, 조선불교도연맹, 그리스도교연맹, 천주교인협회가 남한의 각 종교조직과 연결망을 형성하였다(황재성, 2014, 23).

치 않은 실정 속에 북한은 국제사회의 지원을 통해 주민의 생존을 보장할 수밖에 없었다. 90년대 중반의 재난이 요새국가 북한의 깊은 해자를 건너고 두꺼운 방어벽을 뚫고서 국제사회와 북한 사이 몇 겹의 관계망이 형성되는 계기를 마련해 주었다. 북한이 국제사회에 도움을 요청하자 세계식량계획(WFP)를 중심으로 유엔아동기금(UNICEF), 식량농업기구(FAO), 유엔개발계획(UNDP), 세계보건기구(WHO), 국제적십자연맹(IFRC), 카리타스(Caritas), 국경없는 의사회(MSF) 등의 국제인도주의단체들이 지원에 나섰다.[2] 국제사회의 지원 경험을 통해서 북한 당국을 사이에 두고 국제인도주의단체와 북한 주민을 잇는 대화와 정보 교환의 채널이 형성되었다. 국제사회의 지원은 초기 단순 구호성 식량지원에서 농업, 산림, 축산, 보건, 의료 등 개발지원으로 발전하고 있다. 2002년 4월 기준 인도지원 활동은 북한 전체 인구의 85%와 211군(郡) 중 163군에 미치고 있다(Smith, 2005). 2003년을 기점으로 한 아래 표는 북한을 둘러싸고 있는 국제기구 및 NGO의 네트워크를 보여주고 있다.

---

2 세계식량계획은 식량, 세계보건기구와 유엔아동기금은 보건의료, 유엔개발계획과 식량농업기구는 영농자재 지원 등 특화된 지원을 실시하고 있다. 북한 유엔대표부가 1995년 8월 유엔인도지원국(UNDHA, 후에 유엔인도지원조정국, 즉 UNOCHA로 변경됨)에 긴급지원을 공식 요청하였다. 동년 9월 12일 대북지원 관련 유엔기구 공동으로 국제사회에 지원을 호소하여, 1차(1995년 9월-1996년 6월)로 927만 달러를 모금, 지원하였고, 2차(1996년 7월-1997년 3월)로 3,470만 달러, 3차(1997년 4-12월) 15,781만 달러, 4차(1998년) 21,587만 달러, 5차 1999년 18,980만 달러가 지원되었다. UN 합동호소에 참여한 주요 국가는 미국, 일본, 유럽연합, 한국, 캐나다, 호주 등이다(배성인, 2004, 261-263). 비정부기구의 북한 지원 활동의 경험과 교훈은 Flake and Snyder (2003)을 참조.

〈표 1〉 북한 상주 인도/개발 지원 기구 현황(2003년 현재)

지역	기구
평양	유엔: FAO, UNDP, UNICEF, WFP, WFP-FALU, WHO, UNFPA, OCHA 후원: AidCo (Food Security Unit), Humanitarian Aid Office (ECHO), Italian Development Cooperation (ITDCO), Swiss Agency for Development Cooperation (SDC) 국제기구: IFRC, ICRC 비정부기구: (상주) Adventist Development and Relief Agency (ADRA), Campus fur Christus, Cooperazione e Sviluppo (CESVI), Concern Worldwide, Deutsche Welthungerhilfe (GAA), Handicap International (HI), Premiere Urgence, PMU Interlife, Triangle GH (비상주: FALU를 통해서) Caritas, World Vision, ACT, CFGB
함경북도	ADRA, FALU, UNICEF, WFP, WHO, UNDP
량강도	FALU, SDC, UNDP, UNICEF, WFP, WHO
자강도	FALU, FAO, IFRC, SDC, UNICEF, UNDP, WFP, WHO
평안북도	Campus for Christus, DWHH, FALU, FAO, ICRC, IFRC, UNDP, UNFPA, UNICEF, WFP, WHO
평안남도	ADRA, Concern, EC, DGDev, FAO, ICRC, IFRC, PMU, Premiere Urgence, SDC, Triangle, UNICEF, UNDP, WFP, WFP-FALU, WHO
남포	FALU, UNDP, UNICEF, WFP, WHO
황해북도	ADRA, Campus for Christus, FAO, IFRC, SDC, UNDP, UNICEF, WFP, WHO
황해남도	ADRA, Campus for Christus, CESVI, DWHH, AidCo, FALU, FAO, UNDP, UNFPA, UNICEF, WFP, WHO
개성	ADRA, FALU, FAO, IFRC, UNDP, UNICEF, WFP, WHO
강원도	CESVI, FALU, FAO, ITDCO, UNDP, UNICEF, WFP, WHO
함경남도	Campus for Christus, FALU, FAO, ITDCO, UNDP, UNICEF, WFP, WHO

출처: Smith(2005, xviii-xix).

아래 표는 2000년부터 2012년 사이 농업, 식량, 보건, 식수와 공중위생 분야의 연도별 대북 인도적 지원 규모와 전달자(channel) 및 기부자(donor)별 지원액을 보여주고 있다.

〈표 2〉 국제사회의 인도적 지원과 전달자 및 기부자별 총합계

(a) 국제사회의 연도별 지원

(단위: 천 달러)

연도	총 지원(Funding)	미이행 약정액 (Uncommitted pledges)
2000	224,149	0
2001	377,599	0
2002	360,835	0
2003	182,886	3,814
2004	301,784	0
2005	46,168	3,660
2006	40,043	10,496
2007	103,065	13,915
2008	56,697	0
2009	61,330	0
2010	24,492	0
2011	98,350	164
2012	97,509	0
합계	1,974,908	32,050

(b) 2000-2012년 전달자 종류별 총합계

(단위: 천 달러)

지원 단체 종류	총 지원 (Funding)	미이행 약정액 (Uncommitted pledges)
UN 기구	1,301,728	2,924
정부	213,005	10,000
NGO	151,122	0
기타	60,757	6,545
민간 기구	16,357	11,717
적십자/적신월	226,733	865
비 명시	5,205	0
총합	1,974,908	32,050

(c) 2000-2012년 기부자 별 총합계

(단위: 천 달러)

대표 기부자(Donor)	총 지원 (Funding)	미이행 약정액 (Uncommitted pledges)
적십자/적신월(Red Crescent)	20,684	0
UN 기구	61,679	0

대표 기부자(Donor)	총 지원 (Funding)	미이행 약정액 (Uncommitted pledges)
호주	42,062	615
오스트리아	435	0
브라질	4,315	0
캐나다	37,767	0
이월금	147,189	0
유엔중앙긴급구호기금(CERF)	75,265	0
중국	3,218	0
쿠바	1,241	0
키프로스	12	0
체코	274	0
덴마크	13,456	0
이집트	3,881	0
에스토니아	41	0
유럽연합 집행위원회	115,534	5,819
핀란드	12,993	0
프랑스	2,543	0
독일	47,626	0
그리스	37	0
헝가리	133	0
아이슬란드	13	0
인도	1,000	0
아일랜드	7,598	0
이탈리아	34,745	0
일본	247,247	0
한국	412,306	11,017
쿠웨이트	0	250
리히텐슈타인	57	0
룩셈부르크	4,582	0
네덜란드	10,321	0
뉴질랜드	2,372	0
노르웨이	43,042	0
OPEC 기금	287	0
폴란드	63	164
민간 기구	176,402	11,717
러시아 연방	16,453	0
사우디아라비아	9,042	0
싱가포르	35	0

대표 기부자(Donor)	총 지원 (Funding)	미이행 약정액 (Uncommitted pledges)
남아프리카 공화국	301	0
스웨덴	72,247	1,860
스위스	34,859	0
터키	170	0
영국	7,946	609
미국	250,941	0
다수 기부자	52,490	0
합계	1,974,908	32,050

주: 총 지원(Funding)=기부액(Contributions)+기부 약정액(Commitments)
출처: 유엔 인도지원조정국(UN Office for the Coordination of Humanitarian Affairs: UNOCHA)의 FTS(Financial Tracking Service), http://fts.unocha.org, 2012년 11월 6일 기준.

북한과 국제사회의 의존 네트워크가 형성된 이후부터 평양 당국은 비교적 세련된 솜씨로 외부로부터 지원을 유도해 내는 원조외교(aid diplomacy)를 이어가고 있다. 북한정권은 지난 15년 남짓 기간 동안 비교적 안정된 외부 공급을 받고 있다. 마크 매닌(Mark Mannyin)에 의하면 평양은 한 국가로부터 공급이 끊기면 다른 국가로 공급선을 옮겨 타는 기회주의적 모습을 보이고 있다. 다자 형태의 후원보다 양자 관계의 지원을 선호하며, 모니터링 등 조건부 지원을 최소화하려 애쓰고 있다. 한국과 중국이 지원을 늘리면 엄격한 모니터링을 요구하는 WFP의 지원을 축소시키는 식이다. 평양은 호시절에는 강경한 협상 태도를 견지하다가, 곤궁한 시절이 돌아오면 한결 부드러워진 태도를 보이는 등 유연성을 갖추고 있는 것으로 평가된다. 2008년 남북관계 냉각 시에는 미국에게 지원을 요청하면서 고강도 모니터링 조건을 수용하기도 하였다. 1995년 이후 국제사회는 1천 2백만 톤 이상의 식량을 북한에 지원해 오고 있다. 거의 매년 40만 톤 이상을 지원하고 있으며, 중국·한국·미국·일본의 지원이 75% 이상을 차지하고 있다(Manyin, 2010; Manyin and

Nikitin, 2012, 13-15). 아래에서 탈냉전시기 북한과 주요 국가 사이 후원-의존 네트워크를 (김정일 사망 시점인 2011년 말까지) 국가별로 살피기로 한다.

1. 한국

탈냉전의 공간에서 남북 교류협력은 남한의 보수, 진보 연합(coalition)의 진퇴와 북한의 도발과 협상의 변주에 좌우되었다. 남북 경제교류는 1989년 현대 정주영 회장의 방북과 1991년 대우 김우중 회장의 방북이 시발점이 되었다. 2000년 이후 남북교역이 외형적 팽창을 기록하면서, 2005년 교역액이 최초로 10억 달러를 넘어섰다. 2007년 남북교역액이 북한 전체 교역액의 38.9%를 차지하면서 정점에 달했다가, 2009년에는 33%를 기록하며 정체를 보였다. 2010년 5.24 조치로 개성공단 운영을 제외한 남북교역이 중단되었다.[3]

[3] 일본의 World Trade Search(WTS)는 세계 190여 개국의 거울통계(mirror statistics)를 통해서 2006년 북한의 수출총액을 약 22억 달러, 수입총액 약 34억 달러, 합계 약 56억 달러로 추산하고 있다. 2006년 기준 북한의 대외교역 상위 5개국은 중국(30.4%), 한국(24.1%), 인도(10.7%), 태국(7.1%), 예멘(3.9%)의 순이다. 북한의 제1수출품목은 전기기기류로 중국, 한국, 태국에서 수입하여 조립 및 가공을 거쳐 인도, 멕시코, 한국, 홍콩, 일본 등으로 수출하고 있다. 제2수출품목인 의류는 한국과 중국에서 원자재를 도입, 가공하여 한국, 중국, 독일 등으로 수출하는 패턴을 보이고 있다(정광민 2008).

〈표 3〉 남북 교역과 인도적 대북지원

(단위: 남북 교역액=백만 달러, 인도적 대북지원=억 원)

	남북 교역액 현황			대북지원		
	반입	반출	합계	정부 차원	민간 차원	총액
1990	12	1	13			
1991	106	6	112			
1992	163	11	174			
1993	178	8	186			
1994	176	18	194			
1995	223	64	287	1,854	2	1,856
1996	182	70	252	24	12	36
1997	193	115	308	240	182	422
1998	92	130	222	154	275	429
1999	122	212	334	339	223	562
2000	152	273	425	2,035	387	2,422
2001	176	227	403	975	782	1,757
2002	272	370	642	2,650	576	3,226
2003	289	435	724	2,607	766	3,373
2004	258	439	697	2,672	1,558	4,230
2005	340	715	1,055	3,147	779	3,926
2006	520	830	1,350	2,273	709	2,982
2007	766	1,032	1,798	3,488	909	4,397
2008	932	888	1,820	438	725	1,163
2009	934	745	1,679	294	377	671
2010	1,044	868	1,912	204	200	404
2011	914	800	1,714	65	131	196

출처: 통일부(http://www.unikorea.go.kr), 통계자료.
(검색일: 2012.8.5, 정부 차원의 지원은 무상 지원, 민간기금지원액, 식량차관을 모두 합한 액수임)

1995년 쌀 15만 톤 제공으로 시작된 대북지원은 1995년부터 2011년 말까지 총 지원 규모가 3조 2,052억 원에 달했으며, 이 중 정부 차원의 지원이 2조 3,459억 원을 차지했다. 김영삼 정부 때는 1995년 식량지원 이후에는 소극적인 자세로 돌아섰다. 김대중 정부 첫해와 두 번째 해에는 주춤하던 대북지원은 2000년 정상회담을 계기로 증가세로 돌아선다. 임동원(2008, 352)의 회고에 의하면 "실제로 국민의 정부 5년간 정부차원에서 쌀 70만 톤, 옥수수 43만 톤, 비료 91만 5,000톤, 그리고 민간차원에서 옥수수 약 8만 톤, 밀가루 약 3만 톤이 직접 북한에 지원되었다"고 한다. 햇볕정책을 계승한 참여정부의 대북지원은 규모 면에서 더욱 커졌다.

김대중, 노무현 정부 시절 대북지원이 상승세를 타다가, 이명박 정부 들어서 정부차원, 민간차원 지원이 모두 감소세로 돌아섰다. 연 50만 톤의 식량과 30만 톤의 비료 지원이 중단되었고, 2009년 이후 금강산 관광, 개성 관광, 평양 관광 등 모든 관광 프로그램이 중단되었다. 2010년에는 천안함과 연평도 사건이 발생하면서 남북 간의 긴장은 더해졌고, 이명박 정부는 개성공단사업을 제외한 남북 교역 중지, 국민의 방북 불허, 북한 선박의 우리측 수역 항해 금지를 포함한 5.24 조치를 발표하였다(한동호, 2011). 이명박 정부 때 대북 지원은 노무현 정부에 비해 1/5 이하로 축소되었고, 비료, 식량 등 식량난 해소 지원은 사라진 가운데 보건, 의료 교육 분야의 지원에 치중하였다. 북한의 대남접촉 창구는 초기 조선아태평화위원회, 민화협, 민경련에서 점차 농업과학원, 협동농장, 병원, 제약공장, 구강예방원, 유치원, 탁아소 등으로 확장되었다(최대석, 2004, 235-254).[4]

국민의 정부 출범 이후 시민단체가 활발하게 대북지원에 참여하게 된다. 민간 차원의 대북지원은 1998년도의 275억 원 수준에서 2004년의 1,660억 원 규모로 성장했다. 시민단체들은 식량, 의류, 생필품 지원에서 농업협력사업, 보건의료 지원사업 등 다양하게 사

[4] 통일노력60년 발간위원회(2005, 308)는 김대중 정부 시절 정부차원의 대북지원액을 총 3,425억 원(2억 7,208만 달러)으로 잡고 있다. 한나라당 진영 의원은 김대중 정부와 노무현 정부 10년 동안 중앙정부, 지방정부, 민간단체의 유무상 지원을 모두 합해 대북 지원금 총액을 8조 3,805억 원으로 주장하고 있다. 이는 김대중 정부 시절 2조 7,028억 원과 노무현 정부 시절 5조 6,777억 원을 합한 액수이다. 동아일보, 2008.9.30 참조. 대북지원의 범위에 대한 이견으로 통계가 데이터마다 차이를 보이고 있다.

업을 펼쳤다. 대표적인 대북지원 민간단체를 성격별로 보면 아래와 같다:

- 종교단체: 남북나눔운동, 예장총회사회부, 한국기독교총연합회, 천주교민족화해위원회, 불교종단협의회, 좋은벗들, 한국JTS, 은혜심기운동본부
- 보건단체: 대한결핵협회, 대한의사협회, 한국건강관리협회
- 남북협력단체: 국제옥수수재단, 남북어린이어깨동무, 우리겨레하나되기운동본부, 우리민족서로돕기운동, 평화의 숲, 어린이의약품지원본부
- 구호단체: 굿네이버스인터내셔날, 동방사회복지회, 월드비전, 유진벨재단, 한국국제기아대책기구, 한민족복지재단, 나눔인터내셔날
- 기타: 남북협력강원도운동본부, 남북협력제주도민운동본부, 새마을운동중앙회(통일노력 60년 발간위원회 편, 2005, 312-318)

2009년 10월 현재 통일부에 등록된 대북 관련 단체는 모두 238개로, 통일 활동 전반 63개, 학술연구단체 37개, 경제협력 12개, 사회문화협력 35개, 인도지원협력 51개, 새터민 지원 35개, 개성공단 관련 2개, 통일교육 관련 3개의 기구들이 활약하고 있다. 이들 단체들의 활동은 초기 단순 물자지원에서 교류협력사업, 개발지원사업으로 전환되었다. 우리민족서로돕기는 천주교, 기독교, 불교 등 6대 종단과 시민단체가 연합한 단체로서 농업과 보건의료 분야와 개발복구 지원사업을 중점 추진하고 있다. 국제옥수수재단은 북한의 주요 식량작물인 옥수수를 대상으로 대북지원사업을 펼치고 있는데 영농물자, 시험 재료, 기술 제공의 활동을 펼친다(라미경, 2011, 205-240).

2. 중국

탈냉전의 공간에서 중국은 원하던, 원치 않던 지속적으로 북한의 정치, 경제 후원자 역할을 맡아왔다. 본 연구의 시간적 공간에 한해 중국의 대북지원은 변수가 아닌 상수라고 할 수 있다. 대북 지원은 외형상 상무부가 총괄하지만 군과 당 헤이룽장 성, 지린 성, 랴오닝 성을 포함하는 지방정부까지 나서고 있다. 한 연구에 의하면 중국은 1995년 식량 10만 톤, 1996년 식량 10만 톤, 1997년 식량 15만 톤, 1998년 식량 10만 톤·비료 2만 톤·원유 8만 톤, 1999년 식량 15만 톤·코크스 40만 톤, 2001년 식량 20만 톤을 북한에 무상 제공하였다. 1999년 대북원조액은 5,000만 위안, 2001년 7,000만 위안, 2002년 5,000만 위안으로 추산되고 있다. 북핵 문제를 풀기 위한 6자회담이 시작된 2003년 중국은 북한 경제 건설을 위한 경제원조와 무상지원 확대 의사를 표명하였으며, 2005년에는 53만 톤의 식량원조를 했다(이태환, 2007, 274-275). 다른 통계는 중국의 대북 식량지원을 2001년 42만 톤, 2005년 44만 톤, 2007년 28만 톤으로 잡고 있다. 2000년대 후반 경제적인 측면에서 북한의 대중 의존이 심화되는 것으로 관측되고 있다. 북한 시장에서 판매되는 원자재, 설비 가운데 80% 이상, 북한 종합시장에서 유통되는 식료품과 공산품의 50% 이상이 중국산으로 추정된다(최명해, 2010). 중국은 북한에 대해 경제적 관여를 하며, 북한이 중국식 개혁개방을 받아들이기를 희망하고 있다.

후진타오 주석 시대에는 정부주도, 기업위주, 시장중심의 원칙을 수립하여 대북지원의 지침으로 삼았다. 2003년 이후 북한과 중국 사이 교역이 급증하였고, 단순 교역에서 벗어나 지하자원 개발 투자가 두드러졌다. 2009년 10월 원자바오 총리 방북 시 중국은 압록강 대교 건설과 나진항 공동개발 의향을 표명하였다. 중국은 2009년 7월 초 요녕성의 '요녕연해경제벨트지역발전계획'을, 8월 말 '창지투(長吉圖)'를 선도구로 하는 길림성의 '두만강구역합작개발계획강요'를 국가전략으로 승인하였다. 2011년 초 북한과 중국은 나선특구개발, 황금평 개발, 지하자원 공동개발에 관한 여러 양해각서와 협정에 서명하였다. 또한 중국은 대북한 육로-항만-구역 일체화 프로젝트(신압록강 대교, 황금평 및 위화도 개발, 훈춘-권하-원정 도로 현대화, 나진 및 청진항 개건 등)를 추진하고 있다(박형중, 2011, 1-2; 전봉근, 2011, 8; 이형훈, 2011, 3-19; 림금숙, 2013, 138-155).

미국 닉슨 센타의 드루 톰슨은 중국의 대북 투자액을 <표 4>와 같이 정리하고 있다. 임수호(2011, 3-4)는 2003년부터 2009년 사이 중국의 순누적투자액을 1.25억 달러로 보며, 실제 투자액은 통계를 상회할 것으로 예측하고 있다. 드루 톰슨(2011, 46)에 의하면 1997년부터 2010년 4월까지 138개 합작기업이 설립되었다. 대북 투자기업들의 지역별 분포를 보면 길림성과 요녕성 기업이 62%를 차지하고 그 외 베이징, 산동, 상하이 등이다. 투자 형태로는 41%가 채취산업에, 38%가 경공업에, 13%가 서비스업에, 8%가 중공업 분야에 투자하고 있다. 중국의 대북투자는 지하자원 개발에 집중되고 있으며, 2004년에서 2009년 사이 중국의 기업과 지방정부가 북한 각지 주요 광물자원의 투자개발 및 채굴권을 확보하였다.[5] 중국은 또한 '동북3성 진흥계획'을 추진하는 것과 연계하여 2000년대 중반 이후 인근 항구 및 백두산 관광단지 개발, 김책제철연합기업소 근대화,

5 투자개발 대상은 함경북도 강안탄광, 오룡광산, 무산광산, 함경남도 덕성광산, 장진광산, 상농광산, 양강도 보천탄광, 혜산청년광산, 8월광산, 문락평광산, 평양북도 덕현광산, 룡등탄광, 룡문탄광, 덕현탄광, 시천탄광, 평안남도 2.8직동청년탄광, 천성청년탄광, 룡흥탄광, 황해남도 옹진광산, 황해북도 은파광산, 수안광산 등이며 종목은 갈탄, 철, 몰리브덴, 금, 은, 동, 무연탄, 연, 아연을 아우른다(이원경, 2011, 51-52).

북중합작 철도회사 발족, 압록강변 발전소 공동개발 등 북한과 접경 지역에 대한 투자를 확대하고 있다. 이외에도 국제여객버스 운행 및 백화점 운영 등 서비스 분야, 어업 개발, 제조업 분야에 대한 투자가 이어지고 있다.[6]

〈표 4〉 중국의 대북 투자, 원유 수출 및 북중 교역

(a) 중국의 대북투자

(단위: 백만 달러)

년도	2003	2004	2005	2006	2007	2008	2009
금액	1.12	14.13	6.5	11.06	18.4	41.23	5.86

출처: 드루 톰슨(2011, 45).

(b) 북중 교역

(단위: 백만 달러)

연도	북한의 수출	북한의 수입	합계
1990	125	358	483
1991	86	525	611
1992	155	541	696
1993	297	602	899
1994	199	425	624
1995	64	486	550
1996	69	497	566
1997	122	535	657
1998	57	356	413
1999	42	329	371
2000	37	451	488
2001	167	573	740
2002	271	467	738
2003	395	628	1,023
2004	586	800	1,386

6 제조업 분야에는 2004년 조선영초건재품합영회사(석면 스레트 생산), 영광가구합영회사, 2005년 평양전기기구합영회사, 평진자전거합영회사, 2006년 조선은풍합영회사(사료첨가제), 2008년 평양아명조명합영회사, 평양백산연초유한책임회사(담배) 등이 설립되었다(이원경, 2011, 52-55).

연도	북한의 수출	북한의 수입	합계
2005	499	1,081	1,580
2006	468	1,232	1,700
2007	582	1,392	1,974
2008	754	2,033	2,787
2009	793	1,888	2,681
2010	1,188	2,278	3,466
2011	2,464	3,165	5,629

출처: KOTRA 데이터. 김석진 통일연구원 연구위원 제공.

(c) 중국의 대북한 원유 수출

	북한으로 수출량 (만 톤)	북한으로 수출액 (100만 달러)	북한가격 (달러/톤)	국제가격 (달러/톤)	북한으로 수출총액 (100만 달러)	원유비중 (%)
1988	120	74	62	97	345	21.5
1989	-	-	-	-	-	-
1990	106	68	64	153	358	18.9
1991	110	148	134	130	525	28.1
1992	102	123	121	128	541	22.7
1993	104	134	129	122	602	22.3
1994	105	122	116	111	424	28.7
1995	102	131	128	119	486	26.9
1996	93.6	118.6	127	137	497	23.9
1997	50.6	64.6	128	138	535	12.1
1998	50.4	48.4	96	99	356	13.6
1999	31.7	31.0	98	107	329	9.4
2000	38.9	75.6	194	207	451	16.8
2001	57.9	108.8	188	183	573	19.0
2002	47.2	76.5	162	169	468	16.4
2003	57.4	121.0	211	204	627.7	19.3
2004	53.2	139.3	262	241	799.5	17.4
2005	52.3	197.7	378	334	1,081.1	18.3
2006	52.4	246.9	471	432	1,232.3	20.0
2007	52.3	282.0	539	435	1,392.5	20.3
2008	52.9	414.3	783	709	2,032.4	20.3
2009	52.0	238.6	459	425	1,886.9	12.6
2010	52.8	325.8	617	543	2,278.5	14.3
2011 1-9월	40.7	397.2	979		2,374.3	16.7

자료: 일본 세이난학원대학 오가와 교수 작성. 인용은 정은이(2013, 88).

북한과 중국은 1992년 정부 간 장부기제방식에 의한 물물교환을 중지하고 새로운 무역협정을 통해 국제통화 결제에 의한 무역방식을 채택하였다.[7] 1980년대 말부터 중국의 대북 수출이 급증하기 시작하였고, 이후 중국의 수출 초과 현상이 지속되고 있다. 1990년대 중후반 양국 교역 절대액이 감소 추세를 보이기도 하였으나, 2000년대 이후 지속적 증가세를 보이고 있다. 2009년에는 중국과 무역이 북한 전체교역액의 50%를 상회하였다. 2011년 현재 중국은 북한의 제1교역국으로 자리매김하고 있다. 중국의 대북 수출에서 원유는 10~30%의 비중을 차지하고 있다. 1980년대 북한은 중국에서 100만 톤, 소련에서 100만 톤, 중동에서 50만 톤 등 연간 250만 톤 정도의 원유와 석유제품을 수입했던 것으로 전해진다. 2000년대 북한은 중국에서 매년 50만 톤 내외의 원유를 구입하고 있다.[8] 북한과 중국 사이 전략적 불신으로 군사적 의존은 의외로 미약하다. 중국의 대북 군사원조는 형식적인 것에 그치고 있고, 지난 10여 년간 주요 군사무기 수입국 순위에서도 1위 카자흐스탄(58%), 2위 러시아(27%)에 이어 중국(16%)은 3위를 기록하고 있다(최명해, 2010).

3. 미국

탈냉전의 공간에서 북미관계는 심한 부침을 겪었고, 그에 따라 미국

---

7 1995년부터 중국은 대북원조를 재개하고, 잠시 중단되었던 구상무역과 우호가격을 부활시킨 것으로 전해진다(이종석, 2000, 265-306).

8 북한의 전체 원유 도입량을 한국의 KOTRA는 61.3만 톤(2004년), 52.3만 톤(2005년), 52.4만 톤(2006년)으로, 일본의 World Trade Search(WTS)는 75.4만 톤(2004년), 132.2만 톤(2005년), 127.9만 톤(2006년)으로 추정하고 있다. KOTRA 데이터에 비해 WTS 데이터는 카타르, 예멘, 가봉 등의 수입원을 추가로 포함하고 있다(정광민 2008). 후자를 기준으로 볼 때 중국이 북한 에너지 수요의 90%를 제공한다는 주장은 과장된 듯하다.

의 북한에 대한 지원도 영향을 받았다. 워싱턴은 대외적으로 인도적 지원은 정치적 고려 없이 행해지고 있다고 발표하고 있지만, 사실상 미국의 대북 지원은 북핵 협상의 진전 등 정치적 요소의 영향을 많이 받는 것으로 보인다. 냉전의 막바지였던 1988년 10월 미국 정부는 대북한 제재조치의 제한적 완화를 단행했다. 동 조치는 북한 학자 및 문화인의 민간 차원 미국 방문 장려, 미국인들의 북한 방문 제한 완화, 인도적 차원 대북 교역 허용, 미 외교관의 북한 외교관 접촉 허용 등 4개항으로 이루어져 있었다(정문헌, 2004, 36- 38). 이후 미국의 대북 지원은 핵협상에 따른 보상과 인도주의적 지원이 주종을 이루고 있다.

1995년부터 2008년 사이 미국은 북한에게 13억 달러 이상의 지원을 했다(50% 이상 식량 지원, 약 40% 에너지 지원, 소액의 의료품). 2009년 초반부터 2011년 말까지는 지원이 중단되었다. 미국의 에너지 지원은 1995~2003년과 2007~2009년의 두 기간에 걸쳐 북한의 플루토늄 핵시설 동결의 대가로 지원되었다. 1994년 10월 제네바 북미 합의각서(Agreed Framework)는 영변 플루토늄 핵시설 동결의 대가로 경수로 2기와 중유(HFO) 제공(경수로 건설 기간 동안 매년 50만 톤)을 규정하였다. 1995년부터 2002년 사이 미국은 KEDO를 통해서 4억 달러 이상의 중유를 제공하였다. 북한과 미국은 1999년 9월 7일부터 12일까지 베를린에서 고위급회담을 갖고 북한이 장거리 미사일 발사를 유예하며, 미국은 대북 경제제재 일부를 해제한다는 합의에 도달하였다. 부시 행정부는 2002년 12월 북한의 우라늄 프로그램 존재 의혹을 이유로 에너지 지원을 중단하였다(Manyin and Nikitin, 2012, 1-17). 이후 부시 행정부는 2004년 여름 북한 인권법 제정, 2005년 가을 BDA 은행 '돈세탁 우려 대상' 지목 등 제재 위주 대북정책을 구사하였다.

북한의 1차 핵실험 이후 재개된 6자회담을 통해서 2007년 2.13 합의가 채택되었다. 관련국들은 영변 플루토늄 핵시설 동결 및 불능화와 연계하여 중유 백만 톤(5개국이 20만 톤씩) 상당의 경제, 에너지, 인도주의적 지원을 결정하였다. 부시 행정부는 2007년 중유 지원을 재개하여 2008년 12월까지 약속했던 중유 20만 톤 배달을 완료하였다. 1996년 이래 미국은 220만 톤의 식량(8억 달러어치)을 주로 WFP(90% 이상)를 통해서 북한에 지원하였다. 1999년 3월 미국은 금창리 지하 핵 의혹 시설 검증의 대가로 곡물 60만 톤 제공에 합의하였다. 2007년 홍수가 나고 중국과 한국의 지원이 감소하자 북한은 미국에게 손길을 내밀었다. 2008년 5월 USAID는 1년 동안 50만 톤의 식량 지원을 발표하고, 6월부터 지원이 시작되었다. 40만 톤은 WFP를 통해서, 10만 톤은 비정부기구를 통해서 전달할 계획이었으나, WFP를 통한 지원은 8월 이후 중단되고, 비정부기구를 통한 지원은 이듬해 3월까지 지속되어 목표량 중 일부만이 전달되었다. 북한은 2009년 4월 대포동 2호 발사와 5월 2차 핵실험을 단행하였다(안문석, 2007, 13-26; 김종대, 2010; Manyin and Nikitin, 2012, 1-17).

정식 국교가 없는 양국관계의 속성상 미국의 시민사회와 종교단체들이 양국을 잇는 이음새 역할을 해주고 있다. 특히 유진벨 재단(Eugene Bell Foundation), 조선의 그리스도인 벗들(Christian Friends of Korea), 글로벌 리소스 서비스(Global Resource Services), 월드 비전(World Vision) 등이 결핵 치료, 의약품 제공, 보건사업, 농장 운영 지원, 식량 지원 등 인도주의 사업을 전개하였다.[9]

[9] 이 외에도 아래 단체들이 활동하고 있다. 헬핑 핸즈 코리아(Helping Hands Korea), 주빌리 캠페인(Jubilee Campaign), 해븐즈 페밀리(Heaven's Family), 오픈 도어즈(Open Doors), 머시 코어즈(Mercy Corps).

4. 일본

일본의 대북지원은 본 관찰 기간 중 처음에는 너그러웠으나 나중에는 야박해진 전후후박(前厚後薄)의 형태를 띠고 있다. 도쿄는 애초 주요한 대북 교류 및 지원국이었으나 납북, 북핵 문제가 악화되면서 교류 및 지원을 중단하였다. 일본은 1995년 북한이 곤궁에 처하자 바로 식량 지원에 나섰다. 그러나 1998년 8월 북한이 광명성 1호를 발사하자 일본 정부는 대북 전세기 운항 중단, 비공식적 접촉 제한, 식량 원조 및 KEDO에 대한 협력 동결 등을 포함하는 대북제재조치를 단행하였다. 1999년 9월 북미 베를린 미사일 회담 타결 이후 곧 대북제재 대부분을 해제하고 식량 지원을 재개하였다. 2000년에는 4월, 8월, 10월 연이어 북일 회담을 열었고, 2000년 쌀 18만 톤, 2001년 32만 톤을 지원한 바 있다. 2002년 10월 HEU 프로그램을 둘러싼 북미 사이 긴장은 다시금 북일관계에 영향을 미쳤다. 북한의 주요 후원국 중 하나였던 일본은 납북자/북핵 문제가 악화되자 2002년부터 대북지원을 중단하였다. 고이즈미 준이치로 총리가 2002년 9월, 2004년 5월 2차례에 걸쳐 평양을 방문하는 등 적극적으로 대북 교섭에 나섰으나 양국관계는 납치 문제, 핵 문제로 벽에 부딪치게 된다(조양현, 2008). 2006년 7월 5일 북한이 대포동 2호를 포함하여 7발의 미사일을 시험 발사하자 일본이 가장 먼저 독자적인 대북제재 조치를 내놓았다. 9월 말 아베 신조 총리의 등장과 함께 일본은 대북 강경노선을 걷게 된다. 5억 달러 안팎을 기록하던 북일 교역은 2002년 들어 4억 달러 아래로 하락했다. 2003년 북일 무역 규모는 전년도 대비 약 70% 대를 기록하였다. 2002년도 북한 총교역액 중 16.3%를 차지하던 북일교역은 2003년도에는 11.1%로 하락하였다(임재형, 2007, 157-241). 이후 북일교역 규모는 계속 준어 2010년 전후 양국 사이 거래가 끊기게 된다.

〈표 5〉 북일 교역

(단위: 백만 달러)

연도	북한의 수출	북한의 수입	합계
1990	301	176	477
1991	284	225	509
1992	257	223	480
1993	252	217	469
1994	323	170	493
1995	340	253	593
1996	291	227	518
1997	310	179	489
1998	219	175	394
1999	203	146	349
2000	257	207	464
2001	226	248	474
2002	234	132	366
2003	174	92	266
2004	163	89	252
2005	131	62	193
2006	78	44	122
2007	-	9	9
2008	-	8	8
2009	-	3	3
2010	-	-	-
2011	-	-	-

출처: KOTRA 데이터. 김석진 통일연구원 연구위원 제공.

5. 러시아

냉전시대 북한과 소련의 전통적인 우방관계는 1980년대 중후반부터 소원해지기 시작했다. 한소 수교와 러시아의 등장을 거치면서 양자 관계는 더 악화되었고, 양국 간 경제거래 또한 급감하였다. 그러나 러시아는 차츰 아시아태평양 지역과 한반도에서 정치적 영향력 복원을 꾀하면서 북한과 관계를 개선하기 시작했다. 북한과 러시아는 2000년 북러 친선선린 및 협조조약을 체결하였고, 2000년 7월

평양, 2001년 8월 모스크바, 2002년 8월 블라디보스톡에서 3차례 정상회담을 가졌다.

1990년 소련은 북한 전체 무역의 50%를 상회하는 제1교역국가였으나 이듬해에는 14%까지 격감하였다. 그 후로도 북한-러시아 교역은 감소세를 보여 2000년대 1~6%대의 낮은 수준을 보였다. 2000년대에 북러관계는 현저하게 개선되었으나 경제적 상호의존만은 회복되지 못했다. 약 38억 루블 상당 북한의 대러 채무는 양국 관계개선에 장애물로 작용하고 있다. 러시아는 북한 문제에 대한 영향력 향상을 지속적으로 도모하고 있으나 경제 투자에는 아직 인색한 면모를 보이고 있다. 이러한 상태는 에너지 협력 등 북방경제가 원활하게 가동하기 전까지는 지속될 가능성이 있다(Moltz and Mansourov, 2000).

2011년 8월말 바이칼 호수 인근에서 개최된 북한-러시아 정상회담은 양국 간 거리를 좁힐 수 있는 계기를 마련하였다. 두 정상은 6자회담 재개, 남북러 가스관과 전력망 연결, 대러 채무, 군사협력, 농업협력 등의 의제를 놓고 토론을 벌인 것으로 보인다. 이외에도 러시아의 대북 원유 지원과 나선 특구 투자, 극동 지역에 북한 노동자 추가 파견, 고위 군인사 교류 확대와 군사장비 및 부품 제공, 철도 연결 사업에 대한 논의 가능성이 있다(고재남, 2011, 6; 신범식, 2011, 2; 여인곤, 2011, 2-3; 조민, 2011, 5). 철도, 가스, 전기를 매개로 한 북러 협력 논의는 경제적 실익과 함께 중국 견제라는 정치적 고려도 작용하고 있는 것으로 관측되고 있다.

6. 유럽

북한은 대미, 대일 외교에 힘쓰면서 동시에 서유럽에 대한 외교 노력 또한 배가시켰다. 북한은 탈냉전 이후 새 국제질서에 적응, 미국 특히 부시(George W. Bush) 행정부의 압박에 대한 대응 카드, 경제지원 확보의 차원에서, 유럽연합은 미국과 대등한 동반자관계를 추구하고 아시아에서 영향력을 확보하는 차원에서 서로에 접근했다. 유럽연합은 대북지원을 통한 개혁개방 촉진, 인권개선, 민주주의 촉진, 대량살상무기 문제 해결에 관심을 갖고 있다.

북한과 유럽은 1990년대 중반 이후 학자 및 경제 관료 연수를 통한 자본주의 학습, 농업과 에너지 분야 경제협력을 위한 기초활동, 자동차 또는 섬유 분야 투자 상담, 식량과 의료 분야 인도주의 지원 등 다양한 협력 채널을 구축하고 있다. 유럽의 대북지원은 초기 단순 식량 지원에서 협동농장 재건, 농업기술 지원 등 구조적 개혁으로 옮아가고 있다. 유럽연합 대표단이 1998년 5월 나진선봉 경제무역지대를 방문한 데 이어 1998년 12월, 1999년 11월, 2000년 11월 북한과 유럽연합은 정치대화를 열어 인도적 지원 확대, 대량살상무기 해결, 남북대화 촉진, 인권문제, 식량지원 투명성 등을 주제로 토론하였다. 북한은 2000년 이탈리아, 영국과, 2001년 네덜란드, 벨기에, 스페인, 독일, 룩셈부르크, 그리스, 유럽연합과, 2003년에는 아일랜드와 수교하였다(김정용, 2005, 57-82).

유럽연합(EU)은 1995년 한반도에너지개발기구(KEDO)에 공식 회원국으로 참여할 것을 결정하고, 경수로 건설 기간 동안 북한에 대체 에너지 제공 동참과 유럽의 과학·산업·기술 차원 지원 의사를 밝혔다. 1995년 9월 유럽 국가 중 독일이 가장 먼저 수재 지원 성명을 발표했다. 동년 10월 유럽연합 산하 유럽인도주의원조사무국(ECHO: European Commission Humanitarian Aid Office)은 북에 29만 에큐(ECU) 긴급 원조를 결정했다. 1995년부터 2011년까지 유럽연합 차원의 대북 총지원액은 3억 66백만 유로에 달하고 있다.

ECHO는 1995년부터 2008년까지 식량·보건·위생 분야 130여 프로젝트를 통해 북의 취약계층에 1억 24백 4십만 유로의 인도주의 지원을 했다. 평양 주재 ECHO 사무소는 2008년 장기 원조로의 전환을 위해 문을 닫았다(김성형, 2005, 29-56).

아래 표는 1995년부터 2004년까지 10년간 약 4억 3,800만 유로의 지원 내역을 담고 있다. 2002년 11월 중순 KEDO 집행이사회가 대북 중유 지원을 12월부터 중단하기로 한 결정이 아래 표에 잘 반영되어 있다. EU의 식량 지원은 개별국가 단위로 이루어지다가 1998년 이후 EU 집행위원회가 지원 식량의 수송과 전달을 전담하고 있다. 2002년 2차 북핵 위기에도 불구하고 인도적 대북 지원은 중단되지 않았다. 유럽연합은 2005년 1,371만 5,000유로, 2006년 800만 유로의 추가집행을 했다(정성장, 2007, 355-413).

〈표 6〉 EU 대북지원

(단위: 백만 유로)

연도	인도적 지원 (ECHO)	식량 지원·농업 재건	NGO와의 협력사업	KEDO	합계
1995	0.29	-	-	-	0.29
1996	0.5	-	-	15	15.5
1997	19.7	57.9	-	15	92.6
1998	4.7	55.2	-	15	74.9
1999	4.8	30	-	15	49.8
2000	8.05	25.3	-	15	48.35
2001	3.365	24.5	-	20	49.865
2002	21.025	20	0.75	20	61.775
2003	17.25	8	0.75	1.3	27.3
2004	10.2	8	-	-	18.2

출처: 정성장(2007, 399).

유럽연합은 북한 대외무역의 10% 안팎을 차지하는 주요 교역 상대 중 하나이다. 2000년대 초반까지는 10~25%의 비중을 기록했었으나, 그 이후 비중이 10% 미만으로 떨어졌다. 유럽연합 구성 국가 중 2005년 기준으로 독일, 네덜란드, 프랑스, 스웨덴과 교역이 전체 유럽연합 교역액의 66%를 차지하고 있다. 북한-EU 교역액은 2000년 2억 5천4백만 달러(북한의 수출 9천만 달러, 수입 1억 6천5백만 달러), 2005년 2억 9천1백만 달러(북한의 수출 9천만 달러, 수입 2억 1백만 달러), 2010년 1억 75백만 유로(북한의 수출 1억 5백만 유로, 수입 7천만 유로)로 나타나고 있다(정성장, 2007, 400; 주한유럽연합 대표부).

유럽의 기독교 계열 NGO들은 단기간의 사회적 평판과 정치적 영향력보다는 장기적이고, 지속가능한 프로젝트에 더 많은 관심을 두고 있다. 유럽의 사회단체들은 공산주의가 용인되는 사회적 분위기, 동구 사회주의국가들과 오랜 시간 공존한 체험을 바탕으로 북한과 같은 닫힌 체제와 상호작용하는 방식을 체득한 것으로 보인다. 주요 단체는 아래와 같다:

- 카리타스(Caritas: Campus für Christus), 아그로 액션(German Agro Action), 아드라(ADRA: Adventist Development and Relief Agency), 에이에스비(ASB: Der Arbeiter Samariter Bund), 캐어(CARE Germany), 월드 비전(World Vision Germany), 메디코 인터내셔널(Medico International).

이 기구들은 대개 온건하고 통합적인 접근 방식을 취하고 있으며, 후원자와 지역민 사이 신뢰관계를 형성하는 바탕 위에서 북한 주민들의 자구 능력을 키워주는 지역 선도의 자구(自救) 프로젝트에 매진하고 있다. 이들은 대부분 정치와 원조의 분리, 필요(need)에 기초한 대응의 원칙 아래 평양 등 대도시에서 떨어진 농촌 지역에서 일반 주민과 직접 대면하는 소규모 활동을 펼치고 있다. 카리타스는 스위스의 기독교 계열 NGO로서 인도주의 견지에서 식량원조, 의약품 및 의료시설 제공, 농업개발, 어린이 지원(의류, 식품, 문방구 등), 교육훈련에 주력하고 있다. 아그로 액션은 농촌과 농업개발을 위해 주민 교육훈련, 종자 개량, 식용 가능 음료 제공, 그린하우스 채소 재배, 인도주의적 구급 의료 제공 등의 활동을 펼치고 있다.[10]

[10] 상기 명시된 단체 외에도 이탈리아의 세스비(CESVI), 영국의 칠드러즈 에이드(Children's Aid Direct Plan), 아일랜드의 컨선 월드와이드(Concern Worldwide), 독일의 한스 자이델 재단(Hanns Seidel Stiftung)과 프리드리히 에버트 재단(Friedrich Ebert Stiftung) 등이 있다. 북한에 상주하던 캡 아나무르(Cap Anamur), 국경없는의사회(MSF), 옥스팜(OXFAM) 등 다수의 기구들이 북한정권의 대응에 실망하고 철수한 바 있다(Park, 2007).

Ⅲ. 북한 노드의 지대추구(rent-seeking)

외래지대 의존국가(rentier state) 또는 지대추구국가라는 용어는 원래 석유 자원에 의존하는 중동 여러 국가들의 정치경제를 분석하기 위해 만들어졌으나 이후 자연자원의 수출에서 발생하는 외래소득과 독재정권의 내구성의 관계를 밝히는 쪽으로 확대되었다(Beblawi and Luciani, 1987). 아랍 산유국들의 경우 석유로부터 벌어들이는 수입이 정부 소득의 90% 이상을, 수출의 95% 이상을 차지한다(Beblawi, 1987, 53). 여기에서 지대(rent)란 "모든 자연자원의 소유로부터 얻어지는 보상", "자연의 선물로서 발생하는 소득" 또는 "비생산적 경제행위를 통해 재부를 획득할 수 있도록 정치적으로 만들어진 기회" 등으로 정의할 수 있다(Beblawi, 1987, 49; 박형중, 2011, 3).

하젬 베블라위(Hazem Beblawi)는 지대추구국가의 일반적 특성을 다음과 같이 정리하고 있다. 첫째, 순수한 지대경제(rentier economy)란 존재하지 않으며, 지대경제는 다만 지대를 통한 수익이 지배적인 경우로 정의할 수 있다. 둘째, 지대경제는 상당 정도의 외래지대에 의존하는 경제를 의미한다. 상당 규모의 외래지대는 강력한 국내 생산 기반의 뒷받침 없이도 경제를 지탱할 수 있게 한다. 셋째, 지대추구국가에서 오직 소수만이 이러한 지대 창출에 관여하며 기타 다수는 그 지대의 분배와 활용에 관여할 뿐이다. 넷째, 지대추구국가에서 외래지대의 주요 수혜자는 정부이다. 베블라위에 의하면 지대경제에서는 소위 지대추구 의식(rentier mentality)이 팽배하게 된다. 이러한 의식의 발생은 전통적인 노동-보상의 인과관계의 단절, 즉 소득 또는 부 따위 경제적 보상이 노동이나 위험 감수와 연계되는 것이 아니라 기회 또는 상황에 연계되는 것에서 기인한다(Bebalwi, 1987, 51-52).

지아코모 루시아니(Giacomo Luciani)의 생산국가와 할당국가의 이분법 또한 지대추구국가 개념 이해와 관련 유용하다. 생산국가는 대부분의 인구가 국가가 아닌 곳에서 소득을 창출하며, 국가는 세금에 의존한다. 국가는 경제성장을 목표로 하는 경제정책을 추진하게 된다. 경제성장이 곧 국가의 수입과 국가의 능력을 증가시키기 때문이다. 할당국가는 국내경제로부터 자유롭기 때문에 경제정책보다는 지출정책에 더 관심을 갖는다. 할당국가는 세금에 의존하지 않으며, 지출을 통하여 재화를 분배한다(Luciani, 1987, 73-74). 지대추구국가가 곧 할당국가라고 할 수 있다.

박형중은 대내 경제개혁을 포기한 2005년 이후 북한이 외래지대 의존국가로 변하였다고 보고 있다. 북한이 개혁을 포기한 이후 외래지대로부터 얻는 소득의 다변화, 극대화 전략을 구사하고 있다는 것이다. 2009년 10월 이후 북한-중국 경제협력의 심화 역시 외래지대 확대전략으로 해석하고 있다. 박형중은 지대의 종류를 원료의 판매를 통해 얻어지는 소득인 원자재 지대, 주요 교통로 또는 하부구조 시설로부터 발생하는 위치 지대, 강대국과 동맹 따위 전략적 입장으로부터 발생하는 전략적 지대, 개발원조 또는 도덕적 원조로부터 얻어지는 정치적 지대, 자국 노동력이 타국 노동시장에 참여하여 번 소득의 이전으로 생기는 이민자 지대 등으로 구분하고 있다. 북한은 2009년 전체 수출액 중 광물성 생산품 수출 40% 이상, 동식물성 제품, 목재류, 귀금속류, 비금속류를 포함할 경우 얼추 70%의 원자재 지대, 나진항 개발, 관광사업, 시베리아 철도, 가스 수송관 등의 위치 지대, 중국과 전략적 협력으로부터 얻어지는 전략적 지대, 인도주의 원조와 개발원조 형태의 정치적 지대, 해외파견 노동자(6~7만 명)와 개성공단 근로자를 아우르는 이민자 지대를 수혜하고 있다(박형중, 2011, 2-4). 그런데 박형중은 북한의 지대추구 행위에 대해 자못 비판적인 시각을 견지하고 있다.

> 개혁을 통해 국내경제 생산성을 증대하자면 정권은 기득권 침해조치를 취해야 하며, 생산성 증대로 발생하는 수익을 상당 부분 주민과 나누어 가져야 하고, 조세징수를 늘리자면 주민에게 정치적으로 양보해야 한다. 그러나 외래지대 수입 증대는 기득권 침해조치를 취할 필요가 없고, 또한 그 소득을 국가가 독점할 수 있어서 정권생존에 유리하다. 한 마디로 외래지대 원천의 다변화는 내부 경제 개혁 없이도 정권 생존을 위한 경제적 기반을 마련하는 방책이다(박형중, 2011, 5).

상기 인용문이 웅변하듯 박형중은 북한 당국의 외래지대 추구 행위를 부정적으로 바라보고 있다. 그의 부정적 인식은 외래지대 의존 국가에서 일반적으로 관찰되는 3가지 특징, 즉 (1) "국가가 외부 발생 소득을 대부분 독점"하며, (2) "획득된 지대는 생산증대를 위해 재투자되지" 않으며, (3) "지대의 존재는 독재정권의 존속과 생존을 뒷받침"한다는 것이다(박형중, 2011, 5-6).

일반적으로 새로운 독재자, 노쇠한 독재자, 그리고 자금력이 고갈난 독재자의 정권은 취약성을 안고 있다. 독재자의 교체기, 독재자가 쇠약해진 시기, 독재자의 물리적 통제력이 취약해진 시기 그를 둘러싸고 있는 핵심 엘리트들은 계속해서 독재자를 위해 대중을 통제할지 아니면 독재자에게 등을 돌리고 자신들의 살 길을 찾을지를 고민하게 된다. 천연자원이 풍부하거나 거액의 원조를 받는 정권의 독재자들은 자신의 풍부한 자금력으로 부하들에게 물질적 보상을 하고 그 대가로 그들의 충성을 사서 정권의 안정을 기하게 된다(Bueno De Mesquita and Smith, 2011, A35). 이런 논리의 연장선에서 박형중은 북한의 지대추구 행위에 대해 비판적인 결론을 내리고 있다. 북한의 권력자가 대외원조와 천연자원을 활용하여 권위적인 정권을 연장하고 있다는 것이다. 즉 그는 안정적인 외래지대 공급이 독재정권의 지속을 가능하게 하는 물질적 기반 역할을 하므로 지대국가를 부정적으로 보고 있는 것이다.

필자는 박형중의 주장과는 달리 한시적으로나마 북한의 지대 의존 전략이 역사적인 소임과 역할이 있다는 긍정론을 펼치고자 한다. 우선 2005년 이후 북한의 지대국가화가 진행되었다는 주장에 대해 북한은 냉전시대 때부터 원천적으로 지대에 의존해 왔다는 점을 강조하고 싶다. 중국과 소련 사이에서 북한이 펼친 전통적인 등거리 외교가 바로 북한의 지정학적 위치를 활용한 전략적 지대의 발현이었다. 그러므로 북한정권은 지대추구 행위가 비교적 익숙한 숙련공인 셈이다.

북한의 지대 의존은 전통적인 중동의 지대 의존과는 사뭇 다른 특성을 갖고 있다. 우선 북한의 지대국가 성격은 미완성이라는 점이다. 베블라위의 지적처럼 세상 어디에도 순수한 지대경제란 존재하지 않지만 북한의 경우 중동의 표준(?) 지대국가들에 비해 지대 의존도가 많이 떨어짐을 지적하지 않을 수 없다. 향후 북한의 경제가 개혁개방의 길을 걸으면 지대 성격의 변화와 더불어 지대 의존도 또한 떨어지게 될 것으로 조심스럽게 예측된다. 중동 국가군의 경우 석유라는 특정 자원에 의해 현저하게 지대국가의 성격이 결정되는 반면에 북한의 경우는 어느 하나의 자원에 의존하기보다는 여러 다른 성격의 지대가 중층적으로 존재하는 모습을 보여주고 있다.

중동 국가들의 지대 수취가 풍부함을 기반으로 하고 있는데 비해 북한의 경제적 수취는 풍족함과 부족함의 양자에 기반하고 있다. 북한은 양의 매력과 음의 매력을 동시에 활용하여 주변국으로부터 지대를 취하고 있다. 북한체제의 붕괴가 가져올 수 있는 지역질서의 교란을 미연에 방지하기 위해 주변국은 최선책인 아닌 차선책으로 북한체제의 존속에 밑거름이 될 인색하지 않을 정도의 물질적 지원을 정기적, 비정기적으로 제공하고 있다. 외부 지원이 줄어들어 정권에 위협적인 상황이 올 경우 북한은 자신의 존재감을 들어내기 위해 지역의 안정을 뒤흔들 수 있는 도발을 감행하는 것도 불사하고 있다. 이것은 일종의 강탈적, 강압적 지대 수취 형태로 볼 수 있는데 이때 주변국은 자발적이거나 경제적 이득을 바라보고 북한에 투자하는 것이 아니라 북한의 무모함을 미연에 방지하기 위한 심사에서 북한을 달래기 위해 선심을 쓰게 된다. 주변국들이 북한이 문제를 일으키지 않는 것을 전제로 미리 보험을 사듯이 북한에게 경제적 보상을 제공하는 것이다. 북한의 지대추구는 잠재적 폭력성을 내포하고 있으며, 주변국은 잠재적 폭력의 현실화를 예방하는 차원에서 이 지대를 구매한다.

그럼에도 불구하고 북한의 지대추구 행위는 역기능보다 순기능이 많은 것으로 관측된다. 오랜 기간 고립과 폐쇄에 젖어 있던 북한의 정치경제 체제가 연결과 개발의 정치경제 체제로 탈바꿈하는 데 지대국가의 존재는 긍정적인 역할을 하게 될 것이다. 지대추구의 과정에서 북한 주민과 외부세계의 소통이 증가하며, 국가 이외 행위자의 부 또한 증가할 것이고, 정보와 부의 확산은 국가 이외 행위자의 권력을 증가시킬 것이다. 북한 사회와 외부세상의 연결고리가 확대되고, 연결성의 증가는 상호의존을 강화시킬 것이며, 상호의존의 강화는 (그 역과 함께) 북한이라는 노드에 대한 외부 행위자 노드의 영향력 증가를 내포하므로 북한이 국제규범, 관습, 제도에 편입되는 것을 의미한다. 요새국가가 정상국가로 탈바꿈하는 과정에서 가교국가로서 북한의 존재가 필요해지고 가교국가=지대추구라는 등식이 성립하게 된다.

북한의 지정학적 위치는 북한이 갖고 있는 현존하는 최대 자산 중 하나이다. 나진항의 물류 및 관광 기능, 가스 파이프라인 연결, 한반도 철도와 시베리아 철도의 연계 등이 좋은 예를 보여준다. 북한은 주변국과 협력과 갈등의 관계를 맺으면서 해양국가와 대륙국가의 전략적 이해관계가 교차하는 지점에 위치한 자신의 지정학적 지위를 전략적 자산으로 활용하는 지대추구 전략을 추구하고 있다. 지대추구국가로서의 북한의 성격은 북한이 정상국가로 진화하는 여정에서 동북아시아 지역의 안정과 번영을 밑받침하는 긍정적인 의미를 가질 수 있다.[11]

---

[11] 2002년 4월 김정일 위원장은 한국의 대통령 특사단을 맞은 자리에서 다음과 같이 진술했다고 한다. "서쪽의 경의선을 중국횡단철도와, 그리고 동쪽의 동해선을 시베리아횡단철도와 연결하면 조선반도가 '평화지대'가 될 수 있어요. 부산에서 시베리아 철도와 중국철도를 통해 유럽으로 물동량이 오고가는데 어떻게 여기서 전쟁이 벌어질 수 있겠습니까"(임동원, 2008, 613).

Ⅳ. 북한의 새로운 네트워크 형성을 위하여

외부세상과 비교적 거리를 두고 있는 북한이 짧은 시간에 개혁과 개방의 방향으로 나아가리라고 예측하기는 쉽지 않다. 북한이 장기간에 걸쳐 점진적인 변혁의 길을 걸을 것으로 추정해 봤을 때 중간목표로서 지대국가의 역할에 주목하게 된다. 북한은 한동안 혁신과 기업가 정신에 의존한 경제발전보다는 노동력, 지하자원, 전략적 요충지로서 위치에 의존하는 경제성장 모델에 주력할 가능성이 크다.

현실주의는 핵심 노드인 국가의 군사력과 경제력으로 표상되는 '자원권력(resource-base power)' 중심적 사고를 하면서 여러 국가들 사이의 세력균형(balance of power, BoP)을 기반으로 국제정치를 이해하고 있다. 이에 비해 세력망(network of power, NoP)의 세계정치를 담으려는 네트워크 담론은 강제와 제재의 물리적 권력을 넘어서서 설득과 동의를 가능하게 하는 지식과 문화 등 비물질적 권력자원의 중요성과 함께 관계로부터 발생하는 탈노드 차원의 권력까지 상정하고 있다. 네트워크에서 비롯되는 권력은 '집합권력(collective power)', '위치권력(positional power)', '구조권력(structural power)'으로 정리된다(김상배, 2010, 50-55). 이 중 통(通)하게 하는 권력인 위치권력은 네트워크 위에서 노드의 독특한 위치로부터 만들어지는 권력을 의미한다(김상배, 2011a, 51-77).

현재 중국은 북한과 바깥세상 사이에서 위치권력을 행사하고 있는 것으로 해석된다. 또는 중국이 매개중심성(betweenness centrality)을 가지고 중개권력(brokerage power)을 행사하는 것으로 볼 수 있다.[12] 중국의 역할은 6자회담, 천안함 사건, 연평도 사건 등을 통하여 여실히 증명되었다. 동북아시아의 네트워크 위에서 중개자로서 중국의 위상은 북한의 네트워킹이 불완전함에서 비롯된다. 북한이 신사고로 무장하여 자신의 전략적, 지정학적 위치를 활용하여 지대를 얻는 가교국가로 탈바꿈하게 되면 중국의 중개권력이 북한으로 이전될 가능성이 있다. 김정은 시대 북한이 경제성장을 위해 지식산업을 기반으로 한 전략을 표방하지만 폐쇄사회와 수동적인 인력으로 당장 정보산업의 강국으로 발돋움하기에는 어려움이 있을 것이다. 과도기 북한의 자산은 새롭게 형성되는 동북아시아의 네트워크에서 북한의 위상을 활용하는 지대 전략이라고 할 수 있다.

현재 북한과 국제사회와의 연결망은 의존 네트워크의 성격을 짙게 갖고 있다. 향후 의존 부분과 네트워크 부분 모두에서 변화가 필요하다. 북한의 현존 거미줄 치기는 국가 대 국가, 국가 대 국제기구, 국가 대 NGO의 유형을 보여주고 있다. 즉 시민사회가 성숙되어 있지 않은 현실 속에 국가 행위자가 전면에 나서 일인다역으로 국가, 국제기구, 시민단체를 모두 상대하는 것이다. 향후 국가와 분리된 자생력을 가진 시민사회가 활성화되어 국가로부터 거미줄 치기에 더하여 밑으로부터 거미줄 치기가 활성화되어야 할 것이다. 비대해

12 매개중심성의 개념은 김상배(2011b, 20-25)를 참조.

진 국가 기구의 역할을 축소하는 한편 시민사회의 개방으로 시민사회 대 시민사회의 만남을 주선해야 한다. 북한 또한 보다 많은 국가와 교류하기를 희망하고 있는 것 같지만 현실적으로, 그리고 역사적으로 북한의 관계 맺기는 다른 개방된 국가들에 비해 수적으로 열세인 것이 사실이다. 중국 러시아 등 전통적인 협력국을 넘어서는 보다 광범위한 짝짓기가 필요하다. 미국과 일본을 비롯한 서구 선진국과 링크를 호혜와 협력의 성질로 변환시키고 이들 국가와의 관계 증진 속에서 모방과 학습이 이루어져야 할 것이다. 특히 미국과의 관계개선에 있어서는 미얀마, 베트남의 선례가 좋은 참고가 될 것이다.

다음으로 의존의 부분을 상생의 변수로 치환시킬 필요성이 있다. 북한의 부족함을 무기로 한 주변국에 대한 원조외교는 후자의 피로감을 가져올 수 있으며 장기적으로 지속되기 어려운 속성을 포함하고 있다. 부족, 결핍, 부정 등 음의 매력에서 자원, 위치, 관광 등 양의 매력에 기반을 둔 네트워크 형성이 절실하다. 수직적인 의존 네트워크에서 보다 수평적인 상생의 네트워크로 변화하기 위해서는 주변국의 관심을 끌 수 있는 북한만의 매력을 갖추는 일이 필요하다. 일방적으로 받는 관계에서 주고받는 관계로의 변화는 보다 건실하고 장기적인 네트워크 형성의 필수 요건이라고 할 수 있다. 호혜적인 네트워크의 발달을 위해서는 북한 지도부의 신사고와 함께 선군에서 선경, 선민으로 대전략의 변환이 요구된다. 북한경제의 정상화 과정이 북한과 주변 국가가 모두 이익을 볼 수 있는 관계 정립의 첩경이 될 것이다.

현재 북한의 대외행보는 G2라는 구조적 공간 속에서 펼쳐지고 있다. G2 구조는 북한에게 기회일 수도 위기일 수도 있다. 새롭게 등장하는 중국 지도부가 북한의 핵모험과 폐쇄성에 거리를 두려 할 수 있다. 중국의 경제개발 전략과 동아시아 안정 정책에 북한의 행동이 부담을 준다고 느낀다면 중국의 고민 또한 깊어질 것이다. 중국의 흥기로 요약되는 동아시아 질서의 급격한 변화는 또한 면역력이 떨어진 북한에게 위기 요인으로 작용할 수도 있다. 이와는 반하여 중국의 부상이 북한에게 결코 불리한 환경이 아닐 수도 있다. 우선 중국의 부흥은 정치적 독과점과 경제적 자유화가 공존할 수 있다는 가능성을 말해주고 있다. 북한 또한 엘리트들의 선택에 따라서 점진적 체제진화의 길을 걸을 수도 있을 것이다. 또한 동아시아의 맹주로 자리하는 중국이 북한을 보호하는 바람막이 역할을 해줄 수도 있다.

중국의 흥기 아래 북한 또한 21세기에 걸맞는 대전략을 구상하고 있을 것이다. 향후 북한의 최선의 선택은 미국과 중국 사이에서 균형을 취하는 것이 될 것이다. 냉전시기 북한은 두 강대국 소련과 중국 사이에서 등거리 외교를 펼쳤으며 비동맹외교를 강조하였다. 체제 대결 구도 속에서 북한의 미국에 대한 접근은 거의 차단되어 있었고 북한이 기타 서방국가들과 관계를 개선할 여지도 넓지 않았다. 냉전 이후 진영 구도가 사라지면서 북한이 다른 국가들과 관계를 개선할 수 있는 공간은 상대적으로 넓어졌다고 평가할 수 있다. 북한은 향후 미국과 중국 사이에서 등거리 외교를 펼치며 양국의 경쟁을 활용하고 양국으로부터 더 많은 지원을 받아내는 전략을 구사할 것이다. 다만 북핵 문제는 미국과 관계개선에 가장 큰 장애가 되고 있다. 북한은 체제 생존전략 차원에서 어떻게 핵 문제를 풀고 미국과 관계개선을 실천할지 진지하게 고민하여야 한다. 만일 북한에 미래가 있다면, 향후 북한 정책결정자들의 주요 과제 중 하나는 미국으로 향하여 발산할 자신의 매력을 찾는 일이 될 것이다.

Ⅴ. 맺음말

북한과 세계의 상호작용은 대항 담론 대 지배 담론, 대항 네트워크 대 지배 네트워크 간 협력과 갈등의 양상을 보여주고 있다. 탈냉전의 공간에서 북한은 불리한 대내외 여건을 복수의 비정부기구, 국제기구, 국가와 관계망을 형성하며 그럭저럭 버텨 나갔다. 김정일 시대 북한은 정권안보 차원에서 과거 북방삼각형의 일원인 중국, 러시아와 협력을 복원하면서 한국, 미국, 일본과 버거운 협상을 벌였다. 주변국은 나름의 정책과 계산을 가지고 북한과 후원-의존망을 형성했다.

김정은 집권 이후 북한은 김정일 시대 선군의 생존전략을 계승하면서, 핵과 미사일을 매개로 자위의 군사적 토대를 마련한 연후에 경제발전을 통해 정상국가로 전환하겠다는 전략을 펼쳐 보이고 있는 것으로 추정된다. 북한의 젊은 지도부는 중국, 한국과 새로운 전략적 관계를 수립해야 할 과제를 안고 있다. 북한이 기존 협력망의 외연적 확대를 추구할 때 우선순위로 떠오르는 국가는 미국과 일본이다. 미국, 일본과 어떤 관계를 세울 수 있는지가 북한의 미래 항해 순항 여부에 큰 영향을 끼칠 것이다. 북한은 의존 네트워크를 통해서 자신의 전략적 위치와 자원을 활용한 지대추구 행위를 통해 경제적 이득을 얻고 있다. 북한이 가교국가로서 지대를 통하여 동북아시아 네트워크의 허브 위상을 차지하는 과정은 탈(脫)의존과 정상국가로 변환하는 과정에서 일정 기간 긍정적 역할을 하리라고 기대된다.

참고문헌

고재남. 2011. "러·북 정상회담과 한반도 정세." 『주요국제문제분석』 (9월 26일).
김상배. 2010. "네트워크 세계정치이론의 모색." 하영선·김상배 편. 『네트워크 세계정치: 은유에서 분석으로』. 서울: 서울대학교출판문화연구원.
김상배. 2011a. "네트워크로 보는 중견국 외교전략: 구조적 공백과 위치권력 이론의 원용." 『국제정치논총』 51집 3호, 51-77.
김상배. 2011b. "한국의 네트워크 외교전략: 행위자-네트워크 이론의 원용." 『국가전략』 17권 3호, 5-40.
김성배·조동호. 2012. "김정은의 북한과 공진·복합의 대북정책." 『EAI 국가안보패널 보고서: 2010년대 한국외교 10대 과제』 (4월).
김성형. 2005. "유럽연합(EU)의 신 대북 협력 정책: EU집행위원회 전략보고서를 중심으로(1989-2002)." 『한국정치외교사논총』 26집 2호, 29-56.
김정용. 2005. "탈냉전시기의 북한의 대 서유럽접근: 국내외적 환경 및 의도." 『한국정치외교사논총』 26집 2호, 57-82.
김종대. 2010. 『노무현, 시대의 문턱을 넘다』. 서울: 나무와 숲.
드루 톰슨 저·이원경 역. 2011. "침묵의 파트너: 북한 내 중국의 합작투자." 『KDI 북한경제리뷰』 제13권 제3호, 43-55.
라미경. 2011. "대북 관련 NGO 활동, 평가와 전망." 현대북한연구회 편. 『기로에 선 북한, 김정일의 선택』 파주: 한울.
림금숙. 2013. "장길도 선도구와 나선특별시 간 경제협력의 새로운 동향." 『KDI북한경제리뷰』 15권 제1호, 138-155.
박형중. 2011. "북·중 경제관계 증대와 북한정권의 미래: '외래지대 의존국가(rentier state)론적 분석." 『온라인 시리즈』 11-19.
배성인. 2004. "국제사회의 대북 인도적 지원." 『국제정치논총』 44집 1호, 255-280.
신범식. 2011. "러북남 가스관 프로젝트와 러북 및 한러 정상회담." 『EAI 논평』 22호. (10월 27일).
안문석. 2007. 『노무현 정부와 미국』. 파주: 한국학술정보.
여인곤. 2011. "울란우데 북·러 정상회담의 러시아 측 의도와 평가." 『온라인 시리즈』 11-20.
이영훈. 2011. "창지투개발계획의 실현 가능성과 북한의 개혁·개방." 『KDI 북한경제리뷰』 13권 제4호, 3-19.
이원경. 2011. "최근 북중 경제협력 실태 및 사례." 『KDI 북한경제리뷰』 13권 제3호, 43-55.
이종석. 2000. 『북한-중국관계: 1945-2000』. 서울: 중심.
이태환. 2007. "북·중 관계." 세종연구소 북한연구센터 편. 『북한의 대외관계』. 파주: 한울.
임동원. 2008. 『피스메이커: 남북관계와 북핵문제 20년』. 서울: 중앙북스.
임수호. 2011. "북·중경협의 현황과 전망." 『JPI 정책포럼』 2011-16 (6월).
임재형. 2007. "북·일 관계." 세종연구소 북한연구센터 편. 『북한의 대외관계』. 파주: 한울.
외교부. 2013. "2013년 외교부 업무보고." http://www.mofa.go.kr (검색일: 2013/12/24).
외교통상부 정책기획관실. 2011. "복합외교 추진 가이드라인." http://www.mofat.go.kr (검색일: 2012/7/24).

전봉근. 2011. "2011년 북한정세 전망과 새로운 대북전략 모색." 『주요국제문제분석』 (1월 20일).
정광민. 2008. "북한 수출산업의 새로운 동향." 『KDI 북한경제리뷰』 10권 제2호, 17-30.
정문헌. 2004. 『탈냉전기 남북한과 미국: 남북관계의 부침』. 서울: 매봉.
정성장. 2007. "북한·유럽 관계." 세종연구소 북한연구센터 편. 『북한의 대외관계』. 파주: 한울.
정은이. 2013. "접경지역 단동에 대한 현지조사." 『KDI 북한경제리뷰』 15권 제4호, 67-92.
조민. 2011. "김정일 북한 국방위원장의 8월 대장정." 『온라인 시리즈』 11-21.
조양현. 2008. "일본인 납치 문제와 북일 관계 동향 및 전망." 『주요국제문제분석』 (1월 7일).
주한유럽연합 대표부. http://eeas.europa.eu/delegations/south_korea/ (검색일: 2012/11/13).
최대석. 2004. "노무현 정부의 대북 인도적 사업 현안과 발전전망." 『국제정치논총』 44집 1호, 235-254.
최명해. 2010. "북한의 대중 '의존'과 중국의 대북 영향력 평가." 『주요국제문제분석』 (6월 11일).
통일노력60년 발간위원회 편. 2005. 『통일노력 60년: 하늘길 땅길 바닷길 열어 통일로』. 서울: 통일부.
통일부. 통계자료. http://www.unikorea.go.kr (검색일: 2012/8/5).
하영선·김상배 편. 2010. 『네트워크 세계정치: 은유에서 분석으로』. 서울: 서울대학교출판문화원.
한국무역협회. http://www.kita.net.
한동호. 2011. "북 당대표자회 이후 미·북관계 전망." 『주요국제문제분석』 (1월 14일).
황재성. 2014. "북한 상주 국제기구의 교훈, 우리도 민관 협력으로 효과적 대북지원체계 만들어야." 『민족화해』 67 (3월/4월), 20-23.

Beblawi, Hazem. 1987. "The Rentier State in the Arab World." Hazem Beblawi and Giacomo Luciani. eds. *The Rentier State.* New York: Croom Helm.
Beblawi, Hazem and Giacomo Luciani. eds. 1987. *The Rentier State.* New York: Croom Helm.
Bueno De Mesquita, Bruce and Alastair Smith. 2011. "How Tyrants Endure." *The New York Times* (June 10), A35.
Flake, L. Gordon and Scott Snyder. eds. 2003. *Paved with Good Intentions: The NGO Experience in North Korea.* Westport, CT: Praeger.
Luciani, Giacomo. 1987. "Allocation vs. Production States: A Theoretical Framework." Hazem Beblawi and Giacomo Luciani. eds. *The Rentier State.* New York: Croom Helm.
Manyin, Mark. 2010. "Food Crisis and North Korea's Aid Diplomacy: Seeking the Path of Least Resistance." Kyung-Ae Park. ed. *New Challenges of North Korean Foreign Policy.* New York: Palgrave Macmillan.
Manyin, Mark E. and Mary Beth Nikitin. 2012. "Foreign Assistance to North Korea," *CRS Report for Congress*, June 25.

Moltz, James Clay and Alexandre Y. Mansourov. eds. 2000. *The North Korean Nuclear Program: Security, Strategy, and New Perspectives from Russia.* New York: Routledge.

Nexon, Daniel H. and Thomas Wright. 2007. "What's at Stake in the American Emprie Debate." *American Political Science Review* 101, No.2 (May), 253-271.

Park, Sung-Jo. 2007. "Instrumental versus Solidaric Rationality: European NGOs in North Korea." *Journal of Peace Studies* 8, No.2, 7-34.

Slaughter, Anne-Marie. 2009. "America's Edge: Power in the Networked Century." *Foreign Affairs* 88, No. 1(January/February), 94-113.

Smith, Hazel. 2005. *Hungry for Peace: International Security, Humanitarian Assistance, and Social Change in North Korea.* Washington, D.C., United States Institute of Peace Press.

『동아일보』. 2008년 9월 30일자.

제6장

북-중-러 접경지대 개발협력과 동북아시아 지역정치*

신범식

* 이 글은 다음의 졸고를 본서의 편집 목적에 맞도록 수정, 보완, 재구성하였음. "북-중-러 접경지대를 둘러싼 초국경소지역 개발협력과 동북아시아 지역정치," 『국제정치논총』 53-3(2013).

I. 문제제기

최근 북한 동북지방, 중국의 동북3성, 러시아의 연해주지방이 함께 만나는 두만강 하구의 경제협력 프로젝트에 대한 관심이 다시 커가고 있다. 이 연구는 이 접경지대 개발협력에는 참여국들의 어떤 개별적 및 양자적 이해가 작용하고 있으며 그런 노력들이 동북아 지역정치에 대해 미칠 수 있는 영향과 의의를 네트워크론적 입장에서 밝혀 보고자 한다.

현재 '북-중-러 접경지대'[1]의 개발계획으로는 두만강 유역 개발과 관련된 논의로 광역두만강개발계획이 대표적이다.[2] 이는 1991년

---

[1] 본고 연구 대상이 되는 '북·중·러 접경지대'는 좁게는 3국 국경이 만나는 두만강 하구 지역을 의미하지만, 동북아 '지역'에 속하면서 새로운 경제적 상호작용의 단위로 부상하고 있는 중국의 동북3성과 러시아의 연해주·극동 그리고 북한의 두만강~압록강 유역을 아우르는 "초국경 지역(trans-national region)"을 지칭한다. 이 개념에 대해서는 다음을 참조. Peter Schmitt-Egner, "The Concept of the Region: Theoretical and Methodological Notes on its Reconstruction," *European Integration* 24-3 (2002).

[2] GTI의 개황은 홈페이지(http://www.tumenprogram.org/)와 송은희(1996), 저혁권(2006), 김우준(2003), 양운철·유석진(2004), Chung(1994), Marton et. al.(1995), Коркунов(1994), Осипчук(1999) 등의 연구 참조.

10월 24일, 유엔개발계획(UNDP)의 지원 하에 두만강유역개발계획(TRADP)으로 출범했다가 2005년 9월 사업대상 지역범위를 확대하고 공동기금을 설립하는 등 추진체계를 강화해 광역두만강개발계획(Great Tumen Initiative)로 전환되었다. 동북아시아 지역개발과 경제협력 증진을 목적으로 한국의 기획재정부, 중국 상무부, 러시아 경제개발부, 몽골 재무부 등 4개국 정부 경제부처가 GTI에 참여하고 있다. 2009년 탈퇴한 북한은 이 다자협력에 참가하고 있지 않다. 그런데 이 소지역 개발협력을 둘러싼 관련국들의 국익 계산과 전략의 충돌이 만만치 않다.

우선, 북한으로서는 개성공단 운영이 파행을 겪었고 금강산사업 중단과 국제 제재가 장기화되고 있는 가운데 대외 교역 및 외화 획득을 위해서 서북 창구로서 신의주의 위화도와 황금평 그리고 동북 창구로서 나진과 선봉을 적극적으로 활용할 수밖에 없는 상황이다.[3] 하지만 북한이 다급하다고 해서 이들 지방개발이 북한의 기대처럼 진행될 수 있는 것은 아니다. 외부의 지원이 결정적으로 중요하다.

최근 중국은 동북진흥전략의 일환으로 창-지-투(창춘-지린-투먼) 개발계획을 적극적으로 추진하고 있다. 이는 중국의 동북3성 개발을 위한 노력이 중앙정부에 의하여 본격적으로 추진되기 시작하였다는 신호탄으로 해석될 수 있다.[4] 이 중국의 개발계획에서 핵심적인 조건 중의 하나가 북한의 나진항을 중국의 동북지방의 거점항만으로 활용할 수 있는가이다. 따라서 중국은 최근 들어 위화도와

---

3 박종철, "중국의 대북 경제정책과 경제협력에 관한 연구," 『한국동북아논총』 62호 (2012), pp.75-101.

4 Хао У и Ян Тао, "Пилотная зона Чанчунь-Цзилинь-Тумэнь: новая модель открытости и освоения приграничных регионов," *Ойкумена* No. 4 (2011), pp.22-36.

황금평의 개발보다 나선개발과 관련된 두만강유역개발에 내심 더 큰 관심과 노력을 기울이게 된 것으로 보인다. 중국의 지방발전 전략의 차원에서 시작된 이 계획은 러시아 및 북한과의 접경지역 협력을 아우르면서 3자 간 소지역 협력을 넘어 동북아 지역협력으로 확대시키려는 전략으로 승화되고 있다.

한편 러시아도 자신의 동쪽 끝 영토인 극동지방 연해주를 개발하여 동북아 경제에 진입하는 데 오랜 동안 관심을 보여 왔다.[5] 특히 화석에너지, 전기, 철도, 식량 등 다양한 분야에서의 지역협력을 기대하고 있는 러시아로서는 북한 동북지방의 개발에 커다란 관심을 가질 수밖에 없다. 특히 최근 들어 중국의 적극적인 북한 동북지방에 대한 진출은 러시아에게 부담스러운 도전이 되고 있으며, 그간 북-러 간 협력에 미온적이었던 러시아의 전략은 수정될 수밖에 없는 다급한 상황적 조건이 형성되고 있다.[6] 이에 러시아는 급한 대로 중국 및 북한 그리고 한국 등과 함께 하는 광역두만강개발계획(GTI)의 추진에 대하여 큰 관심을 보이게 된 것이다. 하지만 여러 국가들의 이익을 조정하는데 복잡하고 장시간이 소요되는 다자간 협력을 기다리며 중국에게 북한 지방 개발 및 자원에 대한 선점권을 잃지 않기 위하여 북한과의 양자관계 및 남-북-러 3각 협력에 대한 노력을 포기하지 않고 있다.[7]

따라서 이처럼 복잡한 이해가 얽히면서 인접하고 있는 지역인

5 Михеев В. В. «Интеграционное пространство Восточной Азии и России», *Пространственная Экономика* No.2(2005), pp.27-45.

6 문홍호, "중국과 러시아의 전략적 협력과 북한," 『중소연구』 제35권 3호 (2011), pp.199-225; Кречетова В. С. "Мероприятия расширенной туманганской инициативы," *Пространственная Экономика* No.1(2012), pp.8-33.

7 성원용, "남,북,러 철도협력의 현황과 발전 전망: '나진-핫산' 프로젝트를 중심으로," 『슬라브학보』 23권 1호(2008), pp.227-260.

중국의 동북3성, 러시아의 극동 그리고 북한의 동북지방이 소지역 경제협력을 달성하기 위해 추진하고 있는 양자 내지 3자 그리고 다자간 프로젝트로는 어떤 것들이 있으며, 이것이 동북아 지역협력의 구도와 북한의 미래에 어떤 영향을 끼쳐 지역정치 변동을 가져올 수 있을지, 그리고 이에 대한 한국의 적절한 대응은 어떠해야 하는가를 네트워크론적 견지에서 검토해 보는 것이 본 연구의 목표이다.[8] 이를 통해 본 연구는 동북아 소지역협력이 동북아 지역단위의 형성으로 연결·발전될 수 있는 가능성을 네트워크론적으로 진단 및 평가할 근거를 제공해 줄 뿐만 아니라 한반도의 통일에 대한 네트워크론적 구상을 위한 실천적 조건을 검토함으로써 한반도 및 동북아 지역정치의 발전 방안을 구상하는 데 기여할 수 있을 것이다.

8 네트워크론을 국제정치에 대해 적용하고 응용하는 과제에 대해서는 김상배(2011)의 연구를 참조.

Ⅱ. 북-중-러 접경지대 소지역 협력의 현황

두만강 유역과 그 주변 지역은 동북아시아에서 유일하게 러시아, 중국 그리고 북한의 3개국이 육지를 통해 그 국경을 접하고 있는 지역이자 동해를 통해 한국, 일본과도 통한다. 이 지역에서 과거 제정 러시아와 청(淸)의 두 강대국이 대치하였으며, 이후 냉전기에는 동서 진영이 대치하던 최전선 중 한 곳이었다. 군사적, 정치적 대립의 최전선이었던 두만강 유역은 냉전 종료와 함께 새로운 가능성의 지역으로 주목받기 시작하면서, 1991년 이후 다양한 분야에 걸쳐 협력 프로젝트들이 추진되어 왔다.

우선, 두만강유역개발계획(Tumen River Area Development Plan: TRADP)의 추진 노력이다. 두만강유역개발계획(TRADP)은 지난 1991년 국제연합 개발 계획(UNDP)에 의해 최초로 계획·입안된 동북아시아 경제협력 프로젝트이자 소지역 협력(subregional cooperation)의 일환이다.[9] 이는 특정 구역을 협정 당사국들이 공동

9 김우준, "두만강유역 개발 및 환경보호를 위한 다자협력의 현황과 과제: 동아시아 지역거버넌스 모델 분석," 『동서연구』 제16권 1호 (2004), pp.31-49; 김태홍, "동북아

투자, 개발하는 두만강경제구역(Tumen River Economic Zone: TREZ) 모델보다는 접경 국가들이 자국의 영토 내에 독자적인 경제개발구역을 설치·운영함과 동시에 국제적 협력에 따라 이를 연계 및 발전시키는 이른바 '점진적 조화(progressive harmonization)'의 두만강경제개발구(Tumen River Economic Development Area: TREDA) 모델로 추진되었다.[10] 이에 따라 개발 범위도 [나진(북한)-훈춘(중국)-포시에트(러시아)]를 연하는 소(小)삼각지역에서 [청진(북한)-옌지(중국)-나호트카(러시아)]를 잇는 대(大)삼각지역으로 확대되었다.

그러나 이 같이 야심차게 시작된 TRADP는 이후 난관에 봉착하며 그 진행에 어려움을 겪게 되었는데, 그 이유로는 우선 국제적 차원의 이유로는 1990년대 말의 아시아 외환 위기와 북한의 핵개발 추진으로 인한 주변국의 참여 제한 등을 생각해 볼 수 있고,[11] 대내적으로는 당사국들의 프로젝트 실현에 대한 미온적인 태도가 지적되었다.[12]

다자간 협력구도의 시금석: 두만강지역 개발계획," 『동북아경제연구』 9호(1997), pp.1-26; 박승헌, "지역발전연구: 두만강지구개발 근황과 향후의 과제," 『지역개발연구』 8집 1호(2003), pp.181-195.

10 J. Cotton, "China and Tumen River Cooperation: Jilin's Coastal Development Strategy," *Asian Survey* 36-11 (November 1996), pp.1086-1101; C. Dixon and D. Drakakis-Smith, "The Pacific Asian Region: Myth or Reality?" *Geografiska Annaler*(Serie B), *Human Geography*, 77-2(1995), pp.301-23.

11 양운철·유석진, "두만강유역 개발계획의 정치경제," 『한국과 국제정치』 10권 2호(2004), pp.141-173; Осипчук С. Ю. «К оценке проекта «Туманган»», *Азиатско-Тихоокеанский регион: Экономика Политика Сотрудничество*, No.1 (1999); 고일동, 「두만강 지역 개발계획(TRADP)의 최근 동향과 재원조달 방안」 (서울: 한국개발연구원, 1999), pp.7-9.

12 G. Christoffersen, "The Greater Vladivostok Project: Transnational Linkages in Regional Economic Planning," *Pacific Affairs* 67-4(Winter 1994-1995); 고일동(1999); 심의섭·이광훈, "두만강개발사업의 국익갈등과 국제협력," 『경제경영연구』 19집(2003), pp.291-305; Холоша М. В., Гулидов Р. В. «Проект «Туманган»: ис

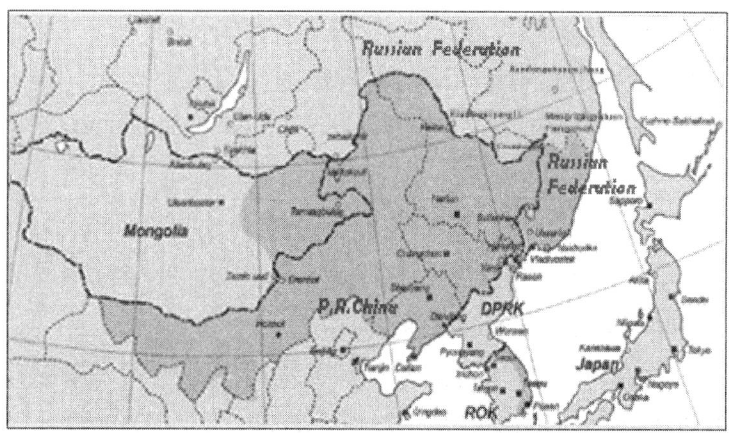

〈그림 1〉 광역두만강지역(Greater Tumen River Area) 개요도

출처: Tumen Program, "Greater Tuemn River Area," http://www.tumenProgram.org/data/upload/123_RNbNPm.jpg(검색일: 2012.3.21).

1995년 구체적인 프로젝트 가이드라인이 제시된 이후 가시적 성과가 없었던 TRADP는 2005년 중국 창춘(長春)에서 열렸던 5개국 위원회에서 프로젝트를 10년 더 연장하기로 합의하고, 2012년 현재 국가 간 통관절차 간소화와 비자발급 간소화 등 인적, 물적 교류 활성화를 위한 논의가 진행 중에 있다. 이러한 노력의 일환으로 새로운 소지역협력의 새로운 중심축이 형성되었는데 그것이 광역두만강개발계획(Greater Tumen Initiative)이다.

광역두만강개발계획(GTI)은 TRADP에 비해 그 사업 대상 지역의 확대와 추진체계의 변화, 그리고 사업의 구체화를 꾀하고 있다. 이와 같은 내용은 사업 전환을 결정함과 동시에 마련된 「GTI 전략 사업 구상 2005-2015」(GTI Strategic Action Plan 2005-

тория вопроса, текущее положение и потенциал», *Пространственная Экономика* No.2(2011).

2015: SAP 2005-2015)를 통해 확정, 발표되었다. 사업 대상 범위는 '광역두만강지역(Greater Tumen Area)'으로 명명되며, 중국 동북3성 및 내몽골, 몽골 동부 지역(Hentii, Dornod, Sukhbaatar의 3개 주), 한국의 동해안와 부산 및 울산 지역, 그리고 러시아 연해주를 포함하는 거대한 지역이다. [청진(북)-옌지(중)-나호트카(러)]의 '대(大)삼각지역'을 주 사업 대상으로 상정하였던 기존의 TRADP에 비해 그 범위가 상당히 확장되었다.

북한은 GTI로의 전환을 결정한 2005년의 창춘(長春) 협정에 합의함으로써 프로젝트의 당사국으로 남았지만, 이후 2009년 11월 국제사회의 경제제재와 핵 사찰 등을 이유로 협정을 탈퇴하였다. 현재 GTI에는 러시아, 중국, 몽골 그리고 한국의 4개국이 참여하고 있으며, 사무국은 종전과 같이 중국 베이징에 소재하고 있다. 두만강을 이용한 중국-러시아 간 교통로 개설과 더불어 이를 환동해권 국가들과 연결할 수 있는 통합 교통망 개설, 그리고 두만강에 접경하지 않은 한국과, 현재 참관국으로 프로젝트에 대한 제한적 자격을 부여받은 일본의 보다 적극적인 참여와 투자를 유도하는 방안 등이 논의되고 있다. 그러나 이 또한 원론적인 수준에서 머무를 뿐 현 시점까지 구체적인 성과를 내지 못하고 있는 것이 사실이다.

Ⅲ. 북-중-러 접경지대 소지역 협력을 둘러싼 러-중 경쟁과 협력

1. 중국의 동북진흥전략과 창춘-지린-투먼 개발

2003년 출범한 후진타오(胡錦濤)-원자바오(溫家寶)의 제4세대 지도부는 의욕적으로 동북진흥전략을 추진해 왔다. 1980년대 광뚱 중심의 개발, 1990년대의 상하이 중심 개발, 2000년대의 톈진·다롄 중심의 개발을 거쳐 2010년대는 중국의 동북3성 지방을 적극적으로 개발하여 연해 중심의 개혁·개방의 동력을 확산·연장하려는 전략의 일환인 것이다. 이에 따라 중국은 '11차 5개년 계획(2006-2010)'을 수립하여 동북지방의 인프라 확충을 위한 투자를 진행하면서 2010년대에 추진할 본격적인 개발사업 구상으로 랴오닝성 '연해경제벨트계획'과 지린성의 '창지투 개발계획'을 2009년 7월과 8월에 각각 발표하였다. 이 두 계획은 모두 북한과의 접경지역을 염두에 두고 만들어진 계획임에 틀림없다. 특히 창지투(長吉圖) 개발계획의 정식 명칭은 '중국 두만강구역 합작개발계획강요-창지투의 개발개방 선도구화(中國图们江區域合作开发规划纲要-以长吉图爲开发开放先導區)'로, 2009년 8월 30일 중국 국무원에 의해 국가 차원의 프로젝트로 정식 비준되었다.

이 프로젝트가 정식으로 발표된 2009년은 중국이 러시아, 북한과의 잇따른 교섭을 통해 중-러 간 '중국 동북지역과 러시아 극동 및 동시베리아 지역 협력계획강요(2009-2018)', 그리고 북-중 간 양국 접경지역인 압록강과 두만강 지역에 대한 협력 사업이 합의되는 등, 동북지역 개발을 위한 중국 정부의 노력이 한층 가속화되어 가던 시점이기도 하다. 따라서 창지투 개발계획은 동북지역 개발과 경제발전에 막대한 투자를 아끼지 않았던 4세대 지도부의 정책노선이 함축된 사업이자, 별다른 성과가 없었던 북-중-러 3각 협력을 활성화하고자 하는 중국 정부의 의지가 집약된 사업이라고 볼 수 있다.[13]

〈표 1〉 창지투 개발계획의 개요

구분	주요 내용
대상지역	1차 권역: 창춘시의 부분 지역(창춘시 도시구역 德惠시, 九台시, 農安현), 지린시의 부분 지역(지린시 도시구역, 蛟河시, 永吉현), 연변조선족자치주 등 7.32만 km^2, 지린성의 39.1%, 인구는 1,097만 명으로 40.7%를 대상 2차 권역: 하얼빈-다칭-치치하얼구역과 랴오닝, 헤이룽장 동부, 북한의 나선지역, 청진항을 포함하는 북한 동해 북부지역, 러시아 극동지역
발전목표	1단계(2012년): 2008년 경제총량(3,640억 위안)의 2배, 삼림피복율 60% 이상 유지 2단계(2020년): 경제총량의 4배 이상, 삼림피복율 68% 이사 유지
개발구도	훈춘을 창구로, 옌지-룽징-투먼을 최전방으로, 창춘지린을 엔진으로, 동북 배후지를 버팀목으로 한다는 구상
8대 중점 프로젝트	△두만강지역 국제자유무역지대 건설 △창지투 국제내륙항구 건설 △과학기술 창조지역 건설 △국제협력산업지역 건설 △현대물류지역 건설 △생태관광지역 건설 △최첨단 서비스업 집중지역 건설 △현대농업모범지역 건설

출처: 원동욱 (2011), p.49.

13 У(2011).

프로젝트의 명칭이자 그 대상 지역인 '창-지-투'는 지린성(吉林省)의 주요 도시인 창춘과 지린, 그리고 두만강(중국식 명칭인 圖們江) 유역지역을 가리킨다. 이를 바탕으로 창지투 프로젝트가 지린성의 주요 도시들을 바탕으로 두만강 유역, 나아가 북한 동북지역(나선 지구)과의 연계를 통해 전지역을 포괄하는 거대 경제협력지대를 만들려는 구상임을 추측할 수 있다. 실제로 한 연구에 따르면, 창지투 개발계획은 창춘과 지린을 양대 축으로 하여 산업 클러스터의 배후지를 형성하는 한편, 옌지(延吉)-투먼(圖們)-룽징(龍井) 등의 변경 도시를 개발의 전진기지로 삼아 북한 동북지역과 연계하는 초기의 개발 구도를 가지고 있었다.[14]

한편 두만강 유역의 자국 영토에 위치한 도시들을 하나의 경제권역으로 묶는다는 초기의 구상은 이후 더욱 확장되어, 현재 창지투 개발계획은 중국의 랴오닝성(遼寧省)과 헤이룽장성(黑龍江省) 동부, 러시아 연해주, 북한 북동해안 등을 포함하는 지역을 그 2차 권역으로 설정하고 있다. 그 지역적 범위는 2005년 이후 새로이 입안된 광역두만강개발계획(GTI)에서 사업 대상 지역으로 상정하는 광역 두만강 지역(Greater Tumen River Area)와 거의 일치하며, 이와 같은 사실은 창-지-투 개발 계획을 단순히 동북지역 발전전략의 차원이 아닌, 자국 주도의 동북아 경제협력지대로 확대·발전시키겠다는 중국 정부의 의중이 담긴 것으로 볼 수 있다. 즉 유엔개발계획(UNDP)에 의해 입안, 발전되었으며 여러 국가들이 동등한 위치에서 참여하고 있는 GTI와는 달리, 창지투 개발계획은 중국이 향후 동북아시아 경제협력을 자국의 주도하에 이루어 가겠다는, 그들의

14 원동욱, "북중경협의 빛과 그림자: '창지투 개발계획'과 북중 간 초국경 연계개발을 중심으로," 『현대중국연구』 13집 1호(2011), pp.48-53.

경제적 자신감과 영향력에 대한 믿음을 드러낸 것으로 볼 수 있다.

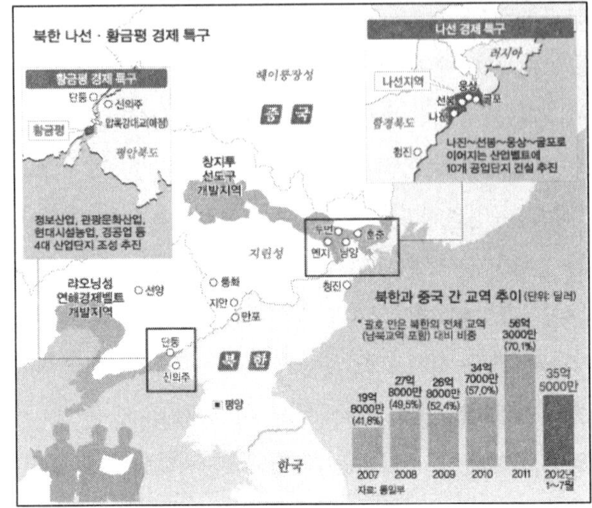

〈그림 2〉 중국의 동북진흥전략과 북한

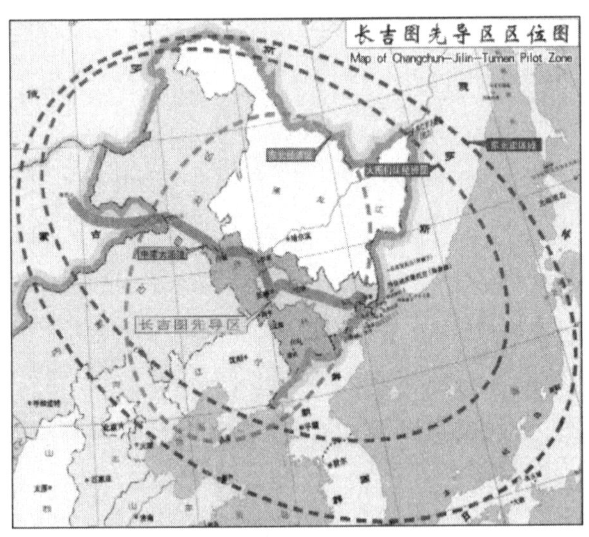

〈그림 3〉 창지투개발계획의 공간 범위

출처: <세계일보>(2012년 11월 17일), 출처: 원동욱(2011). p.51.

2009년의 비준 이후 중국 정부는 창-지-투 개발계획에 대한 세부적인 사업 계획을 빠르게 입안, 실행하고 있다. 사업 진행을 위한 세부 방안이 그 해 9월 이미 마련되었으며, 이에 따라 중국은 프로젝트의 시작을 2010년으로 잡고 그로부터 10년에 걸친 기간 동안 추진할 8대 주요 사업 부문을 설정하고 있으며, 이에 따라 2020년을 목표로 북-중, 중-러 간 초국경 경제협력지구 건설을 통한 동해·태평양으로의 '출해통로(出海通路)' 확보가 적극 추진되고 있다.[15] 한편 보다 원활한 사업 진행을 위해 이미 창춘-지린-투먼을 연결하는 고속도로 전 구간이 개통되었으며, 2010년 창춘-지린 간 고속철도가 완공되었다. 또한 훈춘(琿春) 지역에 2016년까지 100억 위안(한화 약 1조 7천억 원)을 들여 대규모의 동북아 변경무역센터를 건설키로 하는 등 중국 정부의 막대한 투자가 이루어지고 있다.

그런데 그 세부 사업 내용을 살펴보면, 창-지-투 개발계획의 진행에는 다른 접경 국가들의 협력이 필수적이라는 것을 알 수 있다. 바꾸어 말해 이는 중국을 제외한 다른 국가들이 두만강 지역에 대해 가지는 이해관계의 정도에 따라 달라질 수 있다는 것을 의미한다. 이와 같은 측면에서 향후 북-중 관계와 중-러 관계의 설정은 창-지-투 개발계획의 성패에 영향을 미칠 가능성이 다분하다. 특히 두만강 유역 개발에 대해 극동지역의 개발이라는 확고한 유인책과 이익을 가지고 있는 러시아에 비해, 그 맹방(盟邦)인 북한의 참여를 어떻게 이끌어내느냐가 중국에게는 사업의 안정적인 진행과 성패를 가름할 중요한 과제로 보인다. 국내 및 국제정치적 이유로 이미 TRADP-GTI로 연결되는 다국적 경협 프로젝트에서 탈퇴한 전력

15 박농훈, "두만강지역개발과 국제협력: 중국 '창지투 선도구' 건설의 국제환경 분석," 『한국동북아논총』 57호(2010); 원동욱(2011), p.49.

을 가진 북한이 GTI 복귀 의사를 명시적으로 밝히고 있지도 않으며 나선지구의 개방을 두고 변덕스러운 모습을 보이는 가운데 이를 설득하는 문제가 중요한 과제로 남아 있다.

논의를 종합하자면, 창-지-투 개발계획은 두만강 지역에 대한 중국의 영향력을 가늠할 수 있는 시금석이자, 향후 동북아시아 지역 정치 구도의 변화를 관찰할 수 있는 하나의 단면이라고 할 수 있다. 즉 창-지-투 개발계획은 경제발전을 통한 자국 영향력 제고와 지역적 협력의 실현이라는 언뜻 서로 모순적인 두 가지 목표를 동시에 이루려는 중국의 대외 정책적 전략이 투영된 프로젝트이다.

2. 러시아의 극동·자바이칼 발전프로그램과 블라디보스톡 개발

러시아는 2012년 APEC 정상회담을 준비하고 치러내면서 블라디보스톡을 아태지역을 향한 경제 수도로 전환하려는 국가적 프로젝트들을 추진하고 있다. 이 계획은 원래 러시아의 취약 지구인 낙후된 극동과 동시베리아지역을 개발하려는 발전 프로그램의 일환으로 추진되다가, 최근 들어 극동지역의 개발에 우선적 초점을 맞추어 개발계획이 조정되었으며, 궁극적으로는 극동·시베리아 지방의 동북아 및 아태 경제권으로의 편입을 목표로 추진되고 있다.[16] 러시아 정부는 지난 2007년 '2013년까지 극동·자바이칼 지역의 경제·사회발전 연방특별 프로그램'을 승인하고 극동·자바이칼 지역개발 정책을 추진하기 시작했다. 또한 이 지역개발 프로그램의 기본적 방향을 규정하고 세부 목표와 과제들을 포괄적으로 정의하는 차원에서 2009년

16 한종만, "한국 러시아 경제협력과 시베리아 극동러시아," 『한국시베리아학보』 4집 (2002), pp.97-142; Михеев(2005).

12월 28일 '극동·자바이칼지역 사회경제발전전략 2025'을 승인하고 본격적으로 아태지역으로 경제협력의 지평을 확대하려는 국가전략을 추진하고 있다.[17]

러시아가 블라디보스톡을 러시아의 아태지역 지역을 향한 창으로 변모시키려는 계획은 극동 지역개발과 동북아 지역협력을 본격화하려는 전략이 본격적으로 추진되기 시작했다는 신호로 해석되면서 동북아 지역 국가들의 극동개발에 대한 관심이 높아가고 있다. 특히 블라디보스톡을 대륙과 해양의 발전 벡터가 만나는 접점으로 발전시키기 위해서는 이 도시를 동북아 에너지시장, 교통과 물류의 거점, 식량 및 해양자원의 기지로 만드는 일이 중요하다.[18] 이를 위하여 싱가포르와 홍콩 등의 모델을 결합한 국제적 자유 도시로 발전시키기 위한 다면적 구상이 마련되고 있는 것으로 알려지고 있다.

이 같이 러시아의 극동·자바이칼 지역 개발을 위한 다양한 프로젝트들 가운데 대규모 자원개발 및 교통인프라 건설 사업은 안정적 자원공급과 새로운 실물경제의 활성화를 불러 일으켜 역내 국가들의 새로운 성장 동력의 창출과 지역 경제협력의 발전을 위한 계기가 될 수 있다는 기대를 불러일으키고 있다. 하지만 이를 두고 기존의 중-일 간 동시베리아~태평양 송유관 경쟁과 같은 각축이 벌어질 가능성도 있는 것이 사실이다.[19] 러시아는 자국의 이런 이점을 활용하여 동북아 경제에로의 진입과 전략적 행위자로서의 지위를 획득

---

17 성원용 (2008); 성원용, "러시아 극동-자바이칼 지역 개발 프로그램과 동북아 지역협력," 『동북아경제연구』 24권 1호(2012), pp.1-8.

18 성원용(2012).

19 신범식, "러시아의 대(對) 동북아 석유·가스 공급망 구축," 『국제정치논총』 52집 3호(2012a), pp.341-373.

및 강화하기 위한 국가전략을 추진 중에 있다. 그런데 이 전략의 핵심적 고리들은 바로 북한과의 교통망, 에너지운송망, 전력망 등을 연결하는 사업들과 깊이 연관되어 있다.

우선, 러시아~북한 간 교통로 연결과 관련된 한반도 접근 전략이다. 북한과 러시아는 현재 두만강을 사이에 두고 육지로는 약 16.9km에 이르는 협소한 국경을 서로 맞대고 있으며, 북한과 중국, 중국과 러시아는 이 지역을 포함해 짧게는 수백 km에서 길게는 수천 km에 이르는 국경을 접하고 있다. 이와 같은 지리적 입지조건으로부터 중국, 러시아와 북한, 나아가 한국을 연결하는 교통로 연결 사업에 대한 적지 않은 논의가 진행되어 왔다.[20]

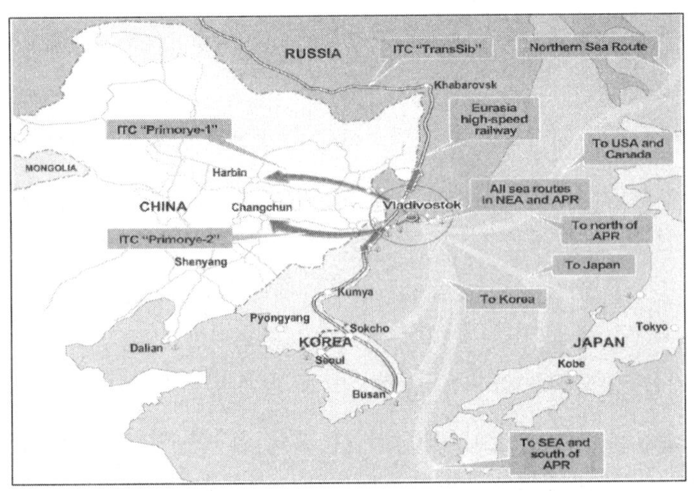

〈그림 4〉 블라디보스톡 교통 및 물류 허브 개념도

[20] 김재하·이성탁, "동북아 해상 및 내륙운송발전과 지역 개발 구상에 관한 일연구: 장춘(長春)/혼춘(琿春) 자유무역지역과 두만강 개발을 중심으로," 『해운물류연구』 17호 (1993); 백종실, "동북아 물류네트워크 구축을 위한 두만강지역 복합운송체계 구축 방안," 『교통정보학회지』 8권 3호(2005), pp.51-81; 성원용(2008); R. Gulidov, "International Transportation Corridors in Northeast Asia: Multilateral Efforts and the Greater Tumen Initiative's Role," ERINA Report No.96(November 2010).

두만강을 사이에 두고 접경하는 3개국 사이에는 이미 초보적이나마 철도노선이 건설되어 있는 상태이다. 구체적으로는 중국-북한 사이에 3개 노선, 중국-러시아 사이에 2개 노선, 그리고 북한-러시아 사이에는 1개 노선이 운영 중에 있다.[21] 기존의 철도 노선은 두만강을 사이에 둔 접경 국가 간 단순 물류 및 여객 수송에만 그 초점이 맞추어져 있었다. 그러나 2000년 이후 극동 지역의 개발과 경제발전을 적극적으로 추진하던 러시아에 의해 접경 국가의 자본과 노동력을 끌어들이려는 방편의 하나로 남-북-러 철도연결 사업이 적극 추진되기 시작하였다. 또한 전체 물류 수송에서 철도의 분담률이 40%를 웃도는 러시아의 철도교통에 대한 높은 의존도 역시 3국 협력에 있어 철도의 중요성을 배가시키는 요인으로 작용하였다고 볼 수 있다.[22] 따라서 러시아 측의 주도로 그간 한-러 철도협력의정서 교환(2001), 한-러 교통협력위원회 개최(2001, 2002), 남-북-러 3자 철도전문가회의(2003), 남-북-러 철도장관급회의(2006)가 연이어 열리며 그 가능성을 한껏 높인 바 있다. 특히 2006년 3월 러시아 이르쿠츠크에서 열린 장관급 회의에서는 시베리아횡단철도(TSR)와 한반도종단철도(TKR)를 나진(북한)-하산(러시아) 노선을 통해 연결하는 보다 구체적인 방안이 제기되기도 하였다. 그러나 순항하던 3국 철도연결 프로젝트는 2009년 북한의 2차 핵실험으로 인해 남북관계가 경색 국면에 접어들며 더 이상 진전되지 못하였다.

소강상태가 장기화되면서 2차 핵실험 이후 대북정책 기조를 포용과 개입으로 변경한 중국의 적극적 접경지역협력 추진 정책이 시도되면서 러시아는 초조한 입장으로 몰리게 된다. 러시아는 한편으

---

21 백종실 (2005), pp.60-61.

22 함범희, 허남균, 허희영, "유라시아 철도의 다중경로 구축에 관한 연구," 『산학경영연구』 21권 2호 (2008), pp.144-147.

로 초국경지역협력 과정에서 소외되지 않으면서도 북한과의 양자 협력의 고리를 강화하기 위한 노력을 계속하였다. 그 결과 2011년 8월, 북한 김정일 국방위원장의 방러 시 양국 정상은 철도와 에너지 협력 증진에 합의하게 되었고, 이후 이명박 대통령이 2011년 11월 모스크바를 방문하여 3국 간 철도 연결사업의 적극적 추진에 대해 메드베데프 대통령과 합의한 바 있다. 또한 최근 2012년 7월 북-러 양국 간 경제 교류 활성화를 골자로 하는 국경조약이 새로이 체결되었으며, 동년 9월 블라디보스톡에서 열린 아·태경제협력체(APEC) 정상회의에서 이 주제가 중요 의제로 채택되기도 하였다. 이 같은 일련의 움직임에 힘입어 2006년 이후 중단되었던 철도협력 실무급 논의가 재개될 것이라는 전망이 제기되고 있다. 이 사업의 추진을 위한 각국의 물밑의 노력은 지속되고 있다.

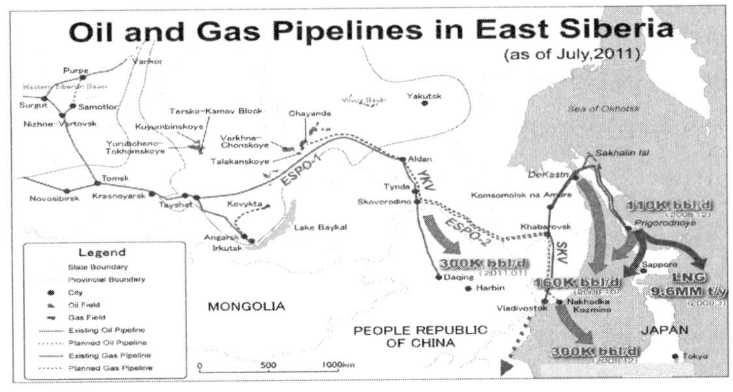

〈그림 5〉 러시아의 동북아·아태지역에 대한 에너지공급망 구축

출처: JOMEG(Japan Oil, Gas, and Metals National Corporation)
(홈페이지: www.jogmec.go.jp/).

한편, 철도 연결과 더불어 러-북 간 논의되고 있는 중요 프로젝트 중의 하나는 가스관 연결이나 전력망 연결과 같은 에너지 관련 프로젝트들이다. 러시아 동시베리아와 극동 지역의 천연가스와 석유 등 에너지 자원을 중국과 한국 그리고 일본 등의 국가들에 공급하기 위한 에너지공급망 인프라 구축에 힘을 쏟고 있다. 이는 화석에너지 자원을 바탕으로 한 러시아의 영향력이 동북아와 아태지역에 대해 투사될 수 있는 통로를 구축하는 작업의 일환으로 이해되고 있다. 따라서 러시아의 대(對)동북아 에너지공급망 구축은 러시아 에너지외교의 새로운 지평을 열어줄 수도 있다.[23] 즉 러시아의 에너지공급망의 구축은 러시아의 극동 지방을 동북아 지역과 연결시키는 링크로 기능하면서 러시아의 동북아 및 아태지역에서의 에너지 공급자 및 중계자로서의 지위를 강화하여 러시아의 '위치권력(positional power)'을 강화하게 될 것이다. 나아가 이런 러시아의 지위 및 권력 변동은 동북아 지역정치 구도의 새로운 변화 가능성을 높일 것으로 예상된다. 이렇게 형성된 새로운 구조로부터 파생되는 새로운 관계의 패턴은 러시아의 동북아 지역정치에서의 중재자 역할의 가능성을 높임으로써 러시아의 영향력을 다시 강화할 수도 있을 것이다.[24]

특히 최근 들어 러시아는 파이프라인을 통해 북한과 남한으로 직접 공급하는 것을 골자로 하는 남-북-러 가스관 연결 사업의 추진에 공을 들이고 있는데, 이는 3국 간 철도 연결 사업과 함께 3자를 연계하는 대표적인 합작 프로젝트로 주목을 받고 있다. 이는 북한을 중간 매개체로 삼아 러시아와 한국이 바다가 아닌 육지를 통해 직접적으로 연결된다는 점에서도 철도 연결 사업과 그 궤를 같이 한다.

---

[23] Севастьянов, С. В. «Роль новых россий ских инфраструктурных проектов в обеспечении энергетической безопасности Северо-Восточной Азии,» Ойкумена, No.1(2012), pp.344-360.

[24] 신범식, "동북아시아 에너지안보와 다자 지역협력: 러-북-남 가스관사업과 동북아 세력망구도의 변화 가능성," 『한국정치학회보』 46집 4호(2012b), pp.247-278.

일찍이 한국은 2008년 3월 러시아와 양국 국영 에너지회사인 한국가스공사와 가즈프롬(Gazprom) 간 양해각서를 통해 러시아 천연가스의 수입을 논의한 바 있다. 또한 2011년 6월과 7월, 각각 모스크바와 평양에서 북한과 가즈프롬 사이에 러시아 천연가스의 북한 공급에 대한 논의가 진행되었다. 이를 바탕으로 2011년 8월 모스크바에서 개최된 한·러 외무장관 회담에서 러시아 천연가스의 북한 경유 한국 공급에 대한 논의가 이루어졌고, 이후 동년 11월 상트페테르부르크에서 열린 한·러 정상회담에 맞추어 가즈프롬에 의해 남-북-러 가스관 연결 사업에 대한 구체적 사업일정이 발표되었다. 가즈프롬사는 북한을 경유하는 파이프라인이 2013~2016년 사이에 건설되면 2017년 초부터 한국에 동시베리아와 극동으로부터 천연가스가 공급될 수 있을 것으로 예상되었다. 하지만 남-북-러 가스관 사업도 철도연결 사업과 마찬가지로 한반도를 둘러싼 국제정세에 매우 민감할 수밖에 없다. 특히 북한의 본 프로젝트에 대한 관심과 태도가 사업의 성패를 가늠할 중요한 요인으로 꼽히고 있으며, 따라서 사업의 진행 못지않게, 특히 공급자인 러시아에게는 자신들의 동맹국이자 접경국인 북한을 설득하고 유인하는 과정 또한 필수적이다.[25]

한편 최근 한국이나 북한 못지않게 일본 또한 이 사업에 관심을 기울이고 있다. 연해주와 사할린의 천연 자원에 대한 개발과 구매에 대한 관심이 날로 높아지고 있는 일본에서는 한반도를 경유하지 않는 노선을 통해, 러시아와의 직접 양자 교섭을 통한 천연자원 사업에 박차를 가하고 있으며, 이와 같은 노력은 최근의 보도에서도 확인된 바 있다.[26] 러-일 가스관 연결 구상은 2001년에 엑손모빌사가

---

[25] 백훈, "남, 북, 러 가스관 사업의 정책적 접근," 『동북아경제연구』 23권 4호(2011), pp.93-124.

[26] <연합뉴스>(2012년 11월 4일).

제안한 적이 있었으나, 일본 가스업계의 소극적 대응으로 무산된 바 있다. 하지만 후쿠시마 원전 폭발사고 이후 일본이 러시아 가스 수입에 적극적 입장으로 돌아서면서 이 계획이 일본의 큰 관심을 끌게 되었다. 최대 액화천연가스(LNG) 수입국인 일본이 원전 가동을 중단하고 LNG에 대한 수요가 크게 늘게 되자 좀 더 저렴한 도입 방식으로서 가스관 연결 사업에 관심을 보이게 된 것이다. 자국 천연 자원의 판로를 적극적으로 개척하려는 공급자로서 러시아의 입장을 고려해 볼 때, 이와 같은 일본의 행보 또한 향후 동북아의 가스관 프로젝트에 영향을 미칠 가능성이 있다.

이같이 다양한 경로의 에너지공급망을 구축하려는 러시아의 시도는 한반도를 둘러싼 세력구도에 영향을 미쳐 역내 국가들의 세력망을 좀 더 분산적 구도로 바꿔갈 가능성을 지니고 있는 시도로 볼 수 있다. 특히 중국의 창지투 개발계획에 의하여 동북아 소지역 협력 구도가 중국이 주도하는 방향으로 전개되는데 대한 러시아의 우려도 이러한 노력의 저변에 깔려 있는 것으로 보는 것이 타당해 보인다.

3. 북한의 나진-선봉 특구 개발과 나진항을 둘러싼 러-중 각축

1991년 이후 15년 가까이 지지부진했던 두만강 유역을 둘러싼 초국경지역 협력이 GTI 계획 추진과 함께 탄력을 받게 된 것은 상술한 바와 같이 중국과 러시아 두 나라가 적극적으로 자국의 두만강 인접 지방을 개발하려는 강력한 의지를 보이면서 생긴 변화임에 분명하다. 하지만 이런 중·러의 적극적 행보도 북한의 협력 없이는 실현이 불가능하다. 그래서 중국과 러시아의 북한, 특히 북한의 동북 지역에 대한 관심과 집중력은 매우 높은 수준으로 상승되었고 그 과정에서 양국 간 경쟁과 마찰도 불가피해 보인다. 바로 이 지점이 접경지역 협력이 지정학적 요인과 상호작용하면서 만드는 동학이 된다.[27]

북한으로서는 이런 양국의 경쟁적 측면을 활용하여 나선 경제특구를 개발하는 동력을 확보하려는 전략을 구사할 수밖에 없다. 사실 북한은 지난 1991년 12월에 나진·선봉 지역을 북한 최초의 '자유경제무역지대'로 설정하고 2010년까지 동북아의 국제적 물류기지 및 수출, 관광, 금융 중심으로 발전시키려는 구상을 제시한 바 있다.[28] 하지만 나진·선봉 자유무역지대 개발 계획은 북핵 문제 및 북한정권교체와 함께 TRADP가 겪었던 부침과정을 같이 겪게 되었고, 2005년 이후 GTI의 활성화와 더불어 다시 주목을 받게 되었다. 결국 나진·선봉의 개발계획은 중국과 러시아 그리고 한국 등 주변국의 실질적 투자에 따라 그 성패가 갈릴 수밖에 없는 계획이었다.

따라서 중·러 간 이 지역을 향한 경쟁적 측면을 잘 살펴볼 필요가 있다. 러시아와 중국 사이의 협력과 경쟁이 공존하는 이 협력 프로젝트의 추진과정에서 우리가 특히 주목해 볼 필요가 있는 것이 북한의 나진항 사용권 문제이다.

중국은 북한과의 경제협력을 촉진하기 위해 2007년 '육로-항만-구역의 일체화' 프로젝트를 제안하였고, 이에 따라 훈춘~권하~

27 Бурлаков, В. А. Проект «Туманган» и Игра Геополитических Интересов в Северо-Восточной Азии в 90-е Годы XX Века (Владивосток : ВГУЭС, 2007); Бурлаков, В. А. «Перспективы развития Тумангансской инициативы в контексте геополитических процессов в СВА», Ойкумена, No. 1 (2012); Гайкин, В. А. «Региональный аспект и геополитическое значение проекта «Туманган» » в книге Сборник научных трудов Челябинского Института Экономики и Права им М. В. Ладошина (Челябинск, 2009).

28 정인성, "두만강지역 개발전략의 현재와 과제," 『지역사회개발연구』 18집 1호(1993); 이기석·이옥희·최한성·안재섭·남영, "나진-선봉 경제 무역 지대의 입지특성과 지역구조," 『대한지리학회지』 37권 4호(2002).

원정~나진에 이르는 도로 현대화를 추진하였다. 이미 2005년 훈춘시가 북한 원정리에서 나진항까지 도로를 건설해 주는 대가로 나진항의 3호 부두와 건설예정인 4호 부두의 50년간 운영권을 얻으려는 시도를 하였다. 하지만 2006년 북핵 위기로 성사되지 못했다.[29]

이런 중국의 시도에 대하여 러시아는 김일성 주석 생존 시부터 오랫동안 공들여 왔던 시베리아횡단철도(TSR)의 북한 철도와의 연결을 성사시키기 위하여 2006년부터 나진~하산 철도연결 및 나진항 개발을 위한 논의를 시작하여 2007년 11월 북한과 합의에 도달하였다. 이를 바탕으로 러시아는 2007~2008년에 한국 및 북한과 각각 물류 및 나진항 개발에 관한 협력 양해각서를 체결하게 되었고, 이로써 러시아는 북한 정부로부터 나진항 3, 4호 부두의 사용권을 확보하게 되었다.

하지만 중국은 멈추지 않고 좀 더 포괄적이며 신중한 접근을 통해서 나진항 사용권에 접근을 계속하였다. 지방 정부가 주도했던 '육로-항만-구역의 일체화' 프로젝트에 대한 북한의 부담을 인지하고, 중앙 정부가 나섰다. 중국 정부는 랴오닝성 '연해경제벨트계획'과 지린성의 '창-지-투 개발계획'을 2009년 7월과 8월에 각각 발표하고, 동북진흥전략의 기조 속에서 적극적 투자를 북한에 제공하는 내용의 '중국 두만강지역 합작 개발계획요강'을 국무원이 2009년 8월 30일에 승인하였다.[30] 결국 2009년 10월 원자바오 총리의 북한 방문시 중국은 나진항 1호 부두의 운영권을 확보하게 되었다. 대북 접근에 이어 중국 후진타오 주석은 2009년 9월 23일 뉴욕에서 개최된 G20 정상회의에서 메드베데프 러시아 대통령을 만나 '중국 동베

29 원동욱, "동북공정의 내재화, 중국 동북지역 인프라개발의 함의," 『국제정치논총』 49집 1호(2009), pp.231-253; 원동욱(2011).

30 박동훈(2010).

이와 러시아 극동 및 시베리아지역 협력 개발 계획 요강 2009-2018'을 채택함으로써 러시아와의 협력방안을 구체화하여 러시아 측의 반발을 무마하였다.

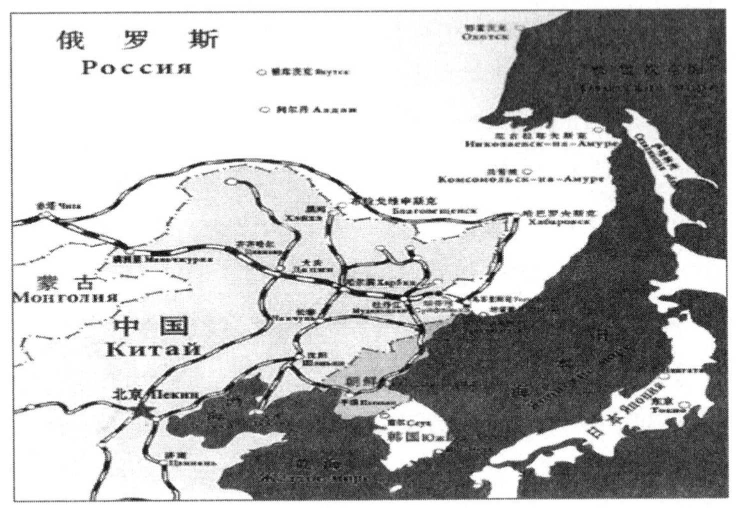

〈그림 6〉 중국 동북지방의 주요 철도노선 확충 계획

출처: 수분하시경제합작촉진국 2012년 발간자료.

또한 중국은 북·중 간 협력을 현실화하기 위해 2008년 9월 창춘~지린~옌지 고속도로를 완공하였고, 창춘~지린~훈춘을 2.5시간에 주파하는 고속철도를 2013년 완공할 목표를 가지고 있다. 그리고 중국은 북한만이 아니라 러시아의 극동·동시베리아 지역의 물류와 중국 동북 지방의 물류를 연결할 간선고속철도 건설을 계획하여 구(舊) 동청철도 구간인 치타(러)~다칭~하얼빈~수이푼허를 거쳐 러시아 극동으로 연결되는 고속철 공사를 시작하였다.[31] 이로

31 Ko, Jeong-Sik, "Chinese Northern Province Development Policy and Eco-

써 중국은 이 고속철 건설로 2012년 말 완공 예정인 하얼빈~창춘~센양~다롄 고속철도 및 기존 북경~센양 고속철도와 함께 동북 지역을 1일 생활권으로 묶는 작업에 박차를 가하고 있다. 특히 이 교통망은 북한 동북지방과 서북 관문 신의주 그리고 평양을 연결하는 철도망과 연결되어 중국의 북한 전역에 대한 접근성 및 물류능력을 강화하게 될 것으로 보인다. 이는 자칫 중국의 대북 영향력의 과도한 확대와 북의 대중 의존에 대한 우려[32]와 결부되면서 북한의 "동북 제4성화"에 대한 추측을 불러일으키는 소재가 되기도 한다.

하지만 이러한 우려를 뒤로하고라도 분명한 것은 이 같은 중국의 교통인프라확충 노력이 랴오닝 연해벨트 개발과 창-지-투 개발을 위한 실행계획이 2012년까지로 설정한 1단계 목표인 출해통로(出海通路)를 확보하고 이를 이용할 물동량 처리규모를 확충하는 작업이 계획대로 진행되고 있음을 의미하며, 2단계 목표로 2020년까지 훈춘~하산~나선을 연결하는 초국경경제협력지구의 건설을 가속화하는 기반이 갖추어 지고 있음을 말해준다. 이러한 목표를 달성하기 위한 노력의 일환으로 중국은 2011년 6월 8일 및 9일에 북·중 간 공동개발 및 공동관리 대상인 황금평·위화도 경제지대 및 나·선 경제무역지대 착공식도 북한과 함께 서둘러 거행함으로써 중국의 대북한 경제협력의 확고한 교두보를 구축하였다.[33]

이 같은 중국의 포괄적이며 단계적이고 치밀한 대북 경제협력에 대하여 러시아는 내심 상당히 부담을 느끼고 있는 것으로 보인다.

---

nomic Cooperation with North Korea," 『한중사회과학연구』 9권 3호(2011).

32 Jaewoo Choo, "Mirroring North Korea's Growing Economic Dependence on China: Political Ramifications," Asian Survey 48-2(March/April 2008), pp.343-372.

33 <조선중앙통신> 2011년 6월 10일.

러시아의 동방정책을 강하게 지지하고 있는 전문가들 사이에서는 러시아의 극동개발 정책이 좀 더 포괄적이며 치밀해져야 하며 러시아가 가지고 있는 강점을 극대화하는 방향으로 추진되어야 한다는 주장이 힘을 얻고 있다.[34] 이런 관점에서 볼 때 2011년 8월 김정일 위원장의 러시아 방문과 메드베데프 대통령과의 정상회담은 러시아의 다급한 속내를 잘 보여준다. 중국의 영향력 확대에 대해 러시아가 지닌 에너지, 전기, 식량 등을 전면에 내세우며 대북 영향력을 확대하는 방식으로 중국을 견제하는 모양세가 연출되었다.[35] 또한 2012년 푸틴 대통령은 3기 취임 이후 '극동개발부'를 설치하고 대북 경협사업 진행을 위한 노력을 지속하고 있다. 특히 러시아는 자국이 확보한 나진항의 가장 중요한 3부두의 공동 개발을 한국의 포스코사에 제안한 것으로 알려지고 있다.[36] 이는 러시아가 나진항에 대해서 가지는 남한과의 협력의지뿐만 아니라 중국에 대한 견제의 의미를 동시에 가지고 있는 것으로 해석될 수 있다.

상술한 러시아와 중국의 북한에 대한 영향력 경쟁 과정에서 북한은 중국과 러시아의 권익을 균형화 함으로써 자국의 대외적 의존의 균형을 꾀하였고, 이러한 기조는 당분간 지속될 것으로 보인다. 특히 신의주 지역의 개발에 대한 중국의 안정적 이권에 비하여, 나선지구, 특히 나진항 개발을 두고는 러시아와 중국이 경쟁의 면모를 연출하고 있는 것이 사실이다. 중국의 동진정책과 러시아의 남진정책이 부딪히는 곳이 바로 나선을 중심으로 한 북한 동북지역이 되고

34 Sergei Karaganov, "Russia's Asian Strategy," Russia in Global Affairs(July 2011).

35 Beom-Shik Shin, "Russia's Return to Asia: How should South Korea Respond?" EAI Issue Briefing No. MASI 2011-09(December 2011).

36 <서울신문> 2012년 9월 12일; <아시아경제> 2012년 11월 23일.

있는 형국이다. 북한이 전통적으로 소련과 중국 사이에서 줄다리기 외교를 벌여왔던 것처럼 "의존의 균형"을 추구하는 북한의 전략이 나선지구의 장래, 나아가 북-중-러 접경협력의 장래에 어떤 영향을 미치게 될 것인지 관심이 모아지고 있다.

Ⅳ. 북-중-러 접경지대 소지역협력과 동북아 지역정치에 대한 영향

<그림 7>은 동북아 국가들의 세력망(network of powers)을 시각화해 본 것이다. 동맹이나 전략적 협력 그리고 수교 관계와 경제적 상호작용 등을 기준으로 각 국가 행위자들의 관계를 링크로 표시해 보았다.[37] 동북아에서 발견되는 가장 강한 권력 링크는 동맹 관계로 미-일, 한-미, 북-중 간에 발견된다. 그에 못지않은 '전략적 협력관계'는 한-일 그리고 중-러 간에 발견된다. 한-중 및 한-러 간에는 2008년 '전략적 협력 동반자관계'가 수립되어 있는데, 이를 통해 전략적 협력의 필요성과 이를 위한 상호 의지는 확인되었지만 전략적 상호작용과 조율에는 이르지 못하고 있는 상황이다.[38]

---

[37] 각진 점선은 미수교 및 갈등 관계를, 원점선은 수교 및 미미한 전략협력 관계를, 실선은 포괄협력 관계 및 전략협력 관계를, 쌍선은 전략적 상호작용 및 갈등 관계를, 삼선은 동맹 관계를 의미하며, 굵기가 굵을수록 관계의 밀도가 높음을 의미한다. 그러나 지역정치 구도를 결정하는 네트워크 구조를 규정하는 링크는 역시 굵은 실선과 삼선으로 표현되는 '전략협력 관계와 동맹 관계이다.

[38] 신범식, "러-중관계로 본 '전략적 동반자관계': 개념과 현실 그리고 한계," 『한국정치학회보』 제44집 2호(2010); 신범식(2012b).

이러한 전략적 상호작용의 성격 규정이 비교적 용이하지는 않지만 이 지역 질서의 미래를 결정하게 될 가장 결정적인 관계는 역시 미-중 관계이다. 양국은 지구적 수준과 특히 동북아 지역에서 경쟁과 협력의 구도를 첨예하게 형성하고 있다. 지구적 수준에서 중국의 영향력은 아직은 현존하는 지구적 거버넌스를 구축한 미국의 그것을 넘어서기에는 부족하다. 따라서 상당한 쟁점영역에서 미국과의 협력이 불가피한 것이 사실이다. 하지만 동북아에서 중국의 영향력은 이미 상당한 수준에서 미국을 필적해 가고 있다. 세계경제위기 이후 G2 시대가 도래했다는 관망과 함께 동북아에서 벌어지고 있는 양국 간 경쟁을 적나라하게 보여주는 정세가 전개되었다. 2011년 이후 양국이 이런 경쟁을 관리하기 위한 전략적 조율에 힘쓰고 있지만, 양국 관계는 매우 불안정하며 장차 갈등 국면으로 진입할 가능성은 여전히 커 보인다. 2012년 중-일 간 조어도/센카쿠 분쟁은 이런 경향을 더욱 심화시킬 소지가 높다. 따라서 미-중 관계는 전략적으로 상호작용할 수밖에 없는 관계임에는 틀림없지만, 그 성격이 협력과 경쟁이 공존하고 있는 이중성의 비정형 관계로 이해하는 것이 타당해 보인다.

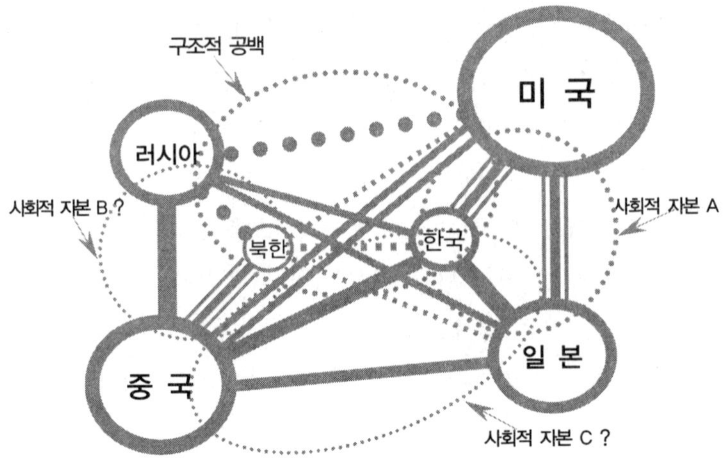

〈그림 7〉 동북아시아 세력망의 사회적 자본과 구조적 공백

미-중 기본축 이외에 동북아 지역정치의 현재와 미래를 관측하는데 중요한 의미를 지니는 네 개의 지점이 있다.[39] 이 지점들의 의미와 중요성은 기존 (신)현실주의적 힘의 상관관계에 대한 설명만으로는 다 파악되기 어렵다. 도리어 '사회적 자본(social capital)'과 '구조적 공백(structural hole)'에 관한 네트워크론적 이해가 매우 유용하다.[40] 사회적 자본은 3개 이상의 국가들이 공동의 전략을 형

39 동북아세력망에서의 사회적 자본과 구조적 공백에 대한 이하의 논의는 졸고(신범식, 2012b)를 참조하였음.

40 버트는 통합형 네트워크의 강점을 '사회적 자본'으로, 분절형 네트워크의 균열을 '구조적 공백'으로 파악하였는데, 전자네트워크는 행위자들 간의 지속적이며 빈번한 상호작용으로 인해 제도화의 가능성이 높으며, 문화적으로 동질적이어서 행위자들의 상호작용은 유사한 관념이나 합의된 규칙, 그리고 공유된 이해 등을 형성할 가능성도 높고 균열이나 공백이 적거나 없어서 중개의 필요성이 낮으며, 후자는 행위자들 간의 링크가 성긴 탓에 행위자들은 소수의 행위자들을 경유해서만 서로 간접적으로 연결되는 밀접하고 공식적이며 제도화되어 있는 관계와 소원하고 비공식적이 고 불규칙적인 관계가 혼재하기에 불협화음과 관계단절이 나타나기도 한다. 특히 후자로 인해 네트워크상의 행위자 그룹 간에는 상호작용을 조율하는 규칙과 규범이 서로 마찰하기도 한다는 점을 지족하였다. R. S. Burt, Structural Holes: The Social Structure of Competition. Cambridge(MA: Harvard University Press, 1992); R. S. Burt, Brokerage

성해 낼 수 있는 관계망을 이야기하며, 특히 구조적 공백은 네트워크상에서 전략적인 목적으로 한두 개의 링크를 추가로 연결함으로써 채워질 수 있는 공백을 의미한다. 이 구조적 공백은 중개(brokerage)를 통해 정보 확산 및 네트워크상의 상호작용을 통제하려는 전략의 대상으로 주목 받게 되는데, 구조적 공백을 연결하는 중개자는 많은 정보를 취득함으로써 사회적 자본을 향상시킬 뿐만 아니라 자신의 위치권력을 증대시킬 수 있기 때문이다.[41]

동북아의 지역정치에서 찾아볼 수 있는 대표적인 사회적 자본은 한-미-일 삼각관계이다. 이 관계는 한-미 및 미-일 간 두 개의 동맹링크와 한-일 간의 밀접한 협력 링크가 튼튼히 결합된 사회적 자본임에 틀림없다. 물론 2012년 들어 한-일 간에 독도를 둘러싼 영토문제와 과거사 문제로 인한 관계 악화에 대한우려가 있는 것은 사실이지만 아직도 한-미-일 3국 간 전략적 조율의 메커니즘이 마비될 정도는 아닌 것으로 보인다. 미국은 이 사회적 자본을 중국과의 경쟁 내지 중국에 대한 견제의 용도로 사용하고 동북아에 대한 미국의 영향력을 발휘하는 중요한 통로로 사용하려는 명확한 의도를 가지고 있는 것으로 보인다.

그런데 이 사회적 자본과 더불어 주목받는 관계가 북-중-러 삼각관계(사회적 자본 B?)이다. 최근 강화되고 있는 북-중-러 소지역 협력이 동북아 지역에 미칠 영향을 밝히기 위해서는 이 삼각관계의 성격을 규정하는 것은 중요하다. 과연 이 삼각관계는 한-미-일 삼각관계와 같이 동북아 지역정치에서 사회적 자본의 기능을 할 수 있을까? 물론 북-중 간 혈맹관계는 건재하고, 역사적으로 유례없는

and Closure: An Introduction to Social Capital (New York: Oxford University Press, 2005).

[41] 김상배(2011).

수준으로 발전한 중-러 간 '전략적 동반자관계'도 부정할 수 없는 현실이다. 이런 측면에서 일견 이 삼각관계를 사회적 자본으로 볼 수도 있겠으나, 실상은 그리 간단치는 않다.

우선, 북-러 간의 연약한 고리가 문제이다. 사실 러시아는 소련 해체 이후 지구적 수준에서 급속한 영향력의 후퇴를 경험하였지만, 동북아에서는 그 정도가 특히 심했다. 그 가장 큰 이유 중의 하나는 바로 러시아가 북한에 대한 동맹 및 전략적 상호작용의 링크를 스스로 제거하는 탈(脫)링크 정책을 채택함으로써 한반도에 대한 영향력이 급속히 줄었고, 이것이 러시아의 동북아 전역에서의 영향력의 후퇴로 연결되었기 때문이다.[42] 그 결과 러시아는 1차 북핵 위기 해법구도인 4자회담으로부터 소외되었다. 이후 러시아는 북한과의 관계 정상화를 위한 노력을 경주했지만, 계속되는 2차 북핵 위기는 러시아의 노력을 상당부분 퇴색시켰다. 따라서 대북 전략적 링크의 회복은 러시아 동북아 정책의 중요한 모티브가 되어 왔다.

하지만 최근 주목할 만한 변화의 조짐도 있다. 2011년 8월 북-러 정상회담을 통하여 양자 간 전략적 협력의 조짐이 가시화되고 있다. 부채문제해결과 경제협력, 군사 분야 협력, 러-북-남 가스관 연결, 러-북 전력망 연결, 러-북-남 철도연결 등 다방면에 걸친 관계개선의 청사진이 발표되고 있다. 따라서 북-러 간의 링크는 조만간 전략적 성격의 링크로 변화할 가능성이 높은 고리로 이해하는 것이 옳을 듯하다.

그렇지만 이 링크가 강화된다고 하더라도 북-중-러 삼각협력의

[42] P. F. Meyer, "The Russian Far East's Economic Integration with Northeast Asia: Problems and Prospects," Pacific Affairs 72-2(Summer 1999); C. E. Ziegler, "Russia in the Asia-Pacific: A Major Power or Minor Participant?" Asian Survey 34-6(June 1994).

고리가 한-미-일 삼각협력의 고리와 같은 사회적 자본으로 전환되어 전략적 협력을 해 나가기에는 넘어야 할 다른 도전이 있다. 그것은 러-중 관계에 내재하고 있는 경쟁적 속성을 어떻게 관리할 수 있을 것이냐는 질문과 관련된다.

사실 중-러 간 전략적 협력은 수준(지구적 내지 지역적)과 지역에 따라 그 내용상의 차이가 드러나고 있다. 중앙아시아와 동북아시아에서 양국이 가진 입장에는 분명한 경쟁적 요소를 내포하고 있다.[43] 중앙아시아에서의 경쟁성은 상하이협력기구를 통항 조정이 가능하지만 동북아에서 러시아의 국가이익은 중국의 부상과 함께 도전받고 있는 것이 사실이다. 이런 부분에 대한 러시아의 인식도 차츰 변화하고 있다. 최근 러시아가 아시아에서 중국에 의존하던 기존의 정책기조를 벗어나 점차 중국과의 차별화 및 독자성 강화의 노력을 보이고 있다는 점에 주목할 필요가 있다. 그런데 문제는 중국의 동북아에서의 영향력이 워낙 압도적이어서 러시아가 확실히 중국에 대해 열세에 처해 있다는 점이다. 그래서 러시아는 러-북 관계를 강화하는 데 필요한 투자를 한국과 분담하고 싶어 한다. 그만큼 러-중 사이에 내재하는 경쟁성은 아직 완전히 정리되거나 해소되지 않은 측면이 분명히 있다. 따라서 최근 북-중-러 사이의 양자 간 접경협력 및 삼자 간 초국경지역 협력의 향방은 소지역 차원의 의미를 넘어 동북아 지역 정세 전반에 대한 커다란 영향을 미칠 것임에 틀림없어 보인다.[44]

---

43 Гай кин(2009); Брадий(2011); 문흥호(2011).

44 Изотов, Д. А., Юн С. Е. «Приграничное сотрудничество как объект исследования», Ой кумена No. 4 (2011); Киреев, А. А. «Регулирование трансграничных отношений российского Дальнего Востока в 1988 - 2011гг.» Ой кумена, No. 3 (2011); Костюнина, Г. М., Баронов В. И. «Трансграничные экономические свободные зоны в зарубежных странах(на примере Ки

그렇다면 이러한 북-중-러 접경협력이 동북아 전역을 아우르는 지역정치 구도에 대해서 어떤 영향을 끼치게 될 것인가? 동북아 초국경지역 협력은 주변국들의 다양한 이해와 연결되면서 동북아 전역에 대한 영향력을 미칠 것이며, 동북아 지역질서를 구축하는 구심점과 기본축을 결정할 가능성이 있다.[45] 이와 관련하여 세 시나리오를 상정해 볼 수 있다.

첫째, 중국의 창-지-투 개발계획의 성공적 진행에 따른 중국 주도형 지역협력 기재가 출현하는 경우이다. 이는 중국의 동북아에서의 영향력을 한층 강화시킴으로써 미국의 아시아에 전략에 타격을 줄 수 있다. 일부 학자들은 중국의 중앙 정부가 본격적으로 이 사업에 나서기 시작한 이상 이 프로젝트가 본격적으로 추진되어 일정한 성과를 거두는 것은 시간문제이며, 이의 성공으로 인해 중국의 북-중-러 삼각협력에서의 영향력이 강화되면 이 소지역에서 이미 존재하고 있던 일종의 세력균형의 상태가 깨어지고 중국이 지역개발의 주도권을 쥐게 될 것이라는 예측이 우세하다.

이미 중국은 나진항 1호 부두 사용권을 확보하였으며, 새로 개발하는 5-6호 부두 개발권도 확보하게 된다면, 그리고 러시아나 한국의 나진항에 대한 권리가 현실화되지 못한다면 나선지역에 대한 중국의 압도적 지위가 강화되고 이미 중국의 영향권 하에 들어가고 있는 서북 관문(단둥~신의주)지역에 이어 북한 동북부(훈춘~나선)도 중국의 영향권 하에 들어가게 되는 것을 뜻한다. 그리고 러시아는 이러한 중국의 주도권을 수용하면서 자국의 한반도 전략의 일

тая)» Вестник МГИМО No.17 (2011).

45 Севастьянов, С. В. Межправительственные Организация Восточной Азии: Эволюция, Эффективность, Перспективы Развития и Российског о Участия (Владивосток: ВГУЭС, 2008).

정부분 내지 상당부분을 수정할 수밖에 없게 됨으로써 동북아에서 중국에 대한 편승 전략을 채택하는 방식으로 국익 추구에 임하게 될 것이다. 그 결과 중국이 주도하는 소동북아 경제권의 탄생은 점차 그 영향력을 동북아 전역으로 확대해 가게 될 것이며, 이로써 북-중-러 삼각관계는 중국이 주도하는 동북아의 강력한 사회적 자본으로서 중국의 영향력 확대 및 유지에 기여하게 될 것이다. 한-미-일 경제협력의 의미는 상대적인 쇠퇴를 겪어 동북아에 대한 중국의 지배적 영향력을 확보할 수 있게 만들 것이다.

이는 단지 경제 권력의 확대만을 의미하지 않는다. 이는 한반도와 동해에서의 중국의 지정학적 영향력의 강화로 자연스럽게 연결될 수 있음을 의미한다. 2011년 6월 신의주-단둥 및 훈춘-나선의 북-중 경제협력 착공식을 거행하고, 7월 11일 북-중 우호협력조약 50주년 기념행사를 치른 후, 8월 4~8일에는 중국의 북양함대 소속 군함 2척이 북한 원산항에 입항한 점을 주목해야 한다.[46] 중국의 동해로의 출해통로 확보는 경제적 및 정치적 의미뿐 아니라 군사적 의미를 가질 수 있는 것이다. 중국의 해군력이 정당하게 동해로 진출하게 될 경우 이 지역의 군사안보 상황에서 새로운 갈등축이 형성될 수도 있다. 중국의 동해 진출은 인접한 러시아는 물론 일본과 한국 그리고 미국의 심각한 근심거리가 될 수 있다. 하지만 중국의 한 전문가는 나진항이 기본적으로 경제적 의미를 가진 항구이지만 한반도 유사시 그 군사적 사용 가능성을 배제하지 않았다는 점은 이런 우려를 더욱 증폭시키고 있다.[47]

따라서 중국이 북-중-러 소지역협력에서의 압도적 주도권을 행

---

46 『조선』 661호, "중국 인민해방군 해군 훈련함선편대," (평양: 조선화보사, 2011). 박송철(2012, 95) 재인용.

47 원동욱(2011), p.59.

사하여 만들어질 경직적인 사회적 자본은 동북아 세력망 구도에서 한-미-일 삼각협력의 역할에 도전하고 그 역할을 제한하게 될 가능성이 높다.

둘째, 러시아가 한국 내지 경우에 따라서는 일본의 도움으로 자국이 중국에 비하여 북한에 대하여 지닌 장점을 현실화함으로써 중국에 비견되는 영향력을 확보하고 유지하는 북-중-러 관계가 출현하는 경우이다. 중국의 치밀하고 파상적인 동북진흥 전략에 비해 러시아의 전략이 그 강도와 투입 자산의 규모에서 열세인 것은 분명하다. 하지만 러시아가 가지고 있는 에너지, 전력, 농업, 물류에서의 가능성과 강점은 현실화될 경우 중국의 영향력에 대해 충분한 경쟁력을 가질 수 있다.

문제는 이를 추진하려는 러시아의 의지와 경제적 자산 투여 능력인데, 이런 열세를 극복하기 위해 러시아는 한국의 도움을 통한 남-북-러 삼각협력의 실현에 기대하는 바가 크다. 한국의 경우에도 2012년 출범한 박근혜 정부가 북한과의 관계 개선과 러시아와의 협력을 적극적으로 추진하고자 하는 가운데 러시아의 적극적 반응에 따라 동북아 소지역협력에서의 균형화 가능성은 아직 남아 있다. 더구나 북한은 접경한 강대국 중국에 대한 과도한 의존이 가져올 국내정치적 영향과 경제 종속성에 대한 부담으로 항상 자국의 대외의존을 분산하고 균형화하려는 외교를 추구하는 경향을 보여 왔으므로 러시아의 이런 적극적 행보에 힘을 실어 줄 가능성이 높다. 앞서 지적하였듯이 러시아와 중국 사이의 한반도 전략에서의 차별성이 조금씩 가시화되기 시작하였으며, 북한 또한 중국 및 러시아와의 관계를 "의존성의 균형(balance of dependence)"이라는 전략적 목적을 위해 활용하려는 입장을 취하게 될 경우 러시아의 입지가 강화될 가능성은 있다.

이 같은 러시아의 적극적 역할은 동북아 접경지역 협력 내에서의 러시아와 중국 간 세력균형을 가져올 수 있으며, 이는 북-중-러 삼각관계 속에서 협력과 경쟁이 균형을 이루는 유연한 상호작용을 가능하게 함으로써 주변국들과의 협력도 가능하게 만드는 유연한 사회적 자본으로 기능할 수 있는 가능성을 높일 것이다. 나아가 동북아 세력망 구도에서 러시아가 미-중 관계의 경쟁과 마찰을 완화하는 안전판과 같은 역할을 하게 만듦으로써 러시아의 동북아에서의 전략적 행위자로서의 입지를 강화시켜 줄 수 있다.

셋째, 러시아가 일본을 포함하는 미국과의 협력을 통해서 자국의 극동 및 블라디보스톡 개발을 적극적으로 추진함으로써 동북아 소지역협력의 중심축을 러시아 쪽으로 끌어오는 경우이다. 이 경우 소지역협력은 중국의 지역발전에 기여하는 수준에서 제한되고 중국의 좀 더 적극적인 지역정치에 대한 영향력 확대는 상당 부분 제한받게 될 것이다. 이 경우 북-중-러 삼각관계는 사회적 자본으로 기능하기 어려울 것이며, 미국의 한반도에 대한 영향력은 러시아와의 조율을 통해서 유지될 수도 있을 것이다.

물론 이러한 시나리오가 가능해 지기 위해서는 북-미 관계 개선이 함께 이루어지는 필요조건이 동반되어야 함은 물론이다. 동북아 세력망 구도에서 가장 눈여겨보아야 할 지점은 바로 북한을 중심으로 형성되고 있는 구조적 공백이다. 북-미 및 북-일 관계는 물론이고 남-북 관계는 동북아 세력망 구도에서 가장 명확히 드러나는 구조적 공백임에 틀림없다. 따라서 이 구조적 공백을 어떻게 메우느냐에 따라 동북아 세력구도는 상당한 변화를 겪게 될 것은 분명하다.

또한 이 구조적 공백과 관련하여 북-러 간 링크 이외에도 미·러 간 링크의 의미도 재평가해 볼 필요가 있다. 이미 지적하였듯이 1990년대 동북아 지역에서 러시아의 급격한 세력약화는 러시아의 경성권력의 약화와 더불어 전략적 수준에서 러시아의 북한과의 전략적 관계를 포기한 탈링크(de-link) 정책 및 미국이 추진해 온 소련 견제정책의 관성에 따른 미-러 간 지역정치 수준에서의 전략적 상호작용의 상실 그리고 대안적 관계 구축의 실패에 따른 결과이다. 이는 탈냉전기 미국과 러시아는 지구적 수준에서의 협력을 논하면서도 동북아 지역 수준에서의 협력 네트워크를 구축하지 못하였음을 의미한다. 미국은 한시적인 북-미 링크의 가동을 통해 1차 북핵 문제를 해결하려는 노력에 집중하였고, 결과적으로 총체적이며 네트워크론적 접근을 활용하지 못하면서 그 해결에 실패했다. 사실 이 시기 미국은 세계전략이 변화하는 가운데 동북아에서 러시아를 다룰 전략이 부재한 상태에서 러시아의 국가이익을 방치하였던 것이다. 이처럼 러-북, 러-미 사이의 전략적 상호작용을 불능화시킨 탈링크 과정의 결과로 나타난 구조적 공백은 아직까지 동북아 지역정치에서의 협력적 질서의 출현을 저해하는 결정적 요인으로 작용하고 있다. 따라서 미국과 러시아의 동북아 수준에서의 전략적 소통과 조율은 동북아 질서의 새로운 가능성으로 검토될 필요가 있다.

위에서 분석된 세 시나리오별 영향을 정리해 보면 <표 1>과 같다. 결국 동북아 세력망 구도에서 한-미-일 삼각관계는 미국의 역할에 의해 사회적 자본으로 계속 기능할 가능성이 적지 않으나, 한-중-일 삼각관계는 중-일 갈등으로, 러-중-북 삼각관계는 러-북 간 성긴 링크와 러-중 간 경쟁성으로 사회적 자본으로 기능하기 쉽지 않아 보인다. 하지만 북한을 중심으로 형성되고 있는 구조적 공백은 러시아에게 북한 및 미국과의 관계 개선을 통하여 새로운 위치권력을 강화시켜 줄 수 있는 여지를 제공할 수 있다는 점은 동북아 국가들이 러시아의 역할에 더 주목하고 그 활용방안을 고민할 필요성을 입증해 준다.

V. 동북아 소지역협력과 한국의 대응

두만강 유역을 둘러싼 초국경지역 개발 프로젝트는 과거 UNDP의 구상과는 달리 북, 중, 러가 각기 개발의 거점들(나선 특구, 창-지-투, 광역 블라디보스톡)을 개발하는 방식으로 진행되면서 그 경쟁성과 협력 가능성을 동시에 키우게 되었고, 이 과정에서 북한의 대외의존성의 균형화 정책은 이 사업들로 하여금 경제적 이익만이 아니라 정치적 이익에 대한 고려가 작동할 수 있는 프로젝트로 변모시켰으며, 이 과정에서 한국 등 주변국들의 참여와 협력이 유의미한 역할을 할 수 있는 방향으로 사업이 전개되어 왔다.

하지만 현재 진행되고 있는 북-중-러 접경지역 협력을 중국이 주도하는 추세가 강화된다면 <표 2>의 첫 번째 시나리오가 실현될 가능성이 매우 높아 보인다. 이미 중국이 10여 년간 치밀하게 준비해 온 "두만강의 동해시대"가 열리고 있다는 논평들이 언론에서 연일 쏟아지고 있는 가운데, 이러한 추세는 중국의 동북아 경제에 대한 독자적 통합 능력을 더욱 높이게 될 것이라는 전망이 점차 힘을 얻고 있다.

하지만 러시아가 지닌 가능성을 주변국들이 어떻게 활용하는가와 북한이 어떤 선택을 할 것인가라는 변수는 여전히 중요한 사태전개의 변화 요인으로 남아 있다고도 볼 수 있다. 다만 그 가능성이 현실화될 수 있는 골든타임은 상당부분 지나가고 있으며, 중국의 창-지-투 개발계획 추진의 가속도를 두고 볼 때에 주변국에게 남겨진 기회의 시간은 그리 길지는 않을 것으로 보인다.

북한의 변화를 생각해 볼 때에 크게 안으로부터의 변화와 밖으로부터의 변화 압력을 나누어 생각해 볼 수 있는데, 안으로부터의 변화의 핵심은 엘리트집단의 레짐 생존전략의 변화와 직결되어 있다면, 밖으로부터의 변화의 핵심은 북한의 안보를 해치지 않으면서 진행되는 접경협력으로부터 시작될 수 있다. 그런데 이 외부의 변화를 주도하는 힘이 다자주의적 내지 균형적 접근이 아니라 중국의 주도 하에 진행될 경우 이는 북한에 대한 중국의 영향력을 더욱 강화하고 북한의 중국에 대한 경제적 및 정치적 예속을 강화하는 결과를 가져올 가능성이 크다는 점에서 한국의 입장에서는 이 시나리오를 받아들이기가 쉽지 않을 것이다.

따라서 한국의 대응의 관점에서 볼 때에 두 번째 시나리오의 균형화 발전전략이 가장 바람직해 보인다. 하지만 이 시나리오의 경우 남-북-러 삼각협력의 고리를 어떻게 현실화 시킬 것인가가 숙제로 주어지는데, 이에 대한 다음과 같은 도전들에 대응할 수 있어야 한다.

우선, 중국의 압력이 있을 수 있다. 중국은 한국에 비하여 러시아에 대해 훨씬 친밀한 전략적 소통과 조정의 경험과 기재를 가지고 있다. 중국이 러시아에 더 큰 당근을 제공하면서 중국 주도의 초국경지역 협력을 주도하려 할 수 있다. 이러한 중국의 도전에 대하여 러시아를 설득할 수 있을 만큼 충분한 전략적 소통과 조율의 기재를 한국은 가지고 있는가, 그렇지 않다면 마련할 수 있는가가 우선적 과제가 될 것이다.

다음, 소지역 협력과정에서 소외감을 느낄 수 있을지도 모를 미국을 어떻게 대응하여야 할 것인가의 과제이다. 과연 한국은 남-북-러 삼각협력의 틀이 한반도의 안정과 지역협력을 강화할 수 있을 것이라는 믿음을 미국에 심어줄 수 있는가? 그리고 이러한 과정이 궁극적으로 미-중 관계를 안정화시킬 수 있는 조건이 될 수 있다는 확신을 시킬 수 있어야 한다. 이를 위해서 한국은 미국의 아태정책 입안가들과의 긴밀한 협력과정을 통해서 동북아의 질서에 대한 구상을 제시할 수 있는 지적 작업을 준비하여야 한다. 한미동맹과 미국의 강권 정치적 '재균형화 정책'[48]을 넘어서는 지역 네트워크의 구성과 그 속에서 미국의 군사적 우위와 경제적 협력 과정에의 참여방안을 함께 그려갈 수 있어야 할 것이다.

끝으로 한국이 국내적 여론의 분열을 딛고 남-북-러 협력에 충분한 경제력을 투입할 수 있을 것인가의 도전도 만만치 않다.

이런 도전들에 대응하기 위해서는 고정적 물적 자산에 기반한 강권정치의 사고를 넘어서서 네트워크론적 시각이 주는 전략적 가치가 크다. 왜냐하면 앞서 검토한 북-중-러 접경지역에서 진행되는 초국경지역 협력은 실상 북-러 및 북-중의 양자관계에 따른 협력과 더불어 북-중-러 내지 남-북-러 등의 삼각협력 그리고 다른 지역 국가들의 참여를 포함하는 다자주의적 협력 등의 다양한 형태가 중첩적으로 엮이면서 진행될 가능성을 가지고 있기 때문이다. 협력의 분야도 협력의 형태에 따라 항만과 철도 및 도로 연결과 연동되어

48 오바마 행정부의 미국의 아시아 귀환 내지 중시 정책에 대해서는 Mark E. Manyin, Stephen Daggett, Ben Dolven, Susan V. Lawrence, Michael F. Martin, Ronald O'Rourke, Bruce Vaughn, "Pivot to the Pacific? The Obama Administration's "Rebalancing" Toward Asia, "Congressional Research Service Report for Congress 7-5700"(March 28, 2012).

추진되는 물류망의 구축, 에너지 운송망 구축이나 전력망 연결과 관련된 에너지 협력, 자본-노동-토지의 결합에 의한 농업협력 등과 같은 다양한 분야에서의 협력의 소재들을 지니고 있다. 따라서 이 지역의 소지역협력의 다양한 형태를 네트워크론적으로 엮어내되, 동북아 내의 새로운 지역협력의 모티브를 창출하고 강화하는 데 한국이 배제되지 않으면서, 역내 국가들이 모두 참여하여 이익을 얻는 구도를 만들고, 소지역에서 광역지역으로 확산되는 지역협력/형성을 위한 시도를 한국이 주도해 나갈 방안을 속히 구상하여야 할 것이다.

〈표 2〉 소지역 경제협력 전개 시나리오별 남·북한의 손익과 동북아 질서에 대한 영향

	북한 측	남한 측	동북아 질서
시나리오 I 중국 주도형	장점: 중국으로부터의 지속적이며 안정적인 투자의 확보 / 중국의 북한정권 보호정책 유지 /외부위협 감소 단점: 중국에 대한 경제적 예속 심화 및 장기화 가능성 / 이에 대한 러측 반발에 따른 갈등구조 고조 /북한 내 반(反) 중국 기류 강화 가능성	장점: 중국의 북한 인프라 건설에 대한 투자 증대로 대북 경제건설을 위한 비용의 절감효과 예상 단점: 북한의 동북 제4성화에 따른 통일의 구조적 장벽이 강화될 가능성 / 북의 대남 교류 필요성 약화에 따른 관계 남북관계약화	-중 영향력 확대에 따른 중국 중심 지역경제질서 수립. -러시아의 대중 편승 -미 역내 군사 영향력 약화 -경직적 북-중-러 삼각협력관계 성립에 따른 북방삼각 대 남방삼각의 대립구도 강화 가능성
시나리오 II 균형화형	장점: 러-중 간 양면외교를 통한 의존의 균형 유지 / 북한의 지경학적 자산의 장기·지속적 가치 실현 단점: 경협구조 안정화에 따른 한국의 참여 조건이 개선과 한국의 참여 및 그로 인한 남북교류 활성화로 인한 북한 사회 동요 심화 가능성	장점: 러시아의 위상 강화를 활용한 한반도의 안정화 / 한반도 문제해결 과정에서 한국의 역할을 강화할 수 있음 / 남·북·러 3각 협력을 통한 경제 활성화 및 통일 기반 조성 가능성 단점: 러 정책의 불안정성을 관리할 경제력 투입 규모의 증대 / 미국의 경제적 역할 모색과정에서의 불협화음 관리 필요성	-중국의 역내 영향력 안정화 -러시아의 전략적 행위자 지위 회복 -동북아 다자협력 기재 활성화 가능성 높아감 -지역 경협과정에서 미국 위상은 다소 유동적이나 안보적 역외균형자 역할을 지속할 가능성 -유연한 북-중-러 삼각협력이 남방과 상호작용 가능성

	북한 측	남한 측	동북아 질서
시나리오 III 미국 견제형	장점: 중국의 개입 가능성 견제 / 미국과의 교섭 소재 및 교류 가능성 증대 / 남한과의 교류 조건 개선 및 활성화 단점: 중국의 대북지원 축소 및 그에 따른 경제 상황 악화 / 러시아 대북 영향력 강화에 따른 제약 / 남한으로부터의 통일 압력 증대	장점: 한국의 미국 우선 정책의 유지에 따른 전환비용 절감 / 중국 부상에 따른 전환비용 절감 / 대북 영향력 강화 기회 단점: 중국의 경제에 대한 편승효과의 감소 / 미국의 높은 비용분담에 대한 강한 요구	-북방삼각 협력구조의 와해와 중국의 역내 영향력 제한 -미·러협력 통한 중국견제 및 지역 경협 프로젝트의 국제화 가능성 -미국 주도의 지역 다자협력 질서 모색 가능성 높아짐

참고문헌

김상배. "네트워크로 보는 중견국 외교전략: 구조적 공백과 위치권력 이론의 원용," 『국제정치논총』 제51집 3호(2011).

고일동. 「두만강 지역 개발계획(TRADP)의 최근 동향과 재원조달 방안」 (서울: 한국개발연구원, 1999).

김우준. "중국 동북 3성과 시베리아, 러시아 극동지방간의 관계," 『현대중국연구』 제5권 1호(2003).

김우준. "두만강유역 개발 및 환경보호를 위한 다자협력의 현황과 과제: 동아시아 지역 거버넌스 모델 분석," 『동서연구』 제16권 1호(2004).

김재하·이성탁. "동북아 해상 및 내륙운송발전과 지역 개발 구상에 관한 일연구: 장춘(長春)/훈춘(琿春) 자유무역지역과 두만강 개발을 중심으로," 『해운물류연구』 제17호(1993).

김태홍. "동북아 다자간 협력구도의 시금석: 두만강지역 개발계획," 『동북아경제연구』 제9호(1997).

박동훈. "두만강지역개발과 국제협력: 중국 '창지투 선도구' 건설의 국제환경 분석," 『한국동북아논총』 제57호(2010).

박승헌. "지역발전연구: 두만강지구개발 근황과 향후의 과제," 『지역개발연구』 제8집 1호(2003).

박종철. "중국의 대북 경제정책과 경제협력에 관한 연구," 『한국동북아논총』 제62호(2012).

백종실. "동북아 물류네트워크 구축을 위한 두만강지역 복합운송체계 구축 방안," 『교통정보학회지』 제8권 3호(2005).

백훈. "남, 북, 러 가스관 사업의 정책적 접근" 『동북아경제연구』 제 23권 4호 (2011).

성원용. "남, 북, 러 철도협력의 현황과 발전 전망: '나진-핫산' 프로젝트를 중심으로," 『슬라브학보』 제23권 1호(2008).

성원용. "러시아 극동-자바이칼 지역 개발 프로그램과 동북아 지역협력," 『동북아경제연구』 제24권 1호(2012).

송은희. "동북아 소지역주의와 한국의 대응: 두만강지역 개발계획과 관련하여," 『한국동북아논총』 제2호(1996).

신범식. "러-중관계로 본 '전략적 동반자관계': 개념과 현실 그리고 한계," 『한국정치학회보』 제44집 2호(2010).

신범식. "러시아의 대(對) 동북아 석유·가스 공급망 구축," 『국제정치논총』 제52집 3호(2012a).

신범식. "동북아시아 에너지안보와 다자 지역협력: 러-북-남 가스관사업과 동북아 세력망구도의 변화 가능성," 『한국정치학회보』 제46집 4호(2012b).

심의섭·이광훈. "두만강개발사업의 국익갈등과 국제협력," 『경제경영연구』 제19집(2003).

문홍호. "중국과 러시아의 전략적 협력과 북한," 『중소연구』 제35권 3호(2011).

양운철·유석진. "두만강유역 개발계획의 정치경제," 『한국과 국제정치』 제10권 2호(2004).

원동욱. "동북공정의 내재화, 중국 동북지역 인프라개발의 함의," 『국제정치논총』 49집 1호(2009).

원동욱. "북중경협의 빛과 그림자: '창지투 개발계획'과 북중 간 초국경 연계개발을 중심으로," 『현대중국연구』 제13집 1호(2011).

이기석·이옥희·최한성·안재섭, 남영. “나진-선봉 경제 무역 지대의 입지특성과 지역구조,” 『대한지리학회지』 제37권 4호(2002).

전형권. “동북아 소지역협력과 지역 거버넌스의 등장: 두만강유역개발계획(TRADP)를 중심으로,” 『국제정치논총』 제46권 4호(2006).

정인성. “두만강지역 개발전략의 현재와 과제,” 『지역사회개발연구』 제18집 1호(1993).

한종만. “한국 러시아 경제협력과 시베리아 극동러시아,” 『한국시베리아학보』 제4집(2002).

함범희·허남균·허희영. “유라시아 철도의 다중경로 구축에 관한 연구,” 『산학경영연구』 제21권 2호(2008).

Burt, Ronald S. *Structural Holes: The Social Structure of Competition* (Cambridge, MA: Harvard University Press, 1992).

Burt, Ronald S. *Brokerage and Closure: An Introduction to Social Capital* (New York: Oxford University Press, 2005).

Chung, Jin-Young. “International Dynamics for Subregional Cooperation: The Case of TRADP,” paper presented at the conference on “Tumen River Area Development Project(TRADP): The Political Economy of Cooperation in Northeast Asia,” (August 4-5, 1994, The Sejong Institute).

Christoffersen, Gaye. “The Greater Vladivostok Project: Transnational Linkages in Regional Economic Planning.” *Pacific Affairs*, 67-4(Winter 1994-1995).

Choo, Jaewoo. “Mirroring North Korea's Growing Economic Dependence on China: Political Ramifications.” *Asian Survey*, 48-2(March/April 2008).

Cotton, James. “China and Tumen River Cooperation: Jilin's Coastal Development Strategy.” *Asian Survey*, 36-11(November 1996).

Dixon, Chris and David Drakakis-Smith, “The Pacific Asian Region: Myth or Reality?” *Geografiska Annaler. Serie B, Human Geography*, 77-2(1995).

Gulidov, Ruslan. “International Transportation Corridors in Northeast Asia: Multilateral Efforts and the Greater Tumen Initiative's Role.” *ERINA (Economic Research Institute for Northeast Asia) Report*, 96(November 2010).

Karaganov, Sergei. “Russia's Asian Strategy.” *Russia in Global Affairs* (July 2011).

Ko, Jeong-Sik, “Chinese Northern Province Development Policy and Economic Cooperation with North Korea,” 『한중사회과학연구』 제9권 3호(2011).

Marton, Andrew, Terry McGee, and Donald G. Paterson. “Northeast Asian Economic Cooperation and The Tumen River Area Development Project.” *Pacific Affairs*, 68-1(Spring 1995).

Meyer, Peggy Falkenheim. “The Russian Far East's Economic Intergration with Northeast Asia: Problems and Prospects.” *Pacific Affairs*, 72-2(Summer 1999).

Shin, Beom-Shik. “Russia's Return to Asia: How should South Korea Respond?” *EAI Issue Briefing* No. MASI 2011-09 (December 30, 2011).

Ziegler, Charles E. “Russia in the Asia Pacific: A Major Power or Minor Participant?” *Asian Survey*, 34-6(June 1994).

Бурлаков, В. А. *Проект «Туманган» и Игра Геополитических Интересов в Северо-Восточной Азии в 90-е Годы XX Века* (Владивосток : ВГУЭС, 2007).

Бурлаков, В. А. «Перспективы развития Туманганской инициативы в контексте геополитических процессов в СВА» *Ойкумена*, no. 1(2012).

Врадий, С. Ю. «Региональный аспект российско-китайских отношений» *Ойкумена*, no. 4(2011).

Гайкин, В. А. «Региональный аспект и геополитическое значение проекта «Туманган»» в книге *Сборник научных трудов Челябинского Института Экономики и Права им М. В. Ладошина*(Челябинск, 2009).

Гулидов, Руслан. «Проект «Туманган»: вымысел и реальность» *Пространственная Экономика*, no.1(2012).

Забровская, Л. В. «Проект «Туманган»: взгляд из Приморья» *Проблемы Дальнего Востока*, no.1 (1995).

Изотов, Д. А., Юн С. Е. «Приграничное сотрудничество как объект исследования» *Ойкумена*, no. 4(2011).

Киреев, А. А. «Регулирование трансграничных отношений российского Дальнего Востока в 1988 - 2011 гг.» *Ойкумена*, no. 3(2011).

Костюнина, Г. М., Баронов В. И. «Трансграничные экономические свободные зоны в зарубежных странах(на примере Китая)» *Вестник МГИМО*, no. 17(2011).

Коркунов Н. О. «Проекте свободной экономической зоны «Туманган» на территории России, Китая и КНДР» *Проблемы Дальнего Востока*,no.3(1994).

Кречетова, В. С. «Мероприятия расширенной туманганской инициативы» *Пространственная Экономика*, no.1(2012).

Михеев, В. В. «Интеграционное пространство Восточной Азии и Россия» *Пространственная Экономика*, no.2(2005).

Осипчук С. Ю. «К оценке проекта «Туманган»» *Азиатско-Тихоокеанский регион: Экономика. Политика. Сотрудничество*, no. 1(1999).

Севастьянов, С. В. *Межправительственные Организация Восточной Азии: Эволюция, Эффективность, Перспективы Развития и Российского Участия*(Владивосток : ВГУЭС, 2008).

Севастьянов, С. В. «Роль новых российских инфраструктурных проектов в обеспечении энергетической безопасности Северо-Восточной Азии» *Ойкумена*, no. 1(2012).

У, Хао и Ян Тао. «Пилотная зона Чанчунь-Цзилинь-Тумэнь: новая модель открытости и освоения приграничных регионов» *Ойкумена*, no. 4(2011).

Холоша, М. В., Гулидов Р. В. «Проект «Туманган»: история вопроса, текущее положение и потенциал» *Пространственная Экономика*, no. 2(2011).

제7장

남북 경제협력의 네트워크 구조와 개성공단

김치욱

Ⅰ. 문제제기

본 논문은 행위자-네트워크 이론을 적용하여 남북한 경제협력의 상징으로 일컬어지는 개성공단의 의미를 조명한다. 개성공단은 단순히 일정한 지리적 공간에 자리한 물리적 실체에 그치는 것이 아니라 남북한의 인간 및 비인간 행위자가 참여하여 형성되고 진화하는 행위자로서의 네트워크다. 개성공단 사업은 수차례의 군사적인 긴장과 충돌에도 불구하고 그 명맥을 유지할 수 있었는데, 거기에는 행위자-네트워크로서의 힘이 작용한 결과라고 볼 수 있다. 따라서 이 논문은 개성공단이 만들어지고 작동하는 과정에서 나타난 행위자-네트워크로서의 모습을 드러내고자 한다.[1]

개성공단은 남북 경제협력의 새로운 장을 연 것으로 평가되었다. 기존의 남북경협 형태와는 차원이 다른 전례가 없는 협력 사업으로 인식되었다(통일부, 2005, 117). 김대중 대통령은 2000년 8·15 경축사에서 "남한의 기술과 자본, 북한의 우수한 노동력과 자원이

[1] 이 장은 김치욱(2014)을 수정 보완한 것임을 밝힌다.

합쳐지면 민족경제의 균형발전과 대도약을 실현할 수 있을 것"이라고 밝혔다. 김정일 국방위원장도 2000년 8월 12일 남측 언론사 사장단과의 면담에서 "남쪽 경제 기술과 북쪽 정신을 합작하면 강대국이 된다"고 말했다. 남북한 정상들은 개성공단 사업이 양자 모두에게 경제적 이득을 가져다 줄 것이라는 데에 이해를 같이했다.

개성공단은 또한 남북 경제협력뿐만 아니라 한반도 및 동북아의 평화를 도모하는 기제로도 구상되었다. 한국 정부에 따르면, "개성공단은 그 의미를 확대하면 남북경제공동체로 가는 징검다리로서 한반도 안정과 번영은 물론 동북아 지역 내 안정과 협력으로 연결될 수 있을 것이다"(통일부, 2005, 118). 요컨대, 개성공단은 비단 남북 간 경제적·군사적 관계뿐 아니라 동북아 국제정세 전반에서 중요한 의미를 갖는다.

그동안 개성공단은 2003년 6월에 착공되어 2005년 첫 입주가 이뤄진 이래 꾸준한 성장세를 이어왔다. 공단 입주업체는 2005년 18개에서 2012년 123개로 증가했다. 이들의 연간 생산액은 같은 기간에 1,491만 달러에서 4억 6,950만 달러로 30배 이상 급증했다. 개성공단에 고용된 북측 근로자도 5만 3,448명으로 3배 이상 늘었다(통일부 2013, 93-94). 개성공단이 남북 총 교역에서 차지하는 비중은 2004년 6%에서 2012년에 99.5%로 급격히 높아졌다(<표 1> 참조). 이처럼 남북교역에서 개성공단의 비중이 커진 이유는 2010년 5.24 대북조치로 인해 개성공단을 제외한 일반 위탁교역이 중단되었기 때문이다.[2]

이러한 개성공단의 진화과정에서 궁금증을 갖게 되는 대목은 첫

2 한편 남북 간 상업적 거래에서 개성공단의 비중은 2005년 25.6%에서 2012년 99.7%로 높아져, 연평균 25.4% 증가율을 보였다(현대경제연구원, 2012).

째, 개성공단이 북한의 군사적 도발과 남북관계의 경색에도 불구하고 그 명맥을 이어온 점이다. 북한은 2008년 이후 개성공단을 언제든지 폐쇄할 수 있다고 위협하면서도 실행에 옮기지 못했다. 2013년에 사업을 중단하기로 결정했지만, '잠정'이라는 단서를 붙이고 완전폐쇄에 대해서는 유보적인 입장을 취했다. 남한 정부 또한 2010년 5·24 조치를 취하면서, 개성공단은 그 대상에서 사실상 제외했다. 2013년 개성공단에 머물고 있던 남측 인력을 철수시키면서도 사업의 완전폐쇄는 아니라고 밝혔다. 북한이든 남한이든 개성공단의 완전한 폐쇄를 결정하는데 대한 정치적 부담이 결코 작지 않았음을 나타낸다(양문수, 2013; 엄상윤, 2013).

〈표 1〉 개성공단과 남북경협

연 도	총 교역(A)	개성공단(B)	비중(B/A, %)
2004	697	42	6.0
2005	1,056	177	16.7
2006	1,350	299	22.1
2007	1,798	441	24.5
2008	1,820	808	44.4
2009	1,679	941	56.0
2010	1,912	1,443	75.5
2011	1,714	1,698	99.1
2012	1,971	1,961	99.5

출처: 통일부 월간남북교류협력동향, 백만 달러.

둘째, 거창한 기대를 안고 출발한 개성공단 사업의 진행상황이 당초 계획했던 것보다 훨씬 부진한 점도 흥미롭다. 개성공단 사업은 북한 개성시와 판문군 평화리 일대 약 6,610만 m^2에 공단(2,644만 m^2)과 배후도시(3,961만 m^2)를 3단계에 걸쳐 개발하는 것이었다. 1단계(330만 5,000m^2)는 노동집약형 중소기업, 2단계(661만 m^2)는 경공업과 중화학 공업, 그리고 3단계(1,652만 5,000㎡)는 첨단 산업을 유치한다는 계획이었다. 착공에서부터 3단계 완료까지 8년을 예상했으며, 2011년경에 대규모 첨단 산업 공단과 신도시가 이미 들어섰어야 했다. 그러나 현재 1단계 사업의 60%, 전체 사업의 3%만 실현된 상태다.[3]

이로부터 생기는 질문은 개성공단 사업의 지구력과 복원력은 어디에서 연유하며, 또 장차 개성공단의 완성도를 높이는 방법은 무엇이냐다. 이 글은 행위자-네트워크 이론(Actor-Network Theory, 이하 ANT)으로부터 어느 정도 답을 얻을 수 있음을 보여준다. 아래 II장은 분석틀로서 행위자-네트워크 이론을 소개하고, III장은 개성공단의 탄생과 변천과정을 '번역' 개념을 활용하여 재해석한다. IV장은 행위자-네트워크로서 개성공단 사업의 주요 특징을 개성공단, 한반도, 글로벌 세 차원에서 묘사한다. V장의 결론 부분에서는 본 연구를 요약하고, 정책적 함의를 도출한다.

---

3 한국경제매거진, "개성공단 10년의 기록, 날개 꺾인 '중소기업 드림'…6월이 정상화 마지노선." 2013.5.18. http://magazine.hankyung.com/apps/news?popup=0&nid=13&c1=1001&nkey=2013 051800911000381&mode=sub_view(검색일: 2014.2.1).

Ⅱ. 행위자-네트워크 이론

행위자-네트워크 이론(ANT)은 1980년대 과학기술 분야에서 브루노 라투르(Bruno Latour), 미셸 칼롱(Michel Callon), 존 로(John Law) 등의 연구를 기반으로 발전했다.[4] 최근에는 과학 영역뿐 아니라 사회과학과 인문과학에도 적극적으로 수용되고 있다.

기본적으로 ANT는 자연-사회, 물질-정신, 인간-비인간 등의 이분법을 거부한다. ANT에서 인간과 물질적 환경은 서로 별개로 독립되어 있지 않으며, 비인간 요소들은 단순히 수동적인 존재가 아니다. 이들 비인간 변수들은 그 자체의 속성을 통해서 인간 행위자의 능력에 영향을 미칠 수 있는 또 다른 형태의 행위자로 인식된다(김상배, 2011a; 2011b). 예를 들어 전쟁에서 사용되는 무기의 성격에 따라 군인들의 행위능력이 달라진다. 맨손으로 싸우는 병사와 말을 타고 무장한 기사가 구별되는 것은 무기와 탈 것, 즉 비인간 행위자의 유무 때문이다. 그 차이에 따라 전투 능력이 달라질 수 있음은

[4] ANT에 대한 보다 자세한 소개는 홍성욱(2010) 참조.

물론이다. 따라서 ANT는 어떤 현상을 이해하려 할 때 인간 행위자만이 아니라 인간-비인간 행위자 간의 결합(네트워크)에 주목할 것을 주문한다.

둘째, ANT는 실재의 동태적 속성을 강조한다. ANT가 인식하는 세계는 고정된 하나의 물질적 실체라기보다는 하나의 사회적 궤적이며, 완성된 결과라기보다는 끝없는 과정이다(Latour, 2005; 김상배, 2011a; 2011b). 이때 말하는 사회적인 것(the social)은 인간-비인간 행위자들 간 관계의 집합체, 즉 네트워크를 의미한다. 세계는 이질적인 혹은 이종적인 요소들로 구성되어 있으며, 유무(有無) 차원이 아닌 정도의 문제라고 본다(Latour, 1994; 홍민, 2013, 113).

실재란 이분법적인 유무에 의해 드러나는 것이 아니라, 이질적 행위자들 간의 연결의 강도에 따라 존재의 정도가 결정된다. 다른 행위자들과 제휴 관계를 늘림으로써 더 강해질 수 있지만, 어떤 것들은 관계가 단절됨으로써 약해지고 고립된다. "어떤 현상이 분명히 존재한다는 것은 어떤 연결망 속에 똬리를 틀었다(entrenched)는 것을 의미한다"(홍민, 2013, 126). 행위자-네트워크는 행위자와 네트워크가 구분될 수 없고 행위자 자체가 네트워크임을 나타낸다. 따라서 실재에 대한 이해 여부는 그 실재를 형성하는 연결망, 즉 네트워크를 얼마나 정확하게 드러내느냐에 달려있는 셈이다.

셋째, ANT에서는 어떤 행위자-네트워크가 형성되고 권력을 발휘하는 과정을 번역(translation)이라고 부른다. 번역은 인간 행위자가 인간뿐만 아니라 비인간 행위자를 포함하는 다양한 요소들을 동원하고 배열하며, 하나로 유지하면서 네트워크를 쳐나가는 과정이다. 이러한 번역의 과정에서 더 많은 행위자들을 모으고 더 오래 지속되는 네트워크를 건설하는 자가 더 많은 권력을 행사하게 된다. 이점에서 ANT는 '권력행사의 역학에 관한 이론'으로 묘사되기도 한다(Law, 1992; 김상배, 2011a).

칼롱(Callon)에 따르면, 어떤 행위자가 다른 행위자의 문제를 발견하고 드러냄으로써 기존의 네트워크를 교란시키는 문제제기(problematization), 이해관계를 갖는 수많은 다른 행위자에게 자신이 문제를 해결할 수 있음을 주장하며 관심을 끌고 새로운 협상을 진행하는 관심끌기(interessement), 문제 해결을 위해 여러 행위자에게 역할을 부여하는 등록하기(enrollment), 그리고 이들을 자신의 네트워크로 연결시키는 동원하기(mobilization) 등의 과정으로 이루어진다(Callon, 1986a; 1986b; 홍민, 2013). 이러한 과정을 성공적으로 수행한 행위자는 네트워크에 동원된 다수의 행위자들을 대변하는 권리를 갖게 되며 이전에 비해 더 큰 권력을 획득하게 된다. 이렇게 해서 형성된 이종적 네트워크는 대외적으로는 하나의 행위자처럼 보이는 효과(홍성욱, 2010), 다시 말해서 아래에서 논의하는 블랙박스로서의 힘을 행사하게 된다.

끝으로, ANT는 상식이나 통념, 표준 등과 같이 사람들이 당연한 것으로 받아들이는 행위자-네트워크를 블랙박스(black box)라고 부른다(홍민, 2013, 134-135). 하나의 블랙박스에는 많은 인간-비인간 행위자들이 연결되어 있다. 행위자들은 일견 서로 멀리 떨어져 있는 것처럼 보이지만 해당 블랙박스를 중심으로 이어져 있다 또 일종의 의무통과점(Obligatory Passage Point)인 블랙박스 때문에 행동에 제약을 받는다. 행위자들이 물리적으로 멀고 가까움에 상관없이 어떤 상식과 표준을 사용하게 함으로써 이들을 조종하고 움직이는 원격작용을 한다.

블랙박스가 행사하는 권력에 대해 많은 사람들은 그 실체적 내막을 모르거나 여기에 의문을 달지 않는다. 블랙박스는 매우 확고하게 확립되어 있기 때문에, 사람들은 그 네트워크 내부를 속속들이 알아낼 필요성을 느끼지 못한다. 이미 사람들에게 상식으로 당연하게 받아들여지기 때문이다. 그러나 기존의 블랙박스가 새로운 번역의 도전에 노출되고, 의무통과점으로서 역할을 하지 못하거나 무시된다면 상식과 표준으로서의 권력을 잃게 된다.

이상에서 개괄적으로 살펴본 ANT는 남북 경제협력의 상징인 개성공단 사업의 진행 과정을 이해하는 데 유용한 분석틀이 된다. 첫째, ANT는 비인간 행위자의 능력을 긍정한다는 점에서 인간-비인간 행위자 결합체인 개성공단의 성패를 가늠해보는 데 적합하다. 예를 들면, 개성공단 사업의 성공 조건으로 지적돼 온 3통(통행, 통신, 통관)에 관련된 많은 이슈들은 인간 행위자와 비인간 행위자를 연결하는 문제에 다름 아니다. 앞으로 개성공단 입주기업들이 인터넷을 이용할 수 있는 경우와 그렇지 않은 경우, 원·부자재와 전기 등 생산요소를 남한에서 조달하는 경우와 북한 현지에서 조달하는 경우 등 어느 쪽이냐에 따라 행위자-네트워크로서 개성공단의 능력이 달라질 수 있다.

둘째, ANT의 관계적 존재론(relational ontology)은 개성공단의 실체적 의미를 명확히 하는 데 도움을 준다. ANT는 어떤 존재의 정도는 이종적인 행위자들로 이뤄지는 연결망의 강약에 비례한다고 본다. 그만큼 개성공단의 본질을 파악하기 위해서는 네트워크로서의 특징을 포착해낼 것을 요구한다. 셋째, 번역의 개념은 개성공단 사업이 남북경협 역사의 전환점으로 기록되고 인식되는 과정을 잘 드러낼 수 있다. 특히 블랙박스 개념은 남북한 간 군사적 충돌과 긴장에도 불구하고 개성공단이 생존하게 된 배경을 설명해준다. 아래 논의는 개성공단 사업의 진행과정을 번역의 관점에서 살펴본 다음, 일종의 행위자-네트워크로서 개성공단이 갖는 구조적 특성을 파악한다.

Ⅲ. 번역 과정으로서 개성공단의 부침

남북 경제협력은 1988년 <7·7 특별선언>을 계기로 시작되었다. 그렇지만 그 실질적인 출발은 1990년 8월 <남북교류협력에 관한 법률>과 <남북협력기금법>으로 남북교역 관련 법적 근거가 마련된 이후인 1991년부터라고 할 수 있다(이석기, 2006). 이후 남북경협은 노태우-김영삼 정부의 1단계(1988~1998), 김대중-노무현 정부의 2단계(1999~2007), 그리고 이명박-박근혜 정부의 3단계(2008~현재)로 진행되었다. 개성공단은 1980년대 중반부터 시작된 남북경협 노력의 가장 가시적인 성과다. 개성공단은 남한의 자본과 기술, 북한의 노동력과 토지가 결합되어 추진되어 온 사업이다. 용수와 폐수처리 등 내부 기반시설, 통신과 전력 등 외부 기반시설은 대부분 남한 정부와 공기업들이 지원해 왔다. 개성공단은 남북경협이 단순교역과 위탁가공 중심의 초보적 수준에서 직접투자 국면으로 전환하는 중요한 계기였다.

개성공단이 태동하고 변천해 온 과정은 행위자-네트워크 이론에서 말하는 번역의 관점에서 이해될 수 있다. 즉 개성공단은 기존의 남북경협 행위자-네트워크에 대한 문제제기, 그리고 새로운 경협 네트워크로서 자신에 대한 관심끌기·등록하기·동원하기 등의 과정을 거치면서 변모했다. 먼저, 번역의 첫 단계인 '문제제기'는 기존의 남북경협 모델에 대한 새로운 대안을 추구한 김대중 대통령 후보의 대북포용정책(일명 햇볕정책)으로 본격화되었다. 햇볕정책은 북한에 대한 협력과 지원을 통해 평화적인 통일을 지향했다(김종갑, 2003; 김근식, 2011). 그 때까지 대북관계는 실질적인 교류가 이루어지지 않았으며 핵위기 등 군사적 대치상태에 있었다. 그러던 중에 미국은 제네바협정을 통해 북한의 핵개발을 동결시킨 후 경수로 지원 등으로 유화정책을 추구했다. 이 같은 상황에서 남한 정부가 대북 강경정책을 계속하기는 어려워졌고, 김대중 후보는 북한이 개혁과 개방의 길로 나올 수 있도록 남북기본합의서에 따라 협력과 화해를 적극 추진하겠다고 천명했다(김학노, 2005). 대북 강경책보다는 포용정책이 더 효과적이라고 주장함으로써 기존의 남북경협 모델을 교란시켰다.

번역의 두 번째 단계인 '관심끌기'는 김대중 정부가 들어선 이후 가시화되었다. 1998년에 출범한 김대중 정부는 대북 포용정책을 실시하면서 정주영 회장의 방북을 추진했고, 드디어 1998년 6월 16일 정주영 회장이 방북길에 올랐다. 그와 함께 서산 농장에서 키운 500마리의 소떼가 50대의 트럭에 실려 왕복 4차선 통일대교 위를 달리고 있었다. 한국 언론사뿐 아니라 세계 각국의 기자들의 이목이 집중되었고, 영국 인디펜던트지는 "미국과 중국 사이에 '핑퐁 외교'가 있었다면 남한과 북한 사이엔 '황소 외교'가 있다"라고 평가했다.[5]

이어서 김대중 대통령은 2000년 3월에 '베를린선언'을 발표하고,

5 중앙일보, 2013.6.1. http://article.joins.com/news/article/article.asp?total_id=11684905(검색일: 2013.12.12).

북한에 대한 대규모 경제지원을 제안하면서 남북 당국자 간 경제협력을 촉구했다. 이어 2000년 6월 개최된 남북정상회담은 남북 간 대결국면을 화해·협력 국면으로 전환시키는 계기가 되었다. 개성공단 사업이 1998년 금강산 관광, 2004년 남북한 철도·도로 연결 사업과 함께 3대 남북 경협사업으로 부상했다. 특히 남북한 정부 당국이 명시적으로 남북경협의 주요 주체로 등장하게 되었다.

번역의 세 번째 단계인 '등록하기' 과정에서는 개성공단 사업의 수행주체들이 구체화되었다. 인간 및 비인간 행위자들이 개성공단 네트워크에 속속 편입되었다. 현대그룹과 김정일 국방위원장의 주도로 진행되었던 개성공단 사업에 남한 당국, 한국토지공사 등 공기업 및 민간 기업들이 참여하기 시작했다. 2002년 8월 2차 남북경제협력추진위에서 이뤄진 합의를 토대로 2003년 6월 30일 1단계 330만 ㎡ 개발에 착공함으로써 본격화되었다. 2004년 6월에 전력, 통신, 육로 연결 등에 관한 합의가 이뤄지고, 시범단지가 준공되기에 이르렀다.

2005년 3월 개성공단 1단계 본단지에 대한 1차 분양이 진행되었는데, 93개 업체가 신청해 일반 공장 용지 17개 업체, 협동화 단지 6개 업체, 아파트형 공장 용지 1개 업체가 선정됐다. 2006년 6월에는 개성공단 1단계 330만 5,000㎡에 대한 부지 공사가 마무리됐다.

네 번째로 번역의 '동원하기' 단계에서는 개성공단에 연결되는 새로운 인간 및 비인간 행위자들이 증가했다. 그동안 끊어져 있던 전력선과 통신선도 다시 연결됐고 개성공단에서 패션쇼가 열리기도 했다. 2007년 4월 개성공단 1단계 2차 분양이 2.3 대 1의 경쟁률 속에 이뤄졌다. 183개 기업이 새롭게 개성공단 입주 자격을 따냈는데, 이 중에는 외국계 기업도 3개가 포함되었다.[6] 필립스전자 등 국내외국 투자 기업 대표들이 개성공단을 방문하고, 다국적기업인 킴벌

리클라크가 투자 의사를 보이기도 했다. 해외 기업인과 정치인, 언론의 발길도 이어졌고, 개성공단 제품의 판촉행사를 통해서 국내외의 관심을 불러일으켰다.[7]

2007년 10·4 남북정상회담 직후 노무현 전 대통령은 평양에서 김 위원장을 만나고 서울로 돌아가던 길에 개성공단을 방문했다. 그 해 말 남측 지역인 문산역과 북측 지역인 봉동역을 연결하는 철도 화물 수송 시대가 열렸다. 문산역과 판문역, 개성역을 잇는 통근열차 운행도 예고됐다.

그러나 행위자-네트워크로 개성공단이 진화하는 과정은 단선적이지 않았다. 번역의 각 단계들이 순차적으로 진행되지 않고 서로 복합적으로 진행될 수 있기 때문이다(김상배, 2011a). 개성공단형 남북경협의 타당성에 대한 문제제기가 지속적으로 반복되었다. 또한 남북한 근로자 출입 등 인간 행위자 네트워크가 불안정해지고, 무력시위 등 다양한 비인간 행위자들이 동원되었다.

그 단초는 북한이 2006년 7월 5일 대포동 2호 미사일을 발사하고 10월 9일에는 핵실험을 함으로써 마련되었다. 2008년 2월 출범한 이명박 정부의 대북정책은 일방적 지원에서 원칙과 상생이라는 기조로 변화를 꾀했다. 이전 정부가 추진했던 남북경협 방식으로는 남북관계의 실질적인 개선을 도모할 수 없다고 판단한 것이다. 그 일환으로 김하중 통일부 장관은 2008년 3월에 북한 핵과 개성공단 문제를 연계하겠다고 밝혔다.

---

6 인조 손톱을 만드는 천진진희미용실업유한공사(한국법인 데싱디바), 봉제 업체인 성거나복장유한공사(한국법인 SW성거나) 등 중국계 2개, 자동차 부품을 생산하는 독일계 업체 한국프레틀 등이다.

7 남한 정부는 2012년 제11차 세계한상대회, 부산국제신발섬유패션 전시회 등에 입주기업들이 참가하도록 지원하고, 국회 개성공단 우리 상품 전시·판매전을 후원했다.

이후 남북관계는 악화일로를 걸었다. 2008년 7월 한국인 금강산 관광객이 북한군 총에 맞아 숨지는 사건이 발생하자 남한 정부는 금강산 관광을 중단했다. 북한은 2008년 12월 개성공단 육로 통행을 제한했으며, 공단 상시 체류 인원을 880명으로 줄였다. 북한은 2009년 3월에 한미 군사훈련 키리졸브를 이유로 세 차례에 걸쳐 개성공단 육로 통행을 차단했다. 현대아산 직원이 137일간 억류되는 사태도 벌어졌다. 북한은 개성공단 입주 기업에 대한 모든 특혜를 무효화한다고 선언했으며, 2차 핵실험과 로켓 발사도 감행했다.

무엇보다 개성공단은 2010년에 발생한 두 차례의 군사적 도발로 파국으로 치달았다. 2010년 3월 26일 천안함 사건을 계기로 남한 정부는 개성공단 신규 진출과 투자 확대를 금지하고 체류 인원을 축소하는 5·24 대북 조치를 단행했다. 11월 연평도 포격 사건 직후에는 개성공단 출경을 차단하고 귀환만 허용했다. 이로써 개성공단 사업은 사실상 중단됐다.

2012년 12월 북한은 은하3호 로켓 발사와 2013년 2월 3차 핵실험으로 한반도 긴장 지수를 끌어 올렸다. 이어 4월 3일에 남측 근로자에 대한 개성공단 출입을 제한하고, 8일에는 개성공단 가동 중단을 선언하고 북측 근로자 전원을 철수했다. 남한 정부도 4월 26일 개성공단에 잔류하던 국내 인력에 대해 귀환 조치를 내림으로 맞대응했다. 이로써 2004년 첫 제품 생산이후 단 한 차례도 멈추지 않았던 개성공단은 멈추게 되었다.

이후 개성공단은 133일 동안 사실상 폐쇄됐다가 2013년 8월 14일 남북이 "발전적 정상화"에 합의하면서 9월 16일 운영이 재개되었다. 남북경협의 대표적인 행위자-네트워크로서 개성공단에 대해 가해지는 수많은 도전을 어느 정도 극복했다는 의미다.

2012년 12월 말 기준으로 개성공단에는 123개사가 입주하여 생산 활동을 하고 있다. 입주기업의 생산 업종 분포는 섬유 72개사, 기계·금속 23개사, 전기·전자 13개사, 화학 9개사, 종이·목재 3개사, 식품 2개사, 비금속광물 1개사 순이다. 개성공단의 누적 생산액은 2007년 1월 말 1억 달러를 넘어선 이래 2012년 12월 19억 7,599만 달러를 기록했다. 그간 생산액 추이를 보면 2010년 5.24 조치 등 남북관계의 경색에도 불구하고 2009년 7월에 월 2천만 달러를 넘어선 이래 3천만 달러~4천 4백만 달러 사이에서 일정한 수준을 유지했다. 2012년 현재 개성공단의 북측 근로자는 5만 명을 넘어섰으며, 공단에 드나드는 인원은 12만여 명, 출입 차량은 50만 대로 급증했다. 개성공단이 국내 중소규모 공단에 버금가는 규모를 갖추게 되었음을 의미한다.

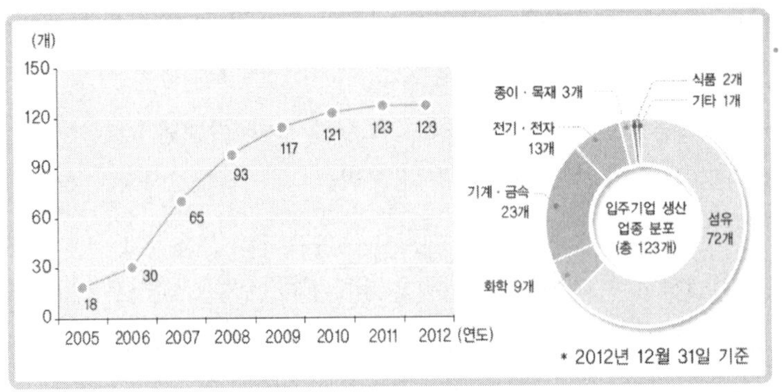

〈그림 1〉 개성공단 입주기업 수

출처: 『2013 통일백서』, p.93.

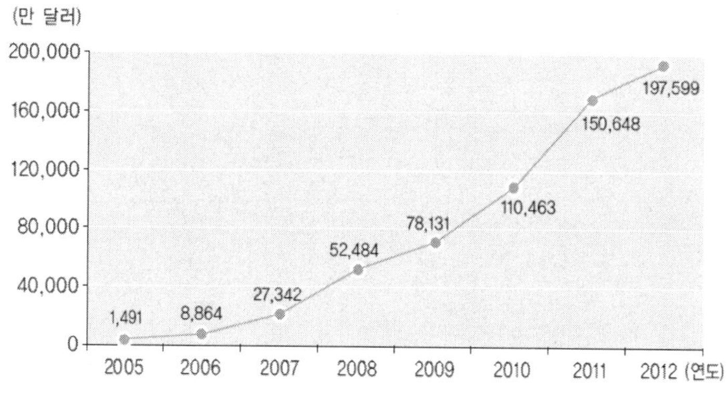

〈그림 2〉 개성공단의 누적 생산액

출처: 『2013 통일백서』, p.94.

이상에서 살펴본 바와 같이 개성공단 사업은 남북한 당국자들에 의해 남북경협의 상징으로 간주되었으며 몇 차례의 부침을 겪으면서도 생명력을 유지하고 있다. 특히 북한은 공단이 잠정 폐쇄되었던 2013년 8월에 개성공단이 김정일 국방위원장의 업적이자 '북남 경제협력의 상징'이라고 긍정 평가했다.[8] 하지만 개성공단은 1단계 사업의 부분적 성과에도 불구하고 2-3단계 사업이 중단되어 더 이상 사업의 진척을 보지 못하고 있다. Ⅳ장에서는 행위자-네트워크로서 개성공단의 모습을 밝힘으로써, 공단의 지속가능 요인과 성공조건에 관한 함의를 얻는다.

8 조선일보, "북한TV 개성공단, 김정일 위원장 업적에 포함시켜…갑작스런 방영 이유?" 2013.08.06. http://news.chosun.com/site/data/html_dir/2013/08/06/2013080601410.html(검색일: 2014.1.20).

Ⅳ. 행위자-네트워크로서 개성공단

행위자-네트워크 이론은 행위자가 어떻게 네트워크의 요소들을 동원하고 배열하며, 또 하나로 유지하고 자체적으로 붕괴되는 것을 막는지를 탐구한다. 어떤 실재는 인간 행위자와 비인간 행위자들이 연결되어 있는 관계들의 집합체, 즉 네트워크로 존재한다. 개성공단이라는 행위자도 네트워크라는 렌즈를 통해서 보다 정확하게 이해될 수 있다는 뜻이다. 따라서 남북경협의 대표 사례로서 개성공단의 잠재력을 평가하는 일은 개성공단에 결부되어 있는 인간 및 비인간 행위자들의 연결망을 드러내는 데서 출발한다.

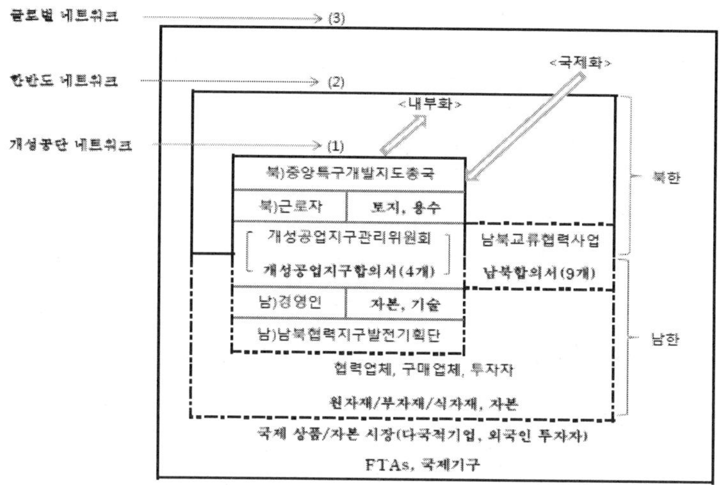

〈그림 3〉 개성공단과 남북경협 네트워크[9]

행위자-네트워크로서 개성공단의 모습은 <그림 3>과 같이 세 차원에서 조망할 수 있다. 일차적으로 개성에 소재한 공단 자체의 네트워크(1), 개성공단 밖의 남한과 북한 지역을 아우르는 한반도 네트워크(2), 그리고 남북한과 세계를 잇는 글로벌 네트워크(3) 등이다. 점선은 상대적으로 연결도가 높다는 것을 의미하며, 반대로 실선은 네트워크가 닫혀있다는 것을 말한다.

1. 개성공단 네트워크

행위자-네트워크 이론은 비인간 행위자의 능력에 주목하고, 이들과 인간 행위자 간의 상호작용을 강조한다. 우선, 개성공단 네트워크를 이루는 비인간 행위자 중에서 330만 ㎡에 이르는 공단 부지와 남북

---

9 개성공업기구 관련 4대 합의서는 통신(2002), 통관(2002), 검역(2002), 출입 및 체류(2004) 등에 관한 문서를 말한다(통일부, 2013, 101).

정책담당자 간의 관계를 살펴보자. 1999년 10월 현대와 북한 당국은 서해안 공단 건설에 관한 합의서를 체결했다. 그러나 양측은 공단 입지에 대하여 서로 다른 생각을 갖고 있었는데, 현대는 해주를, 북측은 신의주를 주장했다. 이듬해에 북한은 후속 협의에서 개성지역을 공단 후보지로 최종 제시했다.

그런데, 개성공업지구는 <그림 4>에서 보듯이 군사분계선으로부터 5~6km 밖에 떨어지지 않은 북한의 전략적 요충지다(통일부, 2006, 122). 이 때문에 북한은 최정예 기갑사단인 인민군 6사단과 장사정포 여단, 2개의 보병사단 등을 개성 이남에 전진 배치시키며 서울 공격의 교두보로 삼아왔다. 하지만 2003년 공단이 건설되면서 기갑 등 핵심전력 대부분을 개성 이북으로 옮겼다. 군사적 요충지를 내주게 된 북한 군부가 강하게 반발했지만, 남북한 당국이 큰 틀에 합의하면서 개성공단 사업이 성사되어 남북 경제협력을 넘어 평화의 상징으로 불리게 되었다.

〈그림 4〉 개성공단의 지리적 위치

출처: 통일부, 2005, 117.

이러한 개성공단의 지리적인 특성은 남북한 당국자들의 퇴행적인 사고와 행동을 저지하는 효과를 발휘한 것으로 해석된다. 2006년 7월 미사일 발사로 인해 군사적 긴장이 고조되던 와중에서도 개성공업지구 관리를 담당하고 있는 북측 중앙특구개발지도총국은 "개성공업지구는 앞으로도 계속 밀고 나가야 하며, 국내 정세에 영향 없이 안정적으로 추진되어야 한다"고 말했다. 북한은 개성공단에 대한 정치적 개입을 자제하고 남북협력에 대한 의지를 표시한 것으로 풀이되었다.[10]

또한 개성공단에 투하된 남한의 자본도 개성공단의 정치적 내구력을 뒷받침했다. 남한 정부가 집계한 개성공단 실투자금은 약 10억 달러에 달한다. 만약 개성공단이 폐쇄되는 경우에는 투자금액 외에 입주기업의 매출 손실과 납품업체 배상금 및 자금난으로 생기는 2차 피해를 합해 20억 달러에 이를 것으로 추산된다. 여기에 입주기업 협력업체들이 도산할 경우 50억 달러까지 그 피해규모가 늘어날 것으로 예상되었다.[11]

한편 북한은 개성공단에서 근무하는 5만여 명의 북측 근로자들이 받는 임금을 포함해 연간 9천만 달러의 수입을 얻었다. 남한의 투자금 10억 달러에 비하면 적지만, 9천만 달러는 북한 국내총생산의 8%에 달하는 규모다. 이처럼 개성공단을 매개로 한 자본의 흐름은 남북한 어느 쪽도 개성공단 사업을 쉽게 포기할 수 없도록 하는 일종의 '톱니효과'를 발휘했다.

개성공단의 또 다른 비인간 행위자로 통신과 통행, 통관 시스템을 들 수 있다. 통신시설은 2005년 12월 유선전화 303회선을 개통한

10 통일뉴스, "北 개성공단, 국제정세 영향 없이 추진," 2007.7.28. http://www.tongilnews.com/news/quickViewArticleView.html?idxno=66793(검색일: 2013.12.22).

11 한국경제, 2009.6.11.

이래 2009년 12월 600회선 등 3차례에 걸쳐 총 1,300회선을 확보했다. 그러나 남측과 개성공단 사이의 통신은 유선전화만 가능하다. 인터넷이나 휴대폰의 사용은 허용되지 않는다. 통행의 경우, 개성공단 최초 방문자의 출입은 10일 이상 소요된다. 출입을 위해서는 7일 전 출입증명서 발급을 신청하고 방북 3일 전 출입계획을 제출해야 한다. 방북은 출입절차가 복잡하고 정해진 시간에만 허용되기 때문에 공휴일 출입은 거의 불가능하다. 전략물자의 수출제한으로 인한 통관 절차의 번거로움도 해결해야할 숙제다. 결국 3통의 비효율성으로 인해 신속하고 정확한 업무처리가 불가능하여 생산 활동과 경영에 부담이 가중되고 있다.

이에 따라 남북은 2014년 1월 13일 개성공단 3통 분과위원회에서 전자출입체계(RFID) 구축방안과 인터넷, 이동전화 제공 문제, 선별검사 등에 관한 기술적 문제를 논의했다.[12] 결과적으로 개성공단이 안고 있는 통신 및 통행 상의 제약은 남한 기업들에게 개성공단의 이점을 평가절하하게 만드는 요인으로 작용했다. 3통의 기술적 제약은 개성공단의 매력을 증진하는 데 필요한 행위자를 동원하는 데 장애물이 되고 있다는 뜻이다.

전기도 개성공단 네트워크에서 빼놓을 수 없는 행위자다. 2004년 12월에 체결된 '개성공업지구 전력공급에 관한 합의서'에 따라 남한의 문산변전소에서 개성공단에 이르는 배전시설(1만 5천 KW)이 구비되었고, 2005년 3월부터 시범단지에 전력을 공급하기 시작했다. 전기를 매개로 남한과 북한이 다시 연결된 것은 1948년 5월 14일 전기요금 미납 등을 이유로 북측이 일방적으로 단전 조치한

12 남북한은 2014년 1월 7일 상반기 중 개성공단에 초기 단계의 인터넷 서비스 구축을 위한 협의를 마무리했다.

뒤 57년 만이다. 이번에서 남한의 전기가 북한에 공급된다는 역사적 의미를 담고 있었다(개성공단5년 발간위원회, 2008).

〈표 2〉 개성공단 근로자 현황

구 분	2005	2006	2007	2008	2009	2010	2011	2012
북측 근로자	6,013	11,160	22,538	38,931	42,561	46,284	49,866	53,448
남측 근로자	507	791	785	1,055	935	804	776	786
합 계(명)	6,520	11,951	23,323	39,986	43,496	47,088	50,642	54,234

출처: 『2013 통일백서』.

한편, 개성공단을 구성하는 인간행위자 네트워크를 보자. 개성공단에는 2012년 말 현재 780여 명의 남측 근로자와 5만 3천여 명의 북측 근로자가 일하고 있다. 이는 2004년 10월 북한 근로자 55명이 처음 고용된 이후 7년 4개월 만의 성과다. 특히 북한의 경우, 근로자의 가족까지 감안하면 25~30만 명이 개성공단에 직접적으로 연결되어 있을 것으로 추산된다.

그런데 개성공단에 입주하고 있는 123개 업체들을 조사한 바에 따르면, 현재 15,375명의 북측 근로자가 부족한 실정이다(송장준 2011). 여기에 1단계 토지분양을 받은 300개 업체가 모두 입주할 경우에는 부족한 북측 근로자수는 모두 10만 7천 명에 이를 것으로 점쳐진다. 이러한 근로자 부족현상은 개성 지역의 이용 가능한 근로인력이 거의 소진되었음을 나타낸다. 개성과 인근지역의 공급 가능한 근로인력은 14만 3천여 명인데, 개성지역 자체 소요인력 9만 명과 개성공단 인력 5만 명을 제외하면, 개성공단에 추가로 공급 가능한 인력은 5천 명 미만에 불과한 실정이다. 이는 개성공단의 네트워크 파워를 강화하기 위해서는 개성 이외의 북한 지역으로부터 근로자의 조달이 불가피하다는 점을 시사한다.

개성공단 관련 정책결정에 참여하는 행위자도 네트워크로 이뤄져 있다. 정부 행위자를 보면, 첫째, 개성공단의 관리와 지원은 개성공업지구관리위원회를 중심으로 이뤄진다. 이 위원회는 개성공업지구의 행정·지원기관으로서 북한의 <개성공업지구법>에 따라 2004년 10월에 설립된 북한 법인이다. 그러나 위원장은 남측 인사가 맡고 있으며, 직원도 남측(40여 명)이 북측(8명)보다 많다. 남북 당국은 이곳을 통해 투자 유치와 기업 창설 승인·등록, 건설 인허가, 기반시설 관리, 제도 정비, 출입증명서·통행증 발급 등 업무를 처리해왔다. 무엇보다 '개성채널'로 불리면서 남북관계가 경색될 때마다 유일한 공식 창구 역할을 담당했다.[13]

남한의 남북협력지구발전기획단은 2004년의 개성공업사업지원단, 2009년의 남북협력지구지원단을 계승한 통일부 내의 한시적 조직(2015년 10월까지)으로 기획재정부, 미래창조과학부, 산업통상자원부, 환경부, 고용노동부, 국토교통부, 중소기업청 등의 8개 정부부처 공무원으로 구성된다. 기획단은 개성공단 지원정책 수립 및 총괄조정, 안정적인 기업활동을 위한 관련 법·제도 정비, 투자활성화 방안 강구 및 전력물자·원산지 관련 대책 수립, 전력·통신, 용수시설 등 공단 인프라 구축 등에 관여한다.

개성공단사업협의회는 일종의 비공식 정책협의체로서 개성공단사업 추진과정에서 대두되는 각종 현안은 물론 중장기 발전과제들을 협의·해결하기 위해 2004년 10월부터 운영되었다. 통일부 남북협력지구발전기획단장, 개성공업지구관리위원회 위원장을 비롯하여 개발사업자인 현대아산과 한국토지공사 고위간부가 매월 정기적으

---

13 연합뉴스, 2013.4.10. http://www.yonhapnews.co.kr/politics/2013/04/10/0511000000AKR2013 0410065300043.HTML(검색일: 2014.1.20.).

로 개성공단의 원활한 개발 및 운영을 위한 방안들을 협의해 왔다.

한편, 북한의 중앙특구개발지도총국은 개성공업지구 등 특구개발 업무를 전담하는데, 남한 측 개성공단관리위원회의 사업 파트너라 할 수 있다. 개성에 거주하는 북측 근로자의 통행 승인과 공단 주재원의 권리를 보장해 주는 기관이다. 또 남측 기업들이 지급한 북측 근로자들의 임금을 관리하는 권한도 갖고 있다.[14] 북한은 2003년 10월 <개성공업지구 노동규정>을 제정, 노력알선기업이 근로자를 제공하고 입주기업은 기능시험, 인물심사 등을 통해 근로자를 선별할 수 있도록 했다. 또 근로계약의 주체는 노력알선기업과 개성공업지구에서 조업하게 될 기업이라고 규정했다. 그러나 개성에는 노력알선기업은 아직 존재하지 않으며, 중앙특구개발지도총국에서 그 역할을 대행하고 있다. 중국의 경제특구와 같은 노동계약제도도 실행되고 있지 않다(임을출, 2007). 이는 개성공단이 남북경협 네트워크로서 완성도를 높이기 위해서는 글로벌 표준에 부합하는 근로계약이 도입될 필요가 있음을 말해준다.

2. 한반도-글로벌 네트워크

이 장에서는 개성공단 입주기업을 축으로 형성되어 있는 대북경협의 한반도 및 글로벌 네트워크의 여러 측면을 살펴본다. 첫째, 개성공단은 남북 간 인적·물적 교류 네트워크의 허브다. 남측에서 개성공단에 드나드는 인원은 2005년 4만여 명에서 2012년 12만여 명으로 3배 이상 증가했다. 차량 출입도 같은 기간에 1만 9천여 대에서 8만 9천여 대로 5배 가까이 급증했다.

[14] MBN뉴스, 2013.4.8. http://mbn.mk.co.kr/pages/news/newsView.php?news_seq_no=1328228(검색일: 2014.1.20).

〈표 3〉 개성공단의 인적 · 물적 교류 현황[15]

구 분		2005	2006	2007	2008	2009	2010	2011	2012
방문	인력	40.8	60.9	100.1	152.6	111.8	122.9	114.4	120.2
	차량	19.4	29.8	42.4	85.6	72.6	83.5	82.9	89.9
교역	반입	19	75	101	290	417	705	908	1073
	반출	156	222	339	518	522	737	788	888
	합계	176	298	440	808	940	1442	1697	1961

출처: 『2013 통일백서』, 통일부 월간남북교류협력동향.

물자의 반입과 반출 규모에서도 개성공단의 교역 네트워크가 점차 강화되어온 것을 발견할 수 있다. 개성공단으로의 반출액은 2005년 1억 5천 6백만 달러에서 2012년에는 8억 8천 8백만 달러로 늘었다. 개성공단으로부터 반입된 교역액은 같은 기간 1천 9백만 달러에서 10억 7천만 달러로 증가했다. 전체적으로 2010년까지는 반출이 반입보다 많아 대북 교역수지가 흑자를 기록했지만, 2011년부터는 적자로 돌아섰다.

그런데, 개성공단을 중심으로 하는 물류 네트워크는 남한의 각 시도 지역에까지 연결되어 있다. 개성공단에 지리적으로 가까운 서울, 인천, 경기 지역의 연결 강도가 높은 것으로 나타났다. 반면 2012년의 경우, 경남, 경북, 광주, 울산, 제주 등의 대 개성공단 교역 실적은 미미한 수준이었다. 행위자-네트워크로서 개성공단의 '동원하기' 능력을 제고하기 위해서는 남한 내에서 지역적으로 다변화된 네트워크를 구축할 필요가 있음을 의미한다.

둘째, 개성공단은 입주기업들의 생산 네트워크에 의해 남한의 각 기업과 지역에 연계되어 있다. 앞서 살펴본 물류량과 지역별 분

15 방문 인력과 차량 단위는 각각 천 명, 천 대이며, 반출입액 단위는 백만 달러임.

포 자료가 암시하듯이, 입주기업들은 남한의 다른 행위자들과의 연결망 속에서 생산활동을 하고 있다. 이들은 제품 생산에 필요한 원·부자재, 식재료 등을 거의 전적으로 남한으로부터 조달한다. 한국산업단지공단의 조사에 의하면(한국산업단지공단 2010), 표본에 포함된 72개 입주기업들은 전체적으로 평균 34.4개사의 협력업체와 거래관계를 맺고 있으며, 연간 평균 거래규모는 47.9억 원에 이르는 것으로 나타났다. 입주기업 전체(당시 121개사)를 고려하면 협력업체 수는 총 4,164개사에 이르고, 연간 거래규모는 약 5,802억 원에 달할 것으로 예측되었다.

〈표 4〉 남북교역 시도별 반출입 현황

시도	2005		2006		2007		2008		2009		2010		2011		2012	
	반출	반입	반출	반입	반출	반입	반출	반입	반출	반입	반출	반입	반출	반입	반출	반입
강원	1	11	2	15	4	15	1	14	1	14	0	9	9	3	13	1
경기	34	67	60	115	122	184	163	223	226	180	241	244	188	215	239	262
경남	2	17	3	15	7	18	7	14	2	10	0	2	0	0	0	0
경북	1	3	2	5	1	14	1	19	1	11	0	4	0	0	1	0
광주	0	4	1	5	9	9	6	9	9	12	7	8	0	0	1	0
대구	0	1	4	2	16	3	12	14	11	16	14	20	15	20	20	21
대전	1	4	2	7	1	5	2	3	5	8	6	15	5	13	9	13
부산	11	33	22	49	38	67	34	84	43	93	57	81	51	67	71	90
서울	639	169	700	240	774	328	494	419	340	456	379	477	301	336	352	446
울산	0	0	1	2	1	2	1	1	1	1	1	1	1	0	0	
인천	18	19	21	47	38	90	65	100	61	83	78	96	89	102	112	145
전남	0	3	0	3	0	3	2	2	2	4	3	9	3	4	3	3
전북	1	1	6	5	6	5	8	10	17	19	40	34	33	30	32	37
제주	3	0	0	0	5	1	4	0	1	0	0	0	0			
충남	2	4	5	1	8	14	19	11	21	15	37	37	28	34	36	41
충북	1	3	1	4	2	5	5	4	4	7	5	7	7	8	13	14
합계	715	340	830	520	1,033	765	888	932	745	934	868	1,044	800	914	902	1,074

출처: 한국무역협회 남북교역통계, 백만 달러.

보다 구체적으로 입주기업들은 원자재 조달을 위해 평균 13개의 협력업체와 거래 네트워크를 구축하고 있었다. 이들의 평균 거래규모는 연간 약 33억 원에 달했다. 원자재 협력업체들은 서울(37.2%)에 가장 많이 위치한 것으로 조사되었으며, 경기(24.8%), 인천(10.6%), 전북(7.1%) 등 순이었다. 입주기업들의 70% 이상이 입지적으로 가까운 수도권 내의 원자재 공급업체와 거래하고 있었다.

입주기업들의 부자재 거래업체 수는 평균 21.3개사이며, 연간 약 14.7억 원 규모의 거래관계를 맺고 있었다. 그리고 식재료 및 기타 제품의 협력 거래업체 수는 평균 8.1개사였으며, 연간 약 5.7억 원 규모를 보였다. 뿐만 아니라 입주기업들은 개성공단 내에 있는 다른 입주업체들과도 거래하고 있는데, 평균 3.5개사와 1.4억 원 규모로 거래를 하고 있는 것으로 조사되었다.

이처럼 개성공단 입주기업들은 원자재, 부자재, 식자재 등을 조달하기 위해 많은 협력업체와 거래 네트워크를 형성하고 있다. 이것은 개성공단의 문제가 비단 123개 입주기업만의 문제가 아니라 수도권을 비롯하여 전국에 산재해 있는 최대 6천여 개의 중소기업의 문제가 됨을 의미한다. 실제로 85개 협력업체로 구성된 개성공단 영업기업연합회는 2013년 5월 개성공단이 폐쇄되어 있을 당시 "정부의 개성공단 입주기업 피해 보상대책에서 85개 영업 기업을 포함한 조사와 지원 대책이 이뤄져야 한다"고 주장했다.[16] 이 같은 사실은 개성공단 네트워크의 확장성을 나타내면서, '개성공단 리스크'는 곧 '남한 리스크'로 비화될 수 있음을 가리킨다.

셋째, 개성공단은 입주기업들의 판매 활동을 매개로 남한 및 글로벌 네트워크를 구축하고 있다. 이들은 대기업, 중소기업중앙회, 한국의류산업협회 등 국내 행위자뿐 아니라 다국적 기업을 판매망에

16 연합뉴스, 2013.5.2. http://www.yonhapnews.co.kr/economy/2013/05/02/0302000000AKR 20130502137051030.HTML?source=rss(검색일: 2014.2.5).

아우르고 있다. 일례로 코오롱은 입주업체 5곳에 제품 생산을 주문했고, 제일모직은 개성공단 의류봉제 업체 10개사와 구매 계약을 맺었다. 한국의류산업협회는 2013년 12월 개성공단을 방문해 "기존 오더 물량을 확대하고 향후 지속적으로 오더 수주 상담을 위한 개성공단 방문을 협회 차원에서 추진하겠다"고 밝혔다.[17]

〈표 5〉 개성공단 입주기업의 수출실적

	2005	2006	2007	2008	2009	2010	2011	2012	합계
생산(A)	1,491	7,374	18,478	25,142	25,647	32,332	40,185	46,950	197,599
수출(B)	87	1,983	3,967	3,584	2,860	3,668	3,687	3,639	23,474
비중 (B/A, %)	5.8	26.8	21.4	14.3	11.2	11.3	9.2	7.8	11.9

출처: 이해정(2013), 만 달러.

나아가 개성공단 네트워크는 수출망을 통해서 글로벌 시장에도 연계되어 있다. 개성공단에 입주를 희망하는 기업들의 68%가 수출을 목표로 제품을 생산했다. 수출 비중은 2005년 5.8%로 시작, 2006년에 최고점인 26.8%를 기록한 이후, 2012년 7.9%를 기록했다. 평균적으로 개성공단에서 생산된 가치의 약 11%가 해외시장으로 향했다. 입주기업의 바람과 달리 개성공단 생산품의 9% 가까이는 국내시장에서 판매되고 있다. 주요 수출국은 호주(27.2), EU(18.1), 중국(15.6), 러시아(15), 중동(12.1), 일본(1.8) 순이었다. 업종별로 보면, 기계·금속과 전기·전자 업종 생산품이 그나마 해외로의 판매가 어느 정도 있는 편이다. 다른 업종의 생산품은 95% 이상이 국내에

17 조선일보, 2013.4.23. http://biz.chosun.com/site/data/html_dir/2013/04/23/2013 0423 00688.html; 아시아경제, 2013.4.8. http://www.asiae.co.kr/news/view.htm?idxno= 2013040816103696779; 한국경제, 2013.12.5. http://www.hankyung.com/news/app/newsview.php?aid=201312050455g(이상 검색일: 2014.2.3).

서 판매되고 있다. 한편, 해외 판로가 있는 기계·금속, 전기·전자 분야의 생산품은 중국, 베트남, 일본, 동남아시아, 중동, 유럽 등 해외로 수출되는 것으로 나타났다(송장준, 2011).

개성공단의 수출 네트워크에서 간과할 수 없는 비인간 행위자는 남한의 자유무역협정(FTA) 망이다. 북한은 세계무역기구(WTO)에 가입되어 있지 않기 때문에, 개성공단에서 생산되는 제품이 북한산으로 인정될 경우 한국산보다 훨씬 높은 관세를 물게 된다. 국내반입의 경우, 2005년 관세청 고시에 의거하여 국내 투자분과 국내산 직접재료비 비중이 60% 이상인 경우 한국산으로 표시되고 그 이외의 경우에는 북한산으로 표시된다. 그러나 남한은 개성공단 사업이 추진되기 이전에 교섭한 한-칠레 FTA를 제외하고, 그 이후 체결된 한-싱가포르 FTA, 한-EFTA FTA 및 한-ASEAN 상품분야 FTA, 그리고 2007년 한-미 FTA 등을 통해서 개성공단 물품이 한국산 원산지를 인정받을 수 있도록 허용하는 원산지 인정 특례규정 및 그 근거를 도입했다.[18] 이것은 개성공단에서 만들어진 제품이 FTA 체약국 시장으로 진출하는 것을 돕기 위한 전략적 접근에서 비롯된 것이다. FTA의 활용 정도에 따라 개성공단 네트워크가 글로벌 시장에 얼마나 깊숙이 확산될 수 있는지 달라질 것이다.

18 한-ASEAN FTA는 HS 6단위 100개 품목, 한-EFTA FTA는 267개 품목, 한-싱가포르 FTA은 4,625개 품목을 한국산으로 인정한다. 한-미 FTA, 한-EU FTA는 개성공단을 남한의 역외 가공지역으로 지정하는 문제를 한반도역외가공지역위원회에서 협의키로 한 상태다.

〈표 6〉 입주기업의 외국인 주식보유 현황

(단위: %)

입주기업		2005	2006	2007	2008	2009	2010	2011	2012	2013	평균
코스피	신원	0.2	8.6	12.7	9.0	7.1	5.1	0.8	0.8	0.6	5.0
	인디에프	40.8	38.8	14.3	15.3	7.4	7.9	7.6	0.5	0.4	14.8
	인지컨트롤스	22.8	18.0	15.7	15.0	12.9	12.5	13.2	15.1	15.1	15.6
	자화전자	23.5	17.4	17.0	4.4	5.5	6.8	1.4	5.5	19.2	11.2
	태광산업	2.2	7.4	8.1	9.0	9.7	7.6	9.0	7.8	6.5	7.5
	한샘	6.2	4.9	3.4	6.0	4.4	10.0	8.2	7.0	16.7	7.4
코스닥	경원산업	0.0	0.2	9.0	8.9	5.2	5.2	2.3	1.9	1.3	3.8
	로만손	2.4	17.2	4.2	3.1	0.2	0.1	0.0	0.4	0.7	3.1
	씨엔플러스							0.0	1.3	0.0	0.4
	재영솔루텍	0.3	0.0	0.0	0.0	0.0	0.0	0.0	0.0	0.2	0.1
	좋은사람들	0	0.0	2.9	0.4	0.0	0.1	0.3	0.2	0.6	0.5
평 균(%)		9.8	11.3	8.7	7.1	5.2	5.5	3.9	3.7	5.6	6.7

넷째, 개성공단 네트워크는 포트폴리오 투자 및 해외직접투자(FDI) 형식으로 외국인 투자자와 글로벌 금융시장을 엮어내고 있다. 2013년 4월 현재 개성공단의 123개 입주기업 중 11개사가 국내 증권시장에 상장되어 있다. 외국인 주식보유 비율은 2006년에 평균 11.3%에 달했으나 이후 지속적으로 감소하여 2013년 4월 5.6%를 기록했다. 상장 입주기업별로 최대 15.6%에서 최소 0.1%의 분포를 보였다. 외국인 투자자들은 2005~2013년 사이 평균적으로 입주기업 상장주식의 6.7%를 보유한 것으로 나타났다. 적어도 이들 상장 입주업체들의 경영실적과 개성공단의 성과는 외국인의 주식 거래동향으로 반영된다.

몇몇 입주기업은 해외직접투자를 유치하는 데 성공을 거두기도 했다. 신발제조업체인 삼덕통상은 2013년 12월 독일 미앤프렌즈 AG사와 투자를 끌어들이는 데 성공했다. 한국기업과 외국기업이 함께 개성공단 내에 합자회사를 세우는 첫 사례다.[19] 남북한 정부는 개성공단에 투자하거나 입주할 외국기업과 상공인을 위한 남북공동투자설명회를 추진하고 있다.[20] 2013년 12월 19일 G20서울컨퍼런스에 참석차 방한한 G20 및 국제금융기구 대표단 30여 명이 개성공단을 방문했다. 해외투자 유치에 도움을 줄 수 있는 국제인사들에게 개성공단에 대한 이해를 제고하기 위해서였다. 남한 국회는 2013년 12월 27일 개성공단에 대한 외국 기업의 투자를 촉진하기 위해 개성공단지원법을 통과시킴으로써, 외국인 투자기업이 개성공단에 기업을 설립할 경우 한국 정부로부터 남북협력기금과 각종 행정적 지원을 받을 수 있도록 했다.

요컨대, 행위자-네트워크로서 개성공단은 번역의 과정을 통해서 자신의 지속가능성을 유지·확대하는 데 필요한 다양한 인간 및 비인간 행위자를 포섭해왔다. 개성공단 네트워크 안에는 군사적 요충지, 남한의 자본, 통신·통행·배전 설비 등 비인간 행위자뿐 아니라, 5만 4천여 명의 남북한 근로자와 다양한 정책결정 행위자들이 포함되어 있다. 나아가 개성공단에서 확장된 한반도 및 글로벌 네트워크는 인적·물적 교류, 입주기업의 생산·판매 활동, 그리고 외국인 투자 등을 매개로 남한 각 지역과 국제시장에 뻗쳐 있다.

---

19 주간한국, 2013.12.27. http://weekly.hankooki.com/lpage/sisa/201312/wk2013122707013 4121210.htm(검색일: 2013.12.10.).

20 연합뉴스, 2013.12.19. http://www.yonhapnews.co.kr/politics/2013/12/19/0505000000AKR 20131219220251043.HTML(검색일: 2014.1.25).

V. 결론

이 연구는 행위자-네트워크 이론을 원용하여 남북 경제협력의 대표 사례인 개성공단의 의미를 재조명했다. 개성공단은 단순한 물리적 실체라기보다는 남북한의 인간·비인간 행위자들이 서로 영향을 주고받으며 만들어져온 행위자로서의 네트워크다.

개성공단 사업은 1980년대 후반에 시작된 남북경협의 새로운 모델로 구상되었다. 나아가 남북 모두에게 경제적 이득을 가져다주고, 한반도와 동북아 질서의 안정에 기여할 것으로 기대를 모았다. 2005년 기업들의 입주가 처음 이뤄진 이후 123개의 기업이 연간 4억 7천만 달러 상당의 제품을 생산하고 있다. 또 2010년 이후 개성공단은 여타 남북협력교류사업이 중단된 탓에 남북 교역량의 거의 대부분을 차지하게 되었다.

행위자-네트워크 이론에 의하면, 개성공단이 하나의 네트워크로 형성되고 공고화되는 과정은 번역의 과정으로 재해석될 수 있다. 1990년대까지의 남북경협 모델에 대한 문제제기에서 출발하여, 김대중 정부의 베를린선언과 정주영 회장의 소떼 방북으로 관심끌기 단계에 접어들었다. 이어서 개성공단의 인프라 조성을 담당하는 주체들이 결정되고 입주기업들이 선정됨으로써 등록하기 단계를 거쳤고, 이후 남한의 협력업체와 다국적기업, 국제투자자, 통신과 통관 설비와 같은 비인간 행위자 등을 엮어내는 동원하기 수순을 밟으면서 변천했다.

그동안 개성공단 사업은 여러 차례의 군사적인 긴장과 충돌 속에서도 그 생명력을 유지해왔다. 그러나 2013년에는 일시적으로 폐쇄되는 우여곡절을 겪기도 했다. 이것은 행위자-네트워크로서 개성공단의 견고성과 취약성을 동시에 나타낸다. 한편으로 개성공단 네트워크는 남북한 당국자들과 참여 기업 및 일반 국민들을 동원하여 '개성공단은 남북경협의 상징이자 보루'라는 점을 어느 정도 상식화하는데 성공했다. 그러나 다른 한편으로 개성공단은 아직 행위자-네트워크 이론에서 말하는, 사람들이 의심의 여지없이 받아들이는 블랙박스의 위치에는 도달하지 못했음을 말해준다. 정치적, 군사적인 충격과 함께 개성공단 네트워크에 대한 문제제기와 새로운 대안이 모색되고 있기 때문이다.

따라서 남북경협의 모범사례로서의 개성공단 네트워크의 향배는 장차 비인간 및 인간 행위자들을 자신의 구성원으로 얼마나 효과적으로 동원할 수 있느냐에 달려있다. 최근 개성공단의 활성화 방안에 관한 논의들도 이와 같은 맥락에서 이해될 수 있다(고준성, 2007; 김규륜 외, 2007; 송장준, 2011; 양문수, 2013; 이승현, 2013). 그런데 개성공단 또는 기타 남북경협 사업이 경제 외적인 충격에 탄력적으로 대응할 수 있기 위해서는 한반도와 글로벌 차원에서 다양한 비인간 및 인간 행위자의 참여를 이끌어 낼 필요가 있다.

첫째, 비인간 행위자 중에서 가장 중요한 것은 3통의 기술적 제약을 완화해야 한다. 3통 문제가 해결되지 않고서는 개성공단 네트워크의 확장과 원활한 작동에 필요한 물리적 인프라를 갖추기 어렵다. 이 점에서 남북한 당국이 2014년 2월 7일 개성공단 3통 분과위원회에서 인터넷 연결 방식에 대해 합의한 것은 의미가 있다.[21] 장차 인터넷의 활용성을 높이고, 이동전화 이용을 허용하며, 통관절차를 간소화하고 시간을 단축할 수 있는 자동출입체계가 구비되어야 한다.

둘째, 개성공단에서 소요하는 근로자 및 원자재·부자재·식자재의 조달 루트가 개성 이외의 북한 지역으로 확대될 필요가 있다. 일종의 개성공단의 대북 네트워크를 강화하는 방안이다. 현재 개성공단은 <그림 3>에 묘사된 바와 같이 북한의 기타 지역으로부터 단절되어 있다. 지금의 개성공단은 마치 외딴 섬처럼 북한 내부와의 연계성을 갖고 있지 않다. 그만큼 개성공단이 북한 경제 전반에 미칠 수 있는 파급효과가 제한적일 수밖에 없는 이유다. 이를 해결하기 위해, 예를 들면, 의류·봉제 입주업체들이 실이나 단추 등의 자재를 북한에서 직접 조달할 수 있도록 방안을 강구해야 한다(조동호, 2013; 하영선 외, 2013).

셋째, 글로벌 행위자의 참여도 개성공단의 네트워크 파워를 증대하는데 필요하다. 남한 정부는 개성공단 사업 초창기부터 개성공단의 국제화를 추진해 왔다. 국제화는 행위자 측면과 규범적인 측면에서 논의될 수 있다. 전자는 다국적기업이나 외국인 투자자, 국제기구 등의 참여 기회를 넓히는 것이다. 개성공단에 글로벌 기업의 자회사를 유치하거나 기존 입주기업과의 합작 사업을 장려할 수 있다. 2013년 12월에 이뤄졌던 G20·국제금융기구 대표단의 공단 방문처럼 국제적 관심 환기와 여론조성을 자극하는 기회가 필요하다.

21 연합뉴스, 2014.2.9. http://www.yonhapnews.co.kr/politics/2014/02/09/0505000000AKR2014 0209046500043.HTML?template=5566(검색일: 2014.2.10).

규범적인 측면의 국제화는 개성공단의 법적·제도적 장치들에 글로벌 스탠다드를 도입하는 것이다. 개성공단 내 노무·세무·임금·보험 등 관련 제도를 국제적 수준으로 발전시켜야 한다. 이를 통해서 개성공단은 행위자-네트워크로서 힘이 공고화되고 남북경협의 상식으로 자리 잡게 됨으로써 '과정으로서의 통일'을 이뤄가는 징검다리 역할을 할 수 있다.

참고문헌

개성공단기업협회. 2012. 『(개성공단 현장 백서) 개성공단에서 통일경제의 희망을 본다』. 서울: 개성공단기업협회.
고준성. 2007. "개성공단 활성화를 위한 FTA 원산지 특례규정 협상 대응방안." 산업연구원 Issue Paper 2007-228.
김규륜·조한범·이석·조정아. 2007. "남북경협 거버넌스 활성화 방안." 경제·인문사회연구회 협동연구총서 07-11-06.
김근식. 2011. "대북포용정책과 기능주의: 이상과 현실." 『북한연구학회보』 15권 1호.
김상배. 2011a. "한국의 네트워크 외교전략: 행위자-네트워크 이론의 원용." 『국가전략』 17권 3호.
김상배 엮음. 2011b. 『거미줄치기와 벌집짓기: 네트워크이론으로 보는 세계정치의 변환』. 서울: 한울아카데미.
김종갑. 2003. "햇볕정책의 정치적 의미와 남남갈등의 극복방안." 『통일정책연구』 12권 2호.
김치욱. 2014. "남북 경제협력의 구조와 시사점: 개성공단을 중심으로." <평화연구> 22권 1호.
김학노. 2005. "평화통합전략으로서의 햇볕정책." 『한국정치학회보』 39집 5호.
박찬봉. 2008. "7.7선언체제의 평가와 대안체제의 모색: 기능주의에서 제도주의로." 『한국정치학회보』 42집 4호.
송장준. 2011. "개성공단 활성화를 위한 정책과제." 중소기업연구원 기본연구 11-15.
양문수. 2013. "한반도 평화 회복을 위한 국가전략: 개성공단 사업을 중심으로." 『국가전략』 19권 2호.
양용석. 2007. "자유무역협정(FTA)을 통한 개성공단 발전방향에 관한 연구." 『통일정책연구』 16권 1호.
양현모·강동완. 2009. "대북정책 결정과정의 정책네트워크 분석: 개성공단사업 사례를 중심으로." 『통일문제연구』 21권 1호.
엄상윤. 2013. "개성공단 정상화 합의와 남북관계 전망." 『정세와 정책』 통권 210호.
윤영관·이장로 엮음. 2009. 『남북경제협력 정책과 실천과제』. 파주: 한울.
이석기. 2006. "남북경협 15년의 평가와 과제." 『KIET 산업경제』 10월호.
이승현. 2013. "남북경협의 현황과 과제: 정치·경제학적 접근을 중심으로." 『NARS현안보고서』 제200호.
이해정. 2013. "개성공단 국제화의 효과와 과제." 『통일경제 2013』 제1호.
임을출. 2007. "북한 경제특구 법제의 변화와 발전조건." 『통일문제연구』 19권 2호.
장노순. "남북한 경제협력의 정치적 의미: 현실주의 인식의 재평가." 『한국정치학회보』 31집 1호.
장영권. 2013. "남한과 북한의 경제협력 확대 방안과 전략: 경제평화론적 접근." 『평화연구』 17권 1호.
조동호. 2013. "북한의 경제·핵 병진노선과 남북경협." 『통일경제 2013』 겨울호.
조봉현. 2011. "남북관계에 있어서 개성공단의 발전 방안." 『KDI 북한경제리뷰』 10월호.
통일부. 2005. 『2005 통일백서』. 서울: 통일부.
통일부. 2006. 『2006 통일백서』. 서울: 통일부.
통일부. 2013. 『2013 통일백서』. 서울: 통일부.
하영선·전재성·박원곤·조동호. 2013. "신대북정책 제안: 신뢰프로세스의 진화를 위하여.” EAI Special Report.
한국산업단지공단. 2010. “개성공단 기업의 국내산업 파급효과 및 남북 산업간 시너지 확충방안.” 한국산업단지공단 산업입지연구소.
한국무역투자진흥공사(KOTRA). 2007. “개성공단 제품의 해외 판로: 개도국 시장의 의의와 진출 방안.” Global Business Report 07-042.
한안석. 2009.『남북경제협력 정책에 관한 연구: 개성공단을 중심으로』. 서울: 고려대학교.
현대경제연구원. 2012. “개성공단 확대, 남북 모두에게 필요하다! 남북경협의 성공모델로 정착해야.”『현안과 과제』 12-58.
홍민. 2013. “행위자-네트워크 이론과 북한 연구: 방법론적 성찰과 가능성.”『현대북한연구』 16권 1호.
홍성욱 편. 2010.『인간·사물·동맹: 행위자네트워크 이론과 테크노사이언스』. 서울: 이음.
홍순직. 2004. “개성공단 개발의 경제적 효과와 성공 과제.”『현대경제연구원 VIP Report』.
홍용표. 2005. “6·15 남북공동선언 재조명: 이론적 배경과 의미.” 통일연구원, KINU 정책연구시리즈 2005-03.
황진훈·김현일. 2008. “개성공단 진출기업의 성과 분석과 정책제언.”『산은조사월보』 제635호.

Callon, Michel. 1986a. “Some Elements of a Sociology of Translation: Domestication of the Scallops and the Fishermen of St. Brieuc Bay.” In John Law. ed. *Power, Action and Belief: A New Sociology of Knowledge*. London: Routledge and Kegan Paul. pp.196-233.
__________. 1986b. “The Sociology of an Actor-network: the Case of the Electric Vehicle.” In Michel Callon and John Law, Arie Rip. eds. *Mapping the Dynamics of Science and Technology: Sociology of Science in the Real World*. London: Macmillan. pp.19-34. 홍성욱 편(2010).
__________. 1987. “Society in the Making: the Study of Technology as a Tool for Sociological Analysis.” In W.E. Bijker, T.P. Hughes, T. Pinch. eds. *The Social Construction of Technological Systems*. London: The MIT Press.
Latour, Bruno. 1987. *Science in Action; How to Follow Scientists and Engineers through Society*. Milton Keynes: Open University Press.
__________. 1993. *We Have Never Been Modern*. Cambridge: Harvard University Press.
__________. 1994. “Pragmatogonies: A Mythical Account of How Humans and Nonhumans Swap Properties.” *American Behavioral Scientist* 37(6): 791~808.
__________. 2005. *Reassessing the Social: An Introduction to Actor-network Theory*. New York: Oxford University Press.
Law, John. 1992. “Notes on the Theory of the Actor Network: Ordering, Strategy and Heterogeneity.”*Systems Practice* 5(4): 379-393. 홍성욱 편(2010).
__________and J. Hassard eds. 1999. *Actor Network Theory and After*. Oxford: Blackwell.

Manyin, Mark E. and Dick K. Nanto. 2011. "The Kaesong North-South Korean Industrial Complex." CRS Report RL34093.

Park, Suhk-sam. 2004. "Creating a Visible Bridge: The Economic Impact of Kaesong Industrial Complex Construction." *East Asian Review* 16(3): 87-104.

Wrobel, Ralph Michael. 2011. "Inter-Korean Cooperation in Special Economic Zones: Developments and Perspectives." In Seliger, Bernhard and Werner Pascha. ed. *Towards a Northeast Asian Security Community: Implications for Korea's Growth and Economic Development*. New York: Springer.

Yun, Sarah. 2009. "Kaesong Industrial Complex: Is It Changing the DPRK?" US·Korea Institute at SAIS. *US-Korea 2009 Yearbook*. Washington, DC: Johns Hopkins University. pp.183-203.

제3부

커뮤니케이션·인권 네트워크 속의 북한

제8장

북한의 커뮤니케이션 네트워크와 북한정권의 국제청중 호소전략*

송태은

* 이 글은 평화문제연구소가 발간하는 『통일문제연구』 제 25권 1호(2013년 상반기)에 필자가 게재한 논문인 「북한 커뮤니케이션 네트워크의 이중구조와 북한정권의 커뮤니케이션 전략」을 수정, 보완한 것임.

I. 머리말

이솝우화 양치기 소년의 일화는 소년의 "늑대가 나타났다!"는 반복된 거짓말을 마을 사람들이 더 이상 믿지 않으면서 늑대가 실제로 나타났을 때에는 결국 마을 전체가 큰 피해를 입는 것으로 이야기를 끝맺는다. 그러나 만약 에피소드가 여기서 끝나지 않고 계속 이어졌다면 마을 사람들은 이후 소년의 늑대경보 외침에 어떻게 반응했을까? 또한 소년은 어떻게 자신이 외치는 소식에 대한 마을 사람들의 신뢰를 다시 회복할 수 있을까? 필시 늑대습격 사건은 마을 전체의 커뮤니케이션 방식에 막대한 영향을 미쳤을 것임은 분명하다. 아마도 마을 사람들은 늑대습격 이후 소년의 늑대경보를 대신할 대체 정보원을 확보하고 그들 간에 늑대출현 정보를 신속하게 공유하고 위기를 대비할 나름의 경보체계를 자체적으로 구축했을 것이다. 양치기 소년의 외침과 같은, 공식채널을 통해 가용했던 메시지가 더 이상 정보로서의 가치를 잃고 신뢰할 수 없게 될 때 사회 구성원들은 자연스럽게 새로운 대안 경로를 통해서 추구하는 정보를 획득한다.

최근 수많은 탈북자들과의 인터뷰를 통해서 반복적으로 드러나고 있는 북한 주민들의 외부정보에 대한 결핍문제를 해결하는 방법은 마치 늑대습격 이후 마을 주민들이 처한 상황을 상상케 한다. 북한 당국의 한국을 비롯한 서방세계에 대한 적대적인 비난과 선군혁명 주창 및 체제찬양의 반복적 메시지 주입에도 불구하고 증대되는 외부정보에 대한 북한 주민들의 수요와 장마당을 통해 은밀하게 제공되는 정보공급 활동은 북한 당국이 제공하는 정보에 대한 북한 주민들의 불신을 간접적으로 반영한다. 적어도 1990년대 중반 이후 계속된 경제난과 국가배급제 중단으로 인해 당국의 사회통제 시스템에 현저한 균열이 생기면서 북한 주민들은 당의 '메가폰'보다는 국경을 오가며 경제 활동을 펼치는 '메신저'들의 정보에 의지하여 생존의 수단과 전략을 마련하고 있는 셈이다.

물론 북한 주민들에게 있어서 유일한 합법적 정보원인 북한 당국은 양치기 소년과 같이 외부 위험에 대한 정보를 독점적으로 제공하는 단순한 경보장치가 아니다. 북한 주민들에게 있어서 북한 당국의 늑대습격 경고는 주민들의 무조건적 집결과 늑대척결을 위한 집단적인 혁명투쟁을 요구하는 것이므로 개개인의 일상 삶에 필요한 대안 정보의 유통과 획득은 오직 비밀리에 활동하는 메신저들을 통해 이루어질 수밖에 없다. 하지만 철저하게 폐쇄된 북한 커뮤니케이션 환경으로 인한 극단적인 정보 결핍과 그 결과 우회 경로를 통해서 필요한 정보를 획득해야 하는 문제는 비단 북한 주민들만의 어려움이 아니다. 국제사회 또한 북한 내부 정보에 대한 접근 결여로 매우 기본적인 북한 내부의 사실들을 포착해 내는데 상당한 곤란을 겪고 있다. 결과적으로 북한 전문가들의 북한정권 행보에 대한 예측은 종종 매우 저급한 정보에 기반을 둔 단발적인 추측인 경우가 많다. 아마도 그 대표적인 최근의 예는 2011년 말 김정일 국방위원장 사망 이후 북한의 정권 이행 과정이 대부분의 북한 전문가들의 예상을 깨고 상당히 신속하고 안정적으로 진행되었던 사실일 것이다.

이 글이 들여다보고자 하는 것은 북한정권의 대내외 커뮤니케이션 전략 선택에 일정하게 구조적 조건을 부과하고 있는 북한 안과 밖의 커뮤니케이션 환경이다. 기존의 북한연구가 북한의 커뮤니케이션 방식을 선전선동에 입각한 '전술' 차원으로 일률적으로 묘사한 것은 북한레짐이라는 단일 행위자의 독특한 성격(attributes)에 분석의 초점을 두어 설명했기 때문이다. 이 글은 북한레짐 자체의 성격보다는 북한레짐과 북한의 국내외 행위자들이 구성하는 커뮤니케이션 환경 혹은 구조에 분석의 초점을 두고 있다. 그러므로 이 글에서 필자는 북한 커뮤니케이션을 구성하는 다양한 행위자들이 만들어내는 이질적 정보유통 메커니즘이 서로 다른 이중의 커뮤니케이션 네트워크를 형성했으며 이러한 이질적 커뮤니케이션 네트워크의 작동이 현재 북한정권의 커뮤니케이션 전략을 결과했다고 주장한다. 즉 다양한 발신자와 수신자가 상호작용하는 북한 국내외 커뮤니케이션 환경과 조건을 분석함으로써 역으로 북한정권의 커뮤니케이션 전략과 행태를 이해하고자 하는 시도이다.

이 글은 조선로동당의 감독과 통제 하에 수직-하향으로 작동하는 선전 커뮤니케이션과 탈북자나 상인과 같이 국경을 넘나들며 활동하는 초국가 메신저를 통해 다방향 혹은 쌍방향으로 작동하는 메신저 커뮤니케이션을 북한 커뮤니케이션의 분석 대상으로 삼는다. 이 글에서 북한 커뮤니케이션 영역을 북한 내부뿐만 아니라 북한의 외부까지 포함하는 것은 북한이 국제사회로부터 극단적으로 고립되어 있음에도 불구하고 북한정권의 커뮤니케이션 행태가 북한 내부와 외부의 커뮤니케이션 환경으로부터 지속적인 영향을 받고 있기 때문이다. 즉 북한정권이 유포하는 공식 메시지는 북한 주민과 같은 내부 청중만을 의식한 것이 아니라 한국을 비롯한 국제사회의 눈과 귀를 염두에 둔 것이며 외교적 채널 가동에 있어서 빈번한 한계에 직면하는 북한정권은 자국의 정치적 상황과 어젠더를 알리는데 있어서 미디어 매체를 통한 지구적 커뮤니케이션망을 적극적으로 이용하고 있다. 그러므로 아무리 폐쇄된 북한 사회라고 해도 국경을 오가는 상인이나 무역간부, 화교, 탈북자들을 통해서 외부정보가 유입되고 내부정보가 유출되고 있는 상황에서 북한의 국내 커뮤니케이션만을 분석 대상으로 삼는 것은 북한 커뮤니케이션이 작동하는 전체 메커니즘을 이해하지 못하고 편향된 분석결과를 도출할 수밖에 없다.

다양한 행위자를 포괄하는 확장된 형태의 북한 커뮤니케이션을 분석 대상으로 삼는 이 글에서 네트워크 이론의 접근법은 매우 유용하다. 그것은 네트워크 이론이 국내 행위자와 국외 행위자를 국경이라는 물리적 경계로써 분석 단위를 차별하지 않고 행위자가 위치한 공간과 관계없이 모든 행위자들을 동등하게 취급하면서 이들 간 링크의 유무와 성격에 더 관심을 두기 때문이다. 즉 네트워크 이론에서는 노드(node)로서의 행위자가 보유한 권력이나 자원 자체의 크기보다 네트워크상에서 행위자가 차지하는 '위치'와 다른 행위자와의 '관계'로부터 발생하는 권력을 설명해줄 단초를 제공한다(Burt, 1982, 106). 네트워크 이론으로 볼 때 국제 커뮤니케이션 환경에서 고립된 노드로서 존재하는 북한정권이 제공하는 정보는 북한정권이 국제사회에서 발휘하는 정치적 권력이 아니라 북한정권의 '고립된 위치'로 인해 희소성을 갖는다. 북한정권은 자국에 대한 극히 제한된 정보에 집중하는 국제사회의 이목을 역이용하여 희소정보를 폭로하고 심지어 당국에 불리하게 보이는 정보를 제공하는 위장전략이나 정권 의도의 진실성을 스스로 증명해 보이는 방법을 통해서 북한 당국이 제공하는 정보와 메시지의 신뢰도(credibility)를 높이려 한다는 것이 이 글의 주장이다.

요컨대 이 글은 메신저 커뮤니케이션 네트워크의 활성화로 인해서 가치를 상실한 북한정권이 제공하는 정보와 메시지에 대한 국내외 청중의 신뢰를 회복하기 위해서 북한정권이 '폭로전략(disclosure strategy)'과 '위장적인 자기손실 전략(disguised costly signaling strategy)', 그리고 '자가입증 전략(self-verification strategy)'을 펼치고 있으며, 이러한 국제청중에 대한 호소전략을 통해서 북한정권은 기존의 전통적인 선전 커뮤니케이션을 강화하고 있음을 보여줄 것이다. 북한정권의 이러한 커뮤니케이션 전략은 북한 당국이 중심이 된 '선전 커뮤니케이션'과 불완전하게나마 열려 있고 비밀리에 이루어지는 초국가적 '메신저 커뮤니케이션'이라는 두 개의 이질적인 커뮤니케이션 네트워크의 작동 결과이다. 즉 북한 당국의 정보유통에 대한 강력한 통제에도 불구하고 북한의 커뮤니케이션 네트워크의 경계가 확대되고 커뮤니케이터(communicator)의 수와 종류가 다양해지면서 북한정권이 불가피하게 선택하게 된 커뮤니케이션 전략인 것이다. 이와 같이 네트워크 이론을 통해서 필자는 기존 연구가 북한의 커뮤니케이션 행태를 오직 북한정권 자체의 속성과 특수성에 의거하여 설명했던 한계를 극복하고 북한정권이 왜 국제청중에 대해 다양한 호소전략을 펼치게 되었는지 커뮤니케이션 네트워크의 작동방식에 대한 이해를 통해 설명하고자 한다.

Ⅱ. 북한 커뮤니케이션 구조에 대한 네트워크 이론의 접근법

국가의 커뮤니케이션 행태에 대한 연구는 주로 정부 주도하에 수행되는 다양한 선전(propaganda) 활동의 내용에 대한 분석에 초점을 두어 왔고,[1] 이러한 프로퍼갠더 분석은 커뮤니케이션 학계의 주요 연구 분야인 미디어 효과(media effects) 연구의 시초 작업이었다. 제1차 세계대전은 국가가 자국의 미디어 매체를 통해 본격적으로 선전활동을 시작하게 한 역사적 시작점이 되었고(Lasswell, 1927), 각 국가의 프로퍼갠더 활동은 심지어 '종이총탄(paper bullet)'에 비유될 만큼 사실상 국가 간 무력분쟁 과정에서도 매우 중요한 영향을 미치는 요소로 인식되어 왔다(Marquis, 1978). 美 프로퍼갠더 연구소(Institute for Propaganda Analysis) 회장을 역임한 해들리 캔트릴(Hadley Cantril)이 프로퍼갠더란 "어떤 개인이나 집단이 다른 개인이나 집단의 의견이나 행동에 영향을 미칠 목적으로 의도적으

1 학자들은 제2차 세계대전 당시의 미국과 일본의 선전활동이나 이슬람 근본주의자들이 펼치는 반미 선전활동내용을 분석하기도 했으며 또한 국가의 프로퍼갠더가 대중에 대한 일반적인 '설득' 행위와 어떻게 다른지 비교 분석하기도 함. 다음 문헌을 참고. Dower(1986); Parfrey(2001); Jowett and O'Donnell(1999).

로 고안한 의견과 행동의 표현"으로 정의한 바 있듯이(Cantril, 1938, 217)[2] 여러 다양한 수단을 통한 프로퍼갠더 활동은 어떤 형태의 정치집단 혹은 정치체제를 불문하고 중세시대 카톨릭교회 등 주요 정치세력에 의해 꾸준히 수행된, 대중에 대한 설득전략(persuasion strategy)이다(Jowett and O'Donnell 1999, 41). 이러한 맥락에서 본다면 북한의 대내 선전선동과 사상주입, 그리고 대외선전의 프로퍼갠더 활동은 사실상 북한레짐만의 특이사항은 아니다.

대다수의 프로퍼갠더 연구는 매체(media)에 의한 선전활동이 시민들의 여론형성에 미치는 영향의 수준이나 민주주의와 커뮤니케이션 산업 혹은 민주주의와 대중매체(mass media) 간 관계의 성격에 분석의 초점을 두고 있다(Sproule, 1997). 그러나 북한 사회에 대한 이러한 연구가 현실적으로 불가능한 것은 독재국가 북한에서는 여론조사가 부재하고 커뮤니케이션 산업이 독자적으로 운영되지 않으며 미디어 매체의 핵심 기능이 정치사회 현상에 대한 사실과 정보전달 기능보다는 당의 노선에 복무하며 선전선동 활동에 전적으로 몰입되어 있기 때문이다. 즉 북한의 미디어 매체는 당이 독점한 '메가폰'으로서 선군혁명의 총대와 함께 '붓대'의 역할을 감당하고 있다. 그러므로 한국 커뮤니케이션 학계의 대다수 북한 커뮤니케이션에 대한 연구는 북한 미디어 매체를 통해 유통되는 메시지나 정보의 내용분석(content analysis)이나 담론분석(discourse analysis)에 집중되어 있거나(김석향·권혜진, 2006), 관영 미디어 매체의 운영구조 및 종류와 기능, 그리고 이러한 관영매체를 통한 북한 국내

[2] 1937년 설립된 美 프로퍼갠더 분석 연구소(The Institute for Propaganda Analysis)가 제시하고 있는 기본적인 7가지 프로퍼갠더 기법들(매도하기, 미사여구, 전이, 증언, 서민적 이미지, 부화뇌동, 카드 속임수)은 모두 프로퍼갠더의 '내용'에 초점이 맞춰져 있음. http://www.propagandacritic.com/articles/intro.ipa.html(검색일: 2012.12.4).

에서의 정보유통과 확산범위에 초점을 두고 있다(고유환·이주철·홍민, 2012). 그러나 이 글은 북한의 커뮤니케이션 체계를 분석하는 데 있어서 미디어 매체의 담론이나 미디어 매체의 운영실태보다도 북한 국내외의 커뮤니케이션 환경과 조건을 들여다보려고 하며, 특히 북한 커뮤니케이션의 두 이질적인 상이한 커뮤니케이션 네트워크의 작동 메커니즘에 초점을 둔다.

쉘돈 램튼(Sheldon Rampton)이 설명하는 커뮤니케이션의 '선전모델(propaganda model of communication)'과 '민주모델(democratic model of communication)'(Rampton, 2002, 347-353)[3]은 북한의 두 이질적 커뮤니케이션 네트워크 구조와 유사한데, 선전모델은 커뮤니케이션 과정에서 메시지를 전달하는 커뮤니케이터와 이러한 커뮤니케이터가 전달하는 메시지를 받아들여 계몽되는 대상으로서의 표적청중 혹은 목표청중(target audience)을 전제하면서 청중은 비합리적인 반면 커뮤니케이터로서의 정부 관료들은 합리적이라고 간주한다. 하지만 램튼은 정부정책에 반대하는 대중 곧 청중이 감정적이고 비합리적이라는 기존의 가정에 동의하지 않으면서 선전모델과 대비되는 민주모델을 제시하는데, 이러한 민주모델에서 청중은 공공정책 결정과정에 지적으로 의미 있는 참여를 수행할 능력이 있다고 간주된다.

램튼의 이러한 선전모델과 민주모델은 모두 민주국가에서의 커뮤니케이션 과정을 설명하기 위해 제시된 것인데, 북한의 두 종류의 커뮤니케이션 메커니즘, 즉 수직 하향(top-down) 혹은 일방향(one-directional)으로 메시지가 전달되는 북한 당국 주도의 선전 커뮤니

[3] 본래 선전모델은 에드워드 헐먼(Edward Herman)과 노암 촘스키(Noam Chomsky)(1998)가 자본주의 사회의 미디어를 통한 뉴스보도와 선전활동을 설명하기 위한 개념인데 램튼이 이들의 개념을 구체화했다.

케이션과 다방향 혹은 수평적으로 소통되는 민간 부문의 메신저 커뮤니케이션의 작동 방식과 비슷하다. 북한 당국의 직접적인 감독과 통제 하에 작동하는 선전 커뮤니케이션은 북한 주민인 국내 청중과 한국 정부와 한국 시민을 포함해서 북한의 핵과 미사일 개발 혹은 인권문제를 비판, 제재하는 서구 주요 국가들과 국제기구, 민간단체 등을 목표청중으로 삼고 있으며 이들을 계몽하거나 척결해야 할 대상으로 간주한다. 물론 램튼의 선전모델에서는 정부가 이러한 정부 외 행위자들을 극단적인 척결대상으로 간주하지 않으며 이러한 모델은 민주주의 사회의 커뮤니케이션을 설명하는 모델이므로 북한의 커뮤니케이션 환경에 적용하기에는 사회의 커뮤니케이션 메커니즘에 대한 전제가 동일하지는 않다.

한편 당이 인정하는 범위에서의 합법적인 시장 활동 외에 북한 주민들 간에 외부세계에 대한 정보교환이 불법적으로 은밀하게 거래되는 커뮤니케이션 행위는 장마당 상인이나 밀수업자, 무역간부, 탈북자, 탈북 브로커, 꽃제비 등과 같은 다수의 메신저를 통해서 이루어지는데, 이를 필자는 '메신저 커뮤니케이션'의 영역으로 간주하겠다. 메신저 커뮤니케이션은 램튼의 민주모델과 같이 정보의 흐름이 쌍방향적이면서 수평적이다. 그러나 사실상 이러한 메신저 커뮤니케이션은 어떠한 공공이슈나 정책에 대한 결정을 목표로 하는 것이 아닌 재화와 정보의 공급과 수요가 결정되는 시장의 원리에 의해 작동되므로 민주모델보다도 불완전하게나마 시장모델에 더 근접하다. 물론 북한의 장마당에서의 불법적인 정보유통이 자본주의 민주주의 국가에서 작동하는 시장의 작동법칙을 온전히 따른다고 보기는 힘들다.

자본주의 민주주의 국가에서의 커뮤니케이션 방식을 설명하는 이러한 램튼의 모델보다는 네트워크 이론의 핵심 개념들이 결국 이 글에서 필자가 들여다보려 하는 북한 대내외 커뮤니케이션 환경의 작동방식 이해에 유용하다. 네트워크 이론은 행위자의 속성(attributes)보다는 관계성(relations)이 사회적 인과관계를 가장 잘 설명한다고 보는데(Burt, 1982, 106), 선전모델의 커뮤니케이션 네트워크에서 커뮤니케이터라는 중심 노드 혹은 허브(hub)는 네트워크 내에서 중심의 위치를 차지하여 중요한 정보와 메시지를 전달하는 '중앙에 있는 자'로서의 권력을 발휘한다. 이러한 선전 커뮤니케이션 네트워크에서 발신자(sender)로서의 커뮤니케이터는 자신이 주입하려는 메시지만을 청중이 받아들이게 하는 권력을 가지며 수신자로서의 청중으로부터 피드백되는 메시지는 발신자인 커뮤니케이터의 메시지 내용을 변화시키지 못한다. 즉 수신자로부터의 메시지가 발신자를 설득할 수 없거나 피드백 자체가 커뮤니케이터에게 도달되지 않는 것이다. 더군다나 이러한 일방향적 커뮤니케이션 구조에서는 수신자들간의 커뮤니케이션 또한 부재하거나 의미 없는 것으로 커뮤니케이션 네트워크는 <그림 1>에서와 같이 네트워크의 여러 형태 중 단(單)허브의 형태, 즉 중심에 있는 하나의 허브에 방사선 형태로 여러 개의 노드가 연결되어 있는 네트워크의 형태를 취한다.

북한의 경우 발신자인 북한 당국이 전달하는 정보는 마치 메가폰을 통해 다수의 사람들에게 하나의 메시지가 일방적으로 전달되는 것과 같이 북한 주민인 개인청중이나 국외청중에게는 전달되지만 이러한 청중이 북한 당국에 대해 어떤 식으로든 의견을 전달할 채널은 부재하며 설사 전달된다고 해도 북한 주민이나 국외 청중의 의견은 북한 당국 커뮤니케이터의 정책결정에 전혀 영향을 미치지 못한다. 이러한 커뮤니케이션 구조에서는 조선로동당, 선전선동부, 조선중앙방송위원회 등 메시지를 전달하는 발신자가 여럿일 경우에도 발신자간의 위계적인 네트워크만이 존재할 뿐이다.

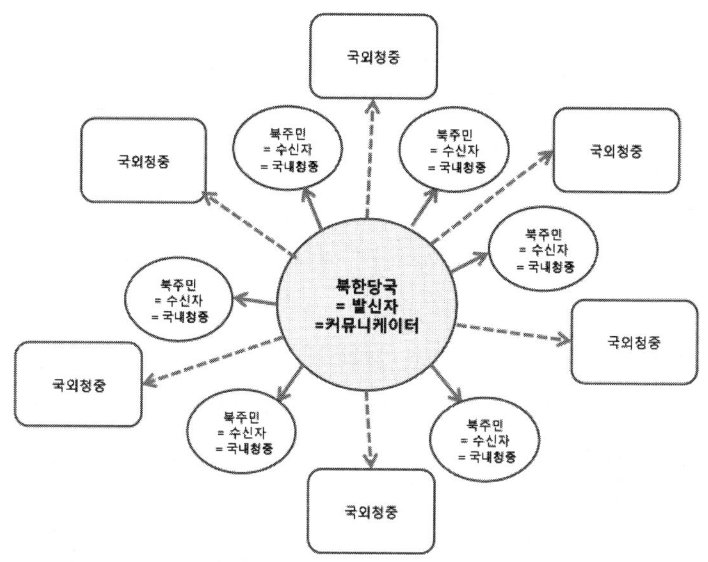

〈그림 1〉 선전 커뮤니케이션 네트워크-북한 당국 중심의 메가폰 커뮤니케이션

한편 선전 커뮤니케이션과는 달리 메신저 커뮤니케이션에서는 중앙에 있는 자가 아닌 '사이에 있는 자'의 역할이 부각된다. 즉 메신저 커뮤니케이션 네트워크에서는 어떤 개인도 커뮤니케이션 과정에 참여할 수 있는데, 네트워크상에서 모든 행위자가 같은 위치에 있는 것은 아니므로 매개자 혹은 중개자(broker)가 정보나 메시지 유통에서 핵심적인 역할을 감당한다. 로저 굴드(Roger V. Gould)는 중개자가 항상 권력을 갖지 않으며 오히려 중개자가 자신의 위치 권력을 실질적 권력으로 전유하려고 시도하는 순간 중개자의 중개자로서의 영향력은 사라지고 권력 획득의 시도는 좌절된다는 딜레마를 제시한 바 있다(Gould, 1989, 531-552). 북한 장마당에서 외부정보를 유통시키는 북·중무역 상인, 밀수업자, 무역 간부들이 바로 그러한 중개자이다. 이들이 은폐된 방식으로 거래, 판매하는 외부정보는 북한 당국의 엄격한 감시 하에 놓여있으므로 이들은 시장거래의 이윤축적을 통해 자신들의 가시적인 정치권력을 도모하기 힘들며, 바로 그러한 정치적 제약으로 인해 상인들의 중개자로서의 역할은 더욱 강화되고 있다. 또한 탈북 시도를 돕고 탈북자와 북한 내 가족·친척들 간 연결고리 역할을 하면서 북한과 중국을 드나드는 탈북 브로커들이나 중국 등지에서 비밀리에 활동하는 북한인권 단체들도 일종의 메신저들로서 북한의 초국가 행위자 중심의 메신저 커뮤니케이션 부문을 구성하는 주요 행위자들이다.

이 글이 제시하는 메신저 커뮤니케이션 네트워크는 다(多)허브형 네트워크와 탈(脫)허브형 네트워크의 중간 형태를 띤다고 볼 수 있다. 다허브형 네트워크 모델에서는 여러 비슷한 규모의 허브들이 하위의 위성 노드군을 거느리는데 각 노드는 자신이 속한 허브를 가로질러 다른 허브가 거느리는 노드군과 직접적인 연결을 시도하기 힘들다. 그러나 탈허브형 네트워크는 네트워크의 모든 노드가 직접 다른 노드군과 연결될 수 있고 양방향 커뮤니케이션이 가능하다. 북한의 메신저 커뮤니케이션 네트워크에서 중개상이나 탈북 브로커들은 그들이 제공하는 물품과 정보를 획득하려는 일련의 북한 주민 노드군을 거느린다고 볼 수 있고 북한 주민들 또한 여러 다른 중개상이나 브로커들과 직접적으로 연결을 시도할 수 있다. 그러나 추측건대 북한 당국의 외부정보 유통망에 대한 감시와 제재로 인해 북한 주민들은 다른 중개자와의 연결 시도가 쉽지만은 않을 것이다. 또한 북한 주민들끼리도 당국에 대한 다른 주민들의 고발위험에 항시로 노출되어 있고 서로 의심하고 경계하므로 이러한 커뮤니케이션 네트워크는 다허브형과 탈허브형의 중간 형태로 작동한다고 볼 수 있다.

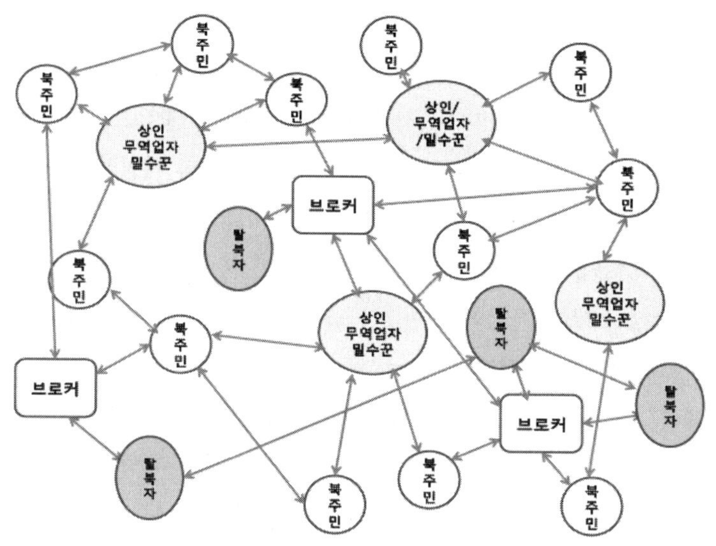

〈그림 2〉 메신저 커뮤니케이션 네트워크 – 초국가 행위자 중심의 커뮤니케이션

이러한 중간형태의 네트워크에서 발신자인 상인, 밀수꾼, 무역업자들과 수신자들인 북한 주민 간의 커뮤니케이션은 쌍방향적이며 위성 노드들간 그리고 각 허브들 간의 관계도 쌍방향적이다. 단 메신저 커뮤니케이션 네트워크에서 탈북 브로커들 간에 그리고 이들 브로커들과 상인들 간에 어떤 형태의 교류가 실제적으로 형성되어 있는지는 이들에 대한 인터뷰 조사가 수행되지 않는 한 사실상 경험적으로 증명하기는 쉽지 않다. 이 글에서는 이들의 네트워크 관계는 논외로 하지만 <그림 2>에서는 이들 간에도 링크가 형성되어 있다고 간주한다. 또한 각각의 개인 탈북자들은 탈북 브로커들을 통해서 북한 내에 거주하는 가족, 친척들과 연결된다. <그림 2>는 이러한 초국가 행위자 중심의 메신저 커뮤니케이션 네트워크를 가상적으로 도식화한 것으로 <그림 1>의 메가폰 커뮤니케이션 네트워크와는 달리 열린 네트워크 구조를 갖는다.

요컨대 북한 커뮤니케이션 네트워크 구조는 각각의 행위자 노드 차원에서의 이질적이고 차별화된 상호작용으로 인해 상당히 불안정한 형태를 띨 수밖에 없다. 특히 메신저 커뮤니케이션 네트워크에서의 행위자들 간 커뮤니케이션 패턴은 당국의 감시와 처벌강도 혹은 북한의 경제적 여건에 따라서 불규칙적 혹은 불연속적인 양상을 보이면서 네트워크 전체의 형태 또한 계속 변화하는 과정 중에 놓이게 될 가능성이 크다. 초국가 메신저 노드들 간의 커뮤니케이션 행위를 추적할 수 없는 현실적인 연구 한계로 인해 네트워크의 전체 구조를 실제적으로 그려낸다는 것은 거의 불가능에 가깝다. 하지만 그럼에도 불구하고 적어도 두 이질적인 북한 커뮤니케이션 네트워크 속에서 행위자들이 펼치는 커뮤니케이션 패턴을 이론적으로 개념화하고 가상의 얼개를 그려내는 작업은 앞으로 북한 사회가 어떤 방향으로 움직일 것인지를 예측하는 데 있어서 일련의 단서들을 제공하는 의미를 가질 것이다.

Ⅲ. 북한정권의 선전 커뮤니케이션 네트워크

북한정권은 외부정보의 국내유입과 내부정보의 국외유출 모두를 강력하게 차단하고 있으므로 북한의 커뮤니케이션 네트워크는 지구적 커뮤니케이션 네트워크로부터 링크가 끊긴, 고립된 폐쇄형 네트워크이다. 1994년 김일성 주석 사망 당시 그의 사망 원인을 두고 권력암투로 인한 암살설 혹은 심장발작 방치설 등 갖가지 소문이 난무했었고 2011년 12월 김정일 위원장의 사망 사실도 외부 세계뿐만 아니라 북한 내부에서도 비교적 긴 시간을 두고 알려지지 않았던 사실은 북한 커뮤니케이션 환경의 폐쇄성을 극명하게 드러냈다. 이렇게 정보의 유통과 확산이 극단적으로 통제되는 것은 북한 커뮤니케이션의 전 과정이 유기적으로 관리·감독되는 시스템을 필요로 하는데, 조선로동당과 중앙위원회 비서국 산하의 선전선동부와 통일선전부가 중앙 허브로서 북한의 선전 커뮤니케이션 네트워크를 일괄적으로 관장하고 있다.

북한의 선전 커뮤니케이션은 표면으로는 내각 문화성 산하 기구인 조선중앙방송위원회가 관장하고 있는 것처럼 보일수도 있지만 사실상 그 운영은 내각과 조선로동당에 의해 이원화되어 있다. 조선중앙방송위원회가 북한의 텔레비전과 라디오 방송선전사업을 총괄적으로 관리하지만 방송의 내용과 편성 업무, 방송위원회 위원장 등을 선발하는 인사권을 선전선동부와 통일전선부가 지시·통제하고 있으므로 사실상 방송요원 모두가 당원 및 국가 관리 하에 놓여 있다(정영태 외, 2011). 이러한 커뮤니케이션 구조는 독립성을 갖지 못하는 하부 노드들이 위계적인 형태로 조선로동당이라는 하나의 중앙 허브에 연결되어 있는 형태를 띤다. 즉 정보전달과 의사결정 시스템이 일방향적인 것으로, 조선로동당의 일률적인 지시와 통제, 감독에 의해서 주요 정치기관들과 매체기관들이 메시지를 발신한다. 그러므로 전체 커뮤니케이션 네트워크가 하나의 위계조직이면서도 동시에 단일한 하나의 행위자인 것처럼 작동하는 것이다.

이렇게 철저한 당의 통제 가운데 북한의 모든 언론매체가 체제선전, 사상주입, 사회동원, 대외선전 및 외교수단으로 복무하기 때문에 이 글에서는 북한 당국 중심의 커뮤니케이션을 대내·대남·대외선전을 위한 선전 커뮤니케이션으로 통칭한다. 북한 당국은 언론매체의 선전선동 기능의 효과를 높이 평가하지만 실제로 선전 커뮤니케이션이 그러한 기능을 제대로 발휘하고 있는지는 매우 의심스럽다. 예를 들어, 북한의 국가 텔레비전 방송 중에서 오직 1963년 개국한 '조선중앙TV'만이 유일한 전국 방송망을 갖추고 전국 주민을 대상으로 방영되고 있으나 북한의 열악한 경제 수준과 전력난으로 인해 북한 주민들의 수상기 보급률과 시청률은 저조하므로 정작 북한 주민들이 이러한 텔레비전 매체를 통해 주요한 정보를 획득하고 있다고 보기 힘들다. 이 외에, '만수대TV'는 평양 시민과 외국인을 대상으로 하고 '개성TV'는 대남전용 방송으로 남한과 같은 방식의 전파를 송출했으나 현재는 중단된 상태이다(황성진 외, 2009).

신문은 북한정권의 언론 매체 중에서 가장 대중적인 역할을 감당해 왔는데 이 중에서도 '로동신문'은 북한의 모든 언론의 논조와 성격을 좌우하는 척도로서의 역할과 위상을 점한다. 그러나 한때 발행부수가 50만 부 이상이었던 로동신문도 1990년대 경제난 이후 용지 생산능력을 감당할 수 없어서 현재는 30만 부 이하로 발행된다고 한다.[4] 북한에서는 신문 구독 자체가 특권층의 상징으로 로동신문 자체가 로동당 기관지이므로 당 간부들이 구독한다. 즉 부수가 어느 수준이건 간에 북한에서 신문은 당에서 지정해 준 일정한 직책을 가진 간부만이 구독할 수 있다. 간부보다 더 위의 계급인 특권계층만이 구독할 수 있는 신문인 '참고신문'은 로동신문과 달리 해외에서 일어나고 있는 사실을 보도하고 있으나 이러한 보도라고 할지라도 진실 여부와 객관성은 의심된다.[5] 라디오 방송의 경우 조선중앙방송을 제외한 모든 방송이 주로 대남·대외 선전에 역점을 두고 있는데, 대남·대외 방송의 경우 9개 언어로 28개 주파수를 통해 방송되지만 대내 라디오 방송은 주로 전국적인 유선방송 위주로 실시되고 있다(박우용, 2004). 이러한 유선방송 사업은 방송기술의 후진성과 라디오 수신기의 부족을 보완하기 위해 1961년부터 집단 청취의 형태로 운영되었고 1995년 99.4%의 보급률을 달성한 바 있다. 집단 청취의 형태란 공장, 기업소, 협동농장의 유선방송실을 통해 각 가정에 설치된 스피커를 통해 유선 중계하는 방식으로 주로 조선중앙방송과 평양방송을 녹음한 것이어서 방송내용이 효율적으로 통제되고 있다(강현두 외, 1989; 김학천 외, 2007).

인터넷 매체의 경우 북한은 1997년 초 최초의 웹사이트 조선중앙통신(kcna.co.jp)을 개설하고 2000년부터는 중국 북경을 경유하

4 http://blog.donga.com/nambukstory/archives/8849(검색일: 2012.9.1).

5 http://www.fnkradio.com/board.php?board=fnkradiob112&command=body&no=6648(검색일: 2012.9.1).

여 내부 인트라넷을 국제인터넷 망에 연결하는 방식으로 해외접속을 시작했다(박상주, 2008). 북한은 2007년 9월 국제인터넷주소관리기구(ICANN)로부터 국가도메인 'kp'운영을 승인 받았으며, 2010년에는 조선중앙통신 웹사이트 서비스를 북한 내에서 제공했고 이어 2011년 2월 로동신문의 웹사이트도 개통한 바 있다. 미국 '자유아시아방송(Radio Free Asia)'에 따르면 IP 추적결과 북한에서 미국 통신회사를 통해 외국 인터넷에 접속한 정황이 포착되었으며(The Korea Herald 2011/08/22), NK지식인연대는 이전에 해외에 서버를 두고 운영했던 '김일성종합대학'과 '조국평화통일위원회'의 대외 인터넷 선전매체인 '우리민족끼리' 웹사이트를 북한 내부서버로 이전하고 있다고 전한 바 있다(NK지식인연대, 2010). 이렇게 북한이 중국을 경유하지 않는 북한 내 인터넷 사이트를 개설했지만 북한의 전력난과 저조한 컴퓨터 보급률을 고려할 때 북한의 인터넷은 북한 주민을 대상으로 했다기보다 대남·대외 선전에 초점을 둔 것으로 관측된다.

북한은 2012년 12월 12일 광명성 3호를 탑재한 장거리 로켓 은하 3호 발사를 성공시키고 이를 자축하듯 '우리민족끼리'가 제작한 '은하 9호를 타고'라는 동영상을 2013년 2월 2일 유튜브에 게재했다. 이 동영상에는 북한의 공격으로 미국 뉴욕이 잿더미가 되는 장면이 삽입되어 있었는데 2월 5일 유튜브 측에서 저작권 침해의 이유로 삭제했다. 또한 북한은 2013년 2월 12일 제3차 핵실험을 감행한 뒤 이어 3월 18일 미국 백악관과 의회에 미사일 조준공격을 가하는 장면을 담은 동영상을 또 한 차례 유튜브에 게재했다. 이렇게 북한은 핵실험과 미사일 발사 등 일련의 도발행위를 벌이는 중에도 이러한 도발이 누구를 향한 것인지 국제청중에게 알리고자 했다. 전 세계가 아닌 오직 미국에 대한 적개심을 반복적으로 표현하고 있는 북한은

6자회담이 긴 기간 동안 진행되었지만 결국 자신들의 요구가 받아들여지지 않자 북한의 존망에 대한 최종적인 결정권을 쥐고 있다고 여겨지는 미국을 대외 선전 커뮤니케이션의 목표청중으로 삼고 '미국과의 직접협상이 아니면 한반도 안보불안은 해결될 수 없다'는 일관된 메시지를 지속적으로 전달하고 있는 것이다.

한편 북한은 위와 같은 미디어 매체뿐만 아니라 수령의 절대권력과 업적을 찬양하는 문화 체육대회나 행군 등 전 주민이 총 동원된 행사 등을 통해서도 주민들의 체제에 대한 충성심을 고취하고 있다. 그러나 이러한 모든 선전 커뮤니케이션은 하향식 선전선동, 조직동원, 사상교육을 위한 국가적 차원의 메시지 주입을 목표로 할 뿐이다. 북한에서는 여론조사가 부재하며 주민들의 정치적 의견을 표출할 통로가 차단되어 있으므로 발신자와 수신자간에 어떠한 피드백도 오갈 수 없다. 마찬가지로, 북한이 대남·대외 선전 차원에서 한국과 국제청중에 대해 방송을 하고 인터넷에 동영상을 게재한다고 해도 북한정권의 외부 메시지의 국내유입 차단으로 인해 북한의 선전효과를 북한 당국 스스로도 파악할 수 없다. 게다가 한국에서는 북한 방송이나 북한 인터넷에 접근하는 것이 법적으로 금지되어 있고 그러한 접근 자체가 국가정보원과 경찰청의 요청에 의해 2004년부터 기술적으로 차단되어 있다. 북한이 개설한 북한 웹사이트들도 북한 내부에서만 접속이 가능한 내부 통신망이므로 남북 네티즌들의 인터넷 소통은 불가능하다. 다만 최근 한국 네티즌들이 프록시(proxy) 기능을 제공하는 우회접속 프로그램을 통해 북한의 대외선전 웹사이트 '우리민족끼리'에 접속하여 북한 지도자를 비난하는 글을 게시하고 관련 트위터를 해킹했던 일이 발생하는 등 한국 내에서 북한 사이트로의 접속이 기술적으로 완전히 불가하지는 않다(위키트리, 2012.8.4).

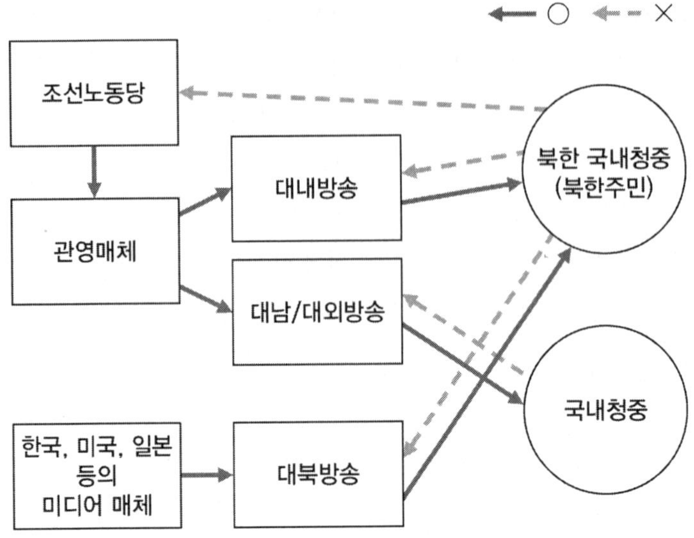

〈그림 3〉 북한의 선전 커뮤니케이션 구조와 메시지 전달의 흐름

한국 정부가 북한 주민을 향해 송출하는 대북방송은 공개적인 형태로 민주주의 체제선전과 심리전의 목적으로 이루어지고 있고 북한 주민이 실제로 이러한 방송을 청취한 사례가 탈북자 인터뷰를 통해서 다수 확인되므로 이러한 대북방송도 북한의 한국 시민을 향한 대남방송과 같이 북한 커뮤니케이션의 한 영역으로 볼 수 있다. 한국의 대북방송은 'KBS 한민족방송'과 국방부 산하 국군심리전단의 '자유의 소리(Voice of Freedom)'가 있는데, 북·중 접경지역에서는 북한의 일반 텔레비전을 통해서도 남한 방송이 수신된다는 탈북자의 증언이 있다(성숙희, 2005; 이주철, 2007; 2011). 사실상 남북한 간에는 상대 측 청중에 대한 심리전을 여러 수단을 통해서 수행했고, 북한 당국이 가장 예민하게 반응하는 것 중 하나가 한국의 심리전임은 최근 2014년 10월 한국의 민간단체가 살포하는 대북전단이 담긴 풍선에 북한이 기관총 사격을 가한 일에서 극명하게 드러

난 바 있다. 과거에도 2004년 6월 3일~4일 2차 남북 장성급 회담에서 서해상 무력충돌을 방지하기 위한 방안을 논의하는 중 북한 측에서 군사분계선 일대 한국이 설치한 전광판과 확성기 등 선전도구를 철거해 주기를 요구했던 것도 그러한 예이다. 한국은 북한의 요구를 수용하여 "한반도 군사적 긴장을 완화하고 군대 사이의 불신과 오해를 없애기 위해 군사분계선 지역 선전활동을 중지하고 선전수단을 제거한다"는 합의문을 발표하고[6] 2004년 6월 14일 휴전선 일대 94곳에 설치한 대북 확성기를 포함한 모든 선전도구를 일제히 철거한 바 있다. 그러나 2010년 한국 정부가 천안함 사건의 배후를 북한으로 지목함에 따라 한국 정부는 2010년 5월 24일 대북심리전 라디오 방송인 '자유의 소리'를 6년 만에 재개했으며, 11월 연평도 포격 이후에는 2000년 1차 남북정상회담 이후 중단되었던 한국군의 대북 전단 살포도 다시 시작되어 민간단체의 전단살포도 허용되었다.

오랫동안 사회통제 기제로서 고발·보고체계가 정형화된 북한사회에서 주민들은 본인의 신변안전을 위해 외부정보에 대한 개인의 정치적 의견을 공개적으로 표출하기가 쉽지 않다. 탈북자 인터뷰를 통해서 보고된 바, 미국인이나 일본인과 몰래 접촉한 사실이 발각되면 목숨은 유지할 수 있으나 남한 사람과의 접촉이 적발될 시에는 체제 전복을 시도한 것으로 취급된다고 한다(송현욱, 2011). 요컨대 노엘 노이만(Noelle-Neumann)의 '침묵의 나선' 메커니즘(spiral of silence)(Noelle-Neumann, 1974, 43-51)이 완벽하게 작동되고 있는 것이 북한 내부의 커뮤니케이션 환경이다. 노이만은 한 사회의

6 남북회담본부, "서해해상에서 우발적 충돌 방지와 군사분계선 지역에서의 선전활동 중지 및 선전수단 제거에 관한 합의서"(제2차 남북장성급군사회담, 2004년 6월 4일, 속초-켕신턴스타호텔). http://dialogue.unikorea.go.kr/agreement/comment/40 (검색일: 2012.12.1).

여론을 설명하는 데 있어서 개인은 사회의 다른 구성원으로부터의 거절이나 사회로부터의 고립을 두려워하는데, 바로 이러한 이유로 개인은 다른 사람들의 행위를 살핌으로써 어떤 종류의 의견과 행위가 인정되거나 거부되는지를 관찰한다고 했다. 그러한 관찰의 결과로 개인은 논란거리나 도덕적 논쟁이슈에 대해 자신의 의견이 사회적으로 소수의 것으로 여겨질 때 자신의 의사를 표출하기보다 침묵하는 경향을 보인다는 것이다. 정치사회 현상에 대한 개인의견 표출에 있어서 다른 사회 구성원의 평가에 극도로 민감한 북한 사회에서 북한정권의 공식 메시지나 외부정보에 대해 발신자와 수신자간에 일어날 수 있는 공개적인 상호작용이나 피드백은 북한의 폐쇄된 선전 커뮤니케이션 환경에서는 불가능하다. 이러한 일방향적 선전 커뮤니케이션 구조는 <그림 3>에서처럼 도식화될 수 있다.

Ⅳ. 초국가 행위자들과 메신저 커뮤니케이션 네트워크

북한 당국이 북한 내부정보의 외부유출과 외부정보의 국내유입을 철저히 차단한 결과는 역설적이게도 초국가 행위자들(transnational actors)의 비밀스런 정보활동을 통한 북한의 폐쇄된 커뮤니케이션 네트워크의 '불완전한 열림'이다. 북한을 이탈한 탈북자들과 국경을 넘나들며 상업 및 무역 활동을 벌이는 조선족이나 화교, 중국 상인, 불법 밀수업자들, 그리고 탈북기획 브로커들은 북한 내부의 정보를 국제무대로 퍼 나르거나 국외정보를 북한 내부로 유통시키는 일종의 비공식적 정보원(information source)이자 메신저(messenger)의 역할을 담당하고 있다. 결과적으로 이들을 통해서 국제사회는 북한내부 사정에 대해, 그리고 북한 주민들은 외부 세계에 대한 불완전하고 단편적인 정보를 수집하는 것으로, 북한 주민과 국제사회 양측 모두 상당히 비효율적인 방법과 간접적인 우회 대안채널을 통해 서로의 실상을 알아가는 것이다.

2011년 말 한국언론학회가 발표한 연구보고서 『북한의 사회적 커뮤니케이션 구조와 미디어』는 이러한 비공식 커뮤니케이션 채널의 급부상 현상에 주목하고 있는데, 이 보고서는 그러한 현상의 배경으로 북한의 1990년대 이후 지속된 경제난과 국가배급제 붕괴로 인해 산발적으로 생겨난 시장 활동과 북한 주민의 대인간 비공식 커뮤니케이션 채널의 활성화를 지목했다. 이 보고서는 이러한 비공식적인 대인간 장마당 커뮤니케이션을 통해 외부정보 콘텐츠가 북한 주민들 간에 유통되면서 북한 사회계층의 정치적 경직성에도 균열이 나타나고 있음을 지적했다(이호규·곽정래, 2011). 마찬가지로 2012년에 발표된 美 국무부 지원 컨설팅업체 '인터미디어(Inter-Media)'의 보고서, 『조용한 개방: 변화하는 미디어 환경에서의 북한 주민들(A Quiet Opening: North Koreans in a Changing Media Environment)』에서 저자들은 북한의 비공식 커뮤니케이션 네트워크가 북한 사회변혁의 기제로서 어떤 역할을 감당할 것인지 심층적인 탈북자 인터뷰를 통해서 논의했다(Kretchun and Kim, 2012). 이밖에도 '미국의 소리(Voice of America)'는 2000년대 이후 탈북자 수가 급격히 늘어난 이유로 북한 주민의 외부정보 접촉을 지적했다(Voice of America, 2010.11.1). 이러한 사실들은 북한 당국이 대내외 정책을 추진하는 과정에서 국내외 청중의 눈과 귀를 완전히 의식하지 않을 수 없는 새로운 커뮤니케이션 환경에 놓여 있음을 암시한다.

김화순은 2005년 이후 한국에 정착한 탈북자 197명을 인터뷰한 결과 응답자의 83%가 북한 체류 시 한국의 영화나 드라마를 접한 경험이 있음을 보고했고(김화순, 2011), 강동완·박정란과 진행남은 이러한 북한 내 한류가 중국의 한류에서 비롯됨을 탈북자와 조선족 면접을 통해서 보고했다. 중국 연지, 단둥, 선양 등 조선족 거주 지역의 PC방들은 미리 녹화한 한국방송을 고객들이 시청할 수 있도록 컴퓨터에 상영하고 있으며, 이러한 경로를 통해서 녹화된 한국방송이 CD, DVD로 제작되고 이것이 북한 밀수업자나 심지어 북한의 무역업 간부에 의해서 북한 주민에 판매되고 있다는 것이다(강동완·박정란, 2011; 진행남, 2011). '자유아시아방송'은 심각한 북한의 경제난으로 인해 어린이 꽃제비뿐만 아니라 일정한 거주지 없이 북한 전역을 돌아다니며 구걸활동을 하는 어른 꽃제비들의 메신저 활동을 보도했는데, 이들 어른 꽃제비들은 상인이나 밀수업자와 같이 각 지방에서 다양한 소식을 접하고 이를 입소문을 통해 여러 지역에 퍼뜨리고 다니면서 여론몰이 역할까지도 한다는 것이다(자유아시아방송, 2012.10.1).

북한 내부 실상에 대해서 가장 직접적인 증언을 제공하고 있는 탈북자들뿐만 아니라 이들과 지속적으로 연락체계를 유지하며 탈북을 돕는 브로커나 민간 인권단체 활동가들은 북한 내부와 북한 외부 양쪽의 커뮤니케이션 링크를 유지하므로 이들은 결과적으로 북한 안팎의 세계를 연결하는 역할을 감당한다. 심지어 한국에 성공적으로 정착한 탈북자들은 북한에 남아 있는 가족과 친척들에게 브로커를 통해 자금을 전달하는 등 경제적 지원을 제공하고 있으며, 그 결과 한국에 거주하는 탈북 가족으로부터 송금 받은 북한 가족이나 친척들은 남한이 경제적으로 부유한 것을 간접적으로 알게 된다. 이렇게 초국가 메신저들이 북한 사회 내부에 대한 실상을 외부 세계로 자연스럽게 유출시키는 역할을 하게 되면서 북한 당국은 최근 들어 탈북자들에 대한 탄압정책을 더욱 강화하고 있는 실정이다(Voice of America, 2012.10.3)

결과적으로 북한의 커뮤니케이션 네트워크는 <그림 4>에서 보듯이 완전하게 닫혀 있는 네트워크가 아닌, 네트워크의 주변부(boundary)에 표면적으로는 드러나지 않는 수많은 정보유입과 유출의 구멍이 있는, '불완전하게 닫힌' 혹은 '열린' 커뮤니케이션 네트워크이다. 즉 북한의 커뮤니케이션 네트워크는 외부 세계와 북한 내부를 연결하는 수많은 매개자들이 퍼뜨리는 정보로 인해서 비공식적으로는 열려 있는 것이다. 이와 같이 북한을 넘나드는 정보와 메시지의 유입과 유출의 초국적 경로와 층위를 북한 커뮤니케이션의 대상으로 삼게 되면 북한 커뮤니케이션 네트워크에서의 행위자들인 메시지 발신자와 수신자는 북한정권과 주민, 그리고 국제청중까지 확대된다. 요컨대, 역동적인 시스템으로서의 북한 커뮤니케이션 환경이 형성되는 것이다. 메신저 커뮤니케이션 네트워크의 등장은 북한 커뮤니케이션 네트워크의 외연을 확장시켰고 그만큼 북한 커뮤니케이션 네트워크에서 활동하는 행위자들의 수와 종류가 증가하여 커뮤니케이션 네트워크가 더욱 복잡하고 예측하기 힘든 방향으로 작동하는 결과를 가져온 것이다. 역설적이게도 네트워크 이론의 시각으로 보았을 때 북한 사회는 사실상 열려 있는 셈이다.

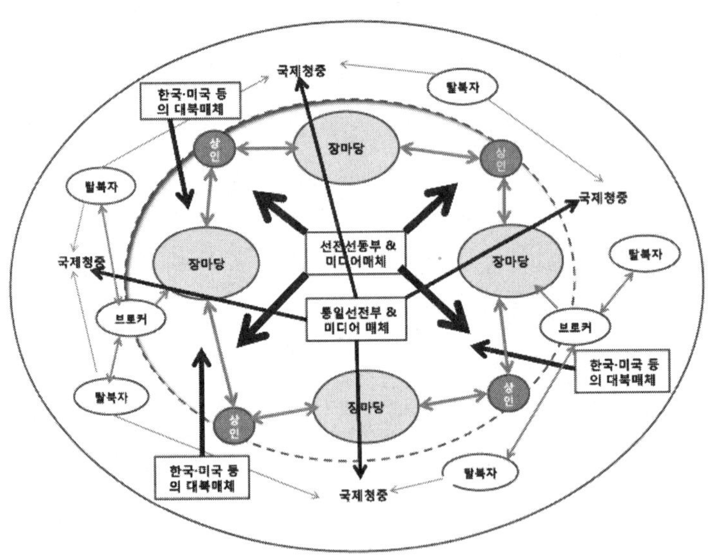

〈그림 4〉 불완전하게 닫힌 북한의 커뮤니케이션 네트워크와 메시지 전달의 흐름

서서히 진행되고 있는 북한 커뮤니케이션 환경의 변화가 북한 주민의 정권에 대한 태도에 어떤 영향력을 끼칠 것인지에 대한 북한 전문가들의 폭발적인 관심은 최근 중동에서의 재스민 혁명이 과연 북한에서도 가능할지에 대한 질문과 관련된다. 즉 정보기술(IT)이나 커뮤니케이션의 변수가 북한 주민의 정치·사회적 태도와 행위에 어느 정도의 수준에서 어떤 방향으로 영향을 끼칠 것인지에 대한 질문이다. 하지만, 탈북 동기가 개인마다 다양한 만큼, 정보변수 또한 서로 상이한 경제수준 혹은 계급수준의 북한 주민에게 똑같은 수준의 영향을 주면서 이들의 태도변화를 일으킨다고 보기는 힘들다. 실제로 탈북자 면접을 이용한 대부분의 연구들은 북한 사회 전체를 대변할 수 없는 극히 제한된 집단인 탈북자 그룹을 대상으로 삼고 있으므로 북한 사회의 실상을 파악하기에는 경험적 증거제시에 한계가 있다(Haggard and Noland, 2009; 2010; 강동완·박정란, 2011; Kretchun and Kim, 2012). 정보와 커뮤니케이션의 변수가 탈북동기를 증가시킬 수는 있어도 중동에서의 재스민 혁명처럼 북한 주민의 혁명적 민주화 요구로 이어질 것이라는 식의 예측은 매우 과장되고 순진한 발상이다. 민주화 과정은 단선적인 과정이 아니므로 몇몇 개의 모델이나 사례로써 일반화하기에는 각 국가의 국내정치 맥락은 지극히 복잡하다. 더군다나 가장 중요한 변수인 북한 권력층 내부에 대한 정보가 절대적으로 결여된 상황에서 북한 사회의 변화에 대한 예측을 도출해내기는 쉽지 않다.

극심한 경제난과 식량부족으로 정권에 대한 주민의 불만족이 만연되어 있음은 탈북자 인터뷰를 통해서 확인되고 있지만, 그럼에도 불구하고 정권에 대해서 집단적인 수준에서 본격적으로 저항하지 않는 북한 주민의 수동성 또한 쉽게 해석되지는 않는다. 많은 학자들은 북한 주민의 비행위(inaction) 혹은 비저항의 이유에 대해서 북한의 철저한 감시체제와 함께 북한 주민이 서로 소통을 할 수 있는 소셜미디어 등의 부재를 이유로 꼽기도 한다. 또한 정치적 사태에 이르기까지 저항의 빈도수가 아직 임계치(critical mass)에 이르지 않았기 때문에 대대적인 움직임이 일어나지 않는다고 설명할 수도 있을 것이다. 그러나 목숨을 걸고 정권에 대해 산발적이거나 집단적 저항행위를 벌인 세계 곳곳의 시민들의 행위가 반드시 소셜미디어와 같은 커뮤니케이션 수단에 의해서만 유발되지 않았다는 사실을 고려할 때, 북한 주민의 비저항은 북한정권의 강압적인 사회통제 기제와 정치적 억압만으로는 설명되지는 않는 부분이 있다.

필자는 집단적인 가시적 수준에서의 북한 주민의 비행위 원인을 북한 주민에게 가용한 '탈북'이라는 대안적인 선택지에서 찾는다. 즉 북한 체제에 대한 목숨을 건 정치적 저항이라는 선택지 외에도 북한 주민에게는 '탈북'이라는 체제이탈 행위로의 선택 혹은 대안적 해결책이 존재한다. 개인의 비용지불 면에서 '탈북'은 목숨을 건 제체 저항이기는 하지만 체제에 대한 반격보다는 값싼(cost-effective), 합리적 행위이다. 이를테면, 알버트 허쉬만(Albert O. Hirshman)의 유명한 프레임인 '퇴장, 목소리내기, 충성(Exit, Voice, and Loyalty)'의 선택지(Hirschman, 1970) 중 북한 주민들은 직접적인 저항인 'Voice'와 체제 순응인 'Loyalty'보다는 수동적 저항인 'Exit'을 선택하고 있는 것이다. 북한 주민들은 여러 경로를 통해서 한국 정부가 탈북 주민을 조건 없이 수용하고 정착 비용을 제공한다는 것을 알고 있다. 그러므로 탈북행위는 성공할 수도 있고 실패해서 북한으로 재송환 될 수도 있지만 체제 저항보다는 분명 덜 위험한 선택지이다. 허쉬만도 지적하듯이 목소리내기 선택지가 효과 있기 위해서는 종종 집단행동이 필요하고 그만큼의 노력과 시간이 필요하므로 무임승차(free-riding)문제가 있다고 했다. 반면 퇴장의 선택지는 타인과의 조율이 필요하지 않은 사적인(private) 선택이므로 목소리내기라는 공적인(public) 대안의 선택이 채택되고 발전되는데 방해가 될 수도 있다(Hirschman, 1993).

체제저항은 실패할 경우 처형을 당하거나 가족이 몰살당할 수 있고, 수용소에서 노동과 기아로 생명을 잃을 수도 있는 선택지이다. 이렇게 본다면 소셜미디어나 이동통신 매체의 단순 확산 자체로는 '체제변화' 요구에 대한 유인보다는 '체제이탈'에 대한 요구가 점증할 것을 예상할 수 있으며, 이러한 통신수단의 보급·확대는 북한 주민에게 있어서는 신변의 안전을 도모하는 수단으로 사용될 가능성이 높아 보인다. 피터 네스빗(Peter Nesbitt)은 북한 당국의 이동통신사업에 대한 투자와 관련한 북한 사회의 변혁 가능성에 대해 회의적인데, 즉 이동통신 서비스의 북한 내 확대공급은 북한 사회에서 아래로부터의 변혁이 일어나기보다는 오히려 핸드폰의 보급으로 당국의 사회에 대한 감시와 통제 메커니즘과 이에 대한 관리가 더욱 용이해지고 강화될 것이라고 전망했다(Newbitt, 2011).

하지만 허쉬만이 자신의 오래된 프레임을 1989년의 독일의 정치적 상황에 재적용하면서 이전의 그의 주장인 퇴장과 목소리내기가 서로 조화를 이룰 수 없다는 입장을 철회하고 오히려 퇴장의 선택이 목소리내기와 공조할 수 있고, 목소리내기가 퇴장으로부터 발생될 수 있으며, 또한 퇴장이 목소리내기를 한층 강화시킬 수 있다고 언급한 것을(exit can cooperate with voice, voice can emerge from exit, and exit can reinforce voice) (Hirschman, 1993) 상기해 볼 때 북한의 경우도 지속되는 체제이탈이 결국에는 체제변화에 대한 압력으로 발전될 가능성을 배제할 수 없다. 다시 말해서 북한 정권은 이질적인 커뮤니케이션 작동의 지속과 체제이탈이 체제저항을 불러올 수 있는 매우 빈삼한 커뮤니케이션 환경의 변화 가운데 놓여 있고, 그러므로 선제적으로 두 개의 서로 다른 커뮤니케이션 네트워크를 적절한 수준에서 관리해 나가는 전략을 펴게 될 것이다. 그것은 북한정권이 북한 주민들의 외부정보 접촉과 국제사회의 북한 내부에 대한 정보획득을 단순히 억압적으로 응징하고 차단하는 전략 혹은 두 개의 커뮤니케이션 네트워크가 서로 연결되지 않게 하는 노력에만 초점을 두는 전략을 넘어서 오히려 수평적인 메신저 커뮤니케이션 네트워크의 행위자들이 정권의 정책에 수긍하고 동조하게끔 북한 국내 청중과 국외 청중을 동시에 교란시키거나 심지어 이들에게 당국의 진정성을 호소하는 전략으로도 나아갈 수도 있음을 시사한다.

V. 북한정권의 국제청중 호소전략: 폭로전략, 자기손실 위장전략, 자가입증 전략

북한은 2012년 북한 최대 국영 보도기관인 '조선중앙통신'을 통해서 4월 13일 100돌 태양절을 기념하고 강성대국의 문을 여는 축포로서 발사한 광명성 3호가 발사 2분 만에 폭발한 데 대해 이례적으로 실패를 공식 인정한 바 있다(조선중앙통신, 2012.5.10). 북한 당국이 지난 2009년 광명성 2호의 궤도진입 실패를 '성공'으로 왜곡 발표했던 것과 비교할 때 보도매체를 통한 이러한 공식적인 실패 인정은 세계 미디어 매체의 주목을 받았다. 또한 2012년 유엔의 '임의적 구금에 관한 실무그룹(Working Group on Arbitrary Detention: WGAD)'이 북한에 대해 '통영의 딸' 신숙자 씨 모녀 생사를 질의한 데 대해 북한은 신씨 죽음에 대한 공식 서한을 유엔에 전달했는데(2012.4.27), 최근의 이러한 사례는 북한이 자발적으로 당국에 불리해 보이는 사실을 미디어 매체나 국제기구를 통해 공개한 것으로 매우 이례적인 태도이다.

이와 더불어 북한은 2010년 천안함 사건 이후 남북한 간 심리전이 공식적으로 재개되자 한국의 정치 커뮤니케이션에 더욱 적극적으로 개입하는 모습을 보여줬는데, 자국 매체를 통해서 일련의 '폭로전' 성격의 메시지를 한국에 대해 직접적으로 발설하고 있는 점이 그것이다. 한국 정부와의 베이징 비밀회담에서 한국 측이 천안함 사건에 대해 북한에 사과를 구걸하며 돈봉투를 건네려 했다는 사실과 이러한 사실이 담긴 녹음기록을 공개할 수 있다고 북한은 위협했고 (북한 국방위원회 정책국 대표, 2011.6.11), 조선소년단 창립 66돌 경축행사에 대한 한국 언론매체의 보도를 문제삼으며 이들 언론사를 조준사격 하겠다고 위협했으며(북한 조선인민군 총참모부, 2012.6.4) 2012년 한국 대선을 앞두고 종북논란이 일어나는 데 대해 이명박 대통령의 현충일 발언을 비난하며 현 집권여당 지도층의 종북발언을 공개할 수 있다는 발언 등(북한 조국평화통일위원회 서기국, 2012.6.11)의 행위가 그것이다.

이러한 북한의 '고백 혹은 폭로'는 핵과 미사일 카드 이외에는 사실상 자국의 정책선호를 관철시킬 만한 물질적, 경제적, 혹은 소프트 파워 차원의 자원을 결여한 북한이 북한만이 가지는 정보의 희소성(scarcity)을 극대화하여 이를 커뮤니케이션 자원으로 사용함으로써 자국에 유리한 국제정치 상황을 조성하고자 하는 전략이다. 북한은 이질적인 두 종류의 정보, 즉 관영 매체를 통한 공식 정보와 초국가 행위자를 통한 비공식 정보가 북한 주민을 포함한 국내청중과 국제청중에 확산되는 것을 막고 당국이 제공하는 정보가 북한내부와 외부청중으로부터 신뢰할 만한 진실한 것으로 비춰지도록 당국에 불리하게 보이는 일련의 정보를 폭로하는 것인데, 필자는 이를 '자기손실 위장전략'이라고 칭하겠다. 굳이 비유하자면, 광명성 궤도진입 실패를 인정하는 북한의 태도는 마치 양치기 소년이 늑대 습격사건 이후 마을 어른들에게 다시 정보원으로서의 신뢰를 얻고자 설득하기 위해 과거에 자신이 배가 고파서 친구들과 몰래 양을 잡아먹은 적이 있다거나 혹은 그동안 자신을 돌봐주지 않는 마을 어른들에 대한 앙갚음으로써 일부러 반복적인 거짓말을 해왔던 것이라고 확인되지 않은 사실을 고백하는 것과 같다. 즉 자신의 수치를 자발적으로 그리고 공개적으로 드러냄으로써 역으로 상대의 신뢰를 얻어내려는 전략이다. 누군가가 자신의 수치스러운 일 혹은 자신에게 손해가 된다고 인식되는 일을 고백할 때 이야기를 듣는 상대는 자신을 특별히 진실하게 대우한다고 느낄 수 있는 것과 같다.

행위자 간의 메시지 교환에서 정보의 신뢰성(credibility)을 판단할 만한 중요한 단서 중 하나는 그러한 메시지가 말하는 사람에게 일종의 손실을 가져오는(costly message to the speaker) 종류의 정보일 때이다(Spence, 1973). 말하는 사람의 이익에 봉사하기보다 오히려 손실을 가하는 정보일 경우 이러한 정보는 말하는 사람에게 일종의 비용을 치르게 하는, 즉 값싼 대화(cheap talk)가 아닌, 신뢰할 만한 정보로 간주된다. 북한은 마치 스스로에게 손해가 가는 것처럼 여겨지는 정보를 제공하여 신뢰할 만한 행위자로서 스스로를 위장하여 당국의 메시지에 국제청중이 귀를 기울이도록 유도하고 있다. 2013년 들어 북한이 보여준 일련의 공격적 조치들, 즉 미사일 발사나 핵실험 등의 도발을 감행하는 동시에 외부세계로부터 달러 창구로 여겨져 온 개성공단까지 폐쇄하면서 경제적 손실을 불사하는 태도를 보인 것도 같은 맥락에서 해석될 수 있다. 북한은 개성공단 폐쇄 이유로 남측이 개성공단 사업을 북한의 '돈줄', '인질'이라고 표현했다면서 이를 "북한의 존엄을 모독하는 참을 수 없는 악담"이라고 주장한 점이 그것이다.

국제사회와 소통할 만한 커뮤니케이션 채널이 심각하게 제약된 상황에서 국내외 청중에 대해 자국이 제공하는 정보의 진실성 혹은 신뢰를 회복하고자 북한이 폭로전략과 자기손실 혹은 비용부담의 위장전략을 펼치는 것과 아울러 한국 내 정치 커뮤니케이션 과정에 개입하여 일정한 파장을 끼치려 하는 것은 고립된 커뮤니케이션 구조 속의 북한이라 해도 바로 이러한 폐쇄성 때문에 북한이 제공하는 정보의 희소가치가 증대되는 상황을 이용하려는 목적을 갖는다. 북한은 한국에 대해서 한국 내부에서 논란이 될 만한 사안과 관련된 녹음파일을 공개할 수 있다고 언급하면서, 일종의 위키릭스(Wikileaks)가 제공하는 폭로성 정보의 효과와 같은 희소성 효과를 얻으려 했다고 볼 수 있다. 물론 위와 같은 북한이 제공하는 정보를 국제사회가 얼마나 신뢰할 만한 것으로 여기고 북한의 진심을 알아주느냐는 전혀 다른 종류의 사안이다. 즉 북한정권의 의도와는 달리 마을 어른들에 대한 복수심으로 양을 잡아먹었다는 고백이나 자신을 화나게 했던 마을 어른을 고자질하는 폭로와 같은 태도는 오히려 마을어른의 반감을 불러일으키거나 양치기 소년에 대한 불신을 더욱 가중시키는 역효과를 가져올 가능성 또한 높다.

독재국가인 북한은 당국이 내세우는 정치적 어젠더에 대해 선거 등의 적법한 절차를 통해서 국민으로부터 심판을 받을 수 없다. 또한 민주주의 국가에서처럼 여론조사를 통해 최고 지도자나 집권 정권에 대한 평가가 이루어지거나 반대 세력으로부터 비난을 받을 수 있는 정치제도와 절차를 결여한다. 즉 독재체제에서는 정권이 국내에서건 국제무대에서건 어떤 공약을 내걸고 정책을 추진해도 이를 책임질 제도적 메커니즘과 정치적 반대그룹이 부재하므로 지도층은 전쟁과 같은 무모하고 위험한 정책을 추구하는 경향을 갖게 된다(Schultz, 2001; Bueno de Mesquita et al., 2003; Goemans, 2000). 요컨대, 독재 정치체제는 한번 국내 혹은 국제적으로 실추된 명성이나 신뢰를 회복할 메커니즘을 결여하는 것이다. 더군다나 북한은 반복된 핵과 미사일 도발로 인해 국제사회로부터 이미 심각하게 고립되어있고 경제제재의 장기화로 중국이 아니면 국가경제를 지탱하기 힘든 상황 가운데 있다.

북한이 경제를 회복하고 새로 출범한 김정은 체제를 신속하게 안정시키기 위해서는 국제사회에서 실추된 북한정권의 신용과 존엄을 회복하고 다시 지원과 승인을 얻어내는 것 이외에 북한에게는 사실상 별다른 대안은 없다. 즉 북한정권에게 있어서 국제사회는 역설적이게도 정권에 대한 신용을 회복할 우회적인 목표 청중으로 작동할 수 있다. 그것은 북한의 일련의 행위에 대해 규범적 판단을 내릴 수 있는 권위 있는 행위자가 북한의 국내정치에서는 공식적으로는 존재하지 않는 것과 관련된다. 하지만 그렇다고 북한의 핵실험이나 미사일 발사 등의 도발을 제재하고 신속한 행동시정을 요구하는 국가나 국제기구, 즉 미국이나 유엔, IAEA와 같은 국제 행위자들의 도덕적 권위를 북한이 인정하는 것은 아니다. 그러나 그럼에도 불구하고 북한은 2010년 천안함 사건이나 2013년 12월 장성택 처형 등 외부의 시선이 북한에 집중될 때마다 이러한 사안에 대한 당국의 입장을 표명하기 위해 유엔을 포함한 재외 대사들의 기자회견을 통해 국제사회에 북한의 입장을 적극 피력해 왔다.

요컨대 북한은 불완전하게 열린 커뮤니케이션 네트워크의 작동으로 인해서 현상타파를 위해 국제청중에 호소해야 하는 굉장히 역설적인 상황을 맞이하고 있다. 북한은 한국과 일본, 미국을 비롯해 국제사회가 북한정권의 다양한 메시지를 분석한다는 것을 알고 있으며, 그러므로 북한에게 있어서 일련의 미디어 매체를 활용한 폭로전략이나 자기손실 위장전략은 핵을 일거에 포기할 수 없는 정권의 생존이 걸려있는 상황에서 당장의 유용한 방책일 수 있다. 북한이 2012년 1월 11일부터 로동신문의 웹사이트에서 영어판 서비스를 제공하기 시작하고 2013년 9월 23에는 로동신문 웹사이트를 새단장하면서 pdf 파일의 기사를 제공하는 등 독자의 편의를 제공하는 것도 북한 당국의 이러한 커뮤니케이션 전략의 맥락에서 볼 수 있다. 김정은 체제의 순조로운 권력기반 구축을 대내외에 알리고 핵 위기 타개를 위한 협상에서 새 정권의 입지를 강화하기 위해 한반도 안보와 관련한 주요 당사국을 포함한 국제청중에 대해 적극적인 호소가 필요하기 때문이다.

그렇다면 북한 커뮤니케이션 환경의 변화에서 우리가 주목할 것은 무엇인가? 이 글이 주목한 부분은 불안정한 북한 커뮤니케이션의 이질적 네트워크, 즉 선전 커뮤니케이션과 메신저 커뮤니케이션에서 유통되는 정보의 이질성과 괴리로 인해서 북한정권이 대내외 정책을 결정하는 데 있어서 이전보다 내부청중 곧 북한 주민과 외부청중 곧 국제청중을 의식할 가능성이 커질 수 있다는 점이다. 북한 정권은 고강도의 적대적인 수사(rhetoric)와 군사적 위협을 상시적으로 반복하고 있으나 북한정권이 장기적으로는 국제사회에 다시 돌아오기 위해서는 국제청중을 의식하지 않을 수 없으며 북한을 둘러싼 지구적 커뮤니케이션 환경의 변화로 일정한 수준에서 국제청중이 당국의 행위를 관찰(monitoring)하는 상황을 피할 수 없다.

이러한 상황에서 북한정권은 오히려 선제적으로 당국에 대한 정보를 국제사회에 자발적으로 제공하는 모습을 보여주었는데, 예를 들어, 북한 당국은 2012년 4월 13일 광명성 발사 전에 약 80명의 외신기자단을 북한으로 대거 초청하여 발사가 평화적인 목적의 실용 인공위성 발사임을 전 세계에 알리려 했고, 방북 외신 기자들의 평양 위성관제종합지휘소 참관을 포함하여 실제로 외국 언론의 북한 미사일 발사장 촬영에 대해 거의 제한을 가하지 않았다(교도통신, 2012.4.9). 이러한 북한의 국외청중에 대한 민감한 대응은 북한 정권의 진실성을 스스로가 자발적으로 증명해 보이려는 '자가입증 전략'으로서 당국 정책의 의도에 대한 신뢰성을 입증해 보일 수 있는 국내 정치체계와 정치과정을 결여하고 있는 북한정권이 취할 수 있는 유일한 수단이다.

자가입증 전략은 김정은 체제를 대내외에 공고화하면서 최근 자주 취해지고 있다. 2013년 12월 장성택 처형과 맞물려 북한 내 정치상황에 대한 국제사회의 관심이 고도로 집중되자 북한정권은 미디어 매체를 통해 내부 상황에 대한 외부의 의문에 적극적으로 답했다. 2014년 1월 초 영국 일간지 '더 타임즈'가 홍콩의 한 소식통을 통해 장성택과 그의 측근에 대한 처형에 120마리의 사냥개가 동원되었다는 추측성 보도를 하고 미국의 시사 주간 '타임'과 NBC 등이 같은 보도를 내보냈고 미국 공영방송 NPR이 이에 대한 반박성 보도를 내보내는 등 장성택 처형과 관련한 확인되지 않은 소문이 국제사회에 급속하게 확산되자 북한은 상당히 민감한 내부 정치상황에 대한 일련의 부정적인 정보 확산을 차단하고 자발적으로 국제사회에 진실을 입증해 보이려 했다. 북한 당국은 장성택 등 처형한 16명의 명단을 1월 초 재외공관에 내보내고 재외 북한 대사들의 기자회견을 통해 장성택 처형방식을 언급하는 등 적극적으로 대응했다. 신선호 주 유엔 대사, 지재룡 주 중국 대사의 기자회견에 이어 1월 30일 현학봉 영국 주재 북한 대사는 영국 스카이뉴스 TV와의 30분 이상의 긴 영어 인터뷰에서 진행자가 장성택이 개에 잡아먹혔다는 소문을 언급하자 처형방식이 총살형이었음을 밝히고 처형 이유에 대해서도 자세하게 언급한 바 있다(SBS뉴스, 2014.2.1).

북한 당국의 자가입증 전략은 최근 북한이 남북관계 개선을 남한에 요구하는 과정에서도 두드러졌다. 북한의 국방위원회가 한국에 통보한 2014년 1월 16일 '남조선 당국에 보내는 중대제안'에 대해 한국 정부가 '말이 아닌 행동'을 요구하며 이러한 제안을 거부하자 북한은 이러한 제안이 '위장평화공세'나 '선전심리전'이 아님을 1월 24일 남한에 보내는 공개서한에서 주장했고 이러한 서한이 김정은의 특명에 따른 것임을 밝혔다. 이뿐만 아니라 같은 날 신선호 유엔 주재 북한대사의 기자회견을 통해서도 이러한 북한의 진정성을 재차 강조하면서 중대제안이 새로운 도발을 전제로 한 구실을 마련하고 국제사회의 여론을 조성하기 위해 내놓는 명분 쌓기용이 아님을 피력했다(연합뉴스, 2014.1.24).[7] 흥미로운 것은 북한이 한국 정부에 통보한 중대제안을 유엔안전보장이사회 공식문건(공식문건 S, 2014, 37호)으로도 배포했으며, 또한 실제로 북한은 1월 23일과 24일 로동신문에서 위와 같은 주장을 펼침에 있어서 기존에 주로 대남비방을 게재했던 5면과 6면에서 한국에 대한 비난을 자제하고 미국과 일본에 대한 비판만을 실었다.[8]

침묵의 나선 메커니즘이 완벽하게 작동하고 있는 북한사회에서 최근 김정은 체제가 등장한 이후 미디어 매체를 통해 일련의 이목을 끄는 김정은의 행위도 같은 맥락에서 해석해 볼 수 있다. 새 정권이 들어서면서 북한의 관영매체는 김정은이 현지시찰에서 관리자를 질책했던 사실을 보도하고, 태양절 100돌 행사나 소년단 행사에서 대중연설을 하고 인민군 탱크부대 시찰 시 단체 기념촬영에서 장병들과 손을 잡거나 부대원들에게 과감한 스킨십을 취하는 행위들은 김정은의 통치스타일이 대중연설을 피하는 등 차갑고 은둔적으로 보

7 노동신문, 2014. "북남관계개선의 활로를 열어나가는데 한사람같이 펼쳐나가자" (남조선당국과 여러 정당, 사회단체들, 각계층 인민들에게 보내는 공개서한). 2014.1.24.; 장용훈·윤일건, 2014. "北 국방위 중대제안, 위장평화공세 아니다." <연합뉴스> (2014.1.24). http://www.yonhapnews.co.kr/politics/2014/01/24/0511000000AKR20140124017050014.html(검색일: 2014.1.26).

8 장용훈, 2014. "北 공개서한 왜...南 압박, 중대제안 진정성 선전." <연합뉴스> (2014.1.24). http://www.yonhapnews.co.kr/politics/2014/01/24/0511000000AKR20140124037500014.html(검색일: 2014.1.26).

였던 김정일의 통치스타일과 상당히 다르다는 것을 홍보하고 있다. 물론 이러한 김정은의 인간적 이미지 부각은 김정은 체제의 변화를 의미하기보다 연출된 퍼포먼스를 통해서 새로운 체제의 이미지를 미디어 매체를 통해 적극적으로 부각시키려는 목적을 위한 것이다. 통치 스타일과 정치노선은 등치 될 수 없으며 김정은 체제는 김정일 유훈을 따라 선군정치 계승을 추구하고 있음을 이미 최근의 미사일 발사와 핵실험을 통해서 대내외에 분명히 보여주고 있기 때문이다.

그러나 그럼에도 불구하고 위와 같은 북한 매체의 보도는 분명 국내외 청중에 대해서 새로운 정권의 안정적인 구축 과정과 새로운 협상 대상으로서의 북한을 홍보하는 것임에는 의심할 여지가 없다. 선전 커뮤니케이션의 목표청중 대상이 국내뿐만 아니라 국외로 확대된 것은 메신저 커뮤니케이션에 의해 국내로까지 유통되는 정권 비판적인 정보에 대한 북한 당국의 선제적 대응일 수 있다. 현재로서는 서로 다르게 작동하는 선전 커뮤니케이션 네트워크와 메신저 커뮤니케이션 네트워크 간에 쌍방향 피드백은 부재하지만, 바로 이러한 피드백 부재는 두 네트워크가 유통시키는 정보의 이질성의 심화로 인해서 북한 커뮤니케이션의 전체 구조를 장기적으로 더욱 불안정한 상태로 만들 것이다.

Ⅵ. 맺음말

기존 북한연구는 북한의 외교행태를 단순히 '벼랑끝 협상'이나 '남남갈등 심리전술' 등으로 묘사하면서 북한레짐 자체의 독특한 성격에 의거하여 북한정권의 커뮤니케이션 행위를 일률적으로 정형화시켰다. 그러나 필자는 북한정권의 커뮤니케이션 방식을 이해하기 위해서는 북한이라는 노드로서의 행위자가 갖는 독특한 커뮤니케이션 방식에 더해서 서로 다른 정보를 유통시키면서 이질적으로 작동하는 북한의 선전커뮤니케이션 네트워크와 메신저 커뮤니케이션 네트워크의 이중 구조를 함께 이해하고자 했다. 민주주의 국가에서도 미디어 매체를 통해서 광범위하게 활용되는 선전 커뮤니케이션은 북한의 조선로동당 휘하의 선전선동부와 통일전선부에 의해서 일방향적으로 이루어지고 있으나 국내외 목표청중으로부터의 피드백은 부재하다. 그 결과는 북한 당국이 배제된 채 중개자로서의 상인, 밀수업자들과 북한 주민들 간 혹은 탈북자들과 국제청중 간의 커뮤니케이션 네트워크가 함께 작동한 것이다. 즉 선전 커뮤니케이션 네트워크와 메신저 커뮤니케이션 네트워크가 서로 쌍방향 소통이 부재한 가운데 이질적인 진화를 계속 진행하는 상황이다.

살펴보았듯이 북한의 선전 커뮤니케이션 네트워크 작동방식의 폐쇄성과 북한사회에 대한 정보의 희소성으로 인해 국제사회는 북한의 메신저 커뮤니케이션 채널을 통한 단편적인 정보로써 북한 내부 실정을 파악하고 있으며, 북한 당국 또한 이러한 메신저 커뮤니케이션 채널을 통해 북한 내부로 유입되는 정보에 주민들이 노출되어 있음을 인지하고 있다. 북한 당국은 이에 대한 대응으로 자국의 미디어 매체를 통해서 목표청중을 향해 직접 희소가치가 있는 정보와 메시지를 폭로하고 심지어 당국에 불리하다고 인식될 수 있는 정보를 전달하는 등 폭로전략과 자기손실 위장전략을 선제적으로 사용하고 있다. 또한 북한 당국의 제안이나 주장을 쉽사리 신뢰하지 않는 한국이나 국제사회에 대해 스스로의 진정성을 자발적으로 증명해 보이는 자가입증 전략을 적극적으로 펼치고 있다. 이는 곧 새로운 정권의 기반을 순조롭게 다지고 그러한 과정을 홍보함으로써 국제무대에서의 새로운 자기위치를 설정하려는 시도로서, 북한 당국이 변화하고 있다고 보기보다는 미디어 매체를 통한 북한정권의 커뮤니케이션 방식이 다변화하고 있다고 해석하는 것이 타당하다.

앞으로 북한이 관영 언론매체를 통해 펼칠 커뮤니케이션 전략은 그 동안 국제사회로부터 고립된 커뮤니케이터로서 '깡패국가' 내지는 '거짓말쟁이'라는 실추된 명성을 회복하기 위해 적극적으로 미디어 매체를 활용하여 국제청중에 직접적으로 호소하고 장기적으로는 새로운 정권에 의해 재탄생된 커뮤니케이터로서의 신뢰성을 회복하려는 방식이 될 가능성이 크다. 그러므로 북한이 최근 김정은 체제의 등장 이후 보여주고 있는 선전과 홍보전략 그리고 폭로와 자기손실 위장전략 및 자가입증 전략 등의 커뮤니케이션 전략을 이전부터 전통적으로 사용한 선전선동과 대외선전 전략 혹은 남남갈등 유발 전략의 맥락으로서만 이해하는 것은 북한의 커뮤니케이션 환경과 조건이 변화하고 있는 사실을 간과하는 것이다.

북한 당국도 북한의 내부 정보가 체제 이탈자에 의해서 새어나가고 있는 상황의 심각성을 민감하게 인식하고 있고 그렇기 때문에 국제적으로 제기되고 있는 탈북자 문제에 더욱 강압적인 정책을 펼치고 있다. 북한 당국에 대한 국외의 비판으로부터 북한 국내 청중 곧 북한 주민이 노출되어 있는 것을 북한 지도층이 얼마나 중대한 위협으로 인식하고 있는지는 최근 7년 만에 재개된 2014년 2월 12일과 14일 남북한 고위급 접촉에서 드러났다. 북한 측은 남한에 대해 한국의 시민단체나 언론의 김정은 위원장 존엄에 대한 모독과 비방을 북한이 우려하고 있는 가장 중대한 문제로서 제기한 것이다. 최근 북한 인권문제에 대한 국제사회의 압력이 거세지자 2014년 12월 초 2013년 5월 라오스에서 강제북송, 처형되었다는 소문이 있었던 탈북 청소년 9명의 근황을 북한의 선전매체인 '우리민족끼리TV'를 통해 방영한 것도 비슷한 맥락이다(중앙일보, 2014.12.9)[9]. 물론 북한이 어느 정도의 수준에서 국내외 청중의 눈과 귀로부터 자유롭지 않은지에 대해서는 북한 내부정보에 대한 국제사회의 접근력의 결여로 매우 조심스러운 관측을 요구한다. 하지만 정권의 생존 문제가 매우 시급한 북한의 현 상황을 고려할 때 핵과 미사일 외에는 별다른 자원권력을 결여한 상황에서 북한 당국은 현재 가용한 미디어 매체를 통해 제약된 커뮤니케이션의 조건을 개선하고자 분투할 것으로 예상된다.

9 박대로, 2014, "북, 라오스 강제북송 탈북청소년 근황공개." <뉴시스>(2014.12.10) http://www.newsis.com/ar_detail/view.html?ar_id=NISX20141210_0013349812&cID=10301&pID=10300(검색일: 2014.12.10).

참고문헌

강동완·박정란. 2011.『한류, 북한을 흔들다: 남한 영상매체의 북한 유통경로와 주민의식 변화』. 서울: 늘품플러스.

강동완·박정란. 2010. "남한영상매체의 북한 유통경로와 영향: 지역간·대인간 연결 구조 분석을 중심으로."『통일정책연구』 제19권 2호.

강현두 외. 1989. "북한방송의 역사적 전개,"한국방송협회.『방송문화』6월호.

고유환·이주철·홍민. 2012. "북한 언론 현황과 기능에 관한 연구." 한국언론진흥재단.『한국언론진흥재단 지정주제 연구보고서 2012-08』.

김석향, 권혜진. 2008. "김정일시대(1998-2007) 북한당국의 통일담론 분석: 노동신문 구호를 중심으로."『통일정책연구』 제17권 제2호.

김학천 외. 2007. "남북 통일대비 방송통합방향 정책연구."『KORPA위탁연구 03』. 서울: 한국전파진흥원.

김화순. 2011. "북한주민의 외부방송 접촉실태 및 의식변화."『2011년 제4회 북한전략센터 학술세미나 발표자료집』. 서울: 사랑의 열매회관 강당, 2011년 9 월 29일.

남북회담본부. 2004. "서해해상에서 우발적 충돌 방지와 군사분계선 지역에서의 선전활동 중지 및 선전수단 제거에 관한 합의서." 제2차 남북장성급군사회담, 2004년 6월 4일, 속초-켕신턴스타호텔. http://dialogue.unikorea.go.kr/agreement/comment/40(검색일: 2012.12.1).

동아일보. 2014. "北 중대제안 유엔 안보리 공식문건으로 배포."(2014.1.25). http://news.donga.com/BestClick/3/all/20140125/60395457/1(검색일: 2014.1.26.)

미국의 소리(Voice of America). (2012. 10.3) http://www.voakorea.com/content/article/1519049.html(검색일: 2012.12.5).

박대로. 2014. "북, 라오스 강제북송 탈북청소년 근황 또 공개…처형설 불식 의도"『뉴시스』(12월10일) http://www.newsis.com/ar_detail/view.html?ar_id=NISX20141210_0013349812&cID=10301&pID=10300(검색일: 2014.12.10).

박상주. 2008.『북한의 인터넷 현황과 개발 동향』. 통권 445호.

박우용. 2004.『북한방송총람』. 서울: 커뮤니케이션북스.

성숙희. 2005.『북한이탈주민의 남한방송 수용』. 서울: 한국방송영상산업진흥원.

송현욱. 2011. "북한주민의 대남인식과 외부정보통제 변화추이: 북한이탈주민 면접조사를 통한 추론,"『2011년 통일부 신진연구자 연구용역 보고서』. 세계북한연구센터.

위키트리, 2012. "북한 대남선전매체 '우리민족끼리' 해킹 당해,"(8월 4일).
http://m.wikitree.co.kr/main/news_view.php?id=79033(검색일: 2012.12.1).

이주철. 2007.『북한주민의 외부 방송 수신』. 서울: KBS남북교류협력단.

이주철. 2011.『북한주민의 남한방송 청취실태』. 남북물류포럼 제 61회 조찬간담회. 서울: 명동 퍼시픽 호텔, 2011년 8월 18일.

이호규·곽정래.2011.『북한의 사회적 커뮤니케이션 구조와 미디어』. 서울: 한국언론진흥재단.

자유아시아방송, 2012. "북 꽃제비, 내부 정보 메신저 역할 증대," http://www.rfa.org/korean/weekly_program/radio-world/radioworld-08312012145635.html (검색일: 2012.10.1).

장용훈. 2014. "北 공개서한 왜...南 압박, 중대제안 진정성 선전." <연합뉴스> (1월 24일). http://www.yonhapnews.co.kr/politics/2014/01/24/0511000000AKR20

140124037500014.html(검색일: 2014.1.26).
장용훈·윤일건, 2014. "北 국방위 중대제안, 위장평화공세 아니다." 『연합뉴스』(1월 24일). http://www.yonhapnews.co.kr/politics/2014/01/24/0511000000AKR20140124017050144.html(검색일: 2014.1.26).
전미영. 2006. "김정일 정권의 정세인식: '선군'담론 분석을 중심으로." 『KINU 정책연구 시리즈 06-09』. 서울: 통일연구원.
정영태·김진무·안찬일·이영종·이윤걸·임을출·현인애. 2011. "북한의 부문별 조직 실태 및 조직문화 변화 종합연구: 당·정·군 및 경제·사회부문 기간조직 내의 당기관 실태를 중심으로," 『KINU 연구총서 11-04』. 서울: 통일연구원.
진행남. 2011. "북한의 한류현상과 독일통일 과정에서의 방송매체의 영향," 『제주평화연구원 연구사업보고서 11-01』. 제주평화연구원.
황성진·공영일·홍현기·박상주. 2009. "북한 방송통신부문 및 남북방송통신 교류협력 현황 보고서." 『정책연구 09-83』. 서울: 정보통신정책연구원.
NK지식인연대. 2012. "북한 인터넷 개방 초 읽기에 들어가나?"(10월 25일) http://www.nkis.kr/board.php?board=nkisb201&page=12&command=body&no=232 (검색일: 2012.12.1).
SBS 뉴스, 2014. "취재파일: 북한대사 '언론이 수용소 있는지 확인하는 건 언론윤리 위반' 억지. 주 영국 북한 대사 현지 방송 인터뷰 ...UN, 주중 대사 이어서 연쇄 홍보전 이유는?"(2월 1일). http://news.sbs.co.kr/section_news/news_read.jsp?news_id=N1002211197(검색일: 2014.2.1).

Bueno de Mesquita, R.M. Siverson, and J.D Morrow. 2003. *The Logic of Political Survival.* Cambridge, Mass.: MIT Press.
Burt, Ronald S. 1982. *Toward a Structural Theory of Action: Network Models of Social Structure, Perception and Action.* San Francisco: Academic Press.
Cantril, Hadley. 1938. "Propaganda Analysis." *The English Journal* 27(3).
Dower, John. 1986. *War Without Mercy: Pacific War.* New York: Random House.
Goemans, H. E. 2000. War and Punishment: The Causes of War Termination and the First World War. Princeton, NJ: Princeton University Press.
Gould, Roger V. 1989. "Power and Social Structure in Community Elites." *Social Forces* 68(2).
Haggard, Stephan and Marcus Noland. 2009. "Reform from Below: Behavioral and Institutional Change in North Korea." *Working Paper Series 09-8.* Washington, DC: Peterson Institute for International Economics.
Haggard, Stephan and Marcus Noland. 2010. "Political Attitudes under Repression: Evidence from North Korean Refugees," *Politics, Governance, and Security Series* No.21. East-West Center Working Papers.
Herman, Edward S. and Noam Chomsky. 1988. *Manufacturing Consent.* New York, NY: Pantheon Books.
Hirshman, Albert O. Hirschman, 1970. *Exit, Voice, and Loyalty: Responses to Decline in Firms, Organizations, and States.* Cambridge, MA: Harvard University Press.

Hirshman, Albert O. Hirschman, 1993. "Exit, Voice, and the Fate of the German Democratic Republic: An Essay in Conceptual History." *World Politics* 45(2):173-202.

Jowett, Garth S. and Victoria J. O'Donnell. 1999. *Propaganda and Persuasion*. Thousand Oaks: Sage Publications, Inc.

Kretchun, Nat and Jane Kim. 2012. "A Quiet Opening: North Koreans in a Changing Media Environment." *InterMedia* May.

Lasswell, Harold. 1927. *Propaganda Technique in the World War*. London: Trench, Trubner & Co., Ltd,

Marquis, Alice Goldfarb. 1978. "Words as Weapons: Propaganda in Britain and Germany during the First World War." *Journal of Contemporary History* 13(3).

Nesbitt, Peter. 2011. "North Koreans Have Cell Phones: Why Cell Phones Won't Lead to Revolution and How They Strengthen the Regime." *Emerging Voices* 22 (Joint US-Korea Academic Studies). Washington, DC: Korea Economic Institute,

Noelle-Neumann, E. 1974. "The Spiral of Silence," *Journal of Communication* 24.

Parfrey, Adam. 2001. *Extreme Islam*. Los Angeles: Feral House.

Rampton, Sheldon. 2002. "Sludge, Bio solids, and the Propaganda Model of Communication," *New Solutions* 12(4).

Schultz, Kenneth A. 2001. *Democracy and Coercive Diplomacy*. Cambridge: Cambridge University Press.

Spence, A. Michael. 1973. *Market Signaling*. Cambridge, MA: Harvard University Press.

Sproule, J. Michael. 1997. *Propaganda and Democracy: The American Experience of Media and Mass Persuasion*. New York: Cambridge University Press.

The Institute of Propaganda Analysis. http://www.propagandacritic.com/articles/intro.ipa.html.

제9장

디지털미디어와 정치사회변동: 이집트, 아제르바이잔, 북한 사례

배영자

Ⅰ. 문제제기

2011년 봄 중동지역 민주화운동에서 인터넷, 휴대폰, 페이스북, 트위터 등의 역할이 주목되었다. 이후 소셜미디어가 권위주의 국가의 정치사회변동에 미치는 영향에 대한 관심이 증대되어 왔다. 튀니지에서 시작된 반정부운동은 국경을 넘어 이집트, 알제리, 리비아 등 지역내 국가들로 확산되어 '아랍의 봄'이라 불린 지역 민주화운동으로 확대되었고, 이러한 움직임이 중국과 북한에 미치는 영향에 관심이 모아졌다.

다양한 시공간에 흩어져 존재하는 개인들은 IT기술 발전에 힘입어 손쉽게 특정한 관심사나 이슈를 중심으로 모여 정보를 생산하고 확산하며 소통하고 있다. 유무선 IT인프라 및 컴퓨터와 휴대폰 등 다양한 IT기기를 토대로 연결된 개인들은 가상의 공간에 새로운 공론장(public sphere)을 창출하여 사회적 담론의 주요 의제를 형성하고 이에 대한 논의를 진행해 왔다. 페이스북, 트위터 등 소셜미디어를 통해 다대다(many-to-many)의 쌍방향적 관계 속에서 다양한 형태의 정보가 이용자들에 의해 생성되고 공유되고 빠르게 확산되면서 이것이 사회운동이나 집단행동의 촉매제 역할을 하는 경우가 증대하고 있다. 인터넷에서 시작된 문제제기나 사회비판이 때로는 온라인을 넘어 오프라인 집단행동으로 연결되면서 소셜미디어는 현실 정치사회변동을 이끄는 구심점이 되기도 한다.

북한에서는 1990년대 중반 이후 인터넷이 도입되었고 근거리통신망을 토대로 국가 내부 주요기관들 간 인트라넷이 구축되었다. 중앙과학기술통보사(CIAST)가 개발한 과학기술 자료검색시스템 '광명'은 북한의 인트라넷을 한층 발전시키는 계기가 되었다. 2000년을 기점으로 중국이나 일본을 통해 국외 인터넷과 접속해 왔고 2007년에는 국제인터넷도메인네임관리기구(ICANN)로부터 국가도메인(.kp)을 승인받기도 하였다. 2011년 이후 북한은 자체 서버를 통해 자국 홈페이지를 운영하고 있으며 체제선전이나 경제적 이유로 외부 인터넷 접속을 확대하고 있다. 한편 북한은 2008년 이후 이집트회사 오라스콤(Orascom)과의 합작투자로 고려링크라는 3세대 WCDMA 방식 이동통신서비스를 제공하기 시작하였고 이후 휴대폰 사용이 빠르게 확산되고 있다. 2013년 중반 현재 북한의 휴대폰 가입자가 2백만 명을 넘는 것으로 알려져 있다. 아직까지 북한에서는 IT기기의 보급이 저조하고, 소수의 북한 주민만이 인터넷과 휴대폰을 사용하고 있으며, 그나마도 북한 당국의 감시와 통제를 받고 있다. 하지만 최근 IT인프라 개선과 정보기기 활용 증대를 토대로 지속적으로 정보화가 진전되고 있고 외부와의 접촉도 늘어나고 있다. 이와 함께 새로운 디지털미디어들이 북한 정치사회변동에 미치는 영향에 대한 조심스러운 예측과 전망이 대두되고 있다.

이 글에서는 미디어와 정치사회변동에 관한 기존 연구와 이론을 검토하고 실제 디지털미디어가 정치사회변동에 어떤 역할을 하는지 살펴보고자 한다. 먼저 정치사회변동을 설명하는 다양한 관점을 조망하면서 정치사회변동에서 미디어의 역할을 어떻게 이해할 수 있을지 논의해 본다. 아울러 최근 중동과 동유럽의 이집트와 아제르바이잔 사례를 간략히 개관하면서 권위주의국가들의 체제비판이나 반정부시위 등에 디지털미디어가 어떻게 활용되고 있는지 살펴본다. 이후 현재 북한의 인터넷, 휴대폰, DVD 등 디지털미디어 활용 현황을 알아보고 이것이 북한의 정치사회변동에 어떤 영향을 미칠 수 있는지 가늠해 보고자 한다.

Ⅱ. 이론적 배경

1. 정치사회변동 연구

국가의 정치사회변동은 다양한 수준에서 분석되어 왔다. 전근대에서 근대, 탈근대로의 거시적 사회구조변화에 초점을 맞춘 역사사회학, 권위주의에서 민주주의로의 이행을 분석해 온 민주주의이행론, 특정지역이나 이슈를 중심으로 사회운동의 형성과 확산을 미시적으로 분석해 온 사회연결망 분석 등 다양한 관점에서 정치사회변동이 연구되어 왔다.

배링턴 무어(Barrigton Moore), 테다 스카치폴(Theda Skocpol) 등으로 대표되는 비교역사사회학은 거시적인 정치사회변동을 구조적 관점에서 분석하였다(Moore, 1967; Skocpol, 1979). 예컨대 무어는 지주계급의 약화 혹은 상업노동화, 상공업의 발전 및 신흥 부르조아지의 부상 등 주로 국내 경제사회변화와 관련된 거시적 변수들을 정치사회변동을 결정짓는 중요한 요소로 보면서 거시변수들의 조합에 따라 서구 국가들에서 각각 의회민주주의, 파시즘, 사회주의 정치체제가 출현하였다고 주장한다. 사회 저변에서 진행되는 정치

경제변동과 새로운 사회계층구조의 발전 양상이 민주주의 발전 여부를 결정한다고 보았다.

1980~1990년대 서구 학계를 풍미한 민주주의 이행론에서는 권위주의 정체제제가 민주화되는 과정을 집중적으로 분석하였다. 거시적 구조보다는 정치엘리트 집단들간의 권력경쟁과 갈등에 초점을 맞춘 이들의 연구에 따르면 민주주의로의 이행은 미리 정해진 방향대로 진행되는 자동적 과정이 아니라 조건과 상황 속에서 끊임없이 변화되는 불확실한 과정이다(O'Donnell and Schmitter, 1986). 이들의 분석에 따르면 일반적으로 민주주의로의 이행은 정권의 정치 자유화에 의해 촉발되고 이 과정에서 반대 그룹들이 형성되며 이후 기득권을 가진 세력과 반대 세력 간의 갈등의 형태로 진행된다. 이러한 갈등 속에서 정치협상이 이루어져 민주화의 길을 여는 선거가 시행된다. 성공적인 민주화란 이행 과정에서 나타나는 정치집단들의 내부 분열과 반대 세력들간의 전략적 동맹관계 그리고 특수한 정치적 상황에 대한 적절한 대응 속에서 이루어진다. 아담 쉐보르스키(Adam Przeworski)는 민주화 이행론의 기본적인 주장을 엘리트 집단들이 전개하는 합리적인 전략 게임의 차원에서 재구성하였다(Przeworski, 1991)

민주주의 이행론이 엘리트 집단들 간의 전략과 협상에 초점을 맞추어 민주화 운동을 분석한 것과는 달리 일련의 학자들은 정치사회변동을 이끄는 밑으로부터의 노력, 즉 사회운동이나 집단행동에 관심을 가지고 연구해 왔다. 집단행동은 특정한 목표를 얻기 위해 다수가 모여 제도적 틀을 넘는 시위, 반란, 혁명을 일으키는 것(Snow et al., 2004)으로 정의되며 사회운동은 집단행동보다 목적 지향적이고, 구성원이나 조직적 기반이 안정화되어 지속성을 가지며, 제도나 합법적 절차 밖에서 이루어지는 집합적 행동으로 이해된다(Tilly, 1978; Melucci, 1996 등). 연구자들은 체제비판이나 변화를 염두에 둔 사회운동이 일어나는 원인을 상대적 박탈감, 공유된 자각(shared awareness) 등의 개념들로 제시하고 구체적으로 어떤 메커니즘에 의해 사회운동이 확산되고 성공하는지 분석해 왔다. 대표적인 사회운동이론인 자원동원(resource mobilization)이론은 사회운동이 단순히 불만이나 박탈감이 팽배해 있을 때 발생하고 성공하는 것이 아니라 인적 및 조직 자원동원의 가능성 여부와 정치적 기회구조에 의해 결정된다고 주장한다(Tilly, 1978). 이외 한 곳의 저항이 다른 곳으로 확산되고 증폭되는 과정에 대한 사회연결망 접근 등도 존재한다. 이들은 사회운동의 충원 및 확산 메커니즘을 인적 네트워크의 확산이라는 관점에서 사회운동의 확산을 미시적으로 연구해 왔다(Saunders, 2007; 권태환·이재열, 1998 등). 아울러 사회운동 참여자들의 초계급성 및 탈이데올로기적 성격에 주목하고 보다 정당, 이익집단에 대한 불신과 대안적인 참여 형태를 선호하며 일상적인 이슈를 중심으로 제기되는 탈중심화되고(decentralized), 분절적(segmented), 분산화된(diffused) 형태의 신사회운동에 주목하는 연구들도 진행되어 왔다(임희섭, 1999). 이들은 밑으로부터의 조직화와 인적 물적 네트워크의 확산의 관점에서 정치사회변동을 설명해 왔다.

2. 미디어와 정치사회변동 연구

기존 이론들은 거시적 사회변동, 엘리트집단 간의 경쟁과 갈등, 인적 물적 자원 동원에 토대한 사회운동 등에 주목하여 정치사회변동을 분석해 왔음에 반해, 최근 정치사회변동에서 미디어의 역할에 주목하는 연구들이 등장하고 있다. 일찍이 마셜 맥루언(Marshall

Mcluhan)은 미디어를 인간의 확장으로 보고 미디어가 곧 메시지라고 주장하며 미디어에 대한 관심을 촉구한 바 있다(Mcluhan, 1964). 맥루언 이전 해롤드 이니스(Harold Innis) 역시 미디어가 사고나 생각, 정보들을 객관적으로 전달하는 수단에 불과한 것이 아니라 인간의 정신을 구조화하고 문화의 성격을 좌우하는 역할을 한다고 주장하였다(Innis, 1950). 이니스에 따르면 돌과 같이 시간적 지속성이 강하나 공간적으로 확산되기 어려운 매체를 기반으로 하는 문화는 종교적이고 전통적이며 보수적인 속성을 지니는 반면, 종이와 같이 공간적 확산은 용이하나 시간적 지속성이 짧은 매체를 주로 활용하는 문화의 경우 공간적 확장을 지향하여 군사적이고 제국주의적인 속성을 띠게 된다.

20세기 후반 이후 라디오, 전화, TV, 컴퓨터, 인터넷 등 각종 전자적 매체들이 활성화되면서 미디어가 정치사회변동에 미치는 연구가 활발하게 진행된다. 특히 근대의 핵심 미디어였던 인쇄술과 출판물과 비교하여 새로운 전자미디어들이 소위 탈근대 미디어로 인식되면서 양자가 서로 어떻게 다른지, 이로 인해 어떠한 정치사회변동이 진행되는지가 관심의 대상이 된다. 몇몇 연구자들은 근대 유럽 인쇄술의 발전으로 문인계층과 독서대중이 출현하면서 소위 문예공화국이 성립되었고 이것이 르네상스, 종교개혁, 과학혁명이라는 거대한 정치사회변동을 이끈 원동력이 되었다고 주장하였다(Eisenstein, 1983; Briggs and Burke, 2002). 로날드 디버트(Ronald Deibert)는 인쇄술, 인터넷 등 새로운 미디어가 도입되면 그 효과가 중립적이지 않다고 역설하였다. 특정한 미디어는 그와 선택적 친화성을 가지는 특정 집단이나 사회세력을 부각시키고 이에 토대하여 사회세력들간의 물질적 힘의 배분관계와 사회적 인식 및 사고체계의 변화를 매개하게 되고 이에 따라 정치사회변동이 진행된다고 밝혔다

(Deibert, 1997). 이러한 연구들에 따르면 미디어가 정치사회변동을 이끄는 메커니즘은 새로운 미디어에 친숙한 새로운 계층들의 부상과 이에 따른 제도와 인식의 변화임을 알 수 있다.

인쇄술 및 디지털 미디어를 근대와 탈근대라는 거시적 변환과 연결시킨 연구와는 별도로 새롭게 출현한 미디어의 속성과 이것이 특히 민주주의 발전에 미치는 영향을 분석하는 연구들도 등장하였다. 컴퓨터와 인터넷의 보급으로 미디어가 디지털화하면서 동시에 통합되고, 새로운 미디어의 출현으로 쌍방향적 의사소통이 용이해짐에 따라 소위 '뉴미디어(New Media)'라는 관점에서 미디어의 속성에 대한 다양한 연구가 진행되어 왔다(Flew, 2002; Lister, 2003). 뉴미디어의 대중화와 쌍방향적 의사소통으로 미디어 접근성이 확장되면서, 기존 소수 전문가에 의해 주도되었던 미디어상의 의제설정이나 정보생산 및 확산 과정에 보다 다양한 집단이 참여하게 되었다. 이에 따라 뉴미디어의 출현과 확산이 민주주의 발전에 미치는 영향에 대한 논의가 활발하게 제기되었다. 뉴미디어가 의제설정권력을 민주화하고 반정부세력 및 사회 내 소외계층들의 의견을 적극적으로 개진할 수 있는 통로를 마련하는 한편 시위나 집단행동을 보다 용이하게 하므로 민주주의를 발전시키는 데 기여한다는 낙관론이 제시되었다(Rheingold, 2002; Leadbeater et al., 1997). 반면 기득권층과 정부 역시 뉴미디어를 활용하여 시민사회에 대한 통제를 강화하고 권력에 대한 비판 및 도전에 대한 감시를 강화하여 오히려 보이지 않는 감시와 통제가 보편화하면서 민주주의의 질이 떨어지고 있다는 부정적인 견해들과 함께 뉴미디어의 출현이 일방적으로 민주주의를 발전시킬 것이라는 주장에 회의적인 의견들도 개진되었다(Shenk, 1997; Bimber, 2001).

최근 뉴미디어를 넘어 '소셜미디어(Social Media)'에 관심이 집중되고 있다.[1] 휴대하기 간편한 모바일 기기로 인터넷이 접속되는 스마트폰 환경 하에서 각 개인들은 다양한 소셜네트워크서비스(SNS), 즉 블로그, 트위터, 페이스북, 유튜브 등에 직접 콘텐츠들을 올리고 공유하며 이를 토대로 매우 친근하고 신속하게 다대다 의사소통과 사회관계를 만들어 나가고 있다. 현재 소셜미디어에 관한 다양한 연구들이 진행되고 있고(Qualman, 2009 등) 신속성, 다대다, 쌍방향성, 사용자주도 등의 특성이 주목되고 있다. 2011년 중동지역 민주화운동 '아랍의 봄'에 페이스북, 트위터 등이 중요한 역할을 하면서 소셜미디어가 정치사회변동에 미치는 영향에 대한 관심이 증대되어 왔다. 현재 인터넷 도입 초기 이루어졌던 민주주의 발전 여부에 대한 논쟁과 유사하게 소셜미디어와 민주주의 발전에 대한 논쟁이 진행되고 있다.

소셜미디어의 정치적 영향력을 연구하는 대표적 학자인 클레이 셔키(Clay Shirky)는 소셜미디어가 시민사회와 공적 영역을 강화시키고 집단행동 비용을 감소시켜 민주주의 발전에 긍정적 역할을 한다고 주장하였다(Shirky, 2011). 반면 소셜미디어는 현실적으로 약한 관계에 토대하여 작동하며, 이러한 약한 관계로는 지속적이고 위계적이며 위험을 내포한 집단행동이나 사회변화를 이끌어 낼 수 없다고 보는 주장도 제기되고 있다(Gladwell, 2010).

정치사회변동에 관한 기존 연구들이 제시하는 바와 같이 우리가 특정사회의 정치사회변동을 분석할 때 사회경제구조적 요인, 정치제도와 권력을 둘러싼 권력집단들 간의 갈등과 전략, 밑으로부터의 불만과 시위 등등에 관심을 가지고 살펴보아야 한다. 그러나 기존

---

[1] 소셜미디어라는 용어는 기업컨설턴트인 크리스 시플리(Chris Shipley)가 2004년 TheBlogOn Conference에서 처음 사용한 것으로 알려져 있다.

분석들은 구조적 요인의 형성, 엘리트집단의 권력 경쟁, 집단행동과 사회운동이 진행되는 과정에서 미디어가 중요한 매개 역할을 하는 데 관심을 두지 않았다. 정치체제변화나 민주화운동에서 정치적 갈등에 깊이 연루된 행위자들은 자신들의 전략을 실현하기 위해 국민들로부터 정당성과 지지를 끌어내고자 할 것이고 이 과정은 다양한 상징 조작 메커니즘을 통해 작동되므로(하상복, 2003) 미디어의 역할이 중요하다. 아울러 사회운동을 설명하는 자원동원이론은 사회적으로 팽배한 불만 자체가 아니라 불만을 구제적인 집단행동으로 연결시킬 수 있는 물적, 인적, 조직적 동원 능력과 정치적 기회구조가 중요하다고 강조하는데, 실제 자원동원과 정치적 기회구조의 판단 과정에서 미디어의 역할이 중요할 수밖에 없고 이 부분에 대한 보다 자세한 분석이 필요한 상황이다.

반면 미디어에 초점을 두고 정치사회변동과 민주주의 발전을 설명해 온 이론들은 미디어의 속성 및 정치사회변동 과정에서 미디어의 구체적 역할에 초점을 맞추어 민주적 발전의 가능성과 한계를 논의하고 있다. 이들에 따르면 뉴미디어나 소셜미디어는 자체의 속성에 의해 민주주의를 증대시키거나 약화시킨다(조희정, 2011; 설진아, 2012). 다른 한편, 몇몇 연구는 권위주의 정치체제변동에서 미디어의 역할을 장기적이고 거시적인 구조적 요인과 구체적 반정부운동이나 시위와 같은 단기적 촉발요인 두 층위를 연결하는 촉진요인으로 규정하고 있다(인남식, 2011; 고경민·김일기, 2011). 그러나 미디어의 속성에 초점을 맞추거나 미디어를 촉진요인으로 설정하는 것도 지나친 일반화의 오류를 범할 수 있다. 미디어의 속성은 상황에 따라 다르게 구성될 수 있으며 뉴미디어나 소셜미디어의 경우 민주주의발전을 촉진 역할을 하기도 하지만 때로는 통제와 감시를 위해 활용되기도 한다. 정치사회변동 과정에서 미디어의 역할을 이해하기 위해서는 미디어가 작동하는 맥락으로 사회경제적 구조, 정치제도와 권력집단들 간의 경쟁, 그리고 시민사회와 밑으로부터의 집단행동 등을 고찰하면서 이 속에서 특정한 미디어가 수행한 역할을 분석해야 한다. 미디어는 정치사회 맥락으로부터 독립적인 변수가 아니라 이 요소들과의 상호작용 속에서 발전되고 역할이 구성되기 때문이다.

정치사회변동 과정에서 미디어의 역할에 대한 보다 깊이 있는 통찰력을 얻기 위해서는 미디어가 놓여진 사회의 구조적 맥락이나 정치제도권 내의 권력 경쟁 양상, 사회운동에 대한 다양한 이론적 자원들에서 제안된 정치사회변동을 결정짓는 요소들에 대한 이해에 토대하여 실제로 각 층위들 안에서 미디어의 역할이 어떻게 결합되어 나타나는지에 대한 연구가 함께 이루어져야 한다. 이러한 통합적인 접근을 통해 왜 똑같은 미디어가 각 국가에서 다르게 활용되고 정치사회변동 과정에서 수행하는 역할이 차이가 날 수밖에 없는지 이해할 수 있게 된다.

미디어의 역할을 구성하는 사회구조적, 정치제도적, 상황적 요인들을 모두 고려하면서 미디어의 역할을 분석하는 것은 매우 광범위한 작업이 될 수밖에 없다. 본 연구에서 본격적으로 통합적인 분석을 시도하는 것인 여러모로 역부족이다. 본 연구는 미디어의 역할을 맥락속에서 파악하기 위한 초보적인 시도로 어떤 정치경제적 조건 속에서 소셜미디어가 민주화운동이나 반체제운동을 확산시키는 데 중요한 역할을 할 수 있는지 이집트와 구소련국가인 아제르바이잔의 사례를 통해 고찰하고자 한다.

알려진 바와 같이 이집트 민주화운동에서 소셜미디어는 매우 중요한 역할을 수행했다. 여러 가지 상황이 유사했던 아제르바이잔에서 민주화운동이 촉발되지 못하고 소셜미디어의 역할도 미미했던 이유가 과연 무엇일까? 양 국가는 오랜 권위주의 정치체제를 유지해 온 점, 정치적 불만과 경제적 불안정 상황이 지속되면서 수차례 반체제운동의 시도가 있었다는 점, 2000년대 초반 이후 정보통신 인프라에 대한 투자와 함께 인터넷, 휴대폰, 소셜미디어가 확산되었으나 이에 대한 정부의 통제가 상대적으로 강했던 점 등등 매우 유사한 상황 속에 놓여 있었다. 이집트에서 2011년 대규모 민주화운동이 발생하면서 아랍의 봄을 이끈 중심국가가 된 반면, 아제르바이잔의 반체제운동은 초기에 미미하게 전개되다가 아무런 성과 없이 진압되었다. 양국에서 어떤 조건들과 맞물려 소셜미디어의 역할이 다르게 수행되었는지 구체적으로 고찰해 본다.

Ⅲ. 소셜미디어와 민주화운동: 이집트와 아제르바이잔 사례

2010년 12월 튀니지에서 시작된 반정부시위의 영향으로 2011년 1월 25일 이집트에서도 민주화 시위가 발생하였고 우여곡절 끝에 17일 만인 2월 11일 무바라크 대통령이 퇴임하며 30년 독재가 종식되었다(Attia, 2011; Lim, 2011). 2011년 이집트에서 반정부시위가 확산된 이유는 물가상승으로 인한 식량난, 실업률 증대, 정부의 부패 등으로 언급된다. 특히 페이스북 등을 비롯한 소셜미디어가 시위 발발 및 확산에 중요한 역할을 한 것으로 알려져 있다(조희정, 2011; 설진아, 2012 등). 이집트정부는 시위 확산을 막기 위해 인터넷 차단이라는 초강수를 두었으나 국제전화, 팩스, 우회로를 통한 인터넷 접속 등으로 연결된 시위대의 확산을 막기에는 역부족이었다. 결국 이집트 군부는 무바라크의 하야를 요청했고, 이 요청이 받아들여짐에 따라 시민의 요구와 군부의 동의에 의해 무바라크가 퇴진하였다. 2012년 5월 선거를 통해 무슬림형제단의 후보 모함메드 무르시가 대통령으로 선출되었다. 아랍의 봄으로 독재권력을 무너뜨린 시민들이 자유선거로 첫 민간인 지도자를 선택하였다. 그러나 이집트 군부는 여전히 입법권을 장악하고 있고, 예산감독권, 그리고 군 통수권까지 가진 상태에서 막강한 권력을 행사하고 있다. 또 보수적인 이슬람 국가건설을 목표로 하고 있는 무슬림형제단의 세력 확대로 이집트 민주주의 발전이 순조롭게 이루어지기 어려울 것이라는 우려가 제기되었고 실제로 현재까지 혼란이 지속되고 있다.

소련붕괴 후 1991년 아제르바이잔은 대통령제 국가로 독립하였다. 1993년 과거 구 아제르바이잔 사회주의공화국의 지도자였던 헤이다르 알리예프가 2대 대통령이었던 아벨파즈 엘치바이를 몰아내고 아제르바이잔 대통령에 취임하였다(Pearce et al., 2012; Grono, 2011, OpenNet Initiative, 2010). 2003년 말 헤이다르의 건강이 악화되면서 장남인 일람 알리예프가 총리에서 대통령 후계자로 지명되었고 대통령 선거에 승리해 권력이 세습되었다. 이후 권력세습을 비판하는 유혈시위가 발생하는 등 반정부운동이 전개되어 왔고 현정부와 반대세력 간의 갈등이 심화되어 왔다. 아랍의 봄 바람은 카스피해 연안국가 아제르바이잔에도 불었다. 중동과 북아프리카를 휩쓴 민주화운동의 영향으로 아제르바이잔 반정부세력들은 여러 차례 시위를 주도하고 이끌었다. 그 과정에서 야당 지도자가 조사를 받기도 하고 많은 시위가담자가 체포되었다. 그러나 아제르바이잔의 반정부시위는 이집트에서와 같이 정권변화나 민주주의 발전으로 이어지지 못했다. 왜 반정부시위가 이집트에서는 성공하고 아제르바이잔에서는 성공하지 못했는가를 본 연구에서는 정치경제 상황 속에서 소셜미디어의 역할에 초점을 맞추어 정리해 본다.

1. 이집트 사례

1) 배경

이집트는 아랍사회주의의 유산인 방만한 국영기업, 낡은 인프라, 부패한 관료제도, 정실주의 등으로 인해 오랫동안 경제적 후진국가로 머물러 왔다. 2003년 부시 대통령의 중동 민주화 구상이 실행되면서 2005년 이집트에서 첫 다당제 선거가 실시되었고 야당 후보 탄압과 부정선거를 통해 재집권에 성공한 무바라크 대통령은 국민들의 불만을 무마하기 위해 가시적인 경제개혁에 착수했다. 민영화로 재정을 충당하고, 해외투자를 유치해 공장을 세우고 일자리를 만들겠다는 것이었다. 적극적인 해외투자 유치와 경제 개혁으로 경제성장에 대한 기대가 높아졌으나 동시에 물가상승으로 경제적 여건이 불안한 상황이었다.

민주화운동 직전 이집트 경제는 5%대의 GDP 성장률과 9%대의 실업률, 10%를 상회하는 물가상승률을 기록하고 있다. 높은 실업률과 물가상승률로 서민경제가 불안정한 상태에서 특히 문제가 된 것은 식량 가격 상승이었다. 아랍지역은 국토의 사막화로 인해 농지와 관개용수가 부족한 반면, 출생률은 상대적으로 높아 세계 최대의 식량 수입지역이다. 특히 이집트는 아랍 세계에서 생산되는 밀의 31%를 생산하지만 동시에 세계 최대의 밀 수입국으로서 식량의 수입에 대한 의존도가 매우 높다. 2000년대 중반 이후 국제 밀 가격 불안과 이로 인한 국내 밀 가격 상승으로 이집트 서민들의 생활이 어려워지면서 불만이 고조되고 있었다.

나세르와 사다트 그리고 혁명 2세대인 무바라크로 이어지는 이집트 대통령은 모두 군 출신이다(홍순남, 2009). 1981년 사다트의 급작스런 암살로 대통령이 된 무바라크는 취임 후 경제성장과 세속

국가건설을 내걸며 사회주의경제에서 시장경제로 전환하였다. 이후 만성적인 재정적자와 빈부 격차가 심화되었고 세속국가건설에 반대하는 무슬림형제당 주도의 반정부운동이 이어져 왔다. 이집트는 공식적으로 다당제 국가이며 1987년 선거에서 야당인 뉴와프드당이 36석을 차지하면서 다당제가 정착되어 왔고 정기적인 선거로 대표를 선출해 왔다. 무슬림형제당은 야당과 연합 또는 무소속으로 정치권에 진입하고자 노력해 왔다.

이집트의 경우 2004년 이후 발생한 시위가 3천 건을 넘을 정도로 이미 악화된 경제상황에서 오랜 독재에 대한 불만이 표출되고 있었다. 중동의 친미 독재국가 이집트와 사우디아라비아 등의 정치적 개혁을 유도하기 위한 미국 부시 행정부의 중동민주화 구상도 무바라크 대통령에게 압력으로 작용하였다. 시민 혁명의 결정적 계기는 2004년으로 거슬러 올라간다(인남식, 2011). 당시 무바라크 대통령은 자신의 차남인 가말(Gamal Mubarak)에게 권력을 승계할 계획을 표명하였다. 이에 대해 이집트의 진보진영은 미국의 지원 하에, 이집트의 민주화를 희구하는 정치 운동, 특정 정파나, 이슬람 세력 또는 급진적 테러세력과는 상관없는 범시민적 운동, 즉 '키파야(qifaya)'를 발전시켰다. 2005년 총선에 즈음하여 24년간 집권한 무바라크의 연임을 반대하는 범국민운동인 키파야 운동이 야당연합세력 주도로 이집트 15개 도시에서 확산된다. 당시 총선에서 부시 미국 대통령의 압력과 이집트내 키파야 운동으로 야당과 무슬림 형제당이 대거 정계에 진출하게 되었다. 이 운동으로 2005년 헌법 및 선거법을 개정되면서 상대적으로 진일보한 정치체제가 이집트에 등장하게 되었다. 무바라크의 독재권력 하에서도 미국 등의 지원과 야권의 단합으로 일정 정도 야당의 세력권이 인정되었음을 알 수 있다.

이집트 정부는 국가통신규제국(NTRA, National Telecom Regulatory Agency) 주도로 적극적인 정보통신인프라 확대정책을 펼쳐왔다. 2000년부터 정보통신 분야 인프라 현대화와 선진 기술을 도입 적용하면서 이집트를 중동 아프리카 내 IT 강국으로 만들기 위한 육성 정책을 실시했다. 2002년부터 '1가구 1컴퓨터(The Computer for Every Home)' 정책 하에 유무선 통신시장에 대한 투자를 급속히 증가시켰다. 2007-2012년 ICT 마스터플랜 계획에는 총 7.6억 달러를 ICT 분야에 투자하여 인터넷 사용인구 증가율 20%, 연 휴대전화 사용자 증가율 25%를 목표로 제시하였다. 정부의 적극적인 투자에 힘입어 이집트 정보통신환경은 빠르게 발전되어 왔다. 2000년대 중반 이후 이집트에서 휴대폰과 인터넷 이용자가 연평균 10% 이상 빠르게 증가하여 왔으며, 2011년 민주화운동 즈음에 휴대폰 이용자는 전체 국민의 101.08%, 인터넷 이용자는 39.83 %, 대표적인 소셜미디어 가운데 하나인 페이스북 사용자가 15%에 달했다(ITU, Socialbakers, 2012). 특히 수도 카이로의 경우 인터넷 접속이나 휴대폰이용률은 더 높았고 페이스북 가입자가는 30세 이하 청년층에 집중되어 있다는 점이 주목할 만하다.

이집트 정부는 정보통신 인프라를 적극 확충하는 한편 인터넷 필터링 등 다양한 방식으로 정부에 비판적인 견해가 확산되는 것을 저지해 왔다(Howard, 2010). 반정부 글을 인터넷에 올리거나 시위를 조직한 혐의로 구속되는 블로거들이 늘어나기 시작하였다. 국경없는 기자회가 조사한 세계 언론통제 순위에서 이집트는 166위를 기록해 최하위 집단에 속하고 있다(Reporters without Borders, 2011). 그러나 이러한 환경 속에서도 도시거주 젊은 층을 중심으로 소셜미디어 이용이 확대되면서 정부에 비판적인 게시물들이 끊임없이 등장하여 왔다. 이집트에서는 2004년 키파야 운동이나 2006년 4월 6일 시위에서 페이스북이 적극 활용되었다.

2) 경과

2010년 11월에서 12월에 걸쳐 진행된 이집트 총선에서 집권여당 국민민주당(National Democratic Party)은 선출직 총 508석 의석 가운데 423석을 획득함으로써 83% 의석 점유율을 확보하는 대승을 거두었다(인남식, 2011). 강성 야당인 무슬림형제단, 자유주의 정당인 와프드당 등 야당의 참패였다. 2005년 총선 당시 미국 부시 행정부의 압력으로 개정된 헌법과 선거법 하에서 진행된 선거에서 88석을 획득했던 무슬림형제단의 충격은 컸다. 야권은 2010년 총선에 대해 선거인명부 부실 제작, 투표 참관 방해, 대리 투표 등의 의혹을 제기하였다. 여기에 식량위기와 실업률 증가 등 경제적 어려움이 겹치면서 불만이 고조되기 시작했다.

이런 상황에서 본격적인 반정부운동의 시발이 된 사건은 2010년 12월 중순에 발생한 이웃나라 튀니지 청년의 분신자살이었다. 튀니지 반정부운동의 전 과정이 이집트인들에게 페이스북이나 알자지라를 통해 실시간으로 전달되었다. 2010년 6월 이집트 반부패운동가였던 칼레드 사이드(Khaled Said)가 부패 경찰이 마리화나를 거래하는 장면을 유튜브에 올렸다가 폭행으로 사망한 후 와엘 고님(Wael Ghonim)에 의해 '우리는 모두 칼레드 사이드'라는 페이스북 그룹이 만들어져 활동하고 있었다. 이 그룹의 사이트는 튀니지의 상황을 전하며 2011년 1월 15일 이집트 타흐리흐 광장에서의 시위를 촉구하는 메시지를 올렸고 이것이 SNS를 통해 빠르게 확산되었다.

그러나 정작 1월 15일에는 대규모시위가 발생하지 않았고 1월 17일, 18일 수차례의 분신자살 시도가 있었으며 이 가운데 한 명이 사망하였다. 이런 사건들이 소셜미디어를 통해 보도되고 확산되는 상황에서 무슬림형제단이 1월 25일을 분노의 날로 선포하고 대규모 시위를 예고하였다. 1월 25일 카이로, 알렉산드리아, 아스완 등에서 본격적으로 대규모 반정부시위가 시작되었다. 시위가 확대되면서 진압 불가 상태에 빠지자 이집트 정부는 1월 28일 인터넷과 휴대폰을 차단하고 통행금지령을 선포했다. 계속해서 시위가 확산되자 무바라크 대통령은 한편으로 군부대를 투입하고, 다른 한편으로 내각 재구성, 개헌 등을 약속하였다. 무슬림 형제단을 위시한 야권은 임시 정부 형성을 논의하기 시작했으며 전 국제원자력기구(IAEA) 총재 엘바라데이(Mohamed ElBaradei)를 임시 대통령으로 추대하는 데 합의하고 시위대를 이끌었다. 무바라크는 선거를 통한 점진적인 권력이양을 내세우며 야권과의 합의를 모색했다. 협상이 진행되는 과정에서 페이스북을 통한 반대시위조직 혐의로 체포되었던 고님의 석방과 호소로 다시 시위가 격화되고 야권의 협상 중단이 선언되었으며 2월 11일 무바라크가 사임하였다.

많은 연구들은 2011년 이집트 반정부시위에서 페이스북 등 소셜미디어가 정보 확산 및 시위 동원 과정에서 중요한 역할을 했음을 확인하고 있다(Attia, 2011; Lim, 2012). 2011년 이집트 민주화운동의 시작은 튀니지 청년의 분신자살과 약 47만 명의 회원을 거느리고 페이스북을 통해 활동하던 이집트의 청년단체, '우리는 모두 칼레드 사이드' 사이트에서 집회가 제안되면서 촉발되었다. 초기 산발적으로 진행되던 반정부시위가 무슬림형제단을 비롯한 야권의 참여로 대규모 시위로 확산되면서 반정부운동이 본격화되기 시작하였다. 소셜미디어를 통한 반정부운동과 오프라인 야권세력이 만나면서 민주화운동이 전국적 규모로 빠르게 확산되었다.

한 연구는 당시 소셜미디어에 올라온 주요 내용이 이집트 자유를 위한 민주화운동을 지지하며 대규모 시위에 동참을 촉구하거나 알렉산드리아, 카이로 등지에서 발발한 시위정보(구체적인 시위장소와 참여규모, 시위장면, 경찰과의 충돌 및 폭력적인 진압 상황 등)

이었다고 밝히고 있다(설진아, 2012). 기존 언론이 통제된 상황에서 소셜미디어는 시위에 관한 정보와 진행상황을 실시간으로 올리며 시위를 이끄는 구심점 역할을 수행하였다. 이집트 정부는 소셜미디어가 시위의 구심점이 되자 인터넷을 차단하는 초강수를 두었으나 대내외적으로 많은 비난을 받았고 구글과 네티즌들은 인터넷 접속을 위한 우회로를 기술적으로 지원하면서 시위대를 격려하였다. 인터넷 차단조치는 오히려 그동안 시위에 가담하지 않았던 시민의 불편과 불만을 초래하는 역효과를 낳았고 결국 이집트 정부는 인터넷을 원상 복구시켰다.

무바라크 정부와 야권이 점진적인 정권이양 절차를 놓고 협상을 벌이며 시위가 가라앉는 상황에서 소셜미디어는 고님의 인터뷰 장면을 전하며 반정부운동의 불길을 재점화 하였고 협상 중인 야권으로 하여금 협상을 중단할 수밖에 없도록 만들었다. 이후 소셜미디어가 다시 정보전달 및 시위확산의 구심점이 되면서 무바라크의 퇴진을 이끌었다. 소셜미디어를 통해 제안된 반정부운동은 야권세력의 지원으로 본격적인 민주화운동으로 발전하였고, 야권의 타협으로 민주화운동의 향배가 불확실해진 상황에서 소셜미디어는 타협보다는 무바라크의 즉각적인 퇴진을 위한 시위를 주도하며 민주화운동을 이끌었다. 이집트 민주화운동은 소셜미디어와 야권세력 간의 상호작용 속에서 전개되었음을 알 수 있다.

2. 아제르바이잔 사례

1) 배경

1991년의 독립 이후 다른 시장경제 이행국과 같이, 아제르바이잔도 구소련 공화국 간의 경제연합의 붕괴와 구조개혁의 충격에서 벗어나지 못하였다(김상원, 2011). 독립 직후 혼란 속에서 지속적으로 경제가 악화되자 아제르바이잔은 경제개혁의 필요성을 인식하고 1995년 IMF와 협의하여 거시경제 안정화프로그램을 작성하여 시장경제로의 전환을 위한 새로운 개혁에 착수했고 풍부한 부존자원을 이용한 적극적인 경제개혁 정책을 실행했다. 특히 서방의 석유메이저들과 생산물 분배계약을 통한 외자유치를 통한 에너지자원 개발에 박차를 가했다. 대외적인 요인으로 석유 및 천연가스를 중심으로 한 국제 에너지 가격이 상승함으로써 아제르바이잔 경제는 1996년 하반기부터 회복되기 시작하여 이후 2000년부터 꾸준한 국제 유가의 상승에 힘입어 매년 10% 이상의 고도 경제성장을 이룩하였다. 그러나 2000년대 후반 이후 원유 생산이 감소하기 시작하면서 경제성장률이 감소하기 시작하여 2010년 말에는 4~5%의 GDP 성장률을 보이고 있다. 2000년대 후반에 실업률은 약 5%대로 안정적이었나 물가상승률은 10% 내외로 불안한 상황이었다. 아제르바이잔 역시 옥스팜이 꼽은 세계 식량안보 4대 위기 지역 가운데 하나이다. 아제르바이잔에서는 이상 기후로 인해 2010년 밀 생산량이 2009년보다 33% 줄어 국내 식량 가격이 20%나 상승하였다. 한편으로는 에너지산업에서 시작된 호황이 꺼지기 시작하면서, 다른 한편으로는 식량 가격이 상승하면서 경제적으로 불안정한 상황이었다. 아랍의 봄 당시 이집트와 비교하면 경제성장률과 물가상승률은 비슷했고 실업률은 다소 낮았다.

아제르바이잔은 1991년 소련으로부터 독립한 후 혼란을 겪게 된다. 1993년 10월 소련 시기에 중앙위원회 정치국 제1부총리를 맡았던 헤이다르 알리예프(Heydar Aliyev)가 선거를 통해 대통령에 당선됐다(오종진, 2009; 김영진, 2010; 현승수, 2010). 헤이다르 알리예프 대통령은 친서방과 개방정책을 기조로 한 유전개발 및 해외투자 자본 유치를 통해 경제성장을 추진하고 국내정세를 안정시켜 나가는 한편 1994년 5월 아르메니아와의 정전협정을 통해 나고르노·카라바흐 분쟁을 종식시키는 등 신생 아제르바이잔의 국가 건설을 성공적으로 추진했다는 평가를 받는다(현승수, 2010). 정치적으로는 독립 초기 민주주의 실험이 종식되고 대통령이 자신의 권력을 강화하면서도 선거와 다당제 등 최소한의 민주주의 제도를 수용하는 소위 '경쟁적 권위주의(competitive authoritarianism)' 체제를 수립한다.

그는 2002년 선거법을 개정하고 자신의 아들 일함 알리예프(Ilham Aliyev)에게 대권을 넘겨준다. 2003년 새로운 선거법 하에서 일반인들의 시위가 엄격히 제한되고 선거감시가 제대로 이루어지지 못한 상태에서 선거가 치루어졌고 일함 알리예프가 76%의 득표율로 당선되어 대통령직을 이어받게 되었다. 일함 알리예프는 유가 급등과 해외투자 유치를 활용하여 경제성장을 이끌었지만 반정부시위 등을 강하게 탄압하였다. 무사바트(Musavat), 인민전선당 등 야당과 반정부세력들은 꾸준히 반정부시위를 벌여 왔고 존재감을 키워 왔지만 실질적인 정치적 영향력이 적은 소규모 정당에 머물러 왔다. 2005년의 헌법 개정을 통해 국회의원을 소선거구제 방식으로만 선출하게 되어 군소정당이 선거에서 승리할 가능성이 더욱 적어졌다.

2008년 세계금융위기로 아제르바이잔에 대한 서방기업들의 투자가 감소하면서 국내 경제성장률이 떨어지고, 빈부 격차가 증대되기 시작했다. 반정부시위 등으로 혼란한 상황에서 진행된 2008년 대통령선거에서 일함 알리예프가 89%의 지지율을 획득하여 재선에 성공했다. 정부에 대한 불만에도 불구하고 알리예프가 당선된 배경에는 야권 정치인들의 분열과 이에 대한 불신 때문이다. 선거 때마다 야당들은 합당과 공조를 통한 정권교체를 부르짖지만 후보 단일화는 실패로 끝났다. 다른 한편 이슬람 급진주의 발호 가능성에 대한 우려가 정부와 언론매체를 통해 끊임없이 재생산되고 있기 때문에, 혼란을 원하지 않는 국민들은 선거에서 현직 대통령과 여당에게 절대적인 지지를 보내는 것으로 알려져 있다. 2010년 말 중동과 북아프리카 민주화운동의 영향으로 아제르바이잔 내에서도 반정부운동이 확산되었으나 정부 여당은 비교적 안정적으로 상황을 통제하여 이집트에서와 같은 정권교체가 이루어지지 못하였다.

아제르바이잔 역시 2000년 이후 통신정보기술부(MCIT) 주도로 초고속인터넷 및 이동통신 등 정보통신 인프라의 현대화 등 정보화 사회 구축을 위한 노력이 진행되었다. 아제르바이잔 정부는 2003년 2월 국제연합개발계획(UNDP, United Nations Development Programme)과의 협력 하에 국가 정보통신산업육성전략(2003-2012)을 추진해 왔으며 이의 성과로 2000년대 중반 이후 휴대폰과 인터넷 이용자수가 급증하였음을 볼 수 있다. 정보통신 인프라가 빠르게 확충되어 2011년 휴대폰 이용자는 108.75%, 인터넷 이용자는 50.0%, 페이스북 이용자는 11%로 기록되고 있다(ITU, Socialbakers, 2012). 아제르바이잔의 경우도 휴대폰, 인터넷, 페이스북 활용률이 수도 바쿠와 청년층들에 집중되어 있었다.

아제르바이잔 정부도 페이스북 등 소셜미디어의 위협을 감지하고 정부는 청소년 범죄, 포르노 등이 소셜미디어에 의해 증대될 수 있다고 주장하면서 직간접적으로 이의 확장을 견제해 왔다(Pearce et al., 2012). 대외적으로 알려진 아제르바이잔 '당나귀블로거 사건'에서처럼[2] 정부비판성 게시물을 직접적으로 처벌하기보다는 간접적

2 아제르바이잔을 방문한 당나귀가 기자 간담회를 여는 방식으로 세태를 풍자한 동영상물을 올린 청년 블로거들을 경찰 당국이 동영상 촬영, 배포가 아닌 폭력 문제로 체포한 사건.

으로 탄압하기도 하였다. 2011년 '아랍의 봄'의 영향으로 아제르바이잔에서 반정부운동이 확대되는 과정에서 페이스북에 정부비판 게시물을 올린 젊은이들-바흐티야르 하지예프, 자바 사발란이 병역기피나 마약소지 혐의 죄목으로 체포되었다(Amnesty International, 2011). 그러나 정부의 규제와 감시에도 불구하고 아제르바이잔에서 페이스북을 통한 반정부시위 시도 등이 지속적으로 발생하였다.

2) 과정

2010년 11월 아제르바이잔 국회의원선거에서 집권여당 신아제르바이잔당(YAP)은 125석 가운데 72석을 차지하였고 나머지 53석 가운데 48석도 여당과 가까운 무소속의원들이 당선되었다. 야당인 아제르바이잔 인민전선당(APFP)과 무사바트(Musavat)당은 당선자를 한 명도 내지 못하는 초유의 상황이 발생하였다. 부정선거 시비가 진행되는 가운데 아랍의 봄 바람은 카스피해 연안국가 아제르바이잔에도 불었다. 중동과 북아프리카를 휩쓴 민주화운동의 영향으로 아제르바이잔에서도 반정부세력들의 움직임이 시작되었다. 2011년 1월 29일 100여 명의 정치인들이 바쿠에 모여 알리예프 대통령을 이집트 무바라크와 비교하며 정부해산과 재선거를 주장하였다.

2011년 2월 4일 대학생 사바란(Jabbar Savalan)은 튀니지와 이집트, 시리아 상황을 지켜보면서 2월 5일을 아제르바이잔 분노의 날로 명명하고 바쿠 자유광장 시위를 제안하였다. 그러나 2월 5일 시위는 산발적으로 그치고 사바란은 마리화나 소지 죄목으로 체포되었다. 아제르바이잔의 반정부 운동가들은 다시 소셜미디어를 활용하여 무바라크 퇴진 한 달을 기념하여 3월 11일에 대규모 시위를 계획하였으나 시위 초반에 경찰에 의해 시위대가 해산되었다. 3월

12일 무사바트당의 주도로 알리예프 퇴진을 주장하는 대규모 시위가 이어졌으나 정부에 의해 진압되었다. 4월 2일 분노의 날 시위가 다시 한 번 계획되었으나 조기에 진압되었고 이후에도 간헐적으로 시위가 이어졌다.

아제르바이잔에서 소셜미디어 이용자가 증가하면서 이를 통한 정부비판이 진행되어 왔고 '아랍의 봄' 이후 타국의 시위현황 및 전개과정 등에 관한 정보가 소셜미디어를 통해 확산되었다. 아제르바이잔에서도 사바란 이외 하버드대학 출신 하지예프(Bakhtiyar Hajiyev) 등 청년들을 중심으로 소셜미디어를 통해 시위를 기획하고 조직하려는 노력이 지속되었으나 이집트에서와 같이 대규모 시위로 발전되지 못했다. 아제르바이잔 정부는 당나귀블로그 사건에서와 같이 정부비난 풍자나 비판 내용을 용인하지 않고 관계자들을 구속하였다. 이런 환경에서 인터넷은 개방되었지만 소셜미디어를 통한 정치적 의사표현이 제한되어 왔고 결과적으로 이집트에서처럼 소셜미디어 상의 견고한 구심점이 형성되지 못했다. 아울러 오프라인에서 야권의 입지도 상대적으로 취약하여 이들은 불법선거, 알리예프 퇴진 등을 주장하였으나 이들의 주장이 널리 확산되거나 전폭적인 지지를 받지 못했다. 무사바트 등 야당이 시위를 주도하였으나 이 역시 의미 있는 변화로 이어지지는 못했다. 소셜미디어와 야권의 연계도 매끄럽게 이어지지 못해 반정부청년조직이 주도하는 시위와 야권이 주도 하는 시위가 결합되지 못하고 병렬적으로 진행되었다

3. 이집트와 아제르바이잔 사례 비교

이집트에서는 소셜미디어로 촉발된 반정부운동이 대통령의 퇴진을 가져왔음에 반해, 왜 아제르바이잔에서는 소셜미디어가 대규모 시

워나 정권교체를 이끌어 내지 못했을까? 이집트와 아제르바이잔에서 소셜미디어 환경은 유사했다. 양 국가 모두 2000년 이후 정보통신 인프라에 대한 막대한 투자에 힘입어 인터넷, 휴대폰 이용자가 급속히 증대되고 있었고, 카이로와 바쿠와 같은 주요 도시의 청년층들을 중심으로 소셜미디어가 활발하게 이용되고 있었으며, 반정부 게시물 등이 유포되었다. 비슷한 환경 속 소셜미디어의 효과가 양국에서 다르게 나타난 것은 경제, 정치적 맥락에 따라 미디어의 역할이 다르게 나타남을 드러낸다. 미디어 자체의 속성보다는 미디어가 어떤 맥락 속에서 작용하느냐가 중요함을 시사하고 있다.

양국의 경제사회적 상황을 비교해 보면 이집트의 경우가 더 열악했던 것으로 판단할 수 있다. '아랍의 봄' 직전 이집트는 높은 실업률과 인플레이션에 시달리고 있었고 국제 밀 가격 불안정과 국내 가격 상승으로 서민들의 불만이 고조되어 있었다. 아제르바이잔의 경우 기록적인 경제성장률이 급격히 감소하고 물가가 오르기 시작하면서 국내 빈부 격차가 문제되기 시작하였으나 실업률과 물가는 상대적으로 안정적으로 유지하고 있었다. 정치적으로 양국은 권위주의 정권의 장기집권이라는 상황을 공유하고 있었다. 그러나 이집트에서는 무바라크의 오랜 독재 속에서도 범국민적 키파야 운동이 전개되면서 야권 결집과 제도권 진입이 이루어져 왔다. 아제르바이잔에서는 형식상 정기적 선거와 다당제를 유지하였으나 야권은 결집의 경험을 만들어내지 못했고 야권의 분열과 혼란으로 반정부운동의 구심점이 형성되기 어려운 상황이었다.

양국 정부는 모두 정보통신 인프라를 적극 발전시켰고 이에 힘입어 인터넷, 휴대폰 활용자가 급속도로 증대하였으며 정부의 직간접적인 탄압에도 불구하고 젊은 층을 중심으로 소셜미디어 이용이 증가하고 있었다. 이집트에서는 청년단체와 고님 등의 페이스북이 구심점이 되어 대규모 시위가 기획되었고 이것이 오프라인 야권 세력과 결합되어 강력한 정권교체 시위로 이어진 반면, 아제르바이잔에서 소수 블로거가 페이스북 등에 올린 반정부시위 촉구는 크게 주목받지 못했으며, 간헐적인 반정부시위를 본격적인 민주화운동으로 굳건하게 발전시킬 수 있는 오프라인상의 구심점 또한 취약하고 소셜미디어와 연계도 약해, 산발적인 시위는 정부의 탄압으로 저지되었다.

즉 이집트의 경우 식량가격 폭등 등 서민경제를 압박하는 경제상황과 키파야운동 등 범국민적 반정부운동의 확대 속에서 축적된 국민들의 불만이 소셜미디어를 통한 정보교환과 인적자원동원력과 만나면서 대규모 반정부시위가 성공적으로 진행되었다. 이웃 국가 튀니지민주화 운동의 영향이 보다 더 강하게 작용한 측면도 있다. 반면 아제르바이잔의 경우 2008년 세계금융위기 여파로 에너지산업에 편중된 경제성장 효과가 급속히 감소하고 국내 빈부격차가 심화되면서 경제적 불만이 제기되기 시작하였고 무엇보다 부자세습과 알리예프의 헌법개정 시도로 정부에 대한 불만이 증대되었으나 야권을 비롯한 반정부세력의 입지가 상대적으로 취약했고 소셜미디어상의 구심점도 형성되지 못한 상황에서 산발적인 항의나 비판이 대규모 반정부시위로 이어지지 못했다.

이집트와 아제르바이잔 사례의 개략적인 고찰을 통해 정치사회변동과정에서 미디어의 역할을 파악하기 위해서는 특정국가가 놓인 경제사회구조, 정치제도와 정치집단들의 경쟁 및 갈등 양상, 시민사회의 역할 등 거시적 맥락에 대한 이해가 필요함을 알 수 있다. 이러한 맥락과 미디어가 어떻게 상호작용하는지를 파악하고 이 속에서 미디어의 역할이 어떻게 구성되는지를 탐구해야 한다. 민주화를 향한 정치사회변동 과정에서 미디어의 역할을 일방적으로 긍정적이거나 부정적인 것으로 규정하기 어려우며, 미디어를 촉진요인으로 보는 것도 정확하지 않다. 구조적 요인이 존재하는 것만으로 자동적으로 민주화운동이 발생하고 성공을 보장받지는 못한다. 소위 인식의 공유와 인적 및 물적 자원 동원과정에서 미디어가 결정적인 역할을 할 수 밖에 없다. 상대적으로 진보적인 청년층과 반정부세력에 친화적인 소셜미디어가 구조적 요인과 결합될 때 정치사회변동을 촉진할 수 있는 역할을 할 수 있음은 자명하다. 그러나 반체제운동을 위한 경제사회구조적 요건이 충분히 존재하지만 오프라인상의 반정부운동을 위한 구심점이 약하고 소셜미디어에 대한 통제가 일상적으로 이루어지는 상황에서 미디어가 촉진 역할을 수행하기는 어렵다. 즉 소셜미디어의 존재나 활용만으로 자동적으로 민주화운동이 촉진되고 성공한다고 보기 어렵다.

이집트와 아제르바이잔 사례 비교를 통해 본 연구는 민주화운동에서 소셜미디어의 잠재력은 오프라인 반정부세력이 결집된 경험이나 역량이 존재하는 상황에서 실현되고 극대화될 수 있다고 주장한다. 이집트와 아제르바이잔 사례 모두에서 소셜미디어가 정부 비판의 장을 제공하고 시위를 조직하는데 중요한 역할을 하였다. 그러나 시위가 아제르바이잔에서처럼 산발적으로 진행되는 수준을 넘어 본격적인 민주화운동으로 발전하기 위해서는 오프라인 반정부운동 구심점의 존재와 발전이 함께 진행되어야 한다. 소셜미디어는 반정부시위가 형성되고 확대되는 과정에서 중요한 수단이 되지만 소셜미디어의 존재만으로 자동적으로 반정부시위의 구심점이 형성되거나 민주화가 이루어지지 않는다는 것은 자명하다. 오프라인 반정부세력과 소셜미디어의 상호작용 여부에 따라 민주화운동에서 소셜미디어의 역할 및 민주화 성공 여부가 달라진다.

Ⅳ. 북한 디지털미디어 현황과 정치사회변동

1. 북한 정치경제와 사회통제

북한은 자립적 민족경제 건설노선, 중화학공업 우선 성장전략, 군사와 경제 병진전략을 내걸고 사회주의 경제건설을 추진해 왔다(하영선·조동호, 2010; 권영경, 2010 등). 1990년대 이후 사회주의 계획경제의 모순 누적으로 장기 마이너스 경제성장을 경험하였으며 식량, 에너지, 원자재, 외화난 등 심각한 경제위기를 겪어 왔다. 경제위기 극복을 위해 북한은 2002년 '7·1경제관리개선조치'와 나진, 선봉에 이어 신의주, 개성, 금강산 등을 경제특구로 지정하는 대외 개방정책을 펴는 한편 이와 아울러 기업경영, 농업경영, 분배제도, 무역제도, 재정 금융 등 전 경제영역에 걸쳐 부분적인 시장경제 도입을 시도하여 왔다. 그러나 이러한 조치들에도 불구하고 한국은행의 북한 경제통계에 따르면 북한 경제는 장기적 침체를 벗어나지 못했다. 김정은 체제는 2012년 6.28 조치를 통해 국가 기간 및 군수 산업을 제외한 북한 전역의 공장과 기업소에 경영 자율성을 100%에 가깝게 부여하는 소위 신경제체제 구축을 시도하고 있다. 그러나 낮은 대외신용도, 통제에 따른 시장 위축, 원자재 공급처 확보 불확실 등으로 이러한 시도의 성공을 낙관하기 어려운 실정이다.

북한은 심각한 식량난을 겪어 왔다(양운철, 2011; Haggard et al., 2007). 식량난의 원인과 정도에 대한 다양한 진단과 분석에도 불구하고 북한이 오랫동안 심각한 식량난을 겪어 왔다는 것과 특히 2008년 이후 식량배급이 대폭 감소하였다는 것은 공통적으로 받아들여지고 있다. 비료부족, 자연재해 등으로 인해 전반적인 식량생산이 감소했다는 주장, 곡물생산량은 일정하나 식량이 분배되지 않고 시장으로 유출되고 있다는 주장 등이 존재한다. 북한은 국제사회의 지원 및 수입으로 식량난을 관리하여 왔으나 최근 작황이 감소하고 국제사회의 지원중단, 국제 곡물가격의 폭등, 달러 부족에 의한 수입 감소 등으로 여전히 식량난해소에 어려움을 겪고 있다.

북한은 수령에게 당과 국가의 권력을 집중시키는 유일지도체제를 유지해 왔다(오경섭, 2009 등). 그 과정에서 당과 군, 국가정치보위부 등을 활용하여 반대세력을 숙청하고 사회통제를 강화하였다. 북한의 사회통제는 1995~1997년 사이에 발생한 기근과 경제위기 등으로 도전을 맞게 되었으나 군대를 활용해서 사회통제를 보완하는 선군정치를 내세우며 체제를 유지해 왔다. 장성택 처형으로 대표되듯 김정은 체제에서도 사회통제는 지속되거나 강화될 것이다. 김일성에서 김정은으로 이어지는 3대 권력세습과 집권층의 실정에도 불구하고, 공개처형 등 반대세력에 대한 가혹한 처벌과 오랜 사회통제로 인해 내면화된 순응적 태도로 인해 북한에서 현재 드러나게 활동하고 있는 반정부집단은 존재하지 않는다. 북한의 일당독재체제하에서는 집권세력을 비판하고 이에 도전하는 선거도 야당도 원천적으로 봉쇄되어 있어 가까운 시일 내에 자생적인 반정부운동 활성화를 기대하기 어려운 실정이다.

2. 북한의 디지털미디어 현황

1) 인터넷과 인트라넷

북한은 'IT기술 발전을 통한 기술 강국에로의 단번도약'이라는 구호 아래 IT기술을 적극 도입했고 1990년대 초반 인터넷을 시작하였다(Kretchum and Kim, 2012; Bruce, 2012; Nesbitt, 2012; Manoslov, 2011; Chen et al., 2010; 황성진, 2009 등). 외부와 정보교환을 자유롭게 할 수 있는 인터넷이 체제유지에 위협이 될 수 있다는 판단하에 제한된 범위 내에서 폐쇄적인 인트라넷의 형태로 보급되었다. 북한중앙과학기술통보사가 운영하고 있는 '광명' 인트라넷은 1997년에 첫 서비스를 시작하였다. '광명'에서는 과학기술자료 검색체계를 이용하여 광역전산망을 통한 전자도서관의 과학기술자료 DB 검색 및 e-mail, 웹사이트 검색 등이 가능하다. 광명은 중앙기관, 김일성종합대학, 평양정보센터(PIC), 국가과학원 발명국, 인민 대학습당, 주요 공장, 기업소 등을 연결한다. 광명을 통하여 북한 외부로의 인터넷 연결은 불가능하고 외부에서도 국제전화를 통하여 북한의 광명에 접속할 수 없다. 초기에는 디지털 전화망 목적으로 부설된 광케이블에 모뎀 결합방식의 인트라넷을 구축하였기 때문에 데이터 전송속도가 매우 느려 저기능 PC통신의 한계를 넘지 못했다. 2002년 북한은 인터넷 개방 로드맵[3]에 따라 본격적인 인터넷인

[3] 북한의 여러 기관들을 인터넷 개방을 위한 다양한 기술전략을 제시하였다. 중앙과학기술통보사에서는 인터넷 원포인트 접속전략을 제기하였다. 이에 따르면, 인터넷은 특수기관들을 제외하고는 북한 내 모든 기관, 단체들이 인터넷 프록시 서버로 기능하는 중앙과학기술통보사 집중 서비스 서버, 즉 원포인터를 통해서만 인터넷에 간접적으로 접속하도록 함으로써 국가는 인터넷 연결과 관련된 모든 문제들을 원포인터에 대한 통제를 통해서 미연에 방지할 수 있을 것으로 높이 평가하였다. KCC에서는 원포인트 접속전략이 국가적 규제나 통제는 용이하나 접속자들의 다양한 정보수요를 충족시키

프라를 재구축하고 시설보완공사를 진행하였다(김흥광, 2007). 인터넷전용으로 전역에 광케이블백본망을 새로 부설하고 VDSL망을 새롭게 구축하는 한편 중국으로부터 중계기, 라우터와 같은 인터넷 인프라 설비들과 네임서버용 메인프레임을 비롯해 표준장비들을 구비하여왔다.

북한은 체제선전과 경제적 이득을 위해 해외에 서버를 둔 30여 개 이상의 웹사이트를 운영해 왔다. 1996년 일본에 조선중앙통신과 범태평양 조선민족경제개발촉진협회가 홈페이지를 개설했고, 1999년에는 중국에 조선인포뱅크 홈페이지를 구축했다. 이후 우리민족끼리, 조선신보, 실리은행, 조선무역, 조선우호협회 등을 일본, 중국, 독일 서버를 빌려 개설하고 운영해 왔다. 북한은 지속적인 노력에 의해 2007년 9월 국제인터넷주소관리기구(ICANN)으로부터 북한의 국가도메인으로 '.kp'를 최종 승인받았다(Mansouro, 2011; Williams, 2011). 아울러 인터넷을 통한 내부 자료의 외국 유출 및 외부의 침입을 방지하는 보안 솔루션 '능라88'을 개발하여 인터넷개방에 대비하였다. 이후 .kp 도메인은 태국 록슬리사와 관련된 Star Joint Venture에 의해 운영되고 있으며 2011년 조선중앙통신 홈페이지를 북한 내 자체적인 서버를 통해 인터넷망에 직접 연결하였다. 북한은 체제선전과 경제적인 목적으로 인터넷을 활용하기위해 광케이블망 구축과 국제 도메인 확보 등 외부와의 인터넷 연결을 꾸준히

지 못하는 제한성들을 극복하기 위하여 중국의 초기 인터넷 개방정책을 참작하여 단일창구방식의 인터넷 개방전략을 제출하였다. 이때 이용자들은 중앙집중적인 프록시 서버가 아니라, 월드와이드웹에 직접 접속하되, 모든 데이터링크는 중앙의 모니터링과 규제를 받는 단일한 창구를 통해 서 이루어지게 된다. 6.26 기술봉사센터에서는 인터넷과 관련된 국제봉사를 전담하여 온 경험에 토대 하여 인터넷의 개성을 살리고 그 효율성을 극대화하고자 했다. 이와 동시에 효과적인 인터넷 접속규제를 실현하기 위한 적정의 보안조건을 충족시키기 위해 하드웨어 및 웹 브라우저의 개발과 탑재를 해법으로 제시하였다(김흥광 2007).

준비하여 왔으나 저조한 컴퓨터 보급과 통제로 인트라넷 및 인터넷이 충분히 활용되고 있지 못한 상황이다. 현재 전체인구의 5~10% 내외가 컴퓨터를 이용하지만 이들가운데 일부만이 인트라넷인 광명을 활용하고 외부와의 인터넷 연결은 최고위층에 제한된 것으로 알려져 있다(Bruce, 2012; Reporters without Borders, 2014). 북한이 현재와 같이 소위 '모기장식' 폐쇄적인 인트라넷과 극히 제한적인 외부 인터넷 개방을 유지할지 아니면 중국이나 베트남과 같이 개방하되 다중의 보안장치를 활용할지에 대한 논의가 진행되고 있다(고경민, 2014).

2) 휴대폰

북한의 이동통신은 1998년 7월 나진 선봉지역에 무선호출 1,500회선과 이동전화 500회선을 설치하며 최초로 개통되었다(Kim, 2014; Kretchum and Kim, 2012; Nesbitt, 2012; Nolan, 2009; 황성진, 2009; 윤황·고경민, 2011). 이 사업은 태국, 핀란드, 대만의 합작자인 록슬리 퍼시픽(Loxley Pacific)과 북한의 조선체신회사가 설립한 동북아전기통신회사(Northeast Asia Telephone and Telecommunication; NEAT&T)가 주도하였다. 2002년 8월 동북아전기통신회사는 평양지역에서 유럽의 GSM방식으로 서비스를 제공하였고 2003년까지 50여 개 이동통신기지국이 건설되었으며 평양 및 각도 소재지, 주요 도로지역을 중심으로 이동전화가 개통되었다. 북한의 이동전화 가입자는 사업초기인 2002년 11월 3,000명 정도에서 2003년 말 2만여 명, 2004년에는 6월 3만여 명까지 증가한 것으로 추정된다. 이동전화 가입비 및 기기 가격, 전화요금 등이 높아 당, 군, 기업 등의 주요 인사들만 주로 사용하였다. 2004년 4월 중국 접경지역인 용천역에서 휴대폰으로 원격조정된 것으로 추정되는 폭발

사건이 발생한 후 특정계층과 외국인 일부를 제외한 휴대전화 일반 서비스를 금지하였으며 3만여 대의 휴대전화기가 회수되었다. 북한 내 휴대폰 금지에도 불구하고 북한 주민의 일부는 중국에서 휴대폰을 밀반입하여 서비스가 가능한 국경지역에서 불법으로 사용하였다.

2008년 12월 이집트의 오라스콤텔레콤(OTH)에 의해 다시 북한 내 이동통신서비스가 개통되었다(Nesbitt, 2012; Noland, 2009; 윤황·고경민, 2011).[4] 오라스콤은 2008년 조선체신회사가 25% 지분을 보유하는 합작형태로 자회사인 'CHEO테크놀로지'를 설립하고 북한 휴대전화 사업권을 획득하였다. CHEO테크놀로지는 '고려링크(Koryo Link)'로 불리는 WCDMA방식 3세대 이동전화서비스를 제공하였다. CHEO테크놀로지는 북한에서 25년간의 사업권과 초기 4년간 독점권을 보장받았다. 이후 북한에서 휴대폰 사용은 빠르게 증대되었다. 오라스콤의 연차보고서를 통해 공식적으로 확인 가능한 북한 휴대폰가입자 수는 2011년 3월 기준 535,133명이다. 이후의 연차보고서에는 공식적으로 고려링크가 언급되지 않아 현재 북한의 공식 휴대폰 사용자수는 정확히 알기 어렵다. 2012년 초반 백만 명 이상이 북한에서 휴대폰을 사용하는 것으로 보도된 바 있다(뉴포커스, 2012.1.1; Bloomberg News, 2012.2.2). 2012년 11월 오라스콤 사위리스(Sawiris) 회장의 인터뷰에 따르면 당시 북한의 휴대폰가입자는 150만 명이며 2012년 말까지 170만으로 증가할 것으로 예상

4 오라스콤 텔레콤의 모기업 '오라스콤 그룹'은 이동통신, 건설, 호텔 및 부동산, IT 등 4개의 계열사를 보유하고 있는 이집트의 대표 기업이다. 오라스콤은 조기 진입의 이점을 노리고 불안정하고 투명하지 않은 정치체제에도 위험을 감수하고 시장진입을 시도하는 기업으로서 쿠바, 북한, 베트남 등의 이동통신사업에 관심을 가지고 접근한 것으로 알려져 있다(윤황·고경민, 2011; Nesbitt, 2012). 오라스콤은 현재 북한 유경호텔 건설 마무리를 책임지고 있고 과거에는 북한의 상원시멘트에도 투자한 바 있으며 북한 노동자들의 중동 건설현장 파견에도 관련되어 있다고 알려져 있다.

하였다. 2013년 중반 현재 북한 휴대폰 가입자가 2백만을 넘은 것으로 추정되고 있다(Kim, 2014; 서소영, 2013; Williams, 2013).[5] 평양 이외 15개 도시, 고속도로, 철도 등에 휴대폰 서비스를 제공하고 있고 서비스 지역이 전체 국토의 14%, 인구의 90%를 포함하고 있다(Forbes, 2012.11.18).[6] 휴대폰 서비스 제공 초기만 해도 소수의 특권층에만 휴대폰 서비스 혜택이 돌아갈 것이라는 시각이 압도적이었으나 예상외로 가입자 수가 빠르게 증가하였다. 그러나 다른 한편 북한내 휴대폰 이용 가격을 고려할 때 실제 2백만이 휴대폰을 활용하고 있는지에 대해서는 의심도 제기된다. 오라스콤은 2012년 말로 종료된 이동통신 독점사업권을 2015년까지 연장하는 서면 확인을 받았다고 밝혔다. 그러나 최근 오라스콤의 북한 내 사업실적이 방글라데시나 알제리, 파키스탄에 비해 상대적으로 저조하며 북한의 환율 불안정 및 외화 부족 등으로 투자이익금을 돌려받지 못하는 상황에서 오라스콤의 북한 내 투자가 지속되지 못할 것이라는 예측이 제기되고 있다.[7]

고려링크 서비스는 음성 서비스 이외에 다양한 3세대 이동통신 서비스들, 즉 영상전화, 문자 메시지 전송 서비스(SMS), 멀티미디

5 이 정보는 북한 내 오라스콤 대표인 Ezz Heikal이 소련의 타스통신과의 대화에서 처음 밝혔고 이집트 오라스콤 본사가 확인한 것으로 알려졌다(http://www.northkoreatech.org/2013/04/26/koryolink-nears-2-million-subscribers 2014년 2월 15일 검색).

6 "Koryolink currently has more than 1.5million subscribers. Coverage includes the capital Pyongyang in addition to 15 main cities, more than 100 small cities, and some highways and railways. Territory coverage is around 14%, and more than 90% population coverage. The subscriber base has been increasing at a very healthy rate from 950,000 at [year-end] 2011 to an estimated 1.7 million at [year-end] 2012."(Forbes, 2012.11.18).

7 Sawiris was cautious about North Korea, where Orascom Telecom Media and Technology Holding had acquired licenses. He said he would not invest more in the one-party state until dividends are retrieved. "We made them an offer to invest any dividends back into the country," he said. (Reuter, 2013.11.14).

어 메시지 서비스(MMS), 음성메일, 그리고 이동전화기를 인터넷과 연결하는 무선 응용 프로토콜(WAP) 등을 지원한다(윤황·고경민, 2011). 오라스콤은 국내통화 및 데이터서비스만 제공하고 있으며 외국인들을 위한 별도의 네트워크를 운영하고 있다. 북한에서 사용되는 휴대폰은 대부분 중국에서 수입하는 것으로 알려졌다. 최근 터치스크린, 카메라모듈, 자국식 운영체제를 탑재한 아리랑이라는 스마트폰 제품을 북한 스스로 생산한다고 선전한 바 있으나 실제 북한의 기술 및 생산 수준을 고려할 때 중국제품을 들여와 조립하는 방식이라는 해석이 더 설득력 있다. 북한에서도 아이폰, 아이패드, 갤럭시 등 첨단 스마트폰 접속이 확인되었다고 전해진다(Statcounter, 2012). 고려항공 등 일부 북한기업들과 북한체제 선전용 페이스북 계정이 운영되고 있으나, 외부와의 유무선 인터넷 접속이 차단된 상황에서 일반 북한 주민들은 중동민주화 과정에서 중요한 역할을 수행했던 페이스북, 트위터 등 소셜미디어에 접근하지 못하고 있다.

고려링크에 가입한 휴대폰 사용자 이외 특히 중국과의 접경지역에서 중국 휴대폰을 사용하는 북한 주민도 많은 것으로 알려져 있다. 이들은 중국은 물론 한국과도 통화가 가능하며 인터넷도 접속할 수 있기 때문에 북한 당국이 접경지역의 불법 중국 휴대폰 사용을 막기 위해 군인들을 동원하여 감시하고 방해 전파를 쏘는 것으로 보도되었다. 실제로 탈북자들을 대상으로 한 조사에 따르면 많은 수가 불법휴대폰을 사용하여 국경너머 중국이나 한국과 통화를 하고 있는 것으로 드러나고 있다.

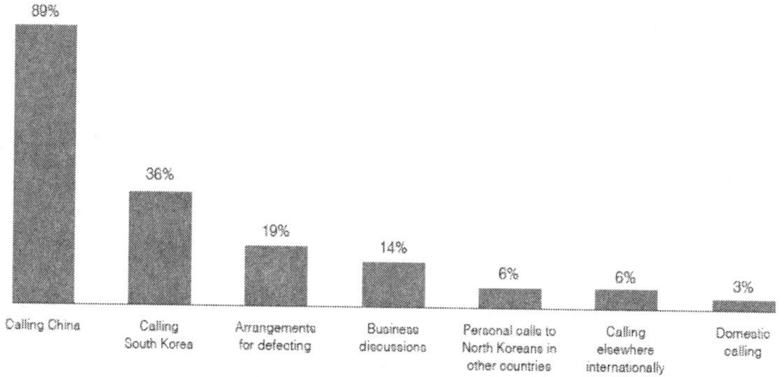

〈그림 3〉 탈북자 휴대폰 활용 내용

자료: Kretchum and Kim(2012).

한 연구자는 현재 북한에서 휴대폰을 사용하는 비율은 전체인구의 5% 정도로서 이 숫자가 북한이 휴대폰 사용을 허용할 수 있는 엘리트계층이라고 보았다(Bruce, 2012). 이러한 견해에 따르면 휴대폰 가입자가 지속적으로 확대되는데 한계가 있다. 그러나 북한 당국과 오라스콤은 휴대폰 확대로 인한 단말기 판매료 및 서비스료 수입 등으로 막대한 경제적 이득, 특히 시중에 풀린 외화를 벌어들이고 있고 이를 포기하기 어려운 상황이다(동아일보, 2012.2.6) 실제로 북한 당국은 휴대폰단말기나 서비스 가격의 인하나 통화범위의 확대 등을 통해 휴대폰 확산을 지원해 왔다 이에 힘입어 예상과는 달리 북한의 휴대폰 이용자가 지속적으로 증가하여 왔다. 오라스콤이 북한에서 사업을 계속하는 기간 동안 이러한 추세가 지속될 것으로 예측된다.

3) DVD, USB 등 기타 미디어

인트라넷과 휴대폰에 접할 수 있는 북한 주민이 소수임에 비해, 탈북자들을 대상으로 한 조사에서 TV, DVD, 라디오의 매체가 보다 광범위하게 활용되고 있음이 드러나 주목된다 (Ketchum and Kim, 2012). 이 가운데 TV는 채널 고정 등으로 외부 정보를 접하기 어렵다. 탈북자 조사에서 남한과 중국 TV를 시청한 비율은 각각 4%, 15%로 나타나고 있다. 북한 주민들이 외부 세계를 접하는 가장 보편화된 미디어는 DVD와 라디오이다. TV와 노트북컴퓨터는 2011년 7월 현재 평양 강동시장에서 미화 300불에 거래되는 고가품임에 비해, DVD 플레이어는 13불, DVD는 50센트로 경제적 장벽이 낮다. 북한에서 휴대전화 이외에 가장 선호되는 전자제품은 MP4, USB메모리 등 이다. 북한 당국이 허가받지 않은 USB메모리의 판매를 금지하고 있지만 PC 보급이 확대되면서 영화나 음악을 쉽게 저장하고 삭제할 수 있어 유용하게 활용된다. 한국 드라마나 가요 등을 담은 CD, USB메모리 등이 확산되고 있다.

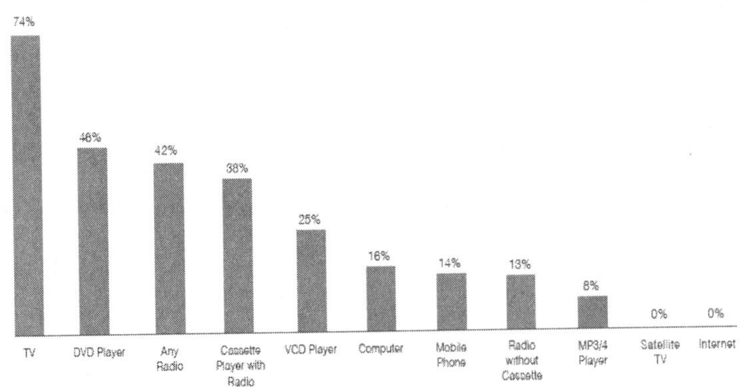

〈그림 4〉 탈북자 미디어 접근 현황

자료: Ketchum and Kim(2012).

그러나 다양한 디지털미디어의 확산에도 불구하고 여전히 북한 주민들이 정보를 접하는 가장 중요한 수단은 입소문이다. 이외 북한 내 방송, 신문, 라디오 이외 DVD, TV, 남한 라디오, 중국과 남한 TV 등을 통해 외부 소식을 접하고 있음을 알 수 있다.

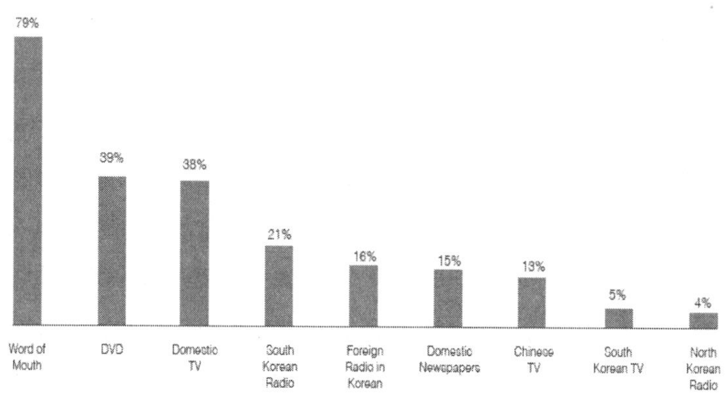

〈그림 5〉 탈북자 정보 획득 통로

자료: Ketchum and Kim(2012).

이상 북한의 인터넷, 휴대폰, 기타 디지털미디어 현황을 살펴보았다. 구체적인 이용자수에 대해서는 다소 이견이 존재할 수 있으나 현재 북한에서 인터넷 휴대폰 여타 디지털미디어의 이용이 확산되고 있음을 부인하기는 어렵다. 그렇다면 왜 북한 당국은 인터넷 개방을 고려하고 휴대폰을 확산하고 있는지에 대해 생각해 볼 필요가 있다. 이에 대해서는 다양한 견해가 존재한다(고경민, 2014; Nesbitt, 2012 등). 북한이 전면적인 개방을 고려하여 디지털미디어를 확산하고 있다거나 혹은 통제불능의 상태에서 디지털미디어 확산을 수수방관하고 있다는 견해는 모두 현실적 설득력이 떨어진다. 북한에서 디지털미디어 도입과 확산은 당국의 통제 하에 수기의 목적을 가지고 진행되고 있는 것으로 판단된다. 첨단 IT기기나 서비스 도입으로 인한 경제적 효과, 특히 외화획득과 중국 등 외국으로부터의 투자 확대 및 체제선전 효과가 가장 우선적으로 드러나는 동기이다. 아울러 IT기기나 서비스를 접할 수 있는 층이 제한되어 있기 때문에 이를 통해 북한의 엘리트 계층과 신흥상인들에 대한 통제가 보다 용이해지는 효과도 언급된다(Bruce, 2012).

이집트에서 2011년 시위 당시 휴대폰 보급률이 90%에 육박했다. 북한의 경우 현재 인트라넷 및 휴대폰 보급은 북한의 상층 엘리트집단과 대외 경제활동을 하는 집단에 집중되어 있고 이는 주민 전체의 약 10%에 해당한다. 이들은 대부분 체제의 급격한 변화를 선호한다고 보기 어렵다(Bruce, 2012). 북한에서 디지털미디의 도입의 정치사회적 효과를 의미있게 논의하기 위해서는 당, 군, 신흥부유층, 외국인 등을 넘어 보다 더 많은 북한 주민이 인터넷, 휴대폰 서비스에 접근할 수 있게 되는 것이 중요하다. 낮은 보급률과 함께 북한 당국의 철저한 통제가 문제된다. 북한 당국은 주민들의 휴대폰 통화내용과 문자 등을 감시하고 있으며 국경지역 등지에서 중국 휴대폰 사용을 막기 위한 전파탐지기와 방해전파기를 사용하는 것으로 알려져 있다. 북한도 비록 인트라넷이긴 하지만 자유게시판이나 채팅을 허용하다가 2006년 6월 한 사이트 게시판에 "모여서 농구경기를 벌이자"는 글이 오르고 청년 수백 명이 이에 호응해 평양체육관 앞에 나타나는 일이 벌어지자 보위부가 공공기관에서만 채팅에 접속할 수 있게 만들었다는 소식도 들린다(동아일보, 2012.2.4). 2004년 북한 당국은 휴대폰 사용을 전면 금지시켰던 경험이 있다. 휴대폰 가입자가 2백만을 넘은 상태에서 완전한 폐쇄가 다시 이루어지기 쉽지 않겠지만 북한 당국의 통제 가능성은 여전히 존재한다.

디지털미디어 도입과 확산으로 인한 북한 정치사회변동 가능성에 대해 관심이 주목되고 있다(Kim, 2014; Kretchum and Kim, 2012; Bruce, 2012; Nesbitt, 2012; Manoslov, 2011; 윤황·고경민, 2011; 조한범, 2012 등). 1990년대 중반 이후 지속되어 온 북한의 경제위기와 식량난 등은 여러 경제 개선조치와 국제사회의 지원에도 불구하고 현재까지도 크게 개선되지 못하고 있다. 북한 당국은 당과 군 엘리트에 대한 통제를 강화하며 3대 세습체제를 안정화시키고자 시도하고 있다. 여러 경로로 확인되는 북한 주민들의 누적된 불만과 불신의 증대에도 불구하고 가까운 시일 내에 북한 내부에서 이러한 불만들을 조직화하고 반체제운동으로 발전시킬 수 있는 구심점이 형성되기 어려운 실정이다. 디지털미디어 도입과 확산으로 중국과 남한의 생활상과 외부 소식을 접할 수 있는 기회가 늘어나고 있지만 여전히 보급률이 낮고 통제되고 있어 미디어의 확산만으로 북한의 정치사회변동을 기대하기는 어렵다.

북한에서 디지털미디어의 확산이 단기적으로 중동지역에서와 같이 급격한 정치사회변동을 촉진할 가능성이 낮음에 비해, 장기적으로 북한을 변화시킬 수 있는 토대가 될 수 있을 것으로 전망해 볼 수 있다. 휴대폰 보급과 시장 확대로 인한 경제적 기회의 증대, 중국, 남한, 탈북자 등을 통한 외부정보의 끊임없는 유입, 북한 내 정보통신인프라 개선과 북한 주민들 간의 정보 확산 등이 복합적으로 작용하면서 북한에서 조금씩 변화가 진행되고 있다. 디지털미디어를 통해 이루어지는 정보교환이나 의사소통은 완벽하게 감시되거나 차단될 수 없고 이런 점에서 북한이 돌아올 수 없는 '디지털 루비콘 강'을 건넜다는 주장도 있다(Mansouro, 2011; Bruce, 2012). 특히 휴대폰 등을 활용하여 새로운 경제적 기회를 포착하고 부를 축적하면서 동시에 외부 소식을 자주 접하는 북한의 신흥 부유층의 향배를 소심스럽게 수복할 필요가 있다. 이늘 역시 급격한 체제변화를 선호하지는 않지만, 정치적으로 보수적인 당과 군에 포진한 엘리트와는 달리 이들의 경제적 이해는 북한 체제개혁 및 개방에 맞닿아 있는 부분이 있기 때문이다.

북한 주민들이 당면한 경제적 위기 자체는 북한의 정치사회변동으로 발전되지 못했다. 광범위한 사회통제가 일상적으로 이루어지는 상황에서 위기를 변동의 계기로 밀고나갈 정치권 내의 야당세력 및 시민사회 세력이 존재하지 않았기 때문으로 볼 수 있다. 인터넷 휴대폰 디지털미디어가 도입되고 확산되어 왔지만 이 역시 북한 당국의 계획과 통제 속에서 진행되면서, 새로운 미디어의 단순 도입과 확산만으로 정치사회변동의 계기를 만들어 내지는 못하고 있다. 이러한 한계에도 불구하고 새로운 디지털 미디어의 도입과 확산이 지속되고 이를 통해 남한과 중국 등 외부 세계와 접촉할 수 있는 기회가 늘어난다면 북한 정치사회변화를 이끄는 핵심적인 역할을 수행할 수 있는 잠재력이 있다고 판단되며 향후 진행상황을 예의 주시해 볼 필요가 있다.

V. 결론

특정사회의 정치사회변동을 분석할 때 사회경제구조적 요인, 정치제도와 권력을 둘러싼 권력 엘리트집단들 간의 갈등과 전략, 밑으로부터의 불만과 사회운동 등등에 관심을 가지고 살펴보아야 한다. 그러나 기존 분석들은 구조적 요인의 형성, 엘리트집단의 권력 경쟁, 집단행동과 사회운동이 진행되는 과정에서 미디어가 중요한 매개역할을 하는데 관심을 두지 않았다. 반면 미디어에 초점을 두고 정치사회변동과 민주주의 발전을 설명해 온 이론들은 미디어의 속성과 일반적인 역할을 고찰하면서 민주적 발전의 가능성과 한계만을 좁게 논의하고 있다. 정치사회변동 과정에서 미디어의 역할에 대한 보다 깊이 있는 통찰력을 얻기 위해서는 미디어가 놓여진 사회의 구조적 맥락이나 정치제도권 내의 권력 경쟁 양상, 사회운동에 대한 다양한 이론적 자원들에서 제안된 정치사회변동을 결정짓는 요소들에 대한 이해에 토대하여 실제로 각 층위들 안에서 미디어의 역할이 어떻게 결합되어 나타나는지를 함께 고찰해야 한다.

미디어는 상황에 따라 민주주의 발전을 촉진하는 역할을 하기도 하지만 때로는 통제와 감시의 효율적 수단이 되기도 한다. 정치사회변동 과정에서 미디어의 역할을 이해하기 위해서는 미디어가 작동하는 맥락으로 사회경제적 구조, 정치제도와 권력집단들 간의 경쟁, 그리고 시민사회와 밑으로부터의 사회운동 등을 고찰하면서 이 속에서 특정한 미디어가 수행한 역할을 분석해야 한다. 미디어는 맥락으로부터 독립적인 변수가 아니라 이 요소들과의 상호작용 속에서 형성되고 역할이 구성되기 때문이다. 구조적 요인이 존재하는 것만으로 자동적으로 민주화 운동이 발생하거나 성공을 보장받지는 못한다. 인식의 공유와 인적 물적 자원 동원과정에서 미디어가 결정적인 역할을 하며, 이집트에서와 같이 상대적으로 젊은 층과 반정부세력에 친화적인 디지털미디어가 구조적 요인과 결합될 때 정치사회 변동을 촉진할 수 있다.

최근 북한에서 인트라넷, 휴대폰, DVD, USB 등 디지털미디어의 활용이 급속히 증대되어 왔고 향후 지속적으로 확산될 것으로 예상된다. 북한 당국은 경제적 이익, 체제선전 효과, 사회통제 강화 등을 목적으로 미디어 도입과 확산을 주도하여 왔다. 북한의 경우 오랫동안 지속되어 온 경제위기, 식량난, 3대 권력세습 등 반체제운동을 위한 경제사회구조적 요건이 충분히 존재하지만 철저한 외부 감시와 내면화된 통제 속에서 점증하는 불만들을 조직화하고 반체제운동으로 발전시킬 수 있는 구심점이 형성되지 못하고 있다. 디지털미디어에 대한 접근이 여전히 보편화되지 못하고 미디어에 대한 통제가 일상적으로 이루어지는 상황에서, 미디어의 확산이나 활용만으로 자동적으로 민주화운동이 발전하고 성공하기는 어렵다. 디지털미디어나 소셜미디어의 활용이 확산되는 과정과 온오프라인에서 반정부운동의 구심점의 형성이 동시에 이루어져야 한다.

북한에서 디지털미디어의 도입과 확산은 단기적으로 중동지역에서와 같이 급격한 정치사회변동을 촉진할 가능성이 낮음에 비해,

장기적으로 북한을 변화시킬 수 있는 토대가 될 것으로 전망된다. 휴대폰 등을 활용한 시장의 확대와 경제적 기회의 창출, 중국, 남한 미디어의 영향력 확대, 북한 내 정보교류 확산 등 새로운 미디어의 도입으로 북한에 부분적으로 변화가 진행되고 있다. 여러 자료들에 따르면 김일성에 대한 맹목적 숭배에 비해 김정은에 대한 충성심이 약해졌고 북한 정치구조와 경제상황을 바라보는 시각도 비판적인 경우가 늘어나고 있다. 특히 휴대폰 등을 활용하여 새로운 경제적 기회를 포착하며 부를 축적하고 동시에 외부 소식을 자주 접하는 집단이 형성되면서 변화의 조짐이 진행되고 있다.

대북전략의 관점에서 볼 때 잠재적으로 북한 정치사회변동의 구심점 역할을 할 수 있는 디지털미디어의 확산을 지원하고 외부에서 진행되는 변화를 알 수 있는 통로를 확대하는 것이 필요하다. 아울러 디지털미디어를 적극적으로 활용하여 합리적인 개혁세력을 형성시킬 수 있는 방안도 모색해야 한다. 이제까지 대북 공공외교는 일방적으로 남한체제의 우월성을 과시하고 북한체제를 비판하는 선전의 관점에서 수행되어 왔다. 디지털미디어가 확산되고 있는 상황에서 대북 공공외교는 우선적으로 북한내 디지털미디어 확산을 지원하고 외부의 소식을 알리되 일방적 선전과 비판보다는 북한 정치사회변동의 구심점이 될 수 있는 합리적인 개혁세력을 형성하고 발전시키는 방향으로 수행되어야 한다. 민주주의, 번영, 평화, 인권 등 21세기 문명표준의 가치를 내재한 다양한 문화 콘텐츠들을 더 많은 북한 주민들이 손쉽게 접할 수 있도록 돕고, 이를 토대로 북한의 민주화에 필요한 물적 인적 자원들이 형성되고 모일 수 있도록 지원해야 한다.

참고문헌

고경민. 2014. "북한의 인터넷 개방: 쿠바 사례를 통해 본 함의와 전망." 『국가전략』. 세종연구소.

고경민. 김일기. 2011. "중동 시민혁명이 북한 민주화에 주는 시사점: 민주화 지원과 정보기술 효과를 중심으로." 『북한연구학회보』 15(1).

권영경. 2009. "북한의 경제현황과 개혁·개방." 『북한이해 2009』.

권태환·이재열. 1998. "사회운동조직간 연결망." 『한국사회과학』 20(3).

김상원. 2011. "아제르바이잔의 체제전환 전략과 경제발전" http://www.eurasiahub.org/ (2013년 10월 15일 검색).

김영진. 2010. "아제르바이잔 정체성의 복합적 성격과 대외정책에의 함의." 한양대학교 아태지역연구센터 러시아·유라시아연구사업단 엮음. 『유라시아 지역의 국가·민족 정체성』. 한울아카데미.

김흥광. 2007. "인터넷개방을 위한 북한의 로드맵과 추진현황." 『북한과학기술연구』 제5집.

뉴포커스. 2012/1/17.

동아일보. 2012/2/6, 2012/2/4.

서소영. 2013. 북한 이동통신 동향. 정보통신정책. 정보통신정책연구원.

설진아. 2012. "이집트 민주화 혁명에서 SNS와 소셜 저널리즘" 『언론정보학보』 58.

양운철. 2011. "탈북자 면담을 통해 본 북한경제 일상." 『정세와 정책』 4월호. 코리아연구원.

오경섭. 2009. "북한 전체주의 사회통제와 체제 내구성." 『세종정책연구』 5(2).

오종진. 2009. "아제르바이잔 민족 정체성 형성과정과 소비에트의 대외정책." 『중동연구』 27(3).

윤황·고경민. 2011. "북한 이동통신의 현황과 한계." 『사이버사회문화』 2(1). 경희사이버대학교 사이버사회연구소.

인남식. 2011. "아랍 정치변동의 성격과 함의." 『국제정치논총』, 51(4).

임희섭. 1999. 『집합행동과 사회운동의 이론』. 고려대학교 출판부.

조한범. 2012. "사회주의체제 붕괴와 재스민혁명의 공통점." 통일연구원.

하상복. 2003. "민주화 이행론의 비판적 고찰과 보완 모델의 탐색 : 정치 커뮤니케이션 과정을 중심으로." 『사회과학연구』. 서강대 사회과학연구소

하영선·조동호. 2010. 『북한 2032: 선진화로 가는 공진전략』. 동아시아연구원.

한국은행. 2011. "북한경제성장률 추정결과 보도자료."

황성진·공영일·홍현기·박상주. 2009. 『북한 방송통신부문 및 남북방송통신 교류협력 현황 보고서』 정보통신정책연구원.

현승수. 2010. "포스트 소비에트 아제르바이잔의 국가 건설과 정치적 정당성." 『슬라브학보』 26(3).

홍순남. 2009. "이집트 외교정책과 민주주의." 『중동연구』 28(2).

Amnesty International. 2011. "Azerbaijan." http://www.amnesty.org/en/region/azerbaijan.

Attia Ashraf M., Nergis Aziz, Barry Friedman, Mahdy F. Elhusseiny. 2011. "Commentary: The impact of social networking tools on political change in Egypt's "Revolution 2.0." *Electronic Commerce Research and Appli-*

cations 10(4).

Bimber, Bruce. 2001. "Information and Political Engagement in America: The Search for Effects of Information Technology at the Individual Level." *Political Research Quarterly* 54(1).

Bloomberg News. 2012/02/02.

Briggs, Asa and Peter Burke. 2002. *A Social History of the Media: From Gutenberg to the Internet.* Cambridge: Polity Press.

Bruce, Scott. 2012. "A Double-Edged Sword: Information Technology in North Korea." Analysis from the East-West Center 105. University of Hawaii.

Eisenstein, Elizabeth 1983. *The Printing Revolution in Early Modern Europe. Cambridge University Press.* 전영표 역. 2008. 『근대 유럽의 인쇄 미디어 혁명』. 커뮤니케이션북스.

Cheng Chen, Kyungmin Ko and Ji-Yong Lee. 2010. "North Korea's Internet Strategy and Its. Political Implications." *The Pacific Review* 23(5).

Deibert, Ronald. 1997. *Parchment, Printing, and Hypermedia: Communication in World Order Transformation.* Columbia University Press.

Flew, T. 2002. *New Media: An Introduction.* Oxford University Press. *Forbes.* 2012/11/18

Gladwell, Malcolm. October 4, 2010. "Small Change: Why the revolution will not be tweeted." *The New Yorker.*

Grono, M. 2011. *Nations in transit: Azerbaijan.* Washington, DC: Freedom House.

Haggard, Stephan, and Marcus Noland. 2007. *Famine in North Korea: Markets, Aid, and Reform.* New York: Columbia University Press.

Hayes, Peter, Bruce, Scott, & Mardon, Dyana. 2011. "North Korea's Digital Transformation: Implications for North Korea Policy." Nautilus Institute. (http://www.nautilus.org/publications/essays/napsnet/forum/Hayes_Bruce_NK_Digital_Transformation/?searchterm=%22cell%20phone%22).

Innis, Harold. 1950. *Empire and Communications.* Oxford: Oxford University Press.

Kim, Yonho. 2014. "Cell Phones in North Korea: Has North Korea Entered the Telecommunications Revolution?" US-Korea Institute at SAIS, Johns Hopkins University.

Kretchum, Nat and Jane Kim. 2012. *A Quiet Opening: North Koreans in a Changing Media Environment.* Washington, DC: InterMedia.

Leadbeater, Charles and Geoff Mulgan. 1997. "Lean Democracy and the Leadership Vacuum." Geoff Mulgan. ed. *Life After Politics: New Thinking for the Twenty First Century.* London: Fontana.

Lim, Merlyna. 2011. "Clicks, Cabs, and Coffee Houses: Social Media and Oppositional Movements in Egypt." *Journal of Communication.*

Lister, M., Dovey, J., Giddings, S., Grant, I. and Kelly, K. 2003. *New Media: A Critical Introduction.* Routledge.

Mcluhan. Marshall. 1964. *Understanding Media: The Extensions of Man.*

McGraw-Hill.
Melucci, Alberto. 1996. *The Playing Self : Person and Meaning in a Planetary Society.* Cambridge University Press.
Moore, Barrington. 1967. *Social Origins of Dictatorship and Democracy: Lord and Peasant In the Making of the Modern World.* Boston: Beacon Press, 1966.
Mansourov, Alexandre Y. 2011. "North Korea on the Cusp of Digital Transformation." Nautilus Institute Special Report.
Nesbitt, Peter. 2012. "North Koreans Have Cell Phones: Why cell phones won't lead to revolution and how they strengthen the regime." KEIA.
Noland, Marcus. 2009. "Telecommunications in North Korea: Has Orascom Made the Connection?" *North Korean Review.*
O'Donnel, lGuillermo and Philippe Schmitter. 1986. *Transitions from Authoritarian Rule.* Baltimore: Johns Hopkins University Press.
OpenNet Initiative. 2010. Azerbaijan. Retrieved from http://opennet.net/research/profiles/azerbaijan.
Pearce, Katy E. & Sarah Kendzior. 2012. "Networked Authoritarianism and Social Media in Azerbaijan." *Journal of Communication* 62.
Przeworski, Adam. 1991. *Democracy and Market.* Cambridge University Press. 임혁백, 윤성학 역. 1998. 『민주주의와 시장』. 한울.
Qualman, Erik. 2010. *Socialnomics: How Social Media Transforms the Way We Live and Do Business.* John Wiley & Sons.
Reporters Without Borders. 2014. *Enemies of the Internet 2014.*
Reporters Without Borders. 2011. *Press Freedom Index 2011.*
Rheingold, Howard. 2002. *Smart Mob: The Next Social Revolution.* Cambridge. MA: Basic Books.
Saunders, Clare. 2007. "Using social network analysis to explore social movements: a relational approach." *Social Movement Studies* 6(3).
Shenk, David. 1997. *Data Smog: Surviving the Information Glut.* New York: Harper Edge.
Shirky, Clay. January/February, 2011. "The Political Power of Social Media: Technology, the Public Sphere and Political Change." *Foreign Affairs.*
Skocpol, Theda. 1979. *States and Social Revolution.* Cambridge University Press.
Snow, David A., S. A. Soule, and H. Kriesi. eds. 2004. *The Blackwell Companion to Social Movements.* Oxford: Blackwell.
Socialbakers. 2012. http://www.socialbakers.com/.
Statcounter. 2012. http://gs.statcounter.com/.
Tilly, Charles. 1978. *From Mobilization to Revolution.* Mass: Addison-Wessley.
Williams. Martyn. 2011. "North Korean Domain Names Return to the Internet." *PC World.*
Williams. Martyn. 2013.6.2. "Koryolink hits 2 milion subscribers." http://www.northkoreatech.org/2013/06/02/koryolink-hits-2-million(2013년 10월 15일 검색).

제10장

국제인권조약 연결망에서 북한의 위치

조동준

Ⅰ. 들어가며

1990년대 대규모 탈북 현상이 나타나면서 인권규범을 둘러싼 북한과 국제사회 간 갈등이 국제사회의 중요 관심사가 되었다. 북한의 인권 상황은 여러 지표에서 최악을 기록하고 있다(e.g., Freedom House, 2013; Marshall et al., 2012; Open Doors International, 2011). 북한정권에 의한 조직적 인권 유린은 국제사회의 우려를 넘어 반인도적 범죄에 해당된다는 지적으로 나타나고 있다(Darusman, 2012; Havel et al., 2006; The Commission of Inquiry on Human Rights in the Democratic People's Republic of Korea(CIHR-DPRK), 2014, 15). 국제사회는 지속적으로 북한의 인권을 개선하기 위한 노력을 전개하지만, 북한은 이를 '反공화국 모략'으로 대응한다(양정아, 2009; 전병역, 2012). 인권 쟁점을 둘러싼 북한과 국제사회 간 갈등은 이제 상수처럼 여겨지고 있다.

인권조약 가입을 기준으로 하면, 북한은 인권 최하위국가가 아니다. 북한은 국제연합이 주도한 14개 인권협약 가운데 2012년 말 6개에 가입했다(156위). 냉전 종식 직전 인권조약 가입에서 99위로 중위권을 유지했다. 심지어 북한의 국제인권조약의 핵심이라고 불리는 인권규약A와 인권규약B에 한국보다 먼저 가입했었다. 외형상 북한은 국제인권의 준수에서 최악이 아니다. 반면, 2차대전 이후 세계질서의 형성에서 중요한 역할을 담당하는 미국은 국제인권조약에 거의 가입하지 않고 있다. 인권 상황이 상대적으로 좋다고 평가를 받는 일부 국가도 국제인권조약에 가입하지 않고 있다.

이 글은 국제인권조약 가입의 측면에서 북한의 특이성을 설명하고자 한다. 이 글은 세 부분으로 구성되어 있다. 첫째, 인권 개념의 진화와 국제연합의 성문화 활동을 기술한다. 인권 개념은 사회세력간 갈등 속에서 진화했으며, 대략 3세대로 구분된다. 국제연합은 2차대전 이후 인권의 성문화 과정에서 중심적 역할을 담당한다. 둘째, 북한의 인권상황과 인권조약가입을 검토한다. 북한의 인권조약 가입은 1980년대와 1990년대 집중되는데, 이는 국제사회와의 관계 개선을 위한 정책적 목표와 연관된다고 추정된다. 셋째, 남북한의 국제인권조약 가입 양태를 연결망 시각에서 검토함으로써, 인권을 둘러싼 남북한 간 분화 현상을 보인다.

Ⅱ. 인권 개념의 진화와 국제연합의 성문화 활동

인권 개념은 서유럽에서 왕권과 자유민의 대결이라는 역사적 배경으로부터 태어났다. 1215년 대헌장이 나타내듯이 자유민은 왕권과의 경쟁에서 승리함으로써 왕권의 자의적 침해로부터 지켜져야 하는 특정 권익을 보장받았고 이는 자유민의 권리 또는 특혜로 인정을 받게 되었다. 자유민의 범위가 점차 확대되면서, 인권 향유자의 범위도 점차 확대되어 궁극적으로 보편적 인권 개념으로 이어졌다. 이 절은 1789년 프랑스 혁명 이후 인권의 성장을 3세대로 구분하여 기술한 뒤, 국제연합에서 인권을 성문화하는 과정을 검토한다.

1. 3세대로 구분되는 인권 개념

1789년 프랑스 국민의회가 선포한 '인간과 시민의 권리 선언'은 인권의 역사에서 분기점이다.[1] 프랑스 국민의회는 "인권에 관한 무지·

---

[1] 대헌장(1215), 권리청원(1628), 권리장전(1689)도 왕권이 침해할 수 없는 소극적 권리를 명시하지만, 보편적 인간을 소극적 권리를 향유하는 주체로 설정하지 않는다.

망각 또는 멸시가 오로지 공공의 불행과 정부 부패의 모든 원인"이라는 믿음을 밝힌 후, 자유, 사유권, 안전을 불가침적 인권으로, 압제에 대한 저항을 불가침적 시민권으로 규정하였다(2조). 또한, 몇 가지 대원칙으로 시민권을 향유하는 데 있어 평등(1조), 주권의 원천으로서 인민(3조), 인민의 일반 의지에 기반한 법(6조), 무죄추정의 원칙(9조) 등을 언급하였다. 공공의 이익에 따라서 제한될 수 있지만, 정치적 결사(2조), 업적주의에 따른 공직 진출(6조), 사상 및 의견의 자유로운 교환(10조), 공공 행정 보고 요청(15조), 조세에 대한 검토와 동의(14조) 등을 시민의 권리로 명기하였다. '인간과 시민의 권리'는 프랑스인에게 차별 없이 인권을 보편적으로 보장하였다.

'인간과 시민의 권리 선언' 이후 인권과 시민권은 여러 국가에서 다양한 영역으로 확대 진화되었는데, 대체로 3세대로 구분된다.[2] 1세대 인권은, 정치권력이 개인의 인권과 시민권을 침해하지 말아야 한다는 '소극적 권리'를 포함한다(Vasak, 1977, 29; Vilijoen, 2009). 이는 왕권과 자유민의 이익이 충돌하는 상황에서 왕권의 자의적 개입으로부터 보호를 받는 자유민의 권리를 의미한다. 구체적으로 1세대 인권은 자유재산권, 집회와 결사의 자유, 종교와 양심의 자유,

미국 독립선언(1776)이 모든 사람이 평등하게 태어났으며 불가양적 권리(생명, 자유, 행복 추구)를 가진다고 선언함으로써, 보편적 인간을 소극적 권리를 향유하는 주체로 인정한다. 프랑스의 '인간과 시민의 권리 선언'이 인권과 시민의 권리를 명시한 미국 권리장전이 보다 앞서기 때문에(프랑스 '인간과 시민의 권리'이 1789년 8월 26일 채택된 반면, 미국 권리장전은 1789년 8월 21일 하원에서 채택되고, 1789년 9월 25일 양원합동결의안으로 채택되고, 1791년 12월 15일 발효됨), '인간과 시민의 권리 선언'이 인권의 역사에서 분기점이라고 할 수 있다.

2 인권의 세대구분은 Karel Vasak에 의하여 최초로 제기되었다. 이후 이 개념은 UNESCO, 국제연합에서 점차 확대되어 사용되었다(Alston, 1982, 309-313). 인권의 3세개 구분은 프랑스 혁명의 구호였던 자유, 평등, 박애와 관련되어 있다. 구체적으로, 자유는 1세대 인권과 시민권, 평등은 2세대 인권, 박애는 집단 간 연대와 정체성과 관련된 3세개 인권의 원형이다(Vilojeon, 2009).

자유 언론, 참정권 등을 포함한다. 이는 국가 혹은 왕권의 자의적 침해로부터 보호를 받아야 할 개인의 권리와 관련되어 있다. 1세대 인권은 19세기 이후 국내정치 맥락에서 민주주의 확대와 함께 점차 확대되었다.

2세대 인권은 인간으로 존엄을 지키기 위하여 필요한 경제적, 사회적, 문화적 조건과 관련되어 있다. 19세기 후반 인권과 시민의 권리가 자유민에게 확대되는 과정에서, 노동 계급은 형식적 권리를 넘어 실질적 이익의 보장을 요구하였다. 노동 계급은 인간다운 삶을 영위하는 데 필요한 조건이 구비되어야 한다는 담론을 발전시켰고, 국경을 넘는 연대를 통하여 노동자의 이익을 개별 국가의 정치 체제에 안착시켰다. 구체적으로 2세대 인권은 사회보장을 받을 권리, 근로권, 실업 보장, 휴식 추구권, 인간다운 생활을 할 권리, 교육을 받을 권리, 환경권 등을 포함하게 되었다. 2세대 인권은 1차대전을 거치면서 서유럽과 북미에서 인정을 받았고, 2차대전 이후 신생독립국으로까지 확장되었다.

3세대 인권은 소수자 집단의 독자성 유지와 여러 집단 간 연대(solidarity)와 관련되어 있다. 1, 2세대 인권의 주체가 개인인 반면, 3세대 인권은 인권의 주체를 집단으로 상정하고, 각 집단이 독자적 행위자로 활동할 수 있는 조건을 권리로 한다. 정치적, 경제적, 사회적, 문화적 자결권, 경제사회 발전권, 인류공동의 유산의 향유권, 평화권, 환경권, 인도적 구호를 받을 권리 등을 포함한다. 3세대 인권은 앞선 세대의 인권과 상충되는 요소를 가지고 있어, 지금도 논란 중에 진화를 하고 있다. 예를 들어, 여성 할례는 3세대 인권 개념에서는 특정 집단의 문화적 유산으로 인정될 수 있는 측면이 있지만, 보편적인 여성 인권의 측면에서는 보장되기 어렵다(e.g., Bergren et al., 2006; Idowu, 2008, 18-19).

3세대 인권은 20세기 두 가지 형태로 표출되었다. 첫째, 1차대전 직후 등장했던 민족자결이 적용되는 영역의 확대이다. 1차대전의 패전국 내에 거주하던 여러 민족이 민족자결로 정치적으로 독립하게 되었다. 1차대전 직후 민족자결에 기반한 신생국 독립의 경험은 2차대전 전후 처리에서도 확인되었다. 민족자결의 원칙은 이후 정치적 자결에서 확대되어 경제적/사회적 발전의 선택권으로 확장되었다. 특히, 국가 안에 상이한 정체성을 가진 복수 공동체가 존재하거나 한 공동체가 여러 국가로 분리되어 있는 아프리카에서 소수민족의 자결권과 독자성 유지는 인권으로 발전하였다.[3] 둘째, 서구와 북미에서는 특정 정체성을 가진 집단의 독자성 유지 또는 연대로 표출되었다. 소수 민족은 물론 동성애자 집단, 인류 전체의 권리 옹호 등으로 나타났다.

2. 국제연합에 의한 국제인권규범의 발전

국제인권체제는 양차대전 사이 존재했던 두 가지 현상으로 거슬러 올라갈 수 있다. 첫째, 국제연맹의 위임통치(mandate system)는 현대 국제인권체제의 원형을 내포하고 있다. 1차대전의 패전국의 과거 통치했던 지역 중 일부가 위임통치지역으로 설정되었고, "원주민의 복지와 발전이 문명의 신성한 신탁이라는 원칙에 따라 승전국에 의하여 관리를 받게 되었다(Treaty of Versailles 22조). 위임을 받는 국가는 위임통치지역의 행정과 관련된 보고를 정기적으로 국

3 1981년 아프리카기구(Organization of African States)가 채택한 반줄헌장(African Charter on Human and Peoples' Rights)은 "모든 민족은 생존할 권리가 있다"고 선언하면서, 정치적 자결과 경제적 사회적 발전을 선택할 수 있음을 분명히 하였다(African Charter on Human and Peoples' Rights 21조).

제연맹에 제출하고, 상설위임위원회(The Permanent Mandates Commission)가 보고서를 검토하도록 되어 있었다. 위임통치지역의 주민이 누리는 복지와 발전이 인류 문명의 진보와 연결된다는 원칙은 인권의 보편성을 가정하고 있다. 둘째, '인간의 국제권리 선언(Declaration of the International Rights of Man, 1929)'은 비정부단체에 의한 국제인권체제 옹호의 원형을 보여준다. 국제법학자들은 "문명화된 세계의 법적 양심에 따라" 국가가 생명, 자유, 재산권에 있어 국적, 성별, 인종, 언어 또는 종교와 무관하게 모든 개인의 평등권을 인정해야 하며, 종교와 언어 사용에 있어서 개인의 자유 또한 인정해야 한다고 요구하였다(Declaration of the International Rights of Man 전문, 1-6조). 이 선언이 모든 사람에게 적용되는 행동표준을 모든 국가에게 부여한다는 점에서, 자연인을 국제법 주체로 인정하고 있다(Brown, 1930, 127).

국제인권체제는 국제연합의 출범으로 규범적 구속력을 얻게 되었다. 국제연합 헌장은 "기본적 인권, 인간의 존엄 및 가치, 남녀의 권리 평등"에 대한 신념을 언급한 후(국제연합헌장 전문), "인종, 성별, 언어, 종교와 무관하게 모든 사람의 인권과 근본적 자유에 대한 존중과 증진"을 설립 목적으로 밝힌다(1조 3항). 국제연합 헌장은 국제평화의 달성을 위한 조건으로서 인권 보호를 아래와 같이 자리매김한다.

사람의 평등권 및 자결원칙의 존중에 기초한 국가간의 평화롭고 우호적인 관계에 필요한 안정과 복지의 조건을 창조하기 위하여, 국제연합은 하기 사항을 촉진한다.

(가) 보다 높은 생활수준, 완전고용 그리고 경제적 및 사회적 진보와 발전의 조건.

(나) 경제, 사회, 보건 및 관련국제문제의 해결 그리고 문화 및 교육 상의 국제협력.

(다) 인종, 성별, 언어 또는 종교에 관한 차별이 없는 모든 사람을 위한 인권 및 기본적 자유의 보편적 존중과 준수(헌장 55조).

상기 조항은 2차대전 종전 국제연합 창설자들이 인권을 국제평화의 필요조건으로서 자리매김했다는 점을 보여준다. 즉 국제연합이 달성해야 할 최고 목표는 국제안보와 평화인데, 국제안보와 평화는 안정과 복지를 전제해야 하고, 안정과 복지는 인권 존중과 자유를 전제해야 한다고 생각하였다. 인권이 그 자체로 달성해야 할 목표라기보다는 국제평화를 위한 조건으로서 의미를 가지고 있었다. 대공황과 경제 블록 간 갈등이 2차대전으로 이어지는 매개자 역할을 담당했던 역사적 사실과 2차대전 중 국가에 의하여 인권이 조직적으로 유린되었던 아픈 기억이 전시동맹이었던 '국제연합(United Nations)'[4]이 국제기구인 국제연합으로 제도화되는 과정에서 인권 존중에 대한 강조로 나타났다.[5]

창설 이후 국제연합은 인권규범의 정당성을 높이려는 '동류국가

4 1941년 미국이 2차대전에 참전하면서, 주축국에 대항하던 국가를 묶는 용어가 필요해졌다. 미국이 참전하기 전, 주축국에 대항하였던 국가들은 군사동맹으로 연결되어 있었기 때문에 '동맹국(The Allies)'으로 충분했었다. 하지만 군사동맹을 맺지 않던 미국과 중남미 국가가 참전하면서, 새로운 용어가 필요했다. 미국 루즈벨트 대통령은 '국제연합(The United Nations)'으로 주축국에 대항하던 모든 국가를 지칭하자고 제안했고, 영국 처칠 수상이 이를 받아들였다(Manchester and Reid, 2012, 461).

5 국제연합의 조직도 인권이 부차적 쟁점이었음을 나타낸다. 국제연합의 주요 기관은 (1) 국제평화와 안보를 담당하는 안전보장이사회, (2) 경제사회 쟁점을 담당하는 경제사회이사회, (3) 국제분쟁의 평화적 해결을 담당하는 국제사법재판소, (4) 비자치 영역을 관할하는 신탁통치이사회, (5) 다양한 쟁점을 심의하는 총회, (6) 사무 업무를 담당하는 사무국이다. 인권이사회는 2006년 총회 결의안 A/RES/60/251에 의하여 신설되었고 현재 총회의 산하 기관이다.

(like-minded countries)'의 형성에 도움을 주는 연결고리의 역할을 담당했다. 국제연합의 주요 조직과 산하 기구의 정기적 모임과 특별 모임은 상정된 안건을 심의하고 토론하는 공간인 동시에 동류국가가 형성되는 매개이다. 안건을 상정하기 전부터 지역별로 존재하는 모임,[6] 사안별 모임, 국가 속성에 기반하는 모임 등에서 사전 심의가 이루어지고, 실제 정기 총회와 임시 모임에서도 다양한 층위의 연결망이 작동하고 있다. 인권 영역에서도 공통 관심사를 가진 국가는 '동류국가'가 형성되어, 인권규범의 정당성을 국제적 차원에서 높이려는 노력을 전개하고 있다.[7]

국제연합은 인권규범의 정당성을 높이는 과정에서 두 가지 측면에서 도움을 준다. 첫째, 국제연합 총회 결의안의 형태로 인권규범의 정당성을 높인다. 1948년 세계인권선언이 대표적인 예다.[8] 국제

6 국제연합의 회원국은 현재 아시아군(53개국), 아프리카군(54개국), 중남미군(33개국), 서유럽군(28개국), 동유럽군(23개국)으로 구분되어 있다. 국제연합의 주요 조직의 의석은 지역 모임의 비중에 따라 결정되며, 주요 안건은 지역 모임을 통하여 사전 혹은 사후 논의된다. 북아프리카 국가와 중동 국가로 구성된 모임, 유럽연합에 기반한 모임 등 다양한 층위의 모임이 중층적으로 작동하고 있다.

7 보편적 인권을 국제적으로 확인하려고 하는 '동류국가'의 범위는 사안과 시간에 따라 변하지만, 캐나다 덴마크 네덜란드 노르웨이 스웨덴이 중추적 역할을 담당한다. 지역으로 보면 서유럽, 북유럽, 오세아니아에서 시작하여 냉전 후 중남미와 아시아 일부로 확대되었다. 반면, 인권 분야에서 개별 국가의 특수성을 강조하는 국가들도 대항 '동류국가'를 결성한다. 예로 2012년 국제연합 인권이사회에서 '가난과 인권에 관한 원칙(The Guiding Principles on Extreme Poverty and Human Rights)'을 논의할 때, 중국은 알제리, 방글라데쉬, 쿠바, 이집트, 북한, 이란, 인도네시아, 말레이시아, 파키스탄, 러시아, 스리랑카, 태국, 베네수엘라, 베트남을 포함한 '동류국가'의 이름으로 공동성명을 주도했다(Liu, 2012).

8 국제연합 사무국의 인권국(Division of Human Rights) 국장 험프리(John Peters Humphrey)가 1947년 세계인권선언 초안을 국제연합 인권위원회(Commission on Human Rights)에 제출하였다(Morsink, 1999, 4-5). 험프리 초안은 프랑스 법학자 Rene Cassin에 의하여 그리스 신전을 구성하는 요소로 재편되었다. 즉 토대는 1조와 2조, 계단은 전문 7개항, 생명과 신체의 자유를 묶은 첫 기둥은 3조에서 11조, 정치적, 시민적 권리를 묶은 둘째 기둥은 12조부터 17조, 영적, 공적 기유를 묶은 셋째 기둥은 18조부터 21조, 경제적, 사회적, 문화적 권리를 묶은 셋째 기둥은 22조부터 27조, 여러 기둥을 묶는 박공(pediment)은 28조부터 30조로 재편되었다(Glendon, 2001, 62-64).

연합 총회는 인권과 관련된 쟁점을 심의하는 역할을 맡고 있기 때문에, 인권 분야에서 국제사회의 다수 입장을 결의안 또는 선언의 형태로 표현할 수 있다. 국제연합 총회의 결의안 또는 선언이 법적 구속력을 가지지는 못하지만, 법적 의견으로 인정을 받아 법적 심의의 약한 준거로 활용되고 있다. 인권 분야에서 국제연합의 결의안은 인권의 정당성을 높이는 효과를 가지고 있다.[9]

둘째, 국제연합 안전보장이사회가 인권 쟁점에서 결의안을 만들 수 있다. 국제연합 안전보장이사회는 국제평화와 안보를 담당하지만, 국제평화와 안보의 쟁점이 인권과 관련될 때 인권 쟁점을 포함한 결의안을 만들어 내기도 한다. 2008년 전시성폭력 중단을 담은 국제연합 안전보장이사회 결의안 1820호(UNSC Res 1820)가 대표적 예다. 이 결의안은 전시 성폭력이 전쟁 범죄와 반인도적 범죄에 해당되거나, 집단학살을 구성하는 행위가 될 수 있다고 선언함으로써 전시성폭력을 개별 전투원의 비행이 아니라 전투 집단, 심지어 국가 지도자의 잘못으로 규정하였다. 이 결의안은 특정 전투집단을 직접적 명시하지는 않았지만, 전시성폭력이 국제평화와 안보를 저해하는 요인임을 명확히 하였다. 이처럼 국제연합 안전보장이사회도 인권이 국제평화와 안보와 관련된 인권 쟁점에서 국제사회의 의견을 결의안으로 나타냄으로써 인권규범의 정당성을 높인다.

국제연합 총회는 협약(Convention) 형태로 인권규범의 성문화를 주도한다.[10] 국제연합 총회의 정기 회기와 특별 회기는 거의 모

세계인권선언은 1948년 12월 10일 찬성 48과 기권 8(소련, 우크라이나, 벨로루스, 유고, 폴란드, 체코슬로바키아, 남아공, 사우디아라비아)으로 국제연합 총회의 결의안 [A/Res/217A(III))으로 채택되었다.

9 국제연합 총회의 결의안으로 채택된 선언은 이후 협약으로 성문화될 수 있다. 1948년 세계인권선언은 1966년 인권규약 A와 B를 담은 결의안으로, 1975년 고문방지선언[A/Res/3452 (XXX)]은 1984년 고문방지협약을 담은 결의안으로 성문화되었다.

든 국가의 대표가 참석하는 모임이다. 국제연합 총회의 결의안은 법적 구속력이 없지만, 각국 대표가 회합하는 자리에서 특정 쟁점에 관하여 협약 초안에 부속서를 덧붙이고 협약으로 만들자는 결의안과 협약이 발효되기에 필요한 비준국이 확보되면, 국제연합 총회의 결의안도 국제법적 구속력을 갖게 된다.

국제연합 총회는 이런 형태로 인권규범의 성문화에 직접적으로 관여한다. 국제연합 총회의 결의로 통과된 협약에는 국제연합의 회원국은 물론 비회원국도 참여할 수 있다. 1948년 12월 9일 집단학살방지협약(Convention on the Prevention and Punishment of the Crime of Genocide)이 대표적 예다[A/Res/260(III)]. 1946년 12월 11일 국제연합 총회는 경제사회이사회로 하여금 집단학살문제를 연구하라는 결의안을 만들고[A/Res/96(I)], 1947년 11월 21일 집단학살방지협약 초안을 국제연합 국제법위원회가 만들어 제출하라는 결의안을 만들었다[A/Res/280(II)]. 두 협약에 따라 1948년 12월 9일 국제연합 총회에 참석했던 대표들은 집단학살방지협약을 결의하였고, 비준에 필요한 요건이 1951년 1월 12일 충족됨에 따라 발효되었다. 한국은 당시 국제연합의 회원국이 아니었지만, 1950년 집단학살방지조약을 비준하였다.

1948년 집단학살방지협약 이후 국제연합 총회는 12개 협약과 13개 의정서와 수정안을 결의안 형식으로 만들었다. 국제연합 총회 결의안을 통한 협약은 인권규범의 성문화 과정에서 숫자로는 미미하지만, 적용 범위가 세계 각국을 포함하기 때문에 지역적으로 가장 포괄적이다. 또한, 이베리아-미주 정상회의의 결의안 통하여 만들어

10 협약은 다자간 약속으로 특정 쟁점에서 원칙과 규범을 담고 있는 동시에 참여국의 권리와 의무를 모호한 형태로 포함한다. 협약은 회원국의 권리와 의무를 구체적으로 표현하는 의정서를 통하여 실행된다.

진 '남미-카리브 연안 원주민 개발을 위한 협력기금에 관한 합의'가 국제연합에 신탁되었다.

〈표 1〉 국제연합 총회 결의안을 통한 인권협약과 의정서

협약	세대	총회 결의안 번호	결의 일자	발효 일자
집단학살방지협약	1	A/Res/260(III)	1948.12.9	1951.1.1
인종차별금지협약	2	A/Res/2106(XX)	1965.12.21	1969.1.4
협약 8조 수정안	2	A/Res/47/111	1992.12.16	미정
인권규약 A	2	A/Res/2200A(XXI)	1966.12.16	1976.1.3
선택의정서	2	A/RES/63/117	2008.12.8.	미정
인권규약 B	1	A/Res/2200B(XXI)	1966.12.16	1976.3.23
선택의정서	1	상동	상동	상동
사형제 폐지에 관한 제2 의정서	1	A/Res/44/128	1989.12.15	1991.7.11
전쟁범죄 시효부적용 협약	1	A/Res/2391(XXIII)	1968.11.26	1970.11.11
아파르하이트 억제 협약	2	A/Res/3068(XXVIII)	1973.11.30	1976.7.18
여성차별철폐 협약	2	A/Res/34/180	1979.12.18	1981.9.3
협약 20조 수정안	2	A/Res/50/202	1995.12.22	미정
선택의정서	2	A/Res/54/4	1999.10.4	2000.12.22
고문방지협약	1	A/Res/39/42	1984.12.10	1987.6.26
협약 17(7)와 18(5) 수정안	1	A/Res/47/111	1992.12.16	미정
선택의정서	1	A/Res/57/199	2002.12.18	2006.6.22
스포츠에서 反아파르하이트 협약	2	A/Res/40/64	1985.12.10	1988.4.3
아동권리협약	2	A/Res/44/252	1989.11.20	1990.9.2
협약 43(2) 수정안	2	A/Res/50/155	1995.12.21	2002.11.18
소년병에 관한 선택 의정서	2	A/Res/54/263	2000.5.25	2002.2.12
아동인신매매에 관한 의정서	2	A/Res/54/263	2000.5.25	2002.1.18
커뮤니케이션 절차에 관한 의정서	2	A/Res/66/138	2011.12.19	미정
이주노동자 보호 협약	2	A/Res/45/158	1990.12.18	2003.7.1
남미 원주민 개발기금에 관한 합의	3	이베리아-미주 정상회의	1992.7.24	1993.8.4
장애인 권리 협약	2	A/Res/61/106	2006.12.13	2008.5.3
선택의정서	2	상동	상동	상동
강제 실종자 보호 협약	1	A/Res/61/177	2006.12.20	2010.12.23

자료: United Nations Treaty Collection, 2014.

Ⅲ. 북한 인권의 이중성: '우리식 인권' vs. 인권조약 가입

북한의 인권 상황은 한국은 물론 국제사회의 관심 대상이다. 1995년 북한에서 대기근으로 인한 탈북자의 급증으로 북한 인권 문제가 본격적으로 관심을 끌게 되었고, 북한의 인권 탄압에 대한 정보가 제한적이지만 축적되고 있다. 국제사회는 북한의 인권을 개선하기 위한 노력을 전개하고 있지만, 북한은 '우리식 인권'을 주장하면서 국제사회의 압박에 맞서고 있다. 이 절에서는 북한의 인권 상황을 간략히 정리한 후, 북한의 인권조약 가입 현황을 검토한다.

1. 북한의 인권 개념과 인권 실태

북한의 인권 개념은 국제인권규범과 상이하다.[11] 북한 헌법을 보면,

[11] 국제인권규범에서 인권은 개인 차원에서 인간답게 살기 위하여 가지는 생래적 권리를 의미한다. 인권은 정치 권력의 개입 이전에 보장되어야 하며, 정치 권력은 인권을 최소한 보호, 최대한 구현될 수 있도록 도울 의무를 가진다. 따라서 인권은 보편적이며, 항구적이며, 정치 권력을 초월하며, 양도 불가능하다. 인권의 원형인 생명, 자유, 사적 재산은 근대 시민혁명과정에서 인정을 받게 되었고, 이후 여러 권리로 확대되었다.

북한에서는 '근로인민의 권리'와 '공민의 권리'가 인권 개념을 대체한다. 북한 근로인민과 공민의 권리와 의무는 세 가지 특징으로 정리될 수 있다(김태훈, 2010a, 32-37; 통일연구원, 2012, 41-53). 첫째, 개인의 권리가 아니라 집단의 이익에 초점을 맞춘다. 북한 헌법 63조는 "조선민주주의인민공화국에서 공민의 권리와 의무는 <하나는 전체를 위하여, 전체는 하나를 위하여>라는 집단주의원칙에 기초한다"고 천명한다. 또한 북한 헌법 64조는 "공민의 권리와 자유는 사회주의 제도의 공고발전과 함께 더욱 확대된다"고 하여 북한에서 공민의 권리가 집단과 사회주의 건설의 필요에 따라 결정된다고 밝힌다. 더 나아가 북한 헌법 83조는 "공민은 조직과 집단을 귀중히 여기며 사회와 인민을 위하여 몸바쳐 일하는 기풍을 높이 발휘하여야 한다"는 의무를 부여한다. 개인보다는 집단이 우선시되고 있다.

둘째, 정치적, 시민적 권리보다는 경제적, 사회적 권리가 강조된다. 정치적, 시민적 권리에 해당되는 항목은 선거권과 피선서권(66조), 언론, 출판, 집회, 시위와 결사의 자유(67조), 신앙의 자유(68조), 청원권(69조), 거주와 여행의 자유(75조), 주택의 불가침, 서신의 비밀, 자의적 체포 금지(79조) 등 6개항이다. 경제적, 사회적 권리에 해당되는 항목은 노동권(70조), 휴식권(71조), 치료권(72조), 교육권(73조), 과학과 창작의 자유(74조), 남녀평등(77조), 결혼과 가정의 보호(78조) 등 7개항이다. "행복한 물질생활을 실질적으로 보장"해야 한다는 국가의 의무(64조)까지 포함하면, 경제적, 사회적 권리의 우세가 더욱 분명한다.

셋째, 공민의 의무가 권리만큼 강조된다. 사상통일과 단결 의무(81조), 준법의무(82조), 노동의무(83조), 국가재산을 아끼는 의무(84조), 혁명보위의무(85조), 국가보위의무(86조) 등 5개항이 해당된다.

북한의 헌법에 규정된 공민의 권리와 별도로 북한의 인권관행은 부가적으로 두 가지 특징을 가진다. 첫째, 공민의 권리와 의무는 적대 세력에게는 적용되지 않는다.[12] 따라서 적대세력의 권리를 침해하는 행위는 사회주의 건설을 위해서 당연하게 수용된다. 둘째, 인권의 상대성을 강조한다. 인권이 집단에 의하여 규정되기 때문에, 북한식 인권은 북한의 대중에 의하여 규정된다. 따라서 '우리식 인권'이 존재하며, 보편적 인권 주장은 내정개입의 실마리로 본다.

아래 글은 국제인권규범과 북한식 인권의 충돌을 보여준다.

"인민정권이 인민대중의 이익을 침해하는 세력과 요소에 대하여 독재를 실시하는 것은 인권유린이 아니라 철저한 인권옹호입니다. 인권은 자주적으로, 창조적으로 살며 발전하려는 사회적 인간의 신성한 권리입니다. 참다운 인권의 체현자는 인민대중입니다. 원래 인민민주주의 독재는 인민대중에게 국가와 사회의 주인으로서의 민주주의적 권리와 자유를 보장해주기 위한 인민정권의 권력기능입니다. 인권의 유린자는 자유와 민주주의를 요구하는 인민들과 인사들을 야수적으로 탄압하고 비인간적으로 박해하며 그들의 초보적인 생존의 권리마저 짓밟는 제국주의자들과 반동들입니다. 제국주의자들과 반동들이 '인권옹호'의 간판 밑에 사회주의정권이 적대분자들에게 적용하는 권력행사를 마치 인권을 유린하는 것처럼 비난하는 것은 어리석은 소동입니다. 우리의 인민정권은 인민대중의 자주성을 옹호하는 혁명의 무기로서 인민민주주의 독재를 더욱 강화하여

12 김일성은 북한에서 인권의 계급성을 아래와 같이 밝혔다.
사회주의적 민주주의는 결코 사회주의에 반대하는 적대분자들과 인민의 리익을 침해하는 불순분자들에게까지 자유와 권리를 주는 초계급적 민주주의가 아닙니다. 로동자, 농민, 근로인테리를 비롯한 광범한 인민대중에게는 자유와 권리를 보장하여 주고 소수의 계급적 원쑤들에 대해여서는 제재를 가하는 것이 바로 사회주의적 민주주의입니다(김일성, 1977, 536).

인민대중에게 더 잘 복무하여야 합니다(김정일, 1992).”

북한의 인권 침해는 광범위하지만, 식량난으로 인한 생존권 위협과 북한내 적대계층에 대한 탄압으로 선명하게 드러난다. 먼저 식량난으로 인한 생존권 위협은 1990년대 이후 정도의 문제가 되었다(CIHR-DPRK 2014, 10-11). 1995년부터 1998년까지 북한에서 발생했던 대기근 동안 아사자 규모가 최대 300만 명에 이를 수 있다는 추정이 나오고 있다(황장엽, 2001; 106-107).[13] 북한 당국이 곡물 수입을 통하여 부족한 식량을 충분히 메우지도 않고, 국가배급제를 복원시키지도 못하는 상황에서, 북한 주민은 인권의 가장 근원이라고 할 수 있는 생명조차 유지하기 어렵게 되었다. 이 상황에서 북한 당국은 북한 주민에게로 가야 할 식량을 군사적 목적과 정치적 목적으로 전용하고 있다는 의혹을 받고 있다(이영종, 2011; 홍성필, 2007, 226).

북한 주민의 생존을 위협하는 식량난은 추가적 인권 침해로 이어진다. 먼저, 식량난으로 북한 이탈자의 인권 침해가 발생한다. 북한을 이탈한 주민의 숫자는 1990년대 후반 이미 30만 명을 넘어섰다는 보고가 있을 정도로 심각해졌다. 중국에 거주하는 북한 이탈 주민에 대한 인권 침해, 북한 이탈 주민이 북한으로 송환될 경우 겪는 고통은 이미 보고되었다(고유환 외, 2005, 29-32; 홍성필, 2007, 227-228; Anti-Slavery International, 2005, 3-11; Committee for Human Rights in North Korea, 2009, 17-49). 북한에 남은 주민의 경우 가족 해체를 경험해야 한다. 북한 이탈자가 외국에서 머무는 동안 여러 형태의 사실혼 관계가 만들어져, 기존 가정이 붕

---

[13] 북한 당국은 1990년대 중반 아사자가 22만 명에 이른다는 통계를 제시한다(윤여상, 2003, 94).

괴되기 때문이다. 성인의 가출과 별도로, 식량난은 북한내 청소년의 가출로 이어진다. '꽃제비'가 된 북한 청소년이 인권 침해를 겪게 됨은 물론 가출 청소년을 둔 가정도 고통을 받는다.

북한내 적대계층에 대한 탄압은 반인도적 범죄에 해당될 정도이다(CIHR-DPRK 2014, 8-9). 북한은 1970년 북한 주민의 분류 작업을 마쳤는데, 적대계층으로 분류되는 '복잡군중'이 차지하는 비중이 27% 정도이다. 적대계층에 대한 차별은 교육, 주거, 고용, 배급, 결혼 등 다방면에 걸쳐 이루어지고 있다(김태훈, 2012b, 400-412; 통일연구원, 2012, 183-184). 더 심각한 인권유린은 정치범을 대상으로 일어난다. 국가인권위원회가 추산한 통계에 따르면 북한 수용소에 수감된 정치범이 20만 명이다. 이 가운데 개인 비리가 아니라 북한 체제에 반대하다가 수감된 인사가 포함되어 있다. 정치적 이유로 조직적 박해는 반인도적 범죄의 구성요건에 해당한다(오경섭, 2012; 통일연구원, 2012, 123-139; 홍성필, 2007, 224-226).

북한내 기독교인에 대한 탄압은 집단학살에 해당된다(CIHR-DPRK 2014, 8-8). 북한 정치범 수용소에 구금되어 있는 사람들 가운데 약 11%가 기독교인으로 추정되며, 수용소에 수감된 북한의 기독교인들이 혹독한 강제 노역과 강제 낙태를 당하고 있다는 증언이 나오고 있다. 북한의 기독교인이 당국에 발각될 경우, 즉결 처형까지 이루어지고 있다(심일섭, 1975, 90-103; 정영철, 2008, 46-60; Open Doors International, 2011, 4). 북한 주민에 대한 설문조사에서 기독교인과 접촉하였다는 이유로 정치범 수용소에 수용되었다는 비중이 3.6%에 달한다는 보고가 있을 정도로 기독교는 북한에서 탄압을 받고 있다(Park, 2010, 189-190).

2. 북한의 인권조약 가입

북한정권은 1981년 인권조약의 핵심인 인권규약A와 B에 가입했다. 1981년 당시 인권규약A와 B에 동시 가입했던 국가가 겨우 67개국이었음을 고려하면, 외형상 북한의 인권조약 가입은 재빨랐다. 1984년에는 전쟁범죄 시효부적용 협약에도 가입했다. 냉전 종식 직전을 기준으로 할 때, 인권조약 가입에서 최소한 북한은 중위권을 유지했다. 또한, 북한이 외부 세계와 철저하게 단절되어 있었기 때문에 북한정권의 인권유린에 대한 국제사회의 문제제기도 이루어지지 않다. 북한이 국제인권연결망에 외형상 들어와 있는 듯 보였다.

냉전 종식 후 북한은 또 한 차례 인권조약에 집중적으로 가입했다. 1989년 집단학살방지협약, 1990년 아동권리협약, 2001년 여성차별철폐협약에 가입했다. 냉전 이후 국제연합이 주도한 인권협약이 다수 등장했지만, 북한이 3개 협약에 가입함으로써 북한이 외형상 국제인권연결망에 들어온 정도는 낮아졌다. 2012년 말 6개 협약에 가입하였는데, 협약 가입 숫자로 공동 156위에 해당한다. 이 순위도 북한의 인권상황을 최악으로 평가하는 여러 보고와 여전히 거리를 보인다.

〈표 2〉 남북한의 인권조약 가입

협약	한국 가입	북한 가입	기존 가입국*
집단학살방지협약	1950	1989	95/161
인종차별금지협약	1978		(171/194)
협약 8조 수정안	1993		(71/194)
인권규약 A	1990	1981	64/156
선택의정서			(6/1994)
인권규약 B	1990	1981	63/156
선택의정서	1990		(115/194)
사형제 폐지에 관한 제2의정서			(73/194)
전쟁범죄 시효부적용 협약		1984	24/160
아파르하이트 억제 협약			(107/194)
여성차별철폐 협약	1984	2001	190/164
협약 20조 수정안	1996		(62/194)
선택의정서	2006		(102/194)
고문방지협약	1995		(148/194)
협약 17(7)와 18(5) 수정안			(28/194)
선택의정서			(59/194)
스포츠에서 反아파르하이트 협약			(60/194)
아동권리협약	1991	1990	0/161
협약 43(2) 수정안	1999	2000	70/190
소년병에 관한 선택 의정서	2004		(140/194)
아동인신매매에 관한 의정서	2004		(149/194)
커뮤니케이션 절차에 관한 의정서			(0/194)
이주노동자 보호 협약			(45/194)
남미 원주민 개발기금에 관한 합의	n.a.	n.a.	(n.a./22)
장애인 권리 협약	2008		(102/194)
선택의정서	2008		(62/194)
강제 실종자 보호 협약			(30/194)

자료: United Nations Treaty Collection, 2014.
* 기존 가입국: 북한이 해당 조약에 가입하기 전, 이미 가입한 국가와 가입대상국 숫자. 북한이 해당 조약에 가입하지 않았을 경우, 2011년 말 이미 가입한 국가와 가입대상국 숫자.

북한의 인권조약 가입을 보면, 몇 가지 특징이 보인다. 첫째, 인권 분야에서 가입국의 권리와 의무를 상대적으로 모호하게 규정하는 협약에 집중적으로 가입한다. 북한이 인권조약에 가입한 7개 경우 가운데, 협약이 6개, 수정안이 1개뿐이다. 반면, 구체적 권리와 의무를 규정하는 9개 의정서에는 전혀 가입하지 않는다. 이 차이는 국제인권연결망으로 향하는 북한정권의 선택이 인권에 대한 실질적 고려에 기반하지 않고 있음을 암시한다. 북한정권은 실질적으로 인권 보호를 명시한 의정서에 가입하지 않음으로서 국제사회와의 약속 위반을 거론당할 가능성을 줄이려고 한다고 해석된다.

둘째, 북한의 인권조약 가입은 대세를 따르지 않는다. 아동권리협약의 경우 매우 빠르게 가입을 했지만, 거의 모든 국가가 이미 가입을 한 인종차별철폐협약에는 가입을 하지 않고 있다. 북한 내 소수민족이 존재하지 않기 때문에 인종차별로 인하여 비난을 받을 소지가 없음에도 불구하고 북한은 국제사회의 대세를 따르지 않고 있다. 북한의 인권조약 가입은 국제사회의 의견을 따르기보다는, 남녀평등의 구현과 같이 자국이 대외적으로 자랑하는 인권상황에 부합하는 영역에 집중되게 보인다.

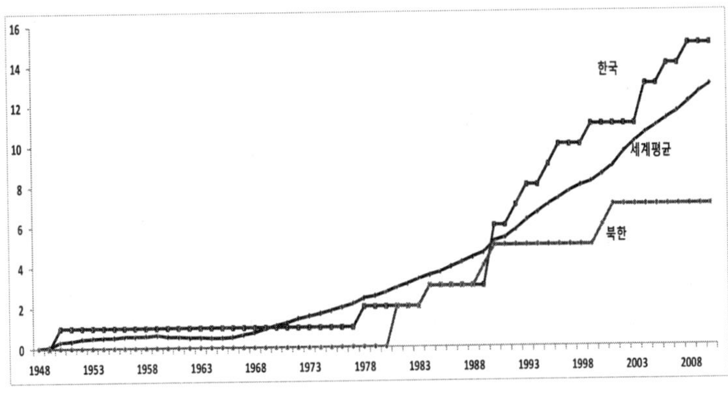

〈그림 1〉 남북한의 국제인권조약 가입 추이

셋째, 북한의 인권조약 가입에서 국내적 심사는 거의 없어 보인다. 북한이 인권조약에 서명한 후 매우 빠르게 비준 절차를 완료한다. 대부분 민주주의 국가에서 서명에서 비준까지 걸리는 시간이 상대적으로 긴 반면, 북한에서는 비준 절차가 거의 유명무실 상태로 보인다. 권력이 분리되어 있는 국가에서 나타나는 현상이 북한의 인권조약 가입에서도 재현되고 있다.

종합하면, 북한의 인권조약 가입은 대외적 장식처럼 보인다. 북한은 내부 인권상황이 국제적 기준에 부합하기에 혹은 국제적 기준에 맞추려고 인권조약에 가입하기보다는 국제사회와의 관계개선을 모색하며 또한 자국의 대외적 선전에 부합하는 영역에서만 인권조약에 가입한다. 또한 인권조약에 가입한다고 하더라도, 국제기준을 국내로 들여오는 사회세력이 존재하지 않기 때문에, 북한은 인권조약의 가입에 상대적으로 자유롭다고 볼 수 있다. 독재국가가 조약을 성실히 이행하지 않는다는 기존 연구 결과가 북한의 경우에서 재확인된다(Martin, 2000).[14]

[14] 민주주의의 수준이 올라감에 따라 인권조약에 가입하는 숫자도 올라가는 경향이 보이지만, 안정적이고 성숙한 민주주의 수준에 도달한 국가의 경우 오히려 인권조약에 가입하는 숫자가 감소하는 경향이 나타난다. 이는 가입한 인권조약을 온전히 준수하지 못할 경우 초래된 국내적 부담을 피하기 위한 사전 선택으로 해석된다.

Ⅳ. 남북한의 분화

북한이 국제인권조약에 가입하는 양상이 북한의 인권상황을 반영하기보다는 대외적 장식처럼 보이는데, 국가 간 비교 작업은 북한의 행동을 이해하는 데 도움을 줄 수 있다. 이 절에서는 남북한의 국제인권조약 가입을 연결망 시각에서 검토한다.

1. 국제인권조약 가입의 결정요소

국제인권조약 가입에 영향을 미치는 요인은 국내적 요인과 국외적 요인으로 구분할 수 있다.[15] 국내적 요인으로는 민주주의 정도, 국력지표, 경제발전 등을 들 수 있다. 민주주의가 성숙된 국가에서는 국내 인권체계와 국제인권체계가 비슷하기 때문에, 국제인권조약에 가입할 개연성이 높다. 반면, 권위주의 국가는 국제인권조약을 정치

15 민주주의 지표는 Polity IV의 척도를 사용한다(Marshall and Gurr, 2013). 국력지표는 Correlates of Project의 국력지표(인구, 경제생산, 군사력 부분에서 한 국가가 차지하는 비중)를 사용한다(Correlates of War Project, 2013). 경제발전의 지표로 Penn World Table이 제공하는 일인당 국민소득을 사용한다(Heston et al., 2012)

적 부담으로 여긴다.[16] 국력지표는 국제사회의 압박으로부터 견디어 낼 수 있는 능력이 될 수 있기 때문에, 국력이 강한 국가는 국제인권조약에 가입하지 않는 경향을 보일 수 있다. 경제발전이 이루어진 국가에서는 중산층이 형성되어 국제인권조약에 가입할 개연성이 높다.

국외적 요인으로 국제정치환경과 국제사회에서 지위를 들 수 있다.[17] 냉전기 양 진영 간 갈등은 국제인권규범의 발전에 있어 큰 장애물이었다. 양 진영이 상이한 인권규범을 경쟁적으로 국제사회로 투영하려고 하였기 때문에, 국제사회로부터 인권조약에 가입하라는 압박이 강하지 않았다. 반면, 냉전 이후 미국 중심의 국제질서로 재편되는 과정에서 서유럽에서 발전된 인권 개념에 기반한 조약이 확산되고 있다. 국제사회에서 지위는 국가의 활동에 대한 기대를 포함한다(Levy, 1983, 16-17). 강대국은 국제사회의 중요 문제를 해결하는데 있어 핵심적 행위자로 인정을 받으며, 중견국도 국제사회에서 비폭력적 문제해결기제의 발전에 관여한다.

표 2는 Poisson 회귀분석을 통하여 국제인권조약 가입의 개수를 종속변수로 둔 상태에서 각 변수가 미치는 영향을 보여준다. 표 2는 몇 가지 흥미로운 결과를 보인다. 첫째, 강대국과 중견국이 약소국에 비하여 국제인권조약에 적극적으로 가입한다. 이는 국제인권체제가 강대국 중심으로 발전되고 있음을 의미한다. 만약 국제인권

---

16 고문방지협약의 경우 민주주의 척도와 가입이 U자형 관계를 보인다. 즉 민주주주의 국가가 고문방지협약에 가입할 개연성이 가장 높으며, 독재국가가 두 번째이며, 혼성 국가가 고문방지협약에 상대적으로 가입하지 않는다. 민주주의 국가는 고문을 자행할 가능성이 낮고, 독재국가는 고문을 자행한다고 하더라도 이를 처벌할 수 있는 국내적 기제가 없기 때문이다(Vreeland, 2008).

17 냉전기는 1948년부터 1988년까지이다. 강대국 지위는 Correlates of War Project의 분류를 따른다(Correlates of War Project, 2012). 중견국 지위는 '극성(polity)' 개념을 활용하여 분류한다(Schweller 1998, 46), 즉 5개 권역(아시아, 아프리카, 미주, 유럽, 중동)에서 가장 강력한 국가, 지역 패권국의 국력지표 50% 이상을 가지는 국가를 포함한다.

체제가 강대국의 이해에 합치하지 않는 방향으로 전개될 경우 강대국은 국제인권체제에 들어오지 않을 수 있다. 강대국이 실질적으로 거부 능력을 구비하고 있음에도 불구하고 강대국이 국제인권체제에 적극적으로 가입하는 현상은 국제인권체제의 발전에서 강대국이 중요한 행위자임을 의미한다. 둘째, 국력지표가 국제인권조약 가입과 부정적 상관관계를 가진다. 국력이 큰 국가는 국제사회의 압박을 견디어 낼 수 있는 능력을 구비하고 있으며, 자국이 인권체제와 국제인권체제가 합치할 때 가입한다고 해석할 수 있다. 셋째, 민주주의 지표는 국제인권조약 가입과 긍정적 관계를 가진다. 민주주의와 인권의 밀접한 관계를 고려하면, 이는 당연한 결과로 보인다. 넷째, 일인당 국민소득은 국제인권조약과 부정적 상관관계를 가진다. 경제발전이 이미 이루어지고 안정적 민주주의를 향유하는 일부 국가가 국제인권조약 가입에 소극적인데, 이는 이미 국내적으로 인권문제가 해결되고 국제사회에서 도전도 없기 때문에 굳이 국제인권조약에 가입하지 않는다고 해석할 수 있다.

〈표 3〉 국제인권조약 가입 분석

독립변수	계수	Std. Err.	z	P>lz
강대국	0.139022	0.040455	3.44	0.001
중견국	0.040638	0.018577	2.19	0.029
국력지표	−4.01967	0.485075	−8.29	0.000
민주주의	0.031667	0.001596	19.85	0.000
일인당 국민소득	−1.80E-06	5.75E-07	−3.13	0.002
가입 가능한 인권조약 개수	0.101587	0.001822	55.75	0.000
냉전기	−0.08402	0.027776	−3.02	0.002
상수	0.041465	0.038353	1.08	0.280
관측수			6138	
LR chi2(7)			18505.71	
Prob > chi2			0.000	
Pseudo R2			0.4096	

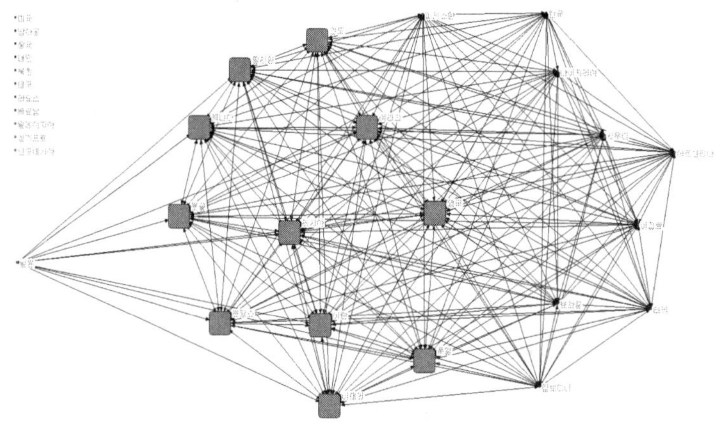

〈그림 2〉 인권조약 연결망(1세대 인권, 1980)

2. 국제인권조약 연결망에서 남북한 분화

국제인권조약은 연결망의 속성을 가진다. 개별 국가가 국제연합을 통하려 서로 연결되며, 인권 문제에 있어 동류의식을 가진 국가들이 인권조약을 발의하고 가입한다. 따라서 인권조약에 동시 가입했는지 여부는 양국의 인권체제가 합치하는지 여부로 해석될 수 있다. 즉, 인권조약에 동시 가입하는 정도는 연결의 강도로 해석될 수 있다. 국제인권조약 가입을 연결망으로 본다면, 국가는 노드, 인권조약 동시 가입의 정도가 링크이다. 동아시아 국가, 강대국, 중견국을 노드로 두고 국가 간 사회도를 그려볼 수 있다.

<그림 2>는 1980년 1세대 인권조약에 동시 가입한 숫자에 기반한 사회도이다. <그림 2>는 북한을 포함한 다수 공산주의 국가가 국제인권연결망에 아직 들어오지 않았다는 점을 보여준다. 한국, 아르헨티나, 파키스탄, 나이지리아 등 비공산권 권위주의 국가들이 우측에서 군락을 형성한다. 좌측에서는 서유럽 국가들이 또 다른 군락

을 형성하고 있다. 특이하게 러시아, 이란, 이라크, 몽골 등이 서유럽 국가의 군락 근처에 있다. 이들 국가에서는 국제인권조약 가입으로 인한 국내정치적 부담이 없기 때문에, 대외적 장식으로 국제인권조약에 가입했다고 추정할 수 있다. 2세대 인권에 기반한 사회도도 1세대 인권에 기반한 사회도와 거의 유사하다. 따라서 2세대 인권이 사회주의와 연결된다는 주장은 정치 이념으로 사회주의와 2세대 인권의 유사점만을 보고 있다고 해석된다. 정치체제로서 사회주의와 2세대 인권을 밀접한 관계를 가지고 않는다고 해석된다.

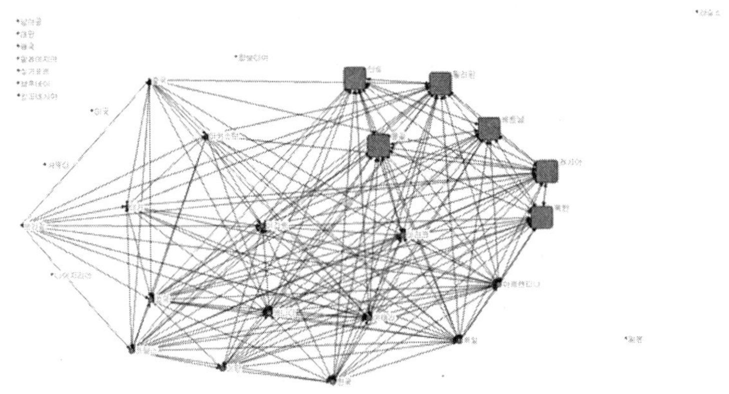

〈그림 3〉 인권조약 연결망(1세대 인권, 1990)

<그림 3>은 1990년 1세대 인권조약에 동시 가입한 숫자에 기반한 사회도이다. <그림 3>에서 북한, 러시아, 베트남, 몽골과 같이 (구)공산권 국가들이 1세대 인권조약에 공동으로 많이 가입한 것처럼 보인다. 이는 제3세계 국가들이 전쟁범죄 시효부적용 협약에 가입했기 때문이다. 반면 그림 3의 우측에는 서유럽 국가들이 군락을 이루고 있다. 한국도 서유럽 국가군에 들어 있는데, 이는 민주화 이후 한국의 인권체제가 서유럽의 인권체제로 수렴되었음을 의미한다.

<그림 4>는 1990년 2세대 인권조약에 동시 가입한 숫자에 기반

한 사회도이다. 북한, 러시아, 몽골, 이란 등이 좌측 하단에 군락을 형성하고 있다. 이 군락에 포함되어 있는 국가는 2세대 인권조약에 제한적으로 참여하고 한다. 반면, 한국은 최근 민주화를 경험한 국가와 함께 서유럽 국가 군락에 위치한다. 1980년대 후반 민주화를 겪으면서 한국과 필리핀이 국제인권규범을 수용하였고, 적극적으로 2세대 국제인권규범에 가입하였기 때문이다. 인권규범에서 남북한의 분화가 심화되고 있음을 의미한다.

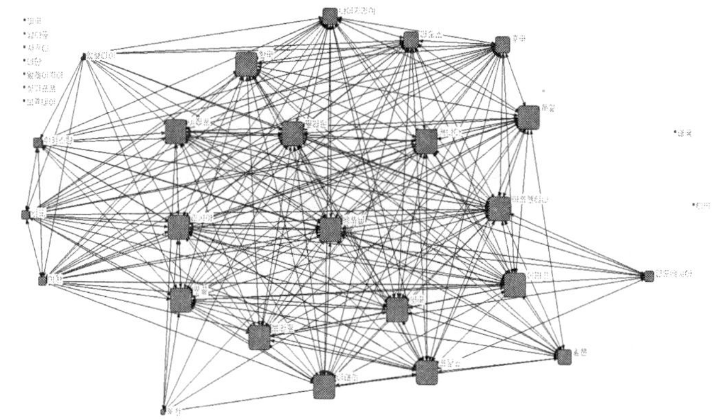

〈그림 4〉 인권조약 연결망 (2세대 인권, 1990)

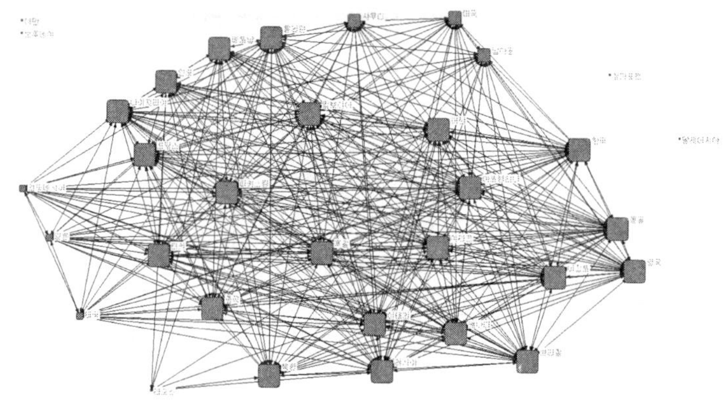

〈그림 5〉 인권조약 연결망 (1세대 인권, 2010)

<그림 5>는 2010년 1세대 인권조약에 동시 가입한 숫자에 기반한 사회도이다. 좌측 하단에 북한, 러시아, 중국, 라오스가 한 군락을 이루고 있다. 반면, 한국은 아르헨티나, 몽골, 남아공 등 상대적으로 신생 민주주의 국가와 한 군락을 이루고 있다. <그림 6>은 2세대 인권조약 동시 가입에 기반한 사회도이다. <그림 6>은 동아시아의 거의 모든 국가가 국제인권조약 연결망에 들어왔다는 점을 보여준다. 한국과 북한은 여전히 대척점에 위치하고 있다.

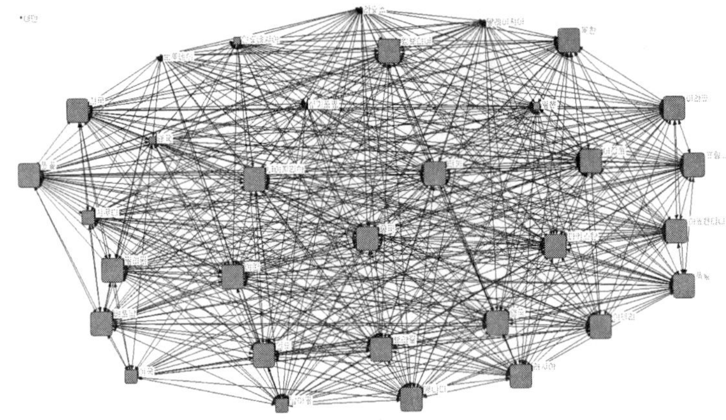

〈그림 6〉 인권조약 연결망(2세대 인권, 2010)

V. 나가며

국제인권조약 가입을 연결망으로 보면, 남북한 간 분화가 드러나다. 북한이 비록 숫자 측면에서 국제인권조약 연결망에 들어오는 듯 보이지만, 사회도를 그려보면 한국과 거의 대척점에 있다. 이는 한국과 북한이 상이한 인권 개념을 가지고 있음을 의미한다. 북한은 구(舊)공산권 국가와 동질성을 보이는 반면, 한국은 신생 민주주의 국가 또는 서유럽 국가와 동질성을 보인다.

북한정권이 외부장식용으로 또는 한국과 다른 인권 개념에 기반한 조약에 가입한다고 하더라도, 북한이 국제인권연결망에 들어오면 제한적이지만 국제사회의 영향을 받게 된다. 각 협약별로 작동하는 조약기구는 공식 조직으로서 국제기구보다는 약하지만 협약에 참여하는 국가의 대표자로만 구성된 연결망의 성격을 가지며, 조약기구가 가입국의 인권상황을 검토한다. 조약기구의 검토보고서에 포함되는 부정적 지적 사항의 숫자를 줄이기 위해서는 권고 사항을 수용하고 자국의 인권 상황을 개선해야 한다. 만약 국제인권연결망으로부터 유입되는 영향을 무시하려고 연결망으로부터 떨어지면, 해당 국가는 국제사회의 비난에 무방비로 노출된다. 조약기구로부터 오명을 쓰지 않기 위해서 가입국이 국내 인권상황을 향상시킬 수밖에 없다. 이 절에서는 조약기구 및 국제사회의 압박에 북한이 제한적으로 반응한 현상을 정리한 후, 정책적 함의를 기술한다.

1. 북한정권의 전술적 용인

북한정권은 조약기구에 북한의 인권상황에 관한 보고서를 정기적으로 제출하고 있다. 자국 내 인권상황에 대한 언급마저 내정간섭이라고 반발하던 북한이 자국 내 인권상황을 제한적이지만 자발적으로 보고하고 있다. 북한이 제출한 보고서에 대한 검토 결과는 여전히 불만족스럽지만, 사형가능 범죄의 숫자 감소, 행정적 구금의 중단 등 제한적이지만 긍정적 변화를 담고 있다. 북한이 자국 내 인권상황을 자국 기준으로 해석한 보고서를 일방적으로 제출하지만, 조약기구의 심의 후 최종 견해에 포함되는 우려사항을 해소하기 위하여 적극적으로 활동한 결과를 보이지는 못하고 있다. 북한은 당분간 국제인권연결망에 일방적으로 인권상황을 평가한 보고서를 제출할 개연성이 크다.

북한정권에 의한 제한적 전술적 용인은 2009년 국제연합 인권이사회의 정례검토에서도 확인된다. 북한은 북한에게 불리한 인권이사회와 총회의 결의를 부정했지만, 인권이사회의 정례검토를 수용한다는 입장을 밝히며 인권상황에 관한 보고서를 제출하였다. 인권이사회의 심의 결과 167개 권고사항이 작성되었는데, 그중 50개에 대하여 북한 대표는 거부 의사를 밝혔다. 반면 117개항에 대해서는 검토 후 보고서를 제출하겠다는 입장을 밝혔다. 북한이 2010년 117개항에 대한 검토 보고서를 제출하지 않았지만, 117개항을 검토하겠다는 의사를 밝혔다는 점에서는 제한적 상호작용이라고 해석될 수 있다.

조약기구보다는 국제연합 총회 차원의 압박은 북한의 변화로 일부 이어지고 있다(김태훈, 2012a, 116-120). 외형상 종교의 자유가 인정되고 있고, 형법과 형사소송법이 개정되었고, 북한 헌법에 거주와 여행의 자유가 추가되었고, 장애인보호법이 만들어졌다. 특히 장애인보호법의 실시 이후 북한에서 장애인에 대한 대우가 좋아졌다는 탈북자의 증언이 확인되고 있다.

2. 정책적 함의

국제인권연결망에 북한이 들어오는 것은 북한을 사회화하는 계기가 될 수 있다(e.g., Checkel, 2005; Kelly, 2004). 북한이 원하는 국제인권연결망에 가입하면, 북한은 어쩔 수 없이 국제사회의 행동규칙에 노출될 수밖에 없다. 북한이 국제사회의 행동규칙을 준수하지 않으면, 북한이 가입한 국제인권연결망에서 외톨이 신세가 될 수밖에 없다. 북한이 가입한 인권조약기구로부터 우호적 평가를 얻으려면 최소한 기준을 충족해야 한다. 이는 장기적으로 북한의 행동변화로 이어질 가능성이 있다.

이는 대북 정책에서 포용정책의 적실성을 암시한다. 북한이 국제사회와 관계개선을 모색할 때, 북한이 국제기준을 충족하지 못한다는 이유로 또는 남북한간 체제경쟁의 측면에서 북한의 인권조약 가입에 대하여 부정적 태도를 취할 필요가 없다. 북한의 인권조약가입은 최소한 북한의 행동을 평가할 수 있는 기준을 제공하며, 북한을 사회화하는 계기가 될 수 있다.

참고문헌

고유환 외. 2005. 북한인권 상황에 관한 국내탈북자 의식조사. 동국대학교 북한학연구소. http://www.dailynk.com/picture/08/08/report-2005.pdf.

김일성. 1977.『김일성저작집』32. 평양: 조선로동당출판사.

김정일. "우리 인민정권의 우월성을 더욱 높이 발양시키자."(인민정권기관 일꾼 강습회 참가자들에게 보낸 서한, 1992.12.21).

김태훈. 2012a. "북한의 인권에 대한 인식." 대한변호사협회.『북한인권백서』2010. 서울: 지킴이.

김태훈. 2012b. "사회적 취약계층의 인권." 대한변호사협회.『북한인권백서』2010. 서울: 지킴이.

심일섭. 1975. "북한의 종교정책과 기독교 신앙 운동."『기독교 사상』19(6): 89-104.

양정아. "북, "남 인권결의안 공동제안 정치적 도발" 반발."『Daily NK』(2009.11.23).

오경섭. 2012. "정치범수용소 인권실태." 대한변호사협회.『북한인권백서』2010. 서울: 지킴이.

윤여상. "'사회보장' 무너진 '사회주의 국가' 북한."『자유공론』2003월 6월호.

이영종. "북한에 감귤 줬더니 ... 김정일이 선물로 썼다."『중앙일보』(2011.4.6).

전병역. "남, 유엔에 '난민 호소 북' 모략극 중 '헛수고'"『경향신문』(2012.2.27).

정영철. 2008. "북한 종교정책의 변화와 현재."『남북문화예술연구』3:33-72.

통일연구원. 2012.『북한인권백서』2012. 서울: 통일연구원.

홍성필. 2007. "국제인권에 비추어본 북한의 인권."『저스티스』98:223-247.

황장엽. 2001. 황장엽 비록공개. 서울: 조선일보사.

Alston, Philip. 1982. "A Third Generation of Solidarity Rights: Progressive Development or Obfuscation of International Human Rights." *Netherlands International Law Review* 29(3):307-322.

Anti-Slavery International. 2005. "An Absence of Choice: The Sexual Exploitation of North Korean Women in China." http://www.antislavery.org/includes/documents/cm_docs/2009/f/full_korea_report_2005.pdf.

Berggren V., S. Musa Ahmed, Y. Hernlund, E. Johansson, B. Habbani, and A. K. Edberg. 2006. "Being Victims or Beneficiaries? Perspectives on Female Genital Cutting and Reinfibulation in Sudan." *African Journal of Reproduction Health* 10(2):24-36.

Brown, Philip Marshall. 1930. "The New York Session of the Institut de Droit International." *American Journal of International Law* 24(1):126-128.

Checkel, Jeffrey T. 2005. "International Institutions and Socialization in Europe: Introduction and Framework." *International Organization* 59(4): 801-826.

Commission of Inquiry on Human Rights in the Democratic People's Republic of Korea. Report of the Commission of Inquiry on Human Rights in the Democratic People's Republic of Korea (A/HRC/25/63, 2014.2.7).

Committee for Human Rights in North Korea. 2009. *Lives for Sale*. Washington, D.C.: Committee for Human Rights in North Korea.

Correlates of War Project. 2012. Interstate System, 1816-2011. http://www.correlatesofwar.org/COW2%20Data/SystemMembership/2011/System20

11.html.

Correlates of War Project. 2013. National Material Capabilities(v3.02). http://www.correlatesofwar.org/COW2%20Data/Capabilities/nmc3-02.htm.

Frans Viljoen. 2009. International Human Rights Law: A Short History. UN Chronicle (online). 46(1/2). http://www.un.org/wcm/content/site/chronicle/.

Freedom House. 2013. "Country ratings and status, FIW 1973-2013 (EXCEL)." http://www.freedomhouse.org/report-types/freedom-world.

Glendon, Mary Ann, 2001. *A World Made New: Eleanor Roosevelt and the Universal Declaration of Human Rights.* New York, NY: Random House.

Havel, Václav, Kjell Magne Bondevik, Elie Wiesel. 2006. Failure to Protect: A Call for the UN Security Council to Act in North Korea. U.S. Committee for Human Rights in North Korea. http://www.antislavery.org/includes/documents/cm_docs/2009/f/full_korea_report_2005.pdf.

Heston, Alan, Robert Summers and Bettina Aten. 2012. Penn World Table (Version 7.1). Center for International Comparisons of Production, Income and Prices at the University of Pennsylvania. https://pwt.sas.upenn.edu/php_site/pwt_index.php.

Idowu, Amos Adeoye. 2008. "Effects of Female Genital-Mutilation on Human Rights of Women and Female Children: The Nigerian Situation." *Research Journal of International Studies* 8:13-26.

Kelley, Judith. 2004. "International Actors on the Domestic Scene: Membership Conditionality and Socialization by International Institutions." *International Organization* 58(3): 425-457.

Levy, Jack. 1983. *War in the Modern Great Power System, 1495-1975.* Lexington, KY: The University Press of Kentucky.

Liu, Zhenminer. "Joint Statement on behalf of the Like-Minded-Countries (LMC) on the draft guiding principle on Extreme Poverty and Human Rights." Statement delivered at Human Right Council (2012.9.12).

Manchester, William and Paul Reid. 2012. *The Last Lion: Winston Spencer Churchill: Defender of the Realm,1940-1965.* Boston: Little, Brown and Company.

Marshall, Monty G., Keith Jaggers, and Ted Robert Gurr. 2013. "Polity IV Project: Political Regime Characteristics and Transitions, 1800-2012."

Marshall, Monty G. and Ted Robert Gurr. 2013. Polity IV Project: Political Regime Characteristics and Transitions, 1800-2012, http://www.systemicpeace.org/polity/polity4.htm

Martin, Lisa L. 2000. *Democratic Commitments: Legislatures and International Cooperation.* Princeton, NJ: Princeton University Press.

Morsink, Johannes. 1999. T*he Universal Declaration of Human Rights: Origins, Drafting, and Intent.* Philadelphia, PA: University of Pennsylvania Press.

Neumayer, Eric. 2003. "Do Human Rights Matter in Bilateral Aid Allocation? A Quantitative Analysis of 21 Donor Countries." *Social Science Quarterly*

84(3):650-666 l
Open Doors International. 2011. World Watch List 2011. http://members.opendoorsusa.org/worldwatchlist/downloads/WorldWatchList2011.pdf.
Park, Heung-Soon. Survey Report on Political Prisoners' Camps in North Korea. Seoul: National Human Rights Commission of Korea. http://www.humanrights.go.kr
Schweller, Randal L. 1998. *Deadly imbalance: Tripolarity and Hitler's Strategy of World Conquest*. New York, NY: Columbia University Press.
United Nations Treaty Collection 2014 UNTC Database. http://treaties.un.org/Home.aspx.
Vasak, Karel. 1979. "A 30-Year Struggle." *The Unesco Courier* 30(11): 29-32.
Vreeland, James R. 2008. "Political Institutions and Human Rights: Why Dictatorships Enter the United Nations Convention Against Torture." *International Organization* 62(4):65-101.

제11장

‘개념적 통합 네트워크’ 속에서 본 북한: EU 대북 전략 텍스트의 환유를 통한 이해*

도종윤

* 이 논문은 『한국정치학회보』 2014년 48집 제4호(pp.271-295)에 실린 “환유를 통한 국제정치 텍스트의 해석: 유럽연합의 대북 전략 문서를 시험적 사례로”를 수정·보완한 것입니다.

Ⅰ. 들어가는 말

국제정치학은 텍스트(text) 안에 있다.[1] 국제정치를 앎으로 전유하기 위해서는 국제무대에서 생산되는 텍스트를 잘 이해해야 한다.[2] 국제정치를 안다는 것은 국제무대에서 일어나는 현상을 안다는 것을 의미하며, 지식인은 텍스트를 통해 이러한 앎에 한 발짝 더 다가설 수 있다. 국제정치가 '학(-logy)'이 되어 지식인의 앎으로 거듭나는 것은 텍스트를 잘 이해했을 때이다. 그때서야 그것은 국제정치학이 된다. 예컨대, 북한을 국제정치 무대의 한 행위자로 의제하고 북한에 대한 국제사회의 대응을 국제정치학으로 풀어내야 한다

1 '국제정치학은 텍스트 안에 있다'는 명제는 권력의지 속에서 인간의 주체성을 환기시켰던 프리드리히 니체(Friedrich Nietzsche)의 작업, 존재 이해의 실마리를 언어 속에서 찾고자 했던 마르틴 하이데거(Martin Heidegger)의 해석학적 현상학, 텍스트로 고정된 언어를 이해하기 위해 노력했던 폴 리쾨르(Paul Ricoeur)의 인식론적 해석학과 존재론적 해석학의 종합, 그리고 텍스트가 지시하는 존재론적 세계를 따르기 위한 해석자의 이해 등, 네 가지 단계의 기반 위에 서 있다.

2 텍스트는 그 자체가 목적이 아니라 방법론적인 실마리를 품고 있다는 점에서 의미가 있다. 텍스트를 '방법론적인 영역'으로 다루는 것은 철학적 전제가 서로 크게 다름에도 불구하고 기호학과 해석학 모두 동의하고 있다(Barthes, 1970; Ricoeur 1986). 다만, 텍스트는 엄격하게 말해 문학에서 일컫는 '작품'과는 구분되어야 한다.

면 그 시작은 당연히 국제무대의 행위자들 사이에 합의된 담화(discourse)를 이해하는 것이다. 다만, 그 담화는 텍스트를 통해 드러나기에 우리는 관련 텍스트를 이해함으로써 북한을 지시하는 국제정치학에 보다 가까이 다가서게 된다. 즉 북한에 대한 국제정치학은 텍스를 통해 국제사회의 전략과 대응을 이해함으로써 앎의 한 부분을 채울 수 있게 된다.

국제정치학에서 텍스트 문제는 이미 여러 연구를 통하여 자주 다뤄져왔다. 무엇보다 탈구조주의 전통에서 텍스트는 매우 중요한 기제다. 이들에게 주체의 '정체성'은 타자를 어떻게 표상(representation)하느냐에 따라 좌우되는데 이는 정체성이 관계적이고 추론적 행위에 의존하기 때문이라고 보기 때문이다(Shapiro, 1988). 국제정치의 장에서 행위자들은 타자와의 관계 설정을 규정하는 외교정책을 통해 자신의 정체성을 드러내게 된다. 따라서 탈구조주의 전통에서 국제정치는 외교정책에 대한 연구로 집중될 수밖에 없다.[3] 줄리아 크리스테바(Kristeva, 1984)는 텍스트의 구성을 통해 우리가 사회적 세계를 이해하게 된다는 점을 강조한바 있다. 그 역시 주체 탐구를 위한 유용한 기제는 역시 텍스트라고 보았던 것이다. 탈구조주의자들에게 언어는 어떤 것이라도 결국 정치적인 것이 된다. 일상에서 우리가 언급하는 언어는 시간과 공간을 넘어 다른 언어로 전이되며, 사용된 하나의 의미체계는 다른 의미체계로 이동하면서 새로운 위치 안에서 표명된다. 이처럼 텍스트라는 기제는 언어의 상호성, 곧 '상호텍스트성(intertextuality)'이라는 개념으로 인식되었다.

[3] 이와 관련된 선구적 연구로는 샤피로(Shapiro, 1988, 1989), 데어 데리안(Der Derian, 1989) 등의 작업을 들 수 있다.

탈구조주의 전통 속에서 연구된 선구적인 업적들은 실증주의의 기반인 인과적 추론의 한계를 넘어섰다는 점에서 높이 평가 받을 수 있다. 기존의 서구 국제정치학이 실증주의, 과학에 대한 과도한 집착, 체계 분석 등에 지나치게 경도되어 여러 문제점들을 노정하였다는 것은 여러 문헌을 통해 이미 지적된바 있다(전재성·박건영, 2002; 민병원, 2007; 전재성, 2007, 2011; 김학노, 2008; 도종윤, 2013). 그럼에도 불구하고 탈구조주의 접근법 역시 몇몇 한계점에 노출되어 있다. 먼저, 텍스트에 대한 이해와 전유보다는 여전히 분석하고 해결하려는 사회과학의 속성에서 벗어나지 못하는 허점을 드러내고 있다. 그들에게는 앎보다 형성의 과정이 여전히 중요한 것이었다. 그들은 또한 국제정치에서 실재하는 주체의 정체성을 담론 속에서만 존재하는 것으로 무화시키는 오류를 범하고 있다. 더 나아가 텍스트에 대한 인식론적 강조에 비해 실제적 유용성에는 한계를 드러내고 있다는 점도 지적될 수 있다. 이 같은 지적이 가능한 것은 텍스트에 대한 보다 엄밀한 이해만이 주체와 정체성에 대한 답을 줄 수 있다는 점이 간과되었기 때문이다.[4] 지식사회학의 전통은 텍스트 속의 해석 작용을 대체로 현상학의 계보 속에서 파악하고 있다. 예컨대, 버거와 루크만(Berger and Luckmann, 1967)은 다양한 사회화 과정 속에서 객관적' 실재와 주관이 전유된 실재들의 구분이 가능하며 이러한 구분은 언어라는 대화의 기제를 통하여 사회적 실재를 공유하는 가운데 서로 구성해 나간다고 본다. 사회적 상황(또는 세계) 속에서 일어나는 우리의 행위와 상호작용은 어떤

4 텍스트는 그 자체가 목적이 아니라 방법론적인 실마리를 품고 있다는 점에서 의미가 있다. 텍스트를 '방법론적인 영역'으로 다루는 것은 철학적 전제가 서로 크게 다름에도 불구하고 기호학과 해석학 모두 동의하고 있다(Barthes, 1970; Ricoeur, 1986). 다만, 여기서 언급되는 텍스트는 엄격하게 말해 문학에서 일컫는 '작품'과는 구분된다.

'의미'를 담고 있으며 이는 인간의 의식(consciousness) 안에서 작용하는 것이다. '의식'은 사회적 해석 작용을 그려내며, 지식의 뭉치 또는 집합적 신호를 생산한다. 결국 지식사회에서 해석은 현상학적인 개념이 말하는 주체의 반성적 해석(reflective interpretation)일 수밖에 없다(Keller, 2011). 주체의 해석이란 구조, 사물, 실천들에 대한 해석 작용이며 이러한 가운데 우리가 다루어야 할 것은 이들을 모두 아우르는 텍스트의 문제인 것이다.

여기서 우리는, 국제정치학이 마주치는 텍스트와 관련하여 세 가지 문제에 먼저 답할 필요가 있다. 첫 번째는, "텍스트란 무엇인가?"에 대한 존재론적 물음이다.[5] '텍스트는 글로 고정된 모든 담화'를 일컫는다(Ricoeur, 1986). 텍스트는 언어를 표현하는 한 가지 형식임에도 불구하고 입말과는 다르다. 텍스트는 문자로 기록(inscription)된 말이기 때문이다. 입말을 주고받을 때 화자와 청자는 서로에게 현존하며, 심지어 주변 환경에도 영향을 받는다. 말로 전달되는 '의미'는 실제적인 지시(référence réelle)가 되어 우리가 무엇에 대해 말하는 것 바로 그것을 가리키게 된다.[6] 그러나 텍스트화된 세계는 말로 나타내진 세계가 아니라 현재화된 글의 세계라는 점에서 상상적 세계이다(Ricoeur, 1986). 그리고 이때 텍스트는 지식인과 세계를 연관시켜 주는 매개체가 된다(칼 심스, 2009, 74).

두 번째는 보다 실질적인 것으로, "어떻게 텍스트를 읽어야 할

5 텍스트를 무엇으로 볼 것인가는 (후기)구조주의에 접목된 '기호학적인 전통'과 현상학에 접목된 '해석학적 전통'으로 나눌 수 있을 것이다. 이 글에서는 '해석학적 전통'에서 다룬다.

6 리쾨르는 말로 전달하기 위해 화자가 품고 있는 의미를 '이상적인 의미(sense idéal)'라고 보았다. 그러나 뜻 그대로 '이상적인 의미'이기 때문에 입을 통해서 전달되는 말일지라도 그 뜻이 반드시 고정되고 분명하다고 말할 수는 없다. 그럼에도 불구하고 그는 또한 입말에 의한 '지시'는 보여지는 순간 '의미'가 소멸한다고 보았다. 이에 대해서는 이 글의 범위를 넘어서는 또 다른 논의를 필요로 한다.

것인가?"에 대한 것이다. 텍스트는 '지시(référence)'와 불가분의 관계에 있다. 다만, 텍스트는 입말과 달리 '지시'를 유보하고 있을 뿐이다. 그래서 텍스트 속의 유보된 '지시'는 해석학적 작업을 필요로 한다. 따라서 해석학(hermeneutics)의 과제는 텍스트의 '지시'를 실행하는 것이다. 이런 면에서 텍스트 읽기는 길을 필요로 한다.[7] 비교적 최근에 주목받고 있는 폴 리쾨르(Paul Ricoeur)는 해석학의 객관주의와 주관주의를 통합하려고 시도한바 있다. 엄밀한 의미에서 텍스트는 '일상언어의 세계'와 '존재론적 세계', 즉 두 개 세계를 가지고 있다. 전자의 세계는 기술적/과학적 텍스트로 이루어져 있으며 이는 일의적(一義的) 언어에 의해 드러나므로 해석학적 대상이 아니라고 보는 반면, 후자의 세계는 작품의 세계로서 다의적(多義的) 언어에 의해 변증법적으로 드러나는 세계이다.[8] 리쾨르의 해석학이 다루는 것은 바로 후자의 문제이며 이는 존재 물음에서 출발한 하이데거의 해석학적 현상학이 마침내 언어에 관심을 가져야 한다는 주장에 맞닿아 있다. 세 번째는, 두 번째 문제에서 파생된 질문으로, 생성자가 사회적으로 구성되어 있을 경우 우리는 어떻게 해석에 좀 더 가깝게 다가설 수 있을까 하는 문제이다. 텍스트로 형성화된 '언어의 뭉치(개념)'는 사회를 구성하는 존재들의 산출물이면서도 또한 일정한 해석을 통해서만 드러난다. 다만, 신학이나 문학과 달리 국제정치학에서 만나는 텍스트들은 어느 하나의 정치적 실체(예컨대 국가)에 의해서 생성된 산출물이 아닌 경우가 많다. 생성자는 오히려 수많은

7 오랫동안 해석학의 전통은 크게 '객관주의적 해석학'과 '주관주의적 해석학'으로 양분되어 있었다. 전자는 다시 낭만주의 해석학, 역사주의 해석학으로 구분되며 후자는 존재론적 해석학과 영향사적 해석학으로 구분되어 왔다(양황승, 2003). 해석학의 각 흐름에 대해서는 슐라이어마허(2000), 딜타이(2011), 하이데거(2012), 가다머(2012) 참소.

8 이런 의미에서 과학은 '설명'의 대상이며, 존재는 '이해'의 기반이다(Ricoeur, 1986).

정책 결정자들의 집합체이며 이에 대한 해석은 여러 사회적 상호작용의 결과를 전유하는 과정에서 앎이 된다.[9] 따라서 국제정치에서 해석은 '생성자'-'텍스트'-'해석자'로 이어지는 일대일 대응이 아니라, 여러 정책 결정가들이 가진 개념적 정의들이 사회적 환경과 만나 혼성작용을 일으키면서 창조된다.

이 같은 전제에서 이 글은 다음과 같은 방법과 목적으로 구성된다. 첫째, 메타 방법론적인 접근에서, 이 글은 리쾨르적인 시각에서 텍스트를 다룬다. 앞서 언급했듯이 국제정치연구자는 텍스트를 통해 국제정치를 본다. 국제정치는 현실의 실천가들이 구성하는 다양한 텍스트를 통해 지식사회에 드러나기 때문이다. 국제정치는 현실의 영역에서 전략문서(strategy document), 보고서(report), 성명(statement), 합의문(agreement), 담화문(release), 결정문(conclusion) 등의 형태로 드러나며 연구자들은 이러한 문서들을 이해하여 앎으로 전유해야 한다. 탈구조주의 맥락에서 텍스트는 실체없는 주체들의 상호구성을 위한 기제에 불과하였다. 그들에게 텍스트는 텍스트로서가 의미를 가진 것이 아니라 텍스트 이후 구성된 사회가 중요하였으며 텍스트는 해석이 아니라 기호였다. 그러나 텍스트화된 국제정치는 글로 현재화된 세계이며, 무엇인가를 '지시'하되 유보하고 있는 실체다. 따라서 국제정치연구자는 그런 '지시'를 해석하는 작업을 해야 한다. 이것이 곧 국제정치를 전유하는 길에 한걸음 다가서는 일이다. 다만, 이러한 '지시'를 해석하는 작업은 몇 가지 실천에 근거할 때 보다 유용하다. 리쾨르의 경우 해석의 실천

[9] 고전적 의미의 해석학에서는 작품의 '창조자'가 중첩되어 있거나 사회적으로 구성되어 있다고 보지 않는다. 그러나 외교정책에서 생성된 텍스트들은 사회적으로 구성된 경우가 많다. 예컨대, 다자주의관계에서 도출된 외교문서들은 처음부터 여럿의 목소리가 중첩되어 담긴 경우다. 따라서 외교정책에서 텍스트는 추후에 목소리가 보태진 신학적 해석이나 문학작품 해석과는 달라야 한다.

적 영역에서 '은유(metaphor)'를 비중 있게 다루고 있다. 그러나 예술적 창조성을 향해 열려 있는 문학적 텍스트나 신의 존재에 기반한 신학적 텍스트가 아닌 현실 사회의 텍스트에서 은유적 해석이 적절한가하는 의문이 제기될 수 있다. 뚜렷한 목적의식을 가지고 일상언어로 작성된 외교문서와 같은 텍스트는 오히려 무한한 해석보다는 문화적, 사회적 맥락 안에서 제약하되 공유되고 있는 은폐된 속성을 드러내는 환유(metonymy)적 해석에 관심을 가져야 한다. 따라서 이 글에서는 최근 성과를 보이고 있는 인지언어학에 기반하여 '개념적 혼성(conceptual blending)' 이론 속에 드러난 환유의 의미를 국제정치 영역에 접목하고자 한다.

둘째, 이 글은 위와 같은 배경에서 하나의 시험적 사례를 보이고자 한다. 즉 유럽연합을 중심으로 주요국의 외교 전략이 지시하는 대북한(對北韓) 전략을, 환유적 해석을 통해 이해할 수 있는지 그 가능성을 제시하는데 목적이 있다. 예를 들어 북한을 국제정치 무대의 한 행위자로 의제(擬制)하고 북한에 대한 국제사회의 대응을 국제정치학으로 풀어내야 한다면 그 시작은 당연히 그들 사이에 합의된 담화를 이해하는 것이어야 한다.[10] 그 담화는 텍스트를 통해 드러나기에 우리는 관련 텍스트를 이해함으로써 북한을 지시하는 국제정치학에 보다 가까이 다가서게 된다. 즉 북한에 대한 국제정치학은 텍스를 통해 국제사회의 전략과 대응을 이해함으로써 앎의 한 부분을 채울 수 있게 된다. 유럽연합은 제도의 독특한 발전의 결과

10 담화(또는 담론 discourse)란 '의미(말하는 것 speaking)'를 상징적 질서로 고정시켜 놓고, 당시대의 사회적 집합체 내에서 통용되는 가치, 행위, 의미의 구속력 있는 맥락으로 제도화시키는 것을 말한다(Keller, 2011, 51-56). 반면, 텍스트는 담론의 대상 중 문자로 구성된 고정된 실체를 의미하기 때문에 양자는 엄격하게 구분된다. 보다 자세한 것은 푸코(Foucault, 1971, 1972), 리쾨르(Ricoeur, 1969, 1975, 1976, 1986) 참조.

물이며 새로운 주체의 탄생이므로 우리가 더욱 주목할 필요가 있다. 유럽연합은 1993년 마스트리트 조약 발효 이후, 오랫동안 영위하던 경제 공동체에서 정치 공동체로 거듭나며 현재 가장 역동적인 외교 정책을 펼치고 있는 행위자이다. 탈구조주의 시각에서는 정체성 생성이 타자와의 구분 속에서 비로소 드러난다고 보지만, 유럽연합의 탄생과 발현은 끊임없이 생산된 합의와 도출된 조약을 통해 자신에 관한 성찰이 정체성으로 드러난 경우라고 볼 수 있다. 이런 맥락에서 주체의 자율성은 보다 더 강조되며 그들에 대한 해석은 더욱 필요성이 커진다. 즉 유럽연합은 아직 미분화된 주체이지만 한편으로는 자율성이 탄생되는 과정 중에 있으므로, 대외적 활동의 표상으로서의 외교정책을 인지적 메커니즘으로 그려볼 수 있는 사례로 매우 적합하다. 더욱이 그들은 다자적 관점에서 발 빠르게 전 지구적 문제에 대한 책임을 강조하는 실체이기에 보다 많은 관심이 필요하다.[11] 이들은 또한 유럽통합의 확대와 심화를 통해 얻은 정체성의 변화를 아시아에서 존재감(presence)의 확대와 행위능력(capability)의 증진으로 증명해 보이고자 하고 있다. 특히 북한과 유럽연합은 2001년 이후 우호적 외교관계를 한동안 유지한 바 있으며, 브뤼셀은 북한 문제를 바라보는 틀이 유럽연합의 세계관 속에서 해결되어야 함을 여러 텍스트를 통해 국제사회에 보여준 바 있다.

마지막으로 이 글은 텍스트의 '네트워크화'의 가능성에 대해서 검토한다. 네트워크 이론은 다양한 접근 방법에도 불구하고, 사회 구성 원리로서 구조-행위자의 이분화된 존재론적 가정을 극복하고

[11] 예컨대, 유럽연합 집행위원회(European Commission)가 발간한 *A Secure Europe in a Better World*(2003)에서는 다음과 같이 전제한다. "오늘날의 복잡한 문제는 어느 한 나라의 힘만으로는 해결할 수 없다(No single country is able to tackle today's complex problems on its own)."

자 한다는 점에서 대체로 같은 문제의식을 가지고 있다. 특히 '행위자-네트워크 이론(Actor-Network Theory)'은 "인간들이 이루는 사회가 영역과 기능에서 미리 구성된 것이 아니라 관계망 속에서 생성되는 것으로 보고, 이를 공동체라는 개념 대신에 집합체(collective 혹은 association) 등으로 개념화"한다.[12] 이러한 네트워크는 공간과 시간을 기반으로 한 구조와 단위를 넘어선 것이며 이는 오로지 영속성을 가진 의미 속에서만 파악된다.[13] 최근 인지언어학의 한 갈래로서 전개되고 있는 '개념적 혼성'은 '개념적 통합네트워크'의 한 기제로서 국제정치라는 텍스트를 이해할 수 있는 실마리를 던져 준다. 미국, 중국, 일본, 러시아, 유럽연합 등 국제정치 주요 행위자들의 외교 전략은 각국 별 또는 다자주의적 차원에서 다양하게 논의되고 있다. 이 글은 네트워크를 통해 접근하는 다양한 접근법들 중에서 주로 텍스트에 집중하여 재배열해 보고자 한다. '개념적 혼성이론'에는 의미론(semantics)의 어떤 분야보다 해석의 영역이 필요한 빈 공간이 남아 있다. 여기서는 우선, 유럽연합-미국, 유럽연합-일본, 유럽연합-중국, 유럽연합-러시아 간의 전략 관계 중 대북 정책에 관한 텍스트들을 취합하여 그들의 언어가 공유하고 있는 지시적 특성들을 시험사례로서 제시해 보고자한다. 또한 개념적 통합 네트워크라는 인지언어학적 관점에서 환유법이 대북 텍스트에 어떤 식으로 압축되어 있는지, 그들이 북한에 대해 공유하고 있는 언어적 상상력은 무엇으로 수렴되는지를 살펴보기 위한 단서를 시범적으로 보여주고자 한다. 다만 이 글에서는 이해를 실천적 차원으로 드러내기보다는 몇 가지 보기를 제시함으로서 향후 언어를 통한 텍스트

12 전재성(미간). "네트워크 이론의 관점에서 본 북핵 문제와 6자 회담" 참조.

13 행위자 네트워크 이론 관련해서는 브루노 라투르(2010) 참조.

이해의 국제정치학을 시도하려는 연구자들에게 이 접근법이 가진 의의를 보여주는 데 그칠 것이다.

다음 절에서는 우선 텍스트와 네트워크에 대한 논의를 방법론적인 틀로 규정하는 작업을 펼친다. 이어서 하나의 시험 사례로서 유럽연합과 주요 국가들 간에 이뤄진 전략적 텍스트를 살펴보고, 그 속에서 북한이 어떻게 그려지는 지를 조망하여 이를 인지언어학적 시각에서 잠정적으로 해석한다. 그리고 결론에서는 개념적 혼성 및 환유적 접근 속에서 텍스트가 어떤 의미를 가질 수 있는지를 토론하도록 하겠다.

Ⅱ. 개념적 혼성 및 환유

1. 해석의 이유

해석 작용은 연역적 체계를 고수하는 일의성(一義性)을 부인하는 데서부터 시작한다. 대상에 대하여 오직 한 가지 사물만을 지시하고 이 사물을 다른 사물로부터 정확하게 구별해 주는 개념이나 판단, 추론을 일의적(univocal)이라고 한다면, 수리적 논리는 사고의 형식이 일의적일 때만 도달할 수 있다.[14] 그러나 해석은 단순한 기능적 작용 -문장의 품사를 구분하거나 구조를 분석하는 것- 이 아닌 은폐되었던 존재가 드러나는 현상이다. 따라서 "그것은 진리도 거짓도 아니며 차라리 그러한 현상은 이의적(二義的)인 것"으로 볼 때 이해가 가능하다는 철학적 전제를 담고 있다(로베르트 하이스, 1996, 29). 해석의 길은 지식을 얻기 위한 신념과 이성의 조합을 통해 문헌에 관여된 진리 탐구이며 직관력과 합리주의를 넘어서는 믿음을 포

14 이런 의미에서 과학주의의 공통적 기저는 일의적 사고 체계로 완성된 세계관을 가지고 있다는 점이다.

함한다.[15] 또한 해석학적 접근은 현상학이 전제하고 있는 경험 이전의 선험적 지식의 중요성을 강조하며 언어의 의미(meanings)를 이해하는 것이 핵심적인 목표가 된다(Rodes and Bevir, 2002). 이런 맥락에서 국제정치학에서 해석학적 접근은 필연적으로 국제관계에서 일어나는 일련의 사건을 '대화와 논쟁의 드라마'로 전제하고 있다.[16] 이를 이해하기 위해서는 국제정치에서 드러나는 주체의 중요성을 인식하면서 대화, 문답 등의 담론에 초점을 맞춰 사유하는 것이 필요하다(Moor and Farrands, 2010, 1-7). 텍스트에서 적절한 '의미'를 발견해 내지 못하면 국제정치학에 대한 이해는 불가능하다. 따라서 연구자는 의미를 향한 단선적 접근보다는 순환의 과정 속에서 그 중간 지점에 있는 답을 찾아 이해하는 과정을 따르게 된다.

한편, 텍스트에서 적절한 '의미'를 발견해 내지 못하면 국제정치학에 대한 이해는 불가능하다. 우리가 해야 할 일은 의미를 향한 단선적 접근보다는 순환의 과정 속에서 그 중간 지점에 있는 답을 찾아 이해하는 것이다. 앞서 언급한 대로 해석학이 공통적으로 관심을 갖는 것은 본질적으로 '텍스트 속의 언어'이다. 일상생활에서 '언어' -입말이든 글말이든- 는 대화의 매개체로 사용되지만, 그 형식과 상관없이 언어는 우리 주변의 세계를 설명하는 은유와 환유의 집합체이다.[17] 그러나 언어가 의미를 생성하는 과정은 우리가 이해하고자 하는 실체와 현상에 의해 만들어진 인간 전통에 의해 만들어지기 마련이며, 우리가 세상의 어떤 면에 대해 말할 때는 우리가 알고자

15 그럼에도 불구하고 그러한 믿음은 객관적이다. 이는 논리적 완결성을 기저로 인간의 판단을 통하여 조정된다.

16 매닝(Manning, 1962)은 국제사회가 국가들의 사회로 구성되어 있으며 이들이 서로 해석하고 재해석하고 재형상화하는 것이라고 주장하였다.

17 일상생활과 은유/환유의 관계는 마크 존슨·조지 레이코프(2006) 참조.

하는 사실이나 현상과는 관계없이 세상에 대해 품고 있는 우리의 개념에 대해 이야기하는 경우가 많다. 따라서 우리가 사용하는 언어는 선택한 이미지만을 걸러내고 있는 것이다.[18] 인간생활의 진리를 찾기 위해서는 언어 속에 은폐되어 있는 주체의 속성을 찾아야 한다. 니체의 표현대로라면, '인간은 필연적으로 권력에의 의지, 승리에 대한 염원 그리고 타자를 종속시키려는 열망을 품고 있기 때문'에 언어 속에서 이를 찾아야 한다(Bleiker and Chou, 2010, 8-10). 은폐된 관계를 찾는 것은 가시적인 물질적 권력 작용을 포착하려는 노력을 넘어서고자하는 시도다. 이 같은 입장은 최근 주목받고 있는 네트워크 세계정치가 가정하는 네트워크 권력 가장과 맞닿는다. 즉 전통적으로 강조되어 온 노드 중심의 물질적 권력을 넘어서 네트워크의 맥락에서 작동하는 네트워크 권력을 추구한다는 세계관과의 접목이다(김상배, 2010). 권력 작용이 물리적 폭력 뿐 아니라 제도적, 구조적 힘의 작용을 포함하고 있다면, 언어는 그 기저에서 작용한다. 권력 작용은 언어를 매개로 하며 이는 노드(화자와 청자)의 입을 떠나 텍스트로 전이되어 은폐된 권력으로 용해된다. 이를테면, "글쓰기에서 일어나는 일은 잠재적 상태 속에 있던 무언가가 살아 있는 말 속에 맹아적이고 불완전한 채로 담겨 있던 무언가가 온전히 드러나는 것"(Ricoeur, 1976, 25)이라는 주장과 맞닿아 있는 것이다. 리쾨르는 이것을 '의미'가 '사건'으로부터 분리되는 것이라고 말한다. 즉 글쓰기에 의하여 고정된 담화는 어느새 의미론적 자율성을 부여받게 된다는 것이다. 글쓰기에 의해 일어나는 상황은 대화의 상황과는 다르다. 입말에서는 화자가 대화의 상황에 속해 있으며 이는

[18] 이를 도식화하면 다음과 같다. 직관에 기반한 인식 → 이미지 형성 → 단어 형성 → 단어의 패턴 형성 → 언어적 문화적 시스템 형성.

대화의 직접성을 뜻한다. "화자는 진짜로 거기에 있음으로 해서 현존재(Dasein)로서 거기에 있는 것이다"(Ricoeur, 1976, 29).[19] 이는 화자의 주관적인 지향성과 대화의 의미는 서로 겹치며 화자가 말하는 바를 이해하는 것과 대화 속에서 입말이 의미하는 바는 동일하다는 것과 같은 뜻이 된다.[20] 대화의 상황에서 화자와 청자는 말하기-듣기의 관계로 단순화되어 있으나, 메시지가 중간에 매개 됨으로써 이러한 관계는 쓰기와 읽기로 변이된다. 또한 입말이 노드 중심의 접근이라면 텍스트는 어느새 시간과 공간을 매개로 자율성을 부여받으면서 네트워크적인 속성을 띠게 된다. 네트워크 개념이 개체를 넘어 복합과 맥락의 자율성을 담보하고 있다는 가정에서 텍스트의 의미 자율성은 이와 접목이 가능하다. 연구자들은 이러한 은폐된 권력을 해석하고 그 의미를 앎으로 전유할 필요가 있으며, 또한 인간에게 허락된 협소한 '개념의 감옥'을 벗어나려는 노력이 필요하다. 언어를 단순한 의사소통의 도구가 아닌 세계를 이해하는 도구로 파악할 경우 이것이 국제정치학에 주는 함의는 남다르다. 정치적 인식(認識)은 사건 자체에 뿌리를 두고 있다기보다는 사건 후에 등장할 정책적 대응과 그 사건에 대한 우리의 이해를 형성하는 쪽에 무게를 두는 경우가 많다. 따라서 언어, 지식, 권력은 본질적으로 연결되어 있다는 점이 강조되어야 한다. 정책결정자들에게 사태에 관한 공동의 이해(common sense)는 사건에 대한 지식뿐 아니라 결국 특수한 이슈 -현실주의 시각에서 보자면 '안보'- 에 대한 도덕적 권위를

19 마르틴 하이데거에 따르면, 주체는 존재와 대상으로 분리될 수 없다. 우리는 이미 어떤 대상을 구성하는 작용 속에서 존재하고 있기에 현존재는 '세계 내 존재(being-in-the world)'가 된다. 이때 현존재는 자기 주변을 둘러싼 세계뿐 아니라 자아를 의식하는 존재이다. 이런 의미에서 화자와 청자가 만나 대화하는 순간은 바로 어떤 대상을 구성하는 작용 속에서 존재하는 현존재이다(2012, 80-89).

20 담화의 자기지시성과 관련해서는 리쾨르(Ricoeur, 1976, 40-42) 참조.

부여하고 그 위계적 질서를 외부로 전파하기 위한 도구로 원용된다(Bleiker and Chou, 2010, 14). 결국 언어를 사용함으로써 사회적 의미가 형성, 유지되기 때문에 해석자는 현상을 성실하고 고결하게 다룰 도덕적 책임감이 있어야 한다. 그리고 이 같은 태도는 해석적 순환을 통해 현상으로 재돌입하게 된다(Farrands, 2010, 33-45). 따라서 국제정치학은 주체에 대한 끝없는 해석이 필요하다. 이로서 지식인들은 텍스트를 통해 전유의 길을 모색할 수 있으며 이런 순환구조를 통한 이해는 결코 끝을 향한 순차적인 과정이 아니라 끊임없이 지속되는 과정이라고 할 수 있다.

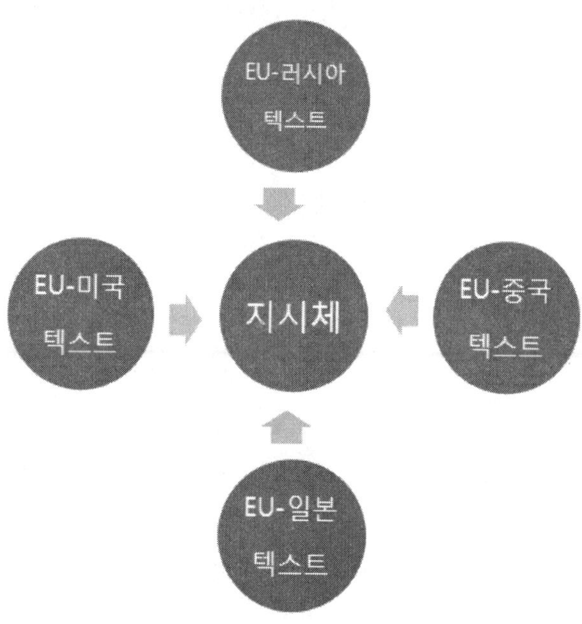

〈그림 1〉 텍스트와 지시체의 구성

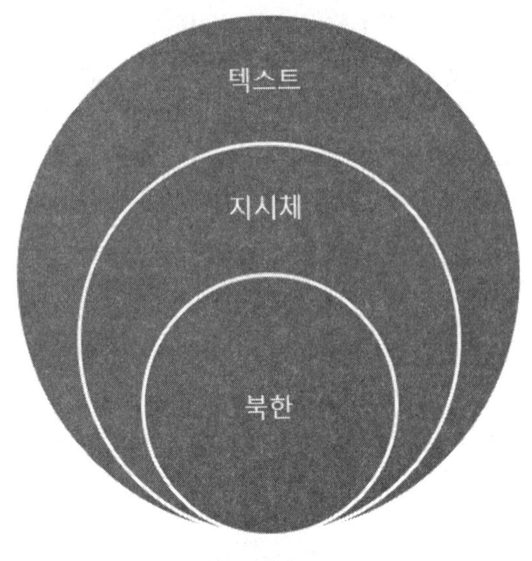

〈그림 2〉 텍스트-지시체-북한

2. 환유(換喩)에 의한 해석

텍스트 해석은 은폐된 것을 드러내는 작용을 포함하고 있다. 전통적 해석학이 주로 다루는 문학, 신화 또는 신학의 영역이 은폐물의 원래 형태를 인간의 감성이나 신의 계시로 보았다면, 국제정치학에서 해석은 다분히 행위자들의 권력 개념 또는 권력 작용을 전제해야 하며 이는 또한 전략으로 구체화된다는 가정에서 접근해야 한다.

일반적인 의미에서, 텍스트에 은폐된 지시체는 대체로 은유(또는 상징)와 환유(제유)의 복원을 거쳐 해석에 의해 이해된다. 그리고 이때 해석학은 의미론의 도움을 필요로 하게 된다. 리쾨르가 시도한 해석학 통합의 기저에는 해석학적 전통뿐 아니라 소쉬르의 구조주의 언어학마저 포괄하고 있다. 때문에 그의 해석학이 의미론을 포괄할 여지를 두고 있다는 점은 기억할 필요가 있다. 먼저, 은유가 문학적 상상력으로 거듭난 예술의 영역에서 주로 언급되는 이유는 어떤 관념이든 다른 것의 이미지로 자유롭게 제시될 수 있다는 점에서 창의적이기 때문이다(Ricoeur, 1975). 즉 은유는 '~인 것으로 본다'의 측면이 있으며 익숙한 것을 새로운 것으로 재정의하여 다시 보게 한다.[21] 반면, 환유는 시적(詩的) 장식물로서보다는 일상 언어 속에서 훨씬 더 많이 드러난다.[22] 예컨대 원래의 언어 표현에서 다른 표현으로 전이되는 것을 전통적 의미의 환유라 한다면, 이 같은 예는 일상 언어에서 쉽게 찾을 수 있다.

보기1. De nombreuses personnes ont déjà demandé s'ils pouvaient témoigner <u>leur amitié</u> d'une manière ou d'une autre. <u>Une enveloppe</u> sera la discrétion de ceux d'entre vous qui le souhaitent, dans le bureau de Cristelle Meunier(entre 9h et 17h00), afin de participer à un cadeau de départ à la retraite pour Mario Telo.

위의 문장에서 amitié(우정)와 Une enveloppe(봉투)는 은퇴하는 Mario Telo를 위해 일정의 금액(l'argent)을 전달하자는 것을 환유적으로 표현한 것이다. 그러나 환유를 언어 표현의 대체 현상으로 볼 경우, 어떤 표현이 다른 표현으로 대체된다는 것은 그 표현의 바

21 은유에 대한 보다 많은 논의는 커버체쉬(Kővecses, 2002) 참조.

22 아리스토텔레스에서 유래한 전통 관념은 환유를 은유의 하부 형태인 것으로 보는 경향이 짙었다. 현대에 와서도 환유는 여전히 은유의 비약된 형태로 관심을 그다지 끌지 못하고 있다(Lakoff and Johnson, 1980; Searl, 1996). 그러나 시학적 심비나 창조에 의한 예술성으로 개념 확장이 끝없는 은유에 비해, 권력 개념의 아우라 속에서 해석해야 하는 국제정치학에서 '환유'는 보다 면밀히 연구될 가치가 있다.

탕 시나리오 전체를 대체하는 것은 아니기 때문에 대체된 표현이 이전 표현의 의미를 온전히 나타낼수 없다는 문제가 제기된다.[23] 예컨대 위의 표현에서 봉투(Une enveloppe)는 돈(l'argent)의 대체인데 문화적, 사회적, 교육적 맥락에서 둘이 서로 대체가 안될 수도 있기 때문이다.[24] 따라서 환유를 단어 수준의 대체 현상을 넘어 랑그(langue)이전의 '개념적 수준의 현상'으로 설명하려는 움직임이 있다. 예컨대, 개념세계에 존재하는 '장소'는 관련된 사건을 환유를 통해 의미를 결정해 준다는 것이다.

그러나 환유를 단순히 어떤 표현이 다른 표현으로 바뀌는 표현의 대체 현상으로 볼 경우, 그 표현의 바탕 시나리오 전체를 대체하는 것은 아니기 때문에 대체된 표현이 이전 표현의 의미를 온전히 나타낼 수 없다는 문제가 제기될 수 있다(김종도, 2005, 17). 따라서 환유를 단어 수준의 대체 현상을 넘어 '랑그(langue)' 이전의 '개념적 수준의 현상'으로 설명하려는 노력이 필요하다.[25] 예컨대, 개념세계에 존재하는 '장소'가, 그와 관련된 사건을 환유를 통해 의미를 결정해 주기도 한다.

보기2. 어느 누구도 이라크가 또 다른 베트남이 되기를 원치 않는다.

---

[23] 김종도(2005, 17)

[24] 따라서 우리 문화나 불어권 문화에서는 문장의 맥락에 따라 '봉투'가 돈을 의미할 수 있지만, 문화가 다른 곳에서는 반드시 그렇지는 않을 수 있기 때문에 봉투→돈의 관계맺음을 하는 대체 현상으로 볼수 없다는 문제가 생긴다. 예를 들면, 우리에게 녹색은 '환경'을 뜻하지만, 가까운 중국에서 녹색은 불길함의 상징이므로(녹색모자는 부인이 바람났다는 뜻) 녹색→환경과 녹색→불길함 사이의 긴장 관계가 조성되어 양자가 대체 관계에 있을 수 없다.

[25] 레이코프와 존슨(Lakoff and Johnson, 1980)은 이미 은유를 개념 세계의 현상이라고 밝혀 주목받은 바 있다. 그들은 환유 역시 개념 세계라는 맥락에서 이해한다.

위에서 이라크는 그 장소(명사)가 관련된 사건들에 대신해서 쓰이고 있다. 즉 미국이 베트남전쟁에서 겪었던 실패가 이라크 전쟁에서의 실패로 되풀이되어서는 안 된다는 것이다. 이런 의미로 해석될 수 있는 것은 '장소'와 '사건'의 관계가 환유를 통한 표현으로 그 사건을 지시할 수 있도록 하기 때문이다. 따라서 독자는 이 환유에 의해 특정 사건이 일어난 장소적인 다양한 특질을 그 사건에 연관시킬 수 있으며, 이는 더 나아가 연구자로 하여금 주어진 사건에 대한 이해를 돕게 한다. 이는 개념의 대체와는 크게 다른 것이다. 레이코프와 존슨은 환유를 개체들 사이의 개념적 관계로 정의하고 "이러한 개념적 관계들이 관습화되어 우리의 사고와 행동을 구조짓는다"고 본다.[26]

국제정치의 장(場)에서 환유 작용은 매우 자주 접할 수 있다. 각국의 대외 관계 문서들은 대체로 권력 개념을 내포하고 있다. 이러한 권력 개념은 힘을 상징하는 지표로 직접 드러나기도 하지만 대개 도덕이나 규범, 세계관, 행위자 정의, 논리적 타당성 등 텍스트 안에 은폐되어 있기 마련이다. 특히 권력의 속성은 명시적이지 않고 애매하게 잠재되어 있으며 그 같은 면모는 의도적이든 의도적이지 않든 은폐되어 있다. 리쾨르는 "상징(은유)이 생각을 불러일으킨다"고 했지만(Ricoeur, 1975), 국제정치 연구자들에게 "환유는 문제의식을 불러일으킨다(problematisation)". 그리고 그러한 문제의식은 이해의 원천이 된다.

---

26 김종도(2005) 참조. 기타 인지적 환유, 화용적 환유 등에 대해서는 레이덴과 커버체쉬(Radden and Kővecses, 1999), 바르셀로나(Barcelona, 2002, 2003) 참조.

3. '개념적 혼성(Conceptual Blending)' 및 '개념적 통합 네트워크(Conceptual Integration Network)'에서 환유

고전적 의미에서 환유가 '언어의 대체'였다면, 레이코프와 존슨은 환유가 지시 기능을 가지고 있는 것임은 물론, 또한 개념 세계의 현상이기 때문에 해석이 필요함을 보여준 바 있다.[27] 예컨대 국제정치학에서 '워싱턴(DC)'를 생각할 때, 우리는 단순히 지리적 의미의 '워싱턴 DC'를 생각하는 것이 아니다. 우리는 워싱턴이 미국 정치 제도에서 갖는 관계, 즉 백악관을 비롯한 미국의 주요 기관, 미국의 대통령, 그리고 그 기관들이 서로 맺고 있는 역학, 세계적인 영향력 등에 대해 두루 생각하게 된다. 따라서 우리는 '워싱턴'이 그것을 구성하는 정치적 속성들과 맺고 있는 관계 때문에, 이를 접하게 되었을 경우 우리의 행동과 태도는 어떤 정향된 태도나 사고를 가질 수밖에 없다. 그리고 이 같은 태도나 사고의 구조화는 신체적 체험에 근거하고 있으며 또한 우리의 신체적 경험은 문화적 맥락에서 이루어진다(Lakoff and Johnson, 1980). 그러나 레이코프와 존슨은 비유의 본성은 은유이며 환유는 문화적 맥락에서 은유적 체계들 사이의 연결기제라고 보아 환유가 은유의 하위 부류인 것으로 취급하고 있다.[28] 레이든과 커버체쉬(Radden and Kővecses, 1999)는 은유와는 별개로 인지적 과정으로 환유를 설명한 바 있지만,[29] 개념의 대체, 일대

27 레이코프는 '이상적 인지 모형(Idealized Cognitive Model: ICM)'을 제시한 바 있는데 이는 어떤 현상에 대한 체계적 지식을 의미한다(김종도, 2005, 21).

28 레이코프와 존슨이 인지언어학의 관점에서 은유를 다루고 있다면, 환유를 인지적 과정으로 설명하는 노력은 레이든과 커버체쉬(Radden and Kővecses, 1999)에서 본격화되었다.

29 "환유는 하나의 개념적 개체(매체 혹은 원천)가 동일한 이상적 인지 모형 내에서 다른 개념적 개체(목표)에 심리적으로 접근하는 인지적 과정이다"(김종도, 2005, 25).

일 대응으로서 내축만 가질 뿐 함축은 불가능하다는 주장이 여전히 힘을 받고 있다(Ibanez and Hernandez, 2002, 2003; Corf, 2003). 그러나 앞서 제기했던 '워싱턴(DC)'을 환유적 견지에서 재해석해 본다면 개념의 대체나 일대일 대응을 넘어선 보다 복합적인 사고가 필요함을 알게 된다.

보기3. a. 워싱턴은 모스크바와 협상을 시작했다.
b. 백악관은 아무 말도 하지 않고 있다.

김종도에 따르면, 위에서 언급된 워싱턴과 백악관은 전통적 환유로 보았을 때 단어의 대체(미국 행정부)로 볼 수밖에 없다. 하지만, 한 걸음 더 나아가서 문장에서는 표현되지 않는 세상의 지식 -예컨대 그 기관이 어떤 역할을 하는지, 어떤 위상을 갖고 있는지- 등과 더해질 때 환유가 이루어진다. 윗 문장에서 워싱턴이 언급되었을 때는 "대외관계와 관련된 국무부와 국무부 기능의 의미를 가지고 있는 것으로 보아야 하고, 백악관이 언급되었을 때는 백악관 당국, 대통령 심지어는 대통령의 최종 결정권까지 관련된 것으로 해석해야 바른 의미에 도달할 수 있다"는 것이다(김종도, 2005, 184). 따라서 '워싱턴'이 가진 환유적 효과는 지시적 의미 이외에 미국 행정부와 관련된 세상의 복합적인 지식이 모두 응축되어 있다. 파코니에와 터너(Fauconnier and Turner)가 선보인 '개념적 혼성(conceptual blending)'이론에 따르면 워싱턴은 하나의 혼성체로 환유적 효과를 자아낸다. 즉 우리의 심리공간(mental space) 내에 입력공간(input space), 총칭공간(generic space), 혼성공간(blending space)을 각각 두고 있다고 가정하고, 이때 입력 공간과 혼성공간이 개념적 통합 네트워크(conceptual integration network)

를 이루어 혼성체를 생성해 낸다는 것이다(Fauconnier and Turner, 2002; Coulson and Oakely, 2003; 김종도, 2005). 이런 과정에서 환유는 각 입력 공간들의 정보들이 혼성되어 혼성체로 지시를 전이시키는 역할을 한다. 통합 네트워크 안에서 혼성이라는 유기적 상호작용이 일어날 때 환유 작용도 동시에 일어나는 것이다. 또 하나 중요한 것은 입력공간이나 총칭공간에 없는 정보 요소들을 기존의 다른 일반지식(세상의 복합지식)에서 끌어들여 입력 공간의 정보요소들과 혼성시켜야 한다는 점이다.[30] 그러나 이러한 외부 지식은 무절제하게 도입되어서는 안 되며 적절한 제약들을 설정할 필요가 있다.[31]

30 총칭공간은 입력 공간에 가이드라인을 제공해 주는 역할을 하는데, 경우에 따라서는 총칭공간이 생략되기도 한다. 보다 자세한 것은 콜슨과 오클리(Coulson and Oakely, 2003) 참조.

31 보다 자세한 것은 파코니에와 터너(Fauconnier and Turner, 2002, 40-45) 참조.

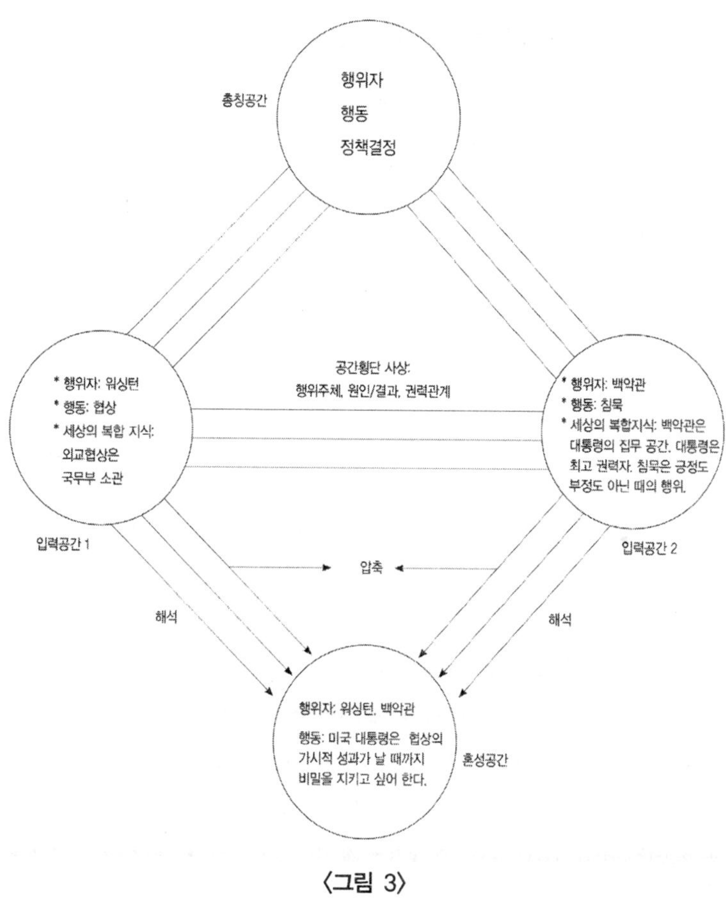

〈그림 3〉

출처: Fauconnier and Turner(2002, 45); 프리드리히 웅거러·한스요르그 슈미트 (2010, 392)의 내용을 필자 응용.

Ⅲ. 개념적 통합 네트워크 속에서의 북한: 환유적 해석의 가능성

앞서 '개념적 혼성이론'에서 입력공간과 혼성공간이 '개념적 통합 네트워크'를 이루어 혼성체를 생성해 낼 수 있다고 하였다. 개념적 혼성은 인간의 인지 작용 속에서 등장하지만 여러 사회 또는 공동체가 서로 중첩되어 작용하였을 경우, 개념적 통합 네트워크는 보다 복합적인 그림이 그려질 것으로 추정된다. 위에서는 입력공간이 두 개로 한정되었지만, 이는 수많은 입력 공간으로 늘어날 수 있다. 국제정치에서는 다자조약이나 다자협상 끝에 등장하는 합의문 등이 여러 입력 공간이 작용한 혼성체의 예가 될 수 있을 것이다. UN헌장의 경우, 형식적인 면에서는 적어도 1945년의 샌프란시스코 회의에 참여한 50여 개국의 입력 공간이 포함된 개념적 통합 네트워크가 하나의 혼성체로 등장한 텍스트라고 볼수 있다. 입력 공간은 행위자의 숫자에 의해서 늘어날 수도 있지만, 이슈가 된 텍스트의 내용에 따라 얼마든지 늘어날 수 있다. 그렇기 때문에 입력 공간의 확대는 보다 복잡한 연결망을 그려낼 것이며 혼성체에 대한 해석은 보다 깊고

넓은 지평 속에서만 가능해질 수 있을 것이다.

이 같은 접근 방식을 국제사회의 대북 문제에 적용해 보면 어떤 그림을 그릴 수 있을까? 아래에서는 미국, 일본, 중국, 러시아 등에 대해 유럽연합이 북한 문제에 어떤 개념적 통합 네트워크를 발현시켰는지 몇 가지 예를 통해 살펴보도록 하겠다.

1. EU-미국 텍스트 속의 북한

경제공동체에 머물렀던 유럽연합이 단일한 정치적 행위자로 거듭날 수 있었던 것은 마스트리트 조약(1993), 암스테르담 조약(1999), 니스조약(2003), 리스본 조약(2009) 등 일련의 제도적 변환 과정 속에서 자신의 정체성을 스스로 끊임없이 새로 부여했기 때문이다. 한반도 위기에 관련하여 유럽연합은 1997년에 한반도에너지개발기구(KEDO) 가입을 통해 처음 공식 행위자로 등장하였다. 이후 유럽연합은 소위 현실주의 국제정치학에서 가정하는 기본 단위, 즉 '주권국가'가 아님에도 불구하고 대외정책의 행위자로서 강력한 존재감을 드러내고 있다. 또한 세계무역기구(WTO)를 비롯한 여러 국제기구에서는 물론이고, 지구상의 여러 국가들과 법인격을 지닌 주체로서 외교적 행위를 수행하고 있다. 이런 맥락에서 유럽연합은 냉전 이후 세계 질서에 관해 특히 미국과 양자 간 합의를 계속 도출해내고 있다.

〈표 1〉 유럽연합-미국 관련 주요 문서

연도	명칭
1990	Transatlantic Declaration on EU-US Relations
1995	Joint Action Plan
1995	New Transatlantic Agenda
1998	Transatlantic Economic Partnership
2005	A stronger EU-US Partnership and a more open market for the 21st century
2006	The European Union and the United States - Global partners, global responsibilities
2011	The European Union and the United States - An Essential Partnership

이 가운데 세계 질서와 관련하여 주목해 볼 문건은 EU와 미국이 1995년에 합의한 '신대서양 아젠다(New Transatlantic Agenda)' 이다. 이 합의는 냉전 종식 후 서방진영의 대표격인 두 행위자가 향후 도래할 신세계 질서에 대응하여 함께 취할 목표를 포괄적이나마 처음으로 함께 설계했다는 데 의의가 있다. 양자가 제시한 목표는 크게 네 가지인데 첫째, '평화와 안정 증진, 민주주의 및 세계의 발전', 둘째, '세계적 도전에 대한 대응', 셋째 '세계 무역의 확대 및 경제적 친밀화에 대한 기여 ' 마지막으로 '대서양을 아우르는 교량 건설' 등을 언급하였다. 이 문건에는 한반도 문제가 한 군데서 거론되고 있는데 다음과 같다.

> *... We will provide support to the Korean Peninsula Energy Development Organisation(KEDO), underscoring our shared desire to resolve important proliferation challenges throughout the world...*[32]

---

[32] 원뜻을 존중하여 국문으로 번역하지 않았다. 또한 이 문장은 같은 해에 함께 채택된 '유럽연합-미국 행동계획(Joint EU - US Action Plan)'에서도 똑같이 등장한다.

위 텍스트를 통해 우리는 먼저 단어 수준에서 한반도에너지개발기구(KEDO), 확산(proliferation), 지지하다(support), 해결하다(resolve), 도전(challenges) 등의 환유적 표현들을 발견할 수 있다. 북한에 경수로 시설을 건설하는 프로젝트의 명칭에서 '북한(DPRK 또는 North Korea)' 대신 '한반도(Korean Peninsula)'라고 명시한 것은 환유적 표현(전체 → 부분)의 일종이다. '지지하다'는 북한의 핵문제를 해결하기 위한 조건을, '해결하다'는 북한 문제를 넘어 보편적 수준의 핵 '확산' 해결을, 그리고 '도전'은 기존의 질서에 대한 수호 의지를 담고 있다고 볼 수 있다. 특히 유심히 봐야할 것은 '확산'이라는 환유적 표현인데, 이 말은 원래 컴퓨터과학, 생명과학 등에서 라이센스의 범람(licence proliferation)으로 생기는 문제나 세포의 증식(cell proliferation) 등을 언급할 때 쓰던 용어였다. 냉전 종식 이후 강대국에 의해 통제되지 않는 핵무기에 대한 우려가 커지면서 적어도 국제정치학에서는 환유적 작용에 의해 '확산'이 어느새 '핵확산(Nuclear Proliferation)'으로 인식하게 되었다. 또 하나 고려되어야 할 것은 이 아젠다에서 '한반도 문제'가 배열된 부분이다. 앞서 언급한 EU-미국 양자가 세계 질서에 대해 밑그림을 그리며 제시했던 네 가지 공동의 목표 중, '평화와 안정 증진, 민주주의 및 세계의 발전이'라는 점도 혼성체를 해석해 내는 데 중요한 구실을 한다.[33] 말하자면 한반도에너지개발기구(KEDO)는 평화적인 의미의 에너지 생산을 위한 다자적 기구라기보다는 기존 질서에 대한 도전을 예방하기 위해 평화를 위해 인공적으로 창출된 기구라는 것

33 '세상의 복합적인 지식' 없이 문장 그 자체만 보자면 "We will provide...."는 이해가 거의 불가능하다. 즉 '우리는, 세계적으로 번지고 있는 도전을 간주하면서, 한반도에너지개발기구를 지지하겠다'는 것으로 직역되기 때문이다. 이를 좀 더 설득력 있게 해석하기 위해서는 세상의 복합 지식과 환유적 표현에 대한 이해가 필요하다.

이 드러나기 때문이다. 우리는 환유적 해석을 통해 이 같은 권력관계를 포착해 낼 수 있다. 이를 정리하자면, 각각의 입력공간과 혼성공간은 개념적 혼합 네트워크를 통해 "KEDO에 대한 지원은 기존의 세계 질서를 위협하는 핵확산을 예방하는 데 중요한 의미가 있으므로 양자가 함께 협력하겠다."는 혼성체를 이루어 냈다. 다만, 북한 대신 'KEDO'를 언급하고 있고,34 '확산' 등의 어휘가 갖는 의미의 확대나 축소는 문화나 맥락에 따라 달라질 수 있으므로 해석자가 주의해서 이해해야 할 부분이다.

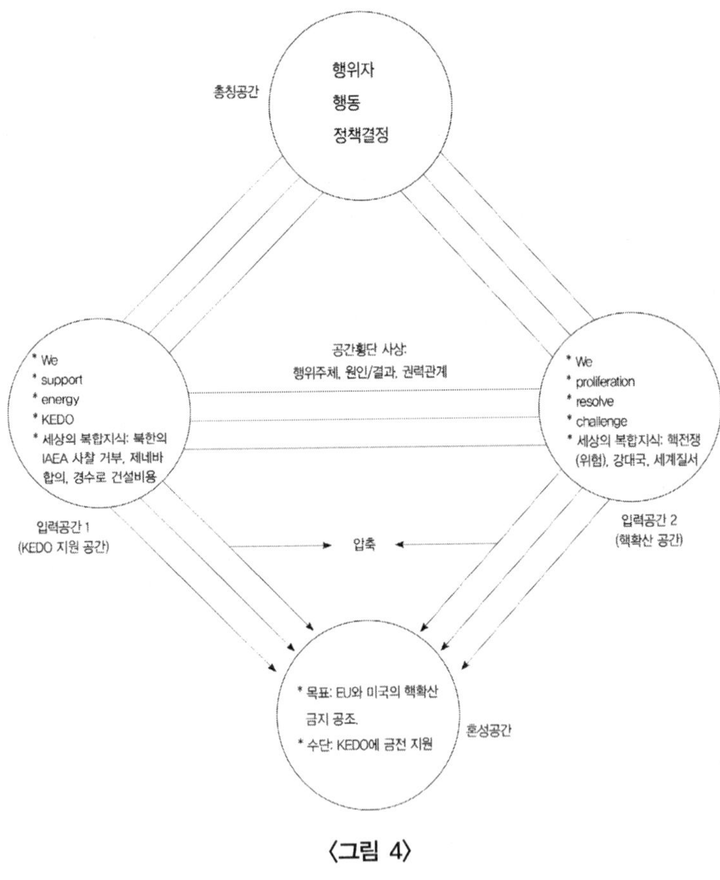

〈그림 4〉

2. EU-중국 텍스트 속의 북한

EU와 중국이 공식적인 관계를 맺게된 것은 1985년 양자 간 무역 및 협력에 관한 협정이 서명되고 부터다. 이후 양자 관계는 통상 문제 뿐 아니라 외교, 안보, 지구적 차원의 도전 및 기후변화 문제까지 포괄적인 협력 관계를 지향하고 있으며 현재, 유럽연합은 '핵심적 동반자(Essential Partner)'라는 표현으로 중국의 역할을 강조하고 있다.[35] 유럽연합은 1995년 '중국-유럽연합 관계에 관한 장기정책(A long term policy for China-Europe relations)'에서 한반도를 포함한 아시아 지역에서 중국의 건설적인 역할을 기대한다는 내용을 언급한 이후, 한반도의 긴장과 관련된 사태에 대해 중국과 역할 공유를 꾸준히 강조하고 있다.[36]

34 KEDO에 등장하는 Energy도 해석이 분분한 환유적 표현이라고 할 수 있다. 왜냐하면 여기서 등장하는 'energy'란 '핵을 이용한 전기 생산'을 의미할 수도 있으며, 맥락이나 문화에 따라서 다른 의미로 변용이 가능하기 때문이다.

35 "China and Europe." 2013년 9월 17일. EU 통상담당 집행위원 칼 드 구트(Karel De Gucht)의 연설 참조.

36 특이한 것은 유럽연합이 한반도의 핵무기에 대해 언급하면서 중국의 남사군도(the Spratleys) 영토 분쟁(territorial differences)을 같은 문장에서 언급하고 있다는 점이다.

〈표 2〉 유럽연합-중국 관련 주요 문서

연도	명칭
1995	A long term policy for China-Europe relations
1998	Building a Comprehensive Partnership with China
2000	Report on the Implementation of the Communication "Building a Comprehensive Partnership with China"
2001	EU Strategy towards China: Implementation of the 1998 Communication and Future Steps for a more Effective EU Policy
2002	Country Strategy Paper 2002-2006
2002	National Indicative Programme 2005-2006
2003	A maturing partnership: shared interest and challenges in EU-China relations"
2003	Framework Agreement for establishing industrial policy dialogue
2006	EU-China: Closer partners, growing responsibilities
2006	Council conclusions on EU-China strategic partnership
2007	Country Strategy Paper 2007-2013
2007	Multiannual Indicative Programme 2007-2010
2010	Mid-Term Review - National Indicative Programme 2011-2013

아래는 1998년 유럽연합이 내놓은 '중국과 포괄적 동반자관계의 건설(Building a Comprehensive Partnership with China)'에 언급되는 문장이다. 이 문서에는 북한과 관련된 언어는 두 번 등장한다.[37]

Europe, a key contributor to the Korean Peninsula Economic Development Organisation (KEDO) and a major provider of food aid to North Korea, has a clear interest in the peaceful resolution of the Korean question, as does China. The Korean peninsula should be among key issues that feature in the EU's regular dialogue with China.

37 또 하나의 문장은 다음과 같다. '...China's role in promoting peace in Korea and Cambodia reflects its renewed commitment to the development of Asia as a whole...'

단어 수준에서 눈에 띄는 환유적 작용은 한국문제(Korean question)와 한반도(the Korean Peninsula)이다. 유럽연합은 북한에 대해서 말하고는 있지만, 식량 지원에 대한 언급에서 등장할 뿐, 핵위기 등과 관련해서는 '한국문제' 또는 '한반도'로 대체하고 있다. 앞서 미국과 맺은 1995년 의제에서 '도전', '확산' 등이 언급된 것과 비교했을 때 확실히 다른 뉘앙스를 풍기고 있다. 이는 중국이 북한과 갖고 있는 특수한 관계를 고려하고 있다는 것을 염두에 두어 해석할 문제이다. 또 하나는 '관심공간(입력공간 1)'에서 유럽연합이 중국만큼(as does China) 한반도 문제의 평화적 해결에 문제에 관심이 있다는 것을 강조함으로써 유럽이 이 지역에서 가진 이익이 중국 못지않다는 것을 천명하고 있는 것으로 보인다. 다른 한편으로는 중국 역시 한반도 문제를 평화적으로 접근해야 함을 재촉한 것으로 이해할 수 있다. 더 나아가 중요한 것은 식량 제공자로서 이미 북한 문제에도 중국만큼 기여하고 있다는 점이 강조되고 있다. '의제설정공간(입력공간 2)'에서는 향후 중국과의 대화에서 한반도 문제가 중요 사안이 '되어야(should)' 한다고 하여 당위적 이슈임을 재강조하였다. 이는 북한 문제와 관련하여 유럽연합이 관심을 지속하겠다는 것인데, 실제로 한반도 에너지개발기구 활동이 현저히 줄어들어 한반도 위기에서 유럽연합의 역할이 대폭 축소된 이후에도 유럽연합이 보여준 정치적 관심이 그러한 실천적 의지를 잘 보여준다. 2003년과 2006년에 유럽의회 대표단과 유럽연합 집행위원회의 베니타 페레로 왈드너(Benita Ferrero-Waldner) 대외담당 집행위원이 서울을 방문했을 때 6자회담 참여를 꾸준히 요구하였던 것도 그러한 예다.[38] 하나 염두할 것은 텍스트의

[38] 이와 관련된 내용은 다음을 참고. "Report on Korea IPM". EU Parliament Delegation for relations with the Korean Peninsula. Agenda No OJ, Type FD, October 7, 2004; "EU-Korea Summit". EU Press Release. September

맥락에서 윗 내용이 문서의 '아시안 지역 이슈에 대한 대화의 강화(Fostering dialogue on Asian regional issues)' 부분에 배열되어 있다는 것이다. 이는 향후 아시아 전체와의 관계를 고려해 둔 유럽연합이 중국의 지역적 우선권을 인정하면서 단지 북한만이 아닌 한반도 전반의 문제로 의제를 다루겠다는 의중을 숨기고 있다고 볼 수 있다.

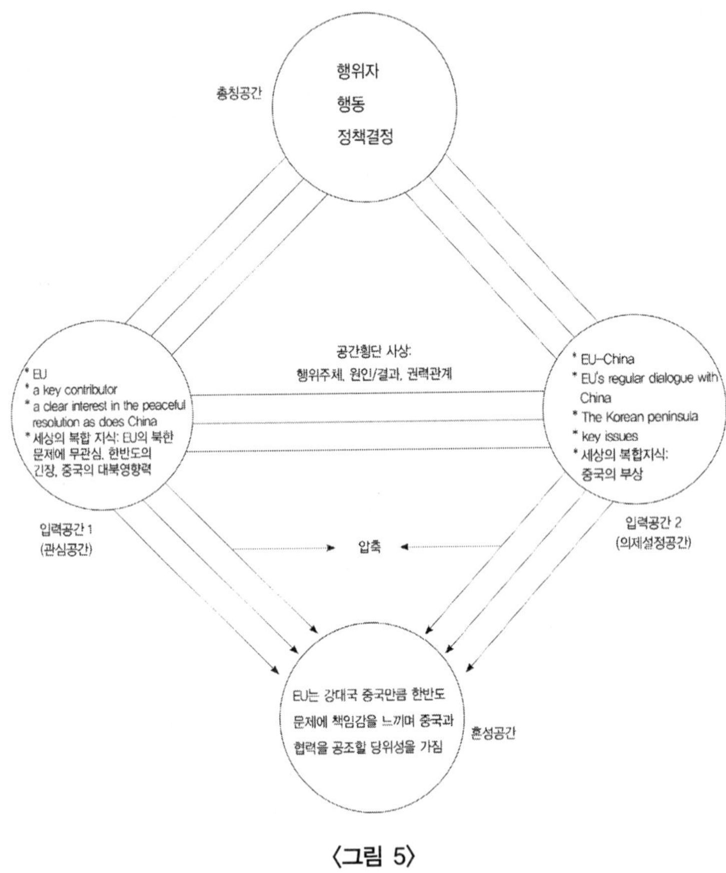

〈그림 5〉

9th, Brussels, 08 September 2006.

3. EU-일본 텍스트 속의 북한

유럽연합과 일본과의 관계는 1991년 '정치공동선언(Joint Political Declaration)'을 내놓음으로써 본격화되었다. 양자는 선진화된 공업을 바탕으로 민주주의를 비롯한 다양한 가치를 공유하고 있기에 비교적 여러 분야에서 대화 및 협력 관계를 유지하고 있다. 1992년부터 매년 정상회담을 개최하며 긴밀한 우호 관계를 지속하고 있으며 특히 산업 협력에 대한 이슈에 깊이 연계되어 있다. 양측 모두 지구적 차원의 아젠다에 관심이 깊어 매년 열리는 정상회담은 물론이고 군축 및 핵확산과 관련된 세계적 이슈에도 공동 선언문을 발표하고 있다. 그러나 북한 또는 한반도 등을 구체적으로 언급한 사례는 극히 드물다.[39]

〈표 3〉 유럽연합-일본 관련 주요 문서

연도	명칭
1991	Joint Political Declaration
2001	2001 Action Plan

유의하여 볼 것은 2003년 5월 초 양자 간 정상회담 직후 발표된 공동성명이다.

39 2001년 정상회담에서 채택된 'Declaration on Terrorism'과 '공동성명', 같은 해에 공표된 An Action Plan for EU-Japan Cooperation', 2004년에 채택된 'Japan-EU Joint Declaration on Disarmament and Non-proliferation' 등에도 한반도 문제는 거론되지 않았다. 이는 윗 문서들이 주로 포괄적 의미의 전략 관계를 언급하고 있기 때문에, 국지적 이슈에 대해서는 회피하고 있다는 점도 하나의 이유가 될 수 있다.

They recognized that the current situation on the Korean Peninsula was not just of grave regional concern, but had serious global implications in terms of non-proliferation. The EU side praised PM Koizumi's initiative in visiting Pyongyang last September and underlined the importance of Japan keeping actively involved in helping to find a peaceful resolution of the current situation. They affirmed the importance of the Japan - Democratic People's Republic of Korea (DPRK) Pyongyang Declaration in opening the way to normalising bilateral relations, through resolving concerns between Japan and the DPRK including the abductions issue and security problems. They support the efforts to sustain political and economic engagement between the two Koreas, which are at the core of President Roh's "Policy for Peace and Prosperity". They reiterated that DPRK must promptly eliminate its nuclear weapons programme in a visible, irreversible and verifiable manner. They expressed their support for the idea that the issue be discussed within a multilateral framework. They noted that the political dialogue recently held in Beijing among the US, the DPRK and China might be a step in that direction with the possible participation of other countries concerned. They urged the DPRK to act as a responsible member of the international community and comply fully with its international commitments in the field of nonproliferation in order to improve the present situation and safeguard peace and security in the Korean Peninsula. The EU and Japan, in coordination with other partners, will work together to find a diplomatic solution.

위 성명서가 유럽연합-일본이 공동으로 합의하여 작성한 것은 분명하지만, 일본과 비교하여 유럽연합이 어느 정도의 이니셔티브를 가졌는가에 대해서는 회의가 들 수밖에 없다. 그 이유는 윗 문서가 당시 유럽이사회 상임의장국인 그리스가 2003년 6월에 '테살로니키 정상회담' 이후 내놓은 회담 결정문(Conclusion)에서 언급하고 있는 대북 문제에 비해 지나칠 정도로 구체적이기 때문이다.[40] 특히 '유럽연합-일본 공동성명'은 일본-북한 간 관계 정상화, 강제 납치 문제, 고이즈미 총리의 대북 이니셔티브 제시 등 특수한 주제를 깊이 다루고 있기 때문에 공동성명 작성 과정에서 유럽의 대북 전략이 일본의 관심사에 깊이 윤색되었을 가능성을 배제하기 어렵다.

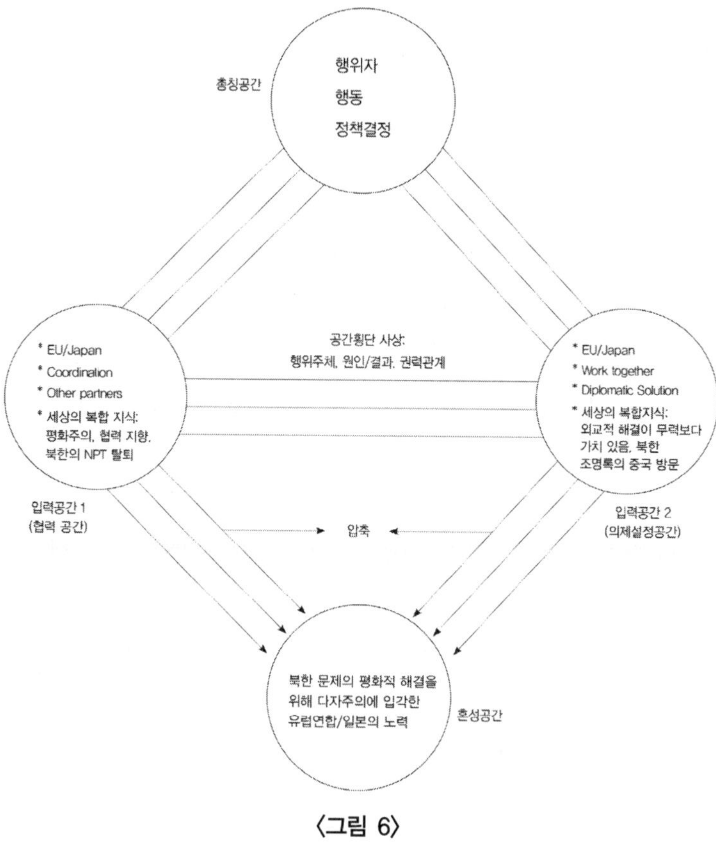

〈그림 6〉

40 "Presidency Conclusions". European Council. Thessaloniki, 19-20 June 2003.

다만, 공동성명은 물론, 유럽정상회담에서도 함께 언급된 '다자주의적(multilateral) 해법'에 관한 유럽연합의 입장은 분명한 듯 보인다. 따라서 공동성명의 마지막에 언급된 부분을 기초로 '개념적 통합 네트워크' 안에서 환유 작용이 드러나는 모습을 보면 위와 같다.

The EU and Japan, in coordination with other partners, will work together to find a diplomatic solution.

2003년 1월 북한의 핵확산금지조약(NPT) 탈퇴 선언과 북한이 미국에 양자 간 직접 협상에 나설 것을 강력히 요구하면서 한반도의 긴장은 크게 고조되었다. 그러나 같은 해 4월 북한의 조명록 국방위원회 제1부위원장 겸 군 총정치국장이 북경을 방문하면서 6자회담 제1차 라운드를 위한 토대를 놓게 되었다. 따라서 같은 해 5월의 '유럽연합-일본 공동성명'은 그 어느 때보다 한반도 긴장과 완화의 해법이 변주곡을 그리고 있을 때였다. 그 중심에는 중국, 미국, 일본 등이 참여하는 다자주의에 근거한 외교적 노력에 대한 기대치가 있었다. 앞서 살폈듯이 유럽연합도 유럽의회 대표단이 4월에 서울을 방문하여 다자회담에 대한 유럽연합의 참여의지를 보인 바 있었다.[41] 짧은 문장임에도 불구하고 위에서는 협의(coordination), 다른 협력자(other partners), 공동작업(work together) 등 합의, 협력 지향적 의미가 반복해서 드러나고 있으며 그 목표는 '외교적 해결책(diplomatic solution)'을 '찾는 것(find)'으로 집중되고 있음을 볼

41 관련된 내용은, "Report on Korea IPM". EU Parliament Delegation for relations with the Korean Peninsula, Agenda No OJ, Type FD, October 7, 2004 (CR\506613EN.doc) (Report of 7thEP/KoreaInter-ParliamentaryMeeting22-25April2003) 참조.

수 있다. 비록 제시된 항목에는 '다자적' 해법의 모색이 직접 언급되고 있지 않으나 우리는 개념적 통합 네트워크의 해석 기제로서 환유적 인지작용(의미부분+의미부분→전체를 아우르는 의미)을 통해 유럽연합의 대북 전략이 다자주의 해법으로 지향되고 있음을 생각할 수 있다.

4. EU-러시아 텍스트 속의 북한

러시아는 앞서 본 중국, 일본과는 달리 유럽연합과 직접 국경을 맞대고 있는 현실적인 관계를 고려해야 하는 이웃국가이다. 유럽연합이 구소련 국가들에게는 주로 근린정책(European Neighbourhood Policy)을 통해 간여하고 있지만, 러시아와의 관계는 1994년에 맺어진 '동반자 및 협력 협정(Partnership and Co-operation Agreement)'를 기초로,[42] 2008년에 맺어진 '유럽연합-러시아 간 신협정(New EU-Russia Agreement)'을 거쳐 2009년에 이르러 '전략적 동반자 관계'로 관계로 심화되었다. 양자 관계는 다른 주요 국가들과의 관계와는 달리 특히 '영역(Space)'에 관해 지속적인 대화를 하고 있는 특징을 보이고 있는데, 2002년의 칼리닌그라드(Kaliningrad), 2004년의 유럽연합의 확대, 2007년의 국경 이동, 2008년의 공동 영역(Common Spaces)에 대한 논의가 있었던 것이 대표적이다.

[42] 문건에는 97년으로 표기되어 있다.

〈표 4〉 유럽연합-러시아 관련 주요 문서

연도	명칭
1994	Agreement on partnership and cooperation
2001	The EU and Kaliningrad
2002	Kaliningrad: Transit
2004	Protocol to the Partnership & Cooperation Agreement to take account of enlargement of the EU
2004	Joint Statement on EU Enlargement and EU-Russia Relations
2004	Country Strategy Paper 2002-2006 and National Indicative Programme 2002-2004
2004	National Indicative Programme 2004-2006
2007	Country Strategy Paper 2007-2013
2007	National Indicative Programme 2007-2010
2007	Cross Border Cooperation Programmes 2007-2013
2007	The European Union and Russia: Close Neighbours, Global Players, Strategic Partners
2008	EU-Russia Common Spaces Progress Report 2007
2009	EU-Russia relations: A Strategic Partnership

그러나 위에 열거된 문서들 중에 북한 관련 입장이 드러난 경우는 매우 드문데, 비교적 의미 있는 문건은 2007년에 펴낸 '유럽연합과 러시아: 가까운 이웃, 세계적 행위자, 전략적 동반자(The European Union and Russia: Close Neighbours, Global Players, Strategic Partners)'이다.

> *The EU and Russia have an extensive dialogue on political issues around the world, including the resolution of conflicts such as those in the Middle East, Afghanistan, the Western Balkans and Sudan and preventing the proliferation of weapons of mass destruction and the relevant technologies, as in the cases of Iran and North Korea.*

사실, 유럽연합이나 러시아의 입장에서는 북한의 핵관련 이슈보다는 이란의 핵 이슈가 보다 관심 사항일 수 있다. 이는 지리적 위치, 자원, 종교, 역사적, 민족적 친숙도 등에 근거할 때 더욱 그렇다. 그럼에도 불구하고 이란과 북한(한반도가 아닌)을 직접 언급하며 대량살상무기 확산의 방지와 기술 이전을 언급한 것은 북한 핵 위기에 대한 관심이 기존의 이란에 대한 관심 수준에 근접했음을 보여준다. 물론 대량살상무기는 핵무기를 지칭하는 환유적 표현을 포함한다. 다만, 한반도에서 야기된 위기가 북한의 '핵'이 주된 관심인 반면, 위의 언급에서 '대량살상무기(weapons of mass destruction)'로 포괄하여 지적한 것은 이란과 북한을 동시에 목적물로 지칭해야 하기 때문으로 풀이된다. 또 하나 주의 깊게 볼 것은 중국, 일본 문건에서 주로 등장하는 포괄적 의미의 '한반도의 안정' 또는 '평화' 대신 대량살상무기의 확산 및 기술의 전파 등으로 보다 특정 주제 중심으로 좁혀져 있다는 점이다. 또한 세상의 복합적 지식에 근거할 때 '확산', '기술' 등의 이슈는 테러리스트로의 유입과 깊이 관련 될 수밖에 없으며 이는 서구가 지칭하는 테러집단뿐 아니라 반러시아적인 테러단체에도 깊은 간여가 있을 수 있기에 유럽과 러시아 모두 안보 이익이 일치되는 부분이다.

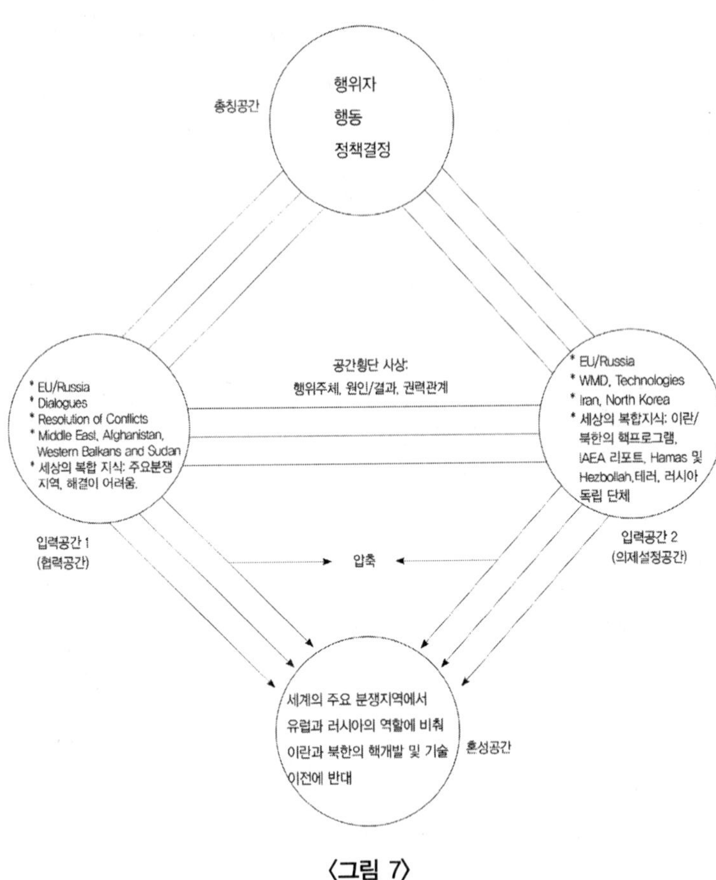

총칭공간
행위자
행동
정책결정
공간횡단 사상:
행위주체, 원인/결과, 권력관계
* EU/Russia
* Dialogues
* Resolution of Conflicts
* Middle East, Afghanistan, Western Balkans and Sudan
* 세상의 복합 지식: 주요분쟁 지역, 해결이 어려움.
* EU/Russia
* WMD, Technologies
* Iran, North Korea
* 세상의 복합지식: 이란/북한의 핵프로그램, IAEA 리포트, Hamas 및 Hezbollah, 테러, 러시아 독립 단체
입력공간 1
(협력공간)
압축
입력공간 2
(의제설정공간)
세계의 주요 분쟁지역에서
유럽과 러시아의 역할에 비춰
이란과 북한의 핵개발 및 기술
이전에 반대
혼성공간

〈그림 7〉

Ⅳ. 맺는말

이 글에서는 국제정치의 이해는 텍스트에 대한 해석을 통해 가능하다는 전제 하에, 개념적 혼성이론과 환유의 의미를 전개하였다. 그리고 그 시험사례로 본문에서는 텍스트로 꾸며진 유럽연합-주요국가들 간 대북한 문서들을 살펴보았다. 국제정치는 다양한 텍스트를 통해 드러나기에 해석을 통하여 그 텍스트가 담지하고 있는 지시체를 해석해 내는 일은 국제정치적 삶에 보다 가까이 다가가려는 시도이다. 서두에서 밝혔듯이 주체의 본질에 대한 이해는 현상학적 전통과 해석학적 전통 그리고 인지언어학에 근거한 '개념적 혼성이론'의 연계 속에서 탐구할 수 있다. 국제정치학에서 은폐된 주체의 본질은 텍스트를 통해 드러날 수 있다는 것이 또 하나의 가정이었다.

국제정치에서 양자, 또는 다자간 맺어진 외교정책의 결과물들은 대체로 텍스트로 드러나기 마련이다. 그리고 이런 텍스트는 지시하는 대상(지시체)이 있으며, 이러한 지시체에 대항하는 담론 역시 국제정치적으로 드러난다. 그 과정에서 행위자들은 그들이 국제정치적으로 체험한 인지적 과정을 통해 서로 만난다. 이것은 사회적 연결망으로 만나는 접점을 의미하며 이러한 접점이 국제정치의 장에서 감지되는 것은 텍스트로 드러나는 중첩된 '언어'이다. 국제정치 행위자들 간 외교를 통해 드러나는 언어는 그들의 체험의 산물이며, 그 체험은 세상의 복합적인 지식의 혼성 작용을 통해 발현된다. 다만, 행위자들이 체화시킨 지식과 그들의 언어가 텍스트로 드러낸 것을 우리가 이해하기 위해서는 수많은 텍스트를 오랜 시간에 걸쳐 확인하고 관찰해야 비로소 그 기반을 닦을 수 있다. 따라서 외교과정에서 드러나는 어느 한 텍스트에 대한 이해 또한 수많은 문서들을 취합하여 그와 관련된 정책 결정가들의 '개념적 혼성'을 탐구하는 과정이 필요하다.

'개념적 혼성'에서 파생된 '개념적 통합 네트워크'가 입력공간에서 혼성공간으로 환유적 전이를 거쳐 혼성체를 이루었을 때 이를 해석하여 이해할 수만 있다면 우리는 국제정치에서 은폐된 주체의 본질에 좀 더 다가갈 수 있을 지도 모른다. 이런 맥락에서 주체의 정체성을 수립하는 과정에 있는 유럽연합을 중심으로 국제사회의 중요한 행위자들이 북한에 대해 취하고 있는 전략적 함의를 텍스트를 통해 이해하는 길을 제시해 보았다. 물론 본문에서 다룬 불과 몇 가지의 텍스트들은 매우 제한된 본보기였기에 언급된 국제정치 행위자들이 북한을 전략적으로 어떻게 대하고 있는지를 쉽게 예단하기는 어렵다. 그러나 두 가지 잠정적인 결론을 제시할 수는 있다. 첫째, 여러 사례에서 보듯 동아시아 국제질서 속에서 강대국들의 권력 작용은 대체로 질서와 안정, 도전에 대한 응징이다. 그리고 이것은 북한을 넘어 '한반도'라는 표현 속에서 보다 확대된다. 이러한 태도는 은폐되어 있지만, 환유를 통해 해석된다. 둘째, 유럽연합에서 취하고 있는 대북한 전략은 북한이라는 개별적 단위 차원이 아닌 남북한을 아우르는 틀 -즉 한반도- 에서 바라보고 있다는 점이다. 또한 이들의 입장은 한반도의 문제를 여전히 '해결(solution)'보다는 무엇인가로 가는 '과정(processing)'으로 사유하고 있다는 점도 짚고 넘어갈 필요가 있다. 다만 여기서 '한반도'가 과연 무엇을 상징하는지, '과정'이 구체적으로 어떤 것인지에 대한 해석은 또 다른 작업을 필요로 한다.

위의 문제가 유럽 및 다른 국제정치의 행위자들에게도 적실한 문제인지에 대해서는 좀 더 많은 자료들을 전유하는 길 밖에 없다. 또한 북한에 대한 직접적인 이해나, 유럽-북한 간의 관계에 대한 해석 역시 또 다른 작업 속에서 다가갈 수 있을 것이다.

주요 국가들의 외교 정책에 관한 해석은 더 많은 텍스트를 기초로 복합적으로 그물처럼 촘촘히 짜 나갈 때 보다 더욱 이해의 깊이가 심화될 것이다. 이런 과정을 통해 보다 많은 텍스트를 전유하여 해석할 때 향후 보다 더 깊은 앎의 과정으로 나아가게 될 것이다. 다만, 이글에서는 이런 과정이 필요하며, 가능할 수도 있다는 개연성을 보여주는 것으로 충분하다고 생각한다. 본문에서 언급된 다양한 해석 작업들은 사실, 시기상의 연관, 실제 이슈와의 밀접성, 비슷한 문건들의 비교, 해석자의 편향된 자료 선택의 문제 등 수많은 부가 조건들을 충족시킬 수 있을 때 보다 만족도를 높일 수 있을 것이다. 그럼에도 불구하고, 해석은 관련 이슈에 관한 토론을 불러일으키는 것(problematisation)만으로도 충분한 가치를 지닌다.

참고문헌

김상배. 2010. "네트워크 세계정치 이론의 모색." 하영선·김상배 편. 『네트워크 세계정치』, 23-66. 서울: 서울대학교 출판문화원.

김종도. 2005. 『인지문법의 관점에서 본 환유의 세계』. 서울: 경진문화사.

김학노. 2008. "국제정치(경제)학의 미국 의존성 문제." 『국제정치논총』 48집 1호, 7-34.

도종윤. 2013. "국제정치학에서 주체물음: 해석학적 접근을 위한 시론." 『국제정치논총』 53집 4호, 39-78.

로베르트 하이스 저·황문수 역. 1996. 『변증법이란 무엇인가』. 서울: 서문당.

마르틴 하이데거 저·이기상 역. 2012. 『존재와 시간』. 서울: 까치.

마크 존슨·조지 레이크프 저·노양진·나익주 역. 2006. 『삶으로서의 은유』. 서울: 박이정.

민병원. 2007. "국제정치이론과 한국: 비판적 성찰과 제안." 『국제정치논총』 46집 특별호, 37-66.

브루노 라투르. 2010. "행위자네트워크이론에 관하여: 약간의 해명, 그리고 문제를 더 복잡하게 만들기." 브루노 라투르 외 저·홍성욱 편. 『인간·사물·동맹』, 95-124. 서울: 이음.

빌헬름 딜타이 저·손승남 역. 2011. 『해석학의 탄생』. 서울: 지식을 만드는 사람들.

양황승. 2003. "칸트철학과 현대 해석학의 문제들: 텍스트 해석에서 주관주의와 객관주의에 대한 비판적 고찰 - 폴 리쾨르의 해석 이론을 중심으로." 『칸트연구』 12집, 278-313.

전재성. 1999. "한스 모겐소(Hans Morgenthau)의 고전적 현실주의 국제정치이론." 『국제지역연구』 8집 2호, 57-79.

전재성. 2007. "한국 국제정치학의 향후 과제들." 『국제정치논총』 46집 특별호, 227-249.

전재성. 2011. 『동아시아국제정치 -역사에서 이론으로-』. 서울: EAI.

전재성· 박건영. 2002. "국제관계이론의 한국적 수용과 대안적 접근." 『국제정치논총』 42집 4호, 7-26.

프리드리히 슐라이허마허 저. 2000. 『해석학과 비평』. 서울: 철학과 현실사.

프리드리히 웅거러·한스요르그 슈미트 저·임지룡·김동환 역. 2010. 『인지언어학 개론』. 서울: 태학사.

칼 심스 저·김창환 역. 2009. 『해석의 영혼 폴 리쾨르』. 서울: 앨피.

한스게오르그 가다머 저·이길우·이선관·임호일·한동원 역. 2012. 『진리와 방법』 I, II. 서울: 문학동네.

Barcelona, A. 2002. "Clarifying and Applying the Notions of Metaphor and Metonymy within Cognitive Linguistics: An Update." In *Metaphor and Metonymy in Comparison and Contrast,* edited by Réne Driven and Ralf Pörings, 207-278. New York: Mouton de Gruyter.

Barcelona, A. 2003. "The Case for a Metonymic Basis of Pragmatic Inferencing." In *Metonymy and Pragmatic Inferencing,* edited by Klaus-Uwe Panther and Linda Thornburg, 81-102. Amsterdam and Philadelphia: John Benjamin Publishing Company.

Barthes, Roland. 1970. *L'empire des signes.* Paris: Flammarion.

Berger, Peter and Thomas Luckmann. 1967. "II. Society as Objective Reality," "III. Society as Subjective Reality." In *The Social Construction of Reality: A Treatise in the Sociology of Knowledge,* 47-184. New York: Anchor.

Bleiker, Roland and Mark Chou. 2010. "Nietzsche's Style: On Language, Knowledge and Power in International Relations." In *International Relations Theory and Philosophy: Interpretative Dialogues,* edited by Cerwyn Moore and Chris Farrands, 8-19. London: Routledge.

Corf, William. 2003. "The Role of Domains in the Interpretation of Metaphors Metonymies." In *Metaphor and Metonymy in Comparison and Contrast,* edited by René Dirven and Ralf Pörings, 161-206. Berlin: Mouton de Gruyter.

Coulson, S. and Todd Oakley. 2003. "Metonymy and Conceptual Blending." In *Metonymy and Pragmatic Inferencing,* edited by Klaus-Uwe Panther and Linda Thornburg, 51-80. Amsterdam and Philadelphia: John Benjamin Publishing Company.

De Gucht, Karl. 2013. "China and Europe: Essential Partners." Speech13/713. 17 September.

Der Derian, James. 1989. "The Boundaries of Knowledge and Power in International Relations." In *International/Intertextual Relations,* edited by James Der Derian and Michael J. Shapiro, 3-10. New York: Lexington Books.

EU Parliament Delegation for relations with the Korean Peninsula. 2004. "Report on Korea IPM." Agenda No OJ, Type FD. 07 October.

EU Press Release. 2006. "EU-Korea Summit, September 9th." Brussels. 08 September.

European Commission. 2003. *A Secure Europe in a Better World.* Brussels. 12 December.

European Council. 2003. "Presidency Conclusions." Thessaloniki. 19-20 June. 11638/03.

Farrands, Chris. 2010. "Gadamer's enduring influence in international relations." In *International Relations Theory and Philosophy: Interpretative Dialogues,* edited by Cerwyn Moor and Chris Farrands, 33-45. London and New York: Routledge.

Fauconnier, G. and Mark Turner. 1998. "Conceptual Integration Networks." *Cognitive Science* (22)2: 133-187.

Fauconnier, G. and Mark Turner. 2002. "Part Two: How Conceptual Blending Makes Human Beings What They Are, for Better and for Worse." In *The Way We Think: Conceptual Blending and the Mind's Hidden Complexities*, 171-396. New York: Basic Book.

Foucault, Michel. 1971. *L'Ordre du Discours.* Paris: Gallimard.

Foucault, Michel. 1972. *The archaeology of knowledge.* London: Routledge.

Ibanez, M. and L. Hernandez. 2003. "Cognitive Operations and Pragmatic

Implication." In *Metonymy and Pragmatic Inferencing,* edited by Klaus-Uwe Panther and Linda L. Thornburg, 23-50. Amsterdam and Philadelphia: John Benjamin Publishing Company.

Keller, Reiner. 2011. "The Sociology of Knowledge Approach to Discourse(SKAD)." *Humane Studies* (34)1: 43-65.

Kövecses, Zoltan. 2002. *Metaphor: A Practical Introduction.* Oxford: Oxford Univ. Press.

Kristeva, Julia. 1984. *Revolution in Poetic Language*, translated by Leon Roudiez. New York: Columbia Univ. Press.

Lakoff, G. and Mark Johnson. 1980. "The Systematicity of Metaphorical Concepts," "Orientational Metaphors," "Metaphor and Cultural Coherence," "Metonymy." In *Metaphor We Live By*(Kindle edition). Chicago and London: Univ. of Chicago Press.

Manning, C.A.W. 1962. *The Nature of International Society.* London: Macmillan.

Moor, Cerwyn and Farrands, Chris. 2010. "Introduction." In *International Relations Theory and Philosophy*, edited by Cerwyn Moor and Chris Farrands, 1-7. London and New York: Routledge.

Radden, G. and Zoltan Kövecses. 1999. "Towards a Theory of Metonymy." In *Metonymy in Language and Thought,* edited by Klaus-Uwe Panther and Linda L. Thornburg, 17-60. Amsterdam and Philadelphia: John Benjamin Publishing Company.

Ricoeur, Paul. 1969. *Le Conflit des Interprétation.* Paris: Seuil.

Ricoeur, Paul. 1975. *La Métaphore vive.* Paris: Seuil.

Ricoeur, Paul. 1976. *Interpretation Theory: Discourse and the Surplus of Meaning.* Fort Worth: Texas Christian Univ. Press.

Ricoeur, Paul. 1986. "Pour Une Phénoménologie Herméneutique," "De L'herméneutique des textes À L'herméneutique de l'action." In *Du texte à l'action: Essais d'herméneurique II*, 39-261. Paris: Seuil.

Rodes, R.A.W. and Mark Bevir. 2002. "Interpretive Theory." e-Scholarship. Univ. of California. http://escholarship.org/uc/item/0bk3k2nq(검색일: 2014.3.10).

Seral, John. 1996. *The Construction of Social Reality.* London and New York: Penguin.

Shapiro, M.J. 1988. *The Politics of Representation: Writing Practices in Biography, Photography and Policy Analysis.* Madison: The University of Wisconsin Press.

Shapiro, M.J. 1989. "Textualizing Global Politics." In *International/Intertextual Relations,* edited by James Der Derian and Michael J. Shapiro, 11-22. New York: Lexington Books.

결론

이론적·정책적 함의

전재성

이론적·정책적 함의

이 책의 글들은 동북아 국제정치 속의 북한을 네트워크 이론의 시각으로 분석한 것이다. 동북아의 국제정치는 많은 논자들이 지적하듯이 국가의 권능이 강하고, 여전히 군사력이 중요한 성격을 가진다. 경제와 사회문화 영역이 중요해지는 추세지만 국가이익에 좌우되는 경향이 다른 지역보다 강한 것이 사실이다. 동북아 국제정치의 행위자들 중 북한은 다른 국가들에 비해 월등히 국가의 권능이 강한 독재국가다. 시민사회가 존재하지 않고 경제와 사회문화 영역이 국가에 의해 좌우되는 하향식 단위이다. 국가 중심의 국제정치와 하향식 단위가 만나는 영역인 북한의 대외관계는 국제정치이론으로는 신현실주의, 북한연구이론으로는 전체주의국가론, 수령제국가론 등에 기반해 설명되어 왔다.

냉전이 종식된 이후에도 동북아는 여전히 세력균형과 세력전이의 길항관계 속에서 분석되는 부분이 크다. 국가들 간의 경제적 상호의존 증가, 시민사회 간 네트워크 활성화, 초국가제도의 형성과 증가 등의 현상이 보이는 것도 사실이다. 그러나 미중 간의 패권 다툼, 지정학적 경쟁, 동맹구조 심화, 제도적 균형 등 여전히 근대국제정치의 모습을 강하게 띤다. 한반도는 '냉전의 고도'라는 표현에서 보이듯 여전히 갈등과 대립으로 점철되어 있다. 북한은 '우리식 사회주의'라는 이데올로기와 체제이념을 유지하면서 군사력을 증강시키고 남북 대립을 강화하는 모습이다. 열악해지는 경제상황 속에서도 폐쇄적 대외관계를 유지하면서 사회주의 국가로서 단위의 순수성을 고수하고자 한다.

이러한 이미지로 북한의 대외관계를 보면 북한의 변화 가능성은 거의 희망이 없어 보인다. 흔히 당구공 모델로 국제정치를 설명하는 것처럼, 강력한 속성과 본질을 소유한 실체로서의 북한이 존재하고, 북한이 외부와 맺는 관계는 그러한 실체의 연장선상에서 파악되기 때문이다. 그러나 과거로부터의 북한과 현재의 북한은 차이가 있다. 북한이라는 정치체제의 성립부터가 태평양전쟁의 종식과 냉전의 시발이라는 국제적 사건에 의해 가능했고, 북한의 정치 이념과 체제는 외래의 산물인 공산주의에 기반했다. 스스로 존립할 능력이 없는 약소국으로 출발한 북한은 중국과 구소련과의 밀접한 동맹관계 속에서 자신을 강화해 왔고, 냉전기에는 많은 사회주의 국가와 정치적, 경제적 관계를 맺으면서 오늘에 이르렀다. 역설적으로 한국과의 적대적 의존관계, 자유민주주의 권역과의 대결관계 속에서 전체주의 정권을 유지하고, 정파적 지위를 강화하는 역사를 가진 것도 북한이다. 냉전 종식 이후 북한은 대외적으로 폐쇄된 단위로 보이지만, 사실은 이미 대외 경제관계에 의해서만 자신의 경제를 유지할 수 있는 대외 '개방' 단위이며, 중국과의 동맹관계가 없으면 외교적 생존이 불투명한 정치체이기도 하다. 주민들의 대외 접촉을 엄격히 금하면서 고립을 고수한다는 정책과, 대외관계 속에서 외교적, 경제적 생존을 모색할 수밖에 없는 상황 속에서의 적극적 대외관계 추구 정책은 구별되어야 한다.

최근의 김정은정권은 중국과의 경제관계에 치중되어 있는 상황을 타개하기 위해 러시아, 일본, 유럽 등 다양한 상대와 경제관계를 모색하고 있다. 오히려 대외적 고립을 탈피하기 위해 적극적으로 국제사회와 국제연합에 유례없이 참가하고 있다. 북한 인권에 대한 국제적 비난에 대처하기 위해 대외 홍보용 인권백서를 발행하는가 하면, 인권외교에 영향을 미치는 주요 행위자들을 만나 북한의 입장을 해명하느라 적극적이다.

이러한 과정에서 북한의 정권만이 대외관계를 독점할 수는 없는 일이다. 북한 내의 모든 행위자들이 북한정권에 의해 강력히 통제되는 것은 사실이지만, 그 속에서도 개별적 이익이 생겨나고 조정되어야 한다. 경제가 어려워지면서 북한 내 시장화는 이미 돌이킬 수 없는 상황에 접어들고 있고 이 과정에서 다양한 정치엘리트들과 경제행위자들은 자신의 개별이익을 추구하는 데 노력하고 있다. 국경을 넘나드는 해외정보 역시 완전히 차단되기는 불가능하기 때문에, 북한정권은 주민들을 이로부터 격리시키기 위해 다양한 노력을 기울이고 있다. 이러한 노력을 기울인다는 것 자체가 북한이 이미 국제적인 연결망, 네트워크 속의 행위자로서 자신을 변화시키지 않을 수 없는 상황에 처해 있다는 점을 보여준다.

동북아 속의 북한의 대외관계를 기존의 신현실주의와 전체주의 국가론의 조합으로 보는 관점은 이러한 변화를 충분히 설명하지 못한다. 기존의 국제정치적, 북한 내부의 논리가 작동하는 것이 사실이지만 변화를 설명하기 위해서는 다른 이론적 관점이 필요한데, 사회연결망 분석(SNA)과 행위자-네트워크 이론(ANT)이 대표적이다. SNA는 국제정치에서 단위중심의 설명과 구조중심의 설명이 가지는 한계를 극복하기 위해 각 단위, 노드들의 짜임새에 주목해 국제정치의 과정을 설명한다. 단위와 구조가 고정의 실세로 가정되는 것과는 달리 유연하게 변화하는 연결망이 어떠한 형태를 가지는지, 그 속에서 각 단위들이 어떠한 위치를 점하고 그에 따라 권력의 성격과 크기가 어떻게 달라지는지, 그리하여 연결망과 단위들 간의 관계가 변화하는 과정으로 국제정치를 설명하는 것이다. ANT는 이보다 더욱 근본적인 메타 이론적 변화를 추구하는 것으로 단위와 구조 모두가 인간과 사물의 행위소 간 관계에 따라 유동적으로 변화하는 과정의 일부임을 보인다. 사회, 구조, 제도 등 기존의 이론에서 고정된 실체로 보이는 것들이 사실은 다양한 행위자들의 수행 속에서 만들어지는 결합체, 장치 등이라는 설정이다. 인간과 사물 모두를 포함하는 다양한 행위자들이 각각의 장에서 관계를 맺다가 의무통과점을 넘으면 고정된 단위로 변화하고, 블랙박스로 활동하게 되는데 이 모든 과정이 '네트워크'라는 관계에 기반한다고 본다.

근대 국제정치는 17세기 전후 서유럽에서 발원한 것으로 보는데, 네트워크 이론적으로 설명하자면 당시의 다양한 인간, 사물들의 네트워크가 역사적 번역의 과정을 거치면서 의무통과점을 넘어 국가라는 블랙박스로 정착된 사건에서 시작한다. 이후 국가들은 다양한 형태의 네트워크를 만들면서 한편으로는 자원권력으로, 다른 한편으로는 위치권력에 기반하여 국제정치를 수행해 오고 있는 것이다. 국가 간의 네트워크를 위협하는 다른 네트워크들, 예를 들면 시민사회 네트워크, 초국가 네트워크, 이데올로기 동맹 네트워크 등이 존재했고 이들은 칼롱이 논의한 바 i) 프레임 짜기, ii) 맺고 끊기, iii) 내 편 모으기, iv) 표준 세우기 등의 전략을 통해 의무통과점을 넘으려 도전해 왔다. 21세기에 이르러 이러한 도전은 매우 강력해져서 국가들의 소위 정화작용을 점차 잠식해 나가고 있다.

동북아 국제정치는 근대 편입 이전에 소위 사대자소 질서라는 독특한 네트워크를 유지하고 있었지만 서구의 근대국가 중심의 네트워크와 결합하는 과정에서 정화작용으로 스스로를 지키지 못하고 완전히 새로운 네트워크로 편입되었다. 이후 국가는 강력한 블랙박스로 다른 네트워크들의 도전을 성공적으로 막아내고 있다. 그러나 냉전 종식과 더불어 시장, 시민사회, 초국가제도, 개인 등 다양한 기제들에 의해 위협받고 있으며, 국가가 이러한 변화에 맞서 동북아의 사람들과 사물들을 연결하는 가장 효과적인 네트워크로 언제까지 독점적 권능을 유지할지는 지켜봐야 할 일이다.

북한의 대외관계와 단위로서의 성격을 분석할 때에는 국가-블랙박스 중심의 국제정치에서 위치권력에 주목하는 SNA의 분석을 행하면서도, 동시에 동북아 국제정치와 북한의 근본적 변화를 야기하고 있는 다양한 기제들에 주목하는 ANT의 분석을 결합할 필요가 있다.[1] 의무통과점을 넘기 위해 다양한 이슈 영역에서 다양한 행위자들이 활발한 번역행위를 하고 있고, 이러한 변화에 적절히 대처하지 않으면 북한 역시 생존과 발전을 보장받을 수 없기 때문이다. 기존의 일방적 정화작용만으로는 발전의 계기를 잡을 수 없기 때문에 북한도 기존의 국가중심 네트워크에서의 위치권력을 강화하면서 동시에 새로운 네트워크에 때로는 방어적으로 때로는 공격적으로 대응해야 하는 것이다. 위치권력을 극대화하기 위해 네트워크의 빈틈을 착취하기도 하고 약한 연결의 매개자 역할을 시도하기도 한다. 새롭게 형성되는 국제정치의 이슈에서 번역의 주도권은 아니더라도, 자신의 입장을 내세우면서 내 편을 모으고 표준을 세우는 데 참여하고자 하는 모습을 보인다.

이 책의 각 장들은 변화하는 동북아 국제정치와 북한에 대한 네

1 홍민, "행위자-네트워크 이론과 북한 연구 : 방법론적 성찰과 가능성," 『현대북한연구』, 16권 1호(2013), pp.106-170 참조.

트워크적 인식에 기반하여 때로는 SNA적 분석을, 때로는 ANT적 분석을 시도하고 있다. 우선, ANT의 시각에 입각하여 북한이 시도하는 인간-사물 네트워크의 양상을 볼 수 있다.[2] 핵과 미사일, 사이버 영역을 운용하는 인터넷 기술, 북한의 광물자원, 개성공단 등은 북한이 자신의 이익을 위해 새로운 네트워크를 만들거나 기존의 네트워크를 변화시키는 과정에서 새로운 의미를 띠게 된다. 본서에서 분석한 북한의 대외관계는 이들 사물이 북한의 정치적 의도, 그리고 이를 둘러싼 기존의 국제조약, 제도, 레짐 등의 연결망 속에서 어떻게 변화하고 있는지를 보여주고 있다. 북한은 핵무기를 개발하여 동북아 국제정치에서 자신의 권력을 강화하거나 이행기의 핵, 미사일 개발 네트워크의 구조적 공백을 활용하여 무기 개발 및 수출에 성공해 왔다. 새롭게 만들어지는 네트워크의 가장 복잡한 장인 사이버 안보 분야에서 북한은 인터넷 기술이라는 사물행위자를 한국과 미국 등 주요 적대국에 대한 해킹의 전략적 행위와 결합함으로써 아직 형성 중인 사이버 질서에 자신의 표준, 혹은 활동 기반을 만들기 위해 노력하고 있다. 북한의 광물, 개성공단 역시 악화되는 경제 영역에서 새로운 대외 경제전략의 도구로 새롭게 정의되어 왔다. 대외 의존의 네트워크나 남북경협의 네트워크 속에서 새롭게 형성된 행위소들이다.

둘째, 북한이 기존의 국가 간 네트워크 속에서 어떻게 자신의 위치권력을 강화하고자 했는지를 보여주는 분석들이 제시되었다. SNA의 시각을 활용하여 북한이 6자회담에서 어떠한 위치권력을 추구했는지, 동맹, 무역, 원조 네트워크 속에서 대중 의존 일변도를

---

2 라투르의 논의를 보완할 수 있는 시각으로 사물의 행위성을 강조하는 Jane Bennett, *Vibrant Matter: a Political Ecology of Things*(Durham, Duke University Press, 2010)의 논의를 참고.

타개하기 위해 어떠한 노력을 진행 중인지 분석하고 있다. 북한은 중러 간의 동북아 전략 경쟁을 활용할 수 있는 위치권력을 극대화하고, 지대국가로서 이익을 추구하는 과정에서도 전략적 사회자본을 활용한다. 두만강 개발협력사업에서 북한이 추구하고 있는 이익과 지대국가전략 속에서 활용하는 나진항 건설사업, 가스관 연결사업 등이 사례로서 분석되고 있다.

셋째, 동북아를 넘어 지구적 차원에서 진행되고 있는 다양한 변화들에 북한이 적응하는 과정이 분석되고 있다. 이미 '아랍의 봄'을 목격한 북한은 인터넷, 휴대폰 서비스 등에 대한 철저한 통제를 시도하는, 국제적 커뮤니케이션으로부터의 격리, 혹은 정화 전략을 사용하고 있다. 그러나 북한의 대응을 수세적으로 한정해서 보면 안 된다. 커뮤니케이션 네트워크의 발전, 디지털 미디어의 활성화, 인권 레짐의 강화 등은 폐쇄국가인 북한에게 얼핏 영향을 미치지 않을 것 같았지만 사실 북한이 대응할 수밖에 없는 중요한 환경으로 변화되고 있다. 한편 북한은 정권의 정당성을 유지하기 위해 폭로 전략과 위장적 자기손실전략 등 다양한 방어전략을 펼치고 있고, 다른 한편으로는 국제청중에 대한 선전 커뮤니케이션과 초국가적 커뮤니케이션을 동시에 펼치고 있다. 인권 역시 지구적 차원에서 민주화의 물결이 가속화되면서 새로운 네트워크의 핵심가치로 부상하고 있다. 북한은 '우리식 인권'이라는 개념에 기초하여 새로운 프레임을 짜고자 시도해 왔고, 그 노력을 대부분 실패로 돌아가고 있다. 북한의 인권조약 가입 양태에서 나타나듯이 북한의 인권 네트워크 형성 노력은 대부분 대외적 장식에 그치기 때문이다. 내 편 모으기와 표준 설정에 실패한 이유는 북한이 자신의 인권 개념을 기존의 네트워크에 대응할 수 있도록 번역할 능력과 가치가 부족하기 때문이다.

네트워크 이론에 근거하여 분석한 북한의 이미지는 보다 유동적이고 신축적이며 변화에 열려 있다. 동북아 국제정치를 구조나 체계의 개념이 아닌 네트워크의 개념으로 볼 때 북한의 변화는 더욱 유동적이 될 것이다. 한국과 국제사회는 북한의 변화를 이끌어 내기 위해 많은 노력을 해온 것이 사실이다. 북한이 핵무기 포기라는 전략적 결단을 내리고, 개혁과 개방의 길로 나서도록 하기 위해 6자회담을 가동하고, 국제연합을 중심으로 대북 경제제재망을 강화하는 한편, 남북 대화와 경협을 활성화하기도 했다. 김정은정권 등장 이후에는 북한 내 정치 불안정을 목도하면서 급변사태의 가능성에 대한 예측이 힘을 얻기도 하고 급속한 통일의 가능성이 점쳐지기도 했다. 대북 정책을 추구할 때 북한이 "변화하지 않는 고정된 전체주의 국가", "대외적으로 폐쇄되고 오직 정권만이 모든 권능을 가진 국가"라는 전제를 가진다면 북한에 대한 전략적 관여를 하기란 매우 어렵다. 북한 내에서 의미 있는 변화가 일어나기 어렵고, 대외 고립을 버리면서 개방으로 나가지 않을 것이라는 전제는 북한의 점진적 변화 및 정상화를 사실상 포기하게 한다. 그러나 네트워크 이론으로 바라본 북한은 이미 대외적으로 노출되어 있는 단위이며 국제 네트워크의 공백을 적극 활용할 뿐 아니라 국제적 프레임 짜기에도 참여하고 있는 단위다. 또한 내부적으로도 다양한 행위자들이 각자의 이익을 실현하기 위해 국제 네트워크에 다양한 형태로 접속되어 있는 단위이기도 하다.

북한이 대외 외교관계의 다변화, 대외 경제 및 의존 관계의 전략적 대처, 국제 커뮤니케이션 네트워크에 대한 방어 및 수세 전략 다양화, 국제인권 네트워크에 대한 적극 대응 등 흥미로운 대외 전략을 추구한다고 할 때, 한국 및 국제사회의 대북 관여전략 역시 더욱 신축적이고 유연해야 할 것이다. 북한이 추구해 온 대외 전략을 네트워크적 관점에서 세밀히 분석하고, 북한의 전략을 적절히 활용하여 북한의 정상화를 이끌어 가야 한다. 북한 내 다양한 정치세력 및 주민의 존재를 인식하고 이들에 대한 정보적 접근을 강화하는 방법도 개발할 필요가 있다. 이러한 과정은 한국이 정책적 주도권을 가지고 이끌어야 하는데 이를 위해서는 북한이라는 단위를 보는 개념적 변화가 필요하다. 모든 사실은 언어화되면서 해석되기 마련이기 때문에 북한이라는 단위를 어떠한 은유와 환유로 표상하는가에 따라 북한에 대한 전략적 이미지가 형성되고 블랙박스로 치부된 내부를 들여다볼 수 있는 계기가 마련되기 때문이다.

향후 북한에 대한 네트워크 이론의 분석을 발전시키기 위해서는 첫째, SNA와 ANT 이론의 적절한 결합이 필요하다. 앞에서 지적한 바와 같이 네트워크 형성 및 번역 과정을 밝히는 ANT와, 의무통과점을 넘어 블랙박스화된 단위들 간의 네트워크 형태와 위치권력 배분을 연구하는 SNA가 북한 및 국제정치연구에서 체계적으로 연결될 필요가 있다. 둘째, 네트워크 이론의 메타 이론적 구성요소가 이론적으로 발전되어야 한다. ANT 이론은 소위 관계적 전회(relational turn)를 추구하면서 실체에 대한 존재론적 가정을 근본적으로 변화시키고 있다. 기존의 포스트모던 이론 역시 언어적 전회를 통해 차별적 관계에 의해 속성이 정의되는 관계적 전회의 양상을 보여준 바 있다. 여기에서 더 나아가 ANT 이론은 사회적 사실에 대한 근본적인 존재론적 물음을 묻고 있으며 특히 인간과 사물 간의 관계 속에서 만들어진 사회적 사실에 관심을 기울이고 있다. 이러한 과정을 탐구하기 위해서는 실체론에 기반한 인식론으로는 분석이 어렵고, 네트워크의 형성과 변화, 번역과 해체에 이르는 과정을 탐구하는 새로운 인식론이 필요하다. 그러기 위해서는 인간행위자가 네트워크를 해석하고 이에 대처하는 인식의 과정을 분석해야 하는데 기존의 경험주의적 실증주의로는 네트워크 분석을 하기에 어려움이 크다. 따라서 사물성에 대한 분석과 다른 한편으로는 인간행위자의 해석행위를 아우를 수 있는 인식론 정립이 중요한 과제가 될 것이다. 셋째, 이러한 이론에 근거한 전략 개념을 가다듬을 필요가 있다. 21세기 국제정치에서는 국가의 권능이 현저히 약화되고, 국가간 네트워크보다 다양한 네트워크들의 네트워크들이 발전하면서 망제정치가 활성화된다. 이 과정에서 한국은 과연 어떠한 대북 전략을 추진해야 할지, 그리고 서론에서 지적된 바처럼 어떠한 통일관과 통일전략을 추진해야 할지 고민할 필요가 있다. 통일은 완성된 근대민족국가를 염원하는 한민족의 꿈이지만, 이미 한반도 내, 동북아 지역, 더 나아가 지구적 네트워크가 다변화된 상황에서 남과 북, 그리고 한반도와 지구의 네트워크를 어떻게 다양하게 만들어 갈지 고민이 병행되어야 한다. 남과 북이라는 두 노드의 급격한 합일도 중요하지만, 국제정치의 변화를 인식하면서 남과 북의 다차원적이고 긴밀한 네트워크를 구축하는 점진적 전략개념도 함께 만들어 가야 할 것이다.